Companhia Aberta

Companhia Aberta

OBJETO E ESTRUTURA DA DISCIPLINA JURÍDICA

2022

Fabiana M. Martins de Almeida

ALMEDINA

COMPANHIA ABERTA
OBJETO E ESTRUTURA DA DISCIPLINA JURÍDICA

AUTOR: Fabiana Mendonça Martins de Almeida

DIRETOR ALMEDINA BRASIL: Rodrigo Mentz
EDITORA JURÍDICA: Manuella Santos de Castro
EDITOR DE DESENVOLVIMENTO: Aurélio Cesar Nogueira
ASSISTENTES EDITORIAIS: Isabela Leite e Larissa Nogueira
ESTAGIÁRIA DE PRODUÇÃO: Laura Roberti

DIAGRAMAÇÃO: Almedina
DESIGN DE CAPA: Roberta Bassanetto

ISBN: 9786556275239
Julho, 2022

Dados Internacionais de Catalogação na Publicação (CIP)
(Câmara Brasileira do Livro, SP, Brasil)

Almeida, Fabiana Mendonça Martins de
Companhia aberta : objeto e estrutura da disciplina jurídica / Fabiana Mendonça Martins de Almeida. -- São Paulo : Almedina, 2022.

ISBN 978-65-5627-523-9

1. Direito 2. Capital (Economia) 3. Companhia aberta 4. Direito comercial 5. Direito econômico - Brasil 6. Empresas - Brasil 7. Mercado de capitais 8. Sociedade anônima 9. Sociedades por ações - BrasilI. Título.

22-103697 CDU-34:336:33(81)

Índices para catálogo sistemático:

1. Brasil : Direito econômico 34:336:33(81)

Maria Alice Ferreira - Bibliotecária - CRB-8/7964

Coleção IDiP
Coordenador Científico: Francisco Paulo De Crescenzo Marino

Este livro segue as regras do novo Acordo Ortográfico da Língua Portuguesa (1990).

EDITORA: Almedina Brasil
Rua José Maria Lisboa, 860, Conj.131 e 132, Jardim Paulista | 01423-001 São Paulo | Brasil
www.almedina.com.br

Para Philippe e Aurora

AGRADECIMENTOS

Os caminhos da vida me levaram do Rio de Janeiro para São Paulo, dos Pilotis para as Arcadas. Para o Largo de São Francisco, não sem motivo.

Assim nasceu este trabalho, fruto da atualização e adaptação de dissertação apresentada em janeiro de 2020, no âmbito do Programa de Pós-Graduação da Faculdade de Direito da Universidade de São Paulo, na área de concentração Direito Comercial. A publicação é promovida em espírito de retribuição pelo privilégio da vivência acadêmica, na esperança de que possa instigar futuros estudos sobre o tema.

Com a viva lembrança de momentos e lições que tanto inspiraram e iluminaram o caminho até a conclusão dessa etapa, dedico meus agradecimentos:

Ao Professor Eduardo Secchi Munhoz, com imensa gratidão pela acolhida como orientanda, pelas importantes lições e sempre alegre e engrandecedora convivência.

Ao Professor José Alexandre Tavares Guerreiro, pelas preciosas observações feitas em minhas bancas de qualificação e de defesa, e pela riqueza do convívio na Faculdade e em seu prestigioso grupo de estudos.

Aos Professores Otávio Yazbek e Laura Patella, por suas rigorosas arguições em minha banca de defesa, que tanto contribuíram para o aprimoramento deste trabalho.

À Professora Juliana Krueger Pela, também pelas preciosas colocações feitas em minha banca de qualificação.

Ao Professor Erasmo Valladão Azevedo e Novaes França e demais professores com quem tanto aprendi, assim como às companheiras de pós-graduação e aos amigos queridos, que compartilharam as alegrias e angústias dessa jornada, pela estimulante e valiosa troca, especialmente Ana Carolina Weber, Mariana Martins-Costa Ferreira, Maria Beatriz Grella Vieira, Gabriel Buschinelli, Thiago Tannous e André Pitta.

Ao Professor Marcelo Fernandez Trindade, pelas generosas e determinantes lições, e aos demais companheiros da Trindade Sociedade de Advogados, pelo apoio irrestrito e pelos inestimáveis ensinamentos diários, em trajetória de mais de dez anos, com profundo respeito e admiração.

Aos meus pais e também Professores, Gilberto e Patricia, e à minha irmã, Victoria, pelo exemplo fundamental e incentivo constante.

Ao meu marido, Philippe, pela lealdade, companheirismo e aprendizado diário sobre as coisas mais valiosas, e à nossa pequena Aurora, com todo o meu coração.

À Editora Almedina e ao Instituto de Direito Privado - IDIP, pelo honroso acolhimento.

Fabiana M. Martins de Almeida

PREFÁCIO

"O que é a companhia aberta segundo o Direito brasileiro?"

Essa pergunta, com que Fabiana Almeida abre o seu trabalho, não deixa entrever a sua complexidade, que se revela no desenvolver de sua obra. Numa primeira aproximação, a resposta parece simples, pois bem definida no art. 4º da Lei 6.404/1976 e no art. 22 da Lei 6.385/1976:

> *"Art. 4º Para os efeitos desta Lei, a companhia é aberta ou fechada conforme os valores mobiliários de sua emissão estejam ou não admitidos à negociação no mercado de valores mobiliários."*
> *"Art. 22. Considera-se aberta a companhia cujos valores mobiliários estejam admitidos à negociação na bolsa ou no mercado de balcão."*

O livro, porém, revela que a evolução regulatória do tema, na realidade brasileira, tornou-se bastante mais complexa, com consequências relevantes, sob a perspectiva do direito vigente e *de lege ferenda*.

Essas complexidades derivam de pontos assim sintetizados por Fabiana: *"Contudo, daí surgem novas perguntas, de modo que a complexidade da pergunta original começa a se revelar: que conjunto de regras é esse aplicável às companhias abertas e por que essas regras incidem a partir da admissão de valores mobiliários de sua emissão à negociação nesse mercado? O que exatamente constitui a admissão à negociação dos valores mobiliários de emissão da companhia? A admissão à negociação, ou a efetiva negociação, de toda e qualquer espécie de valores mobiliários sujeita as companhias emissoras ao mesmo conjunto de regras? E ainda, ficam as companhias abertas sujeitas ao mesmo conjunto de regras independentemente de características como o seu porte, ou da forma e intensidade com que acessam esse mercado? É possível às companhias acessar o mercado de valores mobiliários sem atrair a incidência dessa disciplina?".*

Para enfrentar essas relevantes questões, essenciais para a busca de uma regulação jurídica adequada do tema, o livro adota uma abordagem ampla e compreensiva, atenta à evolução histórica do regime jurídico brasileiro, às experiências do direito comparado e, sobretudo, às questões enfrentadas contemporaneamente pelo mercado.

Ao examinar a evolução histórica, Fabiana não apresenta uma mera descrição de fatos, em ordem cronológica, mas oferece ao leitor uma análise crítica, atenta à forte ligação entre o direito vigente e a realidade econômica dominante em cada época. Bem por isso, o estudo histórico de Fabiana vai muito além da questão central do trabalho, sendo interessante para todo aquele que pretenda estudar a evolução da sociedade anônima no direito brasileiro.

Em um país com predomínio da atividade rural, com mercado de capitais e financeiro incipientes, a companhia aberta, que representa o modelo típico de sociedade anônima, como instituto criado para viabilizar a captação de investimento junto ao público, ficou em segundo plano no período anterior à Lei 6.404/1976. A companhia fechada, embora não atenda à finalidade típica da sociedade anônima, foi o centro da preocupação do Decreto-lei 2.627/1940.

O livro, ao dividir a análise histórica em dois períodos – antes e depois da reforma da lei societária de 1976 -, foi feliz ao capturar momentos distintos da realidade brasileira, realçando o papel histórico da companhia fechada e, por outro lado, revelando a preocupação do legislador de construir uma regulação jurídica adequada à companhia aberta, que pudesse contribuir para o seu desenvolvimento, como importante ferramenta para o fomento do investimento produtivo no país.

Ao analisar o regime jurídico da companhia aberta após 1976, o livro evidencia as razões pelas quais a dicotomia original entre companhia fechada e companhia aberta, que parecia simples à primeira vista, gradualmente observou cada vez mais complexidades. O critério legal, baseado na *"admissão"* de que os valores mobiliários sejam negociados em bolsa ou no mercado de balcão, parece cada vez mais insuficiente, quando se trata de examinar a evolução das normas regulatórias, sobretudo, as emitidas pela Comissão de

Valores Mobiliários (CVM), com o objetivo de responder a exigências derivadas do desenvolvimento do mercado.

Neste ponto, Fabiana estabelece novamente uma feliz divisão da análise entre o que denomina de *fronteiras internas* e *fronteiras externas* da disciplina.

Quanto às fronteiras internas, o livro demonstra que o critério legal, por ser puramente formal, baseado em um registro, ignora elementos relevantes, que acabam por influenciar o regime jurídico aplicável à companhia. Trata-se das *"espécies de valores mobiliários admitidos à negociação"* e das *"diferenças de porte"* entre as companhias.

Esses dois elementos não determinam diferenças regulatórias, quando se cuida de examinar exclusivamente o texto da Lei 6.404/1976 e da Lei 6.385/1976. Por outro lado, como analisa o livro, após a reforma da lei societária de 1976, a CVM foi autorizada a classificar as companhias abertas em categorias, "*segundo as espécies e classes dos valores mobiliários por ela emitidos negociados no mercado*", bem como a especificar "*as normas sobre companhias abertas aplicáveis a cada categoria*" (art. 4º, §3º, Lei 6.404/1976).

De forma tardia, apenas em 2009, a CVM se desincumbiu dessa missão, criando distintas categorias de registro de companhias abertas (Instrução CVM n. 480/2009), em função das espécies de valores mobiliários. Essa criação de categorias de registro, ao estabelecer regimes jurídicos distintos, como observado por Fabiana, traz consigo uma série de problemas, dada a ausência na lei dessa mesma divisão regulatória. Há na lei normas cogentes, aplicáveis a todas as companhias abertas, independentemente das categorias criadas pelas normas da CVM. E a incidência dessas normas legais não é indene de dificuldade, ou de dúvidas, quando se trata das diferentes categorias de companhias abertas criadas pela regulação infralegal.

Numa outra vertente, a despeito da ausência na redação original da lei acionária de qualquer previsão quanto ao elemento *"porte da companhia"*, Fabiana também identificou a tendência de adotar-se esse critério para estabelecer diferenças de tratamento jurídico.

O movimento se deu, sobretudo, a partir de normas da CVM, dentre as quais a Instrução CVM n. 245/1996, a Instrução CVM n. 400/2003, a Instrução CVM n. 482/2010 e a Instrução CVM n. 480/2009. Posteriormente, com a edição da Lei Complementar 182/2021 e da Lei n. 14.195/2021, o critério passou a encontrar também amparo legal. A ideia subjacente é incentivar o acesso ao mercado de capitais por companhias de menor porte, mediante a criação de um regime regulatório mais simplificado, com menor número de exigências.

O livro analisa esse movimento de ampliação das *fronteiras internas* das companhias abertas, concluindo, após rica análise, que *"essas flexibilizações vêm sendo introduzidas pontualmente, e não a partir de uma revisão estrutural da disciplina, dando margem a tratamento assimétrico e assistemático"*. Essa constatação revela, ao leitor, a importância de uma visão abrangente e unitária do tema, condição necessária para buscar, de *lege ferenda*, o aprimoramento da regulação jurídica.

Fabiana parte, então, para a análise do que denomina de *fronteiras externas*. Trata-se das hipóteses de dispensa dos registros de emissor e de oferta pública de distribuição de valores mobiliários, de que tratam os artigos 21 e 19 da Lei n. 6.385/1976 e normas editadas pela CVM.

Segundo o livro, a CVM passou a aplicar essa dispensa de maneira mais frequente em tempos recentes, como no caso das ofertas públicas distribuídas com esforços restritos e das ofertas públicas de *crowdfunding* de investimento. Desse modo, em regimes excepcionais, passou a ser admitido o acesso ao mercado por companhias não previamente registradas como emissoras de valores mobiliários.

Quanto a essas companhias, é inevitável a questão: devem sujeitar-se ao regime das companhias abertas, ainda que possam negociar valores mobiliários no mercado sem prévio registro? Segundo Fabiana, a previsão de companhias que podem acessar o mercado de capitais independentemente de registro afronta a lógica original do tratamento dicotômico de companhias abertas e fechadas previsto na lei, tornando ainda mais complexa essa taxonomia.

Essa nova complexidade apresenta problemas relevantes, assim resumidos pela autora: *"Portanto, fica a indagação: como conciliar a norma que enquadra como abertas todas as companhias cujos valores mobiliários estejam admitidos à negociação no mercado de valores mobiliários, com a consequente atração de sua disciplina legal, com a norma que admite a distribuição pública, e por vezes até mesmo a posterior negociação, de valores mobiliários sob dispensa de registro? Como resultado, ficam as companhias que acessam o mercado sob dispensa de registro excetuadas da disciplina legal (especialmente societária) de companhia aberta, ou tem a dispensa alcance limitado ao regime regulamentar (essencialmente informacional)? Trata-se, em nossa visão, de antinomia aparente, solúvel a partir da cuidadosa interpretação das normas pertinentes, de lege lata. Não obstante, a insegurança que esse quadro gera – ilustrada pela existência de divergência doutrinária sobre o tema, como veremos a seguir – faz com que a questão mereça maior reflexão, de lege ferenda."*

Por todos esses fatores, o livro de Fabiana é essencial para compreender a disciplina jurídica da companhia aberta na realidade brasileira contemporânea. A obra não deixa dúvida de que o modelo de companhia aberta atual é completamente distinto daquele que vigorava ao tempo da edição da Lei 6.404/1976.

Nas palavras da autora, *"O estudo aponta o deslocamento de um modelo pautado na dicotomia entre companhias abertas e fechadas, para um sistema de companhias abertas de diferentes categorias, que ficam sujeitas a exigências distintas".*

A constatação dessa realidade, de um modelo dinâmico, que evolui em função das exigências do mercado, torna bastante mais fluida a divisão entre companhia fechada e aberta no direito brasileiro.

A compreensão dessa nova taxonomia é fundamental, pois condição necessária para a busca de um modelo que, ainda que dotado de maior fluidez, seja estruturalmente coerente e logicamente voltado à finalidade de viabilizar que a companhia aberta atue como importante instrumento para fomentar o investimento produtivo, por meio da captação da poupança popular.

A leitura do livro de Fabiana Almeida é, assim, obrigatória para os estudiosos do tema. Ao iluminá-lo em toda a sua complexidade, contribui para apontar diretrizes para a mais que desejada evolução regulatória da matéria.

Eduardo Secchi Munhoz

TABELA DE ABREVIAÇÕES

ADR	*American Depositary Receipts*
ANBIMA	Associação Brasileira das Entidades dos Mercados Financeiro e de Capitais
APIMEC	Associação dos Analistas e Profissionais de Investimento do Mercado de Capitais
B3	B3 S.A. – Brasil, Bolsa, Balcão
BACEN	Banco Central do Brasil
BDR	Certificados de depósito de valores mobiliários (*Brazilian Depositary Receipts*)
BNDES	Banco Nacional de Desenvolvimento Econômico e Social
CEPAC	Certificados de Potencial Adicional de Construção
CIC	Contrato de Investimento Coletivo
CMN	Conselho Monetário Nacional
CPMF	Contribuição Provisória sobre Movimentação ou Transmissão de Valores e de Créditos e Direitos de Natureza Financeira
COE	Certificado de Operações Estruturadas
CRA	Certificados de Recebíveis do Agronegócio
CRI	Certificados de Recebíveis Imobiliários
CVM	Comissão de Valores Mobiliários
EUA	Estados Unidos da América
FIDC	Fundo de Investimento em Direitos Creditórios

FII	Fundo de Investimento Imobiliário
FIP	Fundos de Investimento em Participações
IBGC	Instituto Brasileiro de Governança Corporativa
IBGE	Instituto Brasileiro de Geografia e Estatística
IOSCO	*International Organization of Securities Commissions*
LF	Letra Financeira
NASDAQ	*National Association of Securities Dealers Automated Quotations*
NCA	Nota Comercial do Agronegócio
PIB	Produto Interno Bruto
SDM	Superintendência de Desenvolvimento de Mercado da CVM
SEC	*Securities and Exchange Commission*
SFN	Sistema Financeiro Nacional
SRE	Superintendência de Registro de Valores Mobiliários da CVM
STF	Supremo Tribunal Federal
STJ	Superior Tribunal de Justiça
SUMOC	Superintendência da Moeda e do Crédito

SUMÁRIO

INTRODUÇÃO 23

Companhia: aberta? 23
Delimitação do tema 25
Plano de trabalho e metodologia 28

PARTE I 31

CAPÍTULO 1
A COMPANHIA ABERTA NO DIREITO BRASILEIRO (I):
ANTES DA REFORMA DE 1976 33

1.1 Notas preliminares 34
1.1.1 Origens históricas 34
1.1.2 Companhias abertas e fechadas 35
1.2. As companhias e o mercado de capitais brasileiros (até 1976) 43
1.3 Disciplina da companhia 50
1.3.1 Disciplina da lei societária (Decreto-lei n. 2.627/1940) 50
1.3.2 Listagem obrigatória? (Decreto-lei n. 9.783/1946) 56
1.3.3 Disciplina complementar da lei do mercado de capitais (Lei n. 4.728/1965) 57
1.4 Disciplina do acesso ao mercado de capitais 59
1.4.1 Disciplina da lei do mercado de capitais (Lei n. 4.728/1965) 59
1.4.2 Posterior regulamentação do registro (Resolução n. 88/1968) . . . 63

1.5 Disciplina da sociedade anônima de capital aberto 67
1.5.1 Disciplina da lei sobre imposto de renda (Lei n. 4.506/1964). . . . 67
1.5.2 Disciplina superveniente da lei do mercado de capitais (Lei n. 4.728/1965) 70
1.5.3 Novos contornos (Resoluções n. 16/1966 e 106/1968) 70
1.5.4 Posterior consolidação (Resolução n. 457/1977) 76

CAPÍTULO 2
A COMPANHIA ABERTA NO DIREITO BRASILEIRO (II):
A PARTIR DA REFORMA DE 1976 79

2.1 Disciplina da companhia aberta: o marco legal de 1976 80
2.1.1 Estudos preliminares 80
2.1.2 Objetivos e fundamentos da reforma 87
2.1.3 Ponto fulcral: a definição legal de companhia aberta 98
2.2 Disciplina societária da companhia aberta 107
2.2.1 Contornos originais da lei societária (Lei n. 6.404/1976) 107
2.2.2 Reforma de 1997 (Lei n. 9.457/1997) 113
2.2.3 Reforma de 2001 (Lei n. 10.303/2001) 117
2.2.4 Alterações posteriores 123
2.3 Disciplina do mercado de valores mobiliários 128
2.3.1 Contornos originais da lei do mercado de valores mobiliários (Lei n. 6.385/1976). 128
2.3.2 Reforma de 1997 (Lei n. 9.457/1997) 132
2.3.3 Reforma de 2001 (Lei n. 10.303/2001 e outros). 135
2.3.4 Alterações posteriores 139
2.4 As companhias e o mercado de capitais brasileiros (após 1976) 141

PARTE II. 157

CAPÍTULO 1
O REGISTRO E AS FRONTEIRAS. 159

1.1 Sistema dual de registro 159
1.1.1 Registro de emissor de valores mobiliários 163
1.1.2 Registro de oferta pública de distribuição de valores mobiliários. . 174
1.1.3 Listagem e admissão à negociação em mercado organizado 181
1.2 Companhia aberta: valores mobiliários "admitidos à negociação"? . . . 186

1.2.1 Divergência doutrinária: conceito formal ou material? 187
1.2.2 O registro como requisito de admissão à negociação, *de lege lata* . . 192
1.2.2.1 Registro de companhia aberta "de prateleira" 202
1.2.2.2 Cancelamento de ofício de registro de emissor (Audiência Pública SDM n. 09/2020). 206
1.2.2.3 Registro de companhia aberta (ou assemelhada) estrangeira (Instrução CVM n. 332/2000) 209
1.2.3 O registro como requisito de admissão à negociação, *de lege ferenda* 211

CAPÍTULO 2
FRONTEIRAS DA DISCIPLINA (I): DIVISÕES INTERNAS 217

2.1 Notas preliminares: um problema de origem 218
2.1.1 Traços originais da disciplina: dicotomia entre companhias abertas e fechadas. 218
2.1.2 Uma face do problema: espécies de valores mobiliários admitidos à negociação. 219
2.1.3 Outra face do problema: diferenças de porte. 222
2.2 Disciplina da companhia aberta conforme as espécies de valores mobiliários admitidos à negociação 224
2.2.1 Categorias de registro de companhia aberta (artigo 4º, §3º da Lei n. 6.404/1976) 224
2.2.2 Regulamentação das categorias de registro (Instrução CVM n. 480/2009 e Resolução CVM n. 80/2022). 233
2.2.2.1 Discussões preliminares (Audiência Pública SDM n. 07/08) . 233
2.2.2.2 Categoria A. 239
2.2.2.3 Categoria B. 247
2.2.2.4 Adaptação ao regime de categorias de registro 253
2.2.2.5 Conversão de categoria de registro 253
2.2.3 Reformas adicionais à disciplina legal da companhia aberta 258
2.2.4 Considerações finais 259
2.2.4.1 Companhia aberta: "aberta" para quem? 260
2.2.4.2 Companhias com valores mobiliários de dívida admitidos à negociação (categoria B) 263
2.3 Disciplina da companhia aberta conforme o seu porte 266
2.3.1 Histórico regulatório 266
2.3.2 Futura categoria C? 276
2.3.3 Iniciativa frustrada (Medida Provisória n. 881/2019) 279

2.3.4 Nova disciplina das companhias de menor porte (Lei Complementar n. 182/2021 e Lei n. 14.195/2021) 283
2.3.5 Considerações finais 289

CAPÍTULO 3
FRONTEIRAS DA DISCIPLINA (II): LIMITES EXTERNOS 293

3.1 Notas preliminares: mais uma vez, um problema de origem 294
3.1.1 Exceções ao sistema dual de registro 294
3.1.2 Uma face do problema: dispensa de registro 295
3.1.3 Outra face do problema: registro paralelo 296
3.2 Disciplina das companhias que acessam o mercado sob dispensa de registro 298
3.2.1 Dispensa de registro (artigos 19, §5º e 21, §6º da Lei n. 6.385/1976) 298
3.2.2 Regulamentação da dispensa de registro pela CVM 300
3.2.2.1 Histórico regulatório 300
3.2.2.2 Ofertas públicas distribuídas com esforços restritos (Instrução CVM n. 476/2009) 306
3.2.2.2.1 Dispensa de registro 306
3.2.2.2.2 Contrapartida: esforços restritos 312
3.2.2.2.3 Distribuição de valores mobiliários de dívida 317
3.2.2.2.4 Distribuição de valores mobiliários de capital 320
3.2.2.2.5 Disciplina do emissor (não registrado) 326
3.2.2.3 Mudanças à vista: novo regime das ofertas públicas de distribuição de valores mobiliários (Audiência Pública SDM n. 02/2021) 329
3.2.2.4. Ofertas públicas de *crowdfunding* de investimento (Instrução CVM n. 588/2017) 334
3.2.2.4.1. Dispensa de registro 334
3.2.2.4.2. Contrapartida: novas restrições 342
3.2.2.4.3. Disciplina da sociedade empresária de pequeno porte 345
3.2.2.5 *Sandbox* regulatório 349
3.2.3 Considerações finais 350
3.2.3.1 Acesso ao mercado por companhia não registrada: antinomia aparente? 350
3.2.3.2 A dispensa de registro, *de lege lata* 352
3.2.3.3 A dispensa de registro, *de lege ferenda* 357

CONCLUSÃO 363

REFERÊNCIAS 377

INTRODUÇÃO

Companhia: aberta?

O que é a companhia aberta segundo o Direito brasileiro?

Como resposta imediata, dir-se-ia provavelmente que a companhia aberta é aquela cujos valores mobiliários estão admitidos à negociação em bolsa ou mercado de balcão. Afinal, é essa a definição consagrada há décadas em nossa legislação.

Porém, essa resposta não parece suficiente a fazer cessar a curiosidade.

Ao insistir-se na pergunta, nota-se então que essa definição legal estabelece uma dicotomia entre companhias abertas e fechadas e funciona como ponto terminal de regras[1], atraindo a incidência de disciplina jurídica própria.

Contudo, daí surgem novas perguntas, de modo que a complexidade da pergunta original começa a se revelar: que conjunto de regras é esse aplicável às companhias abertas e por que essas regras incidem a partir da admissão de valores mobiliários de sua emissão à negociação nesse mercado?

[1] Adota-se aqui a expressão empregada por Celso Antônio Bandeira de Mello ao tratar do conceito de "serviço público", no sentido de que "*toda e qualquer noção jurídica (...) só tem préstimo e utilidade se corresponder a um dado sistema de princípios e regras; isto é, a um regime, uma disciplina peculiar. (...) Eis, pois, que um conceito jurídico é necessariamente um ponto terminal de regras, um termo relacionador de princípios e normas.*" (cf. BANDEIRA DE MELLO, Celso Antônio. *Prestação de serviços públicos e administração indireta.* São Paulo: Revista dos Tribunais, 1973. p. 18) Ainda sobre os conceitos jurídicos indeterminados, destacando a definição supracitada: GRAU, Eros Roberto. Os conceitos jurídicos e a doutrina real do Direito. In: *Revista da Faculdade de Direito*, Universidade de São Paulo, vol. 77, 1982. p. 233.

O que exatamente constitui a admissão à negociação dos valores mobiliários de emissão da companhia? A admissão à negociação, ou a efetiva negociação, de toda e qualquer espécie de valores mobiliários sujeita as companhias emissoras ao mesmo conjunto de regras? E ainda, ficam as companhias abertas sujeitas ao mesmo conjunto de regras independentemente de características como o seu porte, ou da forma e intensidade com que acessam esse mercado? É possível às companhias acessar o mercado de valores mobiliários sem atrair a incidência dessa disciplina?

Por sua vez, essas novas perguntas dão pistas de como o tratamento originalmente conferido às companhias abertas pelo Direito brasileiro foi posto em questão pela realidade subjacente. Apontam, ainda, para a complexidade que o tema foi adquirindo na medida em que, para fazer face à realidade, o universo de normas aplicáveis às companhias abertas foi continuamente alterado e ampliado.

Referimo-nos, em primeiro lugar, às divisões erigidas dentro dessa disciplina, a partir da adoção de medidas voltadas a tratar diferentemente as diferentes companhias abertas. Destaca-se, nesse sentido, a instituição de categorias de registro de companhia aberta, cada qual sujeita a subconjuntos específicos de regras.

Em segundo lugar, referimo-nos às medidas adotadas para ampliar o acesso ao mercado de valores mobiliários a outros emissores que se organizem sob a forma de sociedade anônima mas não possuam registro de companhia aberta, gerando um movimento quase que de *erosão* dos limites externos daquela disciplina. Em especial, ressalta-se a permissão para a realização de ofertas públicas de valores mobiliários sob dispensa de registro.

Não surpreende, portanto, que o quadro atual cause perplexidade e provoque novas indagações quanto a essas divisões e esses limites. Afinal, deles decorre uma nova e complexa taxonomia.

Posto que essas inovações foram introduzidas sob a égide de uma disciplina pautada e estruturada em torno da dicotomia entre companhias abertas e fechadas – tanto assim que a definição legal de companhia aberta permanece essencialmente inalterada, do ponto de vista formal –, não é desprezível o esforço de interpretação que por vezes se faz necessário à adequada compreensão e aplicação das normas sobre a matéria.

Soma-se a isso o fato de que a conjugação das novas normas amplia a gama de possibilidades de acesso ao mercado de capitais[2] pelas companhias no país, revelando uma concorrência entre arranjos jurídicos não necessariamente simétricos.

Esses impulsos sinalizam efervescência em torno das fronteiras da disciplina jurídica da companhia aberta, produto dessas divisões e desses limites. O termo *fronteira* será aqui empregado figurativamente, no intuito de situar esses movimentos, destacando os diferentes espaços construídos pelo Direito, dentro ou no entorno desse campo, e assim propondo reflexão sobre o tema a partir da articulação de diferentes linhas divisórias.

Os comentários e questionamentos aqui brevemente derivados da pergunta que abre este Capítulo introduzem as principais questões que este trabalho pretende abordar ao examinar o objeto e a estrutura da disciplina jurídica da companhia aberta.

Delimitação do tema

A pergunta inicialmente formulada – "*O que é a companhia aberta segundo o Direito brasileiro?*" – carrega consigo um importante pressuposto, que delimita os objetivos deste estudo.

A companhia aberta é elemento da realidade social que poderia ser estudado sob diferentes dimensões, sendo o Direito apenas uma dessas múltiplas facetas. O pressuposto da referida pergunta é exatamente que a companhia aberta *existe* no Direito brasileiro, como uma *construção jurídica* por assim dizer, produto do conjunto de normas sobre o tema.

[2] Como comenta Trindade, "[o] *sentido e o limite das expressões mercado financeiro, mercado de capitais e mercado de valores mobiliários está longe de ser unívoco*", sendo que a distinção entre os dois últimos termos "*é menos clara na prática*" (cf. TRINDADE, Marcelo. Processo sancionador na CVM: limites e possibilidades. In: *Lei das S.A. em seus 40 anos.* Rio de Janeiro: Forense, 2017. p. 481). Isso posto, serão empregados ambos os termos neste trabalho em referência ao mercado em que são publicamente transacionados os títulos corporativos (ou seja, emitidos pelas companhias), o último deles designando mais especificamente o perímetro traçado pela Lei n. 6.385/1976.

É nesse sentido que este trabalho se concentra na *disciplina jurídica* da companhia aberta[3]. Trata-se, essencialmente, de uma tentativa de retratar a companhia aberta em sua dimensão jurídica, que parte da inevitável indagação quanto aos propósitos segundo os quais o Direito se ocupa desse objeto, para então estudar como se desenha sua disciplina normativa[4].

Notadamente, concentra-se este estudo no regime societário e de tutela do mercado de valores mobiliários inaugurado com o marco legal de 1976. Frutos de um mesmo esforço histórico-político, as Leis n. 6.385/1976 e 6.404/1976 consagraram a já mencionada dicotomia entre companhias abertas e fechadas e lançaram as bases de sua disciplina normativa[5].

[3] O termo "disciplina jurídica" é aqui empregado para designar um sistema ou corpo de normas jurídicas destinado a disciplinar, de maneira específica, um dado objeto – no caso deste estudo, a companhia aberta. Ainda que essa disciplina seja composta por normas de ordens distintas e pertencentes a diferentes diplomas, entendemos que merecem ser estudadas de maneira unitária e sistemática, em vista de seu objeto e objetivos comuns, e por motivo de ordem pragmática – isto é, para permitir a adequada compreensão e análise do tratamento conferido às companhias abertas pelo Direito brasileiro, independentemente e sem que com isso se pretenda adentrar eventual discussão quanto à autonomia dessa disciplina como ramo do Direito.

[4] Dito isso, cumpre ressalvar que a pergunta original ("*O que é a companhia aberta segundo o Direito brasileiro?*") não é tecnicamente precisa, e foi aqui formulada no intuito exclusivo de elucidar o raciocínio que conduz à delimitação do objeto e dos objetivos deste estudo. Como bem apontou Alf Ross, perguntas desse tipo ("*O que é...?*") podem ser adequadas para uma descrição detalhada de um objeto ao qual se refere uma palavra cujo significado está acima de qualquer dúvida ("*O que é a água?*"), mas não o são quando o que se pretende é precisamente estabelecer o sentido de uma *expressão* ("*O que é o Estado?*"). (cf. ROSS, Alf. Sobre los conceptos de "estado" y "órganos del estado" en derecho constitucional. In: *El concepto de validez y otros ensayos*. Buenos Aires: Centro Editor de America Latina, 1969. p. 85) Não há dúvida de que o objeto deste estudo pertence ao segundo grupo. Nesse ponto, é pertinente a observação de Eros Grau no sentido de que os conceitos jurídicos são usados não para definir essências, e sim para permitir a aplicação de normas jurídicas. (cf. GRAU, Eros Roberto. Os conceitos jurídicos e a doutrina real do Direito. In: *Revista da Faculdade de Direito*, Universidade de São Paulo, vol. 77, 1982. p. 233)

[5] Não obstante, para compreender as raízes e a relevância da reforma de 1976, os antecedentes normativos da disciplina da companhia aberta serão estudados no Capítulo 1 da Parte I. Ressalva-se que este estudo promove análise parcial da Lei n. 6.404/1976, concentrando-se nas regras dedicadas exclusivamente às companhias abertas, às quais, não obstante, aplica-se também seu regime comum. Também da Lei n. 6.385/1976 este estudo promove análise parcial, concentrando-se nos dispositivos aplicáveis às companhias abertas, sem se aprofundar nas regras que regem os demais participantes e estruturas do mercado de valores mobiliários. Ademais, este estudo se dedica mais às regras que regem o acesso e a permanência das

É importante ressaltar que o retrato a que se dedica este trabalho será traçado com o olhar voltado sobretudo aos contornos da disciplina jurídica da companhia aberta, sem a pretensão de descrever e analisar em detalhes cada uma das normas que a integram. O estudo mira especialmente certos denominadores comuns dessas normas e o modo como elas se estruturam e se relacionam, donde surgem questões que não se esgotam na análise individualizada e sequencial dessas normas – na verdade, a antecedem.

Nesse desígnio, serão estudadas mais detidamente as normas que escoram as chamadas *fronteiras* da disciplina jurídica da companhia aberta, exercício esse de particular importância, visto que a taxonomia que dele resulta acusa, a nosso ver, tratamento por vezes assimétrico, ou mesmo assistemático, pelo Direito brasileiro. Desse quadro exsurgem interessantes questões relacionadas à validade de algumas dessas normas e à correspondência com os fins que as inspiram[6], assim como à unidade e coerência interna dessa disciplina[7].

Com isso, pretende-se fomentar a análise de questões próprias à disciplina jurídica da companhia aberta, que, apesar de sua relevância prática, permanecem pouco exploradas pela doutrina sob a ótica aqui proposta e merecem ser debatidas e esclarecidas, a bem da adequada compreensão e da reflexão sobre o tema.

companhias no mercado de valores mobiliários do que àquelas que regem a eventual saída desse mercado. Não integram o escopo de análise normas de natureza fiscal ou outras que incidam em função da configuração como companhia aberta, exceção feita àquelas referidas no Capítulo 1 da Parte I.

[6] O termo "validade" é aqui empregado em referência à existência da norma enquanto tal, o que envolve uma investigação tipicamente jurídica quanto à competência de quem a emanou, se não foi revogada e se não é incompatível com outras regras (isto é, se não houve revogação implícita). (cf. BOBBIO, Norberto. *Teoria da Norma Jurídica*. 3ª ed. Bauru: Edipro, 2005. p. 46-47; REALE, Miguel. *Lições preliminares de Direito*. 27ª ed. São Paulo: Saraiva, 2006. p. 105 et seq.) Já a análise da correspondência entre determinada norma e os fins que a inspiram poderia, no limite, levar a uma investigação tipicamente filosófica (cf. BOBBIO, Norberto. *Teoria da Norma Jurídica*. 3ª ed. Bauru: Edipro, 2005. p. 51-52), incompatível com a metodologia deste trabalho e com suas limitações de escopo. Portanto, a análise abrangerá tão somente a perquirição das finalidades que inspiram as normas que disciplinam as companhias abertas, preliminar e complementarmente à análise formal dessas normas, evitando discussões de natureza deontológica e restringindo-se à indagação quanto à aptidão de normas específicas à consecução de tais fins.

[7] Cf. BOBBIO, Norberto. *Teoria do Ordenamento Jurídico*. 10ª ed. Brasília: Universidade de Brasília, 1999. p. 34 et seq.

Essa abordagem é pautada primordialmente pela preocupação com a promoção de segurança jurídica em torno das normas que regem as companhias abertas, *de lege lata*. Bem se sabe que o enquadramento como companhia aberta atrai a incidência de um conjunto específico e mais oneroso de normas; porém, como ilustram as indagações aventadas acima, essa classificação comporta nuances que não se esgotam na simples referência ao critério de distinção binário da definição legal. Espera-se, portanto, contribuir para a elucidação desse quadro, explorando as aparentes zonas cinzentas quanto à sua delimitação.

Ao mesmo tempo, espera-se contribuir para a promoção de reflexão sobre os contornos da disciplina jurídica da companhia aberta, inclusive quanto aos novos caminhos que a ela se apresentam, *de lege ferenda*.

Plano de trabalho e metodologia

Este estudo é dividido em duas partes, compostas por um total de cinco capítulos, além desta Introdução e da Conclusão.

A *Parte I* será dedicada à identificação do objeto e à análise preliminar da estrutura da disciplina jurídica da companhia aberta, no intuito de proporcionar uma visão panorâmica do tema.

No *Capítulo 1* analisar-se-á de maneira introdutória as origens históricas da disciplina jurídica da companhia aberta. Em seguida, dar-se-á início ao estudo da disciplina da companhia aberta pelo Direito brasileiro, com o exame de seus antecedentes normativos, com vistas a contribuir à compreensão das raízes e da relevância da reforma promovida em 1976.

No *Capítulo 2* dar-se-á continuidade ao estudo da disciplina da companhia aberta pelo Direito brasileiro tal como consagrada a partir do marco legal de 1976, investigando o contexto e os objetivos dessa reforma. Essa análise será concentrada no plano das Leis n. 6.385/1976 e 6.404/1976 e obedecerá a ordem cronológica, no intuito de explorar como foi originalmente delineado o objeto e estruturada a disciplina, bem como o impacto para esses fins das principais reformas e alterações posteriormente introduzidas.

A *Parte II* será dedicada à análise mais detida das *fronteiras* da disciplina jurídica da companhia aberta, com foco nas normas legais e regulamentares que as escoram, tomando por base o estudo sobre o objeto e a estrutura da disciplina da Parte I.

No *Capítulo 1* examinar-se-á a relação entre as normas sobre o registro de emissor e o registro de oferta pública de distribuição de valores mobiliários e as referidas *fronteiras*, com foco nos elementos centrais à atração dessa disciplina.

No *Capítulo 2* serão exploradas certas divisões internas da disciplina jurídica da companhia aberta, com foco nas principais iniciativas no tocante à regulação das companhias abertas conforme a espécie de valores mobiliários de sua emissão admitidos à negociação e conforme o seu porte.

No *Capítulo 3* serão analisados os limites externos da disciplina jurídica da companhia aberta, com destaque para as principais iniciativas no tocante à dispensa dos registros antes mencionados.

Finalmente, na Conclusão, as conclusões parciais dos capítulos anteriores serão consolidadas e articuladas.

A disciplina jurídica da companhia aberta será aqui considerada não apenas sob o prisma formal, mas como produto de situações histórico-políticas. A perspectiva histórica será priorizada nas abordagens de pesquisa e interpretação, buscando-se um estudo não estático, e sim iluminado pela evolução dessa disciplina e da realidade subjacente[8]. Para tanto, as normas pertinentes serão encaradas sob dupla visão, retrospectiva e prospectiva[9].

O principal substrato para esse estudo será a produção normativa em torno do tema, isto é, as normas em vigor e aquelas já revogadas atinentes às companhias abertas no Brasil[10]. Contudo, como bem assinalou Bobbio, "[o] *legislador é um personagem imaginário que esconde uma realidade mais*

[8] Pontua-se aqui a importância de se enxergar a disciplina jurídica da companhia aberta, como produto histórico-jurídico, sob ótica mais ampla, que permita a compreensão de sua dimensão sociológica. Dentro de suas limitações de escopo e de metodologia, o presente estudo será desenvolvido de maneira atenta às transformações vividas nesse período de transição de sociedade moderna para contemporânea, buscando compreender e situar as marcas da contemporaneidade que esse exercício revela.

[9] A expressão é empregada por Reale ao comentar o problema da hermenêutica jurídica. É dessa visão, segundo o autor, que deve resultar o significado concreto da norma. (cf. REALE, Miguel. *Lições preliminares de Direito*. 27ª ed. São Paulo: Saraiva, 2006. p. 293-294)

[10] Ainda dentro dessa perspectiva, o Direito estrangeiro será tido em conta pontualmente como subsídio de análise na medida em que isso se justificar por sua contribuição para a compreensão das origens e a reflexão sobre os contornos e caminhos da disciplina brasileira.

complicada"[11]. Para descortinar essa realidade, recorrer-se-á a fontes secundárias como exposições de motivos, relatórios de audiência pública e outras pertinentes ao processo de produção normativa, como registros históricos das motivações para edição, alteração ou revogação de diferentes normas e do sentido que se lhes pretendeu conferir. Também as abordagens do tema em sede doutrinária e jurisprudencial – em especial, na jurisprudência administrativa da CVM – serão levadas em consideração enquanto fotografias de convicções e expectativas contemporâneas, assim como dados estatísticos e outras informações disponíveis, relacionadas à realidade das companhias abertas e do mercado de valores mobiliários brasileiro[12].

[11] Cf. BOBBIO, Norberto. *Teoria do Ordenamento Jurídico*. 10ª ed. Brasília: Universidade de Brasília, 1999. p. 37.

[12] Nesse ponto, apesar de abalizadas as fontes, faz-se necessária a ressalva quanto à dificuldade de verificação da metodologia empregada e dos critérios adotados no cômputo de dados sobre as companhias abertas e o mercado de valores mobiliários.

PARTE I

CAPÍTULO 1
A COMPANHIA ABERTA NO DIREITO BRASILEIRO (I): ANTES DA REFORMA DE 1976

Este Capítulo é dedicado ao estudo dos antecedentes normativos da atual disciplina jurídica da companhia aberta brasileira. Pretende-se investigar o caminho que conduziu à reforma de 1976, no intuito de avaliar em que medida as normas anteriores e as atuais se assemelham ou se distinguem, bem como a influência daquelas nestas, e assim permitir sua mais adequada compreensão[13]. Essa análise será precedida por breves notas a respeito das origens históricas da disciplina jurídica das companhias abertas, sob perspectiva mais ampla, com o fim de situar o estudo da disciplina da companhia aberta pelo Direito brasileiro. Em seguida, para contextualizar a análise do objeto e da estrutura das normas pertinentes que antecederam as Leis n. 6.385/1976 e 6.404/1976, serão compilados alguns dados ilustrativos da realidade subjacente das companhias e do mercado de capitais brasileiros da época.

13 Este estudo concentrar-se-á nos antecedentes normativos imediatos das Leis n. 6.385/1976 e 6.404/1976, iniciando-se pelo Decreto-lei n. 2.627/1940. Além de normas de Direito societário e do mercado de capitais, abordará também normas que, embora de natureza fiscal, contribuíram de forma peculiar à construção de uma disciplina própria para as companhias abertas.

1.1 Notas preliminares

1.1.1 Origens históricas

A sociedade anônima moderna é tipo societário cujas origens remontam às companhias coloniais dos séculos XVII e XVIII. Tais companhias, constituídas por concessão governamental para projetos de grande escala, como a exploração comercial de novas rotas marítimas, permitiram a associação de recursos de comerciantes e investidores individuais a recursos do Estado para fazer frente aos desafios da era dos grandes descobrimentos[14].

Para o sucesso do instituto e sua capacidade de mobilização de capitais foram determinantes especialmente *(i)* a consagração das participações em ações livremente transferíveis, e *(ii)* a limitação da responsabilidade dos acionistas. A história de sua difusão se entrelaça com aquela do desenvolvimento dos mercados de valores mobiliários, marcada pela criação de bolsas especializadas onde as ações passaram a ser negociadas[15].

No período da Revolução Industrial, que igualmente demandou a mobilização de vultosos recursos para fazer frente às inovações tecnológicas, houve maior consolidação da sociedade anônima como forma de organização da atividade empresária[16]. Com isso ganhou intensidade a reivindicação de empresários quanto ao livre uso da forma de sociedade anônima – que, nos mais

[14] Cf. LAMY FILHO, Alfredo. BULHÕES PEDREIRA, José Luiz. *A Lei das S.A.*: pressupostos, elaboração, aplicação. 3ª ed. Rio de Janeiro: Renovar, 1997. Vol. I. p. 19 et seq.; VALVERDE, Trajano de Miranda. *Sociedades por ações*: comentários ao decreto-lei n. 2.627, de 26 de setembro de 1940. 2ª ed. Rio de Janeiro: Forense, 1953. Vol. I. p. 10 et seq.; BATALHA, Wilson de Souza Campos. *Sociedades anônimas e mercado de capitais*. Vol. I. Rio de Janeiro: Forense, 1973. p. 9-74; COSTA, Philomeno J. da. *Anotações às companhias*. Vol. I. São Paulo: Revista dos Tribunais, 1980. p. 1 et seq.; ASCARELLI, Tullio. *Problemas das sociedades anônimas e Direito comparado*. 2. ed. São Paulo: Saraiva, 1969.p. 313 et seq.; CLARK, Robert Charles. *Corporate Law*. Boston: Little, Brown and Company, 1986. p. 3 et seq.

[15] Cf. LAMY FILHO, Alfredo. BULHÕES PEDREIRA, José Luiz. *A Lei das S.A.*: pressupostos, elaboração, aplicação. 3ª ed. Rio de Janeiro: Renovar, 1997. Vol. I. p. 34; 38 et seq. Ver também LAMY FILHO, Alfredo. BULHÕES PEDREIRA, José Luiz. *Direito das companhias*. 2ª ed. Rio de Janeiro: Forense, 2017. p. 98-101.

[16] Cf. LAMY FILHO, Alfredo. BULHÕES PEDREIRA, José Luiz. *A Lei das S.A.*: pressupostos, elaboração, aplicação. 3ª ed. Rio de Janeiro: Renovar, 1997. Vol. I. p. 43 et seq.; 144-145. Ainda sobre o tema: CLARK, Robert Charles. *Corporate Law*. Boston: Little, Brown and Company, 1986. p. 3-4.

diversos países e por longo período, foi tratada como privilégio e dependeu de autorização especial.

Esse movimento culminou com a liberação da constituição de sociedades anônimas[17], o que permitiu sua mais frequente utilização e posterior consolidação como principal veículo da grande empresa privada, determinante para o desenvolvimento das economias de mercado modernas.

Não se pretende aqui empreender um completo retrospecto das origens e evolução do instituto, e sim, tão somente, ressaltar o fato de que se trata de uma forma de organização empresarial dedicada, em sua origem, à concentração de grande número de investidores e à mobilização de grandes volumes de capital. E ainda, destacar as principais características que ainda hoje distinguem as sociedades anônimas, a despeito das particularidades da legislação de cada país. Como diziam Lamy e Bulhões, as características da sociedade anônima "*têm origem e fundamento em sua função no mercado de capitais*"[18].

1.1.2 Companhias abertas e fechadas

Com a liberação da constituição de sociedades anônimas, as vantagens que essa forma de organização apresenta em comparação com os demais tipos societários impulsionaram sua adoção mesmo por companhias com reduzido número de sócios e sem a pretensão de promover esforço de captação no mercado de capitais. São exemplos de vantagens, decorrentes das características antes mencionadas, a perenidade da companhia em relação aos sócios pessoas físicas e a maior conveniência para a profissionalização da administração[19].

17 Sobre o pioneirismo da legislação francesa nesse aspecto e seus reflexos em outros países, inclusive no Brasil, ver RIPERT, Georges. *Aspects juridiques du capitalisme moderne*. 2ª ed. Paris: Librairie Générale de Droit et Jurisprudence, 1951. p. 56 et seq.; VALVERDE, Trajano de Miranda. *Sociedades por ações*: comentários ao decreto-lei n. 2.627, de 26 de setembro de 1940. 2ª ed. Rio de Janeiro: Forense, 1953. Vol. I. p. 25; BATALHA, Wilson de Souza Campos. *Sociedades anônimas e mercado de capitais*. Vol. I. Rio de Janeiro: Forense, 1973. p. 17-25. No Brasil, a constituição de sociedades anônimas dependeu de lei especial até 1849 (vide item 1.2 a seguir).

18 Cf. LAMY FILHO, Alfredo. BULHÕES PEDREIRA, José Luiz. *Direito das companhias*. 2ª ed. Rio de Janeiro: Forense, 2017. p. 95.

19 Cf. LAMY FILHO, Alfredo. BULHÕES PEDREIRA, José Luiz. *A Lei das S.A.*: pressupostos, elaboração, aplicação. 3ª ed. Rio de Janeiro: Renovar, 1997. Vol. I. p. 84; LAMY FILHO, Alfredo. BULHÕES PEDREIRA, José Luiz. *Direito das companhias*. 2ª ed. Rio de Janeiro: Forense, 2017. p. 95-96. Os autores mencionam também como vantagem a maior facilidade de

Esse movimento ganhou popularidade na prática comercial. Com efeito, em diversos países há registro de que essas companhias (por assim dizer, "fechadas") superaram em número as típicas companhias "abertas"[20].

Com o tempo, essa distinção passou a ser reconhecida e incorporada à legislação de diferentes países, sob a percepção de que as diferenças entre uma e outra e a popularidade dessas novas companhias justificariam que lhes fosse dedicada disciplina específica[21].

crédito que o regime de proteção aos credores e de publicidade das sociedades anônimas proporciona. Ver também CLARK, Robert Charles. *Corporate Law*. Boston: Little, Brown and Company, 1986. p. 27.

[20] Ressaltava Hofstetter, em 2005, que "*in practically all economies an important segmentation between listed and non-listed companies has taken root, whereby the largest companies tend to be listed, but the overwhelming majority, mainly the smaller and medium-sized firms, stay private*" (cf. HOFSTETTER, Karl. *One size does not fit all:* corporate governance for "controlled companies". p. 6. Disponível em: https://papers.ssrn.com/sol3/papers.cfm?abstract_id=802705. Acesso em: 28 dez. 2018). Ainda sobre o tema: "*The close corporation is also the preferred vehicle for non-listed firms in emerging and transition markets. Although the development has been quite different depending on the legal system, the close corporation has been adopted in almost all countries of the world.*" (cf. McCAHERY, Joseph A. VERMEULEN, Erik P. Corporate governance of non-listed companies. Oxford University Press: Oxford, 2008. p. 25) No mesmo sentido, nota-se que "*the form of enterprise which actually is in the foreground in Continental Europe, namely the non-listed, personally-oriented enterprise, i.e. the variety of smaller corporations and the even larger number of private limited companies. They not only dominate in numbers, but in a majority of countries (exception, e.g. Switzerland) in terms of economic significance as well.*" (cf. ROTH, Günter H. KINDLER, Peter. *The spirit of corporate law*: core principles of corporate law in continental Europe. Munique: CH Beck, 2013. p. 8) Lamy e Bulhões comentam que essas companhias "*multiplicaram-se até quantidade que supera, de muito, a das companhias cujos valores mobiliários circulam no mercado de capitais, embora não em dimensão e importância econômica*". (cf. LAMY FILHO, Alfredo. BULHÕES PEDREIRA, José Luiz. *Direito das companhias*. 2ª ed. Rio de Janeiro: Forense, 2017. p. 96) Para levantamentos sobre a maior proporção de companhias "fechadas" no Reino Unido e na Alemanha, por exemplo, ver DAVIES, Paul. *Gower and Davies' principles of modern company law*. 8ª ed. Londres: Sweet & Maxwell, 2008. p. 11-15; FLEISCHER, Holger. "A guide to German company law for international lawyers: distinctive features, particularities, idiosyncrasies". *Max Planck Private Law Research Paper n. 15/8*. Disponível em: https://ssrn.com/abstract=2597062. Acesso em: 05 dez. 2018.

[21] Como observam Lamy e Bulhões, "[d]*esde a origem da legislação sobre companhia como instituto de direito privado, as leis que a regularam pressupunham sua participação nos mercados mediante oferta pública de títulos subscritos, e a difusão de companhias que não participam dos mercados se fez durante muito tempo sem normas especiais que as regulassem*". (cf. LAMY FILHO, Alfredo. BULHÕES PEDREIRA, José Luiz. *Direito das companhias*. 2ª ed. Rio de Janeiro: Forense, 2017. p. 96) Ainda sobre o tema, comenta Clark: "*That so many close corporations have been formed has greatly affected the development of corporate law, in two major ways. The fist way is obvious and*

O Reino Unido foi precursor ao disciplinar as chamadas *private companies*, em oposição às *public companies*, no *Companies (Consolidation) Act*

has been recognized by all writers on corporate law. The close corporations gave rise to a special line of cases, to special charter provisions, and eventually to close corporation statutes or statutory provisions, dealing with problems peculiar to close corporations, or much more characteristic of them." O segundo fator apontado por Clark é o desenvolvimento nos Estados Unidos de uma jurisprudência das Cortes estatais voltada muito mais às "*close corporations*". (cf. CLARK, Robert Charles. *Corporate Law*. Boston: Little, Brown and Company, 1986. p. 28) Antes da instituição dessa distinção, ao comentar a realidade das companhias francesas, afirmou Ripert: "*La tâche est difficile, car dans ces quarante mille sociétés anonymes, il y a de tout, depuis la modeste société à caractère familial dont les titres ne circulent pas et restent parfois attachés à la souche, jusqu'au trust gigantesque dont les actions alimentent tous les marches du monde. Le législateur soumet toutes les sociétés anonymes aux mêmes lois, règle d'égalité démocratique qui aboutit à ce résultat de faire protéger les puissants par la masse des petits. Ce qu'il y a de plus sûr pour avoir une idée générale de l'importance des sociétés par actions est de ne retenir que celles dont les titres sont cotés à la Bourse. On a essayé dans ces derniers temps d'imposer une surveillance particulièrement active à celles* "qui font appel au public", *mais le sens de cette expression reste indécis; toutefois la cotation officielle est un élément certain.*" (cf. RIPERT, Georges. *Aspects juridiques du capitalisme moderne*. 2ª ed. Paris: Librairie Générale de Droit et Jurisprudence, 1951. p. 67-68) E ainda, concluiu: "*Si on était parti de cette idée nette que la société anonyme est une machine à collecter l'épargne, on aurait appliqué le régime juridique qui convient à ces seules sociétés. (...) Il ne faut pas imposer aux petites sociétés familiales le lourd appareil qui est nécessaire aux autres.*" (cf. RIPERT, Georges. Aspects juridiques du capitalisme moderne. 2ª ed. Paris: Librairie Générale de Droit et Jurisprudence, 1951. p. 114) Recentemente a popularidade da forma "fechada" na prática empresarial tem atraído para essas sociedades maior atenção da doutrina e de legisladores. (cf, BACHMANN, Gregor. EIDENMÜLLER, Horst. ENGERT, Andreas. FLEISCHER, Holger. SCHÖN, Wolfgang. *Regulating the closed corporation*. Berlin/Boston: Walter de Gruyter, 2014. p. 1-4) Nesse sentido, por exemplo, os autores da obra "*The spirit of corporate law*" criticam a política de harmonização do direito societário no âmbito da União Europeia por ter tido maior foco nas companhias listadas ("*listed companies*"), ainda que essas representem uma minoria na Europa. (cf. ROTH, Günter H. KINDLER, Peter. *The spirit of corporate law*: core principles of corporate law in continental Europe. Munique: CH Beck, 2013. p. V) Ainda sobre as origens e influências do desenvolvimento de regime separado para as companhias fechadas, ver McCAHERY, Joseph A. VERMEULEN, Erik P. *Corporate governance of non-listed companies*. Oxford University Press: Oxford, 2008. p. 25-27. Dizem os autores: "*Generally the close corporation has developed in the image of the joint stock company with its capital-oriented structure. Since, as we have seen, the joint stock company is designed to attract substantial amounts of capital into the firm from passive investors and, consequently, to regulate the rich and intricate principal – agency problem between the shareholders and the managers, this structure is not sufficient for non-listed firms. Despite its perceived cumbersomeness and costly features, the close corporation has nevertheless become the preferred vehicle for closely held firms. In order to meet the specialized needs that arise from the idiosyncratic relationship in non-listed firms, legislative and judicial adjustment have, over the year, been constructed in a piecemeal fashion across jurisdictions.*" (p. 26)

de 1908[22]. Estabeleceu-se à época para as *private companies* regime de publicidade menos oneroso, que se pretendia excepcional[23]. Portanto, limitou-se o enquadramento como *private companies* às sociedades *(i)* formadas por até cinquenta membros, nas quais *(ii)* a transferência de ações fosse restrita e *(iii)* fosse vedada a oferta pública de debêntures e ações[24]. A distinção entre *private* e *public companies* existe ainda hoje, com contornos distintos, sob o *Companies Act* de 2006[25].

Também nos Estados Unidos, os diplomas societários foram paulatinamente reformados para dedicar às companhias "fechadas" (*close corporations*

[22] Em relação às *private companies*, comenta-se que elas "*developed in practice and later recognized by the legislature*" e influenciaram a legislação de outro países, de modo que "[m]*ost countries that once belonged to the British Empire included the close corporation form into their own corporate laws, as they were already familiar with basic legal principles of the donor jurisdiction*". (cf. McCAHERY, Joseph A. VERMEULEN, Erik P. *Corporate governance of non-listed companies*. Oxford University Press: Oxford, 2008. p. 25-26)

[23] Cf. DAVIES, Paul. *Gower and Davies' principles of modern company law*. 8ª ed. Londres: Sweet & Maxwell, 2008. p. 15. Ainda sobre o tema, ver CÂMARA, Paulo. *Manual de Direito dos Valores Mobiliários*. 2ª ed. Coimbra: Almedina, 2011.p. 502; VALVERDE, Trajano de Miranda. *Sociedades por ações*: comentários ao decreto-lei n. 2.627, de 26 de setembro de 1940. 2ª ed. Rio de Janeiro: Forense, 1953. Vol. I. p. 21-22.

[24] Cf. seção 121 (1) do Companies (Consolidation) Act de 1908: "*(1) For the purposes of this Act the expression "private company" means a company which by its articles (a) restricts the right to transfer its shares; and (b) limits the number of its members (exclusive of persons who are in the employment of the company) to fifty; and (c) prohibits any invitation to the public to subscribe for any shares or debentures of the company.*"

[25] Cf. Seção 4 do *Companies Act* de 2006: "*4 - Private and public companies: (1) A "private company" is any company that is not a public company. (2) A "public company" is a company limited by shares or limited by guarantee and having a share capital (a) whose certificate of incorporation states that it is a public company, and (b) in relation to which the requirements of this Act, or the former Companies Acts, as to registration or re-registration as a public company have been complied with on or after the relevant date.* (...)". Ainda assim, há questionamentos na doutrina sobre a razoabilidade de se submeter companhias tão diferentes a um único diploma societário. Segundo Davies, "[t]*he approach of the single Act seems to be feasible because, although British public companies are more highly regulated than private companies, the British legislation has always had less ambitious regulatory goals for public companies than our continental counterparts*". Contudo, o autor relata que o tema tem suscitado crítica, inclusive no sentido de que companhias pequenas e médias são prejudicadas pelo fato de serem submetidas a diploma único, cujas regras teriam sido pensadas para as grandes companhias com capital disperso. Em vista disso, previa, em 2008, que essa distinção teria crescente importância (cf. DAVIES, Paul. *Gower and Davies' principles of modern company law*. 8ª ed. Londres: Sweet & Maxwell, 2008. p. 13-15). Ainda sobre o tema, ver DAVIES, Paul. *Introduction to Company Law*. 2ª ed. Oxford: Oxford University Press, 2010. p. 107.

ou *privately held corporations*) disciplina específica[26]. Comenta-se que a lei societária do Estado de Delaware de 1967 inovou ao disciplinar destacadamente a companhia fechada, de maneira mais completa que Estados predecessores[27]. Ainda hoje, a *General Corporation Law* de Delaware, cuja popularidade é notória, dedica tratamento específico às companhias que elejam o *status* de *close corporation*[28].

[26] Cf. LATTY, Elvin R. CLIFFORD, Donald. Estats Unis d'Amérique. In: ROTONDI, M. *Enquête comparative sur les sociétés par actions*. Deventer: Kluwer, 1974. p. 837-838; 1083-1086; WELLS, Harwell. The rise of the close corporation and the making of corporation law. In: *Berkeley Business Law Journal*, vol. 5.2, 2008, p. 263-316. Não obstante, a distinção já era reconhecida na prática e na doutrina. Nesse sentido, veja-se o seguinte comentário, de 1948: "*Lawyers have long recognized, in practice if not in theory a distinction between two types of corporations termed – for lack of more precise appellations – the "close corporation" and the "public issue corporation" (...) In the economic sense in which the term is used in the United States, a "close corporation" is an enterprise in corporate form in which management and ownership are substantially identical. As a result of the identity the participant consider themselves "partners" and seek to conduct the corporate affairs to a greater or lesser extent in the manner of a partnership. Implementation or frustration of that desire has given rise to most of the litigated cases in the United States.*" (cf. ISRAELS, Carlos D. The close corporation and the law. In: *Cornell Law Review*, vol. 33, jun. 1948, p. 488)

[27] Cf. LATTY, Elvin R. CLIFFORD, Donald. Estats Unis d'Amérique. In: ROTONDI, M. *Enquête comparative sur les sociétés par actions*. Deventer: Kluwer, 1974. p. 843-844; 1983-1086; ECKERT, Robert J. WELLENS, David R. A comparison of the close corporation statutes of Delware, Florida and New York. In: *University of Miami Law Review*, 23, 1969. p. 530. Diz-se que essas regras foram desenhadas "*to free close corporations from the operation of statutory and case law rules, which are desirable with respect to publicly held corporations, but which may be unduly restrictable when applied to a corporation whose stock is closely held*" (cf. ARSHT, Samuel. STAPLETON, Walter. *Analysis of the New Delaware Corporation Law*. New Jersey: Prentice-hall, 1967. p. 343) Comentários da época destacavam a dificuldade para fixação de critério de distinção e a falta de consenso na doutrina norte-americana em torno da definição de *close corporation*. (cf. ECKERT, Robert J. WELLENS, David R. A comparison of the close corporation statutes of Delware, Florida and New York. In: *University of Miami Law Review*, 23, 1969. p. 15-16) Nesse ponto, escreve Câmara: "*A técnica distintiva nos direitos dos estados federados não se revelaria uniforme, embora os critérios mais utilizados sejam o número de sócios, a inexistência de um mercado para a negociação das participações sociais e a influência dos sócios na administração.*" (cf. CÂMARA, Paulo. *Manual de Direito dos Valores Mobiliários*. 2ª ed. Coimbra: Almedina, 2011. p. 504)

[28] Cf. §342 da *General Corporation Law* de Delaware: "*§ 342 Close corporation defined; contents of certificate of incorporation. (a) A close corporation is a corporation organized under this chapter whose certificate of incorporation contains the provisions required by §102 of this title and, in addition, provides that: (1) All of the corporation's issued stock of all classes, exclusive of treasury shares, shall be represented by certificates and shall be held of record by not more than a specified number of persons, not exceeding 30; and (2) All of the issued stock of all classes shall be subject to 1 or more of the restrictions on transfer permitted by § 202 of this title; and (3) The corporation shall make no offering of any of its stock of any*

De modo geral, as companhias "fechadas" são geralmente identificadas a partir de duas características principais: *(i)* o impedimento à distribuição e à negociação pública de ações – e, por vezes, de outros valores mobiliários – de sua emissão; e *(ii)* número reduzido de sócios[29]. Diz-se, por isso, que *"a companhia fechada representa o oposto da sociedade anônima original"*[30].

class which would constitute a "public offering" within the meaning of the United States Securities Act of 1933 [15 U.S.C. § 77a et seq.] as it may be amended from time to time. (...)"

[29] Há vasta doutrina examinando esses distintos universos de companhias e os diferentes conflitos e desafios característicos de uma e outra forma de organização. Por ora, limitamo-nos a destacar os seguintes comentários sobre o tema: *"Closeness generally means that shares in closed corporations are not tradable on the stock exchange, i.e., the group of shareholders is restricted. In addition, the shares are – at least potentially – subject to restrictions on transfer. If and to what extent these (or other) characteristics stand out as the constitutive elements of a closed corporation in a given legal system depends on the individual case."* (cf. BACHMANN, Gregor. EIDENMÜLLER, Horst. ENGERT, Andreas. FLEISCHER, Holger. SCHÖN, Wolfgang. *Regulating the closed corporation*. Berlin/Boston: Walter de Gruyter, 2014. p. 6); *"The principal distinguishing feature of the closely held corporation is a small number of shareholders, though in all likelihood the firm will also be one of relatively modest economic scope (whether measured by revenues, by asset, or on any other scale), and generally (though by no means always) the people owning a substantial portion of the total shares will occupy the top managerial positions or will be involved in a meaningful way in the selection and monitoring of the people who do occupy those positions as well as in the formulation of corporate strategies and policies."* (cf. KLEIN, William A. COFFEE, John C. PARTNOY, Frank. Business Organization and Finance: Legal and Economic Principles. New York: Foundation Press, 2010. p. 107); sob a legislação dos países-membros da União Europeia, comenta-se que a companhia "fechada" é identificada como *"a small corporation – characterised by a lesser degree of stringency in relation to form, a greater degree of contractual freedom and the inegibility to be traded on an exchange"* (cf. ROTH, Günter H. KINDLER, Peter. *The spirit of corporate law*: core principles of corporate law in continental Europe. Munique: CH Beck, 2013. p. 18); *"The specific characteristics and the use of the closed corporation are reflected by the shift in the respective relevance of the individual conflicts of interest in comparison to capital market-oriented (public) corporations: a. Conflicts between shareholders and directors are not as strong in the closed corporation. (...) b. By contrast, conflicts between shareholders are more serious in the closed corporation. (...) c. Conflicts between shareholders and third parties, in particular creditors, are also accentuated in the closed corporation. (...)."* (cf. BACHMANN, Gregor. EIDENMÜLLER, Horst. ENGERT, Andreas. FLEISCHER, Holger. SCHÖN, Wolfgang. *Regulating the closed corporation*. Berlin/Boston: Walter de Gruyter, 2014. p. 8; 23) Ainda sobre o tema, sob a perspectiva da legislação brasileira, aprofundada no decorrer deste trabalho, ver TELLECHEA, Rodrigo. *Autonomia privada no direito societário*. São Paulo: Quartier Latin, 2016. p. 253.

[30] Cf. COMPARATO, Fábio Konder. "O direito ao dividendo nas companhias fechadas". In: *Direito Empresarial*. São Paulo: Saraiva, 1995. p. 160. Em sentido semelhante, ver CLARK, Robert Charles. *Corporate Law*. Boston: Little, Brown and Company, 1986. p. 25.

A distinção entre companhias "abertas" e "fechadas" ainda hoje suscita debate sobre como melhor disciplinar as diferentes realidades respectivas dentro do mesmo tipo societário[31]. Tanto assim que, para Comparato, a "*superação da antiga regulação uniforme, com o estabelecimento de regimes diferentes para as companhias, conforme haja ou não o ingresso no mercado de capitais*", foi uma das mais marcantes tendências do moderno direito das sociedades anônimas[32].

Como observa Yazbek, as razões para dedicar à companhia aberta disciplina própria "*não se esgotam em uma dimensão, por assim dizer, de política econômica*", estando ainda diretamente relacionadas "*à sua estrutura complexa, à ampla gama de interesses que convergem sobre a macroempresa*"[33]. A necessidade de maior intervenção na organização das companhias abertas por meio de exigências de natureza societária e a variação da intensidade dessa intervenção é tema interessante e intricado, que merece reflexão.

[31] O tema remete a interessante discussão a respeito da configuração e da concorrência entre tipos societários. Apesar de essa distinção ter sido reconhecida dentro do mesmo tipo societário nos diplomas legais de diversos países, ainda assim não é rara a discussão quanto a se, por suas características, a companhia fechada (ou a companhia aberta, por oposição) constitui tipo societário autônomo e se deveria ser regulada como tal. Essa discussão põe em questão os atributos fundamentais de uma e de outra, e, a partir de uma visão mais ampla, conduz a rico exame comparado com relação aos demais tipos societários de que podem se valer os empresários para estruturar negócios semelhantes. Por mais que tal discussão escape ao escopo deste trabalho, concentrado nos movimentos verificados dentro do universo das companhias abertas, é aqui por diversas vezes tangenciada, e merece nota para posterior aprofundamento.

[32] Cf. COMPARATO, Fábio Konder. A natureza da sociedade anônima e a questão da derrogabilidade das regras legais de quórum nas assembleias gerais e reuniões do conselho de administração. In: *Novos Ensaios e Pareceres de Direito Empresarial.* Rio de Janeiro: Forense, 1981. p. 116.

[33] Cf. YAZBEK, Otavio. "As companhias abertas – sua caracterização, as vantagens e as desvantagens da abertura de capital". In: FINKELSTEIN, Maria Eugênia. PROENÇA, José Marcelo Martins (coords.). *Direito societário:* sociedades anônimas. 3ª ed. São Paulo: Saraiva, 2014. p. 116. Observa-se que o acesso ao mercado de capitais e consequente ampliação da base de acionistas (ou investidores) da companhia exacerba certos conflitos internos: "*A broad shareholder (or debtholder) base entails higher information and coordination costs and more pervasive information assymetries, which agents (managers, dominant shareholders, shareholders as a class) can exploit to pursue their own interests to the detriment of principals (shareholders, minority shareholders, and holders of debt instruments).*" (cf. ENRIQUES, Luca. HERTIG, Gerald. KRAAKMAN, Reinier. ROCK, Edward. Corporate law and securities market. *In:* KRAAKMAN, Reinier et al. *The Anatomy of Corporate Law.* 3ª ed. Oxford: Oxford University Press, 2017. p. 243)

O regime jurídico das companhias "abertas" – assim entendidas, genericamente, aquelas que fazem apelo à poupança popular para o financiamento de suas atividades – concentra disciplina de natureza societária e elementos da tutela do mercado de valores mobiliários[34]. A disciplina do mercado de valores mobiliários nasce, em grande parte, da preocupação do legislador com o combate à fraude no lançamento e negociação de títulos de emissão das sociedades por ações, para a proteção dos investidores e demais interessados. Essa disciplina com o tempo conquistou maior autonomia, passando-se a dedicar a ela diplomas próprios[35].

Contudo, as fronteiras entre uma e outra área do direito nem sempre são claras nessa seara, haja vista a relativa convergência de objetivos no tocante à disciplina específica da companhia aberta[36]. Nas palavras de Kershaw,

[34] Como explicam Lamy e Bulhões, com inspiração no modelo norte-americano, "*diversos países submeteram agentes e as atividades dos mercados de valores mobiliários a normas de direito público e criaram órgãos públicos com atribuições de regulamentar e fiscalizar esses mercados, inclusive as companhias que captam poupanças ou emitem títulos negociados em bolsa de valores e mercados de balcão organizados. A disciplina legal das companhias que a LSA classifica como abertas passou, portanto, a compreender, além das leis sobre companhias, as leis especiais sobre mercados dos valores mobiliários, seus agentes e instituições, e as regras regulamentares expedidas por aqueles órgãos públicos.*" (cf. LAMY FILHO, Alfredo. BULHÕES PEDREIRA, José Luiz. *Direito das companhias.* 2ª ed. Rio de Janeiro: Forense, 2017. p. 102-103)

[35] Destaca-se a legislação federal norte-americana posterior à crise de 1929 – para Lamy e Bulhões, "*um dos principais marcos na evolução da legislação sobre companhias no século XX*", que "*assinalam a opção da moderna legislação sobre sociedades por ações pelo policiamento preventivo do mercado de valores mobiliários*". (cf. LAMY FILHO, Alfredo. BULHÕES PEDREIRA, José Luiz. *A Lei das S.A.*: pressupostos, elaboração, aplicação. 3ª ed. Rio de Janeiro: Renovar, 1997. Vol. I. p. 83) O *Securities Act* de 1933 e o *Securities Exchange Act* de 1934 ainda hoje disciplinam o mercado de valores mobiliários nos Estados Unidos, na esfera federal. A influência desses diplomas é tamanha que, como observa Hopt, alguns países que adotam o sistema romano-germânico ("*civil law*") seguem essa tradição na disciplina das sociedades anônimas e o exemplo norte-americano na disciplina do mercado de capitais. (cf. HOPT, Klaus J. Comparative corporate governance: the state of the art and international regulation. In: FLECKNER, Andreas M. HOPT, Klaus J. *Comparative corporate governance*: a functional and international analysis. Cambridge University Press, 2013. p. 26) Também daquela época é a criação da SEC, encarregada da regulamentação e principalmente do *enforcement* dos referidos diplomas.

[36] Soma-se a isso o fato de que em alguns países o *enforcement* de certas regras de natureza societária, é de responsabilidade (ao menos em parte) da autoridade de supervisão do mercado de capitais – tal como ocorre no Brasil, como veremos adiante no Capítulo 3 desta Parte I: "*In many countries, supervision and enforcement of corporate governance rules are the task of the capital market authority – for example, the Securities and Exchange Commission ("SEC") in the US,*

"[t]*he line between 'company law' and 'securities law' is both blurred and somewhat arbitrary*"[37].

Esses breves comentários introdutórios destacam algumas das questões que serão abordadas no decorrer deste trabalho, situando a análise que passaremos então a empreender da trajetória e dos contornos da disciplina jurídica brasileira.

1.2. As companhias e o mercado de capitais brasileiros (até 1976)

Como ilustram os dados compilados a seguir, a história do mercado de capitais brasileiro no período anterior à reforma de 1976 é marcada por relatos sobre um mercado seguidamente percebido como incipiente, incapaz de funcionar como instrumento efetivo de financiamento privado de longo prazo, a sustentar o desejado desenvolvimento econômico do País. E ainda, sobre movimentos artificiais de crescimento e multiplicação das companhias que acessavam esse mercado, em momentos de febre especulativa, que levaram a crises traumáticas para o público investidor[38].

the FSA (and in the takeover field the Takeover Panel) in the UK, the AMF in France, and the BaFin in Germany, the CONSOB in Italy, the CBFA in Belgium, the ASIC in Australia and the Financial Services Authority in Japan. This is certainly true insofar as corporate governance rules are embodied in stock exchange regulation or where the observance of a corporate governance code is a condition for listing, and if the listing is decided by the capital market authority as agency in charge. The extent to which capital market authorities in different countries supervise and enforce corporate governance rules varies considerably and can also change dramatically over time, as seen in the practices of the Australian ASIC, the primary corporate regulator in that country. Much depends on the external competences of the body in relation to market participants as well as on the internal organization and allocation of powers (there are recent inquiries on the effect of dividing up tasks and competences within supervisory agencies) and on the regulatory style of the capital market authority in general, which may be more active or passive, and/or more legalistic or pragmatic and whether the authority reacts rather informally or quickly resorts to legal sanctions." (cf. HOPT, Klaus J. Comparative corporate governance: the state of the art and international regulation. In: FLECKNER, Andreas M. HOPT, Klaus J. *Comparative corporate governance*: a functional and international analysis. Cambridge University Press, 2013. p. 87-88)

[37] Cf. KERSHAW, David. "Web chapter B: Issuing shares to the public". In: *Company law in context*: text and materials. 2ª ed. Oxford: Oxford University Press, 2014. p. 5.

[38] Para relatos mais abrangentes sobre a história das sociedades anônimas no Brasil, ver: VALVERDE, Trajano de Miranda. *Sociedades por ações:* comentários ao Decreto-lei n. 2.627, de 26 de setembro de 1940. 2ª ed, Rio de Janeiro: Forense, 1953. Vol. I. p. 9-61; LAMY FILHO, Alfredo. BULHÕES PEDREIRA, José Luiz. *A Lei das S.A.*: pressupostos, elaboração, aplicação.

Em paralelo, é também marcada por relatos sobre o momento histórico de articulação de políticas públicas voltadas à promoção da abertura de capital e, mais do que isso, da chamada *democratização* do capital das companhias – até então, em sua maioria, fechadas, com características familiares –, que culminaram na reforma de 1976.

Vale lembrar que a constituição de sociedades anônimas dependeu de lei especial, no Brasil, até 1849. A organização de empresas sob essa forma era tida como um privilégio, reservado aos *"grandes empreendimentos que necessitavam de avultados capitais e de perto tocassem ao interesse público"*[39]. Já a fase de licença administrativa perdurou de 1849 a 1882, quando então se extinguiu a autorização como requisito de constituição[40].

Nos anos seguintes, as sociedades anônimas proliferaram *assustadoramente* no Brasil, para usar a expressão de Miranda Valverde[41]. Na sequência, veio a crise econômica e institucional que marcou o início da República, a chamada crise do *encilhamento*. Muitas empresas acessaram o mercado de capitais nesse período, atraídas pelas possibilidades de captação. Houve forte especulação e alta inflacionária, levando diversas empresas a quebrar e deixando a credibilidade do mercado brasileiro seriamente abalada perante o público investidor[42].

3ª ed, Rio de Janeiro: Renovar, 1997. Vol. I. p. 103-136; PAREGENDLER, Mariana. *Evolução do direito societário:* lições do Brasil. São Paulo: Saraiva, 2013. p. 41 et seq.

39 Cf. VALVERDE, Trajano de Miranda. *Sociedades por ações:* comentários ao Decreto-lei n. 2.627, de 26 de setembro de 1940. 2ª ed, Rio de Janeiro: Forense, 1953. Vol. I. p. 19.

40 A Lei n. 3.150, de 1882, consagrou a liberdade de constituição das sociedades anônimas, que, contudo, ficaram sujeitas a nova disciplina. (cf. VALVERDE, Trajano de Miranda. *Sociedades por ações*: comentários ao Decreto-lei n. 2.627, de 26 de setembro de 1940. 2ª ed, Rio de Janeiro: Forense, 1953. Vol. I. p. 27) Para Lamy e Bulhões, *"a Lei n. 3.150/82 assinala, no Brasil, o início da fase moderna das sociedades por ações, o diploma que introduziu uma disciplina nova de um tipo societário destinado a desempenhar as mais relevantes funções no processo econômico."* (cf. LAMY FILHO, Alfredo. BULHÕES PEDREIRA, José Luiz. *A Lei das S.A.*: pressupostos, elaboração, aplicação. 3ª ed, Rio de Janeiro: Renovar, 1997. Vol. I. p. 108) Ainda sobre o tema: VENANCIO FILHO, Alberto. Aspectos de evolução do Direito societário no Brasil. In: VENANCIO FILHO, Alberto. LOBO, Carlos Augusto da Silveira. ROSMAN, Luiz Alberto Colonna. *Lei das S.A. em seus 40 anos.* Rio de Janeiro: Forense, 2017. p. 17 et seq.

41 Sobre esse movimento, ver VALVERDE, Trajano de Miranda. *Sociedades por ações*: comentários ao Decreto-lei n. 2.627, de 26 de setembro de 1940. 2ª ed, Rio de Janeiro: Forense, 1953. Vol. I. p. 28 et seq.

42 Cf. LAMY FILHO, Alfredo; BULHÕES PEDREIRA, José Luiz. *A Lei das S.A.*: pressupostos, elaboração, aplicação. Rio de Janeiro: Renovar, 1992. p. 117.

Tanto assim que Miranda Valverde, autor do anteprojeto do diploma que regeu as sociedades por ações por quase quatro décadas – o Decreto-lei n. 2.627/1940 –, destacou em sua justificação que havia ainda desconfiança com relação ao investimento em companhias, pois a lição do encilhamento não se apagara da memória daquela geração[43].

Consequentemente, um dos objetivos daquele anteprojeto foi justamente o de fortalecer as sociedades anônimas, de modo a estimular a confiança do público investidor[44]. O mercado de capitais era ainda pouco desenvolvido, a ponto de Miranda Valverde afirmar que as bolsas de valores brasileiras sofriam de *anemia profunda*[45]. Além disso, observava que as grandes companhias brasileiras da época haviam começado como sociedades de família, e diversas outras ainda estavam *impregnadas* dessa característica[46].

A economia brasileira caminhava para a industrialização. A percepção dessa transição de uma economia em fase *pré-capitalista*, nas palavras de Miranda Valverde – fase essa que, segundo ele, ainda não estava folgadamente ultrapassada quando da elaboração do anteprojeto – para novas condições econômicas e políticas, que apresentavam novos problemas, serviu de motivação para a reforma que resultou no Decreto-lei n. 2.627/1940[47].

[43] Cf. VALVERDE, Trajano de Miranda. *Sociedades por ações*: comentários ao Decreto-lei n. 2.627, de 26 de setembro de 1940. 2ª ed, Rio de Janeiro: Forense, 1953. Vol. III. p. 267.

[44] Cf. VALVERDE, Trajano de Miranda. *Sociedades por ações*: comentários ao Decreto-lei n. 2.627, de 26 de setembro de 1940. 2ª ed. Rio de Janeiro: Forense, 1953. Vol. III. p. 265. Lamy e Bulhões comentam ainda que a lei sobre debêntures de 1893 também "*foi redigida como reação ao encilhamento de 1891, com orientação ainda mais restritiva do que a da Lei de Sociedades por Ações*" (cf. LAMY FILHO, Alfredo. BULHÕES PEDREIRA, José Luiz. *A Lei das S.A.*: pressupostos, elaboração, aplicação. 3ª ed., Rio de Janeiro: Renovar, 1997. Vol. I. p. 180)

[45] "*Se não temos mercado financeiro, é manifesto que as nossas Bolsas de Valores sofrem de anemia profunda. É a ausência integral dessa economia criadora, que aspira correr riscos, inseparáveis de toda empresa industrial ou comercial, porque há probabilidade de lucros compensadores.*" (cf. VALVERDE, Trajano de Miranda. *Sociedades por ações:* comentários ao decreto-lei n. 2.627, de 26 de setembro de 1940. 2ª ed., Rio de Janeiro: Forense, 1953. Vol. III. p. 264-265)

[46] Cf. VALVERDE, Trajano de Miranda. *Sociedades por ações*: comentários ao Decreto-lei n. 2.627, de 26 de setembro de 1940. 2ª ed., Rio de Janeiro: Forense, 1953. Vol. III. p. 264.

[47] "*É evidente que ainda não ultrapassamos, folgadamente, essa fase. As condições da nossa vida econômica e política, entretanto, são outras e outras as nossas necessidades. Explica-se, pois, o desejo do Govêrno de dar ao país uma lei apropriada ao ambiente, isto é, cuja atuação incentive e defenda a economia nacional.*" (cf. VALVERDE, Trajano de Miranda. *Sociedades por ações:* comentários ao Decreto-lei n. 2.627, de 26 de setembro de 1940. 2ª ed., Rio de Janeiro: Forense, 1953. Vol. III. p. 263-264)

O Decreto-lei n. 2.627/1940 regeu as sociedades anônimas brasileiras durante a fase de expansão industrial vivida a partir de 1950, e teve, por isso, "*importância relevante no desenvolvimento do País*"[48]. Não obstante, como detalhado no item 1.3.1 a seguir, foi tímido em sua abordagem, concentrando-se mais nas companhias com características familiares.

Com o fim da Segunda Guerra Mundial, a preocupação com o desenvolvimento econômico ganhou maior destaque na agenda política[49]. O período era de intensificação das atividades produtivas através da industrialização, o que tornava ainda mais evidentes as dificuldades de financiamento. O mercado acionário era ainda incipiente, a ponto de se comentar que o estado de *anemia profunda* continuou a caracterizar o mercado de capitais no período de 1945 até o início da década de 1960[50].

Nesse contexto, foram articuladas políticas públicas voltadas ao aperfeiçoamento das instituições, que atribuíam importância ao mercado de capitais como mecanismo de estímulo à formação interna de poupança e ao aumento da taxa de investimento[51]. As reformas institucionais desse período incluíram a

[48] Cf. LAMY FILHO, Alfredo. BULHÕES PEDREIRA, José Luiz. *A Lei das S.A.*: pressupostos, elaboração, aplicação. 3ª ed., Rio de Janeiro: Renovar, 1997. Vol. I. p. 111.

[49] Cf. LAMY FILHO, Alfredo. BULHÕES PEDREIRA, José Luiz. *A Lei das S.A.*: pressupostos, elaboração, aplicação. 3ª ed. Rio de Janeiro: Renovar, 1997. Vol. I. p. 117; VENANCIO FILHO, Alberto. Aspectos de evolução do Direito societário no Brasil. In: VENANCIO FILHO, Alberto. LOBO, Carlos Augusto da Silveira. ROSMAN, Luiz Alberto Colonna. *Lei das S.A. em seus 40 anos.* Rio de Janeiro: Forense, 2017. p. 42 et seq.

[50] *"Em meados da década de 1950 os imóveis urbanos constituíam o principal instrumento de aplicação das poupanças individuais e os mercados de capital eram incipientes – especialmente os de ações."* (cf. LAMY FILHO, Alfredo. BULHÕES PEDREIRA, José Luiz. *A Lei das S.A.*: pressupostos, elaboração, aplicação. 3ª ed., Rio de Janeiro: Renovar, 1997. Vol. I. p. 119); *"Em suma, a despeito de haver consenso quanto à necessidade de criar-se mecanismo de financiamento privado de longo prazo às empresas brasileiras, a anemia profunda do mercado financeiro e de capitais, apontada por Miranda Valverde ainda em 1940, continuou a caracterizar o período de 1945 até o início da década de 1960."* (cf. MUNHOZ, Eduardo Secchi. *Aquisição de controle na sociedade anônima.* São Paulo: Saraiva, 2013. p. 46)

[51] Cf. LAMY FILHO, Alfredo. BULHÕES PEDREIRA, José Luiz. *A Lei das S.A.*: pressupostos, elaboração, aplicação. 3ª ed., Rio de Janeiro: Renovar, 1997. Vol. I. p. 118. Prosseguem os autores: *"Com a difusão dessas ideias no Brasil, o desenvolvimento econômico acelerado passou – principalmente a partir do início da década de 1950 – a ser o objetivo básico do projeto nacional para o futuro imediato. Esse projeto, que exigia o aperfeiçoamento e a modernização das instituições econômicas, está na origem das medidas que, a partir da década de 1950, procuraram estimular a expansão dos mercados de capitais,*

criação da SUMOC, com função de autoridade monetária e de fiscalização do mercado financeiro, em 1945[52], e a criação do BNDE (atual BNDES) em 1952[53].

Em 1964, o sistema financeiro nacional foi estruturado e disciplinado pela Lei n. 4.595, que extinguiu a antiga SUMOC e criou o CMN, responsável por formular a política da moeda e do crédito, e o BACEN, como órgão executor, regulamentador e fiscalizador, sem, contudo, evoluir tanto na regulação do mercado de valores mobiliários[54].

A Lei n. 4.728/1965 foi *"[o] marco seguinte no processo de aperfeiçoamento institucional dos mercados de valores mobiliários"*[55]. O advento do novo diploma consolidou a divisão entre a disciplina do mercado financeiro (Lei n. 4.595/1964) e a do mercado de capitais (Lei n. 4.728/1965)[56]. Contudo, conforme detalhado no item 1.4.1 a seguir, apesar de seu inegável mérito por ter promovido o debate em torno do tema e alguns avanços no seu tratamento legislativo, a Lei n. 4.728/1965 não teve grande êxito na promoção do desenvolvimento do mercado de capitais como fonte de financiamento de longo prazo[57].

inclusive das duas leis que, em 1976, reformaram a disciplina legal das sociedades por ações e criaram a Comissão de Valores Mobiliários."

52 Cf. Decreto-lei n. 7.293, de 2 de fevereiro de 1945.

53 Cf. Lei n. 1.628, de 20 de junho de 1952.

54 Sobre o tema, YAZBEK, Otavio. As companhias abertas – sua caracterização, as vantagens e as desvantagens da abertura de capital. In: FINKELSTEIN, Maria Eugênia. PROENÇA, José Marcelo Martins (coords.). *Direito societário:* sociedades anônimas. 3ª ed., São Paulo: Saraiva, 2014. p. 113; TRINDADE, Marcelo. O papel da CVM e o mercado de capitais no Brasil. In: SADDI, Jairo (org.). *Fusões e aquisições:* aspectos jurídicos e econômicos. São Paulo: IOB, 2002. p. 297; MUNHOZ, Eduardo Secchi. *Aquisição de controle na sociedade anônima.* São Paulo: Saraiva, 2013. p. 40-47; MATTOS FILHO, Ary Oswaldo. PRADO, Viviane Muller. Tentativas de desenvolvimento do mercado acionário brasileiro desde 1964. In: LIMA, Maria Lúcia L. M. Padua (coord.). *Direito e economia:* 30 anos de Brasil. Tomo 2. São Paulo: Saraiva, 2012. p. 194.

55 Cf. LAMY FILHO, Alfredo. BULHÕES PEDREIRA, José Luiz. *A Lei das S.A.:* pressupostos, elaboração, aplicação. 3ª ed. Rio de Janeiro: Renovar, 1997. Vol. I. p. 122.

56 Trindade observa que a Lei n. 4.728/1965 representa a primeira vez em que se disciplinou o mercado de capitais destacadamente do mercado financeiro. Contudo, concentrou-se nos mesmos órgãos – CMN e BACEN – a elaboração de diretrizes e a execução de políticas e fiscalização das atividades em ambos os mercados. (cf. TRINDADE, Marcelo. O papel da CVM e o mercado de capitais no Brasil. In: SADDI, Jairo (org.). *Fusões e aquisições:* aspectos jurídicos e econômicos. São Paulo: IOB, 2002. p. 303)

57 Cf. EIZIRIK, Nelson Laks. *O papel do Estado na regulação do mercado de capitais.* Rio de Janeiro: IBMEC, 1977, p. 106. Ver também PENALVA SANTOS, J. A. *Novos aspectos do mercado de capitais e outros trabalhos de direito comercial.* Rio de Janeiro: Alba, 1968, p. 10.

Em paralelo, a política fiscal passou também a ser utilizada como instrumento para incentivar a abertura de capital e direcionar a poupança privada para o mercado de capitais. As medidas adotadas nesse período incluíram, destacadamente, o Decreto-Lei n. 157/1967, que visou a estimular o mercado de capitais e contribuir para o fortalecimento do capital de giro das sociedades, permitindo a destinação de parcela do imposto de renda dos contribuintes pessoas físicas para esse tipo de aplicação (dando origem aos chamados "Fundos 157")[58]. Outras medidas adotadas nesse contexto, como a instituição e a concessão de incentivos fiscais às chamadas *sociedades anônimas de capital aberto*, serão examinadas em maior detalhe no decorrer deste trabalho (vide item 1.5 a seguir).

Mesmo com todas essas reformas e incentivos, não houve o desenvolvimento esperado[59]. Multiplicaram-se as companhias e diversas caminharam para a abertura de capital atraídas principalmente pelos referidos incentivos fiscais[60].

[58] Cf. BOVESPA. *A bolsa dos brasileiros:* uma breve história da Bovespa e do mercado de capitais. Bovespa: São Paulo, 2005, p. 34-35; VIDOR, George. *A história da CVM pelo olhar de seus ex-presidentes.* Rio de Janeiro: ANBIMA e BM&FBOVESPA, 2016, p. 18; TRUBEK, David, M. GOUVEA VIEIRA, Jorge Hilário, SÁ, Paulo Fernandes de. *O mercado de capitais e os incentivos fiscais.* Rio de Janeiro: TN-APEC, 1971. p. 137 et seq.; MATTOS FILHO, Ary Oswaldo. PRADO, Viviane Muller. Tentativas de desenvolvimento do mercado acionário brasileiro desde 1964. In: LIMA, Maria Lúcia L. M. Padua (coord.). *Direito e economia:* 30 anos de Brasil. Tomo 2. São Paulo: Saraiva, 2012, p. 196 et seq..; LAMY FILHO, Alfredo. BULHÕES PEDREIRA, José Luiz. *A Lei das S.A.:* pressupostos, elaboração, aplicação. 3ª ed., Rio de Janeiro: Renovar, 1997. Vol. I. p. 125-126.

[59] Cf. MATTOS FILHO, Ary Oswaldo. PRADO, Viviane Muller. Tentativas de desenvolvimento do mercado acionário brasileiro desde 1964. In: LIMA, Maria Lúcia L. M. Padua (coord.). *Direito e economia:* 30 anos de Brasil. Tomo 2. São Paulo: Saraiva, 2012, p. 196. Ainda sobre o tema: VIEIRA, Jorge Hilário Gouvêa. Comissão de valores mobiliários. In: VENANCIO FILHO, Alberto. LOBO, Carlos Augusto da Silveira. ROSMAN, Luiz Alberto Colonna. *Lei das S.A. em seus 40 anos.* Rio de Janeiro: Forense, 2017, p. 436; FREIRE, Jose Luiz Salles. A favor do vento. In: BERGER, Renato; CARVALHO, Rafael Villac Vicente de; LEITE, Leonardo Barém (coords.). *40 anos da Lei das S.A.:* experiências, histórias e homenagens. São Paulo: Quartier Latin, 2016, p. 96.

[60] *"Esta orientação da legislação fiscal conduziu à multiplicação, entre nós, de sociedades anônimas apenas formais, constituídas por empresário individual, ou por pequenos grupos de sócios com alto grau de integração, que vivem permanentemente os problemas da sociedade e ocupam os seus cargos de direção. As estatísticas disponíveis não permitem distinguir entre as verdadeiras sociedades anônimas e essas sociedades puramente formais, constituídas exclusivamente para auferir vantagens fiscais. Mas a experiência profissional autoriza a estimativa de que, no total das sociedades anônimas em funcionamento no país, a maioria é constituída por sociedades puramente formais. E, nesses casos, é natural que o único*

No biênio 1970-1971, houve uma corrida por títulos de renda variável[61]. O clima favorável – vivia-se então o período do chamado "milagre brasileiro" – alavancou os investimentos, e os ganhos com ações atraíram ainda mais investidores. Os novos investidores eram, em grande parte, pessoas que não tinham maior intimidade com o mercado de capitais[62]. A combinação desses fatores gerou uma bolha especulativa, que estourou em meados de 1971.

Esse evento contribuiu para difundir a ideia de que se tornara necessária a reforma das leis das sociedades por ações e do mercado de capitais, de modo a garantir maior proteção ao público investidor e, especialmente, aprimorar a supervisão desse mercado por meio da criação de um órgão especializado[63]. Comentava-se que o Decreto-lei n. 2.627/1940 tornara-se obsoleto, em muitos aspectos, e não atendia mais às necessidades da época[64].

acionista, ou o pequeno grupo de sócios, não obstante cumprirem o ritual imposto pela lei para o modelo de S.A., confundam seus patrimônios com o da sociedade, ou se comportem como proprietários dos bens desse patrimônio." (cf. LAMY FILHO, Alfredo. BULHÕES PEDREIRA, José Luiz. *A Lei das S.A.:* pressupostos, elaboração, aplicação. 3ª ed., Rio de Janeiro: Renovar, 1997. Vol. I. p. 152)

61 Cf. BOVESPA. *A bolsa dos brasileiros:* uma breve história da Bovespa e do mercado de capitais. BOVESPA: São Paulo, 2005, p. 35. Para um exame dos números desse período e do perfil das companhias que acessaram o mercado, ver CORDEIRO, Ari. *Ações e reações no mercado de capitais.* Rio de Janeiro: APEC, 1977, p. 107 et seq.

62 Cf. BOVESPA. *A bolsa dos brasileiros:* uma breve história da Bovespa e do mercado de capitais. BOVESPA: São Paulo, 2005. p. 35; LAMY FILHO, Alfredo. BULHÕES PEDREIRA, José Luiz. *A Lei das S.A.:* pressupostos, elaboração, aplicação. 3ª ed., Rio de Janeiro: Renovar, 1997. Vol. I. p. 127-128; OLIVEIRA, Fernando A. Albino de. Introdução. In: BERTOLDI, Marcelo (coord.). *Reforma da lei das sociedades anônimas:* comentários à Lei n. 10.303, de 31.10.2001. 2ª ed., São Paulo: Revista dos Tribunais, 2002. p. 15; VIEIRA, Jorge Hilário Gouvêa. Comissão de valores mobiliários. In: VENANCIO FILHO, Alberto. LOBO, Carlos Augusto da Silveira. ROSMAN, Luiz Alberto Colonna. *Lei das S.A. em seus 40 anos.* Rio de Janeiro: Forense, 2017, p. 437.

63 Cf. LAMY FILHO, Alfredo. BULHÕES PEDREIRA, José Luiz. *A Lei das S.A.:* pressupostos, elaboração, aplicação. 3ª ed., Rio de Janeiro: Renovar, 1997. Vol. I. p. 127-128; EIZIRIK, Nelson Laks. *O papel do Estado na regulação do mercado de capitais.* Rio de Janeiro: IBMEC, 1977, p. 126; MATTOS FILHO, Ary Oswaldo. PRADO, Viviane Muller. Tentativas de desenvolvimento do mercado acionário brasileiro desde 1964. In: LIMA, Maria Lúcia L. M. Padua (coord.). *Direito e economia:* 30 anos de Brasil. Tomo 2. São Paulo: Saraiva, 2012, p. 207.

64 *"No início da década de 1970 tornara-se evidente que o Decreto-lei n. 2.627, elaborado em outra conjuntura, e tendo como modelo a sociedade anônima fechada, não mais correspondia aos reclamos da época, e não oferecia ao empresário o quadro institucional básico de que necessitava para desempenhar seu papel na nova dimensão da economia brasileira."* (cf. LAMY FILHO, Alfredo. BULHÕES PEDREIRA, José Luiz. *A Lei das S.A.:* pressupostos, elaboração, aplicação. 3ª ed. Rio de Janeiro: Renovar, 1997. Vol. I. p. 128) No mesmo sentido: FREIRE, Jose Luiz Salles. A favor do

Em 1975, o diagnóstico de Lamy e Bulhões era de que não havia no país um mercado primário de ações que pudesse servir de fonte efetiva de financiamento, e sim um mercado secundário, de bolsa, "*que não canaliza poupanças para as empresas mas apenas facilita a troca de posições entre investidores*"[65].

1.3 Disciplina da companhia

1.3.1 Disciplina da lei societária (Decreto-lei n. 2.627/1940)

O Decreto-lei n. 2.627 foi promulgado em 26 de setembro de 1940, e por quase quarenta anos regeu as sociedades por ações. Nasceu de anteprojeto elaborado por Miranda Valverde, em 1939, a pedido do então Ministro da Justiça.

Houve, declaradamente, por parte do autor do anteprojeto, preocupação com que o novo diploma atendesse "às peculiaridades e necessidades da economia nacional, distribuída, como é sabido, por zonas econômicas e culturais diferentes, na vastidão do nosso território"[66].

Não obstante, a resposta dada por meio do Decreto-lei n. 2.627/1940 foi tímida – ou, *tradicionalista*, para usar a expressão de Waldemar Ferreira[67]. Restringiu-se a ajustes pontuais ao regime das sociedades anônimas, não estruturais. Pondera-se, entretanto, que a conjuntura em que foi editado o

vento. In: BERGER, Renato; CARVALHO, Rafael Villac Vicente de. LEITE, Leonardo Barém (coords.). *40 anos da Lei das S.A.:* experiências, histórias e homenagens. São Paulo: Quartier Latin, 2016, p. 95; VIDOR, George. *A história da CVM pelo olhar de seus ex-presidentes.* Rio de Janeiro: ANBIMA e BM&FBOVESPA, 2016, p. 27.

65 Cf. LAMY FILHO, Alfredo. BULHÕES PEDREIRA, José Luiz. *A Lei das S.A.:* pressupostos, elaboração, aplicação. 3ª ed., Rio de Janeiro: Renovar, 1997. Vol. I. p. 143.

66 Cf. VALVERDE, Trajano de Miranda. *Sociedades por ações:* comentários ao Decreto-lei n. 2.627, de 26 de setembro de 1940. 2ª ed., Rio de Janeiro: Forense, 1953. Vol. I. p. 35.

67 "*Se, estruturalmente, a sociedade anônima é sempre a mesma, onde quer que ela se forme, tem ela estatuto específico, que as diversas leis, que ultimamente a disciplinaram em vários países, não deformaram. Foi o que aconteceu no Brasil com a reforma levada a efeito pelo decreto-lei n. 2.627, de 26 de setembro de 1940, ainda agora vigente, com pequenas alterações introduzidas por leis posteriores. É que esse diploma legislativo foi tradicionalista e somente modificou o que demandava alteração.*" (cf. FERREIRA, Waldemar. O estatuto das sociedades anônimas brasileiras. In: *Istituto di diritto commerciale comparato A. Sraffa dell'Università Bocconi di Milano.* La società per azioni alla metà del secolo XX: studi in memoria di Angelo Sraffa. Pádua: Casa editrice Dott. Antonio Milani, 1961, p. 256-257)

Decreto-lei n. 2.627/1940, ainda muito marcada pelas crises do passado, não era largamente propícia a grandes inovações[68].

Frente à diversidade da realidade social, optou o legislador por mirar no que Comparato chamou de um modelo ideal de companhia média, perpetuando o descuido da legislação brasileira com a tipologia básica das companhias[69]. Segundo aquele autor, o modelo ideal adotado pelo Decreto-lei n. 2.627/1940 correspondia a uma companhia "*com um número nem muito reduzido nem excessivamente grande de acionistas, todos interessados no objeto de sua exploração*"[70]. Comparato comparou esse modelo ideal ao *fantasma* de que falava Jhering – isto é, algo que só existia na lei, distante da realidade social[71].

[68] É de Lamy e Bulhões a seguinte avaliação: "*A inexistência de mercados financeiros e a "anemia profunda das Bolsas de Valores" bem descreviam a situação do Brasil por volta dos anos 39-40 – data da redação e expedição do Decreto-lei n. 2.627 – ainda ressentido da grande crise econômica dos anos 30, após o "crash" da Bolsa americana de 29. É natural, por tudo isso, que fosse uma lei restritiva, destinada mais às sociedades fechadas que às abertas, inspirada, precipuamente nos modelos vigentes nos países europeus – especialmente França e Itália – que também não possuíam mercados financeiros com vida intensa (ao menos, não tão intensa quanto a Inglaterra e os Estados Unidos). E, assim, o Decreto-lei n. 2.627, comparado com o Decreto n. 434, de 1891, sob a ótica atual, limitou-se a uma disciplina mais estrita de certos institutos (especialmente transformação, incorporação e fusão da sociedade; direitos dos acionistas; regras quanto à representação gráfica sintética do balanço, na base do Projeto Gudesteu Pires), a incorporação à lei da disciplina das ações preferenciais (nos termos vigentes desde 1932) e a regulação das partes beneficiárias. Não foi – nem poderia sê-lo, na conjuntura em que editada – uma lei inovadora* (...). *Mas pela disciplina ordenada e lógica dos institutos societários prestou ao País, por longos anos, inegáveis serviços.*" (cf. LAMY FILHO, Alfredo. BULHÕES PEDREIRA, José Luiz. *A Lei das S.A.*: pressupostos, elaboração, aplicação. 3ª ed., Rio de Janeiro: Renovar, 1997. Vol. I. p. 112)

[69] "*Quanto a esta última, em primeiro lugar, é preciso reconhecer que não há uma só, mas várias sociedades anônimas, conforme a sua dimensão e o setor da economia em que atuam, correspondendo a uma tipologia básica, habitualmente descurada pelo nosso legislador.*" (cf. COMPARATO, Fábio Konder. *O poder de controle na sociedade anônima.* São Paulo: Revista dos Tribunais, 1976, p. 418)

[70] Cf. COMPARATO, Fábio Konder. *O poder de controle na sociedade anônima.* São Paulo: Revista dos Tribunais, 1976, p. 418.

[71] Cf. COMPARATO, Fábio Konder. *O poder de controle na sociedade anônima.* São Paulo: Revista dos Tribunais, 1976. p. 418. A referência é ilustrada pela seguinte passagem de Jhering: "*Le droit existe pour se réaliser. La réalisation est la vie et la vérité du droit; elle est le droit lui-même. Ce qui ne passe point dans la réalité, ce qui n'existe que dans les lois et sur le papier, n'est qu'un fantôme de droit, ce ne sont que des mots. Au contraire, ce qui se réalise comme droit, est le droit, même lorsqu'on ne le retrouve pas dans les lois, et que le peuple et la science n'en ont pas encore acquis la conscience. Ce n'est donc point le contenu abstrait des lois, ni la justice inscrite sur le papier, ni la moralité dans les mots, qui decide de la valeur d'un droit; la réalisation objective du droit dans la vie, l'énergie avec laquelle ce qui est reconnu et proclamé nécessaire est poursuivi et exécuté, voilà ce qui consacre sa vraie valuer.*"

Vale notar que o Decreto-lei n. 2.627/1940 estabelecia número mínimo de sete acionistas como requisito para a constituição de sociedade anônima, seguindo o exemplo da legislação de outros países[72]. Para Sampaio de Lacerda, essa exigência justificava-se "*com base na finalidade da própria sociedade anônima, que visa a reunir capitais para empreendimentos de vulto*"[73].

A análise das disposições do Decreto-lei n. 2.627/1940 revela um diploma mais afeito à realidade da maioria de companhias da época, que não acessavam o mercado de capitais[74]. Notadamente, o diploma não traçava distinção formal

(cf. JHERING, Rudolf von. *L'Esprit du droit romain dans les diverses phases de son développement*. Vol. III 3ª ed., Paris: A. Marescq, Aîné, 1887. p. 16)

[72] Cf. artigo 38, inciso 1º, do Decreto-lei n. 2.627/1940. Sob esse regime, a sociedade anônima entraria em liquidação se o número de acionistas fosse posteriormente reduzido a menos de sete e não restabelecido até a assembleia geral ordinária seguinte (artigo 137, (d), do Decreto--lei n. 2.627/1940). Sobre esse requisito, ver VALVERDE, Trajano de Miranda. *Sociedades por ações:* comentários ao decreto-lei n. 2.627, de 26 de setembro de 1940. 2ª ed. Rio de Janeiro: Forense, 1953. Vol. III. p. 269; ARAÚJO, Rodolfo. Brésil. In: ROTONDI, M. *Enquête comparative sur les sociétés par actions.* Deventer: Kluwer, 1974, p. 453; LACERDA, José Cândido Sampaio de. *Manual das Sociedades por Ações.* 3ª ed., Rio de Janeiro: Freitas Bastos, 1974, p. 26-30; BATALHA, Wilson de Souza Campos. *Sociedades anônimas e mercado de capitais.* Vol. I. Rio de Janeiro: Forense, 1973, p. 45-46; 62-64.

[73] O autor reconhecia, por outro lado, que "*essa fixação, às vezes, se torna ilusória. Embora constituídas por várias pessoas, são, no entanto, substancialmente dominadas por uma só, visando a proporcionar a esta a possibilidade de exercer o comércio com responsabilidade limitada.*" (cf. LACERDA, José Cândido Sampaio de. *Manual das Sociedades por Ações.* 3ª ed., Rio de Janeiro: Freitas Bastos, 1974, p. 27-38) O requisito foi abolido pela Lei n. 6.404/1976, que reduziu para dois o número mínimo de subscritores. Nessa linha, registrou a respectiva Exposição de Motivos: "*O Projeto inova a legislação em vigor apenas sob o aspecto do número mínimo de subscritores do capital social, que reduz de sete para dois. Legitima, assim, a realidade da existência de grande número de companhias que possuem, efetivamente, menos de sete acionistas, e que satisfazem ao formalismo da lei mantendo umas poucas ações em nome de pessoas de sua confiança.*" (cf. Exposição de Motivos n. 196/1976)

[74] Waldemar Ferreira notava que, por mais que houvesse no Brasil inúmeras companhias que escapavam a essa contingência, proliferavam à época as companhias *fechadas*, e que o Decreto-lei n. 2.627/1940 reconhecera e se apoiara nessa realidade: "*São consideráveis realmente as modificações que se tem procurado infiltrar no anonimato, em toda parte, a começar pelo conceito do acionista. A lei brasileira via nele mais que o titular da ação, o sócio; e assim o qualificava, por não dever ser estranho à sociedade anônima a* affectio societatis, *por serem todos os que nela intervêm, em regra, ligados por laços de negócios quando não de parentesco, verdadeiramente, sociedade de família. Há, certamente, no Brasil, inúmeras sociedades que escapam a essa contingência; mas a verdade é que proliferam as sociedades anônimas, que se dizem sociedades fechadas, por pertencentes a certos e determinados grupos, as ações, senão em totalidade, em grande maioria. Acionistas preponderantes delas se apoderam e nelas exercem sua vontade. Geram-nas ao seu talante, quer existindo acionistas reais, quer servindo-se de acionistas fictícios, empregados ou amigos. De resto, reconhecendo a constância da prática, a lei transigiu*

entre companhias *abertas* e *fechadas*, como faz o diploma atual – com efeito, sequer empregava essa terminologia –, submetendo, ao contrário, todas as companhias a regime uniforme[75].

com ela e consagrou a existência da sociedade de um só acionista sem perda de sua personalidade jurídica. Dissolve-se realmente a que tenha menos de sete acionistas, seis ou apenas um; mas essa dissolução se dá, "pela redução do número de acionistas a menos de sete, verificada em assembleia geral ordinária, e caso esse mínimo não seja preenchido até a seguinte assembléia geral ordinária". (...)" (cf. FERREIRA, Waldemar. O estatuto das sociedades anônimas brasileiras. In: *Istituto di diritto commerciale comparato A. Sraffa dell'Università Bocconi di Milano.* La società per azioni alla metà del secolo XX: studi in memoria di Angelo Sraffa. Pádua: Casa editrice Dott. Antonio Milani, 1961. p. 256-257). A percepção de que o Decreto-lei n. 2.627/1940 era voltado mais às companhias fechadas é compartilhada por diversos comentaristas. Nesse sentido, para Lamy e Bulhões, o Decreto-lei n. 2.627/1940 foi "*inegavelmente uma lei admirável para a época, mas feita sob as inspirações então vigentes e para uma economia familiar, das empresas fechadas*". (cf. LAMY FILHO, Alfredo. BULHÕES PEDREIRA, José Luiz. *A Lei das S.A.:* pressupostos, elaboração, aplicação. 3ª ed., Rio de Janeiro: Renovar, 1997. Vol. I. p. 144) Ainda nesse ponto, veja-se MUNHOZ, Eduardo Secchi. *Aquisição de controle na sociedade anônima.* São Paulo: Saraiva, 2013, p. 44; PENTEADO, Mauro. A Lei nº 9.457/97 e a tutela dos direitos dos acionistas minoritários. In: BULGARELLI, Waldírio (coord.). *Reforma da Lei das Sociedades por Ações.* São Paulo: Pioneira, 1998, p. 11; VIEIRA, Jorge Hilário Gouvêa. Comissão de valores mobiliários. In: VENANCIO FILHO, Alberto. LOBO, Carlos Augusto da Silveira. ROSMAN, Luiz Alberto Colonna. *Lei das S.A. em seus 40 anos.* Rio de Janeiro: Forense, 2017, p. 436.

75 Nesse sentido, confirma Carvalhosa: "*O Decreto-Lei n. 2.627/40 não distinguia as companhias submetidas à sua disciplina, sendo as suas normas extensivas a todas elas, independentemente,* v.g., *de capital mínimo, número de acionistas, modo de financiamento ou de capitalização da sociedade, etc. Assim, o modo de organização, de funcionamento e de controle das companhias era uniforme.*" (cf. CARVALHOSA, Modesto. *Comentários à Lei de Sociedades Anônimas.* 4ª ed. São Paulo: Saraiva, 2002, p. 30). O autor ressalva o caso das companhias cuja existência dependia de autorização governamental, submetidas a regime especial (cf. artigos 59 a 73 do Decreto-lei n. 2.627/1940). No mesmo sentido, veja-se: LUCENA, José Waldecy. *Das sociedades anônimas.* Vol. I. Rio de Janeiro: Renovar, 2009, p. 106; MATTOS FILHO, Ary Oswaldo. PRADO, Viviane Muller. Tentativas de desenvolvimento do mercado acionário brasileiro desde 1964. In: LIMA, Maria Lúcia L. M. Padua (coord.). *Direito e economia:* 30 anos de Brasil. Tomo 2. São Paulo: Saraiva, 2012, p. 191; COSTA, Philomeno J. da. *Anotações às companhias.* Vol. I. São Paulo: Revista dos Tribunais, 1980. p. 109. Também Trindade comenta que o Decreto-lei n. 2.627/1940 "*não diferenciava as companhias conforme os valores mobiliários de sua emissão fossem ou não admitidos à negociação em mercado organizado. Em outras palavras, até então não estava positivado o conceito de companhia aberta.*" (cf. TRINDADE, Marcelo. O papel da CVM e o mercado de capitais no Brasil. In: SADDI, Jairo (org.). *Fusões e aquisições:* aspectos jurídicos e econômicos. São Paulo: IOB, 2002, p. 301) E Requião observa que "[n]*o regime do antigo Decreto-lei n. 2.627, de 1940, não se conheciam os problemas de democratização do capital social, nem a "abertura" das sociedades anônimas.*" (cf. REQUIÃO, Rubens. *Comentários à Lei das Sociedades Anônimas.* V. 1. São Paulo: Saraiva, 1980, p. 41)

Porém, não ficou de todo descuidada a situação das sociedades anônimas com maior dispersão acionária e participação no mercado de capitais, que, apenas posteriormente, assumiu maior relevância como objeto de políticas públicas articuladas em prol do desenvolvimento econômico[76]. Além da preocupação com a imposição de um regime de publicidade e outras cautelas voltadas à proteção de acionistas e terceiros[77], o diploma disciplinou a subscrição pública e certas situações decorrentes da cotação de títulos da sociedade em bolsa, inclusive a possibilidade de o Governo exigir essa listagem em caso específico[78]. Não obstante, a postura quase que conciliatória adotada pelo diploma impediu grandes avanços nessa seara.

[76] Cf. item 1.2 deste Capítulo.

[77] Nesse sentido, comentava o autor do anteprojeto, cuja visão parece ter sido influenciada pela experiência estrangeira, especialmente norte-americana: "*Aqueles caracteres específicos e o número mínimo de sete sócios explicam muitas das regras que presidem à organização e ao funcionamento das sociedades anônimas, o regime de publicidade que as acompanha desde os atos de sua constituição até o termo de sua vida. A necessidade de proteger os acionistas e os terceiros dita um grande número de cautelas regulamentares, cuja inobservância acarreta não raramente a nulidade ou a ineficácia do ato ou da operação. Sociedade em que há muitos sócios, exige reuniões periódicas de seus membros, e um sistema hábil de administração dos negócios e de fiscalização dos atos de direção. As assembleias dos acionistas podem escolher pessoas estranhas à sociedade para o exercício daqueles cargos. Nisso se diferenciam também das demais sociedades, de tipo individualista. A instituição tem o seu ponto fraco na ausência do sentimento de responsabilidade dos acionistas. Constituída, em regra, para os empreendimentos de vulto, que exigem grandes somas de dinheiro, o capital se fraciona e se distribui por numerosos e pequenos acionistas, que, ainda quando reunidos e formando a maioria, descuram dos interesses sociais. Só se preocupam com o dividendo. O resultado é que uma minoria domina integralmente a sociedade, fá-la funcionar ao sabor dos seus interesses particulares. Por outro lado, as ações, principalmente ao portador, são títulos de especulação nas Bolsas e, não raramente, por manobras dos jogadores, sofrem grandes oscilações na sua cotação, que refletem na marcha dos negócios sociais. Mas tais imperfeições podem ser suavizadas ou corrigidas pela lei ou por disposições estatutárias.*" (cf. VALVERDE, Trajano de Miranda. *Sociedades por ações:* comentários ao Decreto-lei n. 2.627, de 26 de setembro de 1940. 2ª ed., Rio de Janeiro: Forense, 1953. Vol. I. p. 65-66)

[78] Cf. artigo 61 do Decreto-lei n. 2.627/1940: "*Art. 61. O requerimento ou pedido de autorização das sociedades nacionais deve ser acompanhado: (...) § 2º O Governo poderá ordenar que a sociedade, cumpridas as formalidades legais para o seu funcionamento, promova, na Bolsa de Valores da Capital da República, a cotação de seus títulos. Essa determinação é obrigatória para as sociedades que gozem, ou venham a gozar, de favores do Governo Federal.*" Sobre esse dispositivo, comentou Miranda Valverde: "*O termo favores está na lei em sentido genérico. Compreende, pois, todas as vantagens decorrentes de concessões, isenções de impostos, etc., de que goza ou venha a gozar a companhia, em virtude da natureza do seu objeto de exploração, por força de contrato com o Estado. O dec.-lei n. 9.783, de 6 de setembro de 1946 (número 101, nota 48), não revogou o dispositivo comentado. Qualquer que seja o lugar da sede da sociedade anônima, o Governo pode impor a cotação das suas ações na Bolsa de Valores da capital da República.*" (cf. VALVERDE, Trajano de Miranda. *Sociedades por ações:* comentários

Com o tempo, as deficiências desse modelo fizeram com que a necessidade de reforma ganhasse destaque. Nesse sentido, por exemplo, ao comentar as diferentes situações econômicas em que podiam se encontrar as sociedades anônimas submetidas à mesma disciplina jurídica, e distinguir nesse ponto as *anônimas com ações difundidas no público* e as *anônimas familiares*[79], Ascarelli concluía ser evidente que essas diferentes situações propunham diferentes problemas e que "*os mesmos resultados econômicos podem ser alcançados com uma disciplina jurídica diversa e que, ao contrário, uma disciplina jurídica idêntica pode ter efeitos econômicos diversos*"[80].

ao Decreto-lei n. 2.627, de 26 de setembro de 1940. 2ª ed., Rio de Janeiro: Forense, 1953. Vol. I. p. 389) Sobre o Decreto-lei n. 9.783/1946, ver item 1.3.2 a seguir. Posteriormente, por meio da Lei n. 5.589/1970, foram introduzidas naquele diploma, para as sociedades registradas em bolsas de valores, obrigações de envio à respectiva bolsa de informações específicas (cf. artigo 7º do Decreto-lei n. 5.589/1970 e artigos 88 e 129 do Decreto-lei n. 2.627/ 1940).

[79] Dizia Ascarelli: "*As anônimas cujas ações estejam espalhadas no público constituem, afinal, um meio para transformar as economias de vastas camadas da população em capital industrial. Elas se prendem ao desenvolvimento, no país, de um mercado dos capitais e, portanto, surgem os problemas decorrentes das conexões entre sociedades e institutos financeiros e da necessidade de tutelar os subscritores das ações; o número dos seus acionistas é, às vêzes, de centenas e milhares de pessoas e, portanto, se frisa a distinção entre a massa dos acionistas aplicadores de capital ou especuladores mais do que empreendedores e o grupo que controla a sociedade; os problemas que se atêm à organização interna da sociedade adquirem um particular alcance e, às vêzes, não dizem só respeito à tutela da "minoria", mas à da "maioria" dos acionistas, pois o grupo no controle da sociedade possui, às vêzes, uma minoria ou até uma pequena porcentagem das ações; encontram-se frequentemente, na prática, categorias juridicamente diversas de ações e obrigações em correspondência às exigências financeiras diversas, nos vários casos, da sociedade e do público; a prática estatutária é muito desenvolvida e elabora continuamente cláusulas particulares em correspondência com a situação diversa das várias sociedades.*" E ainda, prossegue: "*Ao contrário, na anônima familiar – pequena ou grande que seja – as ações são distribuídas entre poucas mãos; a forma ao portador, quando adotada, o é mais por considerações de natureza fiscal do que no intuito de facilitar a circulação; o financiamento é assegurado, por meio das chamadas contas-correntes dos próprios sócios e são, portanto, relativamente mais frequentes capitais nominais por demais modestos em relação ao patrimônio real e, não (ao contrário do que acontece na situação anterior), capitais aguados; todos ou quase todos os acionistas ocupam cargos sociais, retirando indiretamente parte dos lucros da sociedade, sob forma de remunerações pessoais, e assim por diante. A frequência desta situação se coordena, às vêzes, com o fraco desenvolvimento, no país, do mercado financeiro; com a desconfiança do público pelas aplicações nas sociedades anônimas; às vêzes, de outro lado, a frequência das sociedades anônimas familiares prende-se ao fato de não existirem no país as sociedades por quotas de responsabilidade limitada.*" (cf. ASCARELLI, Tullio. *Problemas das sociedades anônimas e Direito comparado.* 2ª ed., São Paulo: Saraiva, 1969, p. 28-29)

[80] Cf. ASCARELLI, Tullio. *Problemas das sociedades anônimas e Direito comparado.* 2ª ed., São Paulo: Saraiva, 1969, p. 29.

Também Penalva Santos comentava que o Decreto-lei n. 2.627/1945 estava a exigir reformas estruturais no tocante às sociedades por ações, para encampar a distinção que, em sua visão, se consolidara na prática, entre "*sociedades anônimas de pequeno e de grande porte (fechadas ou abertas)*"[81]. Defendia o autor a necessidade de se conferir estrutura condizente com a *dimensão* das companhias, tendo em conta a então recente expansão de sociedades anônimas que passaram a reunir maiores números de acionistas e volume de capital[82].

Em suma, sobressaía a percepção de que o Decreto-lei n. 2.627/1940 fora concebido para as pequenas e médias empresas e, por isso, não seria capaz de amparar o desenvolvimento da grande empresa moderna – a companhia "*com capital de risco formado por contribuições de milhares ou milhões de investidores do mercado*", segundo o ideal nutrido por muitos à época[83]. Isso conduziu ultimamente à revogação parcial do Decreto-lei n. 2.2627/1940 pela Lei n. 6.404/1976[84].

1.3.2 Listagem obrigatória? (Decreto-lei n. 9.783/1946)

Ainda sob a égide do Decreto-lei n. 2.627/1940, sobreveio uma curiosa inovação: em 6 de setembro de 1946, foi expedido o Decreto-lei n. 9.783, que passou a obrigar as sociedades por ações com sede no Brasil a, antes de entrarem em funcionamento, requererem à bolsa de valores mais próxima de sua sede

81 "*O Govêrno deve, não só, interessar-se em incrementar o mercado de ações (primário e secundário), como ir em busca de providências tendentes a modificar a própria estrutura das sociedades por ações, para ajustá-la à situação atual, distinguindo entre pequenas e grandes emprêsas, objetivando, nas primeiras, simplificar as formalidades ligadas à sua vida interna e externa (para certos casos, dispensar as publicações de editais para as assembléias ordinárias, cuja data de realização poderia ser previamente fixada nos estatutos), tendente a baratear o custo dessas formalidades, inclusive com a diminuição do número de empregados.*" (cf. PENALVA SANTOS, J. A. *Novos aspectos do mercado de capitais e outros trabalhos de direito comercial.* Rio de Janeiro: Alba, 1968. p. 56)

82 Cf. PENALVA SANTOS, J. A. *Novos aspectos do mercado de capitais e outros trabalhos de direito comercial.* Rio de Janeiro: Alba, 1968, p. 48.

83 Cf. LAMY FILHO, Alfredo. BULHÕES PEDREIRA, José Luiz. *A Lei das S.A.:* pressupostos, elaboração, aplicação. 3ª ed., Rio de Janeiro: Renovar, 1997. Vol. I. p. 129. Ainda sobre os antecedentes da reforma da disciplina legal das sociedades anônimas, ver: TEIXEIRA, Egberto L. GUERREIRO, José Alexandre Tavares. *Das sociedades anônimas no Direito brasileiro.* São Paulo: José Bushatsky, 1979, p. 3-12.

84 Cf. artigo 300 da Lei n. 6.404/1976: "*Art. 300. Ficam revogados o Decreto-Lei n. 2.627, de 26 de setembro de 1940, com exceção dos artigos 59 a 73, e demais disposições em contrário.*"

a cotação de suas ações e obrigações ao portador (debêntures). Também as sociedades já existentes deveriam se adequar a essa exigência, sob pena de multa[85].

Explica Miranda Valverde que esse ato resultou de pressão exercida por corretores na época, que há muito vinham pleiteando essa exigência[86]. Tratava-se, em sua visão, de mera burocracia, "*com a finalidade única de carrear para a corporação os emolumentos taxados para o registro das sociedades por ações na Bolsa de Valores*"[87].

O Decreto-lei n. 9.783/1946 foi revogado pela Lei n. 4.728/1965, sem que tenha tido maiores repercussões para a realidade das companhias e do mercado de capitais brasileiros[88].

1.3.3 Disciplina complementar da lei do mercado de capitais (Lei n. 4.728/1965)

Em 14 de julho de 1965, a Lei n. 4.728 inaugurou a disciplina do mercado de capitais, de que trataremos no item 1.4.1, a seguir. Na mesma oportunidade, aquele diploma introduziu determinadas inovações – consideradas, à época,

85 Cf. artigo 1º do Decreto-lei n. 9.783/1946. Nesse ponto, criticaram Lamy e Bulhões: "*Em verdade, o Decreto-lei estendeu a todas as companhias – tivessem ou não suas ações e debêntures oferecidas ao público, ou negociadas em Bolsa – a obrigação de cotá-las, o que em verdade não fazia sentido.*" (cf. LAMY FILHO, Alfredo. BULHÕES PEDREIRA, José Luiz. *A Lei das S.A.*: pressupostos, elaboração, aplicação. 3ª ed., Rio de Janeiro: Renovar, 1997. Vol. I. p. 113) O Decreto-lei n. 9.783/1946 obrigava ainda as sociedades por ações a enviarem às respectivas bolsas de valores determinadas informações.

86 Cf. VALVERDE, Trajano de Miranda. *Sociedades por ações:* comentários ao Decreto-lei n. 2.627, de 26 de setembro de 1940. 2ª ed., Rio de Janeiro: Forense, 1953. Vol. I. p. 37-38.

87 Prossegue a crítica de Miranda Valverde: "*Que cotação podem ter ações de uma sociedade anônima antes de seu funcionamento? Pois o art. 1º, do citado decreto-lei, ordena que isso seja obtido, ainda que não negociáveis as ações, hipótese que ocorre quando a entrada inicial não atinge 30% do valor nominal da ação. Há mais. Pressupõe que simultaneamente com a constituição da sociedade anônima esta haja emitido obrigações ao portador (debêntures), impossibilidade legal manifesta, mas que não viram os interessados na obtenção do dec.-lei n. 9.783.*" (cf. VALVERDE, Trajano de Miranda. *Sociedades por ações:* comentários ao Decreto-lei n. 2.627, de 26 de setembro de 1940. 2ª ed., Rio de Janeiro: Forense, 1953. Vol. I. p. 149)

88 Apesar de extrapolar a matéria societária, tratou-se aqui desse decreto para permitir a compreensão de seu enquadramento na cronologia de eventos que culminaram com a promulgação da Lei n. 4.728/1965, de que trataremos a seguir.

mais urgentes[89] – no regime societário das sociedades anônimas, às quais se restringirá este tópico.

Notadamente, regulou-se o instituto do capital autorizado[90]. Houve outras novidades relevantes no tocante às ações e debêntures, como, por exemplo, a disciplina da forma endossável e das debêntures conversíveis em ações.

Por um lado, essas medidas demonstravam alinhamento com o esforço empreendido à época para promover o desenvolvimento do mercado de capitais brasileiro. Em outras palavras, pretendia-se, com as medidas então introduzidas, facilitar a transição para a abertura de capital e maior dispersão acionária[91] – para tanto alterando a estrutura das sociedades anônimas,

[89] Cf. LAMY FILHO, Alfredo. BULHÕES PEDREIRA, José Luiz. *A Lei das S.A.:* pressupostos, elaboração, aplicação. 3ª ed., Rio de Janeiro: Renovar, 1997. Vol. I. p. 123.

[90] Certas medidas com potencial para contribuir para o desenvolvimento das companhias foram consideradas inoportunas e deixadas de fora do Decreto-lei n. 2.627/1965, por receio dos abusos que sua utilização desvirtuada poderia acarretar. Assim justificou o autor do anteprojeto a opção pela não inclusão da modalidade de capital autorizado, em particular: *"Não introduzi o sistema anglo-americano do "capital autorizado", previsto em anteriores anteprojetos, por considerá-lo, pelo menos, no momento, inoportuno, pelos abusos que poderá acarretar e porque não viria favorecer o desenvolvimento das emprêsas, ao contrário, aumentaria a desconfiança do público, ainda hoje reinante em nosso meio, quanto às ações das companhias."* (cf. VALVERDE, Trajano de Miranda. *Sociedades por ações*: comentários ao Decreto-lei n. 2.627, de 26 de setembro de 1940. 2ª ed., Rio de Janeiro: Forense, 1953. Vol. III. p. 267) Contudo, na visão de Penalva Santos, a expansão das companhias brasileiras nesse intervalo justificava a inovação: *"Havia relevantes motivos para o emérito jurista retirar do projeto esse tipo de sociedade; hoje, a razão de ser de tal exclusão desapareceu, com o incremento tomado pelas sociedades anônimas, sobretudo as de grande porte, cuja administração assume contornos de certa complexidade."* (cf. PENALVA SANTOS, J. A. *Novos aspectos do mercado de capitais e outros trabalhos de direito comercial.* Rio de Janeiro: Alba, 1968, p. 33) O diploma recebeu críticas quanto à abordagem das sociedades com capital autorizado como espécie distinta. Por exemplo: em estudo sobre a reforma da lei das sociedades anônimas, Lamy propôs "*acabar com o infeliz e original tratamento da S/A com capital autorizado como se fosse outro tipo de sociedade*", além de outros ajustes pontuais. (cf. LAMY FILHO, Alfredo. A reforma da lei de sociedades anônimas. In: *Revista de Direito Mercantil, Industrial, Econômico e Financeiro.* n. 7. São Paulo: Revista dos Tribunais, 1972, p. 156) Ainda sobre o tema, ver GUERREIRO, José Alexandre Tavares. *Regime jurídico do capital autorizado.* São Paulo: Saraiva, 1984, p. 71-72.

[91] Por exemplo: de acordo com Lamy e Bulhões, a lei regulou a forma endossável porque "*conciliava a identificação do acionista com a facilidade na circulação dos títulos*". (cf. LAMY FILHO, Alfredo. BULHÕES PEDREIRA, José Luiz. *A Lei das S.A.:* pressupostos, elaboração, aplicação. 3ª ed., Rio de Janeiro: Renovar, 1997. Vol. I. p. 124) E ainda, a lei dispôs sobre debêntures conversíveis em ações "*por ser o instrumento mais adequado para induzir à aquisição de ações investidores acostumados à segurança de remuneração dos títulos de renda fixa*". (cf. LAMY FILHO, Alfredo. BULHÕES PEDREIRA, José Luiz. *A Lei das S.A.:* pressupostos, elaboração, aplicação. 3ª ed.,

"a ponto de, em certos institutos, modificar-lhe por inteiro a feição que lhe dera a Lei n. 2.627, de 1940"[92]. Por outro, esse movimento não chegou ao ponto de produzir uma ruptura com o regime societário então vigente, mais afeito à realidade das companhias fechadas do que àquela das companhias abertas[93].

Por fim, mereceu crítica a forma como a matéria societária foi introduzida no bojo da Lei n. 4.728/1965, sem a correspondente adequação do Decreto-lei n. 2.627/1940[94]. Como resultado, a partir de então, parte da disciplina societária das sociedades anônimas passou a estar abrigada não no diploma próprio, e sim na lei do mercado de capitais.

1.4 Disciplina do acesso ao mercado de capitais

1.4.1 Disciplina da lei do mercado de capitais (Lei n. 4.728/1965)

A Lei n. 4.728/1965 nasceu de um projeto de reformulação do mercado de capitais brasileiro e conferiu-lhe disciplina específica, incluindo uma série de medidas voltadas ao seu desenvolvimento.

Rio de Janeiro: Renovar, 1997. Vol. I. p. 124). Também quanto às sociedades anônimas de capital autorizado, dizia-se que *"representaram significativo avanço em nosso direito societário, sob a influência da sistemática anglo-americana, no sentido de permitir maior flexibilidade na captação de recursos junto ao público investidor"*. (cf. TEIXEIRA, Egberto L. GUERREIRO, José Alexandre Tavares. *Das sociedades anônimas no Direito brasileiro.* São Paulo: José Bushatsky, 1979, p. 120)

[92] Cf. PENALVA SANTOS, J. A. *Novos aspectos do mercado de capitais e outros trabalhos de direito comercial.* Rio de Janeiro: Alba, 1968, p. 13.

[93] Portanto, permaneceu em vigor o modelo imposto pelo Decreto-lei n. 2.627/1940, já então percebido por muitos como defasado: *"Salvo, entretanto, essas alterações introduzidas pela Lei 4.728, o Dec.-lei 2.627 continuava em vigor ainda que a sociedade por ações nele prevista não se coadunasse mais com a nova realidade que se buscava."* (cf. OLIVEIRA, Fernando A. Albino de. Introdução. In: BERTOLDI, Marcelo (coord.). *Reforma da lei das sociedades anônimas:* comentários à Lei n. 10.303, de 31.10.2001. 2ª ed., São Paulo: Revista dos Tribunais, 2002. p. 15); *"Apostou-se, equivocadamente, na suficiência do novo marco legal para que as companhias se ajustassem à modernidade pretendida pelo governo militar e abrisse as portas aos novos acionistas."* (cf. VIEIRA, Jorge Hilário Gouvêa. Comissão de valores mobiliários. In: VENANCIO FILHO, Alberto. LOBO, Carlos Augusto da Silveira. ROSMAN, Luiz Alberto Colonna. *Lei das S.A. em seus 40 anos.* Rio de Janeiro: Forense, 2017, p. 436)

[94] Cf. PENALVA SANTOS, J. A. *Novos aspectos do mercado de capitais e outros trabalhos de direito comercial.* Rio de Janeiro: Alba, 1968. p. 9. Com efeito, foram poucas as alterações promovidas pelo referido diploma diretamente ao Decreto-lei n. 2.627/1940 (cf. artigos 78 e 79 da Lei n. 4.728/1965).

Fruto de anteprojeto elaborado por José Luiz Bulhões Pedreira, em 1965, a pedido do então Ministro do Planejamento, a Lei n. 4.728/1965 teve por objetivos, no que diz respeito à disciplina do mercado de capitais, a "*definição de um quadro institucional que induzisse à criação de sistema de distribuição de títulos nos mercados de capitais*", a "*criação de condições para a formação de mercados de obrigações privadas a prazos médio e longo*" e a "*regulamentação e policiamento das operações nos mercados de capitais*"[95]. Para a última tarefa, adotou como inspiração principalmente o modelo norte-americano, inaugurado na década de 1930, com a criação da SEC[96].

Assim, a Lei n. 4.728/1965 instituiu o chamado sistema de distribuição do mercado de capitais. Ao CMN foi conferida competência para regulamentar a organização e as atividades das entidades integrantes desse sistema, e, ao BACEN, competência para fiscalizar aquele mercado. O artigo 2º da Lei n. 4.728/1965 explicitou a preocupação da época com que essas atribuições fossem exercidas visando a proteção do investidor, inclusive por meio da facilitação do acesso a informações sobre os valores mobiliários negociados no mercado e as respectivas sociedades emissoras.

A Lei n. 4.728/1965 tratou das sociedades anônimas enquanto emissoras dos valores mobiliários negociados naquele mercado. Contudo, diferentemente da Lei n. 6.385/1976, aquele diploma não introduziu ou se apoiou em uma definição específica de *companhia aberta*, referindo-se apenas, quando oportuno, às *sociedades cujas ações fossem admitidas à cotação das Bolsas de Valores* ou

[95] Cf. LAMY FILHO, Alfredo. BULHÕES PEDREIRA, José Luiz. *A Lei das S.A.:* pressupostos, elaboração, aplicação. 3ª ed., Rio de Janeiro: Renovar, 1997. Vol. I. p. 123. Prosseguem os autores: "*O objetivo de organizar um sistema de distribuição de títulos formado por bancos de investimento, distribuidoras e corretoras traduzia o reconhecimento de que era impraticável desenvolver os mercados de capitais sem uma rede de intermediação que desempenhasse a função de colocar as emissões primárias entre grande número de pessoas. No esquema delineado na lei cabia aos bancos e às distribuidoras o papel de negociantes de títulos por conta própria, respectivamente por atacado e varejo, e às corretoras a intermediação nos mercados secundários. A lei disciplinou cada uma dessas entidades, cujas atividades ficaram sujeitas ao regime de controle administrativo, e criou condições para que os serviços de corretagem pudessem ser prestados por empresas, em vez de por profissionais autônomos.*" (cf. LAMY FILHO, Alfredo. BULHÕES PEDREIRA, José Luiz. *A Lei das S.A.:* pressupostos, elaboração, aplicação. 3ª ed., Rio de Janeiro: Renovar, 1997. Vol. I. p. 123)

[96] Ainda sobre o tema, LAMY FILHO, Alfredo. BULHÕES PEDREIRA, José Luiz. *Direito das companhias.* 2ª ed., Rio de Janeiro: Forense, 2017, p. 103.

às *sociedades emissôras de títulos ou valôres mobiliários negociados na bôlsa*, ou outros termos correlatos.

Na esteira da atribuição conferida ao BACEN de fiscalizar o mercado de capitais e zelar pela proteção do público investidor, a Lei n. 4.728/1965 instituiu sistema dual de registro, como meio de promover a adequada prestação de informações e permitir ao BACEN maior controle sobre as emissões[97]. Esse sistema compreendia *(i)* o registro da sociedade emissora (artigos 3°, inciso V, 19 e 20[98]) e *(ii)* o registro da emissão[99] de valores mobiliários (artigos 3°, inciso VI, e 21[100]). Ao submeter as sociedades emissoras a registro, a Lei n. 4.728/1965

[97] Cf. LAMY FILHO, Alfredo. BULHÕES PEDREIRA, José Luiz. *A Lei das S.A.*: pressupostos, elaboração, aplicação. 3ª ed., Rio de Janeiro: Renovar, 1997. Vol. I. p. 124.

[98] Cf. artigos 19 e 20 da Lei n. 4.728/1965: *"Art. 19. Sòmente poderão ser negociados nas Bôlsas de Valôres os títulos ou valôres mobiliários de emissão: I - de pessoas jurídicas de direito público; II - de pessoas jurídicas de direito privado registradas no Banco Central. (...) Art. 20. Compete ao Conselho Monetário Nacional expedir normas gerais sôbre o registro referido no inciso II do artigo anterior, e relativas a: I - informações e documentos a serem apresentados para obtenção do registro inicial; II - informações e documentos a serem apresentados periòdicamente para a manutenção do registro; III - casos em que o Banco Central poderá recusar, suspender ou cancelar o registro. (...)"*

[99] Emprega-se aqui o termo *"emissão"* com o sentido determinado pela própria Lei n. 4.728/1965: *"Art. 16. As emissões de títulos ou valôres mobiliários sòmente poderão ser feitas nos mercados financeiro e de capitais através do sistema de distribuição previsto no art. 5°.§ 1º Para os efeitos dêste artigo considera-se emissão a oferta ou negociação de títulos ou valôres mobiliários: a) pela sociedade emissora ou coobrigada; b) por sociedades ou emprêsas que exerçam habitualmente as atividades de subscrição, distribuição ou intermediação na colocação no mercado de títulos ou valôres mobiliários; c) pela pessoa natural ou jurídica que mantém o contrôle da sociedade emissôra dos títulos ou valôres mobiliários oferecidos ou negociados. § 2º Entende-se por colocação ou distribuição de títulos ou valôres mobiliários nos mercados financeiro e de capitais a negociação, oferta ou aceitação de oferta para negociação: a) mediante qualquer modalidade de oferta pública; b) mediante a utilização de serviços públicos de comunicação; c) em lojas, escritórios ou quaisquer outros estabelecimentos acessíveis ao público; d) através de corretores ou intermediários que procurem tomadores para os títulos. § 3º As sociedades que infringirem o disposto neste artigo ficarão sujeitas à cessação imediata de suas atividades de colocação de títulos ou valôres mobiliários no mercado, mediante intimação do Banco Central, que requisitará, se necessário, a intervenção da autoridade policial."*

[100] Cf. artigo 21 da Lei n. 4.728/1965: *"Art. 21. Nenhuma emissão de títulos ou valôres mobiliários poderá ser lançada, oferecida pùblicamente, ou ter iniciada a sua distribuição no mercado, sem estar registrada no Banco Central. § 1º Caberá ao Conselho Monetário Nacional estabelecer normas gerais relativas às informações que deverão ser prestadas no pedido de registro previsto neste artigo em matéria de: a) pessoa jurídica, emitente ou coobrigada, sua situação econômica e financeira, administração e acionistas que controlam a maioria de seu capital votante; b) características e condições dos títulos ou valôres mobiliários a serem distribuídos; c) pessoas que participarão da distribuição. § 2º O pedido de registro será acompanhado dos prospectos e quaisquer outros documentos a serem publicados, ou distribuídos, para*

inaugurou elemento de distinção formal entre aquelas que acessavam ou não o mercado, embrionário da posterior disciplina das companhias abertas[101].

Em linhas gerais, o acesso ao mercado de capitais foi assim restrito a emissões previamente registradas, realizadas através do sistema de distribuição previsto na Lei n. 4.728/1965, de títulos ou valores mobiliários emitidos por sociedades também previamente registradas. Ambos os registros eram promovidos perante o BACEN[102].

Ao BACEN foi confiada também a tarefa de fiscalizar a observância, pelas sociedades anônimas cujos valores mobiliários fossem negociados em bolsa, das obrigações relativas à "*publicidade da situação econômica e financeira da sociedade, sua administração e aplicação dos seus resultados*" e à "*proteção dos interêsses dos portadores de títulos e valôres mobiliários distribuídos nos mercados financeiro e de capitais*"[103].

oferta, anúncio ou promoção de lançamento da emissão. § 3º O Banco Central poderá suspender ou proibir a distribuição de títulos ou valôres: a) cuja oferta, lançamento, promoção ou anúncio esteja sendo feito em condições diversas das constantes do registro da emissão, ou com a divulgação de informações falsas ou manifestamente tendenciosas ou imprecisas; b) cuja emissão tenha sido julgada ilegal ou fraudulenta, ainda que em data posterior ao respectivo registro. § 4° O disposto neste artigo não se aplica aos títulos cambiais colocados no mercado com a coobrigação de instituições financeiras."

101 Nesse sentido, nota-se que a Lei n. 4.728/1965 foi a primeira a diferenciar as companhias abertas: "*Coube então, indisputadamente, à Lei n. 4.728, de 14 de julho de 1965, diferenciar pela primeira vez no Direito positivo brasileiro as companhias abertas das demais, impondo àquelas, cujos valores mobiliários fossem admitidos à negociação em mercado organizado, requisitos de registro das distribuições públicas que pretendessem realizar.*" (cf. TRINDADE, Marcelo. O papel da CVM e o mercado de capitais no Brasil. In: SADDI, Jairo (org.). *Fusões e aquisições:* aspectos jurídicos e econômicos. São Paulo: IOB, 2002. p. 301-302) Confirmavam Lamy e Bulhões que "[n]*o Brasil, a diferenciação do regime das companhias abertas teve início com a lei do mercado de capitais (n. 4.728, de 1967) e foi sistematizada pela Lei n. 6.404/76*". (cf. LAMY FILHO, Alfredo. BULHÕES PEDREIRA, José Luiz. *A Lei das S.A.:* pressupostos, elaboração, aplicação. 3ª ed., Rio de Janeiro: Renovar, 1997. Vol. I. p. 84)

102 Cf. artigo 3º, incisos V e VI, e artigo 16, *caput*, da Lei n. 4.728/1965.

103 Cf. artigo 3º, inciso VII, da Lei n. 4.728/1965. Já o detalhamento dos requisitos e procedimentos para registro, bem como do regime de informações a que as companhias que acessavam o mercado ficavam sujeitas como condição para a manutenção do registro, foi delegado à competência regulatória do CMN. Coube, ainda, ao CMN a expedição de normas para as sociedades emissoras sobre a "*natureza, detalhe e periodicidade da publicação de informações sôbre a situação econômica e financeira da pessoa jurídica, suas operações, administração e acionistas que controlam a maioria do seu capital votante*", a "*organização do balanço e das demonstrações de resultado, padrões de organização contábil, relatórios e pareceres de auditores independentes registrados no Banco*

Dentre os méritos atribuídos à Lei n. 4.728/1965, comenta-se que, além de ter introduzido inovações importantes à modernização das instituições – como, por exemplo, a adoção de uma estratégia regulatória baseada na ampla disseminação de informações –, teve impacto positivo na opinião pública e atraiu atenção para o mercado de capitais brasileiro[104].

O regime de acesso ao mercado de capitais estabelecido pela Lei n. 4.728/1965 serviu de referência para a Lei n. 6.385/1976 – tanto assim que o conceito de companhia aberta se *ajustou* à legislação anterior sobre o mercado de capitais[105]. As Lei n. 6.385/1976 e 6.404/1976 não revogaram expressamente a Lei n. 4.728/1965, porém determinaram, de maneira genérica, a revogação de quaisquer disposições em contrário[106].

1.4.2 Posterior regulamentação do registro (Resolução n. 88/1968)

Em 30 de janeiro de 1968, por deliberação do CMN, o BACEN aprovou a Resolução n. 88, que regulamentou o registro das *pessoas jurídicas de direito privado* emissoras de títulos e valores mobiliários negociáveis em bolsas de valores e demais integrantes do sistema de distribuição do mercado de capitais, bem como o registro das respectivas *emissões*[107].

Central" e a "*manutenção de mandatários para a prática dos atos relativos ao registro de ações e obrigações nominativas, ou nominativas endossáveis*" (cf. artigo 20, § 1º, da Lei n. 4.728/1965).

104 Cf. TRUBEK, David M., GOUVEA VIEIRA, Jorge Hilário. SÁ, Paulo Fernandes de. *O mercado de capitais e os incentivos fiscais*. Rio de Janeiro: TN-APEC, 1971, p. 159 et seq.

105 Diz a Exposição Justificativa da Lei n. 6.404/1976: "*O conceito de companhia aberta se ajusta à legislação do mercado de capitais em vigor (Lei n. 4.728, de 14.7.1965), que submete à disciplina especial as companhias com valores mobiliários distribuídos no mercado, ou negociáveis mediante oferta pública (arts. 16 e 19 a 21).*" Retomaremos este ponto no próximo Capítulo.

106 Cf. artigo 35 da Lei n. 6.385/1976 e artigo 300 da Lei n. 6.404/1976. No sentido de que a Lei n. 6.385/1976 substitui integralmente a Lei n. 4.728/1965 no tocante ao mercado de valores mobiliários, ver: TRINDADE, Marcelo. O papel da CVM e o mercado de capitais no Brasil. In: SADDI, Jairo (org.). *Fusões e aquisições:* aspectos jurídicos e econômicos. São Paulo: IOB, 2002, p. 303.

107 Adota-se aqui os termos ("*registro das pessoas jurídicas*" e "*registro das emissões*") empregados pela Resolução n. 88/1968. Sobre o tema, ver TRUBEK, David M., GOUVEA VIEIRA, Jorge Hilário. SÁ, Paulo Fernandes de. *O mercado de capitais e os incentivos fiscais*. Rio de Janeiro: TN-APEC, 1971, p. 170 et seq.; BATALHA, Wilson de Souza Campos. *Sociedades anônimas e mercado de capitais*. Vol. I. Rio de Janeiro: Forense, 1973, p. 214 et seq.; 470-472.

A demora na regulamentação da matéria foi motivo de preocupação por parte do BACEN, que desde então manifestava apreensão com a inadequação de sua estrutura para mais essa tarefa que lhe fora confiada[108]. A abordagem regulatória parece refletir essa preocupação[109].

Além das informações que deveriam ser prestadas por ocasião do registro, a Resolução n. 88/1968 regulamentou o regime de informação dos emissores registrados, inspirado no modelo norte-americano[110]. Pretendeu-se, com isso,

[108] Exposição apresentada pelo Presidente do BACEN transcrita na ata da 97ª Sessão do CMN de 23 de janeiro de 1968: "*A regulamentação dos artigos 19, 20 e 21 da Lei 4.728, de 14.7.65, tem-se revelado providência que não comporta maior adiamento, ante, inclusive, a necessidade de resguardar-se a posição do Banco Central perante a opinião pública. 2. Há entendimento popular, criado através da atuação dos distribuidores e agentes financeiros, de que tudo que se coloca no mercado de valores mobiliários é feito com o conhecimento e fiscalização do Banco Central, consenso de todo conveniente aos menos escrupulosos e que encontra apoio no texto da ambiciosa Lei 4.728.*"

[109] Em especial, parece refletir essa preocupação a exigência estabelecida pela Resolução n. 88/1968 de apresentação de parecer de auditor independente ou instituição financeira que se responsabilizasse pela verificação da autenticidade e exatidão das informações prestadas por ocasião do registro e se comprometesse a manter-se atualizada sobre a situação econômico--financeira da companhia durante todo o prazo de colocação ou resgate dos títulos (cf. itens VII e XIV do regulamento anexo à Resolução n. 88/1968). Também nessa linha, exigiu-se que dos prospectos e folhetos constasse, com destaque, a seguinte ressalva: "*O registro no Banco Central significa apenas que se encontram em poder do Banco, para consulta dos interessados, os documentos e informações necessários para avaliação, pelo investidor, do risco do investimento.*" (cf. item III, (b) dos esclarecimentos adicionais que acompanharam a Resolução n. 88)

[110] Notadamente, a Resolução n. 88/1968 passou a exigir, como condição para o registro de pessoa jurídica, compromisso formal de pronta divulgação ao público das decisões tomadas pela diretoria e pela assembleia geral sobre dividendos ou direitos de subscrição ou "*outros elementos relevantes que possam afetar os preços dos títulos ou valores mobiliários de sua emissão ou influenciar as decisões dos investidores*" (cf. item VI, (d), do regulamento anexo à Resolução n. 88/1968). Para as debêntures conversíveis em ações, instruções adicionais sobre o processo de registro constaram da Resolução n. 109/1969. Ainda quanto ao processo de registro, foi posteriormente aprovada a Resolução n. 214/1972 que, em complemento às disposições da Resolução n. 88/1968, introduziu modelo de prospecto que passou a compor o conjunto de documentos e informações necessários. A doutrina ressalta a influência do modelo norte--americano: "*Em relação à regulação das sociedades emissoras, deve-se notar que a legislação brasileira foi bastante influenciada pelos Securities Act de 1933 e Securities Exchange Act de 1934 dos Estados Unidos, no que diz respeito às exigências do* disclosure. *A adoção do princípio do* disclosure *tornou-se clara não ainda com a Lei 4728, mas com as Resoluções n. 88 e 214 do Banco Central. Essas Resoluções estabelecem as exigências quanto às informações que devem ser prestadas pelas sociedades emissoras, em casos de ofertas públicas de venda de suas ações. Tal como nos Estados Unidos, consagrou-se o princípio de que o controle a ser exercido pelo órgão encarregado da fiscalização e controle do mercado deveria ser concentrado sobre o processo de prestação das informações.*" (cf. EIZIRIK, Nelson Laks. *O papel*

estimular a confiança e o interesse do público investidor, reforçando a opção por concentrar a tutela desse mercado na verificação da adequada prestação de informações a pautar as decisões de investimento[111].

Nesse quadro, a prestação de informações inexatas ou inverídicas passou a ser causa de potencial recusa ou cancelamento do registro da pessoa jurídica, assim como o descumprimento das normas de natureza societária e do mercado de capitais a elas aplicáveis[112].

Por fim, cumpre notar que essa disciplina regulamentar foi adotada paralelamente à articulação da política fiscal que deu origem às chamadas *sociedades anônimas de capital aberto*, de que trataremos no item 1.5, a seguir, e com ela pretendeu conciliar-se. Assim sendo, em um primeiro momento, foram dispensados o registro de pessoa jurídica, para aquelas previamente registradas como *sociedades anônimas de capital aberto* perante o BACEN[113], e o registro de emissão, para aquelas promovidas por empresas com sede e atividades em regiões consideradas pelo BACEN como afastadas dos centros de mercado de capitais e que não objetivassem sua transformação em *sociedades anônimas de capital aberto*[114]. Por ora, é interessante notar como essa política fiscal repercutiu

do Estado na regulação do mercado de capitais. Rio de Janeiro: IBMEC, 1977, p. 119-120) Eizirik questionava a importação desse princípio face à realidade brasileira de um mercado pouco desenvolvido, sem a mesma tradição de investimento: *"No caso da regulação do mercado de capitais no Brasil, parece ter havido uma transferência do modelo regulatório norte-americano, sem as necessárias adaptações.* (...) *Esses problemas estão relacionados principalmente à impossibilidade de adaptação, de forma integral e com todas as consequências implicadas, do sistema de* disclosure, *face às particularidades do investidor nacional; à inexistência, até agora, de uma agência reguladora independente, sem maiores problemas administrativos; e à ausência de uma tradição de ações judiciais para responsabilização de administradores e controladores de sociedades abertas."* (cf. EIZIRIK, Nelson Laks. *O papel do Estado na regulação do mercado de capitais.* Rio de Janeiro: IBMEC, 1977, p. 138)

[111] Cf. PENALVA SANTOS, J. A. *Novos aspectos do mercado de capitais e outros trabalhos de direito comercial.* Rio de Janeiro: Alba, 1968, p. 51.

[112] Cf. item X, (a), (b) e (c), do regulamento anexo à Resolução n. 88/1968.

[113] Cf. item XXII do regulamento anexo à Resolução n. 88/1968. Posteriormente, a Resolução n. 106/1968 (que definiu novos critérios para a classificação de sociedade anônima de capital aberto – vide item 1.5.3 a seguir) determinou prazo para que as sociedades já possuidoras de certificados de capital aberto atendessem ao registro de emissor da Resolução n. 88/1968 (cf. item XIV da Resolução n. 106/1968). Esse registro tornou-se necessário à posterior obtenção de certificado de sociedade anônima de capital aberto (cf. item XV da Resolução n. 106/1968).

[114] Cf. item XVIII do regulamento anexo à Resolução n. 88/1968.

na regulamentação do registro, flexibilizando o regime de acesso ao mercado conforme as prioridades da agenda política da época.

Na prática, a intensidade das tarefas confiadas ao BACEN no tocante ao mercado de capitais *vis-à-vis* sua incompatibilidade com as demais atividades a cargo daquele órgão e seus recursos limitados gerou uma série de dificuldades. Esse quadro alimentou clamores pela criação de órgão especializado, o que se concretizou com a promulgação da Lei n. 6.385/1976[115]. Nesse sentido, é interessante notar que, ao justificar a criação da CVM, o então Ministro da Fazenda, Mário Henrique Simonsen, registrou sua percepção de que, à época da Lei n. 4.728/1965, o legislador entendera "*que o mercado de capitais, então incipiente, não justificava a criação de órgão especializado para o fiscalizar*". Entretanto, o BACEN, "*cuja função precípua é a de gestor da moeda, do crédito, da dívida pública e do balanço de pagamentos*", não deveria "*ter as suas atribuições sobrecarregadas com a fiscalização do mercado de valores mobiliários*"[116].

[115] "*A criação de um órgão especializado (embora não independente, como veremos) parece justificar-se pelo fato do Banco Central não ter condições, por diversos motivos, de administrar com efetividade a legislação referente ao mercado de capitais.*" (Cf. EIZIRIK, Nelson Laks. *O papel do Estado na regulação do mercado de capitais.* Rio de Janeiro: IBMEC, 1977, p. 129) Ainda sobre o regime de competências do BACEN sob a égide da Lei n. 4.728/1965: "*Nos anos seguintes novas leis acrescentaram diversas atribuições ao Banco Central, inclusive de banco de fomento, e no início da década de 1970 já ficara evidente que na estrutura do Banco Central, com a pletora de suas atribuições, o setor encarregado do mercado de valores mobiliários não poderia ter a independência e o status na administração federal indispensáveis para o policiamento eficiente do mercado de valores mobiliários; e como parte da reforma da legislação sobre companhias de 1976 foi promulgada a Lei n. 6.385/1976, que separou o mercado de valores mobiliários, como segmento do mercado de capitais, criou a CVM e transferiu para esta as atribuições do Banco Central relativas àquele mercado.*" (cf. LAMY FILHO, Alfredo. BULHÕES PEDREIRA, José Luiz. *Direito das companhias.* 2ª ed., Rio de Janeiro: Forense, 2017. p. 104) O parecer apresentado no âmbito da Comissão de Economia, Indústria e Comércio pelo relator, Deputado Viana Neto, em 26 de agosto de 1976, no curso da tramitação do projeto que deu origem à Lei n. 6.385/1976 (Projeto de Lei n. 2.600/1976), destacava o consenso quanto à necessidade de substituição do BACEN: "*No particular, tocará a CVM substituir o Banco Central, que foi a opção preferida pela Lei n. 4.728/65, mas que "a experiência demonstrou ser uma solução errada". É que, sobrecarregado de funções outras, sem dúvida mais relevantes e precípuas de um Banco Central, tais como gestor da moeda, do crédito, do balanço de pagamentos e da dívida pública, o Banco Central do Brasil não pôde dedicar à administração do mercado de capitais a atenção prioritária e especializada que se impunha, ninguém ignora os revezes sofridos pelo incipiente mercado de capitais brasileiro em virtude da inexistência de um órgão cuja função primeira fosse o seu policiamento.*"

[116] Cf. Exposição de Motivos n. 197/1976.

1.5 Disciplina da *sociedade anônima de capital aberto*

1.5.1 Disciplina da lei sobre imposto de renda (Lei n. 4.506/1964)

Ainda sob a égide de legislação societária (Decreto-lei n. 2.627/1940) e do mercado de capitais (Lei n. 4.728/1965) que não distinguia formalmente as *companhias abertas* e *fechadas*, nasceu, na legislação fiscal, um instituto que fortemente impulsionou a instituição em lei dessa divisão[117].

A Lei n. 4.506/1964, sobre imposto de renda, estabeleceu, como nova classificação, as chamadas *sociedades anônimas de capital aberto*. Essa classificação tinha por função delimitar o universo de destinatários dos incentivos fiscais concedidos por meio daquele diploma[118].

[117] Para Yazbek, as sociedades anônimas de capital aberto foram *embriões* das atuais companhias abertas. (cf. YAZBEK, Otavio. As companhias abertas – sua caracterização, as vantagens e as desvantagens da abertura de capital. In: FINKELSTEIN, Maria Eugênia. PROENÇA, José Marcelo Martins (coords.). *Direito societário:* sociedades anônimas. 3ª ed., São Paulo: Saraiva, 2014, p. 114) Comparato comentava também que o legislador brasileiro enveredou pelo mesmo caminho do legislador norte-americano, ao estabelecer, na Lei n. 4.728/1965, a distinção entre sociedade anônima "fechada" e sociedade anônima de capital aberto. (cf. COMPARATO, Fábio Konder. *Aspectos jurídicos da macro-emprêsa.* São Paulo: Revista dos Tribunais, 1970, p. 66)

[118] *"Os efeitos legais decorrentes da qualificação de sociedade de capital aberto são exclusivamente fiscais, consistindo em isenções ou reduções do imposto sobre a renda da própria sociedade, na fonte ou de seus acionistas."* (cf. COMPARATO, Fábio Konder. *Aspectos jurídicos da macro-emprêsa.* São Paulo: Revista dos Tribunais, 1970, p. 67) Ainda sobre o tema: EIZIRIK, Nelson. *Reforma das S.A. e do mercado de capitais.* Rio de Janeiro: Renovar, 1997, p. 72; BATALHA, Wilson de Souza Campos. Sociedades anônimas e mercado de capitais. Vol. I. Rio de Janeiro: Forense, 1973, p. 218 et seq. Para um relato detalhado a respeito da origem e evolução do instituto e da natureza dos incentivos fiscais concedidos, ver TRUBEK, David M., GOUVEA VIEIRA, Jorge Hilário. SÁ, Paulo Fernandes de. *O mercado de capitais e os incentivos fiscais.* Rio de Janeiro: TN-APEC, 1971, p. 111 et seq. Os autores observam que a criação desse instituto foi assim justificada no Programa de Ação Econômica – PAEG, publicado logo em seguida: *"O Governo pretende estimular a abertura de capital das sociedades anônimas, tendo em vista ser esse o melhor sistema para compatibilizar o controle democrático das empresas com a imposição tecnológica das dimensões associadas às economias de escala. Nesse sentido, é intenção do Governo: a. conceder estímulos fiscais, particularmente, através do imposto de renda, às sociedades anônimas abertas; b. dentro de uma política geral de estímulos fiscais à poupança, incentivar, especialmente, as aplicações das poupanças pessoais na subscrição de novas ações de sociedades anônimas abertas; c. reestruturar as sociedades de investimento, protegendo o público no que diz respeito ao lançamento de novas ações; e d. reorganizar as bolsas de valores, dando maior seletividade às suas transações."* (cf. TRUBEK, David M., GOUVEA VIEIRA, Jorge Hilário. SÁ, Paulo Fernandes de. *O mercado de capitais e os incentivos fiscais.* Rio de Janeiro: TN-APEC, 1971, p. 116-117)

Foram assim contempladas as sociedades anônimas *(i)* que tivessem ações efetivamente cotadas em bolsa de valores e, cumulativamente, *(ii)* cujo capital votante fosse detido, em porcentagem mínima de 30%, por mais de duzentos acionistas, que não possuíssem cada um mais de 3% do capital social e fossem pessoas físicas ou fundos mútuos de participação e capitalização. Esses percentuais de dispersão gradativamente aumentariam até que perfizessem 45% do capital votante e quinhentos acionistas, respectivamente[119].

Pautaram a criação das *sociedades anônimas de capital aberto* as políticas públicas antes mencionadas, voltadas a estimular o desenvolvimento do mercado de capitais. Essas políticas privilegiaram as sociedades anônimas que não apenas possuíssem *ações* cotadas em bolsa, mas cujos quadros acionários demonstrassem efetiva dispersão acionária, de acordo com os parâmetros então estipulados[120]. Notadamente, essa dispersão concentrava-se no capital votante e exigia-se sua expansão continuada.

Com isso, como afirmou Penalva Santos, o legislador pretendeu estimular a *democratização* do capital, *"no sentido de levá-lo ao grande público, através de incentivos fiscais, para que as sociedades de limitado número de acionistas abrissem a todos – os grandes, médios e pequenos investidores – a possibilidade de adquirirem suas ações em Bôlsa, ou fóra dela"*[121].

[119] Cf. artigos 39 e 84 da Lei n. 4.506/1964.

[120] Ressaltava-se a importância da dispersão acionária para a caracterização das sociedades anônimas de capital aberto: *"As sociedades anônimas cujas ações tenham elevado o grau de negociabilidade em Bolsa de Valores e que, por isso, constituam instrumento de aplicação da poupança pública são consideradas de capital aberto. A sociedade de capital aberto tem o seu capital democratizado, isto é, diluído em quantidade de acionistas, de forma a se caracterizar pela participação popular no seu quadro de acionistas."* (cf. LACERDA, José Cândido Sampaio de. *Manual das Sociedades por Ações.* 3ª ed., Rio de Janeiro: Freitas Bastos, 1974, p. 46); *"Embora os requisitos sejam complexos, a característica principal da definição da S.C.A. é que uma parte significante de suas ações tem que ser de propriedade de muitas pessoas."* (cf. TRUBEK, David M., GOUVEA VIEIRA, Jorge Hilário, SÁ, Paulo Fernandes de. *O mercado de capitais e os incentivos fiscais.* Rio de Janeiro: TN-APEC, 1971, p. 112.

[121] Cf. PENALVA SANTOS, J. A. *Novos aspectos do mercado de capitais e outros trabalhos de direito comercial.* Rio de Janeiro: Alba, 1968, p. 33. Também sobre essa política, comentou Requião: *"A fim de corrigir as distorções que o uso comercial havia acarretado ao sistema das sociedades anônimas, pondo-a a serviço de interesses familiares ou de pequenos grupos fechados, o governo passou a estimular a abertura dessas sociedades ao investimento de novos acionistas. Esse processo que se denomina democratização do capital social, visa a permitir que a poupança particular participe do desenvolvimento econômico, pela sua aplicação através de ações."* (cf. REQUIÃO, Rubens. *As sociedades de capital autorizado e de capital aberto.* Disponível em: https://revistas.ufpr.br/direito/article/viewFile/6741/4825.

Ressalte-se que essa classificação se restringiu naquele momento à esfera da legislação fiscal. Melhor dizendo, não teve por reflexo a promoção de um modelo distinto de companhia na esfera da legislação societária[122]. Portanto, apesar de frequentes os comentários no sentido de que as *sociedades anônimas de capital aberto* representaram categoria especial de sociedade, é importante notar o alcance restrito dessa classificação e o fato de que não se confunde com a classificação superveniente de *companhia aberta*, a despeito da posterior consolidação de que trataremos no item 1.5.4, a seguir.

Acesso em: 10 jun. 2019) Sabe-se que o ideal de sociedade empresária democrática inspirou a legislação do século XIX e continuou a ter grande influência no século XX. (cf. LAMY FILHO, Alfredo. BULHÕES PEDREIRA, José Luiz. *A Lei das S.A.:* pressupostos, elaboração, aplicação. 3ª ed., Rio de Janeiro: Renovar, 1997. Vol. I. p. 59-60) Entretanto, as frequentes referências do período sob exame à *democratização* do capital das companhias parecem ter por influência também, ou especialmente, a experiência de países como os Estados Unidos com companhias com grande dispersão acionária. Nesse ponto, veja-se, por exemplo, o seguinte comentário de Oscar Barreto Filho: "*Hoje em dia, o papel da sociedade anônima não é puramente econômico, mas interfere na própria organização política, em virtude de originar uma fonte real de poder (o chamado poder econômico, que se confronta com as fontes formais de poder previstas na Constituição. No plano social, a redistribuição da renda ensejada pela maciça participação da poupança popular nos capitais das sociedades anônimas, deixam entrever uma "eventual socialização não-estatista de seus lucros" (a expressão é de Berle). A abertura das empresas à poupança popular nos Estados Unidos propiciou a chamada democratização do capital e a ascensão dos técnicos ao comando das empresas, caracterizando uma verdadeira revolução tecnocrática (a* managerial revolution, *de Burnham).*" (cf. BARRETO FILHO, Oscar. Novos rumos para a sociedade anônima. As emprêsas no contexto social. In: *Revista da Faculdade de Direito*, Universidade de São Paulo, vol. 66, 1971. p. 164-165. Disponível em: http://www.revistas.usp.br/rfdusp/article/view/66625. Acesso em: 23 set. 2019). Ainda sobre o histórico de medidas voltadas à *democratização* do capital, ver BATALHA, Wilson de Souza Campos. *Sociedades anônimas e mercado de capitais.* Vol. I. Rio de Janeiro: Forense, 1973. p. 217 et seq.

122 "*Não devem ser confundidas com as sociedades de capital aberto (...). é de se reconhecer que a instituição de tais sociedades representa pálida tentativa para a distinção admitida no direito anglo-saxônico, mas, verdadeiramente, não a perfilhou o legislador próprio porquanto não criou um estatuto especial para as sociedades abertas propriamente ditas. No modo de constituição, na estrutura, no funcionamento, nos poderes e responsabilidades dos administradores, nos direitos e deveres dos acionistas, as sociedades de capital aberto não se distinguem, nem se regem por disposições peculiares.*" (cf. GOMES, Orlando. Em tema de sociedade anônima (1971). In: WALD, Arnoldo (org.). *Direito empresarial:* sociedades anônimas, vol. 3. São Paulo: Revista dos Tribunais, 2011, p. 103)

1.5.2 Disciplina superveniente da lei do mercado de capitais (Lei n. 4.728/1965)

Já no ano seguinte, a Lei n. 4.728/1965, que disciplinou o mercado de capitais, introduziu modificações ao regime das *sociedades anônimas de capital aberto*[123]. A Lei n. 4.728/1965 deu continuidade à política de incentivos fiscais que fora articulada em prol do desenvolvimento do mercado de capitais, e foi apenas nesse contexto que tratou das *sociedades anônimas de capital aberto*, sem estabelecer para elas normas distintas de natureza societária ou do mercado de capitais.

Em suma, determinou-se que a partir daquele momento caberia ao CMN a fixação periódica dos requisitos para classificação como *sociedade anônima de capital aberto*[124]. Garantiu-se, assim, maior flexibilidade, permitindo que a classificação fosse continuamente adaptada à dinâmica realidade do mercado e às prioridades da agenda política, sem que fosse para tanto necessário alterar a lei[125].

1.5.3 Novos contornos (Resoluções n. 16/1966 e 106/1968)

Na sequência, os critérios para enquadramento como *sociedade anônima de capital aberto* foram sucessivamente regulamentados por meio de resoluções editadas pelo BACEN, conforme deliberação do CMN, dentre as quais se sobressaem as Resoluções n. 16/1966 e 106/1968.

[123] Cf. artigo 55 da Lei n. 4.728/1965. A política de incentivos fiscais relativos às sociedades anônimas de capital aberto foi também objeto de outros atos normativos, como, por exemplo, o Decreto n. 58.400/1966, o Decreto-lei n. 157/1967 e o Decreto-lei n. 1.338/1974. Foge ao escopo deste estudo, contudo, a análise dos incentivos fiscais concedidos às sociedades anônimas de capital aberto.

[124] Cf. artigo 59 da Lei n. 4.728/1965: "*Art. 59. Caberá ao Conselho Monetário Nacional fixar periodicamente as condições em que, para efeitos legais, a sociedade anônima é considerada de capital aberto.* (...)"

[125] Cf. EIZIRIK, Nelson Laks. *O papel do Estado na regulação do mercado de capitais*. Rio de Janeiro: IBMEC, 1977, p. 123; ARAÚJO, Rodolfo. Brésil. In: ROTONDI, M. *Enquête comparative sur les sociétés par actions*. Deventer: Kluwer, 1974, p. 429-431. O histórico aqui traçado nos parece importante para esclarecer a frequente confusão com relação à origem desse instituto, por vezes atribuída à Lei n. 4.728/1965, sem maior consideração quanto às políticas articuladas à época e sua operacionalização por meio de atos normativos diversos.

Foram adotados nesse período diferentes critérios de classificação. Inicialmente, privilegiou-se critérios numéricos referentes ao grau de negociabilidade das ações e ao nível de dispersão do capital social, posteriormente alterados para levar em consideração também outros fatores, como a capacidade de poupança nos diferentes estados e territórios[126].

Nesse sentido, a Resolução n. 16/1966, determinou que seriam consideradas de *capital aberto* as sociedades anônimas cujas ações tivessem *elevado grau de negociabilidade* em bolsas de valores, constituindo assim instrumento de aplicação da poupança pública[127]. Os critérios adotados para a configuração de *elevado grau de negociabilidade* referiam-se à frequência e ao volume de negociação das ações. Cumulativamente, exigia-se que as ações atendessem a condições específicas quanto à sua conversibilidade e à inexistência de restrições à negociação[128].

Além disso, exigia a Resolução n. 16/1966, como condição para a expedição de certificado da condição de *capital aberto* pelo BACEN, a verificação de níveis mínimos de dispersão do capital, distintos daqueles originalmente previstos na legislação do imposto de renda, e não limitados ao capital votante[129].

126 A dificuldade inerente a essa tarefa era ressaltada pela doutrina da época. Para Penalva Santos, isso explicaria o fato de *"ter o Banco Central procurado uma definição empírica, mas aceitável por enquanto"*. (cf. PENALVA SANTOS, J. A. *Novos aspectos do mercado de capitais e outros trabalhos de direito comercial.* Rio de Janeiro: Alba, 1968, p. 47)

127 Cf. item I da Resolução n. 16/1966. Sobre o tema, vale conferir também a Circular n. 32/ 1966.

128 Cf. item III da Resolução n. 16/1966 (com redação dada pela Resolução n. 26/1966): *"III – Para os efeitos desta Resolução serão consideradas como possuidoras da característica de elevado grau de negociabilidade as ações que satisfaçam cumulativamente às seguintes exigências: a) sejam objeto de negociação em uma ou mais Bolsas de Valores do País, com tal intensidade que alcance, no mínimo, os seguintes índices médios: 1) ocorrência de operações de compra e venda em pelo menos uma vez por semana e cinco vezes por mês; 2) valor das operações superior a Cr$8.000.000 semanais e Cr$40.000.000 mensais; e 3) quantidade de ações negociadas mensalmente superior a 0,25% do número de ações emitidas, com exclusão, em se tratando de sociedade de capital autorizado, das ações em tesouraria. b) possuam ainda as seguintes condições cumulativas: 1) salvo quando a sociedade emissora estiver impedida por legislação especial, plena conversibilidade para qualquer das formas "ao portador", "nominativas" ou "nominativa endossável", a critério do acionista, e desdobramento de títulos múltiplos, efetuado a preço não superior ao custo, devidamente demonstrado à Bolsa onde estiverem registrados; e 2) inexistência de qualquer espécie de restrição estatutária ou contratual que impeça ou dificulte a sua negociação a qualquer instante, exceto quando decorrente de legislação especial."*

129 Cf. item IV da Resolução n. 16/1966 (com redação dada pela Resolução n. 26/1966): *"IV – O Banco Central expedirá, no prazo de 60 dias a contar da data do recebimento do pedido, certificado da condição de capital aberto em favor das sociedades que o requeiram, desde que atendam a uma das condições*

Para as companhias que estivessem *"em fase de democratização do capital social pelo lançamento de ações ao público"*, exigia-se, ademais, *"que pelo menos 50% das ações* [fossem] *do tipo ordinário ou, caso mais da metade* [fosse] *do tipo preferencial, aos seus subscritores se* [assegurasse] *estatutariamente o direito de eleger o seu representante na diretoria*"[130]. Nesse ponto, é curioso observar como a disciplina dos incentivos fiscais imiscuiu-se na organização interna, societária, das companhias.

Críticas a esses critérios levaram à revogação da Resolução n. 16/1966 e à sua substituição pela Resolução n. 106/1968[131]. Na sessão do CMN que deliberou pela aprovação da nova norma, reclamou-se que a Resolução

abaixo: a) ter ações constantemente negociadas e, no mínimo, 15% do capital pertencente a pelo menos 500 pessoas físicas ou jurídicas, que possuam, cada uma, no mínimo 100 e no máximo 20.000 ações; b) ter ações registradas para negociação em uma das Bolsas de Valores do País e, no mínimo, 15% do capital social pertencente a pelo menos 500 pessoas físicas ou jurídicas, que possuam, cada uma, no mínimo 100 e no máximo 20.000 ações; c) estar em fase de democratização do capital social pelo lançamento de ações ao público, realizado de modo que alcance as condições estabelecidas na alínea "b", acima, estipulado, entretanto, que pelo menos 50% das ações sejam do tipo ordinário ou, caso mais da metade seja do tipo preferencial, aos seus subscritores se assegure estatutariamente o direito de eleger o seu representante na diretoria." Posteriormente, a redação do item (b) foi alterada pela Resolução n. 26/1966: "*b) ter ações constantemente negociadas e, no mínimo, 15% do capital pertencente a pelo menos 500 pessoas físicas ou jurídicas, que possuam, cada uma, no mínimo 100 e no máximo 100.000 ações;*"

130 Cf. item IV da Resolução n. 16/1966. Além disso, o item VIII da Resolução n. 16/1966 reforçava a necessária observância pelas sociedades anônimas de capital aberto do regime da Lei n. 4.728/1965 (em especial, as disposições do artigo 34, §§ 7º, 9º, 10 e 11) e das normas expedidas por deliberação do CMN.

131 Requião relata o suposto insucesso da empreitada: "*A primeira tentativa levada a efeito pelo Conselho Monetário Nacional, consubstanciada nas Resoluções n.s 16 e 26, do Banco Central do Brasil, resultou em insucesso, face às bases irreais em que fora lançada. A abertura de capital escudada sobretudo na negociabilidade das ações e no número elevado de acionistas não foi de molde a ensejar a proliferação de sociedades de capital aberto, pois, sem embargo dos incentivos fiscais estimulantes para difundir o sistema, apenas 265 sociedades anônimas participaram do movimento, democratizando seu capital. Em virtude do insucesso da primeira tentativa, e em face das insistentes solicitações das classes empresariais, o governo foi levado a rever as antigas resoluções no sentido de adotar bases mais realistas e condizentes com a estrutura empresarial de nosso país. Daí a elaboração de novos critérios, consubstanciados na Resolução n. 106.*" (cf. REQUIÃO, Rubens. *As sociedades de capital autorizado e de capital aberto.* Disponível em: https://revistas.ufpr.br/direito/article/viewFile/6741/4825. Acesso em: 10 jun. 2019) Além disso, comenta-se que as normas da Resolução n. 16/1966 eram "*bastante complexas e ambíguas, muitas das quais nunca foram explicadas ou esclarecidas*", bem como que a Resolução n. 106/1968 representou "*não somente um grande progresso na redação, mas também (...) o retorno aos diversos requisitos da Lei 4.506, que tinham sido abandonados pela Resolução 16*" (cf. TRUBEK, David M., GOUVEA VIEIRA, Jorge Hilário. SÁ, Paulo Fernandes de. *O mercado de capitais e os incentivos fiscais.* Rio de Janeiro: TN-APEC, 1971, p. 122; 126)

n. 16/1966 não havia produzido progresso sensível em termos de uma abertura de capital efetiva das sociedades, *"adotando como objetivo uma negociabilidade em Bolsa que não traduz, a nosso ver, a democratização pretendida"*[132].

A principal crítica nesse sentido era dirigida às ações preferenciais. Comentava-se que a experiência demonstrara *"a ineficácia da admissão das ações preferenciais para a democratização do capital das empresas, pois elas em nada influíram para modificação do espírito absorvente dos detentores do controle acionário da sociedade"*[133]. Ou seja, a percepção era de que as ações preferenciais permitiam uma abertura de capital meramente quantitativa, em troca dos benefícios fiscais concedidos às *sociedades anônimas de capital aberto*, sem que a seus detentores fosse permitida efetiva participação na vida social.

Em função disso, optou-se por fazer recair somente sobre as ações ordinárias o percentual mínimo de dispersão exigido para o enquadramento como *sociedade anônima de capital aberto*, alterado de 15% do capital social para 20% do capital votante[134]. A resolução previa também o aumento gradativo dos requisitos mínimos de dispersão[135].

132 Cf. voto apresentado pelo então diretor do BACEN, Germano de Brito Lyra, transcrito na ata da 121ª sessão do CMN, realizada em 10 de dezembro de 1968. Continuava o voto: "(...) *pois será sempre uma consequência da disseminação das ações e nunca uma característica da condição de que se trata. A Bolsa de Valores negocia ativamente ações de sociedades fechadas e, em contrapartida, temos ações de empresas de capital realmente distribuído que ali não apresentam negociabilidade frequente*".

133 Cf. voto apresentado pelo então diretor do BACEN, Germano de Brito Lyra, transcrito na ata da 121ª sessão do CMN, realizada em 10 de dezembro de 1968. O voto ressaltava a importância da fiscalização exercida por acionistas, em especial a participação dos minoritários nas assembleias gerais: "2. *Tomando-se por base que as empresas beneficiadas por incentivos fiscais de capital aberto deverão estar sujeitas ao cumprimento mais rigoroso das normas estabelecidas no art. 1º da Lei n. 4.728/65 – finalidade essencial do Mercado de Capitais – e que a fiscalização dessas empresas deverá iniciar-se pela observação, pelos próprios acionistas, dos atos praticados pelos administradores, encarregados da correta aplicação dos recursos confiados pelos investidores, julgamos indispensável a atuação efetiva dos acionistas minoritários nas decisões das assembleias gerias.*"

134 Cf. item I da Resolução n. 106/1968: "*II – A emissão de certificados que atestem a condição de "capital aberto" dependerá de que pelo menos 20% (vinte por cento) do total das ações ordinárias emitidas (não consideradas as em tesouraria) estejam distribuídas, no mínimo, entre: a) as sociedades que possuam capital subscrito de NCr$100.000,00 a NCr$500.000,00: 1º grupo: 100 acionistas, nenhum deles com menos de 20 ações; 2º grupo: 150 acionistas, nenhum deles com menos de 35 ações; 3º grupo: 250 acionistas, nenhum deles com menos de 75 ações; b) as sociedades que possuam capital de NCr$500.001,00 a NCr$1.000.000,00: 1º grupo: 150 acionistas, nenhum deles com menos de 30 ações; 2º grupo: 200 acionistas, nenhum deles com menos de 60 ações; 3º grupo: 350 acionistas, nenhum deles com menos de 100 ações; c) as sociedades que possuam capital igual ou superior a NCr$1.000.001,00: 1º grupo: 200*

Além disso, as *sociedades anônimas de capital aberto* passaram a ser classificadas em três grupos, conforme o estado ou território de sua sede[136]. Os demais requisitos de dispersão – isto é, os números mínimos de acionistas e de ações detidas por cada acionista – passaram a variar conforme o grupo a que pertencesse a sociedade e o valor de seu capital subscrito[137]. Isso permitiu que a categorização levasse em consideração a capacidade de poupança nos diferentes Estados e territórios brasileiros[138].

A Resolução n. 106/1968 facultava ao BACEN solicitar modificações aos estatutos das sociedades anônimas de capital aberto, o que, segundo a própria, estaria em consonância com o *espírito* da Lei n. 4.728/1965 e atenderia aos objetivos de resguardar os direitos dos acionistas e preservar a segurança do mercado de capitais[139].

Diversas companhias registradas como *sociedades anônimas de capital aberto* enfrentaram dificuldade para continuar atendendo às exigências da Resolução n. 106/1968, o que estimulou debates em torno da razoabilidade daqueles critérios de classificação[140].

acionistas, nenhum deles com menos de 50 ações; 2º grupo: 350 acionistas, nenhum deles com menos de 75 ações; 3º grupo: 500 acionistas, nenhum deles com menos de 100 ações."

135 Cf. item IX da Resolução n. 106/1968 (com redação dada pela Resolução nº 176/1971): "*IX - Respeitada a classificação do item I e satisfeitas as condições dos itens II e VIII, à emprêsa será outorgado certificado com validade por dois anos, a partir da emissão, prorrogável por períodos sucessivos de dois anos se, ao término de cada período, comprovar que atende às exigências previstas no item II, quanto à percentagem de capital e número de acionistas, com acréscimo de 10% sobre as condições exigidas para o período anterior, até que atinja 49% do seu capital, podendo tais acréscimos ser cumpridos com base em ações ordinárias ou preferenciais.*"

136 Cf. item I da Resolução n. 106/1968.

137 Cf. item II da Resolução n. 106/1968. A norma estabelecia ainda regras específicas quanto ao cômputo do número de acionistas (cf. itens III e V, ambos com redação dada pela Resolução n. 360/1976).

138 "*O arcabouço essencial da caracterização de uma companhia como aberta consiste em primeiro lugar em atender naturalmente às diversidades de desenvolvimento econômico de diferentes regiões do país (grupos) para aliviar ou aumentar condições demandada de distribuição do capital em número mínimo de pessoas; em segundo lugar, se considerou os montantes dos capitais, divididos em faixas e, conforme cada grupo, se exige um número mínimo de acionistas, titular cada um de um número mínimo por sua vez de ações.*" (cf. COSTA, Philomeno J. da. *Anotações às companhias*. Vol. I. São Paulo: Revista dos Tribunais, 1980. p. 109-110)

139 Cf. item XVI da Resolução n. 106/1968.

140 Cf. TRUBEK, David M., GOUVEA VIEIRA, Jorge Hilário, SÁ, Paulo Fernandes de. *O mercado de capitais e os incentivos fiscais*. Rio de Janeiro: TN-APEC, 1971, p. 179 et seq. Comentaram

Posteriormente, foi instituída a subclassificação de *sociedades anônimas de capital aberto de pequeno e médio porte*, assim consideradas aquelas em que a soma do capital e reservas fosse igual ou inferior a cento e quarenta mil vezes o maior salário mínimo vigente no país[141]. Essa subclassificação constou da Resolução n. 221/1972, que fixou limite mínimo de aplicação em companhias assim qualificadas por fundos constituídos na forma do Decreto-lei n. 157/1967[142]. Com o advento da Resolução n. 292/1974, que revogou a Resolução n. 221/1972, esse limite passou a ter por base as *sociedades anônimas de capital aberto* controladas por capitais privados nacionais[143].

Sobressai da análise dessas normas o esforço empreendido para desenvolver critérios de classificação que estimulassem o projeto de gradativa *democratização* do capital das companhias, segundo os níveis desejados de dispersão acionária, para garantir efetividade à política de incentivos, porém sem descuidar da contrastante realidade da época.

os autores: "*Ademais, as várias correntes em debate baseiam seus argumentos em teorias diferentes sobre os propósitos implícitos nas exigências da Resolução 106. Assim, enquanto muitos apoiam seus argumentos no fundamento de que o principal objetivo da política é aumentar a confiança das firmas no mercado primário, como fonte de financiamento, e nos atrativos dos investimentos em títulos de capital, outros aceitam as noções implícitas nas ideias de "reforma agrária na companhia" e "capitalismo de participação popular*". (p. 185).

141 Cf. item II da Resolução n. 221/1972.

142 A Resolução n. 221/1972 regulamentou o disposto no Decreto-lei n. 1.214/1972, que originalmente determinou limite mínimo de aplicação por aqueles fundos "*em debêntures conversíveis em ações ou ações novas de empresas de pequeno e médio porte, nos termos conceituados pelo Conselho Monetário Nacional*" (artigo 3º, §1º). Também em consonância com o Decreto-lei n. 1.214/1972 (artigo 3º, §2º), disciplinou ainda a aplicação dos recursos remanescentes desses fundos, permitindo que fossem aplicados "*em ações ou debêntures conversíveis em ações de sociedades anônimas de capital aberto que comprovem, junto ao Banco Central-Gerência de Mercado de Capitais, o atendimento dos seguintes requisitos, cumulativamente: a) sejam controladas por capitais privados nacionais; b) tenham obtido ou venham a obter do Banco Central do Brasil, nos termos da Resolução nº 88, de 30.1.68, registro de emissão para primeira oferta pública de suas ações; c) tenham negociação diária em Bolsa de Valores, por período superior a 6 (seis) meses, conforme informação da Bolsa em que a empresa tenha seu maior volume de negociação.*" (cf. item III) Com a Resolução 263/1973, permitiu-se, mediante autorização do BACEN, "*computar, no percentual fixado pelo item III da Resolução nº 221, de 10 de maio de 1972, aplicações em debêntures conversíveis em ações ou em ações novas, emitidas por sociedades anônimas de capital aberto e vinculadas a projetos específicos considerados de interesse para a economia nacional*" (cf. item VII).

143 Essa alteração foi promovida em atenção à revogação de parágrafos do artigo 3º do Decreto-lei n. 1.214/1972 pelo Decreto-lei n. 1.338/1974. Posteriormente, a Resolução n. 263/1973 e a Resolução n. 292/1974 foram revogadas pela Resolução n. 340/1975.

Além disso, o projeto de *democratização* do capital parecia estar indiretamente associado ao objetivo de garantir maior participação política dos acionistas minoritários, como indica em especial a mudança promovida para limitar a base de cálculo ao capital votante[144].

Na prática, contudo, de acordo com relatos da época, a classificação como *sociedade anônima de capital aberto* era almejada puramente para efeitos fiscais. E assim, passou a ser considerada insuficiente à consecução dos objetivos pretendidos, o que instigou clamores por uma ampla reforma do regime legal[145].

1.5.4 Posterior consolidação (Resolução n. 457/1977)

Com o advento das Leis n. 6.385/1976 e 6.404/1976, que inauguraram o conceito de *companhia aberta*, de que trataremos no próximo Capítulo, esta classificação passou a conviver com aquela de *sociedade anônima de capital aberto*, porém sem com ela se confundir. Afinal, para a caracterização como *sociedade anônima de capital aberto* não bastava a mera admissão à negociação dos valores mobiliários de emissão da companhia, independentemente do nível de dispersão acionária, como no segundo caso[146]. Tanto assim que a Exposição de

[144] Contudo, escreveu Nelson Eizirik: "*O incentivo à abertura do capital foi representado por uma série de favorecimentos fiscais às sociedades de capital aberto. Ao longo do tempo, praticamente abandonou-se a noção de que estas sociedades deveriam de fato apresentar uma estrutura real de capital aberto, isto é, deveriam ser efetivamente abertas, democráticas em sua estrutura de capital.*" (cf. EIZIRIK, Nelson Laks. *O papel do Estado na regulação do mercado de capitais*. Rio de Janeiro: IBMEC, 1977, p. 123-124)

[145] "*Os objetivos de toda essa legislação são, por conseguinte, a dispersão da propriedade do capital social das companhias privadas nacionais e o simultâneo desenvolvimento do mercado de ações. Esses objetivos foram fixados a partir do reconhecimento de que, no estágio que já atingiu a economia brasileira, a companhia fechada ou familiar, de porte pequeno ou médio, que predomina entre nós, não tem capacidade para desempenhar, nos projetos de grande escala, a função de organizar e explorar as atividades econômicas, que a Constituição Federal reserva preferencialmente às empresas privadas. A ideia da reforma da Lei das S.A. nasceu, por sua vez, da observação de que os estímulos fiscais não foram suficientes para nos conduzir até aqueles objetivos, e que se tornou indispensável modernizar o próprio quadro institucional das sociedades anônimas.*" (cf. LAMY FILHO, Alfredo. BULHÕES PEDREIRA, José Luiz. *A Lei das S.A.*: pressupostos, elaboração, aplicação. 3ª ed., Rio de Janeiro: Renovar, 1997. Vol. I. p. 173)

[146] Nesse sentido, confirmam Teixeira e Tavares Guerreiro que "*o conceito de sociedade aberta, agasalhado na lei, não se confunde com o de sociedade de capital aberto, tal como fora consubstanciado na Resolução n. 106, de 11.12.68, do Banco Central, o qual apresentava principalmente consequências de ordem fiscal. Realmente, o novo conceito da lei leva em consideração apenas a negociabilidade, em bolsa ou no mercado de balcão, dos valores mobiliários emitidos pela companhia aberta, ao passo que o*

Motivos da Lei n. 6.404/1976 tratou de ressaltar que a definição de companhia aberta de seu artigo 4º era mais ampla que o conceito fiscal[147].

Posteriormente, decidiu-se que todas as companhias abertas deveriam ser consideradas *sociedades anônimas de capital aberto* para efeitos legais e regulamentares. Isso foi determinado por meio da Resolução n. 457/1977, que revogou a Resolução n. 106/1968.

A nota explicativa sobre a Resolução n. 457/1977 declara que, com vistas ao "*fortalecimento da empresa privada nacional*", a CVM propusera ao CMN a unificação daqueles conceitos, "*a fim de que um maior número de empresas pudesse gozar de estímulos para a sua capitalização*"[148].

Também na reunião do CMN em que se deliberou pela aprovação da Resolução n. 457/1977, o então Presidente da CVM, Roberto Teixeira da Costa, manifestou opinião no sentido de que era "*importante para o mercado de ações que desde já haja uniformização dos conceitos de companhia aberta e de sociedade de capital aberto, até que uma lei posterior venha a eliminar, por completo, as diferenças de terminologia*"[149].

conceito de sociedade de capital aberto (SCA), acolhido na citada Resolução do Banco Central, se baseava na difusão gradativa das ações de capital da sociedade entre o público". (cf. TEIXEIRA, Egberto L. GUERREIRO, José Alexandre Tavares. *Das sociedades anônimas no Direito brasileiro*. São Paulo: José Bushatsky, 1979, p. 111) E ainda, comentam Carvalhosa e Eizirik: "*A Lei n. 6.404/76, ao ser promulgada, modificou o conceito de abertura de capital, até então vinculado, nos termos da Lei n. 4.506/64 e das Resoluções n. 16/66, 106/68 e 176/71 do Conselho Monetário Nacional – CMN, aos critérios de negociabilidade e de dispersão das ações de sua emissão no mercado. A Lei n. 6.404/1976 abandonou o conceito da Sociedade Anônima de Capital Aberto – SACA, instituído pela Lei n. 4.506/64 e disciplinado pelas Resoluções do CMN, substituindo-o pelo de Companhia Aberta.*" (cf. CARVALHOSA, Modesto. EIZIRIK, Nelson. *A nova lei das S/A*. São Paulo: Saraiva, 2002, p. 38-39) Philomeno J. da Costa lembra que, no curso do processo legislativo, foi sugerida emenda ao artigo 4º da Lei n. 6.404/1976 para ressalvar que o CMN fixaria periodicamente as condições fiscais para a companhia ser tida de capital aberto. Contudo, foi rejeitada, "*visto como não existia perigo de confusão entre "sociedade aberta" e "sociedade de capital aberto". Aquela encontra-se conceituada pelo próprio cabeço do disposto pelo art. 4º e esta é definida normalmente pela legislação fiscal (que se presume atualizante).*" (cf. COSTA, Philomeno J. da. *Anotações às companhias*. Vol. I. São Paulo: Revista dos Tribunais, 1980. p. 110-111)

147 Cf. Exposição de Motivos n. 196/1976.

148 Cf. Nota Explicativa CVM n. 4, de 23 de dezembro de 1977.

149 Cf. voto do conselheiro (e ex-presidente da CVM) Roberto Teixeira da Costa, transcrito na ata da 297ª sessão do CMN, de 21 de dezembro de 1977.

Antes da Resolução n. 457/1977, havia 552 *sociedades anônimas de capital aberto* Brasil. Em decorrência da consolidação, esse número passou para 1.086 companhias abertas[150].

[150] Cf. Nota Explicativa CVM n. 4, de 23 de dezembro de 1977. Disponível em: http://www.cvm.gov.br/legislacao/notas-explicativas/anexos/nota004.doc. Acesso em: 26 jul. 2019.

CAPÍTULO 2
A COMPANHIA ABERTA NO DIREITO BRASILEIRO (II): A PARTIR DA REFORMA DE 1976

Neste Capítulo dar-se-á continuidade ao estudo da disciplina jurídica da companhia aberta, com foco na reforma promovida pelas Leis n. 6.385/1976 e 6.404/1976. Pretende-se examinar o objeto e a estrutura dessa disciplina a partir da perquirição de seus objetivos e do estudo de seus contornos, à luz dos antecedentes normativos analisados no Capítulo 1 e com atenção para as reformas e alterações promovidas desde 1976. Por fim, será traçado um breve panorama a partir da compilação de dados ilustrativos sobre as companhias e o mercado de capitais brasileiros, para avaliar como esse quadro evoluiu após o marco legal de 1976 e melhor contextualizar a análise das *fronteiras* dessa disciplina, que será desenvolvida na Parte II[151].

[151] Este estudo não tem a pretensão de descrever e analisar individual e exaustivamente cada uma das normas desses diplomas aplicáveis às companhias abertas. Tampouco pretende-se avaliar a influência e medir a eficiência da legislação introduzida em 1976 e das reformas e alterações normativas posteriores para o desenvolvimento do mercado brasileiro, o que não se coadunaria com a metodologia deste trabalho, mas tão somente ilustrar os contornos desse mercado e suas tendências mais recentes de desenvolvimento.

2.1 Disciplina da companhia aberta: o marco legal de 1976

2.1.1 Estudos preliminares

No contexto descrito no Capítulo 1, em que clamores por reforma do arcabouço normativo então vigente passaram a se intensificar, desenvolveram-se, em paralelo aos contínuos ajustes da política fiscal das *sociedades anônimas de capital aberto*, estudos e discussões preliminares sobre o conteúdo de uma futura reforma, especialmente da lei societária. A análise desses estudos contribui para a elucidação das escolhas feitas ao regular-se a companhia aberta.

Em especial, destaca-se o estudo elaborado por Alfredo Lamy Filho sobre a reforma da lei das sociedades anônimas, por iniciativa do Instituto de Planejamento Econômico e Social, órgão do Ministério do Planejamento, em outubro de 1971[152].

[152] Cf. LAMY FILHO, Alfredo. A reforma da lei de sociedades anônimas. In: *Revista de Direito Mercantil, Industrial, Econômico e Financeiro*. n. 7. São Paulo: Revista dos Tribunais, 1972, p. 123-158; LAMY FILHO, Alfredo. BULHÕES PEDREIRA, José Luiz. *A Lei das S.A.*: pressupostos, elaboração, aplicação. 3ª ed., Rio de Janeiro: Renovar, 1997. Vol. I. p. 131. O destaque nos parece merecido em função da influência desse estudo para a posterior elaboração do anteprojeto de lei. Não obstante, é importante registrar que ele foi precedido por outros importantes estudos sobre o tema, bem como que a necessidade de reforma era já defendida por diversas outras vozes da época, com foco na necessidade de disciplina específica para as grandes empresas privadas. Exemplo notório nesse sentido é o estudo de Comparato sobre a chamada macroempresa, publicado em 1970. Comparato justifica sua dedicação ao estudo da disciplina societária da macroempresa a partir da seguinte constatação: "(...) *o atual estatuto da sociedade anônima, na generalidade dos países, encontra-se inadequado ao fenômeno da macro-emprêsa. O divórcio entre o direito estatuído e o direito vivido, nesta matéria, só tende aliás a acentuar-se, com a inelutável evolução econômica. Constitui, portanto, tarefa primordial do jurista a busca de soluções novas para os problemas que esta última não deixa de pôr. Tais soluções, porém, só podem ser delineadas a partir do superamento do estatuto artificialmente unitário da sociedade anônima, com o indispensável esfôrço de distinção doutrinária que um empreendimento dessa ordem pressupõe, preliminarmente.*" (cf. COMPARATO, Fábio Konder. *Aspectos jurídicos da macro-emprêsa*. São Paulo: Revista dos Tribunais, 1970, p. 63) E ainda: "*Tudo isso encarece a conveniência de se criar na lei um estatuto opcional para a grande empresa privada, com a natureza institucional e não societária. Só êle, com efeito, permite equacionar num quadro racional os diferentes interesses que convergem na macro-emprêsa: o dos empresários, o dos investidores, o dos trabalhadores, e também o da coletividade em geral representada pelo Estado.*" (cf. COMPARATO, Fábio Konder. *Aspectos jurídicos da macro-emprêsa*. São Paulo: Revista dos Tribunais, 1970, p. 88-89); "*A reforma da legislação há de partir de uma distinção indeclinável entre as chamadas sociedades abertas e as sociedades fechadas para submetê-las a diferentes regimes. As sociedades fechadas não pedem regulamentação que se afaste sensivelmente dos princípios clássicos do direito societário, eis que a sua*

Esse estudo ressaltava a relevância da grande empresa, organizada como sociedade anônima, para a economia moderna, cuja expansão encontraria solução na abertura de capital[153]. Nessa linha, defendia a necessidade de uma ampla reforma, que não se limitasse ao mero aprimoramento do Decreto-lei n. 2.627/1940. Para Lamy, tratava-se de disciplinar um novo instituto, que reclamava regulamentação própria e urgente, para que não fossem obstruídos os caminhos do desenvolvimento[154].

estrutura não está abalada pelos fatos que, na prática, alteram profundamente a constituição e o funcionamento das sociedades abertas." (cf. GOMES, Orlando. Em tema de sociedade anônima (1971). In: WALD, Arnoldo (org.). *Direito empresarial:* sociedades anônimas, vol. 3. São Paulo: Revista dos Tribunais, 2011, p. 102); "*Talvez uma adequada reformulação da legislação sobre as sociedades por quotas de responsabilidade limitada pudesse atender a esse escopo, ensejando a transformação nesse tipo societário de numerosas empresas, a grande maioria das que são hoje organizadas sob a forma do anonimato. Enquanto isto não ocorra, deverá a lei prever regime jurídico diferenciais para as sociedades anônimas, de modo a distinguir perfeitamente as sociedades grandes ou abertas, e as pequenas ou fechadas. As grandes companhias, ou sociedades anônimas propriamente ditas, seriam caracterizadas: pela faculdade de recorrer à subscrição pública; por terem seus títulos obrigatoriamente registrados para negociação em Bolsa; pela fixação de capital mínimo; pela existência do Conselho de Administração.*" (cf. BARRETO FILHO, Oscar. Novos rumos para a sociedade anônima. As emprêsas no contexto social. In: *Revista da Faculdade de Direito*, Universidade de São Paulo, vol. 66, 1971. p. 169-170. Disponível em: http://www.revistas.usp.br/rfdusp/article/view/66625. Acesso em: 23 set. 2019) Em 1973, comentava Batalha que, "[e]*m nosso País, a categorização de empresas fechadas em confronto com as empresas abertas, para efeito de diversa disciplina jurídica de umas e outras, vem sendo exigida pelos mais expressivos doutrinadores de nosso Direito mercantil*". (cf. BATALHA, Wilson de Souza Campos. *Sociedades anônimas e mercado de capitais.* Vol. I. Rio de Janeiro: Forense, 1973, p. 214)

153 Nesse sentido, escreveram posteriormente Lamy e Bulhões: "*A anônima como organização jurídica da macroempresa, ao mesmo tempo que se constitui instrumento de eficácia insubstituível na mobilização das poupanças requeridas para os grandes empreendimentos, provocou insuspeitadas consequências econômicas, sociais e políticas, a que o Estado não pode ficar indiferente. Sob o mesmo rótulo, opera-se o fenômeno de mutação intrínseca, tão propriamente assinalado como "substituição de conteúdo", que transformou a S.A. de mera modalidade jurídica de organização privada de um negócio na instituição fundamental da evolução econômica do mundo ocidental. A grande empresa é a unidade de trabalho do mundo contemporâneo na mão de particulares ou do Estado, ou de ambos, ela terá de organizar-se e expandir-se. A S.A. é a resposta, até certo ponto surpreendente, e admirável, da forma de vida ocidental a essa exigência. Está, por isso, diretamente vinculada ao interesse público na construção e sobrevivência de uma sociedade aberta e desenvolvida, que não pode prescindir da iniciativa privada.*" (cf. LAMY FILHO, Alfredo. BULHÕES PEDREIRA, José Luiz. *A Lei das S.A.:* pressupostos, elaboração, aplicação. 3ª ed., Rio de Janeiro: Renovar, 1997, Vol. I. p. 132)

154 Cf. LAMY FILHO, Alfredo. A reforma da lei de sociedades anônimas. In: *Revista de Direito Mercantil, Industrial, Econômico e Financeiro.* n. 7. São Paulo: Revista dos Tribunais, 1972, p. 124-132. O estudo incluiu ainda avaliação dos principais problemas que deveriam ser enfrentados

Mais especificamente, entre as companhias abertas e fechadas, Lamy entendia haver uma diferença não apenas de tamanho, e sim de natureza[155]. Nesse ponto, o estudo é especialmente ilustrativo da concepção da época em torno da grande empresa, aparentemente influenciada pela experiência estrangeira, pois parecia pressupor que o novo estágio de desenvolvimento guardava promessa de grande dispersão acionária e consequente separação entre propriedade e gestão[156].

por eventual reforma e de lições que poderiam ser aproveitadas daquelas promovidas à legislação de outros países.

155 Essa visão era compartilhada por outros comentaristas da época: "*Esse tipo de sociedade – a grande invenção do capitalismo – é, dentre todos, o que demanda, com maior premência, regime legal adaptado à sua evolução, principalmente por que a sua atuação envolve interesses que transcendem a finalidade lucrativa e ultrapassam os dos sócios. A medida que se agigantam, as sociedades anônimas passam a exercer uma função de interesse social que contraria a sua natureza de organização destinada exclusivamente à repartição de lucro.*" (cf. GOMES, Orlando. Em tema de sociedade anônima (1971). In: WALD, Arnoldo (org.). *Direito empresarial:* sociedades anônimas, vol. 3., São Paulo: Revista dos Tribunais, 2011, p. 102); "*Em nosso entender não se pode cogitar do instituto das sociedades anônimas dentro de um conceito genérico e unitário. Não existe apenas uma espécie de sociedade anônima. Ao revés, a doutrina moderna tende a distinguir duas espécies, com contornos, estruturas, finalidades e estilos perfeitamente distintos. Impõe-se com efeito a distinção entre as sociedades anônimas abertas e as sociedades anônimas fechadas. Estas são conhecidas também sob a nomenclatura de sociedades anônimas de família. (...) Outras sociedades anônimas, entretanto, são efetivamente constituídas sem atenção à pessoa dos acionistas. Formam-se – tendo em vista o mercado de capitais. Pouco se lhe dá quem dela participe. Organiza-se um 'grupo de controle', que domina as sociedades, e suas ações, geralmente ao portador, se pulverizam em quantidade nas mãos de estranhos. Essa sociedade, efetivamente, se forma em atenção aos recursos financeiros do mercado, onde obtém capitais não só na sua fundação, como durante seu desenvolvimento. Essas sociedades anônimas, que condizem verdadeiramente com função econômico-social definida, é que poderiam ser classificadas como instituição. E a ela, geralmente, é que se referem os juristas, quando assim classificam a natureza jurídica das sociedades anônimas. Daí a importância atual da visão dualista das sociedades anônimas.*" (cf. REQUIÃO, Rubens. A sociedade anônima como "instituição". In: *Revista de Direito Mercantil, Industrial, Econômico e Financeiro.* n. 18. São Paulo: Revista dos Tribunais, 1976, p. 25-26) Ainda sobre o tema: BATALHA, Wilson de Souza Campos. *Sociedades anônimas e mercado de capitais.* Vol. I. Rio de Janeiro: Forense, 1973, p. 31-32; 48-49.

156 "*Projete-se, agora, a mesma sociedade que abre seu capital, e vai ao público oferecer suas ações: tudo aqui se transmuda. É que então os sócios passam a "meros prestadores de capital" (na linguagem que o velho CCom usava, e impropriamente, para os comanditários) desinteressam-se da vida da empresa como tal, para só se importarem com os reflexos de bolsa que apresentam os títulos, tornando-se, com isso, muito mais vulneráveis em sua boa-fé; as assembleias, à míngua de acionistas presentes, perdem sua importância para a administração que se torna, ele sim, o órgão máximo da sociedade; a vida da empresa e o comportamento de sua administração passam a interessar diretamente ao crédito público, pois não apenas pelo tamanho (geralmente grandes empresas) mas pelos reflexos que produz na vida financeira*

Regular a companhia aberta, distintamente da companhia fechada, tornara-se essencial, segundo o referido estudo, que se dedicou então à forma e ao conteúdo da futura disciplina.

Um dos pontos enfrentados no estudo foi se as companhias abertas deveriam ser reguladas em lei especial. Concluiu Lamy que mais adequado seria manter uma só lei, dedicando às companhias abertas um capítulo específico[157]. Nessa reflexão percebe-se a semente da estrutura posteriormente adotada na Lei n. 6.404/1976.

Já quanto ao conteúdo, o estudo alvitrava medidas diversas, como, por exemplo, o fortalecimento das normas de *disclosure*, o reforço da autoridade pública responsável pela fiscalização das companhias abertas, a obrigação

do país, a má gestão pode provocar uma crise e repercutir intensamente em muitos setores; as facilidades abertas para o levantamento de recursos – desde o apelo ao mercado de capitais até o progressivo autofinanciamento exigem, então, a fiscalização pública e impõem o dever de uma intensa publicidade em favor do sócio (disclosure); novos mecanismos – como opções de compra de ações, debêntures conversíveis e outros – passam a ter ampla utilização, para motivar o investidor, ou mobilizar o administrador mais competente; o direito de voto perde expressão, o mesmo ocorrendo com o direito de preferência (quando a ação é vendida ou comprada em bolsa, por valor de mercado), etc. Em suma, a sociedade aberta representa uma nova dimensão da S/A, que cumpre ao legislador ter presente." (cf. LAMY FILHO, Alfredo. A reforma da lei de sociedades anônimas. In: *Revista de Direito Mercantil, Industrial, Econômico e Financeiro*. n. 7. São Paulo: Revista dos Tribunais, 1972, p. 126) Traços semelhantes são observados em outros estudos da época, como, por exemplo, o importante estudo de Comparato sobre a macro-empresa: "*Por outro lado, a composição do corpo acionário da grande emprêsa tem ainda mais acentuado o seu anonimato. Nos Estados Unidos, país cuja evolução parece apontar o caminho a ser seguido por tôdas as demais nações capitalistas, estima-se que cêrca de um terço do capital acionário em circulação não permanece mais do que 6 meses nas mesmas mãos. Atualmente, os grandes acionistas não são mais indivíduos, mas sociedades, fundações, fundos de investimento, fundos previdenciários.*" (cf. COMPARATO, Fábio Konder. *Aspectos jurídicos da macro-emprêsa*. São Paulo: Revista dos Tribunais, 1970, p. 24)

157 "*Parece-nos não haver dúvidas – e dispensamo-nos de insistir sobre o assunto – quanto às profundas distinções que separam as S/A fechadas e as abertas (vide Parte I, n. 3, supra) que pode justificar a existência de duas leis. Todavia, como grande parte dos preceitos que regem as duas espécies é comum e as sociedades abertas foram, em geral, constituídas como sociedades fechadas e só mais tarde resolveram abrir seu capital, e o apelo ao crédito público deve ser sempre uma alternativa oferecida à sociedade fechada, parece de mais fácil entendimento manter uma só lei, e, dentro dela, destacar, num capítulo, as normas que devam reger, especificamente, as sociedades abertas, ou que tenham suas ações cotadas em Bolsa de Valores.*" (cf. LAMY FILHO, Alfredo. A reforma da lei de sociedades anônimas. In: *Revista de Direito Mercantil, Industrial, Econômico e Financeiro*. n. 7. São Paulo: Revista dos Tribunais, 1972, p. 139)

de pagar dividendos e a fixação de capital mínimo[158]. Adicionalmente, foram formuladas outras sugestões para enfrentar a preocupação com a transformação "[d]*a empresa de todos na empresa de ninguém*"[159]. Como se verá adiante nos itens 2.2 e 2.3, algumas dessas sugestões foram acolhidas, ainda que com modificações, no âmbito das Leis n. 6.385/1976 e 6.404/1976.

Com base nesse estudo, realizou-se seminário sobre a reforma das sociedades anônimas promovido pelo Instituto dos Advogados Brasileiros em julho de 1972. Na mesma linha, o mote dos debates foi a necessidade de adaptação do instituto da sociedade anônima às novas condições decorrentes do processo de desenvolvimento econômico do país[160].

[158] Cf. LAMY FILHO, Alfredo. A reforma da lei de sociedades anônimas. In: *Revista de Direito Mercantil, Industrial, Econômico e Financeiro*. n. 7. São Paulo: Revista dos Tribunais, 1972, p. 140-142. Na Parte IV do estudo, as sugestões são assim resumidas: "*1º. Disciplina das sociedades que tenham ações negociadas em Bolsa, delas exigindo: a) capital mínimo, para reservar o campo para a grande empresa; b) definição, em termos estritos, do objeto social; c) submissão à fiscalização permanente do Banco Central do Brasil, ao qual será assegurada competência para solicitar informes, proceder a inspeções, definir as publicações obrigatórias, estabelecer normas de apresentação de balanços e demonstrativos de lucros e perdas, e distribuição de dividendos, exigir elaboração de balanços consolidados de grupo empresarial, sustar negociações em Bolsa, intervir na administração, e promover liquidação extrajudicial da sociedade; d) administração colegiada obrigatória; e) redução de quórum nas assembleias gerais; f) supressão do Conselho Fiscal, e imposição de auditoria externa; g) remessa de convocações e informes gerais a todas as entidades (Bancos, Fundos, Financeiras, etc.) que o solicitem ou que tenham comparecido a suas assembleias e às Bolsas; h) correlatamente, devem ser asseguradas a essas sociedades as vantagens fiscais, o direito de emitir ações sem valor nominal, obrigações conversíveis, ou não, para lançamento em Bolsa, facilidades de crédito, contratos de trabalho com seus administradores e emissão de opção de compra de ações, etc.; i) ainda nessa ordem de ideias, os bancos e entidades financeiras deveriam ser estimulados a receber depósitos de ações e obrigações cotadas em Bolsa, e obrigadas a representar seus clientes nas assembleias gerais das sociedades, e transmitir-lhes informes sobre as mesmas; igualmente, os fundos de investimento, bancos e financeiras deveriam fazer-se representar nas assembleias das S/A de que possuíssem ações, ampliando-se e facilitando-se as regras de representação e o procuratório para fins societários; j) finalmente, seria regulamentada a retirada de Bolsa – hipótese para a qual se exigiria quórum de aprovação superior à metade do capital social – assegurando-se ao acionista dissidente o direito de recesso.*" (cf. LAMY FILHO, Alfredo. A reforma da lei de sociedades anônimas. In: *Revista de Direito Mercantil, Industrial, Econômico e Financeiro*. n. 7. São Paulo: Revista dos Tribunais, 1972, p. 155)

[159] Cf. LAMY FILHO, Alfredo. A reforma da lei de sociedades anônimas. In: *Revista de Direito Mercantil, Industrial, Econômico e Financeiro*. n. 7. São Paulo: Revista dos Tribunais, 1972, p. 142-146.

[160] Cf. BARRETO FILHO, Oscar. Seminário sobre a reforma das sociedades anônimas, promovido pelo Instituto dos Advogados Brasileiros. In: *Revista de Direito Mercantil, Industrial, Econômico e Financeiro*. n. 7. São Paulo: Revista dos Tribunais, 1972, p. 119. O primeiro ponto discutido naquele seminário foi a inclusão da disciplina da sociedade anônima no anteprojeto de Código Civil, no livro da Atividade Negocial. Relata-se que houve pronunciamento

De acordo com o relato de Barreto Filho, naquele seminário discutiu-se, como ponto fundamental da futura reforma, a "*disciplina diferenciada para as sociedades abertas e as fechadas*", inclusive as sugestões formuladas no estudo de Lamy como, por exemplo, a "*fixação de capital mínimo, em função das características regionais do país, a fim de reservar o campo para a grande empresa*"[161]. Também foram debatidos os temas pertinentes à disciplina do mercado de valores mobiliários de que tratara o estudo, como a intensificação da fiscalização das companhias abertas e a regulamentação de sua saída do mercado de bolsa[162].

unânime contra a unificação da matéria sobre empresários e sociedades em um código de Direito Privado, tendo alguns dos presentes, contudo, defendido a unificação dessas mesmas matérias num único texto legal. Os fundamentos apontados para tanto incluíam: "*o interesse público da nova S/A, como instrumento da política econômica; a imbricação de normas privadas e públicas na disciplina da instituição; o caráter internacional dos preceitos, que, ainda por isso, ficam sujeitos a sucessivas atualizações; a coordenação permanente que deve ser mantida entre S/A e outras instituições, como Banco Central, Bolsas de Valores, Sociedades Financeiras e Bancos de Investimento, normas de incentivos fiscais e tantas outras que compõem o grande quadro de estímulo à economia e proteção ao crédito público; a eclosão das sociedades mistas, das coligadas, dos conglomerados, dos novos contratos com ações, em suma, de todos aqueles* fatos novos *sobre os quais se debruçam os estudiosos no mundo inteiro*". Conclui o relato do seminário: "*Em suma, ficou evidenciada, no Seminário do Rio de Janeiro, a oposição quase unânime dos meios jurídicos, econômicos, financeiros e empresariais à sistemática e à concepção que presidiram à regulação da sociedade anônima no ante-projeto de Código de Obrigações de 1965 (que se presumem reproduzidas pela novo anteprojeto de Código Civil), sem embargo de seus altos méritos científicos, em virtude de patente inadequação às exigências da hora presente.*" (cf. BARRETO FILHO, Oscar. Seminário sobre a reforma das sociedades anônimas, promovido pelo Instituto dos Advogados Brasileiros. In: *Revista de Direito Mercantil, Industrial, Econômico e Financeiro.* n. 7. São Paulo: Revista dos Tribunais, 1972, p. 121) Além disso, é importante registrar que foram realizados no período outros relevantes simpósios sobre a reforma, como aquele promovido com a contribuição do Departamento de Direito Comercial da Faculdade de Direito da Universidade de São Paulo em 1970. De acordo com relato do professor Rubens Requião, também nesse evento concluiu-se "*que não se justifica a adoção da mesma estrutura jurídica para as companhias de grande envergadura, que recorrem ao mercado de capitais, e para as pequenas sociedades de âmbito restrito ou familiar*" e recomendou-se que "*a lei deverá prever regime jurídico diferençado para as sociedades anônima, estabelecendo normas diversas conforme se trate de sociedades grandes ou abertas, e pequenas ou fechadas*". (cf. REQUIÃO, Rubens. *Curso de direito comercial.* Vol. 2. Rio de Janeiro: Saraiva, 1995, p. 17) Ainda sobre esse simpósio: BATALHA, Wilson de Souza Campos. *Sociedades anônimas e mercado de capitais.* Vol. I. Rio de Janeiro: Forense, 1973, p. 215-216.

161 Cf. BARRETO FILHO, Oscar. Seminário sobre a reforma das sociedades anônimas, promovido pelo Instituto dos Advogados Brasileiros. In: *Revista de Direito Mercantil, Industrial, Econômico e Financeiro.* n. 7. São Paulo: Revista dos Tribunais, 1972, p. 120.

162 Cf. BARRETO FILHO, Oscar. Seminário sobre a reforma das sociedades anônimas, promovido pelo Instituto dos Advogados Brasileiros. In: *Revista de Direito Mercantil, Industrial, Econômico e Financeiro.* n. 7. São Paulo: Revista dos Tribunais, 1972, p. 120.

Ademais, o referido estudo serviu de base para a proposta de elaboração de lei especial sobre as sociedades por ações, destacadamente do anteprojeto de Código Civil que estava sendo discutido à época. Essa proposta foi formulada por meio da Exposição de Motivos n. 14/1974, do Conselho de Desenvolvimento Econômico, e aprovada pelo então Presidente da República[163].

A Exposição de Motivos n. 14/1974, ressaltando a importância da sociedade anônima como forma de organização da grande empresa e a necessidade de integração com a disciplina jurídica do mercado de capitais, ofereceu balizas para a futura lei. Quanto à forma, determinou, por exemplo, que deveria "*permanecer uma apenas, para quaisquer sociedades anônimas, mas contendo dispositivos que regulem especificamente o caso das* sociedades abertas, *captadoras de recursos do público*". E ainda, quanto ao conteúdo, previu inclusive que a lei deveria "*tornar obrigatória, sempre que houver lucro (...) a distribuição de parte dele como dividendo*" e estabelecer "*um sistema de oferta pública para as transações que envolvam uma parcela substantiva de transferência do capital votante, de modo a assegurar igualdade de acesso aos minoritários*"[164].

Em agosto de 1974, por iniciativa dos Ministros da Fazenda e do Planejamento, foi formado um grupo de trabalho para a elaboração do anteprojeto da nova lei de sociedades por ações. Logo em seguida, decidiu-se pela simultânea elaboração de anteprojeto de lei sobre o mercado de valores mobiliários, bem como que o grupo poderia recomendar soluções alternativas àquelas da Exposição de Motivos n. 14/1974. Os anteprojetos que deram origem às Leis

[163] Cf. LAMY FILHO, Alfredo. BULHÕES PEDREIRA, José Luiz. *A Lei das S.A.:* pressupostos, elaboração, aplicação. 3ª ed., Rio de Janeiro: Renovar, 1997. Vol. I. p. 132-133.

[164] Cf. LAMY FILHO, Alfredo. BULHÕES PEDREIRA, José Luiz. *A Lei das S.A.:* pressupostos, elaboração, aplicação. 3ª ed., Rio de Janeiro: Renovar, 1997, Vol. I., p. 133-134. Ainda de acordo com a Exposição de Motivos n. 14/1974, esses dispositivos deveriam abranger (p. 133): "*definição estrita do objeto da sociedade; fortalecimento das normas de divulgação dos resultados ('disclosure'); regulação do grupo societário e participações recíprocas, de forma a possibilitar o esclarecimento de posição e defesa de direitos por parte do acionista minoritário; regulação do sistema de administração colegiada (com um conselho eleito pela Assembleia, o qual, por sua vez, nomeia a diretoria); reforço da autoridade pública (Banco Central) na fiscalização das sociedades; supressão do Conselho Fiscal, substituindo-o pela auditoria externa obrigatória; fixação de um capital mínimo pelas autoridades monetárias, para possibilitar futuras atualizações, sem o qual não seria admissível a captação de recursos junto ao público; regulamentação das condições de retirada da Bolsa;*"

n. 6.385/1976 e 6.404/1976 foram apresentados ao Ministro da Fazenda em novembro de 1974 e abril de 1975, respectivamente[165].

2.1.2 Objetivos e fundamentos da reforma

A visão em torno da companhia aberta que informara esses estudos e discussões preliminares foi aquela que, em linhas gerais, pautou os anteprojetos das Leis n. 6.385/1976 e 6.404/1976[166].

A companhia aberta era associada ao ideal da *grande empresa de capital privado nacional*, aquela cuja expansão seria possível graças ao acesso a capital de risco, viabilizando assim sua participação nos grandes projetos da época e propulsionando o desenvolvimento econômico do país. Mais ainda, dentro dessa concepção, a abertura de capital era projetada como principal fonte de financiamento da atividade empresarial. Por conseguinte, a "abertura" da companhia era associada às ideias de abertura de capital e de grande dispersão acionária, e pressupunha um aquecido mercado de ações[167].

[165] Cf. LAMY FILHO, Alfredo. BULHÕES PEDREIRA, José Luiz. *A Lei das S.A.*: pressupostos, elaboração, aplicação. 3ª ed., Rio de Janeiro: Renovar, 1997, Vol. I, p. 134. O anteprojeto da lei societária foi submetido a amplo esforço de discussão junto ao público, ressaltado na Exposição de Motivos n. 196/1976 (por meio da qual encaminhou-se ao Presidente da República o projeto de lei das sociedades por ações): "*O trabalho, antes de alcançar a forma atual, foi submetido a amplo exame pelas instituições de classe, estudiosos da matéria e público em geral, tendo sido objeto de debate pelos interessados, por um período de mais de um ano. Daí resultou a revisão e o aperfeiçoamento do texto original, no qual foram introduzidas algumas modificações, visando ao atendimento de observações procedentes.*" Já o anteprojeto da lei do mercado de valores mobiliários não teve a mesma exposição. Sobre o tema: YAZBEK, Otavio. Regulação do mercado financeiro e de capitais. 2ª ed., Rio de Janeiro: Elsevier, 2009, p. 266-272; YAZBEK, Otavio. Introdução. In: CODORNIZ, Gabriela. PATELLA, Laura (coords.). *Comentários à Lei do Mercado de Capitais – Lei n. 6.385/76. São Paulo: Quartier Latin, 2015, p. 18-20.*

[166] Em linha com o quanto antes exposto a respeito das influências de direito estrangeiro dos estudos preliminares, o anteprojeto da lei societária teve por orientação geral "*observar a tradição brasileira na matéria, que vem do direito continental europeu, mas aceitar as soluções úteis do sistema anglo-americano, que por força da aceleração das trocas internacionais, cada vez mais se impõem na Europa e crescem em difusão entre nós*". (cf. LAMY FILHO, Alfredo. BULHÕES PEDREIRA, José Luiz. *A Lei das S.A.*: pressupostos, elaboração, aplicação. 3ª ed., Rio de Janeiro: Renovar, 1997, Vol. I. p. 135)

[167] Nesse ponto, explica Tavares Guerreiro: "*Na base do sistema legal das sociedades anônimas, vigia a ideia de formação da grande empresa privada nacional, destinada a funcionar como companhia aberta no mercado interno de valores mobiliários. O molde se fundava na segregação de ações votantes,*

Essas associações são evidenciadas especialmente pelos trabalhos publicados pelos respectivos coautores à época da discussão dos anteprojetos, dando destaque à importância de se desenvolver o mercado primário de ações. Defendiam eles que essa seria a chave a permitir a captação de poupança pública para a expansão das atividades do empresário nacional – uma alternativa "*simples, clara, óbvia*" ao processo de estatização da economia brasileira[168].

de um lado, e de ações preferenciais não votantes, de outro, que haveriam de permitir a consolidação da dicotomia controle da empresa/capital não votante difuso." (cf. GUERREIRO, José Alexandre Tavares. "Sociedade anônima: dos sistemas e modelos ao pragmatismo". In: CASTRO, Rodrigo Monteiro de. AZEVEDO, Luis André N. de Moura. (coord.). *Poder de controle e outros temas de Direito societário e mercado de capitais*. São Paulo: Quartier Latin, 2010, p. 21) Com efeito, os próprios autores do anteprojeto de lei societária diziam, quanto às ações preferenciais, que eram "*o título, por excelência, para ativar o mercado de capitais, atrair investidores oferecendo-lhes segurança, quanto a seus direitos patrimoniais, e rentabilidade privilegiada relativamente aos acionistas ordinários*", assim como "*o título adequado ao levantamento de capitais de risco, no mercado, sem perda do controle*". (cf. LAMY FILHO, Alfredo. BULHÕES PEDREIRA, José Luiz. *A Lei das S.A.*: pressupostos, elaboração, aplicação. 3ª ed., Rio de Janeiro: Renovar, 1997, Vol. I., p. 191) A ideia de que o mercado primário de ações poderia ser desenvolvido sem divisão do poder empresarial – a partir da distribuição pública de ações preferenciais, não votantes – foi um dos pontos do projeto de lei que mais suscitou discussão.

[168] "*A alternativa é simples, clara, óbvia: ou conseguimos criar no País um mercado primário de ações, ou o processo de estatização da economia continuará a se acelerar de modo exponencial. O primeiro Governo da Revolução de 1964 tentou criar esse mercado com a Lei n. 4.728, mas essa tentativa foi frustrada pelo encilhamento de 1971, que afugentou do mercado os milhões de brasileiros que sofreram os prejuízos de um clima de especulação irresponsável. O fato é que hoje não existe no País mercado primário de ações, ou seja, mercado para novas ações emitidas por companhias que tenham um projeto a implantar ou expandir, e que dependam da colocação de suas ações para conseguir levá-lo avante. O que existe é um mercado de Bolsa, que não canaliza poupanças para as empresas mas apenas facilita a troca de posições entre investidores.* (...) *A reforma da Lei das S.A. é uma precondição para a existência desse mercado primário, pois busca restaurar o verdadeiro significado da grande instituição e possibilitar a plenitude do seu funcionamento como instrumento insubstituível para conseguir a associação de milhares de investidores na formação do capital de risco exigido pela grande empresa.*" (cf. LAMY FILHO, Alfredo. BULHÕES PEDREIRA, José Luiz. *A Lei das S.A.*: pressupostos, elaboração, aplicação. 3ª ed., Rio de Janeiro: Renovar, 1997, Vol. I., p. 143) No mesmo sentido, diziam: "*O Anteprojeto não foi elaborado como um exercício de técnica jurídica, mas com o fim prático de modificar determinados padrões de comportamento e estruturas sociais. Por isso, na apreciação do seu sistema, assim como de cada um de seus dispositivos e soluções, um dos principais critérios de julgamento há de ser a sua funcionalidade, no quadro da realidade brasileira atual, como instrumento para atingir seu objetivo maior – de criar um mercado primário de ações.* (...) *A existência de um mercado primário de ações constitui, todavia, requisito necessário da grande empresa privada nacional, e por isso o objetivo maior do Anteprojeto é a criação desse mercado.*" (cf. LAMY FILHO, Alfredo. BULHÕES PEDREIRA, José Luiz. *A Lei das S.A.*: pressupostos, elaboração, aplicação. 3ª ed., Rio de Janeiro: Renovar, 1997, Vol. I. p. 148)

Em outras palavras, a *grande empresa de capital privado nacional* e o *mercado primário de ações* aparecem nesses registros como os principais alvos – ou, objetivos políticos imediatos – das Leis n. 6.385/1976 e 6.404/1976, dentro de um projeto comum e mais amplo de prover bases adequadas ao desenvolvimento econômico do país, disciplinando-se a companhia aberta como veículo para a consecução desse objetivo político mediato.

Além disso, esses alvos foram explicitados nas Exposições de Motivos dos dois projetos de lei, subscritas pelo então Ministro da Fazenda, Mário Henrique Simonsen.

A Exposição de Motivos n. 196/1976 aponta que o projeto que deu origem à Lei n. 6.404/1976 teve por objetivo precípuo "*criar a estrutura jurídica necessária ao fortalecimento do mercado de capitais de risco no País, imprescindível à sobrevivência da empresa privada na fase atual da economia brasileira*"[169].

Correlatamente, a Exposição de Motivos n. 197/1976 ressalta que o projeto que deu origem à Lei n. 6.385/1976 formava, em conjunto com o projeto da Lei n. 6.404/1976, "*um corpo de normas jurídicas destinadas a fortalecer as empresas sob controle de capitais privados nacionais*", de modo que "*ambos procuram assegurar o funcionamento eficiente e regular do mercado de valores mobiliários, propiciando a formação de poupanças populares e sua aplicação no capital dessas empresas*"[170].

Não obstante a forte disseminação do ideal de desenvolvimento do mercado primário de *ações*, uma das orientações gerais do anteprojeto da lei societária foi a de garantir "*ampla liberdade para o empresário escolher os valores mobiliários que melhor se adaptem ao tipo de empreendimento e às condições do mercado*", como ressalta a Exposição de Motivos n. 196/1976. Nesse contexto, o diploma contemplou "*grande espectro de alternativas que vai da disciplina das novas ações, com ou sem valor nominal, à criação das várias espécies de debêntures, bônus de subscrição e partes beneficiárias (estas conservadas, porém com limitações)*".

Notadamente, o projeto de lei societária conferiu tratamento novo às debêntures – instituto que estava "*abandonado na prática comercial brasileira*" –, sob proposta "*que, embora guardando as linhas gerais universalmente definidoras desses títulos, procurou aperfeiçoá-las e adequá-las para uma ampla utilização no país*"[171].

169 Cf. Exposição de Motivos n. 196, de 24 de junho de 1976.

170 Cf. Exposição de Motivos n. 197, de 24 de junho de 1976.

171 Cf. LAMY FILHO, Alfredo. BULHÕES PEDREIRA, José Luiz. *A Lei das S.A.*: pressupostos, elaboração, aplicação. 3ª ed., Rio de Janeiro: Renovar, 1997, Vol. I, p. 213. A lei sobre

Essa liberdade quanto aos instrumentos de financiamento da companhia, e, portanto, quanto à sua organização e estrutura financeira, encontrou limite na necessidade de proteger os credores, acionistas minoritários e demais investidores do mercado. A contrapartida da lei é justamente o conjunto de deveres imposto aos administradores e acionistas, especialmente ao acionista controlador[172].

Com efeito, em atenção à tradição brasileira de quadros de capital concentrado, a lei societária reconheceu e conferiu peso à figura do "*empresário-empreendedor*" – acionista controlador –, como que em oposição aos "*aplicadores de capital de risco*" – acionistas minoritários. Essa opção parece representar uma tentativa de conciliação entre o ideal da *grande empresa nacional de capital privado* e a realidade da época, em que predominavam as companhias com controle definido, ainda que com numerosos investidores de mercado – nas palavras de Munhoz, uma forma bem brasileira de distinção entre propriedade e controle[173].

debêntures até então em vigor, de 1893, fora expedida em reação à crise do encilhamento e era considerada restritiva. (cf. LAMY FILHO, Alfredo. BULHÕES PEDREIRA, José Luiz. *A Lei das S.A.:* pressupostos, elaboração, aplicação. 3ª ed., Rio de Janeiro: Renovar, 1997, Vol. I, p. 180) Diz a Exposição de Motivos que essa "*rigidez contribuiu para a pouca utilização, entre nós, dessa modalidade de valor mobiliário como instrumento de financiamento da companhia mediante empréstimos distribuídos no mercado de capitais*". (cf. Exposição de Motivos n. 196/1976)

172 Cf. LAMY FILHO, Alfredo. BULHÕES PEDREIRA, José Luiz. *A Lei das S.A.:* pressupostos, elaboração, aplicação. 3ª ed., Rio de Janeiro: Renovar, 1997, Vol. I, p. 135. Ainda sobre os objetivos da reforma: TEIXEIRA, Egberto L. GUERREIRO, José Alexandre Tavares. *Das sociedades anônimas no Direito brasileiro.* São Paulo: José Bushatsky, 1979, p. 7-12.

173 Cf. MUNHOZ, Eduardo Secchi. *Aquisição de controle na sociedade anônima.* São Paulo: Saraiva, 2013. p. 57. Nesse sentido, observa Munhoz: "*Para lidar com tão ambicioso desafio, a Lei das S.A. de 1976 adotou, porém, um paradigma diferente das* corporations *norte-americanas ou inglesas. Com a justificativa de que o modelo de companhias com capital pulverizado, controladas pela administração, seria incompatível com a realidade brasileira e somente possível no último estágio de expansão da macroempresa, a lei adotou orientação baseada na figura do empresário-empreendedor. (....) A adoção desse modelo – acionista controlador (empresário) e acionistas investidores (atores externos ao empreendimento empresarial) – decorria não apenas da análise da realidade econômica brasileira, em que prevalecia a concentração do capital, mas da descrença quanto à possibilidade de as companhias de capital pulverizado formarem-se no Brasil, dado que essa realidade somente seria possível em estágio muito avançado do desenvolvimento econômico. Era clara, ademais, a existência de certa desconfiança quanto ao modelo de companhias com capital disperso, ou ao menos quanto à sua maior eficiência em relação ao sistema baseado na figura do controlador. Segundo a visão adotada pela lei, primeiro haveria de ser criada a grande empresa nacional, a partir do padrão acionista controlador-investidores, para somente em estágio ulterior justificar-se eventual preocupação com companhias com maior nível de dispersão do*

Entendia-se que para a mobilização voluntária da poupança popular e o desenvolvimento do mercado primário de ações se fazia necessária uma mudança cultural, capaz de eliminar as distorções que haviam sido difundidas, com a proliferação de *sociedades anônimas de capital aberto* meramente formais, sobre os padrões de comportamento de administradores e acionistas controladores[174]. Nesse desígnio, priorizou-se a proteção do acionista minoritário[175].

Em suma, a reforma lançou-se ao desafio de conciliar dois objetivos básicos, dos quais decorrem diversos outros: de um lado, o estímulo ao desenvolvimento da *grande empresa privada nacional* e do *mercado primário*, com foco maior no mercado primário de ações, e, de outro, a proteção daqueles que investissem nessas companhias por meio desse mercado, com maior foco nas minorias acionárias. Nesse sensível equilíbrio entre o estímulo à formação e à alocação

capital." (cf. MUNHOZ, Eduardo Secchi. *Aquisição de controle na sociedade anônima.* São Paulo: Saraiva, 2013, p. 54-56) Ainda assim, há quem acuse problemas decorrentes de suposta inadequação do direito societário brasileiro à realidade econômica. Nesse sentido, afirma Calixto, apontando para o desenvolvimento do direito societário brasileiro orientado pelo objetivo de fortalecimento da grande empresa nacional: "*As raízes desse gravíssimo problema de fundo do direito societário brasileiro estão portanto na profunda inadequação das regras societárias brasileiras (latino--americanas em geral) à realidade econômica desses países. A uma realidade empresarial absolutamente concentrada contrapõe-se um direito societário que procura estruturar-se a partir de regras de informação completa dos acionistas. Busca-se então uma solução de mercado para uma situação onde obviamente o mercado não é um elemento suficiente para a organização das relações societárias (pois sendo concentrada a realidade econômica este é necessariamente imperfeito).*" (cf. SALOMÃO FILHO, Calixto. *O novo direito societário.* 2ª ed. São Paulo: Malheiros, 2002. p. 53)

174 Cf. LAMY FILHO, Alfredo. BULHÕES PEDREIRA, José Luiz. *A Lei das S.A.:* pressupostos, elaboração, aplicação. 3ª ed., Rio de Janeiro: Renovar, 1997, Vol. I, p. 152.

175 "*A mobilização da poupança popular e o seu encaminhamento voluntário para o setor empresarial exigem, contudo, o estabelecimento de uma sistemática que assegure ao acionista minoritário o respeito a regras definidas e equitativas, as quais, sem imobilizar o empresário em suas iniciativas, ofereçam atrativos suficientes de segurança e rentabilidade.*" (cf. Exposição de Motivos n. 196/1976) No mesmo sentido, defendiam os coautores dos anteprojetos que o desenvolvimento do mercado primário de ações exigia "*a recuperação da confiança dos agentes da poupança na ação como alternativa válida de investimento, o que somente poderá ser conseguido através de um regime legal de proteção das minorias capaz de convencê-los de que, ao julgarem a ação sob o aspectos da segurança, podem se preocupar, principalmente, ou apenas, com os riscos próprios da empresa, sem o receio de que a esses riscos se somem outros, em geral muito maiores, da insegurança jurídica e da falta de instrumentos eficientes de defesa contra tratamento iníquo, ou não equitativo, a que possam ser submetidos por administradores ou acionistas controladores da companhia que exerçam seus direitos ou poderes de modo discricionário ou abusivo;*" (cf. LAMY FILHO, Alfredo. BULHÕES PEDREIRA, José Luiz. *A Lei das S.A.:* pressupostos, elaboração, aplicação. 3ª ed., Rio de Janeiro: Renovar, 1997, Vol. I, p. 159)

da poupança pública nesse mercado e a sua proteção, concentra-se a *ratio legis* da disciplina legal da companhia aberta[176].

Nesse contexto se insere a disciplina *societária* da companhia aberta, de que trataremos adiante no item 2.2, voltada a garantir um regime eficaz de direitos e deveres para estimular o interesse e a confiança no mercado de capitais[177].

Já no âmbito da Lei n. 6.385/1976, esses objetivos foram explicitados em seu artigo 4º, que define os fins que devem pautar a atuação da CVM e do CMN, circunscrevendo, assim, o campo de discricionariedade do regulador[178].

[176] Sobre o tema, disse o então Deputado Tancredo Neves no parecer por meio do qual apreciou o projeto de lei: "*Com efeito, o problema se põe, na plenitude, em conseguir-se o ponto ótimo de equilíbrio entre os vários interesses em jogo: o interesse do empresário na constituição de sua empresa, na obtenção de recursos necessários à expansão e sobrevivência do negócio, e que, se desprezado, ou submetido a regras por demais rígidas e carregadas de sanções, levam ao desanimo e à esterilidade da iniciativa privada; o interesse do acionista, cujos direitos têm que ser protegidos e assegurados, mas de forma que não inviabilize a empresa, bloqueando a natural flexibilidade de que precisa gozar o gestor; o interesse do mercado, que deve ser favorecido, mas não sem cuidados que previnam ou evitem outros encilhamentos; e, sobretudo, e sobre todos, o interesse público, sempre presente nesse grande painel em que se desenvolvem as atividades econômicas, para ordená-las, disciplina-las, policiá-las, zelando para que não se degradem.*" (cf. LAMY FILHO, Alfredo. BULHÕES PEDREIRA, José Luiz. *A Lei das S.A.*: pressupostos, elaboração, aplicação. 3ª ed., Rio de Janeiro: Renovar, 1997, Vol. I, p. 262)

[177] "*A consciência das características da grande empresa moderna e a experiência de outros povos mostrava que a instituição de um forte mercado de capitais pressupunha necessariamente companhias abertas confiáveis, cujas ações – oferecidas ao público – incorporassem um conjunto de direitos e garantias eficazes.*" (cf. LAMY FILHO, Alfredo. BULHÕES PEDREIRA, José Luiz. *A Lei das S.A.*: pressupostos, elaboração, aplicação. 3ª ed., Rio de Janeiro: Renovar, 1997, Vol. I, p. 129)

[178] Cf. Exposição de Motivos n. 197/1976. Os coautores dos anteprojetos ressaltavam o caráter complementar dos regimes de proteção dos dois diplomas: "*Mas não fica aí a proteção proposta para o minoritário, pois há que ter bem presente que a vida comercial é feita de uma permanente luta de interesses em que são grandes as oportunidades e tentações de abusos e de fraudes. E, por essa razão, propôs-se, em outro Projeto, a criação de uma Comissão de Valores Mobiliários, com a função permanente de exercer a polícia do mercado, de acompanhar o jogo empresarial e zelar pela observância de suas regras, na defesa da empresa, do minoritário, do crédito público e das instituições que nele intervêm: fecha-se, desta maneira, o círculo de defesa do investidor do mercado, para que ele possa, com tranquilidade, aplicar sua poupança nos empreendimentos que desejar, correr os riscos inerentes do sistema, ganhar ou perder com o êxito ou o insucesso da empresa, mas com a segurança de que seus direitos e interesses serão lealmente protegidos e respeitados.*" (cf. LAMY FILHO, Alfredo. BULHÕES PEDREIRA, José Luiz. *A Lei das S.A.*: pressupostos, elaboração, aplicação. 3ª ed., Rio de Janeiro: Renovar, 1997, Vol. I, p. 215) Ainda sobre o conteúdo programático do artigo 4º da Lei n. 6.385/1976, ver CEREZETTI, Sheila Christina Neder. Artigo 4º. In: CODORNIZ, Gabriela. PATELLA, Laura (coords.). *Comentários à Lei do Mercado de Capitais – Lei n. 6.385/76*. São Paulo: Quartier Latin, 2015, p. 115-131.

Com efeito, a criação da CVM representou componente importante desse regime de proteção.

De um lado, esses fins incluem "*estimular a formação de poupanças e a sua aplicação em valores mobiliários*" e "*promover a expansão e o funcionamento eficiente e regular do mercado de ações, e estimular as aplicações permanentes em ações do capital social de companhias abertas sob controle de capitais privados nacionais*"[179] – donde se nota também a maior atenção dada ao mercado acionário.

De outro, os fins da atuação do CMN e da CVM incluem a proteção dos titulares de valores mobiliários e investidores desse mercado, e diversos corolários dessa proteção, como "*evitar ou coibir modalidades de fraude ou manipulação destinadas a criar condições artificiais de demanda, oferta ou preço dos valores mobiliários negociados no mercado*" e "*assegurar o acesso do público a informações sobre os valores mobiliários negociados e as companhias que os tenham emitido*"[180].

Nesse sentido, Lamy e Bulhões classificam os objetivos do artigo 4º da Lei n. 6.385/1976 em duas categorias: aqueles no interesse geral do desenvolvimento do mercado e da economia nacional, de um lado, e aqueles no interesse dos investidores do mercado, de outro[181].

A Constituição Federal de 1988 recepcionou as Leis n. 6.385/1976 e 6.404/1976 e garantiu fundamento constitucional ao comando de proteção dos investidores do mercado, muito embora não se refira a esse mercado diretamente[182].

179 Cf. artigo 4º, incisos I e II, da Lei n. 6.385/1976.

180 Cf. artigo 4º, incisos IV a VII, da Lei n. 6.385/1976. Trindade nota que esses objetivos se alinham àqueles que a Lei n. 4.728/1965 havia delineado para a intervenção estatal no mercado de capitais brasileiro. (cf. TRINDADE, Marcelo. O papel da CVM e o mercado de capitais no Brasil. In: SADDI, Jairo (org.). *Fusões e aquisições:* aspectos jurídicos e econômicos. São Paulo: IOB, 2002, p. 308)

181 Cf. LAMY FILHO, Alfredo. BULHÕES PEDREIRA, José Luiz. *Direito das companhias.* 2ª ed. Rio de Janeiro: Forense, 2017, p. 104-105.

182 Cf. TRINDADE, Marcelo. O papel da CVM e o mercado de capitais no Brasil. In: SADDI, Jairo (org.). *Fusões e aquisições*: aspectos jurídicos e econômicos. São Paulo: IOB, 2002. p. 300. Diz ainda Trindade: "*Dessa maneira, a missão estatal de regulação e fiscalização do mercado de valores mobiliários, visando à proteção do consumidor e da poupança popular, decorre da Constituição, e o comando da Carta passa a constituir o norte a ser seguido pelo legislador infraconstitucional, por ocasião do exercício de suas atividades normativas relativas à disciplina daquele mercado.*"

Por fim, cumpre notar que, apesar da forte disseminação do ideal da *grande empresa nacional de capital privado*, não houve pretensão de se reservar a ela – ou melhor, às companhias abertas – a forma de sociedade anônima[183].

As companhias fechadas foram disciplinadas no âmbito do anteprojeto da lei societária segundo a concepção de que essa forma deveria continuar a atender também às pequenas e médias empresas[184]. Buscou-se permitir que

[183] Essa opção foi explicitada na Exposição de Motivos, ao tratar-se da opção por não exigir capital mínimo: "*O Projeto não exige capital mínimo na constituição da companhia porque não pretende reservar o modelo para as grandes empresas. Entende que, embora muitas das pequenas companhias existentes no País pudessem ser organizadas como sociedades por quotas, de responsabilidade limitada, não há interesse em limitar arbitrariamente a utilização da forma de companhia, que oferece maior proteção ao crédito devido à publicidade dos atos societários e das demonstrações financeiras.*" (cf. Exposição de Motivos n. 196/1976) Para Yazbek, a lei adotou diversas soluções de compromisso: "*Assim, o que deveria inicialmente ser um diploma próprio para as companhias abertas acabou se transformando em uma norma aplicável a todas as companhias – abertas, fechadas e mesmo as chamadas "companhias fechadas de pequeno porte"* (...)". (cf. YAZBEK, Otavio. *Regulação do mercado financeiro e de capitais.* 2ª ed., Rio de Janeiro: Elsevier, 2009, p. 269-270)

[184] Sobre a disciplina das companhias fechadas, comentou Lamy: "*É que a lei brasileira regulou como sociedades distintas as companhias abertas e as fechadas, e deu a estas últimas o tratamento que lhes era devido, vale dizer, de uma sociedade de capital ainda vinculada a considerações* ad personam. (...) *A razão para essas normas específicas é o pressuposto de que as companhias nascem pequenas e fechadas e caminham, ao longo do tempo, para a abertura.*" (cf. LAMY FILHO, Alfredo. Nota sobre o fechamento de companhia aberta. In: *Temas de S.A.*: exposições e pareceres. Rio de Janeiro: Renovar, 2007, p. 220) Diversos comentários da época remetiam a distinção entre companhias abertas e fechadas à antiga classificação das sociedades como de capitais ou de pessoas. Nessa linha, por exemplo, dizia Comparato: "*Bem se vê, portanto, que a velha classificação das sociedades mercantis em sociedades de capitais e de pessoas, que já fora, aliás, criticada por Vivante, aparece agora subvertida; ou melhor, a clivagem entre as espécies passa no interior do próprio direito acionário. Se ainda é aceitável classificar a companhia aberta na categoria das sociedades de capitais, pelo seu caráter marcadamente institucional, a companhia fechada já apresenta todas as características de uma sociedade de pessoas, animada por uma* affectio societatis *que se funda no* intuitu personae. *Ao contrário da simples consideração dos capitais, na companhia fechada prepondera, tanto entre acionistas quanto perante terceiros, a confiança e a consideração pessoal.*" (cf. COMPARATO, Fábio Konder. A natureza da sociedade anônima e a questão da derrogabilidade das regras legais de quórum nas assembleias gerais e reuniões do conselho de administração. In: *Novos Ensaios e Pareceres de Direito Empresarial.* Rio de Janeiro: Forense, 1981, p. 120) Sobre o caráter institucional da empresa, é referência o estudo de Asquini, que comentara já em 1943: "*Ora, a empresa, sob o perfil corporativo, oferece um exemplo típico de instituição.* (...) *Certamente a configuração da empresa como instituição toma relevo somente nas empresas de maiores dimensões: mas isto não impede de se considerar como instituição, também, a pequena empresa, de base familiar; pode-se dizer que, em tal caso, a empresa, como instituição, tende a coincidir com a instituição familiar.*" (cf. ASQUINI, Alberto. Perfis da empresa. 1943. Tradução de Fábio Konder Comparato. In: *Revista de Direito Mercantil, Industrial, Econômico e Financeiro,*

as pequenas e médias empresas continuassem a funcionar, em sua estrutura fundamental, tal como existiam sob a égide do Decreto-lei n. 2.627/1940 e, ao mesmo tempo, aperfeiçoar o modelo por elas utilizado e garantir-lhes maior flexibilidade[185].

Em contraste com a disciplina das companhias fechadas, a disciplina dedicada às companhias abertas é mais severa e mais rígida. Nela há menos espaço para a autonomia da vontade. As normas que compõem essa disciplina têm caráter marcadamente cogente, enquanto diversas normas da disciplina das companhias fechadas meramente facultam a observância de certos preceitos[186].

n. 104, ano XXXV (nova série), outubro-dezembro/1996. p. 124) Para um exame mais recente sobre a distinção tipiológica entre companhias abertas e fechadas, vale destaque o estudo de Tellechea, que observa que essa distinção "*remonta à antiga celeuma societária, relacionada ao critério de classificação das sociedades, especialmente aquela que diferencia as chamadas de "pessoas" e de "capitais" – que recebeu e ainda recebe fortes críticas por parte da doutrina.*" (cf. TELLECHEA SILVA, Rodrigo. *Sociedades anônimas fechadas:* direitos individuais dos acionistas e cláusula compromissória estatutária superveniente. Tese de Doutorado. Orientador Prof. Associado Dr. Erasmo Valladão Azevedo e Novaes França. Universidade de São Paulo, Faculdade de Direito, São Paulo – SP, 2015, p. 243-244; TELLECHEA, Rodrigo. *Autonomia privada no direito societário.* São Paulo: Quartier Latin, 2016, p. 254-256)

185 Cf. Exposição de Motivos n. 196/1976. Notadamente, a Exposição de Motivos explicita a pretensão da época de aparelhar as companhias fechadas para servirem às *joint ventures.* A preocupação com a adequação das sociedades anônimas para atender às *joint ventures* foi também relatada por Lamy e Bulhões: "*Por outro lado, os empresários que, por força do desenvolvimento, e consequente internacionalização da economia, buscavam expandir-se mediante associação de capitais estrangeiros a seus empreendimentos, ressentiam-se da inexistência de certos mecanismos universalmente adotados para as "joint ventures", como os acordos de acionistas, a estipulação estatutária das condições do negócio (regras de composição da administração e das maiorias nas assembleias gerais), da inadequação do regime legal das debêntures (estabelecido 80 anos antes) e da impossibilidade de emissão de certos títulos, como os bônus de subscrição.*" (cf. LAMY FILHO, Alfredo. BULHÕES PEDREIRA, José Luiz. *A Lei das S.A.:* pressupostos, elaboração, aplicação. 3ª ed., Rio de Janeiro: Renovar, 1997, Vol. I, p. 130) Nesse ponto, ensina Tavares Guerreiro que a lei teria sido inspirada por um modelo tripartite de sociedades anônimas "*destinadas a instrumentalizar as* joint ventures *da década de setenta, baseado em uma atribuição de funções específicas, respectivamente ao capital estatal, ao capital privado nacional e ao capital estrangeiro, este último às vezes mesclado de contribuições de caráter predominantemente tecnológico*". (cf. GUERREIRO, José Alexandre Tavares. "Sociedade anônima: dos sistemas e modelos ao pragmatismo". In: CASTRO, Rodrigo Monteiro de. AZEVEDO, Luis André N. de Moura. (coord.). *Poder de controle e outros temas de Direito societário e mercado de capitais.* São Paulo: Quartier Latin, 2010, p. 20-21)

186 Essas características são reflexo das diferenças materiais percebidas pelo legislador, entre as companhias abertas e fechadas. Nesse sentido, comenta-se: "*Sob esse prisma, discernimos, no*

ordenamento positivo, duas ordens de sociedades: aquelas que preponderantemente apelam para as poupanças do público investidor e aquelas que formam o seu capital exclusivamente através da combinação de recursos de pessoas que se conhecem, se entendem e se associam. A grosso modo, sociedades abertas e fechadas. As diferenças entre umas e outras são substanciais, ou seja, de qualidade. Reguladas embora pelo mesmo diploma, é certo que merecem bem diverso tratamento, como se irá notando no correr deste livro. Assim sendo, é impossível que se ignore que as sociedades abertas, em nome das quais, em última análise, se justifica a reforma do regime do anonimato, já não pode se conter numa estrutura puramente contratualista. Com efeito, projetando-se no mercado de capitais, influenciando portanto a economia do País, tais sociedades atraem sobre si todo um esquema normativo de fiscalização e controle público, que põe em xeque e tende a superar a noção de mero pacto de natureza privada, mesmo quando elaborada à luz da doutrina do contrato plurilateral, genial de Tullio Ascarelli." (cf. TEIXEIRA, Egberto L. GUERREIRO, José Alexandre Tavares. *Das sociedades anônimas no Direito brasileiro.* São Paulo: José Bushatsky, 1979, p. 98; 114); *"Em outras palavras, a abertura ao mercado de capitais implica a perda da autonomia privada para a alteração do modelo legal, cuja rigidez passa a ser a garantia de proteção aos investidores, não participantes do quadro de controle. A sociedade anônima se torna, em certo sentido, "pública", como se diz com alguma razão no direito inglês. Os interesses em causa já não são "privados", isto é, privativos dos acionistas. A companhia acha-se, por assim dizer, em estado de oferta permanente de seus títulos ou valores mobiliários no mercado de capitais. A norma jurídica estatal deve proteger não só os investidores atuais, como os potenciais. Estes, ao adquirirem um valor mobiliário em Bolsa ou no mercado de balcão, devem ter a certeza de que as principais peças do mecanismo societário, instituídas pela lei, não serão alteradas segundo a conveniência dos titulares do poder de controle."* (cf. COMPARATO, Fábio Konder. A natureza da sociedade anônima e a questão da derrogabilidade das regras legais de quórum nas assembleias gerais e reuniões do conselho de administração. In: *Novos Ensaios e Pareceres de Direito Empresarial.* Rio de Janeiro: Forense, 1981, p. 95) Conclui o autor que, em relação às companhias abertas, *"predomina o caráter institucional, marcado por disposições de ordem pública, não derrogáveis por deliberação dos acionistas, porque tendentes a proteger o interesse coletivo de investidores no mercado de capitais"*. (p. 119) Também nesse sentido, ressalta Penteado: *"É incontestável o acerto, pelo menos no fundo, da disciplina dual. Com efeito, a distinção encontra a sua razão de ser na diversa natureza da companhia aberta, onde é proeminente o caráter institucional decorrente da preponderância, em sua disciplina, de normas de ordem pública, editadas com o intuito de proteger o público investidor; já nas sociedades por ações fechadas sobreleva o aspecto contratual, na medida em que é assegurada às partes maior liberdade para regular o funcionamento do mecanismo societário, de acordo com seus interesses particulares."* (cf. PENTEADO, Mauro. A Lei nº 9.457/97 e a tutela dos direitos dos acionistas minoritários. In: BULGARELLI, Waldírio (coord.). *Reforma da Lei das Sociedades por Ações.* São Paulo: Pioneira, 1998, p. 11) E ainda, ao tratar da distinção tipiológica entre as companhias abertas e fechadas, critica Tellechea: *"A experiência evidencia que no interior das sociedades anônimas, especialmente nas abertas, existe uma trama complexa – e muitas vezes velada – de interesses contrapostos entre os participantes do negócio societário que o legislador deve compreender e considerar para regulá-los de forma eficiente e eficaz, sem prejudicar o funcionamento do mercado. Em razão dessas distinções de forma e conteúdo, deve-se retomar a lógica de se manter uma separação técnica, metodológica e sistemática das regras jurídicas aplicáveis às companhias fechadas e às abertas que não foi expressamente adotada pelo legislador de 1976, mas certamente influenciou a sistematização da nossa lei acionária."* (cf. TELLECHEA SILVA, Rodrigo. *Sociedades anônimas fechadas:* direitos individuais dos acionistas e cláusula compromissória estatutária superveniente. Tese

Ainda assim, o anteprojeto recebeu críticas à época por parecer preocupar-se quase que exclusivamente com a "macrocompanhia" – e não negavam seus coautores ser esse o seu foco principal[187].

de Doutorado. Orientador Prof. Associado Dr. Erasmo Valladão Azevedo e Novaes França. Universidade de São Paulo, Faculdade de Direito, São Paulo – SP, 2015, p. 246; TELLECHEA, Rodrigo. *Autonomia privada no direito societário.* São Paulo: Quartier Latin, 2006, p. 257-258) Por outro lado, Tavares Guerreiro pondera que todas as sociedades anônimas – e não apenas as abertas – têm importância para a ordem econômica e são submetidas a normas cogentes no âmbito da Lei das S.A., como aquelas voltadas à proteção de credores. (cf. GUERREIRO, José Alexandre Tavares. "Administração: ordinária e extraordinária". In: VENANCIO FILHO, Alberto. LOBO, Carlos Augusto da Silveira. ROSMAN, Luiz Alberto Colonna. *Lei das S.A. em seus 40 anos.* Rio de Janeiro: Forense, 2017, p. 200) Ainda sobre o tema, ver também: YAZBEK, Otavio. "As companhias abertas – sua caracterização, as vantagens e as desvantagens da abertura de capital". In: FINKELSTEIN, Maria Eugênia. PROENÇA, José Marcelo Martins (coords.). *Direito societário:* sociedades anônimas. 3ª ed. São Paulo: Saraiva, 2014. p. 125 et seq.; SZTAJN, Rachel. Contrato de sociedade e formas societárias. São Paulo: Saraiva, 1989, p. 91; PITTA, André Grünspun. *A capitalização da empresa e o mercado de valores mobiliários.* São Paulo: Quartier Latin, 2018, p. 168-171.

187 Por exemplo: "*Já o Anteprojeto de lei de sociedades por ações, a seu turno, parece preocupar-se, quase que exclusivamente, com a macro-companhia pouco se ocupando com a multidão das pequenas e médias sociedades, com um só ou alguns acionistas apenas. Ora, se em relação a estas últimas ainda se pode conhecer a primazia do interesse particular dos sócios – e mesmo a* affectio societatis *em seu relacionamento recíproco – no que tange à macro-empresa societária isto é impossível.*" (cf. COMPARATO, Fábio Konder. *O poder de controle na sociedade anônima.* São Paulo: Revista dos Tribunais, 1976. p. 418-419); "*Uma das mais procedentes críticas que se tem feito ao "anteprojeto" da reforma é, precisamente, de focalizar a sociedade anônima brasileira tendo em vista o mercado, quando o volume maciço das existentes no país é de natureza "fechada", das quais expressiva quantidade se situa no grupo familiar.*" (cf. REQUIÃO, Rubens. A sociedade anônima como "instituição". In: *Revista de Direito Mercantil, Industrial, Econômico e Financeiro.* n. 18. São Paulo: Revista dos Tribunais, 1976, p. 26) Também a Seção do Estado do Rio de Janeiro da Ordem dos Advogados do Brasil formulou crítica nesse sentido à época da discussão do anteprojeto da lei societária: "*O Anteprojeto é prioritariamente voltado para a grande empresa, afastando, praticamente, a utilização da sociedade anônima pelos pequenos e médios empresários.*" Em resposta a essa crítica, os coautores do anteprojeto esclareceram que este foi elaborado para atender à Exposição de Motivos CDE n. 14/1974. Por isso, teve mesmo que se voltar principalmente para a grande empresa: "*E a razão não é, apenas, a determinação governamental – de si, suficiente, pois foi a delegação que recebemos: é que a grande empresa é a protagonista inconteste da economia moderna, é o "fato novo", que clama por disciplina, e para o qual se voltam, no mundo inteiro, políticos, sociólogos, psicólogos, economistas – e, pois, necessariamente os legisladores, aos quais incumbe a tarefa maior de dar-lhe estrutura jurídica.* (...) *Ora, no Brasil o problema é especialmente sério porque o volume de capital de risco requerido pela nossa economia excede, de muito, a capacidade dos grupos empresariais brasileiros. Daí porque o Projeto é "prioritariamente" voltado para a grande empresa* (...) *embora não afaste a utilização da S.A. pelos pequenos e médios empresários, como se afirma.*" (cf. LAMY FILHO, Alfredo. BULHÕES PEDREIRA,

De todo modo, a distinção então traçada entre companhias abertas e fechadas, com a atribuição a cada qual de tratamento próprio, foi uma das mais significativas inovações introduzidas pela reforma de 1976[188]. Ao fazê-lo, a legislação brasileira superou a antiga abordagem uniforme e se perfilhou à mais moderna orientação do direito das sociedades anônimas[189].

2.1.3 Ponto fulcral: a definição legal de companhia aberta

Após estudos e discussões, e para atender aos objetivos antes descritos, foram promulgadas as Leis n. 6.385/1976 e 6.404/1976, cujo ponto fulcral no tocante ao objeto deste estudo é o conceito adotado por ambas de *companhia aberta.*

José Luiz. *A Lei das S.A.:* pressupostos, elaboração, aplicação. 3ª ed., Rio de Janeiro: Renovar, 1997, Vol. I, p. 198) Ainda sobre o tema, dizia o parecer do Deputado Tancredo Neves, relator designado na Comissão de Economia: "*Não há, porém, como negar que o Projeto é confessadamente voltado para a "grande empresa nacional" e se não se mostra hostil à pequena e à média empresas, cujas estruturas empenha-se em conservar, não as anima e nem as encoraja. Na verdade, não é fácil conciliar no bojo de uma mesma lei os interesses e objetivos de empresas que se diversificam na sua extensão, finalidades, na força de seu capital e na complexidade dos seus instrumentos de ação.*" (cf. LAMY FILHO, Alfredo. BULHÕES PEDREIRA, José Luiz. *A Lei das S.A.:* pressupostos, elaboração, aplicação. 3ª ed. Rio de Janeiro: Renovar, 1997, Vol. I, p. 263) No mesmo sentido, sobre a preocupação central com as companhias abertas: REQUIÃO, Rubens. *Curso de Direito Comercial.* 25ª ed., São Paulo: Saraiva, 2007. Vol. 2, p. 33-34; ABRÃO, Nelson. Companhias abertas e fechadas no sistema da Lei 6.404, de 1976. In: *Revista de Direito Mercantil, Industrial, Econômico e Financeiro.* n. 24. São Paulo: Revista dos Tribunais, 1976, p. 45; VENANCIO FILHO, Alberto. "Aspectos de evolução do Direito societário no Brasil". In: VENANCIO FILHO, Alberto. LOBO, Carlos Augusto da Silveira. ROSMAN, Luiz Alberto Colonna. *Lei das S.A. em seus 40 anos.* Rio de Janeiro: Forense, 2017, p. 43.

188 O comentário é de Teixeira e Tavares Guerreiro: "*Trata-se, como é evidente, de uma das mais significativas inovações introduzidas pela lei em nosso sistema jurídico, uma vez que o tratamento dispensado a cada uma dessas modalidades de sociedade anônima apresenta características próprias, sendo muito mais rigoroso no que respeita às sociedades abertas.* (...) *Não será exagero afirmar-se que a preocupação maior da lei orientou-se exatamente no sentido de dotar a sociedade aberta, tal como definida no art. 4º, de um estatuto adequado às suas atividades no mercado de capitais, dando-lhe disciplina compatível com o papel que deve ter no contexto do modelo econômico que o novo ordenamento pressupõe. Terá sido esta, com certeza, a motivação mais profunda da reforma do regime do anonimato.*" (cf. TEIXEIRA, Egberto L. GUERREIRO, José Alexandre Tavares. *Das sociedades anônimas no Direito brasileiro.* São Paulo: José Bushatsky, 1979, p. 110)

189 Cf. COMPARATO, Fábio Konder. A natureza da sociedade anônima e a questão da derrogabilidade das regras legais de quórum nas assembleias gerais e reuniões do conselho de administração. In: *Novos Ensaios e Pareceres de Direito Empresarial.* Rio de Janeiro: Forense, 1981, p. 116-117.

Como adiantado, com a reforma de 1976, a legislação brasileira passou a reconhecer e disciplinar as companhias abertas e fechadas como modalidades – ou *espécies*, como diz a Exposição de Motivos da lei societária – distintas e opostas, dentro do tipo societário de sociedade anônima.

A definição legal de companhia aberta foi declaradamente adotada para fins instrumentais – isto é, para distinguir o universo de destinatários das normas a elas dirigidas, como confirma a própria Exposição justificativa da Lei n. 6.404/1976[190].

A denominação para tanto adotada, de companhia *aberta*, foi influenciada pelo conceito fiscal já então difundido de *sociedade anônima de capital aberto*[191]. Não obstante, como previamente ressaltado, a nova classificação era mais ampla e não se confundia com a anterior.

Assim inaugurou-se no âmbito da Lei n. 6.404/1976 estrutura semelhante àquela defendida por Lamy em estudo preliminar (vide item 2.1.1). Dentro do

190 *"Para efeito de aplicação de diversas normas, o Projeto distingue duas espécies de companhias – abertas e fechadas."* (cf. Exposição de Motivos n. 196/1976) Ainda nesse ponto, explicaram os coautores do respectivo anteprojeto: *"A existência de disposições sobre companhias abertas e fechadas exigiu a definição, no artigo 4º da LSA, dos conceitos de companhia aberta e fechada, para que o intérprete e o aplicador da lei possam determinar com precisão a que companhias concretas se aplicam. A distinção entre companhia aberta e fechada tem, portanto, por única função, precisar as companhias concretas a que se aplicam as normas especiais, mas não significa que as companhias compreendidas nessas duas classes constituam tipos distintos de sociedade, pois, como já referido, todas as companhias pertencem a um único tipo, independentemente dessa classificação."* (cf. LAMY FILHO, Alfredo. BULHÕES PEDREIRA, José Luiz. *Direito das companhias.* 2ª ed., Rio de Janeiro: Forense, 2017, p. 96)

191 *"Ao ser elaborado o anteprojeto da LSA, esse conceito fiscal já se achava difundido entre nós, assim como, por oposição a ele, a noção de "companhia fechada", que coincidia com a terminologia usada nos Estados Unidos, onde a companhia cujos títulos não são negociados em bolsa são referidas como* closed corporations, *por oposição às* public corporations, *no sentido de companhias que têm ações distribuídas ao público. Como a expressão "companhia pública" já tinha, entre nós o significado de companhia sob controle do Estado, optou-se pela designação de "companhia aberta", por oposição à fechada."* (cf. LAMY FILHO, Alfredo. BULHÕES PEDREIRA, José Luiz. *Direito das companhias.* 2ª ed., Rio de Janeiro: Forense, 2017, p. 105-106) Ainda sobre a terminologia adotada, comentou Requião: *"Aliás, a existência das antigas sociedades anônimas de capital aberto, sujeitas à disciplina da Resolução n. 106, do Banco Central do Brasil, constituiu um fator de perplexidade para a Comissão de juristas elaboradora do anteprojeto de reforma da lei anterior. No anteprojeto pretenderam eles batizar de "companhia do mercado" as companhias abertas, referidas no art. 4º. Ao nos pronunciarmos sobre o anteprojeto, em expediente então reservado, verberamos a inventiva, considerando-a imprópria e de mau gosto, pois do mercado são todas as sociedades comerciais, que nele atuam. O anteprojeto propendeu, afinal, para a nomenclatura legal mais razoável de* 'companhia aberta'." (cf. REQUIÃO, Rubens. *Curso de Direito Comercial.* 25ª ed., São Paulo: Saraiva, 2007, p. 35)

mesmo diploma, foram disciplinadas destacadamente as companhias abertas – não em um capítulo separado, como originalmente propugnou Lamy, e sim por normas dispersas em diversos capítulos da lei. O diploma societário é composto por uma série de normas de incidência restrita às companhias abertas, bem como por aquelas reservadas às companhias fechadas, além das diversas normas aplicáveis indistintamente a todas as sociedades anônimas. Portanto, disciplinam as companhias abertas não apenas as normas que lhes são exclusivas – e que, por esse motivo, serão objeto deste estudo –, como também essas normas comuns[192].

No âmbito da Lei n. 6.385/1976, a definição legal de companhia aberta foi também empregada de maneira instrumental, construindo assim uma ponte com a Lei n. 6.404/1976.

Destacam Lamy e Bulhões que a reforma obedeceu à orientação que prevalecia à época, no sentido de regular em lei de direito público o mercado de valores mobiliários, inclusive quanto aos requisitos para o acesso das companhias a esse mercado, e na lei societária a organização das companhias abertas, enquanto classe distinta daquele tipo societário[193].

O campo de incidência da disciplina da companhia aberta foi assim originalmente delimitado, no *caput* do artigo 4º da Lei n. 6.404/1976 (cuja redação

[192] A disciplina específica das companhias abertas será descrita nos itens 2.2 e 2.3 a seguir. Ainda sobre a estrutura da Lei n. 6.404/1976: *"A LSA foi, entre nós, a primeira lei a tratar as companhias abertas e fechadas como classes distintas e a conter regras especiais para cada classe. As normas da LSA são, portanto, de três tipos: (a) as gerais, que se aplicam a toda e qualquer companhia, sem distinção entre abertas e fechadas; (b) as especiais aplicáveis apenas às companhias abertas; e (c) as especiais para companhias fechadas. As normas da LSA (com as modificações até 2001) constavam de 879 dispositivos (298 artigos e 581 parágrafos); desse total, 751 (88,3%) são gerais – aplicam-se a todas as companhias, 82 (9,6%) são especiais para companhias abertas e apenas 18 (2,1%) são especiais para companhias fechadas."* (cf. LAMY FILHO, Alfredo. BULHÕES PEDREIRA, José Luiz. *Direito das companhias.* 2ª ed., Rio de Janeiro: Forense, 2017, p. 96) Em função disso, a classificação das companhias como abertas ou fechadas nos parece ser a principal – ainda que não a única – da Lei n. 6.404/1976 para fins de destinação de disciplina específica. Escapam ao escopo deste estudo as demais classificações adotadas pela Lei n. 6.404/1976 sob fundamentos diversos, como, por exemplo, a de sociedade de economia mista e de subsidiária integral.

[193] Nesse ponto, Lamy e Bulhões comentam que a mesma orientação já havia sido adotada na França, em 1967, e na Itália, em 1974. Criticam, ainda, que essa orientação não foi mantida pela Lei n. 10.303/2001 (cf. LAMY FILHO, Alfredo. BULHÕES PEDREIRA, José Luiz. *Direito das companhias.* 2ª ed., Rio de Janeiro: Forense, 2017, p. 105). Retomaremos esse ponto no item 2.2.3, a seguir.

foi posteriormente alterada pela Lei n. 10.303/2001) e no *caput* do artigo 22 da Lei n. 6.385/1976:

> *"Art. 4º Para os efeitos desta Lei, a companhia é aberta ou fechada conforme os valores mobiliários de sua emissão estejam ou não admitidos a negociação em bolsa ou no mercado de balcão."*

> *"Art. 22. Considera-se aberta a companhia cujos valores mobiliários estejam admitidos à negociação na bolsa ou no mercado de balcão."*

Como se pode ver, a definição legal de companhia aberta instaura uma dicotomia com relação às fechadas. Para tanto, adota como critério de distinção a *admissão à negociação* de valores mobiliários, distinguindo-as, portanto, conforme estejam ou não autorizadas a acessar esse mercado para captar recursos para o financiamento de suas atividades. São quatro as principais observações sobre essa definição, seu significado e o alcance que confere à disciplina da companhia aberta, que por ora merecem destaque.

Em primeiro lugar, é importante notar que foram enquadradas como companhias abertas não apenas aquelas cujas ações fossem admitidas à negociação, e sim todas as companhias com valores mobiliários de sua emissão admitidos à negociação, independentemente da espécie desses valores mobiliários[194].

Em segundo lugar, a definição legal de companhia aberta não foi vinculada a requisito de dispersão acionária ou a qualquer outro requisito relativo ao nível de exposição ao mercado ou a características da companhia, como o seu porte. Dessa forma, seja a companhia de pequeno ou grande porte e tenha ela quantidade relevante ou ínfima de ações ou debêntures admitidas à negociação, detidas por muitos ou poucos investidores, estará enquadrada sob essa definição, e assim sujeita à disciplina da companhia aberta.

Isso representou uma ruptura com relação à política até então adotada para delimitação do universo de beneficiárias dos incentivos fiscais garantidos às *sociedades anônimas de capital aberto*, que, como já se viu, vinculava-se ao nível de

194 Sobre o conceito de valor mobiliário da época, ver item 2.3.1. Esse aspecto é ressaltado também por Teixeira e Tavares Guerreiro. (cf. TEIXEIRA, Egberto L. GUERREIRO, José Alexandre Tavares. *Das sociedades anônimas no Direito brasileiro.* São Paulo: José Bushatsky, 1979, p. 111)

dispersão acionária e considerava também características outras como a capacidade de poupança nas diferentes regiões geográficas (vide item 1.5). Com efeito, antes da consolidação, criticou-se inclusive que as *sociedades anônimas de capital aberto* eram mais "abertas" que as *companhias abertas* da lei societária[195].

É de se notar também o contraste entre o conceito adotado e o ideal da grande empresa reiteradamente veiculado antes da reforma de 1976, associado à ideia de ampla dispersão acionária.

Parece explicar essa nova orientação a preocupação da época com a proteção da poupança popular e dos investidores do mercado de valores mobiliários. A nosso ver, a definição de companhia aberta não pode ser adequadamente compreendida senão como instrumento desse regime de proteção. Não se tratava mais de delimitar o universo de beneficiários de estímulos de natureza fiscal. Ao traçar esse campo mais abrangente, das *companhias abertas*, os olhos do legislador parecem ter se voltado menos à companhia, e mais aos potenciais investidores, sobressaindo assim a preocupação com sua adequada proteção.

Nesse ponto, é fundamental destacar a justificativa apresentada no âmbito da Exposição de Motivos da lei societária quanto à opção por uma definição mais abrangente que o conceito fiscal de *sociedade anônima de capital aberto*:

> *"É que toda companhia que faz apelo – por mínimo que seja – à poupança pública, cria, ao ingressar no mercado de capitais, relações que não existem na companhia fechada, e que exigem disciplina própria para proteção da economia popular e no interesse do funcionamento regular e do desenvolvimento do mercado de valores mobiliários."*[196]

[195] *"A expressão "sociedade anônima de capital aberto" ficou reservada para as que, atendendo aos requisitos supra, gozam dos chamados incentivos fiscais. Há, no Brasil, cerca de 600 sociedades de capital aberto registradas no Banco Central, que, em nosso entender, são mais abertas que a denominada "companhia aberta" pela Lei 6.404, de 1976, porque permitem a intromissão em seu capital e no direito ao voto, enquanto que a caracterização dessa última decorre da existência de seus valores mobiliários à venda em Bolsa ou mercado de balcão, valores esses que podem constituir-se de títulos não representativos do capital (partes beneficiárias e debentures)."* (cf. ABRÃO, Nelson. Companhias abertas e fechadas no sistema da Lei 6.404, de 1976. In: *Revista de Direito Mercantil, Industrial, Econômico e Financeiro.* n. 24. São Paulo: Revista dos Tribunais, 1976, p. 46)

[196] Cf. Exposição de Motivos n. 196/1976. Além disso, Lamy e Bulhões explicitaram as percepções e preocupações que os levaram a dedicar disciplina especial às companhias abertas no anteprojeto em comentários posteriores: *"É evidente que enquanto a sociedade é fechada, e os sócios se conhecem, e se entendem (ou desentendem) em assembleias gerais, o problema é socialmente de*

A proposta original, portanto, era que toda companhia autorizada a acessar o mercado de valores mobiliários, independentemente de como – isto é, por meio da distribuição pública de ações, debêntures ou outras espécies de valores mobiliários – e com que intensidade, ficasse sujeita a um mesmo regime de proteção. No decorrer deste estudo, veremos que essa pretendida dicotomia absoluta entre companhias abertas e fechadas e o tratamento largamente homogêneo das primeiras foram perdendo espaço, com as sucessivas reformas e regulamentação das leis, para estratégias mais complexas e elásticas, de modo

importância menor, e encontra solução nas normas já vigentes do direito. Mas no momento em que a sociedade se dirige ao público; que se proíbe a captar poupança popular para associá-la ao projeto que constitui o objeto social, força é convir que o fato adquire nova dimensão. É que estão em jogo os mecanismos de crédito público, acionados pela sociedade, e que requerem proteção especial. É o magno problema da construção do mercado de capitais, impossível de efetivar-se enquanto por trás de cada ação oferecida ao público não estiver uma administração responsável, um sistema eficiente de informação e controle – e uma autoridade a proteger o investidor, e a punir os infratores. (...) Esse exemplo ilustra bem por que a sociedade aberta – que faz oferta pública de suas ações, que goza do privilégio de cotas em Bolsa, de recorrer ao mercado para suas necessidades de capital de risco – é um gênero diferente da sociedade fechada, familiar, cujas ações circulam entre parentes ou conhecidos, e que, na maioria das vezes, tanto poderia ser anônima como revestir a forma de sociedade por quotas de responsabilidade limitada. Ora, o Anteprojeto propõe-se a criar os mecanismos jurídicos imprescindíveis a esse efetivo funcionamento do mercado de capitais, de forma que cada ação oferecida ao público incorpore um conjunto de direitos e garantias eficazes. O investidor desconhecido, o público que comprou uma ação, precisa ter a segurança de que está se associando a um empreendimento no qual pode ter que suportar prejuízos, mas que lhe garante participação nos lucros, se houver; que o papel que adquire é um título corporativo, e como tal, confere ao titular o direito de fiscalizar a companhia e de se informar do que se passa; de que a sociedade que emite títulos e pretende utilizar a poupança popular é administrada segundo normas estritas de ética profissional – sem as quais se torna inviável a grande empresa aberta; que todos os lucros da sociedade figurarão na contabilidade; que todas as oportunidades de negócio serão aproveitadas em favor da empresa, e não do sócio majoritário; que os administradores farão jus a honorários adequados, mas não superiores aos de mercado, para que depois não se desinteressem da distribuição de lucros; que, mais ainda, e principalmente, exista uma autoridade pública, um poder disciplinador, não omisso, a zelar para que a regra do jogo seja observada e que puna os infratores e proteja a empresa. Este é um ponto básico para o entendimento do Anteprojeto: seu objetivo é propiciar a criação da grande empresa, ainda que o capital de risco necessário supere a capacidade isolada dos empresários. Pode haver grande empresa com pequenos empresários – dispersos, como vimos, em milhares e até milhões de sócios; pode haver grandes empresários que não usem em suas organizações a forma anônima – nem a lei os obriga a isso. Poderão mesmo também usar o anonimato, e se porem a coberto de certos deveres, obrigações, fiscalizações, mantendo fechada a sociedade; mas se pretendem ir ao público, usar o mercado, terão que submeter-se a normas escritas de comportamento, porque são emissores, fabricantes de valores de circulação pública." (cf. LAMY FILHO, Alfredo. BULHÕES PEDREIRA, José Luiz. *A Lei das S.A.:* pressupostos, elaboração, aplicação. 3ª ed., Rio de Janeiro: Renovar, 1997, Vol. I, p. 146-147) que é grande o contraste com o quadro atual – a despeito de a definição legal de companhia aberta permanecer formalmente inalterada[197].

Nesse sentido, o conceito de companhia aberta da lei brasileira distingue-se daqueles da legislação de outros países, mais centrados em torno de medidas de dispersão acionária ou outros critérios correlatos[198]. Por exemplo:

[197] Contudo, para as companhias fechadas a lei sempre garantiu certa flexibilidade. Por exemplo: a dispensa de elaboração e publicação de demonstração dos fluxos de caixa (antes, demonstrações de origens e aplicações de recursos) para companhias fechadas com patrimônio líquido não superior a determinado valor (cf. artigo 176, §6 – cuja redação foi alterada pelas Leis n. 9.457/1997 e 11.638/2007 para ajustar o valor limite) e as recém-revogadas autorização para convocação de assembleia geral por anúncio entregue a todos os acionistas e dispensa de publicação de documentos específicos para as companhias fechadas com menos de vinte acionistas com patrimônio líquido de até R$ 10 milhões (cf. artigo 294 – cuja redação foi alterada pelas Leis n. 9.457/1997, 10.194/2001, 10.303/2001 e 13.818/2019 para excluir, reinserir e aumentar esse valor). Estas foram substituídas, pela Lei Complementar n. 182/2021, por autorização para realização de publicações de forma eletrônica e substituição de livros por registros mecanizados ou eletrônicos, para companhias fechadas com receita bruta anual de até R$ 78 milhões. Para estas introduziu-se também regra especial sobre distribuição de dividendos (cf. artigo 294, §4º). Falava-se na *companhia fechada de pequena dimensão,* para distingui-la das demais. (cf. LAMY FILHO, Alfredo. BULHÕES PEDREIRA, José Luiz. *A Lei das S.A.:* pressupostos, elaboração, aplicação. 3ª ed., Rio de Janeiro: Renovar, 1997, Vol. I, p. 314) Comenta-se também que a instituição dessa "subespécie" decorreu de emenda proposta pelo então Deputado Tancredo Neves, de modo que não constava do projeto original da lei societária. (cf. LUCENA, José Waldecy. *Das sociedades anônimas.* Vol. I. Rio de Janeiro: Renovar, 2009, p. 109)

[198] Antes da reforma, Comparato ressaltava a importância dada ao critério de dispersão acionária ao regular-se o tema na experiência estrangeira: "*A experiência de um estatuto múltiplo para a sociedade anônima está, assim, ligada ao fenômeno de difusão de participações acionárias no grande público. O legislador entendeu, e com razão, que a companhia que faz apelo à poupança dos investidores particulares deve ter um tratamento diverso da sociedade anônima que, muito embora dotada de importante capital e empregando grande número de assalariados, mantém a totalidade de suas ações concentradas em poucas mãos. De um lado temos, portanto, companhias em que boa parte, senão a maioria dos acionistas, tende a se desinteressar dos negócios sociais e que, de qualquer maneira, não tem a menor ambição (nem capacidade) para dirigir a empresa. De outro, encontramos sociedades em que a distinção entre empresários e capitalistas não se estabeleceu: são as companhias "proprietárias", como se diz no direito australiano. A distinção entre a companhia "aberta" e a companhia "fechada" vai se fixando, assim, em função de um critério estrutural extremamente importante, mas cuja formulação delicada não deixa de suscitar dúvidas e discussões: a existência ou não de uma separação, no seio da companhia, entre "propriedade" e "controle", ou, em outros termos, entre administração empresarial e participação capitalística.*" (cf. COMPARATO, Fábio Konder. *Aspectos jurídicos da macro-emprêsa.* São Paulo: Revista dos Tribunais, 1970, p. 68-69) Ainda sobre o tema, observa-se: "*Em outros países, os critérios de diferenciação das companhias em abertas ou fechadas costuma residir em outros aspectos, como o número de acionistas, o valor do capital social ou o número de empregados. No Brasil, não há impedimento*

a legislação do mercado de valores mobiliários norte-americana submete a mais rígido regime de informação as chamadas *reporting companies*, conceito esse vinculado a circunstâncias específicas como a listagem ou oferta pública de valores mobiliários e a critérios materiais, inclusive de dispersão acionária[199].

Em terceiro lugar, cumpre notar que o exato significado do termo *admissão à negociação*, empregado na definição legal de companhia aberta, no Brasil, será examinado na Parte II. Por ora, observa-se apenas que a definição legal de companhia aberta foi atrelada à disciplina do acesso ao mercado de valores mobiliários da Lei n. 6.385/1976, assim indiretamente incorporada à lei societária[200].

genérico para que uma companhia aberta seja constituída com apenas dois acionistas e uma estrutura econômica modesta, embora as abertas guardem vinculação lógica com as atividades de grande porte." (cf. TOKARS, Fábio. Comentários ao artigo 4º. In: BERTOLDI, Marcelo (coord.). *Reforma da lei das sociedades anônimas:* comentários à Lei n. 10.303, de 31.10.2001. 2ª ed., São Paulo: Revista dos Tribunais, 2002, p. 29) Ver também: LUCENA, José Waldecy. *Das sociedades anônimas.* Vol. I. Rio de Janeiro: Renovar, 2009, p. 107; PAPINI, Roberto. *Sociedade anônima e mercado de valores mobiliários.* 2ª ed., Rio de Janeiro: Forense, 1988, p. 37; TELLECHEA, Rodrigo. Artigo 22. In: CODORNIZ, Gabriela. PATELLA, Laura (coords.). *Comentários à Lei do Mercado de Capitais – Lei n. 6.385/76.* São Paulo: Quartier Latin, 2015, p. 488-489.

199 Vide *Sections* 12, 13 e 15(d) do *Securities Exchange Act* de 1934. Além de destacar que o conceito da legislação federal do mercado de valores mobiliários não necessariamente coincide com o conceito de companhia aberta (ou fechada, por oposição) da legislação societária nos Estados Unidos, explica Pitta: "*Trata-se, portanto, de um critério material, na medida em que centrado na existência de alguma dispersão acionária (ou de outros valores mobiliários da companhia), presumida a partir da realização de uma oferta pública, da listagem em uma bolsa de valores ou da existência de um número significativo de investidores. Sob essa lógica, tal dispersão levaria naturalmente à existência de um mercado secundário para os valores mobiliários de tal companhia, justificando sua sujeição ao regime especial – sobretudo informacional – aplicável às companhias abertas. A principal consequência da adoção desse critério é a possibilidade de a aquisição do status de companhia aberta ocorrer de maneira involuntária, em decorrência do aumento do seu número de acionistas*" (cf. PITTA, André Grünspun. *A capitalização da empresa e o mercado de valores mobiliários.* São Paulo: Quartier Latin, 2018. p. 176-177; 354-370; 387-399)

200 É o que aponta a Exposição de Motivos da Lei n. 6.404/1976: "*Os preceitos do artigo 4º e seu parágrafo único pressupõem a disciplina do mercado de valores mobiliários objeto de outro projeto de lei, que cria a Comissão de Valores Mobiliários.*" (cf. Exposição de Motivos n. 196/1976) Além disso, no parágrafo único do mesmo artigo 4º da Lei n. 6.404/1976 repetiu-se a regra do artigo 21, §1º, da Lei n. 6.385/1976 de que "[s]*omente os valores mobiliários de companhia registrada na Comissão de Valores Mobiliários podem ser distribuídos no mercado e negociados em bolsa ou no mercado de balcão*". Esse dispositivo foi renumerado e teve sua redação ajustada pela Lei n. 10.303/2001 (vide item 2.2.3).

Todavia, é interessante notar desde já o emprego do verbo *estar* naquela definição, que sugere que a admissão à negociação dos valores mobiliários é algo circunstancial, isto é, que a sociedade anônima pode transitar do *status* de fechada para aberta, e vice-versa, e mais ainda, que há certa naturalidade nessa transição[201].

Em quarto lugar, cumpre notar que a definição legal de companhia aberta abrange aquelas cujos valores mobiliários sejam admitidos à negociação em qualquer mercado regulamentado de valores mobiliários, de bolsa ou balcão[202/203]. Ou seja, não há exceção quanto ao ambiente em que se der essa negociação.

[201] Sobre a opção por disciplinar a companhia fechada de modo a facilitar o seu crescimento e estimular essa transição, explicaram os coautores do anteprojeto: "*Ao invés de propor que a grande empresa nasça da lei, sem liderança nem empresário, e impor o mesmo modelo a todas as existentes, condenando à estagnação as que não puderem submeter-se à nova ordem, o Anteprojeto busca facilitar o crescimento de nossa pequena e média empresas, facultar-lhes os instrumentos de capitalização imprescindíveis à expansão que o País reclama (e de que gozam, nos seus países de origem, as multinacionais), confiando que atinjam a condição de grande empresa sem supressão das etapas requeridas pelo processo natural de evolução.*" (cf. LAMY FILHO, Alfredo. BULHÕES PEDREIRA, José Luiz. *A Lei das S.A.*: pressupostos, elaboração, aplicação. 3ª ed., Rio de Janeiro: Renovar, 1997, Vol. I, p. 193-194) Corrobora essa visão o relativo insucesso do mecanismo de constituição de sociedade anônima por subscrição pública.

[202] Há relato de que, no curso do respectivo processo legislativo, foi discutida emenda que propunha "*limitar o conceito de companhia aberta, porque dela suprimia aquelas, cujas ações se negociassem no mercado de balcão*". Contudo, tal emenda foi rejeitada "*sob o fundamento de que no conceito de companhia aberta se devia incluir aquela que tenha também os seus valores mobiliários admitidos à negociação no mercado de balcão, para que a proteção da minoria de capital, existente para a companhia aberta, a proteja outrossim.*" (cf. COSTA, Philomeno J. da. *Anotações às companhias*. Vol. I. São Paulo: Revista dos Tribunais, 1980. p. 110)

[203] Cf. artigo 21, *caput* e §3º, da Lei n. 6.385/1976 e artigo 2º da Instrução CVM n. 461/2007, segundo o qual os mercados regulamentados compreendem os mercados organizados de bolsa e balcão e os mercados de balcão não organizados. Em comparação, Pitta comenta que a definição de "mercados regulamentados" das diretivas europeias (MiFID e MiFID II) "*opera como um importante delimitador para os efeitos da atração dos regimes especiais societários e regulatórios aplicáveis às companhias abertas. (...) Essa definição viabiliza a existência de um perímetro regulatório em que a participação de uma sociedade no mercado de valores mobiliários pode ocorrer sem a sua integral submissão aos requisitos legais e regulatórios tradicionalmente aplicáveis às companhias abertas – que, como visto são atraídos a partir da admissão à negociação de seus valores mobiliários em mercados regulados. Isso facilita, por lá, a utilização de determinados mecanismos de formação de capital típicos do mercado de valores mobiliários sem a necessária atração da rigidez estrutural e dos demais requisitos regulatórios que tradicionalmente se impõem às companhias abertas desde que não impliquem a listagem da respectiva companhia em um mercado regulado.*" (cf. PITTA, André Grünspun. *A capitalização da empresa e*

Em essência, mesmo após as contínuas reformas promovidas com o passar dos anos às Leis n. 6.385/976 e 6.404/1976, é essa a definição legal de companhia aberta que permanece em vigor.

Assim sendo, esses pontos merecem destaque pois, apesar de serem fundamentais à compreensão do objeto e da estrutura da disciplina, ainda hoje não parecem ter tido adequada difusão, de modo a dissipar a confusão que não raro cerca o conceito de companhia aberta e incitar o enfrentamento das questões que dele decorrem, em especial aquelas examinadas na Parte II, a seguir.

2.2 Disciplina societária da companhia aberta

2.2.1 Contornos originais da lei societária (Lei n. 6.404/1976)

Dentro dessa perspectiva de conferir disciplina própria às companhias abertas, *"para proteção da economia popular e no interesse do funcionamento regular e do desenvolvimento do mercado de valores mobiliários"* [204], a Lei n. 6.404/1976 as submeteu a um rígido regime societário e estabeleceu uma série de regras direcionadas à realidade dos investidores de mercado.

A rigidez do regime societário da companhia aberta decorre de medidas de organização interna e distribuição de direitos e deveres que privilegiam a proteção daqueles que venham a nelas investir. Merecem destaque três aspectos principais desse regime, por sua maior onerosidade.

Em primeiro lugar, a Lei n. 6.404/1976 introduziu modificações à administração das sociedades anônimas. Essas modificações foram motivadas em parte pela preocupação com o deslocamento de poder para os administradores

o mercado de valores mobiliários. São Paulo: Quartier Latin, 2018, p. 185) Já quanto ao regime brasileiro, conclui que *"a amplitude associada a tais noções dificulta a criação de algum tipo de mercado, sistema ou ambiente para a negociação de valores mobiliários que não configura, para os efeitos da Lei n. 6.385/76, ao menos um mercado de balcão (organizado ou não) – seja em função da existência de um sistema centralizado para negociação dos valores mobiliários, seja em função da participação de qualquer tipo de intermediário nessas operações -, o que é suficiente para atrair o status de companhia aberta para o emissor de valores mobiliários nele transacionados."* (cf. PITTA, André Grünspun. *A capitalização da empresa e o mercado de valores mobiliários*. São Paulo: Quartier Latin, 2018. p. 408-409)

[204] Cf. Exposição de Motivos n. 196/1976.

em caso de maior dispersão acionária. Nessa linha, segundo a respectiva Exposição de Motivos, o projeto considerou "*que os órgãos da administração - sobretudo nas grandes empresas - é que detém maior parcela do poder empresarial, condicionam o sucesso ou insucesso da empresa, e podem ser fonte dos maiores agravos aos minoritários*"[205].

Para as companhias abertas determinou-se a *obrigatoriedade* de conselho de administração (artigo 138, §2). Trata-se de inovação introduzida no curso do processo legislativo, distinta da orientação proposta pelos coautores do respectivo anteprojeto, de delegar à CVM o poder de determinar a adoção de conselho de administração pelas companhias abertas[206]. A proposta original foi justificada com base na característica do conselho de administração de órgão mais representativo do universo de acionistas, posto que a lei assegurava meios para a eleição (por voto múltiplo) de representantes dos minoritários[207]. Ou seja, por trás dessa exigência, percebe-se a preocupação com o quadro de maior dispersão acionária.

Em segundo lugar, a Lei n. 6.404/1976 introduziu uma série de normas destinadas a lidar com a realidade do acionista controlador e a transferência do poder de controle[208]. Nesse esforço, originalmente condicionou a alienação

[205] Cf. Exposição de Motivos n. 196/1976.

[206] A orientação proposta originalmente foi apresentada na respectiva Exposição de Motivos: "*Quanto à organização da administração, o Projeto não fixa modelo único - individual (como atualmente, em que cada Diretor tem funções e responsabilidade definidas) ou colegiada (em que é obrigatória a existência do Conselho). É inegável que nas grandes empresas - em que ninguém pode deter todos os conhecimentos necessários às deliberações - o colegiado é a forma mais adequada. Mas as hipóteses são muito variadas, e como o Projeto regula companhias de todas as dimensões, a solução que se impõe é deixar a cada sociedade a opção pela estrutura que preferir (art. 138), com duas exceções: (a) as companhias de capital autorizado devem adotar o colegiado (§ 2º do art. 138), e (b) a Comissão de Valores Mobiliários pode determinar sua adoção pelas companhias abertas (§ 3º do art. 138). Essas exceções se justificam porque o Conselho de Administração é mais representativo da Assembléia Geral, pois nele tem assento assegurado representantes da minoria (art. 141).*" (cf. Exposição de Motivos n. 196/1976) Ainda no tocante à administração da companhia aberta, a lei estabeleceu regime de responsabilidade especial, levando em conta as atribuições específicas definidas em estatuto (artigo 158, §3º).

[207] Cf. Exposição de Motivos n. 196/1976.

[208] Quanto a esse ponto, diz a Exposição de Motivos: "*O Projeto regula a alienação de controle de companhias abertas, a partir das considerações a seguir resumidas: a) toda economia de mercado atribui valor econômico ao controle da companhia, independentemente do valor das ações que o asseguram; o valor das ações resulta dos direitos, que conferem, de participação nos lucros e no acervo líquido da companhia, enquanto que o de controle decorre do poder de determinar o destino da empresa, escolher seus administradores e definir suas políticas; b) a transferência do controle, qualquer que seja o preço*

do controle de companhia aberta a prévia autorização da CVM e simultânea oferta pública para aquisição de ações com tratamento igualitário aos acionistas minoritários (artigo 254, depois revogado pela Lei n. 9.457/1997). Esse dispositivo foi introduzido no curso do processo legislativo no Senado Federal, pela chamada "Emenda Lehmann", tendo os coautores do anteprojeto defendido o seu veto[209]. Também aqui percebe-se o intuito de proteção das minorias acionárias.

Em terceiro lugar, a Lei n. 6.404/1976 condicionou a aquisição, por companhia aberta, do controle de sociedade mercantil, a prévia deliberação da assembleia geral, sempre que constituir investimento relevante para a compradora ou se o preço exceder determinados parâmetros (artigo 256). O dispositivo garante, ainda, direito de recesso aos acionistas dissidentes em hipótese específica. Também aqui é claro o intuito protetivo.

de negociação das ações, não acarreta, em princípio, agravo a direito de minoritário; mas se a compra efetivar-se por companhia que, a seguir, promova a incorporação da controlada, do fato pode resultar flagrante prejuízo para a minoria, tanto da incorporada quanto da incorporadora: com a extinção da companhia controlada, deixa de existir o controle adquirido, e os acionistas minoritários da controladora (dependendo das bases da incorporação) suportam parte do custo de aquisição do controle. Mais ainda: em regra, todo o valor do controle da companhia incorporada, ou ao menos parte dela, acresce ao valor do controle da incorporadora, isto é, resulta em benefício do seu acionista controlador; (...) d) o Projeto reconhece a realidade do poder do acionista controlador, para atribuir-lhe responsabilidades próprias, de que não participam os acionistas minoritários; seria, pois, incoerente se pretendesse, para efeito de transferência desse poder, negar a sua existência ou proibir o mercado de lhe atribuir valor econômico." (cf. Exposição de Motivos n. 196/1976)

209 Cf. LAMY FILHO, Alfredo. BULHÕES PEDREIRA, José Luiz. *A Lei das S.A.*: pressupostos, elaboração, aplicação. 3ª ed., Rio de Janeiro: Renovar, 1997, Vol. I, p. 285-291; 329). Dizia carta enviada sobre o tema por Lamy e Bulhões ao Ministro da Fazenda: "*Em verdade, no entender dos subscritores do presente, a emenda em questão nada adiciona ao projeto em termos de efetiva proteção aos legítimos direitos dos acionistas minoritários, mas inviabiliza a abertura das companhias privadas brasileiras – objetivo precípuo de todo o projeto. É medida sem precedentes em outras legislações, e que não tem a ampará-la qualquer fomento de justiça.*" (p. 290) Ainda sobre o tema: PENTEADO, Mauro Rodrigues. A Lei n. 9.457/97 e a tutela dos direitos dos acionistas minoritários. In: BULGARELLI, Waldírio (coord.). *Reforma da lei das sociedades por ações.* São Paulo: Pioneira, 1998, p. 72-76; EIZIRIK, Nelson. *Reforma das S.A. e do mercado de capitais.* Rio de Janeiro: Renovar, 1997, p.87-92. A lei conferiu originalmente ao CMN – e não à CVM – competência para disciplinar a oferta pública de alienação de controle de companhia aberta (artigo 254, §3). O artigo 254 foi alvo de intensas discussões quanto ao seu alcance, que, contudo, fogem ao escopo deste trabalho.

Adicionalmente, a Lei n. 6.404/1976 regulou de maneira detalhada as demonstrações financeiras das sociedades anônimas, a fim de que "*informem - a administradores, acionistas, credores e investidores do mercado - a verdadeira situação do patrimônio da companhia e seus resultados*"[210].

Nesse contexto, obrigou-se as companhias abertas a elaborarem suas demonstrações financeiras em conformidade com as normas da CVM e a submeterem-nas a auditoria independente (artigo 177, §3), inclusive as demonstrações consolidadas de grupo de sociedades que incluam companhias abertas (artigo 275, §4). Determinou-se também a elaboração e divulgação de demonstrações consolidadas sempre que a companhia aberta tiver mais de 30% do valor do seu patrimônio líquido representado por investimento em controladas (artigo 249, *caput*).

Além dessas e de outras exigências impostas às companhias abertas, foram garantidas às companhias fechadas relevantes flexibilizações, não estendidas às demais. São exemplos disso: *(i)* a possibilidade de criar mais de uma classe de ações ordinárias (artigo 15, §1[211]); *(ii)* a possibilidade de o estatuto impor limitações à circulação das ações nominativas (artigo 36, *caput*); *(iii)* a possibilidade de o estatuto aumentar o quórum exigido por lei para certas deliberações (artigo 129, §1 e artigo 136, *caput*[212]); e *(iv)* a possibilidade de distribuição de dividendo inferior ao mínimo obrigatório ou retenção de todo o lucro mediante deliberação da assembleia geral (artigo 202, §3[213]).

[210] Cf. Exposição de Motivos n. 196/1976.

[211] A redação desse dispositivo foi alterada pela Lei n. 14.195/2021 no contexto da regulação do voto plural (vide item 2.2.4). Atualmente, as ações ordinárias e preferenciais podem ser de uma ou mais classes, observado, no caso das ordinárias, o disposto nos artigos 16, 16-A e 110-A da Lei n. 6.404/1976.

[212] Como se verá no item 2.2.2 a seguir, a redação desse dispositivo foi alterada pela Lei n. 9.457/1997 para beneficiar um universo ainda mais amplo de companhias.

[213] A preocupação recorrente com abusos na distribuição de lucros, que serviu de motivação para essa medida, era ressaltada pela doutrina da época: "*Por outro lado, compensando com vantagem para o acionista a sua falta de deliberação sobre o balanço e a distribuição do lucro líquido da empresa, a lei deveria impor restrições eficazes aos abusos do autofinanciamento. Tal seria, por exemplo, a necessária previsão estatutária de um dividendo mínimo para todas as ações, cuja distribuição precederia obrigatoriamente o destaque de qualquer parcela dos lucros líquidos para a constituição de reservas estatutárias ou facultativas.*" (cf. COMPARATO, Fábio Konder. *Aspectos jurídicos da macro-emprêsa*. São Paulo: Revista dos Tribunais, 1970, p. 90) De acordo com os coautores do anteprojeto da lei, "*o regime de distribuição de dividendos proposto faz parte de um conjunto de providências constantes do Anteprojeto que buscam, deliberadamente, reorientar o comportamento daqueles que, efetiva ou potencialmente,*

Também essas medidas corroboram a maior rigidez do regime societário das companhias abertas.

Em diversos pontos, ao invés de disciplinar de maneira mais rígida ou detalhada as companhias abertas, a Lei n. 6.404/1976 contou com a suplementação da disciplina por normas da CVM. Por exemplo: ao tratar da aquisição

participem do mercado de capitais, na busca do objetivo maior de criar o mercado primário de ações". (cf. LAMY FILHO, Alfredo. BULHÕES PEDREIRA, José Luiz. *A Lei das S.A.:* pressupostos, elaboração, aplicação. 3ª ed., Rio de Janeiro: Renovar, 1997., Vol. I, p. 159-160) Prosseguiam eles: "*A única esperança de manter no Brasil um setor privado nacional relevante é a criação do mercado primário de ações. E se o dividendo mínimo pode ser instrumento útil para viabilizar esse mercado, talvez a aceitação, pelo acionista controlador, de alguma limitação legal ao seu poder discricionário de fixar os dividendos não seja, a prazos médio e longo, um preço tão alto a pagar para que o empresário nacional se liberte da camisa-de-força do reinvestimento de lucros e adquira o poder de criar grandes empresas privadas de capital nacional.*" (cf. LAMY FILHO, Alfredo. BULHÕES PEDREIRA, José Luiz. *A Lei das S.A.:* pressupostos, elaboração, aplicação. 3ª ed., Rio de Janeiro: Renovar, 1997, Vol. I, p. 165) O debate público em torno do anteprojeto concentrou-se grandemente nesse dispositivo. Em resposta, diziam Lamy e Bulhões que o regime proposto, ao limitar a discricionariedade da maioria dos acionistas para deliberar sobre o destino a ser dado aos lucros do exercício, pretendeu proteger as minorias acionárias, bem como que isso "*somente se aplica às companhias cujas ações circulam no mercado mediante oferta pública (que é o conceito de companhia aberta adotado pelo Anteprojeto) e às companhias fechadas em que não há acordo em contrário dos acionistas".* (cf. LAMY FILHO, Alfredo. BULHÕES PEDREIRA, José Luiz. *A Lei das S.A.:* pressupostos, elaboração, aplicação. 3ª ed., Rio de Janeiro: Renovar, 1997, Vol. I, p. 157) A distinção recebeu crítica da doutrina: "*Os elaboradores do projeto que deu origem à Lei n. 6.404, de 1976, estavam bem conscientes da importância de uma boa regulação dos dividendos, como garantia de proteção às minorias acionárias e ao próprio funcionamento do mercado de capitais.* (...) *Daí haver a lei criado, em disposição pioneira no panorama geral do direito comparado, o instituto do dividendo obrigatório. Cedendo a críticas e pressões dos setores empresariais mais retrógrados, o legislador acabou, afinal, recuando dos propósitos iniciais, ao admitir fossem abertas certas brechas nesse escudo de proteção aos minoritários. Mas não deixou de marcar, nessa matéria, a distinção de regimes jurídicos entre companhias abertas e fechadas.*" (cf. COMPARATO, Fábio Konder. "O direito ao dividendo nas companhias fechadas". In: *Direito Empresarial.* São Paulo: Saraiva, 1995, p. 163) Por fim, a redação do dispositivo em questão foi alterada pela Lei n. 10.303/2001, passando a beneficiar não apenas as companhias fechadas, mas também as "*companhias abertas exclusivamente para a captação de recursos por debêntures não conversíveis em ações*" (vide item 2.2.3). Além disso, o artigo 294 da Lei n. 6.404/1976 foi alterado pela Lei Complementar n. 182/2021 para permitir que a assembleia geral estabeleça livremente os dividendos nas companhias fechadas de menor porte, afastando o regime do artigo 202, na hipótese de omissão do estatuto quanto à distribuição de dividendos e desde que não seja prejudicado o direito dos acionistas preferenciais de receber os dividendos fixos ou mínimos a que tenham prioridade. Mais ainda, o novo artigo 294-A passou a autorizar a CVM a dispensar ou modular determinados elementos da lei societária para as companhias de menor porte, dentre eles o recebimento de dividendo obrigatório.

pela companhia aberta das próprias ações, determinou que essa operação "*obedecerá, sob pena de nulidade, às normas expedidas pela Comissão de Valores Mobiliários, que poderá subordiná-la à prévia autorização em cada caso*" (artigos 30, §2 e 244, §2º). Além disso, previu a expedição de normas pela CVM sobre temas como: pedidos de procuração (artigo 126, §2), demonstrações financeiras (artigo 177, §3, e artigo 249, § único), oferta pública para aquisição de controle de companhia aberta (artigo 257, §4) e oferta pública de debêntures (artigos 60 e seguintes).

Se, por um lado, as companhias abertas foram submetidas a regime societário mais rígido, por outro, houve também a preocupação com o engessamento que as normas a elas aplicáveis poderiam provocar. Na tentativa de contornar essa dificuldade, o legislador permitiu à CVM reduzir certos quóruns e percentuais previstos na lei para as companhias abertas com maior dispersão acionária. Ou seja, confiou-se à CVM a faculdade de promover ajustes para preservar o sensível equilíbrio que a lei pretendeu estabelecer ao regular a distribuição de poder nas companhias abertas, frente à diversidade da realidade social. Mais especificamente, a lei permite que a CVM reduza, mediante fixação de escala em função do valor do capital social, diversos quóruns e percentuais relacionados a direitos de minoria (artigo 291)[214]. De acordo com a respectiva Exposição de Motivos, essa norma foi projetada para as "*companhias de grande porte, de capital amplamente pulverizado*"[215].

Por fim, a Lei n. 6.404/1976 estabeleceu ainda uma série de medidas voltadas a enfrentar aspectos próprios da realidade das companhias abertas, como, por exemplo: o dever de sigilo imposto aos administradores sobre informações relevantes ainda não divulgadas ao mercado e a vedação ao uso

[214] Esse dispositivo foi posteriormente alterado pela Lei n. 10.303/2001. São exemplos de percentuais abrangidos pelo dispositivo aqueles necessários para que os acionistas pleiteiem judicialmente a exibição de livros (artigo 105), elejam conselheiros por voto múltiplo (artigo 141) e promovam ação de responsabilidade contra administrador mesmo se a assembleia deliberar em sentido contrário (artigo 159, §4). O dispositivo foi regulamentado por meio da Instrução CVM n. 165/1991, da Instrução CVM n. 324/2000 e da Instrução CVM n. 627/2020, posteriormente substituídas pela Resolução CVM n. 70/2022.

[215] Cf. Exposição de Motivos n. 196/1976. Além disso, a lei permite que a CVM autorize a redução de quórum qualificado de deliberação em se tratando de "*companhia aberta com a propriedade das ações dispersa no mercado*", quando as três últimas assembleias tiverem sido realizadas "*com a presença de acionistas que representem menos da metade do total de votos conferidos pelas ações com direito a voto*" (artigo 136, §2).

desse tipo de informação para obter vantagem mediante compra ou venda de valores mobiliários (artigo 155, §1); o dever imposto aos administradores de informar à bolsa e divulgar qualquer deliberação da assembleia geral ou dos órgãos da administração e outros fatos relevantes (artigo 157, §4); a possibilidade de representação em assembleia por instituição financeira (artigo 126, §1º); a possibilidade de publicação da ata da assembleia geral com omissão das assinaturas dos acionistas (artigo 130, §2); e a autorização para aumento de capital sem direito de preferência (artigo 172, *caput*). Percebe-se que o conteúdo dessas disposições parece por vezes extrapolar a esfera societária e adentrar a disciplina própria do mercado.

2.2.2 Reforma de 1997 (Lei n. 9.457/1997)

A disciplina dedicada à companhia aberta pela Lei n. 6.404/1976 vigorou sem maiores alterações por mais de vinte anos. A primeira grande reforma veio com a Lei n. 9.457/1997[216].

Comentava-se à época que o cenário mudara desde aquele que pautara a reforma de 1976 e que justificara seu caráter marcadamente preventivo e pedagógico, de acordo com Eizirik, e o foco na proteção do investidor individual (*"pessoa física, que constituía o contingente mais significativo no universo de aplicadores em ações"*)[217]. Dizia o autor que o mercado passara a ser "*dominado por investidores profissionais, altamente técnicos, que necessitam muito menos da proteção governamental*" e que os marcos legais estavam institucionalizados e com eles os agentes do mercado já haviam se familiarizado[218].

Foram introduzidas àquela ocasião relevantes modificações à disciplina societária da companhia aberta, duas das quais merecem destaque,

[216] Sobre as origens e o contexto da reforma promovida pela Lei n. 9.457/1997, ver: LAMY FILHO, Alfredo. BULHÕES PEDREIRA, José Luiz. *A Lei das S.A.*: pressupostos, elaboração, aplicação. 3ª ed., Rio de Janeiro: Renovar, 1997, Vol. I, p. 318-330; PENTEADO, Mauro. A Lei nº 9.457/97 e a tutela dos direitos dos acionistas minoritários. In: BULGARELLI, Waldírio (coord.). *Reforma da Lei das Sociedades por Ações*. São Paulo: Pioneira, 1998, p. 9-22; EIZIRIK, Nelson. *Reforma das S.A. e do mercado de capitais*. Rio de Janeiro: Renovar, 1997, p. 1-9.

[217] Cf. EIZIRIK, Nelson. *Reforma das S.A. e do mercado de capitais*. Rio de Janeiro: Renovar, 1997, p. 1-2.

[218] Cf. EIZIRIK, Nelson. *Reforma das S.A. e do mercado de capitais*. Rio de Janeiro: Renovar, 1997, p. 1-2.

pois ilustram as flexibilizações pontuais promovidas ao regime de proteção antes assegurado.

Em primeiro lugar, excluiu-se o direito de retirada previsto no artigo 137 para deliberações sobre fusão da companhia ou sua incorporação em outra, e sobre a participação em grupo de sociedades, nas seguintes hipóteses: *(i)* de companhias abertas cujas ações integrassem "*índices gerais representativos de carteira de ações admitidos à negociação em bolsas de futuros*"; e *(ii)* de companhias abertas cujas ações em circulação representassem a metade ou mais do total das ações por ela emitidas, "*entendendo-se por ações em circulação no mercado todas as ações da companhia menos as de propriedade do acionista controlador*"[219].

Além disso, essa lei garantiu direito de retirada na hipótese de incorporação, fusão ou cisão envolvendo companhia aberta em que a sociedade sucessora não obtenha registro de companhia aberta e, se for o caso, não promova a admissão das novas ações à negociação em mercado secundário (artigo 223, §§3º e 4º)[220]. Nesse e em outros pontos delegou-se a regulamentação das matérias à CVM.

[219] Cf. artigo 137, inciso II, da Lei n. 6.404/1976. A redação desse dispositivo foi posteriormente alterada pela Lei n. 10.303/2001 (vide item 2.2.3). Comentou-se à época que os critérios de liquidez e dispersão das ações não eram inéditos, visto que haviam sido utilizados para caracterizar as sociedades anônimas de capital aberto (cf. EIZIRIK, Nelson. *Reforma das S.A. e do mercado de capitais*. Rio de Janeiro: Renovar, 1997, p. 72 et seq.), ilustrando assim a influência duradoura dos antecedentes normativos para a evolução e interpretação da disciplina das companhias abertas. Nas palavras de Eirizik: "*Com a reforma ora realizada, retoma-se a ideia de incentivar a "democratização do capital" das companhias, presumida quando há liquidez de suas ações ou quando encontram-se elas dispersas no mercado. O "prêmio" assegurado às companhias "democratizadas" naquela época consistia em incentivos fiscais. Hoje, o "prêmio" consiste na redução dos custos decorrentes do pagamento do preço de reembolso das ações aos acionistas dissidentes da reorganização empresarial promovida mediante fusão, incorporação ou constituição de grupo de sociedades. (...) A extinção do direito de recesso, no caso, acarretará uma redução de custos em processos legítimos de reestruturação empresarial de companhias com estrutura "democratizada" de capital, ou porque suas ações têm elevada liquidez, ou porque apresentam níveis satisfatórios de dispersão no mercado.*" (p. 73-74)

[220] A inovação recebeu crítica dos coautores do anteprojeto: "*O princípio do §3 justifica-se e já era observado, na prática, pelas companhias abertas que se reorganizavam, mas a sanção do §4 cria novo caso de reembolso que irá tornar-se, certamente, o caminho mais fácil para o fechamento de empresas, por deliberação de seus controladores – o que não deve ter sido objetivo do legislador.*" (cf. LAMY FILHO, Alfredo. BULHÕES PEDREIRA, José Luiz. *A Lei das S.A.*: pressupostos, elaboração, aplicação. 3ª ed., Rio de Janeiro: Renovar, 1997, Vol. I, p. 328) Note-se que a norma introduziu discreta distinção ao dirigir-se às companhias abertas com ações admitidas à negociação em mercado secundário. Nesse sentido, desde aquela época comentava-se: "*Sua situação, enquanto*

Em segundo lugar, revogou o artigo 254 da Lei n. 6.404/1976, que tornava obrigatória a realização de oferta pública por ocasião da alienação de controle de companhia aberta[221]. Essa medida foi por alguns saudada, na esperança de que concorreria para o aumento do número de companhias abertas[222]. Contudo, em visão retrospectiva, é criticada por aparente oportunismo, eis que beneficiou o Estado ao permitir que as privatizações fossem promovidas sem o compartilhamento do prêmio de controle com os acionistas minoritários[223].

investidores, não pode ser prejudicada; não têm, por outro lado, qualquer direito a ver melhoradas as condições de liquidez de suas ações. Ou seja, se o minoritário era acionista de uma companhia aberta que emitira debêntures e cujas ações não eram negociadas no mercado secundário, não pode exigir que a companhia sucessora tenha ações com liquidez no mercado de bolsa ou no mercado de balcão organizado. Daí mencionar o §3º do art. 223 que a admissão da negociação das novas ações no mercado secundário será exigida 'se for o caso'." (cf. EIZIRIK, Nelson. *Reforma das S.A. e do mercado de capitais.* Rio de Janeiro: Renovar, 1997, p. 80)

[221] Cf. artigo 6º da Lei n. 9.457/1997. A seguinte justificativa foi apresentada pelo Deputado Antonio Kandir: "*Dessa maneira, a obrigatoriedade da oferta pública produz o pior dos mundos. Ao mesmo tempo, inibe e dificulta processos de alienação de controle necessários ao saneamento de empresas e produz situação desfavorável aos minoritários, uma vez que o não saneamento de uma empresa resulta em queda do valor de suas ações, no que se prejudicam, mais que todos, os acionistas minoritários.*" (cf. EIZIRIK, Nelson. *Reforma das S.A. e do mercado de capitais.* Rio de Janeiro: Renovar, 1997, p. 13)

[222] "*A medida é salutar e deverá concorrer para aumentar o número das companhias abertas, dado que o artigo 254 (que subordinava a alienação de controle a autorização da CVM para o fim de assegurar oferta pública aos minoritários) representou grave empecilho à abertura das companhias: é que os controladores das companhias fechadas hesitavam em recorrer ao mercado para aumento de capital das suas empresas sabendo que, caso o fizessem, as ações que detinham passavam a ter ônus diferente das demais. Esses efeitos haviam sido agravados pela interpretação extensiva que a CVM deu ao dispositivo, não obstante à Resolução n. 401 do Conselho Monetário Nacional, que o regulamentou, ao aplicá-lo aos casos de alienação de controle de* 'holding' *de companhia aberta.*" (cf. LAMY FILHO, Alfredo. BULHÕES PEDREIRA, José Luiz. *A Lei das S.A.:* pressupostos, elaboração, aplicação. 3ª ed., Rio de Janeiro: Renovar, 1997, Vol. I, p. 329) No mesmo sentido, ver LAMY FILHO, Alfredo. A empresa, os minoritários e o mercado de capitais (2000). In: WALD, Arnoldo (org.). *Direito empresarial:* sociedades anônimas, vol. 8. São Paulo: Revista dos Tribunais, 2011, p. 74.

[223] "*O auge do desrespeito institucional foi patrocinado pelo Estado, com a revogação, pela Lei 9.457, de 05 de maio de 1997, do art. 254 da lei do anonimato, que versava a respeito da alienação de controle e suas condições. Com essa medida permitiu-se a privatização de companhias sem que o prêmio de controle fosse compartilhado com acionistas minoritários. O caráter oportunístico desta medida foi revelado, logo em seguida, com a aprovação de nova reforma da Lei 6.404/76, desta vez para inserir artigo que passou a dispor, sob o n. 254-A, acerca da obrigatoriedade de oferta pública em virtude de alienação de controle. Ou seja: concluído o grosso do trabalho – as principais privatizações -, poderia a norma ser* 'recriada'." (cf. CASTRO, Rodrigo R. Monteiro de. Abertura e fechamento de capital. In: CASTRO, Rodrigo R. Monteiro de. ARAGÃO, Leandro Santos de. (coords.). *Sociedade anônima:* 30 anos da

Para os fins deste trabalho, sobressai ainda o ajuste promovido ao *caput* do artigo 136, que antes excepcionava a possibilidade de o estatuto da *companhia fechada* exigir quórum de deliberação superior ao qualificado ali previsto, e então ampliou essa exceção para as companhias cujas *ações não estivessem admitidas à negociação* em bolsa ou no mercado de balcão[224].

De modo geral, parece-nos prevalecer a percepção de que, além de ter prejudicado sensivelmente direitos dos acionistas minoritários[225], a reforma promovida pela Lei n 9.457/1997 não respeitou inteiramente a estrutura e a abordagem original da Lei n. 6.404/1976 no tocante às companhias abertas – a ponto de se passar a falar à época na criação de novas *subespécies*[226].

Lei 6.404/76. São Paulo: Quartier Latin, 2007, p. 440) Ainda sobre o tema, ver PENTEADO, Mauro Rodrigues. A Lei n. 9.457/97 e a tutela dos direitos dos acionistas minoritários. In: BULGARELLI, Waldírio (coord.). *Reforma da lei das sociedades por ações.* São Paulo: Pioneira, 1998, p. 76.

224 Adicionalmente, a Lei n. 9.457/1997 promoveu também ajustes pontuais ao artigo 256 da Lei n. 6.404/1976. Vale notar, contudo, que não foi promovida alteração semelhante ao §1º do artigo 129, que ainda hoje prevê que "[o] *estatuto da companhia fechada pode aumentar o quorum exigido para certas deliberações, desde que especifique as matérias*".

225 A expressão é de Penteado. (cf. PENTEADO, Mauro. A Lei nº 9.457/97 e a tutela dos direitos dos acionistas minoritários. In: BULGARELLI, Waldírio (coord.). *Reforma da Lei das Sociedades por Ações.* São Paulo: Pioneira, 1998, p. 8) Também nesse sentido, nota Yazbek: "*Posteriormente, como já referido, a Lei n. 6.404/76 foi submetida a mudanças que, se não alteraram a definição de companhia aberta, modificaram alguns regimes intimamente relacionados a tais sociedades. Um exemplo reside na Lei n. 9.457/97, que, visando facilitar os processos de privatização, retirou determinados direitos dos acionistas minoritários, em um movimento que, naquele momento, parecia contradizer as tendências mundiais.*" (cf. YAZBEK, Otavio. "As companhias abertas – sua caracterização, as vantagens e as desvantagens da abertura de capital". In: FINKELSTEIN, Maria Eugênia. PROENÇA, José Marcelo Martins (coords.). *Direito societário:* sociedades anônimas. 3ª ed., São Paulo: Saraiva, 2014, p. 115)

226 Segundo Penteado, as duas novas subespécies de companhia aberta seriam: "*aquela que tem apenas seus títulos e obrigações negociados em bolsa ou no mercado (mas não as suas ações, art. 136,* caput*)*" e "*aquela cujas ações são dotadas de requisitos próprios de liquidez e dispersão, art. 137, inc. II – confirma parcialmente a asserção, porém contraditoriamente, diante dos demais dispositivos que contém*". (cf. PENTEADO, Mauro. A Lei nº 9.457/97 e a tutela dos direitos dos acionistas minoritários. In: BULGARELLI, Waldírio (coord.). *Reforma da Lei das Sociedades por Ações.* São Paulo: Pioneira, 1998, p. 11-12)

2.2.3 Reforma de 2001 (Lei n. 10.303/2001)

A segunda reforma de maior relevância promovida à disciplina da companhia aberta veio com a Lei n. 10.303/2001. Dessa vez, o pêndulo voltou-se novamente para a proteção dos acionistas minoritários, à luz das discussões da época sobre as melhores práticas de governança corporativa, com a popularização de estudos que apontavam para a importância da solidez do arcabouço normativo para o desenvolvimento do mercado de capitais. Ressaltava-se a importância dessas medidas de proteção para estimular a confiança dos investidores e propulsionar a alocação de recursos no mercado de capitais[227]. Para os fins deste trabalho, importa especialmente destacar a alteração introduzida ao artigo 4º da Lei n. 6.404/1976. A definição de companhia aberta do *caput* do referido artigo foi alterada para substituir a referência à admissão à negociação *"em bolsa ou no mercado de balcão"* por *"no mercado de valores mobiliários"*. Os comentários a essa alteração costumam concentrar-se no fato de que ela não teve maiores impactos, isto é, não promoveu mudança relevante ao conceito de companhia aberta[228]. Não obstante, vale notar que essa alteração constituiu

[227] Nesse sentido, destacava o relatório do deputado Emerson Kapaz: *"um mercado acionário forte e verdadeiramente democratizado - alcançando toda sua potencialidade de alavancagem econômica – depende, é óbvio, de que os investidores, principalmente pequenos e médios, sintam-se protegidos e vejam defendidos seus interesses, não se permitindo a manipulação e o desrespeito a seus direitos por manobras e políticas estabelecidas unilateralmente pelos controladores, muitas vezes, inclusive, privilegiando interesses externos à própria sociedade."* (*apud* MB ASSOCIADOS (SCHEINKMANN, José Alexandre *et al.*). *Desafios e oportunidades para o mercado de capitais brasileiro.* BOVESPA, 2000, p. 51) No mesmo sentido: KANDIR, Antonio. A reforma da lei das S.A. e o desenvolvimento (2001). In: WALD, Arnoldo (org.). *Direito empresarial:* sociedades anônimas, vol. 3, São Paulo: Revista dos Tribunais, 2011, p. 45; KANDIR, Antonio. A nova CVM e a modernização da Lei das S.A. In: LOBO, Jorge (coord.). *Reforma da lei das sociedades anônimas:* inovações e questões controvertidas da Lei n. 10.303, de 31.10.2001. Rio de Janeiro: Forense, 2002, p. 6; CARVALHOSA, Modesto. EIZIRIK, Nelson. *A nova lei das S/A.* São Paulo: Saraiva, 2002, p. 7 et seq.

[228] Cf. CARVALHOSA, Modesto. EIZIRIK, Nelson. *A nova lei das S/A.* São Paulo: Saraiva, 2002, p. 33; TOKARS, Fábio. Comentários ao artigo 4º. In: BERTOLDI, Marcelo (coord.). *Reforma da lei das sociedades anônimas:* comentários à Lei n. 10.303, de 31.10.2001. 2ª ed., São Paulo: Revista dos Tribunais, 2002, p. 29; LUCENA, José Waldecy. *Das sociedades anônimas.* Vol. I. Rio de Janeiro: Renovar, 2009, p. 107; YAZBEK, Otavio. "As companhias abertas – sua caracterização, as vantagens e as desvantagens da abertura de capital". In: FINKELSTEIN, Maria Eugênia. PROENÇA, José Marcelo Martins (coords.). *Direito societário:* sociedades anônimas. 3ª ed., São Paulo: Saraiva, 2014, p. 112; CANTIDIANO, Luiz Leonardo. *Reforma da Lei das S.A. comentada.* Rio de Janeiro: Renovar, 2002, p. 29.

adaptação do dispositivo à reforma promovida pela Lei n. 4.597/1997, que, como explicaremos no item 2.3.2 a seguir, introduziu o conceito de mercado de balcão organizado (e, por oposição, de mercado de balcão não organizado). Portanto, ao adotar fórmula mais genérica, o dispositivo em questão não deixa margem a dúvida de que são também companhias abertas, sob a definição legal, aquelas cujos valores mobiliários são admitidos à negociação em mercado de balcão organizado[229]. Isso vale também para a alteração promovida ao §1º do artigo 4º[230]. Além disso, acrescentou-se ao artigo 4º – cujo parágrafo único, então renumerado para §1º, desde sempre contemplara a regra geral da obrigatoriedade de registro do emissor – referência adicional à regra geral segundo a qual *"[n]enhuma distribuição pública de valores mobiliários será efetivada no mercado sem prévio registro na Comissão de Valores Mobiliários"* (artigo 4º, §2º)[231].

Mais ainda, incluiu-se um novo parágrafo para autorizar a CVM a classificar a companhia aberta em categorias, *"segundo as espécies e classes dos valores mobiliários por ela emitidos negociados no mercado"*, e a especificar as normas sobre companhias abertas aplicáveis a cada categoria (artigo 4º, §3º). Essa alteração representou uma ruptura com a proposta original de submeter as companhias abertas a regime comum, e, por sua relevância para o tema deste trabalho, será examinada em maior detalhe no Capítulo 2 da Parte II.

229 Critica-se, contudo, o fato de semelhante alteração não ter sido promovida ao *caput* do artigo 22 da Lei n. 6.385/1976, que preserva a referência à negociação *"na bolsa ou no mercado de balcão"*. (cf. TOKARS, Fábio. Comentários ao artigo 4º. In: BERTOLDI, Marcelo (coord.). *Reforma da lei das sociedades anônimas*: comentários à Lei n. 10.303, de 31.10.2001. 2ª ed., São Paulo: Revista dos Tribunais, 2002, p. 30)

230 Em síntese, o §1 dizia que somente os valores mobiliários de companhia registrada na CVM podiam ser *"distribuídos no mercado e negociados em bolsa ou no mercado de balcão"*, e passou a dispor que somente esses podem ser *"negociados no mercado de valores mobiliários"*.

231 Vide Capítulo 1 da Parte II. Esse dispositivo meramente repete o teor do *caput* do artigo 19 da Lei n. 6.385/1976, com pequenas diferenças de redação. No sentido de que a redação do novo dispositivo é mais adequada, ver CARVALHOSA, Modesto. EIZIRIK, Nelson. *A nova lei das S/A*. São Paulo: Saraiva, 2002, p. 34. Além disso, no sentido de esse transplante se justifica com base na relevância da matéria e seu efeito pedagógico, ver TOKARS, Fábio. Comentários ao artigo 4º. In: BERTOLDI, Marcelo (coord.). *Reforma da lei das sociedades anônimas*: comentários à Lei n. 10.303, de 31.10.2001. 2ª ed. São Paulo: Revista dos Tribunais, 2002. p. 31. Por outro lado, no sentido de que não é boa técnica legislativa repetir o mesmo comando em diplomas diferentes, ver CANTIDIANO, Luiz Leonardo. *Reforma da Lei das S.A. comentada*. Rio de Janeiro: Renovar, 2002, p. 30.

Também no âmbito do artigo 4º, passou-se a disciplinar o cancelamento do registro de companhia aberta para negociação de *ações* no mercado, confirmando a obrigação de se realizar oferta pública para a aquisição da totalidade das ações em circulação por preço justo (artigo 4º, §§4º e 5º)[232]. Ao tema dedicou-se também o novo artigo 4-A. Essa obrigação assumiu novo relevo com a regulamentação das categorias de registro de companhia aberta, como veremos no Capítulo 2 da Parte II.

O artigo 4º passou a prever também uma nova modalidade de oferta pública obrigatória, para a aquisição da totalidade das ações remanescentes no mercado, na hipótese de o controlador adquirir ações da companhia aberta

[232] A matéria era antes regulada pela CVM com fundamento no artigo 21, §6º, inciso I, da Lei n. 6.385/1976 (que lhe permite expedir regras sobre o cancelamento de registro). Tal como disciplinada, foi objeto de intensa discussão e alvo de diversas críticas, inclusive quanto à sua limitação de escopo: "*A disciplina do cancelamento do registro de companhia aberta foi objeto de grandes discussões, constituindo um dos pontos mais controversos da reforma de 2001; ademais, as normas que tratam da questão foram redigidas de forma canhestra, como se fossem regulamentares, o que deverá acarretar enormes problemas na sua aplicação aos casos concretos.*" (cf. CARVALHOSA, Modesto. *Comentários à Lei de Sociedades Anônimas.* 4ª ed., São Paulo: Saraiva, 2002, p. 68); "*Esse dispositivo prescreve oferta pública para aquisição de* ações, *como condição ao cancelamento de registro na CVM. Portanto, a incidência da norma é restrita às companhias abertas com ações negociáveis no mercado de valores mobiliários. Inexplicavelmente, o legislador não sujeitou à norma do § 4º o cancelamento de registro para negociação no mercado (Bolsa ou Balcão) de outras espécies de valores mobiliários – como debêntures, conversíveis ou não em ações, e bônus de subscrição. (...)*" (cf. BULHÕES, Carlos Eduardo. Comentários aos arts. 4º e 4º-A da Lei das Sociedades Anônimas. In: *Revista de Direito Bancário e do Mercado de Capitais.* n. 23. São Paulo: Revista dos Tribunais, janeiro-março de 2004, p. 120) Na mesma linha, YAZBEK, Otavio. "As companhias abertas – sua caracterização, as vantagens e as desvantagens da abertura de capital". In: FINKELSTEIN, Maria Eugênia. PROENÇA, José Marcelo Martins (coords.). *Direito societário:* sociedades anônimas. 3ª ed., São Paulo: Saraiva, 2014, p. 128. Nesse ponto, comenta-se que o regime brasileiro é mais oneroso do que o de outros países: "*Public companies that are exchange-listed must also comply with the rules governing voluntary delisting. In many jurisdictions, the law specifically empowers supervisory authorities to oppose delisting appplications when it is in the interest of investors to do so or laws are violated. This public law approach reinforces the effectiveness of delisting-related company law requirements, which some jurisdictions employ. (...) Brazil displays the strictest regime: public companies wishing to go private must launch a mandatory bid at a "fair price" to the remaining public shareholders, as well as obtain either the acceptance of the bid or the express consent to deregistration from shareholders comprising two-thirds of the company's free float.*" (cf. ENRIQUES, Luca. HERTIG, Gerald. KRAAKMAN, Reinier. ROCK, Edward. Corporate law and securities market. *In:* KRAAKMAN, Reinier et al. *The Anatomy of Corporate Law.* 3ª ed. Oxford: Oxford University Press, 2017, p. 255) Para detalhado estudo sobre o tema, ver TANNOUS, Thiago Saddi. *Proteção à liquidez no mercado de capitais brasileiro.* São Paula: Quartier Latin, 2018. p. 115 et seq.

que elevem sua participação a percentual que, segundo normas da CVM, "*impeça a liquidez de mercado das ações remanescentes*" (artigo 4º, §6º).

Por fim, a lei delegou à CVM competência para disciplinar o disposto no artigo 4º e no artigo 4-A (artigo 4-A, §4º). Uma das críticas feitas à época sobre as alterações promovidas no tocante a esses dispositivos dizia respeito ao fato de terem sido incluídas na lei societária matérias relacionadas ao registro, mais afeitas ao conteúdo da lei do mercado de valores mobiliários[233]. Essas alterações turvaram ainda mais as linhas divisórias entre a disciplina societária e a do mercado de valores mobiliários. Por outro lado, inserem-se na interseção das duas disciplinas e, especialmente no tocante à oferta para cancelamento de registro para negociação de ações, têm repercussão direta na distribuição de poderes no âmbito da companhia aberta, de que trata a disciplina societária.

Além das alterações ao artigo 4º da Lei n. 6.404/1976, diversas outras importantes alterações foram introduzidas à disciplina societária da companhia aberta no âmbito da reforma de 2001, instaurando em seu seio novas distinções.

Em primeiro lugar, destaca-se a distinção introduzida no tocante ao instituto do dividendo mínimo obrigatório (artigo 202). A autorização para deliberação em assembleia geral e distribuição de dividendo inferior ao obrigatório, ou retenção de todo o lucro líquido, que já existia na lei para as companhias fechadas, foi estendida para as "*companhias abertas exclusivamente para a captação de recursos por debêntures não conversíveis em ações*"[234]. Retomaremos o exame desse dispositivo no Capítulo 2 da Parte II.

[233] Nesse sentido, quanto à orientação original de divisão de matérias entre a Lei n. 6.385/1976 e a Lei n. 6.404/1976, destacavam Lamy e Bulhões: "*Cabe observar, todavia, que esta distinção não foi mantida pela Lei n. 10.303/2001, ao disciplinar, em parágrafos acrescidos ao artigo 4º da LSA, o cancelamento do registro de companhia aberta na CVM e alguns deveres das companhias abertas em razão da sua participação nos mercados.*" (cf. LAMY FILHO, Alfredo. BULHÕES PEDREIRA, José Luiz. *Direito das companhias.* 2ª ed., Rio de Janeiro: Forense, 2017, p. 105) Ainda sobre esse ponto: BULHÕES, Carlos Eduardo. Comentários aos arts. 4º e 4º-A da Lei das Sociedades Anônimas. In: *Revista de Direito Bancário e do Mercado de Capitais.* n. 23. São Paulo: Revista dos Tribunais, janeiro-março de 2004, p. 112; 119.

[234] Cf. artigo 202, §3º, inciso I, da Lei n. 6.404/1976. Vale notar também que o dispositivo passou a excepcionar, em seu inciso II, as companhias fechadas controladas por companhias abertas que se enquadrem na condição prevista no inciso I. Posteriormente, o artigo 294 da Lei n. 6.404/1976 – cujo *caput* trata das companhias fechadas com receita bruta anual de até

Em segundo lugar, reinstituiu-se a oferta pública obrigatória para a aquisição de ações por ocasião da alienação de controle de companhia aberta, porém em novos moldes. Essa oferta passou a ser direcionada aos demais titulares de ações com direito a voto, assegurando-lhes preço mínimo equivalente a 80% do valor pago por ação com direito a voto do bloco de controle (artigo 254-A)[235].

Em terceiro lugar, certas alterações foram introduzidas no tocante aos valores mobiliários de emissão de companhia aberta. Em especial, como condição para a admissão à negociação de *ações preferenciais* sem direito de voto ou com restrição ao exercício desse direito, a lei passou a exigir a atribuição de pelo menos uma das três preferências ou vantagens adicionais estabelecidas àquela ocasião (artigo 17, §1º)[236]. Às companhias abertas existentes até aquela data

R$ 78 milhões – foi alterado pela Lei Complementar n. 182/2021 para prever que, na hipótese de omissão do estatuto quanto à distribuição de dividendos, estes serão estabelecidos livremente pela assembleia geral, afastada a disciplina do artigo 202, desde que não seja prejudicado o direito dos acionistas preferenciais de receber os dividendos fixos ou mínimos a que tenham prioridade.

[235] Ecoaram à época as críticas feitas no passado ao antigo artigo 254 e ao tratamento assistemático da matéria: *"A Lei das Sociedades Anônimas tem sofrido muitas alterações, nem sempre coerentes com o sistema que lhe serve de base, algumas vezes resultantes de impulsos impensados ou outros motivos menos nobres. O que acontece com o art. 254 da Lei 6.404/76 é assaz ilustrativo: trata-se da submissão da alienação de controle de companhia aberta a oferta pública, estendendo aos acionistas minoritários a oportunidade de vender suas ações em igualdade de condições com o controlador. Essa disposição foi introduzida na Lei 6.404/76 pela chamada Emenda Lehmann, com a expressa reprovação dos autores do anteprojeto. Em 1997, a Lei n. 9.457 a suprimiu. Agora se pretende ressuscitá-la. Quem sabe amanhã não se a suprimirá outra vez?"* (cf. LOBO, Carlos Augusto da Silveira. A alteração da lei de sociedades anônimas ora em discussão no Congresso Nacional (2000). In: WALD, Arnoldo (org.). *Direito empresarial:* sociedades anônimas, vol. 3, São Paulo: Revista dos Tribunais, 2011, p. 49) Ainda sobre o tema: YAZBEK, Otavio. "As companhias abertas – sua caracterização, as vantagens e as desvantagens da abertura de capital". In: FINKELSTEIN, Maria Eugênia. PROENÇA, José Marcelo Martins (coords.). *Direito societário:* sociedades anônimas. 3ª ed., São Paulo: Saraiva, 2014, p. 129; CARVALHOSA, Modesto. EIZIRIK, Nelson. *A nova Lei das S/A*. São Paulo: Saraiva, 2002, p. 42 et seq.

[236] Ver também artigo 8º, §3º, da Lei n. 10.303/2001. A proposta era tornar efetiva a vantagem patrimonial assegurada às ações preferenciais em troca da supressão ou restrição do direito de voto, diante da percepção de que a prioridade de reembolso de capital era uma falsa vantagem. Em conjunto com a redução do limite de ações sem direito a voto que podem ser emitidas – medida essa adotada àquela ocasião para companhias abertas e fechadas –, pretendeu-se com isso resolver deficiências do regime legal que eram tidas como inibidoras do desenvolvimento do mercado acionário. (cf. MB ASSOCIADOS (SCHEINKMANN,

garantiu-se o direito de manter a proporção de até dois terços de ações preferenciais, em relação ao total de ações emitidas, que foi então reduzido para 50% pela Lei n. 10.303/2001 (artigo 15, §2º)[237]. E ainda, vedou-se a emissão de partes beneficiárias pelas companhias abertas (artigo 47, § único).

Em quarto lugar, introduziu-se a disciplina da eleição em separado, que garante o direito de eleger e destituir um membro do conselho de administração em assembleia geral à maioria dos titulares: *(i)* de ações de emissão de companhia aberta com direito a voto que representem pelo menos 15% do total das ações com direito a voto; e *(ii)* de ações preferenciais de emissão de companhia aberta sem direito a voto ou com voto restrito que representem pelo menos 10% do capital social, que não tenham exercido o direito previsto no estatuto, em conformidade com o artigo 18 – em ambos os casos, excluindo a participação do acionista controlador, e desde que os acionistas comprovem a titularidade ininterrupta por três meses da participação acionária exigida para perfazer esses quóruns (artigo 141, §§4º a 6º)[238].

Ainda quanto aos administradores, foi incluída determinação de comunicação de quaisquer modificações em suas posições acionárias na companhia à CVM e à entidade na qual os respectivos valores mobiliários estejam

José Alexandre *et al*). *Desafios e oportunidades para o mercado de capitais brasileiro*. BOVESPA, 2000, p. 52) Como observam Eizirik e Carvalhosa, "*a lei passa a distinguir claramente entre as ações preferenciais negociadas no MVM e as ações preferenciais não negociadas no MVM. Não se trata, portanto, de uma distinção entre ações preferenciais de companhias fechadas ou abertas. Assim, no caso de uma companhia que seja aberta apenas em razão de emissão pública de debêntures, por exemplo, não será obrigatória a observância dos privilégios mínimos para as ações preferenciais sem voto estabelecidos pelo §1º do novo art. 17, já que estas não são negociadas no MVM.*" (cf. CARVALHOSA, Modesto. EIZIRIK, Nelson. *A nova Lei das S/A*. São Paulo: Saraiva, 2002, p. 90)

237 Cf. artigo 15, §2º, da Lei n. 6.404/1976 e artigo 8º, §1º, da Lei n. 10.303/2001. À época da reforma de 1997, preferiu-se permitir que companhias abertas e fechadas mantivessem relação de um terço de ações ordinárias e dois terços de ações preferenciais. Essa alteração veio somente com a reforma de 2001, que, contudo, permitiu que as companhias fechadas existentes à época mantivessem a proporção anterior até o momento em que decidissem abrir o seu capital. Nota-se que o dispositivo em questão faz referência à *abertura de capital*, e não ao registro de companhia aberta.

238 Permite ainda o §5º que, caso os titulares de ações com direito a voto e os titulares de ações preferenciais sem direito a voto ou com voto restrito não perfaçam os respectivos quóruns exigidos, possam eles agregar suas ações para elegerem em conjunto um membro e seu suplente para o conselho de administração.

admitidos à negociação (artigo 157, §6º)[239]. Adicionalmente, a lei estabeleceu para as "*companhias abertas com ações admitidas à negociação em bolsa de valores*" obrigação de remessa à respectiva bolsa de documentos referentes às assembleias gerais (artigo 124, §6º). Ou seja, além das alterações promovidas para assegurar maior proteção aos investidores, foram introduzidos acréscimos para contemplar aspectos próprios da realidade da companhia aberta.

Além daquelas antes destacadas, a reforma incluiu diversas outras alterações à disciplina da companhia aberta, como, por exemplo, no tocante aos certificados de ações (artigo 24, §2º), à possibilidade de o conselho de administração deliberar sobre a emissão de debêntures simples (artigo 59, §1º), à redução do prazo para exercício de direito de preferência em aumento de capital (artigo 172, *caput*), a aspectos específicos das reorganizações societárias envolvendo companhias controladoras, controladas e sob controle comum (artigo 264), à disponibilização de publicações pela rede mundial de computadores (artigo 289, §7º), à restrição do direito de retirada na hipótese de ação de espécie ou classe que tenha *liquidez* e *dispersão* no mercado (artigo 137, inciso II), ao prazo de antecedência de convocação de assembleia geral (artigo 124, §1º, inciso II), à vedação à utilização de informação relevante ainda não divulgada por qualquer pessoa que a ela tenha tido acesso (artigo 155, §4º) e à autorização para a CVM aumentar ou interromper a fluência desse prazo em hipóteses específicas (artigo 124, § 5º).

2.2.4 Alterações posteriores

Após a reforma de 2001, foram promovidos ajustes e alterações pontuais à disciplina da companhia aberta da Lei n. 6.404/1976, por força de uma série de Medidas Provisórias e leis com escopos e objetivos específicos, dentre as quais merecem destaque aquelas mencionadas a seguir. Antes disso, contudo, registramos nossa crítica à forma como a lei vem sendo alterada, por vezes via

[239] Essa mesma obrigação foi imposta ao acionista controlador da companhia aberta e aos acionistas que elegerem membro do conselho de administração ou do conselho fiscal (artigo 116-A), bem como aos membros do conselho fiscal de companhia aberta (artigo 165-A). Sobre a origem dessas regras, ver CARVALHOSA, Modesto. EIZIRIK, Nelson. *A nova Lei das S/A*. São Paulo: Saraiva, 2002, p. 207 et seq.

Medidas Provisórias de questionáveis relevância e urgência, ou mesmo por projetos de lei com reduzida visibilidade, prejudicando a mais ampla discussão antes de sua promulgação.

A Lei n. 11.638/2007 introduziu alterações especialmente no tocante às demonstrações financeiras[240]. Além disso, estendeu às *sociedades de grande porte* as disposições da Lei n. 6.404/1976 sobre escrituração e elaboração de demonstrações financeiras e a obrigatoriedade de auditoria independente por auditor registrado na CVM (artigo 3º). A classificação de *sociedade de grande porte* contemplou a sociedade ou o conjunto de sociedades sob controle comum, constituídas ou não sob a forma de sociedades por ações, que, no exercício anterior, tenha tido ativo total superior a R$ 240 milhões ou receita bruta anual superior a R$ 300 milhões. Com isso, essa parte da disciplina deixou de ser propriamente das companhias abertas, e passou a ser aplicável às sociedades de grande porte, sejam elas abertas ou fechadas, constituídas ou não como sociedades por ações.

A Lei n. 11.941/2009, que resultou da conversão da Medida Provisória n. 449/2008, acrescentou parágrafos aos artigos 226 e 252, que incumbem a CVM de expedir normas sobre a avaliação e contabilização de operações de fusão, incorporação e cisão e de incorporação de ações envolvendo companhia aberta, respectivamente[241]. A Exposição de Motivos da referida Medida Provisória registra que as alterações por ela promovidas à Lei n. 6.404/1976 integraram um esforço de harmonização das normas contábeis adotadas no Brasil com aquelas internacionais, dando assim continuidade aos objetivos da Lei n. 11.638/2007[242].

[240] Notadamente, as companhias abertas passaram a ter que elaborar demonstração de valor adicionado (artigo 176, inciso V) e a lei instruiu a CVM a observar, na elaboração de normas sobre o tema para as companhias abertas, os padrões internacionais de contabilidade adotados nos principais mercados de valores mobiliários (artigo 177, §5º). E ainda, facultou-se às companhias fechadas observar as normas sobre demonstrações financeiras expedidas pela CVM para as companhias abertas (artigo 177, §6º).

[241] Além disso, autorizou a CVM a disciplinar de modo diverso o registro, nas demonstrações financeiras, da destinação dos lucros (artigo 176, §7º). E ainda, acrescentou o artigo 184-A, que autoriza a CVM a expedir normas especiais sobre a avaliação e contabilização de aquisição de controle, participações societárias ou negócios.

[242] Cf. Exposição de Motivos Interministerial nº 161/2008 - MF/MP/MAPA/AGU, de 3 de outubro de 2008.

A Lei n. 12.431/2011, que resultou da conversão da Medida Provisória n. 517/2010, promoveu alterações à disciplina das debêntures. Principalmente, autorizou o conselho de administração de companhia aberta a deliberar sobre a emissão de debêntures não conversíveis em ações (artigo 59, §1º)[243] e permitiu que o estatuto da companhia aberta autorize aquele órgão a deliberar sobre a emissão de debêntures conversíveis em ações dentro do limite do capital autorizado (artigo 59, §2º). Além disso, ampliou a autorização para a substituição de livros da companhia aberta por registros mecanizados ou eletrônicos (artigo 100, §2º)[244]. E ainda, passou a permitir a participação e votação a distância nas assembleias gerais das companhias abertas, matéria essa delegada à regulamentação pela CVM (artigo 121, § único)[245]. A referida Medida Provisória pretendeu, segundo a respectiva Exposição de Motivos, "*viabilizar a construção de um mercado privado de financiamento de longo prazo*", com a "*construção de uma nova base de financiamento para os projetos de maior maturação, o que perpassa pela maior participação da iniciativa privada como fonte complementar de* funding"[246].

A Lei n. 13.043/2014, que resultou da conversão da Medida Provisória n. 651/2014, estabeleceu isenção de imposto de renda sobre o ganho de capital auferido por pessoa física na alienação em bolsa de ações de *pequenas e médias empresas* admitidas à negociação em segmento especial que determine a observância de práticas mínimas de governança corporativa. O referido diploma

[243] Quanto à exceção feita às companhias abertas, Tavares Guerreiro observa que "[n]*ão parecem claras as razões que determinaram a exceção, dado que também é facultado às companhias fechadas contar com conselho de administração. Talvez o legislador tenha percebido maior nível de informação sobre a emissão de debêntures quando emitidas por companhia aberta, dada a suposta maior confiabilidade do regime de controle, (privado ou publicístico) da emissão em companhias de mercado. Ou quiçá a lei tenha contemplado o fenômeno da companhia aberta com larga base acionária e maior burocracia necessária à realização de assembleias gerais.*" (cf. GUERREIRO, José Alexandre Tavares. "Administração: ordinária e extraordinária". In: VENANCIO FILHO, Alberto. LOBO, Carlos Augusto da Silveira. ROSMAN, Luiz Alberto Colonna. *Lei das S.A. em seus 40 anos.* Rio de Janeiro: Forense, 2017, p. 214 et seq.)

[244] Essa autorização foi posteriormente estendida às companhias fechadas pela Lei n. 14.195/2021 (vide artigo 100, §3º, da Lei n. 6.404/1976).

[245] Posteriormente convertido em §1º do artigo 121 pela Medida Provisória n. 931/2020, que estendeu a prerrogativa às companhias fechadas.

[246] Cf. Exposição de Motivos Interministerial nº 194/2010 - MF -/MDIC/MC/MCT/MEC/MME/MP, de 29 de dezembro de 2010.

define parâmetros de valor de mercado, receita bruta anual e volume de ações objeto de distribuição primária para enquadramento sob essa classificação (artigo 16). Para esse universo mais restrito de companhias abertas, o diploma permitiu também que as publicações ordenadas pela Lei n. 6.404/1976 sejam feitas por meio dos *websites* da CVM e da entidade administradora do mercado em que as ações estiverem admitidas à negociação, dispensada a publicação em órgão oficial e mantida aquela em jornal de grande circulação no local da sede da companhia, porém de maneira resumida e com divulgação simultânea dos documentos em seu *website* (artigo 19).

A Lei n. 13.129/2015 promoveu reforma à Lei de Arbitragem (Lei n. 9.307/1996) e acrescentou o artigo 136-A à Lei n. 6.404/1976, que assegura direito de retirada ao acionista dissidente de deliberação que aprove a inserção de convenção de arbitragem no estatuto social, excepcionando esse direito em duas hipóteses que importam às companhias abertas: *(i)* caso isso represente condição para a admissão à negociação dos valores mobiliários de emissão da companhia em segmento especial de listagem que exija dispersão acionária mínima de 25% das ações de cada espécie ou classe; e *(ii)* em se tratando de companhia aberta cujas ações sejam dotadas de liquidez e dispersão.

A Medida Provisória n. 881/2019 inseriu nas disposições gerais da Lei n. 6.404/1976 uma autorização para que a CVM dispensasse exigências daquela lei para as companhias que definisse como de *pequeno e médio porte*, de forma a facilitar o acesso ao mercado de capitais (artigo 294-A). Contudo, esse dispositivo foi deixado de fora do respectivo projeto de lei de conversão (Lei n. 13.874/2019), de modo que, superada a vigência da Medida Provisória n. 881/2019, cessaram os seus efeitos (vide Capítulo 2 da Parte II).

A Medida Provisória n. 931/2020 – editada durante a época da pandemia do COVID-19 – autorizou, excepcionalmente, a CVM a prorrogar os prazos estabelecidos na Lei n. 6.404/1976 para as companhias abertas e a definir a data de apresentação de suas demonstrações financeiras. Além disso, estendeu às companhias fechadas a prerrogativa de participação e votação a distância em assembleias gerais do artigo 121 da Lei n. 6.404/1976 e, para as *sociedades anônimas de capital aberto*, previu a possibilidade de realização de assembleia digital mediante autorização da CVM. Contudo, a referência foi corrigida pela Lei n. 14.030/2020, que alterou o §2-A do artigo 124 da Lei n. 6.404/1976 para garantir tal possibilidade às companhias abertas e fechadas.

A Medida Provisória n. 1.040/2021 – que ficou conhecida como MP do *Doing Business*, em função do objetivo declarado de "*impactar positivamente a posição do país na classificação geral do relatório Doing Business do Banco Mundial*", posteriormente descontinuado[247] – promoveu uma série de mudanças ao regime das companhias abertas. Essas mudanças, mantidas com alterações pela Lei n. 14.195/2021, dizem respeito à competência da assembleia para deliberar sobre a celebração de transações com partes relacionadas e a alienação ou a contribuição de ativos (artigo 122, inciso X); ao prazo de antecedência de primeira convocação das assembleias gerais (artigo 124, §1º, inciso II); à possibilidade de a CVM determinar o adiamento de assembleia geral por insuficiência de informação (artigo 124, §5º, inciso I); à vedação à acumulação dos cargos de presidente do conselho de administração e diretor presidente ou principal executivo da companhia (artigo 138, §3º); e à obrigatoriedade de conselheiros independentes (artigo 140, §2º).

Diversas outras alterações foram introduzidas no curso do respectivo processo legislativo, principalmente aquelas voltadas a permitir a atribuição de voto plural a uma ou mais classes de ações. Nas companhias abertas, isso será possível "*desde que a criação da classe ocorra previamente à negociação de quaisquer ações ou valores mobiliários conversíveis em ações de sua emissão em mercados organizados de valores mobiliários*" (artigo 110-A, inciso II). Depois disso fica vedada a alteração das características da classe de ações com voto plural, "*exceto para reduzir os respectivos direitos ou vantagens*" (artigo 110-A, §5º). Adicionalmente, foram introduzidas vedações no tocante a operações de reorganização societária envolvendo companhias abertas que não adotem voto plural e companhias que o façam (artigo 110-A, §11º)[248].

[247] Cf. EMI n. 00049/2021 ME AGU MJSP MME SG, de 18 de março de 2021. O *Doing Business* é um projeto lançado em 2002, no âmbito do Banco Mundial, dedicado ao exame e à comparação do regime jurídico aplicável às empresas e ao ambiente de negócios de diferentes países, de modo a incentivar a competição e promover maior eficiência. (Vide https://portugues.doingbusiness.org/pt/about-us. Acesso em 24 dez. 2021) Em setembro de 2021 – ou seja, poucos meses após a edição da medida provisória em questão – o Banco Mundial anunciou que o projeto seria encerrado. (Vide https://www.worldbank.org/en/news/statement/2021/09/16/world-bank-group-to-discontinue-doing-business-report. Acesso em 24 dez. 2021)

[248] A Lei n. 14.195/2021 introduziu também disciplina própria para as notas comerciais (artigos 45 a 51), cuja emissão, contudo, não é restrita às sociedades anônimas. Diz o artigo 50 que a CVM poderá estabelecer requisitos adicionais, inclusive a eventual necessidade de

Por fim, a Lei Complementar n. 182/2021 – o chamado "Marco Legal das *Startups*" – acrescentou disposições referentes ao acesso de companhias de menor porte ao mercado de capitais, autorizando a CVM a dispensar ou modular normas referentes à obrigatoriedade de instalação do conselho fiscal a pedido de acionistas, à obrigatoriedade de intermediação de instituição financeira em distribuições públicas de valores mobiliários, ao dividendo obrigatório e à forma de realização de publicações (artigo 294-A). Essa medida será analisada em maior detalhe no Capítulo 2 da Parte II.

2.3 Disciplina do mercado de valores mobiliários

2.3.1 Contornos originais da lei do mercado de valores mobiliários (Lei n. 6.385/1976)

A Lei n. 6.385/1976 inaugurou disciplina própria para o mercado de valores mobiliários, repartindo assim a disciplina do mercado de capitais[249]. A definição legal de *valor mobiliário*, empregada de maneira instrumental para definir o alcance dessa disciplina, compreendia originalmente tão somente as ações, partes beneficiárias e debêntures, os cupões desses títulos, bônus de subscrição, certificados de depósito de valores mobiliários e outros, a critério do CMN (artigo 2º)[250]. Ou seja, tratava-se, na época, de um mercado

contratação de agente fiduciário, relativos à nota comercial que seja ofertada publicamente ou admitida à negociação em mercados regulamentados de valores mobiliários.

[249] *"A estrutura do mercado financeiro* lato senso *passa, assim, do modelo bipartido da Lei n. 4.728/65 para o modelo tripartido da Lei n. 6.385/76, com clara distinção de objeto dos mercados financeiro, de capitais e de valores mobiliários. O CMN conservava o seu papel de órgão superior, a ditar as políticas a serem observadas nos três mercados, cabendo, entretanto, à CVM a disciplina, a fiscalização e a sanção no âmbito do mercado de valores mobiliários, e remanescendo com o BCB as mesmas funções quanto ao mercado financeiro e ao remanescente do mercado de capitais; isso sem falar, naturalmente, nos mercados de seguro, capitalização e previdência privada, cuja fiscalização era e ainda é acometida a órgãos específicos, sob a coordenação do CMN."* (cf. TRINDADE, Marcelo. O papel da CVM e o mercado de capitais no Brasil. In: SADDI, Jairo (org.). *Fusões e aquisições:* aspectos jurídicos e econômicos. São Paulo: IOB, 2002, p. 305)

[250] Note-se que alguns títulos foram propositalmente excluídos da definição de valor mobiliário e, portanto, da competência da CVM. Nesse sentido, diz a Exposição de Motivos n. 197/1976: "*9. Permanecem na área de competência do Banco Central o mercado monetário, o mercado de*

de títulos privados, emitidos por sociedades anônimas[251]. Por conseguinte, às sociedades anônimas se destinava na origem a disciplina do emissor de valores mobiliários.

Esse diploma instituiu a CVM enquanto órgão especializado com poderes para regular, fiscalizar e sancionar as companhias abertas, os intermediários e demais participantes do mercado de valores mobiliários, sob a orientação e coordenação do CMN[252]. O mandato atribuído à CVM reflete a

capitais representados por títulos de responsabilidade de instituição financeira (exceto as debêntures), e o mercado de títulos da dívida pública, inclusive o open-market." (cf. Exposição de Motivos n. 197/1976)

251 Mattos Filho destaca "*o fato político pelo qual o legislador reduziu o campo de competência da Comissão de Valores Mobiliários somente aos títulos emitidos pelas sociedades anônimas, já que o Banco Central do Brasil, por problemas de estrutura de poder, se opunha à criação desta última.*" (cf. MATTOS FILHO, Ary Oswaldo. O conceito de valor mobiliário. In: *Rev. Adm. Empr.* Rio de Janeiro, 25, abr./jun. 1985, p. 38) Também sobre o fato de que o termo antes designava títulos emitidos por sociedades anônimas ou representativos de direitos sobre tais títulos, ver EIZIRIK, Nelson. GAAL, Ariádna. PARENTE, Flávia. HENRIQUES, Marcus de Freitas. *Mercado de capitais:* regime jurídico. 3ª ed. Rio de Janeiro: Renovar, 2011, p. 52 et seq. Por fim, Yazbek nota que, aparentemente, quando da promulgação da Lei n. 6.385/1976, nela não se reconheceu a delimitação de um campo com suficiente autonomia, fazendo com que assumisse certo caráter subsidiário ou complementar quanto ao arcabouço destinado à legislação de mercado anterior e à nova legislação societária: "*Com efeito, a Lei n. 6.385/1976 é, por um lado, vista como uma espécie de "irmã menor" da Lei n. 4.595, de 21 de dezembro de 1964, integrando o sistema de regulação de mercado financeiro (em sentido amplo) no Brasil. (...) Por outro lado, a Lei n. 6.385/1976 também foi, por muito tempo, tratada como um apêndice ou complemento da Lei n. 6.404/1976, que, como dito, trata do regime das sociedades anônimas. Como a Lei n. 6.404/1976 trazia como um de seus principais objetivos o de criar um regime adequada para as companhias abertas, dentro de um determinado modelo de desenvolvimento nacional (que, aliás, é o que norteou a promulgação de todos os diplomas acima referidos), era evidente a sua relação íntima com a Lei n. 6.385/1976. Além disso, naquele primeiro momento, valores mobiliários eram apenas determinados títulos emitidos por companhias abertas. (...)*" (cf. YAZBEK, Otavio. Introdução. In: CODORNIZ, Gabriela. PATELLA, Laura (coords.). *Comentários à Lei do Mercado de Capitais – Lei n. 6.385/76.* São Paulo: Quartier Latin, 2015, p. 19-20)

252 Sobre os reclamos para a criação de órgão especializado, que se intensificaram após a crise de 1971, ver item 1.2 do Capítulo 1 desta Parte I. A respectiva Exposição de Motivos menciona que a experiência demonstrara a necessidade de tutela do Estado: "*A experiência demonstrou que a defesa da economia popular e o funcionamento regular do mercado de capitais exigem a tutela do Estado, com a fixação de normas para emissão de títulos destinados ao público, divulgação de dados sobre a companhia emitente e negociação dos títulos no mercado. Além disso, é necessário que agência governamental especializada exerça as funções de polícia do mercado, evitando as distorções e abusos a que está sujeito*". (cf. Exposição de Motivos n. 197/1976)

abordagem regulatória centrada na tutela da informação, em linha com a Lei n. 4.728/1965[253].

Mais do que isso, a Lei n. 6.385/1976 foi centrada na existência desse órgão, essencialmente limitando-se a definir sua estrutura e seus poderes e deveres, e a delegar à CVM a tarefa de disciplinar as mais diversas matérias – em intensidade consideravelmente maior do que a Lei n. 6.404/1976. De conteúdo mais enxuto e programático, a Lei n. 6.385/1976 tem também por isso sistemática mais aberta e flexível do que a lei societária.

Especificamente quanto às companhias abertas, merece destaque a opção do legislador por não restringir a competência da CVM às matérias da Lei n. 6.385/1976. Foram também submetidas à sua competência as matérias da Lei n. 6.404/1976. Tanto assim que a Lei n. 6.385/976 incumbe expressamente a CVM de "*regulamentar, com observância da política definida pelo Conselho Monetário Nacional, as matérias expressamente previstas nesta Lei e na lei de sociedades por ações*" (artigo 8º, inciso I), bem como impor penalidades "*aos infratores das normas desta Lei, da lei de sociedades por ações, das suas resoluções, bem como de outras normas legais cujo cumprimento lhe incumba fiscalizar*" (artigo 11, *caput*)[254]. Isso significa que os administradores e acionistas de companhias abertas são responsáveis na esfera administrativa, perante a CVM, por atos ilegais e práticas não equitativas, e podem por ela ser sancionados, sem prejuízo de sua responsabilidade civil ou penal (artigo 9º, incisos V e VI).

Essa peculiaridade teve, e até hoje tem, relevante repercussão prática, a começar pelo fato de que parte considerável da agenda da CVM é dedicada a assuntos de natureza societária, tornando a jurisprudência administrativa

[253] "*Em todas as três funções atribuídas à CVM sobressai-se a missão de proteção da informação e de sua qualidade, como se demonstrará a seguir; portanto, parece forçoso concluir que a tutela da informação foi (seja do ponto de vista de decisão política do legislador, seja de situação concreta da CVM) o veículo encontrado para cumprir o mandamento constitucional de defesa da poupança popular e do investidor-consumidor no mercado de valores mobiliários.*" (cf. TRINDADE, Marcelo. O papel da CVM e o mercado de capitais no Brasil. In: SADDI, Jairo (org.). *Fusões e aquisições:* aspectos jurídicos e econômicos. São Paulo: IOB, 2002, p. 311)

[254] Como vimos, também a Lei n. 6.404/1976 foi estruturada pressupondo a existência e o funcionamento da CVM, inclusive no tocante à matéria societária: "*O projeto de lei das sociedades por ações pressupõe a existência de novo órgão federal - a Comissão de Valores Mobiliários - com poderes para disciplinar e fiscalizar o mercado de valores mobiliários e as companhias abertas.*" (Cf. Exposição de Motivos n. 197/1976)

do Colegiado da CVM nessa matéria importante fonte para a compreensão e interpretação dessa disciplina[255].

A Lei n. 6.385/1976 dedicou às companhias abertas o seu capítulo V, composto por um único artigo, o artigo 22. Seu *caput* contempla a definição legal de companhia aberta examinada no item 2.1.3. Em seguida, o seu parágrafo único relaciona matérias cuja disciplina foi delegada à CVM, tais como a divulgação de informações e fatos relevantes, as demonstrações financeiras e a compra de ações emitidas pela própria companhia, sendo que o último inciso desse artigo contempla genericamente "*as demais matérias previstas em lei*". Tratou a Exposição de Motivos de ressaltar que as normas da CVM sobre essas matérias "*integram o sistema de proteção do público investidor*"[256].

Ainda no tocante às companhias abertas, foram disciplinadas na Lei n. 6.385/1976 as atividades de auditoria e de emissão e distribuição de valores mobiliários, incluindo a administração e até mesmo dispensa, pela CVM, dos registros de emissor e de oferta pública de distribuição de valores mobiliários impostos por aquela lei. Em grandes linhas, o novo diploma manteve a estrutura do sistema de registros que existia sob a Lei n. 4.728/1965 e sua característica de instrumento de operacionalização da tutela da informação, com algumas particularidades que serão examinadas adiante no Capítulo 1 da Parte II.

[255] Para ilustrar esse ponto, vale notar que, de acordo com relatório anual da CVM, os temas mais recorrentes em casos julgados pelo Colegiado da CVM de 2013 a 2018 foram desvios de poder e dever de diligência, lealdade e sigilo, com 56 ocorrências (14% do total). Temas referentes a assembleias gerais surgiram em 37 ocorrências (9% do total) e outros referentes a conflitos de interesses, abuso do direito de voto e abuso de poder de acionista controlador, em 18 ocorrências (5% do total). (cf. CVM. Relatório Anual - 2018. Disponível em: http://www.cvm.gov.br/export/sites/cvm/publicacao/relatorio_anual/. Acesso em: 30 jun. 2019) Sobre o direito do mercado de capitais, observa Yazbek que o direito societário "*por muito tempo permeou as discussões sobre o tema e determinou seu conteúdo*", mas que "*a situação era compreensível, tendo em vista a competência estabelecida pela Lei n. 6.385/1976 para a CVM. De um modo geral, reguladores de mercado de capitais não possuem, em relação a matéria societária, o mesmo tipo de competência.*" (cf. YAZBEK, Otavio. Introdução. In: CODORNIZ, Gabriela. PATELLA, Laura (coords.). *Comentários à Lei do Mercado de Capitais – Lei n. 6.385/76*. São Paulo: Quartier Latin, 2015, p. 18)

[256] Cf. Exposição de Motivos n. 197/1976.

Por fim, ao outorgar competência à CVM para fiscalizar as companhias abertas, a lei determinou que fosse dada prioridade "*às que não apresentem lucro em balanço ou às que deixem de pagar o dividendo mínimo obrigatório*" (artigo 8º, inciso V)[257].

2.3.2 Reforma de 1997 (Lei n. 9.457/1997)

Também a disciplina da companhia aberta pela Lei n. 6.385/1976 sobreviveu sem maiores alterações até a reforma promovida pela Lei n. 9.457/1997[258]. Essa reforma, de escopo mais restrito do que alguns talvez teriam preferido, promoveu alterações importantes à organização e aos poderes da CVM, especialmente a intensificação de seu poder punitivo[259].

[257] Esse dispositivo foi incluído em decorrência do acolhimento de emenda no curso da tramitação do projeto de lei que deu origem à Lei n. 6.385/1976, assim justificada: "*Umas das principais atribuições da CVM será a fiscalização sobre as companhias abertas. Sem dúvida, será este mais um fator de confiança no mercado por que tanto se empenha o Governo. Daí parecer-me fundamental inserir-se entre as funções de competência da CVM fiscalizar e inspecionar as sociedades cujos títulos sejam negociados em bolsa ou no mercado de balcão. Enfatizo, porém, dever ser dada prioridade às companhias com balanços negativos, ou as que deixem de pagar o dividendo mínimo obrigatório, que funcione como o grande atrativo do investidor.*" (cf. Emenda n. 17, de 26 de agosto de 1976, ao Projeto de Lei n. 2.600/1976)

[258] Antes disso, a Lei n. 6.616/1978 incluíra os artigos 31 e 32 para prever a participação da CVM em processos judiciais tendo por objeto matérias de sua competência e a cobrança judicial de multas por ela impostas, e a Lei n. 9.447/1997 incluíra um parágrafo no artigo 22 da Lei n. 6.385/1976, que listava as matérias sob a competência regulamentar da CVM no tocante às companhias abertas, para ressalvar que o disposto nos incisos II e IV não se aplicavam às instituições financeiras e demais entidades autorizadas a funcionar pelo BACEN. Outras mudanças foram sendo introduzidas por atos normativos paralelos, como, por exemplo, a Resolução n. 1.723/1990, por meio da qual o CMN definira como valores mobiliários as notas promissórias emitidas por sociedades por ações destinadas à oferta pública. Ainda sobre a reforma de 1997, ver: TRINDADE, Marcelo. O papel da CVM e o mercado de capitais no Brasil. In: SADDI, Jairo (org.). *Fusões e aquisições:* aspectos jurídicos e econômicos. São Paulo: IOB, 2002, p. 305-306; EIZIRIK, Nelson. *Reforma das S.A. e do mercado de capitais.* Rio de Janeiro: Renovar, 1997, p. 127 et seq.

[259] "*Por outro lado, diversa é a situação da Lei n. 6.385/76, que criou a CVM e disciplinou o mercado de capitais, a qual estaria a demandar uma revisão total, dadas as inúmeras falhas que apresenta. A Lei n. 6.385/76, diferentemente do que ocorre com a Lei n. 6.404/76, não apresenta uma sistemática própria; foi ela, na realidade, o resultado da fusão de três anteprojetos de lei, não tendo merecido, ademais, atenção acurada do Congresso Nacional quando de sua tramitação. Assim, pode-se verificar que a Lei n. 6.385/76 apresenta falhas estruturais, ao tratar defeituosamente institutos jurídicos fundamentais na disciplina do mercado de capitais, como são, exemplificativamente: o conceito de valores mobiliários; a*

Foram acrescentadas ao rol de penalidades que a CVM pode aplicar aos infratores a suspensão e a inabilitação temporária para o exercício dos cargos de administrador e conselheiro fiscal de companhia aberta (artigo 11, incisos III e IV), bem como a cassação da autorização ou do registro e a proibição temporária para o exercício de atividades e operações de que trata a Lei n. 6.385/976 (artigo 11, incisos VI a VIII)[260]. Outras disposições sobre o poder punitivo e as penalidades disponíveis à CVM, inclusive os parâmetros de fixação do valor das multas e a possibilidade de celebração de termo de compromisso, foram incluídas nessa ocasião.

Além disso, é importante pontuar que a reforma de 1997 consolidou a distinção antes referida entre mercado de balcão organizado e não organizado. À época da promulgação da lei, comenta-se que o mercado de balcão correspondia genericamente ao espaço não organizado de compra e venda direta de valores mobiliários, fora das bolsas de valores[261]. O paulatino surgimento de mercados de balcão mais organizados levou a que essa distinção fosse introduzida, antes em sede regulamentar e depois em legislação ordinária[262].

definição de emissão pública de valores mobiliários; o poder regulamentar da CVM; o âmbito de atuação das entidades auto-reguladoras do mercado de capitais. (...) Embora a Lei n. 9.457/97 não tenha promovido uma alteração estrutural no modelo de regulação do mercado de valores mobiliários, modificou profundamente a Lei n. 6.385/76 no que diz respeito, especificamente, ao poder de polícia da CVM, aumentando substancialmente a severidade das sanções e flexibilizando, em alguns aspectos, o procedimento administrativo sancionador." (cf. EIZIRIK, Nelson. *Reforma das S.A. e do mercado de capitais.* Rio de Janeiro: Renovar, 1997, p. 5)

260 Note-se que o inciso III foi posteriormente revogado e os incisos IV e VI do artigo 11 da Lei n. 6.385/1976 tiveram sua redação alterada pela Lei n. 13.506/2017.

261 Cf. ABRÃO, Nelson. Companhias abertas e fechadas no sistema da Lei 6.404, de 1976. In: *Revista de Direito Mercantil, Industrial, Econômico e Financeiro.* n. 24. São Paulo: Revista dos Tribunais, 1976, p. 45.

262 *"O mercado de balcão é aquele mercado que era reconhecido pelas autoridades do sistema financeiro nacional como o local de encontro da oferta e da procura que se não verificava nas Bolsas. Nunca fora organizado como organizado é o mercado de Bolsa, e foi só recentemente, com a Instrução 93/88, que a CVM ao disciplinar o funcionamento do Mercado de Balcão deu o primeiro passo no sentido de permitir o chamado mercado de balcão organizado, isto é, permitir que os mercados se organizem por meio de outras instituições e outros sistemas que não as Bolsas de Valores."* (cf. SALLES, Marcos Paulo de Almeida. Os valores mobiliários na Lei das S/A. In: *Revista de Direito Mercantil, Industrial, Econômico e Financeiro.* n. 107. São Paulo: Revista dos Tribunais, 1997, p. 124) A Instrução CVM n. 245/1996 acrescentou à Instrução CVM n. 202/1993, que regulava o registro de emissor, dispositivo para distinguir as duas "categorias" do mercado de balcão: *"a) o mercado de balcão organizado, cujos negócios são supervisionados por entidade autoreguladora, com funcionamento autorizado pela Comissão*

Contudo, não houve àquela ocasião uma reforma estrutural do regime da Lei n. 6.385/1976[263]. Ademais, poucas foram as alterações promovidas às normas dirigidas especificamente às companhias abertas, das quais são exemplos as duas alterações comentadas a seguir.

Em primeiro lugar, no rol de matérias cuja regulamentação foi confiada à CVM no tocante às companhias abertas incluiu-se "*a realização, pelas companhias abertas com ações admitidas à negociação em bolsa ou no mercado de balcão organizado, de reuniões anuais com seus acionistas e agentes do mercado de valores mobiliários*". Veja-se que aqui também foi introduzida distinção no que diz respeito às companhias abertas cujas ações são admitidas à negociação (isto é, de "capital aberto"). Somente para elas passou a ser obrigatória essa reunião anual, "*para a divulgação de informações quanto à respectiva situação econômico-financeira, projeções de resultados e resposta aos esclarecimentos que lhes forem solicitados*" (artigo 22, inciso VII).

Em segundo lugar, foram introduzidas alterações pontuais à disciplina do registro de emissor, notadamente para refletir a distinção entre mercado de balcão organizado e não organizado (artigo 21).

de Valores Mobiliários, nos termos da Instrução CVM nº 243, desta data; b) o mercado de balcão não organizado, cujos negócios não são supervisionados por entidade autoreguladora." Esses dispositivos foram posteriormente revogados pela Instrução CVM n. 461/2007. Com a reforma promovida pela Lei n. 9.457/1997, passou o artigo 21 da Lei n. 6.385/1976 a prever, em seu §3º, que são atividades do mercado de balcão *não organizado* as realizadas com a participação das empresas ou profissionais indicados no artigo 15 da mesma lei, incisos I, II e III, ou nos seus estabelecimentos, excluídas as operações efetuadas em bolsas ou em sistemas administrados por entidades de balcão organizado. Sobre o mercado de balcão organizado trata o §5 do mesmo artigo, que delega à CVM a disciplina das entidades administradoras de mercado de balcão organizado. Ainda sobre o tema: YAZBEK, Otavio. *Regulação do mercado financeiro e de capitais.* 2ª ed., Rio de Janeiro: Elsevier, 2009, p. 143-145; BULHÕES, Carlos Eduardo. Comentários aos arts. 4º e 4º-A da Lei das Sociedades Anônimas. In: *Revista de Direito Bancário e do Mercado de Capitais.* N. 23. São Paulo: Revista dos Tribunais, janeiro-março de 2004. p. 114; TELLECHEA, Rodrigo. Artigo 22. In: CODORNIZ, Gabriela. PATELLA, Laura (coords.). *Comentários à Lei do Mercado de Capitais – Lei n. 6.385/76.* São Paulo: Quartier Latin, 2015, p. 508-516.

[263] Cf. EIZRIK, Nelson. Regime jurídico do mercado de capitais. Modificações introduzidas pela Lei n. 9.457/97. In: BULGARELLI, Waldírio (coord.). *Reforma da lei das sociedades por ações.* São Paulo: Pioneira, 1998. p. 84; EIZIRIK, Nelson. *Reforma das S.A. e do mercado de capitais.* Rio de Janeiro: Renovar, 1997, p.127 et seq.

2.3.3 Reforma de 2001 (Lei n. 10.303/2001 e outros)

Já a reforma promovida no ano de 2001, pela Lei n. 10.303/2001 e outros atos normativos, mais alinhada aos objetivos de proteção do investidor no mercado de valores mobiliários, teve importantes reflexos para a disciplina dedicada à companhia aberta pela Lei n. 6.385/1976[264].

Antes restrito aos títulos emitidos por sociedades anônimas, o mercado de valores mobiliários passou a abranger novos títulos e emissores, assumindo novas dimensões e reduzindo o protagonismo da companhia aberta de outrora. Por conseguinte, expandiu-se consideravelmente a área de atuação da CVM.

Notadamente, o rol de *valores mobiliários*, de função instrumental à delimitação do alcance do regime da Lei n. 6.385/1976, passou a abranger as cotas de fundos de investimento, as notas comerciais, os derivativos e, "*quando ofertados publicamente, quaisquer outros títulos ou contratos de investimento coletivo, que gerem direito de participação, de parceria ou de remuneração, inclusive resultante de prestação de serviços, cujos rendimentos advêm do esforço do empreendedor ou de terceiros*"[265].

264 Sobre essa reforma, ver CARVALHOSA, Modesto. EIZIRIK, Nelson. *A nova lei das S/A*. São Paulo: Saraiva, 2002, p. 479 et seq.; TRINDADE, Marcelo. O papel da CVM e o mercado de capitais no Brasil. In: SADDI, Jairo (org.). *Fusões e aquisições:* aspectos jurídicos e econômicos. São Paulo: IOB, 2002, p. 306; CHEDIAK, Julian Fonseca Peña. A reforma do mercado de valores mobiliários. In: LOBO, Jorge (coord.). *Reforma da lei das sociedades anônimas:* inovações e questões controvertidas da Lei n. 10.303, de 31.10.2001. Rio de Janeiro: Forense, 2002. p. 526-535. Nesse sentido, é interessante o seguinte comentário de Chediak (p. 526-527): "*Historicamente, as alterações na legislação das sociedades anônimas estão intimamente ligadas à tentativa de desenvolver o mercado de valores mobiliários. Ainda que a maioria das sociedades anônimas seja composta por companhias fechadas, as reformas na legislação que rege as companhias normalmente são motivadas pela busca de se ampliar o fluxo da poupança – interna ou externa – para a atividade produtiva. (...) A forma mais eficiente (ou barata) para que tal canalização ocorra é através do uso do mercado de valores mobiliários. É por isso que sempre que ocorre uma reformulação na regulação das sociedades anônimas é realizada, ao mesmo tempo, uma reformulação na regulação do mercado de valores mobiliários.*"

265 Cf. artigo 2º da Lei n. 6.385/1976. Sobre a migração de modelo semelhante ao europeu para modelo mais parecido com o norte-americano, que adota conceito mais amplo de valores mobiliários, ver CHEDIAK, Julian Fonseca Peña. A reforma do mercado de valores mobiliários. In: LOBO, Jorge (coord.). *Reforma da lei das sociedades anônimas:* inovações e questões controvertidas da Lei n. 10.303, de 31.10.2001. Rio de Janeiro: Forense, 2002, p. 534; YAZBEK, Otavio. *Regulação do mercado financeiro e de capitais.* 2ª ed. Rio de Janeiro: Elsevier, 2009. p. 83 et seq.; EIZIRIK, Nelson. GAAL, Ariádna. PARENTE, Flávia. HENRIQUES, Marcus de Freitas. *Mercado de capitais:* regime jurídico. 3ª ed. Rio de Janeiro: Renovar, 2011, p. 25 et seq. Na mesma linha, as atividades sujeitas à disciplina da Lei n. 6.385/1976 passaram a incluir a

Dessa maneira, consolidou no corpo da Lei n. 6.385/1976 inovações que já vinham sendo implementadas por atos diversos[266].

Diante disso, a solução adotada pelo legislador, ao invés de uma ampla reforma, foi estender aos emissores desses novos valores mobiliários, seus administradores e controladores, a disciplina prevista para a companhia aberta na Lei n. 6.385/1976 (artigo 2º, §2º). Além disso, autorizou-se a CVM a exigir que os emissores se constituam sob a forma de sociedade anônima, bem como que suas demonstrações financeiras, ou informações sobre empreendimentos ou projetos, sejam auditadas por auditor independente (artigo 2º, §3º, incisos I e II)[267]. Com isso, inverteu-se a regra geral – isto é, se antes a lei centrava a disciplina do emissor na companhia aberta, passou com a reforma a mirar um rol mais extenso de emissores e deixou de pressupor a forma de sociedade anônima, quadro esse que fundamenta as seguidas referência feitas neste trabalho a uma redução de *protagonismo* da companhia aberta na Lei n. 6.385/1976.

Portanto, a disciplina da companhia aberta contida na Lei n. 6.385/1976 deixou de ser propriamente da *companhia aberta*, para ser a disciplina do *emissor* de valores mobiliários[268]. Em alguns pontos, a lei foi alterada para prever a

negociação e intermediação no mercado de derivativos e a organização, o funcionamento e as operações das bolsas de mercadorias e futuros (artigo 1º, incisos III e V).

266 Por exemplo: a Medida Provisória n. 1.637/1998 determinou que constituíam valores mobiliários sujeitos ao regime da Lei n. 6.385/1976, "*quando ofertados publicamente, os títulos ou contratos de investimento coletivo, que gerem direito de participação, de parceria ou de remuneração, inclusive resultante de prestação de serviços, cujos rendimentos advêm do esforço do empreendedor ou de terceiros*". Esse ato já previa a aplicação a esses emissores, seus administradores e controladores, da disciplina conferida às companhias abertas pela Lei n. 6.385/1976, bem como outras disposições posteriormente encampadas pela Lei n. 10.303/2001. Essa Medida Provisória foi seguidamente reeditada nos anos de 1998 a 2001, até que a Medida Provisória n. 2.110-40/2001 foi convertida na Lei n. 10.198/2001. Para um relato detalhado sobre o tema, ver EIZIRIK, Nelson. GAAL, Ariádna. PARENTE, Flávia. HENRIQUES, Marcus de Freitas. *Mercado de capitais:* regime jurídico. 3ª ed. Rio de Janeiro: Renovar, 2011, p. 54-58.

267 Outras alterações promovidas pela Lei n. 10.303/2001 incluíram a explicitação do objetivo de prevenir o uso de informação relevante não divulgada no mercado de valores mobiliários, como uma das finalidades do regime de proteção dos titulares de valores mobiliários e os investidores do mercado (artigo 4º, inciso IV, (c)). Além disso, foi incluída a disciplina dos crimes contra o mercado de capitais, assim considerados os crimes de manipulação de mercado (artigo 27-C), uso indevido de informação privilegiada (artigo 27-D) e exercício irregular de cargo, profissão, atividade ou função no mercado de valores mobiliários (artigo 27-E).

268 Na mesma linha, Yazbek observa que, com o alargamento do rol de valores mobiliários e, consequentemente, da competência da autarquia, "*a CVM foi se distanciando do antigo estereótipo*

incidência de normas individuais da disciplina das companhias abertas para os demais emissores de valores mobiliários[269]. Em diversos outros pontos, essa ampliação parece se fundamentar exclusivamente na regra geral que sujeita genericamente os demais emissores à disciplina das companhias abertas, sem especificar quais normas seriam aplicáveis a todos[270]. Assim sendo, essa ampliação merece crítica por ter sido feita de forma pouco cuidadosa, pois compromete a sistematicidade e pode gerar dificuldade de compreensão do diploma, o que, contudo, pode ser contornado em sede regulamentar.

Outra consequência que se pode extrair dessa ampliação é a considerável perda de instrumentalidade do conceito de companhia aberta no âmbito da Lei n. 6.385/1976. Se, originalmente, tanto nessa lei quanto na Lei n. 6.404/1976, essa definição foi formulada para delimitar o universo de destinatários da disciplina especial da companhia aberta, atualmente essa função instrumental resta parcialmente comprometida no âmbito da Lei n. 6.385/1976. Por outro lado, diferentemente do maior engessamento que essa definição legal parece produzir no âmbito da lei societária – de que trataremos no Capítulo 2 da Parte II –, ela não parece produzir efeito semelhante no âmbito da Lei n. 6.385/1976. Melhor dizendo, em decorrência da distinta sistemática desse diploma, a definição legal de companhia aberta não impediu que fossem introduzidas reformas que alterassem grandemente suas

de uma 'reguladora de companhias abertas' e passou, cada vez mais, a ser uma verdadeira 'reguladora de mercado'." (cf. YAZBEK, Otavio. Introdução. In: CODORNIZ, Gabriela. PATELLA, Laura (coords.). *Comentários à Lei do Mercado de Capitais – Lei n. 6.385/76.* São Paulo: Quartier Latin, 2015, p. 21-22) Ainda sobre o tema: CODORNIZ, Gabriela. PATELLA, Laura. COPOLA, Marina. Artigo 2º. In: CODORNIZ, Gabriela. PATELLA, Laura (coords.). *Comentários à Lei do Mercado de Capitais – Lei n. 6.385/76.* São Paulo: Quartier Latin, 2015, p. 83-86.

269 Por exemplo: o dispositivo da lei que confiava à CVM poderes para examinar registros contábeis, livros ou documentos das *companhias abertas* passou a abranger também as "*demais emissoras de valores mobiliários e, quando houver suspeita fundada de atos ilegais, das respectivas sociedades controladoras, controladas, coligadas e sociedades sob controle comum*". (cf. artigo 9º, inciso I, (b), com redação dada pelas Leis n. 10.198/2001 e 10.303/2001)

270 Quanto à aplicação do §2º do artigo 2º da lei, defende-se que "[t]*al extensão, contudo, não será automática, e deve ser adequada a cada emissor, assim como seus controladores e administradores, com base nas regras específicas expedidas pela CVM, sua motivação e objetivos*". (cf. CODORNIZ, Gabriela. PATELLA, Laura. COPOLA, Marina. Artigo 2º. In: CODORNIZ, Gabriela. PATELLA, Laura (coords.). *Comentários à Lei do Mercado de Capitais – Lei n. 6.385/76.* São Paulo: Quartier Latin, 2015, p. 87)

feições – pelo contrário, continua em vigor, inalterada em seus termos, mas com diferentes funções.

Diversos dispositivos da Lei n. 10.303/2001 que tratavam das competências da CVM foram vetados sob o fundamento de que a criação, estruturação e definição de atribuições de órgãos e entidades da administração pública eram, à época, matérias de iniciativa reservada ao Presidente da República, e tornaram-se questões reservadas a decreto, por força de emenda constitucional. Esses dispositivos foram então transferidos para o Decreto n. 3.995/2001[271].

Notadamente, o Decreto n. 3.995/2001 conferiu nova redação ao artigo 22 da Lei n. 6.385/1976, exceto com relação à definição legal de companhia aberta do *caput*[272]. E ainda, acrescentou o artigo 21-A, que autoriza a CVM a expedir normas sobre a natureza e a periodicidade das informações mínimas a serem prestadas por quaisquer pessoas que tenham acesso a informações relevantes não divulgadas[273].

Ainda na mesma data, foi editada a Medida Provisória n. 8/2001, posteriormente convertida na Lei n. 10.411/2002. De acordo com a Exposição de Motivos subscrita pelo então Ministro da Fazenda, essa medida foi proposta para repor preceitos relacionados às atribuições da CVM do projeto que dera

271 Sobre o ineditismo do Decreto n. 3.995/2001 e a inconstitucionalidade de alguns de seus dispositivos, ver CHEDIAK, Julian Fonseca Peña. A reforma do mercado de valores mobiliários. In: LOBO, Jorge (coord.). *Reforma da lei das sociedades anônimas:* inovações e questões controvertidas da Lei n. 10.303, de 31.10.2001. Rio de Janeiro: Forense, 2002. p. 528 et seq..; LUCENA, José Waldecy. *Das sociedades anônimas.* Vol. I. Rio de Janeiro: Renovar, 2009, p. 153-155.

272 Principalmente, foi alterado o inciso V do §1º do artigo 22, que garantia à CVM competência para expedir normas sobre informações que devessem ser prestadas por administradores e acionistas controladores de companhia aberta, relativas à compra, permuta ou venda de *ações* emitidas pela companhia e por sociedades controladas ou controladoras, incluindo-se nesse rol os membros do conselho fiscal e os acionistas minoritários, e expandindo o seu escopo para os *valores mobiliários* emitidos pela companhia. Além disso, o §2º foi alterado para prever que as normas expedidas pela CVM em matéria de demonstrações financeiras, contabilidade e auditoria aplicam-se às instituições financeiras e demais entidades autorizadas a funcionar pelo BACEN no que não forem conflitantes com as normas por ele baixadas.

273 Sobre a constitucionalidade do dispositivo, ver: PITTA, André Grunspun. Artigo 21. In: CODORNIZ, Gabriela. PATELLA, Laura (coords.). *Comentários à Lei do Mercado de Capitais – Lei n. 6.385/76.* São Paulo: Quartier Latin, 2015, p. 479-480. Explica o autor que a ampliação do espectro regulatório da CVM que decorre do artigo 21-A fundamentou-se na necessidade de incrementar o regime informacional das companhias abertas, permitindo que a CVM exija informações de terceiros (que não os acionistas controladores e administradores como, por exemplo, membros do conselho fiscal e acionistas em geral).

origem à Lei n. 10.303/2001, em decorrência dos vetos que esta sofreu ao ser sancionada, notadamente com relação "*à inadiável necessidade de modernizar o órgão regulador do mercado de capitais, como medida de incentivo ao desenvolvimento da economia nacional*", cujo adiamento poderia "*ocasionar graves prejuízos à economia nacional pela redução do aporte de recursos para as empresas nacionais, provocada pelas incertezas decorrentes dos referidos vetos*"[274].

2.3.4 Alterações posteriores

A Lei n. 11.638/2007 introduziu interessante novidade no tocante à disciplina das companhias abertas da Lei n. 6.385/1976. Esse diploma tratou da questão das *categorias* de companhia aberta – que, como vimos, foi introduzida na lei societária por ocasião da reforma de 2001 (vide item 2.2.3) – mas foi além ao incorporá-la ao regime da Lei n. 6.385/1976. Isso porque autorizou a CVM a especificar a incidência de incisos do rol do §1º do artigo 22 da Lei n. 6.385/1976 por categorias de companhia aberta e *demais emissores de valores mobiliários*, em função de seu *porte* e das espécies e classes dos valores mobiliários

[274] Cf. Exposição de Motivos MF 00214, de 31 de outubro de 2001. Como resultado, a CVM passou a organizar-se como entidade autárquica em regime especial, com personalidade jurídica e patrimônio próprios, dotada de autoridade administrativa independente, ausência de subordinação hierárquica, mandato fixo e estabilidade de seus dirigentes, e autonomia financeira e orçamentária (cf. artigo 5 da Lei n. 6.385/1976). Dentre outras medidas relacionadas à organização da CVM, deixou de ficar sujeita ao CMN sua competência para expedir normas sobre as matérias do inciso I do artigo 18 da Lei n. 6.385/1976, inclusive sobre "*requisitos de idoneidade, habilitação técnica e capacidade financeira a que deverão satisfazer os administradores de sociedades e demais pessoas que atuem no mercado de valores mobiliários*". Essa não foi a única alteração de dispositivos da Lei n. 6.385/1976 que limitavam ou condicionavam o poder regulamentar da CVM. Sobre o tema, ver TRINDADE, Marcelo. O papel da CVM e o mercado de capitais no Brasil. In: SADDI, Jairo (org.). *Fusões e aquisições:* aspectos jurídicos e econômicos. São Paulo: IOB, 2002, p. 306-307. Entretanto, como observa Trindade (p. 307): "*Nada obstante tais medidas e as demais adotadas pela reforma de 2001, é forçoso reconhecer que o CMN continua no vértice da pirâmide de organização do mercado, conservando também quanto ao mercado de valores mobiliários a incumbência de ditar a política e definir as regras gerais de atuação, como ocorre no mercado financeiro e de capitais. Basta ver que não foram alteradas as atribuições do CMN, estabelecidas no art. 3º: (...) De sorte que, sem prejuízo das importantes medidas de fortalecimento institucional da CVM procedidas pela reforma, dotando-a (ao menos teoricamente) de maior capacidade financeira e de mais agilidade para exercer suas funções, parece claro que o legislador quis conservar a harmonia do sistema como um todo, dada a evidente interconexão das medidas adotadas nos diversos mercados, e a possibilidade efetiva de atuações em um dos mercados refletirem-se nos demais.*"

por eles emitidos negociados no mercado[275]. Tais dispositivos (incisos I, II e IV do §1º do artigo 22 da Lei n. 6.385/1976) tratam da competência da CVM para expedir normas aplicáveis às companhias abertas sobre: a natureza das informações que as companhias abertas devem divulgar e a periodicidade da divulgação, o relatório da administração e as demonstrações financeiras, e os padrões de contabilidade, relatórios e pareceres de auditores independentes.

Ou seja, além das categorias previamente estabelecidas pela lei societária, que adotou como critério de distinção as espécies (e classes) de valores mobiliários de emissão da companhia aberta, a Lei n. 11.638/2007 permitiu que a CVM, ao regulamentar certas matérias, ampliasse as categorias para abranger outros emissores e adotasse o porte como critério de distinção. É curioso, contudo, que isso tenha sido feito fora do escopo da Lei n. 6.385/1976. Em outras palavras, como essa autorização não foi inserida na Lei n. 6.385/1976, e sim no corpo de outro ato normativo, teve menos visibilidade e pode acabar por prejudicar a compreensão global da matéria.

Outras alterações à Lei n. 6.385/1976 foram posteriormente introduzidas, com repercussão maior para a disciplina do mercado do que propriamente das companhias abertas. Destaca-se a reforma promovida pela Lei n. 13.506/2017, que incorporou propostas da Medida Provisória n. 784/2017, e assim reformou o processo administrativo sancionador na esfera da CVM. Essa lei também intensificou as penalidades que a CVM pode aplicar aos participantes do mercado de valores mobiliários – inclusive às companhias abertas, seus acionistas e administradores[276].

[275] Cf. artigo 4º da Lei n. 11.638/2007.

[276] Os objetivos do projeto da Medida Provisória n. 784/2017 foram explicitados na respectiva Exposição de Motivos: "*Apesar dos inegáveis avanços introduzidos pela Lei nº 9.457, de 5 de maio de 1997, o fato é que, passados quase vinte anos daquelas alterações, e considerando a rápida e dinâmica evolução do mercado e de seus participantes, impõe-se conferir à CVM a possibilidade de aplicação de sanções ainda mais efetivas, do ponto de vista prático, e mais severas, em termos pecuniários.* (...)" A proposta apoiou-se na percepção de que a CVM "[necessitava] *urgentemente de instrumentos mais apropriados, tais como a aplicação de penalidades mais adequadas e um procedimento administrativo mais célere, para frear ações nocivas ao mercado por ela regulado*". Prossegue a Exposição de Motivos: "*22. Os ilícitos perpetrados no âmbito do mercado de valores mobiliários têm o condão de afetar não só o conjunto de investidores, mas também, e principalmente, o mercado como um todo, aniquilando a confiança e a lisura de suas relações tão caras ao desenvolvimento desse instrumento essencial para o crescimento econômico do País. 23. A eficiência de todo o mercado depende de um sistema adequado para assegurar o cumprimento das normas que o regem e reprimir, em tempo hábil e de maneira eficaz,*

2.4 As companhias e o mercado de capitais brasileiros (após 1976)

Não obstante os esforços empreendidos para promover o desenvolvimento do mercado de capitais, brevemente narrados no item 1.2, passaram-se décadas até que finalmente houvesse um crescimento efetivo, e ainda assim em termos relativos. Ou seja, a reforma legislativa de 1976 não foi suficiente para o imediato atingimento dos objetivos da época, de promover o desenvolvimento do mercado primário de ações e permitir o avanço da grande empresa nacional de capital privado[277]. Isso se deve sobretudo às circunstâncias econômicas que o país enfrentou nesse período.

No Brasil, a década de 1980 e o início da década de 1990 foram marcados por conturbações no cenário político e, na economia, por elevada inflação. No âmbito do mercado de capitais, os anos 1980 foram também marcados por novas crises. Não obstante, o número de companhias abertas – que crescera no início da década de 1970, de 200 companhias listadas na Bovespa em 1970 para 387 em 1976 – continuou crescendo ao longo da década, e atingiu o marco de 592 companhias listadas na Bovespa em 1989[278].

Posteriormente, com as eleições de 1994 e a implementação do Plano Real, o Brasil conquistou maior estabilidade política e econômica. Houve intensificação da abertura comercial e financeira do país, bem como do plano nacional de desestatização.

Esses e outros fatores, como a melhora do quadro macroeconômico, contribuíram para estimular o desenvolvimento do mercado de capitais brasileiro

as condutas ilícitas detectadas, as quais causam impactos capazes de afetar a credibilidade e a harmonia do próprio mercado e, em última análise, da economia do País. Impactos dessa natureza acarretam óbvios e inegáveis prejuízos ao Brasil, razão pela qual precisam, notadamente no atual contexto de crise, ser urgentemente mitigados, inclusive para a retomada do crescimento." (cf. EMI nº 00008/2017 BACEN MF, de 10 de março de 2017)

277 Cf. MUNHOZ, Eduardo Secchi. *Aquisição de controle na sociedade anônima*. São Paulo: Saraiva, 2013, p. 57-58; YAZBEK, Otavio. Introdução. In: CODORNIZ, Gabriela. PATELLA, Laura (coords.). *Comentários à Lei do Mercado de Capitais – Lei n. 6.385/76*. São Paulo: Quartier Latin, 2015, p. 20.

278 Cf. MB ASSOCIADOS (SCHEINKMANN, José Alexandre *et al*). *Desafios e oportunidades para o mercado de capitais brasileiro*. BOVESPA, 2000. p. 30. Contudo, não era a Bovespa a única bolsa de valores do país. Nesse ponto, o estudo ressalva que "[o] *número de empresas listadas na BOVESPA difere do número total de empresas listadas no país por valores bastante reduzidos*".

e para torná-lo mais atraente aos investidores internacionais[279]. Contudo, esse crescimento se concentrou em um grupo restrito de companhias com maior liquidez. Em paralelo, houve redução do número de companhias abertas – de 592 companhias listadas na Bovespa em 1989 para 487 em 1999[280]. Foram poucas as companhias que ingressaram no mercado nesse período[281].

[279] Sobre o desenvolvimento do mercado nesse período e o impacto das privatizações, ver CANTIDIANO, Luiz Leonardo. "A privatização e o mercado de capitais". In: *Direito societário & mercado de capitais.* Rio de Janeiro: Renovar, 1996, p. 169 et seq.; MB ASSOCIADOS (SCHEINKMANN, José Alexandre *et al*). *Desafios e oportunidades para o mercado de capitais brasileiro.* BOVESPA, 2000, p. 25 MATTOS FILHO, Ary Oswaldo. PRADO, Viviane Muller. Tentativas de desenvolvimento do mercado acionário brasileiro desde 1964. In: LIMA, Maria Lúcia L. M. Padua (coord.). *Direito e economia:* 30 anos de Brasil. Tomo 2. São Paulo: Saraiva, 2012, p. 211 et seq.

[280] Cf. MB ASSOCIADOS (SCHEINKMANN, José Alexandre *et al*). *Desafios e oportunidades para o mercado de capitais brasileiro.* BOVESPA, 2000. p. 31. Diz o estudo que "[a] *tendência à queda no número de empresas não se restringe apenas às listadas em bolsa, mas a todo segmento de empresas abertas (incluindo também empresas que emitem apenas títulos de dívida)*". O estudo inclui tabela com o número de *"empresas com registro na CVM"* entre 1980 e 1998, e, sobre esses dados, comenta: "*Vemos um total de 1075 empresas para o período de 1980-84, que declina para 850 no período de 1990-1995. No quinquênio seguinte esta tendência reverte-se, chegando a 1047 empresas em 1998. No entanto, a reversão observada entre 1995 e 1998 é ilusória. Muitas das empresas criadas no período eram empresas estatais e consórcios ligados à privatização, empresas que abriram para a emissão de ADRs, empresas de securitização e leasing, e empresas que não fizeram emissão superior a R$ 1 milhão. A Tabela 11 refaz o cômputo do número de empresas de capital aberto descontando as empresas acima referidas, indicando que o número de empresas abertas do setor produtivo de fato reduziu-se em 34 no período entre 1995 e 1998. Portanto, o aumento do número de empresas abertas registrado no período em questão (Tabela 9) é apenas aparente. Entre 1998 e 1999 o número de empresas com registro na CVM caiu de 1047 para 1029.*" Cantidiano citou também os seguintes dados, extraídos de exposição feita pelo então Presidente da CVM, para ilustrar a "*inexpressiva contribuição do mercado acionário: (1) o n. de companhias abertas existentes no país decresceu de 1047 (no ano de 1998) para 1027 (no ano de 1999) e para 996 (no ano de 2000); (2) a redução do n. de companhias listadas em bolsa, de 527 (no ano de 1998), para 478 (no ano de 19999) e 450 (no ano de 2000); (3) nos últimos 3 anos apenas 3 (três) companhias obtiveram o registro de companhia mediante a distribuição pública de ações, representando, dita colocação de ações, em cada ano, menos de 3% do PIB; (4) o volume diário de negociação de ações na BOVESPA, nos últimos 3 anos, decresceu para US$ 569 milhões (no ano de 1998), US$ 347,6 milhões (no ano de 1999) e US$ 336 milhões (no ano de 2000) e (5) foram realizadas, por companhias que já eram abertas, 20 emissões públicas de ações (no ano de 1998), 10 emissões (no ano de 1999) e 6 emissões (no ano de 2000).*" (cf. CANTIDIANO, Luiz Leonardo. "O desenvolvimento do mercado de capitais". In: *Revista de Direito Empresarial IBMEC.* Rio de Janeiro: Lumen Juris, 2003, p. 1)

[281] Cf. SANTANA, Maria Helena. O novo mercado. In: *Novo Mercado and Its Followers:* Case Studies in Corporate Governance Reform. The World Bank Group, 2008. p. 9. Disponível em: http://www.b3.com.br/. Acesso em: 08 nov. 2019.

Fatores como esses nos levam a concluir que o desenvolvimento do mercado nesse período foi apenas relativo – ou, *não sustentável*, como diagnosticado por especialistas à época[282].

Além disso, grandes companhias brasileiras optaram por captar recursos no exterior, o que também contribuiu para o enfraquecimento do mercado doméstico[283]. Um dos principais motivos apontados para tanto foi a estrutura tributária brasileira, percebida como obstáculo ao desenvolvimento do mercado de capitais, especialmente em função da CPMF[284].

Ganharam espaço no período discussões sobre os impactos para o desenvolvimento do mercado de capitais da *governança corporativa*, compreendida de modo geral como referência ao regime de proteção dos interesses do público

[282] Cf. MB ASSOCIADOS (SCHEINKMANN, José Alexandre *et al*). *Desafios e oportunidades para o mercado de capitais brasileiro*. BOVESPA, 2000, p. 6; 30-31. Conclui o estudo (p. 47): "*O mercado de capitais brasileiro, em especial o mercado acionário, passou por uma fase de aparente florescimento nos anos 90. Neste período observamos grande aumento da capitalização bursátil, volume transacionado e emissões primárias. Este crescimento é fortemente influenciado pela entrada expressiva de capitais estrangeiros. No entanto, ao final da década, a queda do volume transacionado e emissões primárias mostra que o florescimento mencionado era um tanto ilusório (não sustentável), pois paradoxalmente o número de empresas abertas já vinha se reduzindo desde o início da década. Entre os desestímulos à abertura de capital listamos 1) os altos custos de abertura e os custos de manutenção que oneram as companhias abertas; e 2) a alta concentração de mercado, que indica que apenas parcela pequena das empresas se beneficiaram do período de expansão. Partes dos custos referidos são inevitáveis, mas alguns poderiam ser reduzidos (por exemplo, eliminando a necessidade de publicar balanços no Diário Oficial). Quanto à concentração dos benefícios, alguns elementos indicam o baixo nível de proteção do qual gozam acionistas minoritários e credores no Brasil é uma possível explicação.*" Apontava-se para a antiga política de incentivos fiscais como uma das causas desse quadro: "*Parece-nos que o grande entrave ao crescimento sustentado do mercado de valores mobiliários é decorrente daquela postura equivocada do governo de, através de artifícios (como foram o incentivo fiscal e a aplicação compulsória, por certos investidores, em papéis de emissão de companhias qualificadas para receber tais recursos), pretender implantar um mercado acionário no país;* (...)" (cf. CANTIDIANO, Luiz Leonardo. "A privatização e o mercado de capitais". In: *Direito societário & mercado de capitais*. Rio de Janeiro: Renovar, 1996, p. 174)

[283] Cf. MB ASSOCIADOS (SCHEINKMANN, José Alexandre *et al*. *Desafios e oportunidades para o mercado de capitais brasileiro*. BOVESPA, 2000. p. 7-11; SANTANA, Maria Helena. O novo mercado. In: *Novo Mercado and Its Followers:* Case Studies in Corporate Governance Reform. The World Bank Group, 2008. p. 8-9. Disponível em: http://www.b3.com.br/. Acesso em: 08 nov. 2019.

[284] Cf. MB ASSOCIADOS (SCHEINKMANN, José Alexandre *et al*). *Desafios e oportunidades para o mercado de capitais brasileiro*. BOVESPA, 2000, p. 9; BOVESPA. *A bolsa dos brasileiros:* uma breve história da Bovespa e do mercado de capitais. Bovespa: São Paulo, 2005, p. 41.

investidor[285]. No ano 2000, dizia-se, por exemplo, que os maiores problemas do mercado de capitais brasileiro eram *"a oferta insuficiente de papéis de qualidade, - de empresas boas e/ou com perspectivas de crescimento -, e a falta de uma cultura de governança empresarial"*[286]. Diante desse cenário, afirmou o Deputado Antonio Kandir que o mercado acionário brasileiro, em 2001, era uma *pálida sombra* do que poderia ser, especialmente em função da falta de transparência e da ausência de instrumentos adequados de supervisão da gestão das companhias[287].

[285] Cf. MB ASSOCIADOS (SCHEINKMANN, José Alexandre *et al*). *Desafios e oportunidades para o mercado de capitais brasileiro.* BOVESPA, 2000, p. 48. A doutrina internacional influenciou os debates no Brasil sobre o tema. Por exemplo: para embasar a afirmação de que o nível de proteção legal dos investidores é fator decisivo para o desenvolvimento do mercado enquanto fonte de captação de recursos para as empresas, o Deputado Antonio Kandir apontou, dentre outros, o estudo sobre a importância da proteção dos investidores e da governança corporativa de La Porta e outros, de 1999. (cf. KANDIR, Antonio. A nova CVM e a modernização da Lei das S.A. In: LOBO, Jorge (coord.). *Reforma da lei das sociedades anônimas:* inovações e questões controvertidas da Lei n. 10.303, de 31.10.2001. Rio de Janeiro: Forense, 2002, p. 3) Esse estudo defende a importância de instrumentos jurídicos efetivos de proteção dos interesses de investidores para o desenvolvimento do mercado de capitais. (cf. LA PORTA, Rafael. SILANES, Florencio Lopez de. SCHLEIFER, Andrei. VISHNY, Robert. *Investor protection and corporate governance.* 1999. p. 29-30. Disponível em: https://ssrn.com/abstract=183908. Acesso em: 26 nov. 2019) Posteriormente, o Brasil foi o último colocado em pesquisa conduzida por especialistas sobre os benefícios privados associados ao poder de controle, que partiu da análise de operações de alienação de controle realizadas entre 1990 e 2000. Foram analisadas 393 operações de 39 diferentes países, o que levou a uma estimativa de valor médio de 14%. No Brasil, o resultado foi de 65%, levando os autores a concluir que "[p]*rivate benefits of control in Brazil are extremely high*". O estudo associava esse fator a mercados de capitais menos desenvolvidos e a elevada concentração acionária. (cf. DYCK, Alexander. ZINGALES, Luigi. Private benefits of control: an international comparison. In: *Journal of Finance*, Vol. LIX, n. 2. 2004, p. 537-600)

[286] Cf. MB ASSOCIADOS (SCHEINKMANN, José Alexandre *et al*). *Desafios e oportunidades para o mercado de capitais brasileiro.* BOVESPA, 2000, p. 10. Diz ainda o estudo (p. 10): *"Baseado nas evidências mencionadas, concluímos que o principal instrumento de promoção do mercado de capitais deverá ser a governança corporativa que, de um lado, é, entre outras coisas, quem dará a segurança necessária ao investidor e, de outro, valorizará as empresas que, assim, poderão ter um custo de captação menor. Este processo possibilitará que o benefício da abertura de capital se estenda sobre um número maior de empresas pois, tanto do lado dos investidores quanto do lado das empresas alguns bons casos de sucesso vão projetar e atrair outros. Portanto, a principal barreira a ser superada é a criação de alguns casos de sucesso."*

[287] Cf. KANDIR, Antonio. A reforma da lei das S.A. e o desenvolvimento (2001). In: WALD, Arnoldo (org.). *Direito empresarial:* sociedades anônimas, vol. 3. São Paulo: Revista dos Tribunais, 2011, p. 46.

Mais uma vez, as atenções voltaram-se para o regime legal. Os clamores por nova reforma intensificaram-se com a reforma de 1997[288]. Veio então a reforma de 2001, com o objetivo de fortalecer o mercado de capitais, para tanto garantindo instrumentos mais efetivos de proteção aos investidores[289]. Apesar disso, reclamaram alguns que essa reforma ficou "*distante das demandas do mercado*"[290].

[288] Cf. MUNHOZ, Eduardo Secchi. *Aquisição de controle na sociedade anônima*. São Paulo: Saraiva, 2013, p. 64; MB ASSOCIADOS (SCHEINKMANN, José Alexandre *et al*). *Desafios e oportunidades para o mercado de capitais brasileiro*. BOVESPA, 2000, p. 50; YAZBEK, Otavio. "As companhias abertas – sua caracterização, as vantagens e as desvantagens da abertura de capital". In: FINKELSTEIN, Maria Eugênia. PROENÇA, José Marcelo Martins (coords.). *Direito societário:* sociedades anônimas. 3ª ed. São Paulo: Saraiva, 2014, p. 115.

[289] "*A realidade brasileira tem nos fornecido a antítese de tudo isso. Nos últimos anos, menos de 10% dos investimentos realizados por companhias abertas no Brasil foram feitos com recursos tomados nos mercados de valores. Minam-se, com isso, fontes de financiamento ao crescimento econômico e à inovação tecnológica. Em consequência, o grau de vulnerabilidade da nossa economia eleva-se – o que é ainda pior na atual safra de créditos escassos. Para mudar o cenário buscamos, por meio da nova lei, diminuir o grau de incerteza e de desconfiança que tem predominado na relação entre nossas empresas e seus acionistas. A melhor forma de fortalecer o mercado de capitais é dar proteção efetiva aos investidores, em especial aos minoritários.*" (cf. KANDIR, Antonio. *Lei das S.A., uma conquista a comemorar.* Folha de São Paulo. 21 de setembro de 2001. Disponível em: https://www1.folha.uol.com.br/fsp/opiniao/fz2109200110.htm. Acesso em: 31 jul. 2019) No mesmo sentido: KANDIR, Antonio. A nova CVM e a modernização da Lei das S.A. In: LOBO, Jorge (coord.). *Reforma da lei das sociedades anônimas:* inovações e questões controvertidas da Lei n. 10.303, de 31.10.2001. Rio de Janeiro: Forense, 2002, p. 3-9; KANDIR, Antonio. A reforma da lei das S.A. e o desenvolvimento (2001). In: WALD, Arnoldo (org.). *Direito empresarial:* sociedades anônimas, vol. 3. São Paulo: Revista dos Tribunais, 2011, p. 44; PARENTE, Norma. "Principais inovações introduzidas pela Lei n.10.303, de 31 de outubro de 2001, à Lei de Sociedades por Ações". In: LOBO, Jorge (coord.). *Reforma da lei das sociedades anônimas:* inovações e questões controvertidas da Lei n. 10.303, de 31.10.2001. Rio de Janeiro: Forense, 2002, p. 11-49; WALD, Arnoldo. "A reforma da lei das sociedades anônimas: os direitos dos minoritários na nova Lei das S.A." In: LOBO, Jorge (coord.). *Reforma da lei das sociedades anônimas:* inovações e questões controvertidas da Lei n. 10.303, de 31.10.2001. Rio de Janeiro: Forense, 2002, p. 225-226; KAPAZ, Emerson. Lei das S.A.: uma contribuição decisiva. In: LOBO, Jorge (coord.). *Reforma da lei das sociedades anônimas:* inovações e questões controvertidas da Lei n. 10.303, de 31.10.2001. Rio de Janeiro: Forense, 2002, p. 1-2.

[290] Cf. CANTIDIANO, Luiz Leonardo. Aspectos regulatórios do mercado de capitais. In: *Mercado de capitais e crescimento econômico:* lições internacionais, desafios brasileiros. Rio de Janeiro/São Paulo: Contra Capa Livraria/ANBID, 2007, p. 219. Também para Kapaz, o projeto aprovado pelo Congresso Nacional ficou "*aquém do que o mercado de capitais merecia*". (cf. KAPAZ, Emerson. Lei das S.A.: uma contribuição decisiva. In: LOBO, Jorge (coord.). *Reforma da lei das sociedades anônimas:* inovações e questões controvertidas da Lei n. 10.303, de 31.10.2001.

Em 2000, houve a integração das bolsas de valores, com a concentração das atividades de negociação na Bovespa (atualmente denominada B3). Ao final do mesmo ano, a B3 lançou segmentos especiais de listagem – Nível 1, Nível 2 e Novo Mercado – que impõem padrões de governança mais rígidos, de adesão voluntária[291]. Essa foi uma resposta de natureza privada – ou melhor, de autorregulação – para certas deficiências percebidas no regime de proteção da lei, que, para alguns, aliviou a imprescindibilidade de nova reforma[292].

Em julho de 2002, o diagnóstico de Cantidiano, então Presidente da CVM, era de que o mercado de capitais brasileiro estava em situação crítica: "*o mercado primário inexistia e o volume de operações no mercado secundário havia sofrido expressiva redução*"[293]. Falava-se no fortalecimento do mercado secundário de modo a impulsionar o desenvolvimento do mercado primário[294].

Rio de Janeiro: Forense, 2002, p. 2) No mesmo sentido: MUNHOZ, Eduardo Secchi. *Aquisição de controle na sociedade anônima*. São Paulo: Saraiva, 2013, p. 65. Por outros, a reforma foi criticada face ao temor de que desincentivaria o acesso das companhias ao mercado. Dizia Lobo, em comentário ao substitutivo que deu origem à Lei n. 10.303/2001: "*Não se nega que proteger minorias é muito importante. Essa é, aliás, uma das maiores preocupações da Lei 6.404/76 que consagra ao tema inúmeros dispositivos. Acontece que o substitutivo em exame, com o objetivo de proteger minorias, propõe inovações que já estão provocando uma verdadeira corrida das companhias abertas e seus controladores, para comprar suas ações em circulação no mercado antes que a nova lei entre em vigor. Seguramente, diante de alguns dispositivos do substitutivo, muitas companhias preferirão ficar fora do mercado, pelo que os efeitos futuros do substitutivo, se transformado em lei, serão ainda mais danosos. Estamos, portanto, diante de um triste prodígio: procura-se desenvolver um mercado, que sofre de falta de liquidez, induzindo a retirada se mercadorias da circulação nesse mercado.*" (cf. LOBO, Carlos Augusto da Silveira. A alteração da lei de sociedades anônimas ora em discussão no Congresso Nacional (2000). In: WALD, Arnoldo (org.). *Direito empresarial:* sociedades anônimas, vol. 3. São Paulo: Revista dos Tribunais, 2011, p. 49-50)

291 Cf. SANTANA, Maria Helena. O novo mercado. In: *Novo Mercado and Its Followers:* Case Studies in Corporate Governance Reform. The World Bank Group, 2008. Disponível em: http://www.b3.com.br/. Acesso em: 08 nov. 2019.

292 Esse "*regulatory dualism*", para utilizar o termo cunhado por Hansmann, Gilson e Pargendler, "*can provide an attractive compromise from the elites' standpoint, since it avoids the costs of blocking all reform, dilutes the costs of sweeping legal changes, and reduces the political pressure for more comprehensive reform*". (cf. GILSON, Ronald J. HANSMANN, Henry. PARGENDLER, Mariana. *Regulatory dualism as a development strategy:* corporate reform in Brazil, the US, and the EU. p. 5) Ainda sobre o tema: MB ASSOCIADOS (SCHEINKMANN, José Alexandre *et al*). *Desafios e oportunidades para o mercado de capitais brasileiro*. BOVESPA, 2000, p. 12; MUNHOZ, Eduardo Secchi. *Aquisição de controle na sociedade anônima*. São Paulo: Saraiva, 2013, p. 66.

293 Cf. CANTIDIANO, Luiz Leonardo. Aspectos regulatórios do mercado de capitais. In: *Mercado de capitais e crescimento econômico:* lições internacionais, desafios brasileiros. Rio de

Contudo, no decorrer da primeira década do século XXI, o Brasil experimentou nova onda de desenvolvimento e otimismo quanto aos rumos do mercado[295]. Ilustra esse cenário o fato de que as primeiras adesões ao Novo Mercado ocorreram apenas em 2002, mas tiveram aumento considerável entre 2003 e 2010, de modo que, em janeiro de 2010, havia 106 companhias listadas no Novo Mercado[296].

Mesmo depois disso, as deficiências do mercado de capitais brasileiro como fonte de financiamento de longo prazo continuaram merecendo destaque[297] e motivando propostas legislativas, como aquela que resultou na Lei n. 12.431/2011 (vide item 2.2.4). De acordo com a Exposição de Motivos da Medida Provisória n. 517/2010, então convertida em lei, o mercado de capitais apresentava captação primária "*não tão expressiva*" – em torno de 2,5% a 3% do PIB – e o mercado de títulos de dívida era "*eminentemente concentrado em operações de curto e médio prazo e indexadas a índices de juros de curtíssimo prazo*"[298].

Janeiro / São Paulo: Contra Capa Livraria / ANBID, 2007, p. 218-219.

294 Cf. CANTIDIANO, Luiz Leonardo. Aspectos regulatórios do mercado de capitais. In: *Mercado de capitais e crescimento econômico:* lições internacionais, desafios brasileiros. Rio de Janeiro / São Paulo: Contra Capa Livraria / ANBID, 2007. p. 219.

295 Cf. MUNHOZ, Eduardo Secchi. *Aquisição de controle na sociedade anônima*. São Paulo: Saraiva, 2013, p. 17 et seq.

296 Cf. MATTOS FILHO, Ary Oswaldo. PRADO, Viviane Muller. Tentativas de desenvolvimento do mercado acionário brasileiro desde 1964. In: LIMA, Maria Lúcia L. M. Padua (coord.). *Direito e economia:* 30 anos de Brasil. Tomo 2. São Paulo: Saraiva, 2012. p. 225 et seq.; SANTANA, Maria Helena. O novo mercado. In: *Novo Mercado and Its Followers*: Case Studies in Corporate Governance Reform. The World Bank Group, 2008. Disponível em: http://www.b3.com.br/. Acesso em: 08 nov. 2019.

297 Em 2007, comentavam Edmar Lisboa Bacha e Luiz Chrysostomo de Oliveira Filho: "*O mercado de capitais brasileiro dispõe de ampla infra-estrutura, capaz de sofisticadas operações financeiras, mas, à semelhança dos caranguejos de Frei Vicente, ocupa-se sobretudo do financiamento da dívida pública de curto prazo, aparentemente sem ânimo para desbravar as terras do setor privado e se adentrar pelo sertão do longo prazo.*" (cf. BACHA, Edmar Lisboa; OLIVEIRA FILHO, Luiz Chrysostomo de. Introdução. In: *Mercado de capitais e crescimento econômico:* lições internacionais, desafios brasileiros. Rio de Janeiro / São Paulo: Contra Capa Livraria / ANBID, 2007, p. 13) A referência é à seguinte citação de História do Brasil (1627), de Frei Vicente do Salvador: "*Da largura que a terra do Brasil tem para o sertão, não trato, porque até agora não houve quem o andasse, pela negligência dos portugueses que, sendo grandes conquistadores de terras, não se aproveitam delas, mas contentam-se de andar arranhando ao longo do mar como caranguejos.*"

298 Entendia-se por isso urgente a adoção de medidas que incentivassem o desenvolvimento de um mercado de financiamento privado de longo prazo, "*incentivo este que não deve estar focado apenas no barateamento ou no fomento a novas emissões, mas também no desenvolvimento do mercado*

Sobrevieram a crise de 2008 e novos períodos de recessão no Brasil. Diante da restrição das fontes de financiamento bancário e do BNDES, ganhou crescente relevo a escassez de fontes privadas de financiamento a longo prazo. Estudos mostram que a captação via mercado de capitais vem preenchendo parte do espaço deixado pela redução dessas outras fontes de financiamento[299].

Para os fins do estudo que será empreendido na Parte II deste trabalho, alguns dados e tendências mais recentes a respeito das companhias abertas merecem destaque, pois oferecem um retrato de reflexos dos institutos normativos que serão analisados a seguir. Essa compilação será organizada em cinco pontos.

Em primeiro lugar, ressalta-se que o número de companhia abertas esteve em queda por diversos anos. De 830 companhias abertas com registro ativo perante a CVM em 2001[300], esse número caiu para 606, em 2019[301]. Contudo, houve aumento nos últimos anos para 628 companhias abertas registradas em 2020 e 723 em 2021[302].

A maioria das companhias abertas com registro ativo perante a CVM pertence à categoria A, mas esse número caiu de aproximadamente 552 companhias em janeiro de 2010, quando essa classificação em categorias foi

secundário de negociação de tais títulos". Prossegue a Exposição de Motivos: "*Pois, tão importante quanto a atratividade do mercado primário em termos de rentabilidade esperada e de segurança nas negociações é a factibilidade de eventual venda dos títulos adquiridos no mercado secundário, ou mesmo a possibilidade de acompanhamento da precificação de tais títulos; o que também requer a concretização de operações de compra e venda no mercado secundário.*" (cf. Exposição de Motivos Interministerial nº 194/2010 - MF -/MDIC/MC/MCT/MEC/MME/MP, de 29 de dezembro de 2010)

[299] Cf. CVM. *O mercado de dívida corporativa no Brasil.* 2019. p. 17. Disponível em: http://www.cvm.gov.br/. Acesso em: 12 jun. 2019.

[300] Cf. CVM. Série histórica: emissores – companhias abertas. Disponível em: http://www.cvm.gov.br/. Acesso em: 15 jan. 2020. Além disso, em 2001, havia 140 companhias abertas com registro suspenso. Vale notar que a série histórica divulgada pela CVM tem início no ano de 2001.

[301] Cf. CVM. *Boletim Econômico*, ano 9, vol. 92, 4º tri. 2021. Disponível em: https://www.gov.br/cvm/pt-br/centrais-de-conteudo/publicacoes/boletins/boletim-economico. Acesso em: 31 jan. 2022

[302] Cf. CVM. *Boletim Econômico*, ano 9, vol. 92, 4º tri. 2021. Disponível em: https://www.gov.br/cvm/pt-br/centrais-de-conteudo/publicacoes/boletins/boletim-economico. Acesso em: 31 jan. 2022. O número de companhias abertas com registro suspenso caiu para quatro em 2021. Para referências sobre o cenário internacional, ver WORLD FEDERATION OF EXCHANGES. *Annual Statistics Guide (2018)*. Disponível em: https://focus.world-exchanges.org/statistics/articles/annual-statistics-guide-2018. Acesso em: 02 dez. 2019.

inaugurada, para 432 em março de 2018[303]. Não obstante, o número de companhias abertas com registro ativo e ações efetivamente negociadas em bolsa de valores é ainda menor, de apenas 327 companhias em dezembro de 2019[304]. Já a categoria B contava com 146 companhias abertas registradas em janeiro de 2010, segundo a classificação originalmente adotada pela CVM, e esse número aumentou para 185 companhias registradas até março de 2018 [305].

Do total de companhias registradas na categoria A, diversas optaram por aderir aos segmentos especiais de listagem da B3, estando por isso sujeitas a regimes mais rígidos de governança. Em dezembro de 2021, havia 204 companhias listadas no Novo Mercado, 25 companhias listadas no Nível 2 e 27 companhias listadas no Nível 1[306].

Em segundo lugar, o volume de capitalização de mercado (*"market cap"*) das companhias listadas vinha aumentando, porém registrou queda em 2021. Os dados indicam que, depois de uma queda a R$ 1,9 trilhões em 2015, esse número aumentou para R$ 5,1 trilhões em 2020 e caiu para R$ 4,5 trilhões em 2021[307]. Contudo, esse volume parece consideravelmente concentrado em um número reduzido de companhias listadas. Em dezembro de 2021, o

303 Cf. CVM. Edital da SRE, de 6 de janeiro de 2010. Disponível em: http://www.cvm.gov.br/. Acesso em: 19 ago. 2019; CVM. Apresentação institucional (Instruções CVM n. 567 e 568). Disponível em: http://www.cvm.gov.br/menu/acesso_informacao/institucional/apresentacoes/anexos/20180308_apresentacao__oficio_circular_SEP_2018.pptx. Acesso em: 17 set. 2019. Trataremos das categorias de registro de companhia aberta no Capítulo 2 da Parte II.

304 Cf. CVM. *Boletim de Mercado*, ano 9, n. 89, mar. 2021. Disponível em: http://www.cvm.gov.br/publicacao/boletimmercado.html. Acesso em: 15 dez. 2021.

305 Cf. CVM. Edital da SRE, de 6 de janeiro de 2010. Disponível em: http://www.cvm.gov.br/. Acesso em: 19 ago. 2019; CVM. Apresentação institucional (Instruções CVM n. 567 e 568). Disponível em: http://www.cvm.gov.br/menu/acesso_informacao/institucional/apresentacoes/anexos/20180308_apresentacao__oficio_circular_SEP_2018.pptx. Acesso em: 17 set. 2019.

306 Além disso, havia 15 companhias listadas no Bovespa Mais, uma companhia listada no Bovespa Mais Nível 2 e 182 companhias listadas no segmento tradicional de bolsa. (Fonte: B3. Disponível em: http://www.b3.com.br/pt_br/produtos-e-servicos/solucoes-para-emissores/segmentos-de-listagem/sobre-segmentos-de-listagem/. Acesso em: 20 dez. 2020)

307 Cf. CVM. *Boletim de Mercado*, ano 7, n. 74, dez. 2019. Disponível em: http://www.cvm.gov.br/publicacao/boletimmercado.html. Acesso em: 02 jan. 2020; CVM. *Boletim Econômico*, ano 9, vol. 92, 4º tri. 2021. Disponível em: https://www.gov.br/cvm/pt-br/centrais-de-conteudo/publicacoes/boletins/boletim-economico. Acesso em: 31 jan. 2022.

valor de mercado total das 88 companhias cujas ações integravam o Ibovespa representava R$ 3,7 trilhões[308].

Em terceiro lugar, é interessante notar que os números de mercado primário relativos a distribuições públicas de debêntures superaram, nos últimos anos, aqueles relativos a distribuições públicas de ações, ainda que com desaceleração dessa tendência em 2020. Em 2018, a CVM registrou volume total de distribuições públicas de ações de R$ 11,2 bilhões e de debêntures de R$ 149,1 bilhões; em 2019, de R$ 90,2 bilhões de ações e R$ 185,7 bilhões de debêntures; em 2020, de R$ 118,6 bilhões de ações e de R$ 121,2 bilhões de debêntures; e em 2021, de R$ 130,7 bilhões de ações e de R$ 251 bilhões de debêntures[309].

Vale notar que, no mercado primário, em 2020, foram realizadas 1.298 ofertas com esforços restritos, no valor total de R$ 307,8 bilhões, e 135 ofertas registradas, no valor total de R$ 120,2 bilhões; em 2021, foram realizadas 2.639 ofertas com esforços restritos, no valor total de R$ 592,6 bilhões, e 165 ofertas registradas, no valor total de R$ 129,3 bilhões[310]. Esses números evidenciam o uso predominante do mecanismo de oferta pública com esforços restritos,

[308] Fonte: B3. Disponível em: https://www.b3.com.br/pt_br/market-data-e-indices/indices/indices-amplos/indice-ibovespa-ibovespa-estatisticas-historicas.htm. Acesso em: 15 jan. 2022.

[309] Cf. CVM. *Boletim Econômico*, ano 9, vol. 92, 4º tri. 2021. Disponível em: https://www.gov.br/cvm/pt-br/centrais-de-conteudo/publicacoes/boletins/boletim-economico. Acesso em: 31 jan. 2022.

[310] Cf. CVM. *Boletim Econômico*, ano 9, vol. 92, 4º tri. 2021. Disponível em: https://www.gov.br/cvm/pt-br/centrais-de-conteudo/publicacoes/boletins/boletim-economico. Acesso em: 31 jan. 2022. Além disso, em 2021, foram realizadas uma oferta com dispensa de registro sob a Instrução CVM n. 400/2009, no valor total de R$ 0,1 bilhões, e 87 ofertas sob a Instrução CVM n. 588/2017, no valor total de R$ 0,16 bilhões; em 2020 foram realizadas duas ofertas com dispensa de registro sob a Instrução CVM n. 400/2009, no valor total de R$ 5 bilhões, e 98 ofertas sob a Instrução CVM n. 588/2017, no valor total de R$ 0.13 bilhões. A tendência já podia ser observada em anos anteriores: em 2019, foram realizadas 1.286 ofertas com esforços restritos, no valor total de R$ 383,9 bilhões, e 125 ofertas registradas, no valor total de R$ 89,5 bilhões, além de 86 ofertas sob a Instrução CVM n. 588/2017, no valor total de R$ 0,1 bilhões; em 2018, foram realizadas 1.016 ofertas com esforços restritos, no valor total de R$ 250,6 bilhões, e 76 ofertas registradas, no valor total de R$ 33,5 bilhões, além de três ofertas sob a Instrução CVM n. 588/2017. De acordo com o boletim, essa estatística global das ofertas consiste em estimativa e leva em consideração: ações, BDR, debêntures (exceto *leasing*), notas promissórias, LF, CRI, CRA, FIDC, FII e FIP.

de que trataremos no Capítulo 3 da Parte II, em comparação com as ofertas registradas, direcionadas ao público geral.

Mais ainda, é interessante observar que parte das ofertas com esforços restritos de debêntures tem sido realizada não pelas tradicionais companhias abertas, e sim por companhias de capital fechado, não necessariamente registradas perante a CVM, como explicaremos no Capítulo 3 da Parte II. De acordo com dados da ANBIMA, a proporção de emissoras que promoveram distribuição pública de debêntures nos últimos anos, em termos de participação por *número* de ofertas públicas com esforços restritos, foi a seguinte[311]:

- em 2016, 62,1% eram empresas de capital fechado e 37,9% eram empresas de capital aberto;
- em 2017, 60,9% eram empresas de capital fechado e 39,1% eram empresas de capital aberto;
- em 2018, 62,4% eram empresas de capital fechado e 37,6% eram empresas de capital aberto;
- em 2019, 59,6% eram empresas de capital fechado e 40,4% eram empresas de capital aberto;
- em 2020, 58,7% eram empresas de capital fechado e 41,3% eram empresas de capital aberto;
- em 2021, 65,6% eram empresas de capital fechado e 34,4% eram empresas de capital aberto.

[311] O levantamento é feito pela ANBIMA a partir de distinção entre "empresas de capital aberto" e "empresas de capital fechado". Note-se, contudo, que, em termos de *volume* das ofertas, não há a mesma preponderância: em 2016, 59% dos emissores eram empresas de capital fechado e 41% eram empresas de capital aberto; em 2017, 42,3% dos emissores eram empresas de capital fechado e 57,7% eram empresas de capital aberto; em 2018, 52,9% dos emissores eram empresas de capital fechado e 47,1% eram empresas de capital aberto; em 2019, 40,2% dos emissores eram empresas de capital fechado e 59,8% dos emissores eram empresas de capital aberto; em 2020, 42,8% dos emissores eram empresas de capital fechado e 57,2% eram empresas de capital aberto; em 2021, 43,7% dos emissores eram empresas de capital fechado e 56,3% dos emissores eram empresas de capital aberto. (cf. ANBIMA, Boletim de Mercado de Capitais, janeiro/2022. Disponível em: https://www.anbima.com.br/pt_br/informar/relatorios/mercado-de-capitais/boletim-de-mercado-de-capitais/boletim-de-mercado-de-capitais.htm. Acesso em: 02 mar. 2022)

Esse cenário se inverte, contudo, no mercado secundário. Note-se que, em 2009, o volume médio diário de negociação de ações foi de R$ 4,7 bilhões e de debêntures, de R$ 348 milhões[312]. Já em 2020, as ações registraram volume médio diário de negociação de R$ 25,6 bilhões e as debêntures, de R$ 0,9 bilhões, e, em 2021, as ações registraram volume médio diário de negociação de R$ 28,6 bilhões e as debêntures, de R$ 1,2 bilhões[313]. Essa inversão parece se relacionar com a maior frequência de ofertas públicas com esforços restritos e as restrições a que ficam sujeitos os valores mobiliários assim ofertados no tocante à negociação em mercado secundário, dentre outros fatores.

De todo modo, a dívida privada – em especial, as debêntures – tem hoje papel relevante no mercado brasileiro[314]. Contudo, a mera expansão do mercado de dívida corporativa não parece suficiente para remediar o diagnóstico de deficiência de fontes de financiamento privado de longo prazo que possam servir de alternativa ao financiamento público dos grandes projetos de investimento, tampouco a aceleração do mercado de renda variável vista a partir de 2020. Continua-se a discutir novas medidas de estímulo ao crescimento do mercado de capitais, várias delas voltadas às empresas de pequeno e médio porte, diante do diagnóstico de que ainda há poucas emissões por empresas com essas características no Brasil[315].

[312] Cf. CVM. Boletim de Mercado, ano I, n. 1, nov. 2013. Disponível em: http://www.cvm.gov.br/publicacao/boletimmercado.html. Acesso em: 10 jul. 2019.

[313] Cf. CVM. *Boletim Econômico*, ano 9, vol. 92, 4º tri. 2021. Disponível em: https://www.gov.br/cvm/pt-br/centrais-de-conteudo/publicacoes/boletins/boletim-economico. Acesso em: 31 jan. 2022.

[314] Sobre o tema, ver CVM. O mercado de dívida corporativa no Brasil. 2019, p. 22-23. Disponível em: http://www.cvm.gov.br/export/sites/cvm/menu/acesso_informacao/serieshistoricas/estudos/anexos/estudo_cvm_mercado_de_divida_corporativa_no_Brasil.pdf. Acesso em: 15 abr. 2019.

[315] É o que constata o referido estudo da CVM sobre o mercado de dívida, publicado em 2019: *"Apesar de as ofertas regidas pela ICVM 476 terem sido o meio mais utilizado para captações de menor volume nos últimos sete anos, existe um conjunto de pequenas e médias empresas com necessidade de financiamento entre R$ 5 milhões e R$ 100 milhões que ainda acessam pouco ou não conseguem acessar o mercado de capitais por meio de ofertas públicas de dívida, especialmente companhias com potencial de crescimento e inovação, mas que não conseguem aportar garantias."* (cf. CVM. O mercado de dívida corporativa no Brasil. 2019, p. 8. Disponível em: http://www.cvm.gov.br/export/sites/cvm/menu/acesso_informacao/serieshistoricas/estudos/anexos/estudo_cvm_mercado_de_divida_corporativa_no_Brasil.pdf. Acesso em: 15 de abril de 2019)

Em quarto lugar, vale observar o perfil dos investidores do mercado brasileiro. Esses podem ser divididos em três grandes grupos: investidores individuais, institucionais e estrangeiros.

A falta de conhecimento e cultura quanto a esse tipo de investimento e os traumas do passado são apenas alguns dos fatores a explicar o número ainda reduzido de investidores individuais (i.e., pessoas físicas) no mercado brasileiro[316]. Contudo, esse número aumentou exponencialmente nos últimos anos[317].

Já os investidores estrangeiros tiveram, historicamente, grande relevância no mercado de capitais brasileiro. De acordo com dados da ANBIMA, os investidores estrangeiros – majoritariamente norte-americanos – por diversos anos representaram a maioria dos subscritores de ofertas de ações no Brasil (em termos de volume), seguidos dos investidores institucionais e, por último, dos investidores individuais[318]. Contudo, esse quadro também vem mudando[319]. E não se repete no tocante à subscrição de ofertas de debêntures[320].

[316] Sobre o perfil do investidor brasileiro, ver ANBIMA – Raio X do investidor brasileiro. 2ª edição. Disponível em: https://www.anbima.com.br/data/files/25/50/2D/8C/0BBB96109FF4F696A9A80AC2/RaioX_investidor_2019.pdf. Acesso em: 11 jul. 2019; ROCHA, Bruno. Limites e oportunidades do mercado de ações no Brasil. In: *Mercado de capitais e crescimento econômico:* lições internacionais, desafios brasileiros. Rio de Janeiro / São Paulo: Contra Capa Livraria / ANBID, 2007. p. 238.

[317] Em abril de 2019, as manchetes noticiavam que o fluxo de aplicação por pessoas físicas na bolsa atingiu o maior nível em pelo menos treze anos. (cf. MACHADO, Juliana. Aplicação de pessoa física na bolsa já é a maior em 13 anos. Valor Econômico. 18 de abril de 2019. Disponível em: https://www.valor.com.br/financas/6216685/aplicacao-de-pessoa-fisica-na-bolsa-ja-e-maior-em-13-anos. Acesso em: 18 abr. 2019) No mesmo mês, foi alcançado o marco inédito de um milhão de investidores pessoas físicas no mercado de renda variável da B3. Esse número cresceu de tal modo que, em dezembro de 2021, havia 4.087.798 investidores (pessoas físicas) na custódia da B3. (Fonte: B3. Disponível em: https://www.b3.com.br/pt_br/market-data-e-indices/servicos-de-dados/market-data/consultas/mercado-a-vista/perfil-pessoas-fisicas/faixa-etaria/. Acesso em 21 dez. 2021) Ainda assim, esse número representa menos de 1,9% da população brasileira, conforme percentual apurado com base na projeção da população brasileira do IBGE em 02 de janeiro de 2022. (cf. IBGE. Disponível em: https://www.ibge.gov.br/apps/populacao/projecao//index.html. Acesso em: 02 jan. 2022)

[318] De acordo com dados da ANBIMA, os investidores estrangeiros representaram 58,1%, em 2013, e 63,3%, em 2018, do total de subscritores de ações, considerando o volume das ofertas. Desses, a maioria tinha por país de origem os Estados Unidos: 72,5% em 2013 e 54,2% em 2018. Já os investidores institucionais representaram 31,0%, em 2013, e 31,1%, em 2018, do total de subscritores de ações. Por fim, as pessoas físicas representaram 10,9%, em 2013, e 5,6%, em 2018, do total de subscritores de ações. (cf. ANBIMA. Boletim de Mercado de Capitais (Fevereiro/2019). Disponível em: http://www.anbima.com.br/pt_br/informar/relatorios/

Em quinto e último lugar, é interessante notar como se organizam esses investidores no âmbito das companhias abertas brasileiras. A análise de dados sobre o tema confirma que ainda predominam os quadros de capital

mercado-de-capitais/boletim-de-mercado-de-capitais/captacao-domestica-registra-volume--de-r-7-4-bilhoes-em-janeiro-19.htm. Acesso em: 10 abril 2019; ANBIMA. Boletim de Mercado de Capitais (Novembro/2021). Disponível em: https://www.anbima.com.br/pt_br/informar/relatorios/mercado-de-capitais/boletim-de-mercado-de-capitais/captacoes-ja-ultrapassam--r-500-bi-em-2021.htm. Acesso em: 20 dez. 2021)

[319] De acordo com dados da ANBIMA, os investidores estrangeiros representaram 44,6%, em 2019, 34,1%, em 2020, e 35,5%, em 2021, do total de subscritores de ações, considerando o volume das ofertas. Já os fundos de investimento representaram 42,3%, em 2019, 43%, em 2020, e 48,4%, em 2021, do total de subscritores de ações; os demais investidores institucionais representaram 6,3%, em 2019, 14,8%, em 2020, e 8,4%, em 2021, do total de subscritores de ações; e as pessoas físicas representaram 6,8%, em 2019, 7,3%, em 2020, e 6,7%, em 2021, do total de subscritores de ações. (cf. Boletim de Mercado de Capitais, ANBIMA (Janeiro/2022). Disponível em: https://www.anbima.com.br/pt_br/informar/relatorios/mercado-de-capitais/boletim-de-mercado-de-capitais/debentures-sao-o-destaque-das-captacoes-em-janeiro.htm. Acesso em: 02 mar. 2022)

[320] De acordo com dados da ANBIMA, as ofertas de debêntures são subscritas especialmente pelos próprios intermediários e demais participantes ligados à oferta, bem como por fundos de investimento e demais investidores institucionais. As parcelas de debêntures subscritas por pessoas físicas e investidores estrangeiros são consideravelmente menores em comparação. O perfil de subscritores de debêntures (por volume, considerando ofertas sob a Instrução CVM n. 400/2003 e sob a Instrução CVM 476/2009) nos últimos anos foi o seguinte: em 2019, 40,6% intermediários e demais participantes ligados à oferta; 48,7% fundos de investimento; 4,5% demais investidores institucionais; 5,4% pessoas físicas; e 0,8% investidores estrangeiros; em 2020, 64,3% intermediários e demais participantes ligados à oferta; 23,5% fundos de investimento; 7,1% demais investidores institucionais; 2,9% pessoas físicas; e 2,2% investidores estrangeiros; em 2021, 45,4% intermediários e demais participantes ligados à oferta; 38,6% fundos de investimento; 8,5% demais investidores institucionais; 3,7% pessoas físicas; e 3,8% investidores estrangeiros. (cf. Boletim de Mercado de Capitais, ANBIMA (Janeiro/2022). Disponível em: https://www.anbima.com.br/pt_br/informar/relatorios/mercado-de-capitais/boletim-de-mercado-de-capitais/debentures-sao-o-destaque-das-captacoes-em-janeiro.htm. Acesso em: 02 mar. 2022) Sobre a concentração da subscrição de debêntures, diz estudo conduzido pela CVM: "*Há uma alta frequência de ofertas de debêntures e notas promissórias realizadas com esforços restritos (ICVM 476) subscritas exclusivamente por um número reduzido de instituições financeiras e intermediárias, o que sugere o uso do instrumento para concessão de crédito sem esforço de distribuição propriamente dito. (...) Embora seja possível que instituições do consórcio de distribuição tenham subscrito integralmente as ofertas por conta de exercício de garantia firme, existem incentivos à utilização de valores mobiliários para conceder crédito em lugar de empréstimos bancários, tais como a não incidência de IOF sobre operações de crédito, o tratamento da emissão para efeito de cálculo de níveis de liquidez e outros indicadores prudenciais, além da facilidade de repasse dos papéis para terceiros. (...).*" (cf. CVM. *O mercado de dívida corporativa no Brasil.* 2019. p. 31-32; 27. Disponível em: http://

concentrado[321]. Nesse sentido, os dados da CVM indicam que, em dezembro de 2019, do total de 327 companhias abertas com registro ativo e ações negociadas em bolsa de valores, a maioria – 269 companhias, no total – tinha controlador definido. E ainda, dessas companhias com controlador definido, a maioria – 219 companhias, no total – tinha controlador nacional privado, enquanto as demais tinham controladores estrangeiro ou estatal – 24 e 276 companhias, respectivamente[322].

Portanto, apesar dos momentos de maior euforia observados desde 1976, o mercado de valores mobiliários brasileiro ainda caminha para se consolidar como fonte de financiamento de longo prazo para a atividade empresarial. No tocante às companhias abertas, os novos padrões ilustrados pelos dados compilados acima justificam a importância de se examinar em maior detalhe as normas que regem o acesso a esse mercado e acabam por determinar as *fronteiras* dessa disciplina. A essa tarefa dedicar-se-á a Parte II deste trabalho.

www.cvm.gov.br/export/sites/cvm/menu/acesso_informacao/serieshistoricas/estudos/anexos/estudo_cvm_mercado_de_divida_corporativa_no_Brasil.pdf. Acesso em: 15 abr. 2019)

321 Como comenta Munhoz, a realidade brasileira é historicamente caracterizada por quadros de controle concentrado: *"A estrutura de capital das empresas brasileiras caracterizou-se, desde sua origem, portanto, pela alta concentração. O controle, em regra, é exercido por indivíduos, famílias, ou grupos multinacionais, muitas vezes com relações simbióticas com o poder político e acesso privilegiado ao financiamento estatal. A manutenção desse quadro foi reforçada pela adoção, até a década de 1990, de uma política protecionista, de fechamento financeiro e comercial, visando a atender ao programa de substituição de importações, adotado como política de desenvolvimento do país. Assim, seja pelo fechamento financeiro e comercial, seja pela dificuldade de acesso ao crédito, havia barreiras elevadas ao ingresso de uma estrutura empresarial oligárquica, com ligações íntimas com o poder político e a burocracia estatal."* (cf. MUNHOZ, Eduardo Secchi. *Aquisição de controle na sociedade anônima*. São Paulo: Saraiva, 2013. p. 394)

322 Cf. CVM. *Boletim de Mercado*, ano 9, n. 89, mar. 2021. Disponível em: http://www.cvm.gov.br/publicacao/boletimmercado.html. Acesso em: 20 dez. 2021. De acordo com o boletim, essas estatísticas desconsideram as companhias cujas ações são admitidas à negociação em bolsa, mas nunca foram negociadas, e foram elaboradas com base em informações reportadas no Formulário de Referência, levando em conta os dados de acionista direto, em primeiro nível.

PARTE II

CAPÍTULO 1
O REGISTRO E AS FRONTEIRAS

Partindo da constatação de que, nos termos das Leis n. 6.385/1976 e 6.404/1976, o enquadramento como companhia aberta atrai a incidência de disciplina própria de que tratou a Parte I deste trabalho, este Capítulo será dedicado a estudar o critério central empregado para a delimitação do universo de destinatários dessa disciplina, qual seja, a *admissão à negociação* de valores mobiliários de emissão da companhia no mercado de valores mobiliários. Com esse desiderato, dar-se-á início ao exame das normas sobre registro das Leis n. 6.385/1976 e 6.404/1976 e daquelas que as regulamentam expedidas pela CVM, com vistas a analisar sua relevância para a determinação do alcance dessa disciplina. Isso servirá de base ao estudo de como e para onde vêm caminhando as *fronteiras* da disciplina jurídica da companhia aberta que será desenvolvido adiante nos Capítulos 2 e 3.

1.1 Sistema dual de registro

As Leis n. 6.385/1976 e 6.404/1976 mantiveram a estrutura geral do sistema dual de registro que existia sob a égide da Lei n. 4.728/1965, posteriormente regulamentado pela Resolução n. 88/1968 do BACEN, ambas examinadas no Capítulo 1 da Parte I. Essa estrutura é sustentada por dois pilares: *(i)* o registro do emissor de valores mobiliários (comumente referido como registro de companhia aberta, pelos motivos que veremos a seguir)[323]; e *(ii)* o registro da emissão – melhor dizendo, da oferta pública de distribuição[324] – de valores mobiliários. Em conjunto, esses registros compõem os requisitos legais formais à distribuição e à negociação pública de valores mobiliários no mercado brasileiro.

A administração desses registros se insere na competência fiscalizatória da CVM. Como vimos, o regime de fiscalização pelo qual optou o legislador brasileiro privilegia a adequada prestação de informações, e não a avaliação de mérito sobre os valores mobiliários ofertados nesse mercado[325].

[323] Entende-se que o registro de emissor de valores mobiliários encontra correspondência, ainda que com ampliação de escopo, no registro dos valores mobiliários de emissão de pessoa jurídica de direito privado para negociação em bolsa de valores, previsto no inciso II do artigo 19 da Lei n. 4.728/1965 e regulamentado pela Resolução n. 88/1968. Em sentido diverso, ver BULHÕES, Carlos Eduardo. Comentários aos arts. 4º e 4º-A da Lei das Sociedades Anônimas. In: *Revista de Direito Bancário e do Mercado de Capitais*. N. 23. São Paulo: Revista dos Tribunais, janeiro-março de 2004. p. 116.

[324] Ressalva-se a imprecisão do emprego do termo *emissão pública* pela lei, querendo designar a colocação pública, ou distribuição pública, dos valores mobiliários. Sobre essa terminologia, comenta-se: *"A expressão 'distribuição pública' é sem dúvida mais adequada do que 'emissão pública', utilizada no art. 19, caput, da Lei 6.385/1976, que tem merecido crítica da doutrina, pelo fato de designer a emissão o ato de criar os valores mobiliários, e não os de lançá-los no mercado."* (cf. CARVALHOSA, Modesto. EIZIRIK, Nelson. *A nova Lei das S/A*. São Paulo: Saraiva, 2002. p. 34)

[325] Vide item 2.3.1 do Capítulo 2 da Parte I. Nesse ponto, Trindade argumenta que uma intervenção estatal pautada no julgamento quanto à integridade do investimento e dos beneficiários, que buscasse assegurar o sucesso da aplicação feita pelo público, "*certamente traria consigo o colapso do mercado, pois, às perdas e às consequentes ações judiciais de indenização que fossem movidas contra o ente estatal responsável pelo exame, seguir-se-ia o fracasso do modelo*". A alternativa "*é que a intervenção estatal se limite à garantia de plena informação ao investidor, sem prejuízo da posterior verificação de responsabilidade em caso de fraude ou má-gestão*". (cf. TRINDADE, Marcelo. O papel da CVM e o mercado de capitais no Brasil. In: SADDI, Jairo (org.). *Fusões e aquisições*: aspectos jurídicos e econômicos. São Paulo: IOB, 2002. p. 308-309) No mesmo sentido, afirma Eizirik: "*Em regra, não se atribui ao Estado o poder de aprovar ou desaprovar uma oferta pública de títulos por razões de conveniência ou oportunidade. Assim, praticamente inexistem casos em que o Estado escolhe as empresas que podem distribuir publicamente valores mobiliários, exercendo, portanto, uma análise do mérito do investimento proposto ao público. Isso se justifica por algumas razões básicas. Em primeiro lugar, considera-se que não cabe ao Estado substituir os investidores na análise de qualidade das empresas e dos títulos ofertados. Com efeito, não há porque se presumir que o funcionário público melhor poderia aquilatar o mérito de determinado investimento do que o investidor de mercado. Em segundo lugar, razões de ordem prática normalmente impõem às agências reguladoras tal política, uma vez que assumir o encargo de julgar o mérito da distribuição pode ter como consequência sua responsabilidade civil pelos prejuízos sofridos pelos investidores no caso de insucesso do empreendimento. O exame do mérito da oferta cabe*

Nesse contexto, ambos os registros são, com maior frequência, apresentados e analisados sob feição instrumental, como ferramentas para implementação do regime obrigatório de informação[326]. A função dos registros de

unicamente aos investidores do mercado e o registro das distribuições apenas garante que as informações exigidas foram prestadas, encontrando-se à sua disposição. Assim, a atuação estatal volta-se exclusivamente para propiciar a todos os investidores igual acesso às informações materialmente relevantes, cabendo-lhes o julgamento sobre o mérito da distribuição." (cf. EIZIRIK, Nelson. A oferta pública de distribuição de valores mobiliários. In: *Direito societário.* Estudos e pareceres. São Paulo: Quartier Latin, 2015. p. 44)

[326] Por exemplo: *"As disposições contidas nos artigo 19 e 21 da Lei n. 6.385/76 refletem, portanto, a opção do legislador por efetivar a implementação do regime de* disclosure *por meio de um sistema de registros administrados pela CVM, cuja concessão atesta, basicamente, que as informações exigidas pelo arcabouço regulatório foram prestadas na extensão e na qualidade desejadas e que os seus atos constitutivos e demonstrações financeiras foram elaborados em consonância com as prescrições legais aplicáveis, sem implicar qualquer juízo meritório ou qualitativo por parte do regulador acerca dos valores mobiliários em questão, ou de seu emissor, sob a perspectiva da probabilidade de sucesso de seu empreendimento e, portanto, sua rentabilidade. Daí decorre a natureza eminentemente instrumental do registro de emissores administrados pela CVM (assim como ocorre com relação ao registro de ofertas públicas de distribuição), pois constituiu um meio (instrumento) pelo qual se procede a prestação de informações ao regulador, objetivando sua divulgação aos investidores e ao mercado de forma geral, principal requisito de entrada e permanência de emissores no mercado de valores mobiliários."* (cf. PITTA, André Grunspun. Artigo 21. In: CODORNIZ, Gabriela. PATELLA, Laura (coords.). *Comentários à Lei do Mercado de Capitais – Lei n. 6.385/76.* São Paulo: Quartier Latin, 2015. p. 429) No mesmo sentido: PITTA, André Grunspun. *O regime de informação das companhias abertas.* São Paulo: Quartier Latin, 2013. p. 203-204. Ainda nesse ponto: *"A obrigatoriedade de tais registros visa, basicamente, a exigir o fornecimento de um conjunto de informações sobre a companhia emissora de valores mobiliários ao mercado, e a manutenção de um sistema permanente de disseminação desses dados, de forma a propiciar ao investidor um conhecimento detalhado do investimento que lhe é proposto, indispensável à tomada de decisões adequadas ao seu interesse."* (cf. Parecer nº CVM/SJU n. 141/1979); *"As normas que impõem a obrigatoriedade de registro na CVM tanto da companhia, quanto da oferta pública, apresentam nítida feição instrumental, já que o registro consiste basicamente no meio de se proceder à prestação de informações à Autarquia e sua divulgação ao público investidor."* (cf. EIZIRIK, Nelson. A oferta pública de distribuição de valores mobiliários. In: *Direito societário.* Estudos e pareceres. São Paulo: Quartier Latin, 2015. p. 429); *"O registro, na forma da Lei n. 6.38576, abrange não apenas os valores mobiliários a serem emitidos, mas também os emissores, notadamente as companhias abertas (arts. 19 e 21). Sua finalidade é indisputadamente assegurar que somente sejam colocados em circulação no mercado de valores mobiliários cercado de todas as informações necessárias ao julgamento do investidor."* (cf. TRINDADE, Marcelo. O papel da CVM e o mercado de capitais no Brasil. In: SADDI, Jairo (org.). *Fusões e aquisições:* aspectos jurídicos e econômicos. São Paulo: IOB, 2002. p. 313); YAZBEK, Otavio. "As companhias abertas – sua caracterização, as vantagens e as desvantagens da abertura de capital". In: FINKELSTEIN, Maria Eugênia. PROENÇA, José Marcelo Martins (coords.). *Direito societário:* sociedades anônimas. 3ª ed. São Paulo: Saraiva, 2014. p. 125; EIZIRIK, Nelson. GAAL, Ariádna. PARENTE, Flávia. HENRIQUES, Marcus de Freitas.

operacionalização da tutela da informação foi inclusive destacada em Exposição de Motivos[327].

Essa concepção pautou a regulamentação dos registros pela CVM, como explicita a exposição de fundamentos e princípios da regulação do mercado de valores mobiliários apresentada pela CVM ao CMN em dezembro de 1978[328]. Ou seja, o sistema de registros foi regulamentado com vistas a definir os elementos mínimos de informação com base nos quais as decisões de investimento possam ser adequadamente tomadas. Existe entre eles certa

Mercado de capitais: regime jurídico. 3ª ed. Rio de Janeiro: Renovar, 2011. p. 141-142; CARVALHOSA, Modesto. EIZIRIK, Nelson. *A nova Lei das S/A*. São Paulo: Saraiva, 2002. p. 34-36.

327 Cf. Exposição de Motivos n. 197/1976: *"19. Semelhantemente ao disposto na legislação atual (Lei n.° 4.728), porém de modo mais completo, o art. 17 da lei proposta regula a emissão pública de valores mobiliários no mercado, proibindo qualquer atividade de distribuição (oferta, subscrição, venda, etc.), sem que a emissão esteja registrada na CVM. Objetiva-se com tal registro obrigar a companhia emissora a revelar ao mercado fatos relativos a sua situação econômica e financeira, possibilitando aos investidores uma avaliação correta dos títulos oferecidos. (...) 21. Enquanto o art. 17 se ocupa do registro para distribuição de valores novos, o art. 19 cuida dos registros para negociação de valores já em circulação no mercado. Só os valores mobiliários emitidos por companhia registrada na CVM podem ser negociados na bolsa e no mercado de balcão (art. 19, § 1.°). A inovação do projeto consiste em exigir o registro da companhia emitente não só para negociação na bolsa (registro que hoje é feito no Banco Central), mas também para o mercado de balcão (que compreende as atividades realizadas fora da bolsa, e com a participação de intermediários do mercado). 22. O sistema de registros do art. 19 tem por fim colocar à disposição de todos os investidores informações atualizadas sobre a companhia emitente. Procura-se, por esse meio, em conjugação com outras normas que disciplinam as companhias abertas, evitar a utilização abusiva de informações privilegiadas por parte dos que as tenham obtido em virtude da posição que ocupem na empresa (acionista controlador e administrador, principalmente), com o fim de auferir vantagem na negociação dos títulos."*

328 Cf. "Regulação do mercado de valores mobiliários: fundamentos e princípios", anexo à ata da 311ª sessão do CMN, realizada em 20 de dezembro de 1978. Diz esse documento: *"Abrem-se duas grandes opções para a ação do órgão regulador, partindo-se do pressuposto de que as forças de mercado e os interesses particulares não são suficientes para assegurar a existência de um sistema de informações eficiente. A primeira é a de este órgão determinar quais as companhias elegíveis para a captação de recursos junto ao público, a partir de sua própria análise das informações por elas fornecidas, expondo aos interessados as razões que nortearam sua decisão. A segunda, escolhida pela CVM, é a de não exercer tal julgamento de valor, zelando apenas pelo fornecimento adequado de informações, por parte das companhias, ao público investidor. Este, com base nos elementos colocados a sua disposição, tomará a decisão de adquirir ou não valores mobiliários por elas emitidos. A diretriz básica que orienta esta opção é a de exigir o encaminhamento de certas informações para registro junto ao órgão regulador, que, por sua vez, estabelece sistemas diretos e indiretos para fazer com que tais informações estejam disponíveis publicamente. Paralelamente, a entidade reguladora exige alguns compromissos por parte das companhias que captaram recursos no mercado, prevendo a manutenção de um determinado fluxo de informações para os investidores atuais e potenciais. As exigências da CVM por ocasião do registro serão norteadas por essa diretriz básica quanto à divulgação de informações e ainda pelas seguintes considerações: (...)"*

complementariedade, notadamente na forma como buscam equilibrar a relevância da distribuição pública de valores mobiliários como fonte de financiamento para as companhias, no mercado primário, e a necessidade de proteção dos adquirentes desses valores mobiliários, não apenas no mercado primário, mas também no mercado secundário – isto é, fora do contexto de um esforço de captação[329]. Assim sendo, em vista da necessidade de informação nos mercados primário e secundário, exigiu-se a divulgação de um fluxo constante de informações – como condição para a manutenção de registro –, e não apenas a divulgação eventual.

Para os fins deste estudo, interessa não apenas essa função do sistema de registros, isto é, sua importância para o regime de informação imposto às companhias abertas, mas também sua conciliação com a definição legal de companhia aberta e a consequente submissão ao regime especial da lei societária. Sob essa perspectiva, o registro é não apenas instrumento de controle da adequada prestação de informações sobre a companhia emissora e sobre os valores mobiliários de sua emissão que venham a ser publicamente ofertados, mas também marco temporal de incidência da disciplina societária da companhia aberta e de ampliação de sua exposição à esfera de responsabilidade administrativa (vide item 1.2, a seguir).

1.1.1 Registro de emissor de valores mobiliários

Ambas as Leis n. 6.385/1976 e 6.404/1976 consagram a regra geral segundo a qual somente os valores mobiliários emitidos por companhia registrada perante a CVM podem ser negociados no mercado de valores mobiliários (artigo 21, §1º, e artigo 4º, §1º, respectivamente).

[329] A importância da complementariedade entre os registros era ressaltada pela CVM antes mesmo de sua regulamentação: "*No conceito da CVM, o registro de emissão é um procedimento simples que fornece aos investidores dados sobre os valores mobiliários a serem oferecidos (...) Para que o investidor possa tomar uma decisão consciente, além das informações sobre a emissão propriamente dita, contará ele ainda com outras, referentes à empresa emissora, com base no registro atualizado de companhia para negociação em Bolsa e Balcão, além de outros dados considerados necessários. Procura-se, através desse sistema, acelerar o processo de lançamento de novos valores mobiliários para as companhias abertas que mantêm em dia as suas informações para o mercado, o que é possível devido à complementaridade existente entre os registros.*" (cf. "Política de divulgação de informações", anexa à ata da 311ª sessão do CMN, realizada em 20 de dezembro de 1978)

O pedido de registro é ato voluntário e o seu deferimento é ato vinculado da CVM, que autoriza a negociação pública de valores mobiliários de emissão da companhia pleiteante. O processo de registro obedece à lógica que pauta a fiscalização do mercado de valores mobiliários, concentrando-se na verificação da adequada prestação de informações, e não na apreciação do mérito da decisão de tornar-se companhia aberta[330].

A Lei n. 6.385/1976 disciplina o registro de emissor de valores mobiliários em seu artigo 21. Esse dispositivo distingue *(i)* o registro para negociação em bolsa e *(ii)* o registro para negociação no mercado de balcão – organizado ou não, conforme tratou de detalhar a Lei n. 9.457/1997[331].

A distinção é relevante pois a lei estabeleceu que o registro de emissão de valores mobiliários (isto é, o registro previsto no artigo 19 da Lei n. 6.385/1976, examinado a seguir) importa registro para o mercado de balcão, mas não para negociação em bolsa (artigo 21, §2º), bem como que o registro para negociação em bolsa vale também como registro para o mercado de balcão (artigo 21, §3º - posteriormente revogado pela Lei n. 9.457/1997)[332].

[330] "*A decisão sobre a abertura ou fechamento de capital de uma companhia é de caráter eminentemente empresarial, privado, cabendo unicamente aos seus acionistas controladores decidir sobre as vantagens e desvantagens de abrir o capital da companhia, de mantê-la em tal situação ou de proceder ao cancelamento do registro de companhia aberta. Daí decorre que não cabe ao Estado, por intermédio da agência reguladora do mercado de capitais, intervir ou opinar sobre o mérito da decisão empresarial de abrir ou de fechar o capital da companhia.*" (cf. CARVALHOSA, Modesto. *Comentários à Lei de Sociedades Anônimas*. 4ª ed. São Paulo: Saraiva, 2002. p. 69) Ainda sobre o tema: ABRÃO, Nelson. Companhias abertas e fechadas no sistema da Lei 6.404, de 1976. In: *Revista de Direito Mercantil, Industrial, Econômico e Financeiro*. n. 24. São Paulo: Revista dos Tribunais, 1976. p. 46; PITTA, André Grunspun. Artigo 21. In: CODORNIZ, Gabriela. PATELLA, Laura (coords.). *Comentários à Lei do Mercado de Capitais – Lei n. 6.385/76*. São Paulo: Quartier Latin, 2015. p. 428.

[331] Cf. artigo 21, *caput* e incisos I e II, da Lei n. 6.385/1976 (com redação dada pela Lei n. 9.457/1997). Como ressalta a respectiva Exposição de Motivos, a Lei n. 6.385/1976 inovou ao exigir registro para negociação no mercado de balcão, pois a Lei n. 4.728/1965 somente exigia o registro perante o BACEN para negociação em bolsa de valores. (cf. Exposição de Motivos n. 197/1976) O parecer apresentado pelo relator, Deputado Viana Neto, no âmbito da Comissão de Economia, Indústria e Comércio, em 26 de agosto de 1976, no curso da tramitação do projeto de lei que deu origem à Lei n. 6.385/1976 (Projeto de Lei n. 2.600/1976), destacava também essa inovação: "*Sobre a negociação de títulos já em circulação, a Lei prevê negociação em Bolsa e no mercado de balcão (art. 19). A inovação consiste em que para ambas se exige registro da companhia emitente na CVM, embora se trate de registros distintos.*"

[332] Sobre o tema, comentou a área técnica da CVM: "*Estabelece, por sua vez, o §2º do artigo 21, que "o registro do artigo 19 importa registro para o mercado de balcão mas não para a bolsa". Desta forma*

Com as alterações introduzidas pela Lei n. 9.457/1997, o registro de *emissão* passou a importar registro para negociação apenas no mercado de *balcão não organizado* (artigo 21, §2º).

Além disso, a lei delegou à CVM a definição dos casos em que os valores mobiliários poderão ser negociados simultaneamente nos mercados de bolsa e de balcão, organizado ou não (artigo 21, §6º, inciso III), assim como as tarefas de administrar e regulamentar o registro de emissor. Mais especificamente, incumbiu a CVM de definir as informações e documentos que devem ser apresentados pela companhia para a obtenção do registro de emissor e o procedimento aplicável (artigo 21, §6º, inciso II). E ainda, autorizou a CVM – e o fez, vale ressaltar, já em 1976 – a especificar casos em que o registro pode ser recusado, suspenso ou cancelado, e até mesmo dispensado (artigo 21, §6º, inciso I)[333], ponto esse que será retomado no Capítulo 3 desta Parte II.

Posteriormente, com a introdução de novas regras sobre o tema pela Lei n. 10.303/2001 no âmbito da Lei n. 6.404/1976 – e não da Lei n. 6.385/1976 (vide item 2.2.3 do Capítulo 2 da Parte I) –, a disciplina legal do registro de emissor passou a incluir ainda *(i)* as normas sobre categorias de registro de companhia aberta, ponto esse que será retomado no Capítulo 2 desta Parte II, e *(ii)* as normas sobre cancelamento de registro de companhia aberta para negociação de ações, dos artigos 4º e 4-A da Lei n. 6.404/1976[334]. Também aqui delegou-se à CVM a regulamentação da matéria (artigo 4-A, §4º). Além disso, vale lembrar que a Lei n. 11.638/2007 depois incorporou a questão das categorias de emissores à mecânica da Lei n. 6.385/1976[335].

dispôs o legislador que as informações fornecidas para o registro são consideradas suficientes para a negociação em balcão, mas não para operações em bolsa. Assim, se uma sociedade anônima fizer uma emissão pública, ao registrá-la na CVM estará, automaticamente, autorizada a negociar seus valores mobiliários no mercado de balcão, e tão somente ele." (cf. Parecer CVM/SJU n. 141/1979)

333 A Lei n. 6.385/1976 prevê também a competência geral da CVM para administrar os registros instituídos por aquele diploma e para suspendê-los ou cancelá-los com o fim de "*prevenir ou corrigir situações anormais do mercado*" (cf. artigo 8º, inciso II, e artigo 9º, §1º, inciso II, da Lei n. 6.385/1976).

334 Vale notar ainda que a Lei n. 6.404/1976 já tratava do registro ao disciplinar a constituição de companhia por subscrição pública, nos artigos 82 e seguintes, e o aumento de capital mediante subscrição pública, no artigo 170, de que trataremos a seguir.

335 Vide item 2.3.4. do Capítulo 2 da Parte I e item 2.2.1 do Capítulo 2 desta Parte II.

A CVM foi oficialmente instalada em 6 de abril de 1978. Porém, mesmo antes já vinha se dedicando à formulação das primeiras normas sobre aspectos da nova legislação que necessitavam de regulamentação urgente e prioritária[336].

Enquanto o artigo 21 da Lei n. 6.385/1976 não foi regulamentado pela CVM, a matéria foi disciplinada pelo BACEN por meio da Resolução n. 436/1977. Em linhas gerais, a Resolução n. 436/1977 prorrogou o regime de registros estabelecido pela Resolução n. 88/1968[337]. Além disso, destacou a necessidade de a CVM logo regulamentar as condições para o cancelamento do registro de companhia aberta[338].

A CVM dedicou a Instrução CVM n. 3/1978 à disciplina do cancelamento de registro, então condicionado a requisitos cumulativos de aprovação e

[336] Cf. ata da 311ª sessão do CMN, realizada em 20 de dezembro de 1978.

[337] Cf. itens I, II, III e V da Resolução n. 436/1977. O item II reproduzia a regra geral de que "[s]*omente poderão ser negociados nos mercados de bolsa e balcão os valores mobiliários emitidos por companhias abertas*". Por força dessa norma, enquanto não regulamentado o artigo 21 da Lei n. 6.385/1976, foram consideradas *abertas* as companhias registradas perante o BACEN nos termos da Resolução n. 88/1968 e foram disciplinados os casos em que as companhias seriam automaticamente consideradas registradas na CVM. Além disso, determinou-se que enquanto a CVM não regulamentasse o artigo 22 da Lei n. 6.385/1976, ficariam as companhias abertas obrigadas a prestar ao BACEN as informações previstas na Resolução n. 88/1968 e no artigo 157, §4º, da Lei n. 6.404/1976. É o que confirmou a CVM, por meio de diferentes atos: "*De acordo com esta interpretação muitas companhias que atualmente possuem valores mobiliários negociados no mercado de bolsa ou balcão poderiam pretender que não são companhias abertas pelo simples fato de não terem se registrado na C.V.M. após a promulgação das Leis 6.404 e 6.385. Daí a necessidade de se esclarecer o conceito de companhia aberta, através de uma decisão do Conselho Monetário Nacional nos termos da Resolução 436. A idéia básica da Resolução foi a de considerar como companhia aberta aquela registrada no Banco Central até a instalação da C.V.M. e pós a instalação a companhia registrada na Comissão.*" (cf. Nota Explicativa CVM n. 2. Disponível em: http://www.cvm.gov.br/legislacao/notas-explicativas/anexos/nota002.doc. Acesso em: 09 ago. 2019) Ainda sobre o tema: Nota Explicativa CVM n. 4, de 23 de dezembro de 1977. Disponível em: http://www.cvm.gov.br/legislacao/notas-explicativas/anexos/nota004.doc. Acesso em: 26 jul. 2019. Isso foi possível porque, em disposição transitória, o legislador autorizou o BACEN a exercer as funções da CVM enquanto essa não fosse instalada (cf. artigo 29 da Lei n. 6.385/1976, revogado pela Lei n. 10.303/2001). Consequentemente, comenta Pitta que a CVM herdou considerável estoque de companhias registradas nos termos da regulamentação anterior, incluindo companhias que obtiveram registro simplesmente para se beneficiar de incentivos fiscais e que não tinham comprometimento com o regime informacional de companhia aberta. (cf. PITTA, André Grunspun. Artigo 21. In: CODORNIZ, Gabriela. PATELLA, Laura (coords.). *Comentários à Lei do Mercado de Capitais – Lei n. 6.385/76*. São Paulo: Quartier Latin, 2015. p. 468)

[338] Cf. item VI da Resolução n. 436/1977.

realização de oferta pública de aquisição tendo por objeto as ações em circulação[339]. Foram definidos também os requisitos para o cancelamento de registro de companhias que tivessem procedido à distribuição de debêntures ou bônus de subscrição, bem como estabelecida exceção para companhias com reduzido capital social ou pouca dispersão acionária[340].

Em seguida, a CVM regulamentou o registro de emissor – referido, até o advento da Instrução CVM n. 480/2009, como registro de companhia para negociação de valores mobiliários em bolsa de valores ou no mercado de balcão

[339] Cf. item I da Instrução CVM n. 3/1978. Sobre o tema, diz a Nota Explicativa CVM n. 8/1978: "*A Instrução nº 3, expedida pela Comissão de Valores Mobiliários, define as condições a serem preenchidas pela companhia aberta, a fim de que ela possa obter o cancelamento de seu registro e conseqüentemente ser considerada como companhia fechada. Toda a companhia aberta em algum momento captou parcela da poupança popular, utilizando mecanismo de mercado, posto à sua disposição pelo Estado. O investidor ao aplicar a sua poupança na companhia tem a expectativa de que os valores mobiliários por ele recebidos terão negociabilidade no mercado e que a companhia divulgará ao público todas as informações necessárias sobre o seu investimento seja qual for o seu valor. Esta expectativa do investidor não pode ser revertida por simples vontade dos acionistas controladores ou pelos próprios administradores da companhia. É necessário que os acionistas minoritários fiquem protegidos através da opção de vender as suas ações por um preço conveniente ou por mecanismo que dê a uma minoria acionária substancial o poder de impedir o cancelamento do registro.*" Note-se que o requisito de oferta pública para cancelamento de registro nasceu, ainda que com diferentes contornos, no âmbito da regulamentação da CVM, antes mesmo de ser previsto em lei, com a reforma da Lei n. 6.404/1976 pela Lei n. 10.303/2001. Inicialmente foi imposto com fundamento na cláusula geral de outorga de competência à CVM para expedir normas sobre o cancelamento de registro (artigo 21, §6º, da Lei n. 6.385/1976). Ainda sobre a Instrução CVM n. 3/1978, ver COMPARATO, Fábio Konder. "Cancelamento voluntário de registro de companhia aberta. Aquisição de ações do próprio capital e abuso de controle". In: *Direito Empresarial*. São Paulo: Saraiva, 1995. p. 109 et seq.

[340] Cf. itens XXII e XVII e itens XXIX e XXX da Instrução CVM n. 3/978, respectivamente. Foram contempladas sob essa exceção as companhias: "*a) cujo valor do capital social for igual ou inferior ao valor nominal de 35.000 (trinta e cinco mil) Obrigações Reajustáveis do Tesouro Nacional; ou b) cujo número de acionistas minoritários não for superior a 100 (cem) e titulares, em conjunto de ações que não representem mais de 5% (cinco por cento) do capital social.*" Diz a Nota Explicativa CVM n. 8/1978: "*Na verdade os itens XXIX e XXX constituem uma exceção a regra geral das normas a serem seguidas pela companhia aberta para cancelamento do seu registro. Para uma companhia aberta, que se enquadra nos itens citados, os custos não compensam os benefícios de ser aberta, dado o seu reduzido capital ou por possuir poucos acionistas minoritários. Não se poderia, por outro lado, exigir para essas companhias o mesmo tratamento daquelas em que o capital se acha mais disseminado entre o público investidor.*" A Instrução CVM n. 3/1978 foi posteriormente revogada pela Instrução CVM n. 185/1992, que passou a disciplinar a matéria e restringiu essa exceção para as companhias com percentual de ações em circulação igual ou inferior a 10% (cf. artigo 29 da Instrução CVM n. 185/1992). Por sua vez, a Instrução CVM n. 185/1992 foi revogada pela Instrução CVM n. 229/1995, que não reproduziu aquela exceção e foi revogada pela Instrução CVM n. 361/2002.

– por meio da Instrução CVM n. 9/1979[341]. Àquela ocasião, preocupou-se principalmente em definir o fluxo mínimo de informações consideradas necessárias à tomada de decisões racionais de investimento, que as companhias ficariam obrigadas a prestar após o registro[342]. A Instrução CVM n. 9/1979 estabeleceu, como condição para o registro, a designação de um diretor de relações com investidores (artigo 11). E ainda, como condição à atualização do registro, a prestação de informações periódicas e eventuais (artigo 16)[343]. Por

[341] Cf. artigo 1º da Instrução CVM n. 9/1979: "*Art. 1º Somente os valores mobiliários emitidos por companhias registradas na Comissão de Valores Mobiliários (CVM), de acordo com este Regulamento, podem ser negociados em bolsa de valores ou no mercado de balcão.*" Semelhante redação constou das normas posteriores sobre o tema (cf. artigo 1º da Instrução CVM n. 32/1984 e da Instrução CVM n. 60/1987). Já na Instrução CVM n. 202/1993, recebeu nova redação: "*Art. 1º A negociação de valores mobiliários, emitidos por sociedades por ações, em Bolsas de Valores ou no mercado de balcão, depende de prévio registro da companhia na Comissão de Valores Mobiliários - CVM, de acordo com as normas previstas na presente Instrução.*" Sobre a estrutura da Instrução CVM n. 9/1979, observa-se: "*Não obstante a Instrução CVM n. 09/79 tenha instituído registros distintos, em função do mercado em que os valores mobiliários de um determinado emissor seriam admitidos à negociação (bolsa ou mercado de balcão), ambos eram condicionados aos mesmos requisitos e a um mesmo conteúdo mínimo de informações.*" (cf. PITTA, André Grunspun. Artigo 21. In: CODORNIZ, Gabriela. PATELLA, Laura (coords.). *Comentários à Lei do Mercado de Capitais – Lei n. 6.385/76*. São Paulo: Quartier Latin, 2015. p. 432; PITTA, André Grunspun. *O regime de informação das companhias abertas*. São Paulo: Quartier Latin, 2013. p. 207-208) A Instrução CVM n. 9/1979 reforçava a definição de mercado de balcão: "*Art. 3º Considera-se negociação de valores mobiliários no mercado de balcão a negociação feita fora das bolsas de valores, com a intermediação de bancos de investimentos, sociedades corretoras, sociedades distribuidoras e agentes autônomos credenciados por essas instituições, autorizadas pela CVM a exercerem a atividade de intermediação.*" Essa definição sobreviveu com pequenos ajustes no artigo 3º da Instrução CVM n. 32/1984, que a sucedeu, e, sucessivamente, nas Instruções CVM n. 60/1987 e n. 202/1993, tendo sido posteriormente revogado pela Instrução CVM n. 461/2007. Por meio de nota explicativa, ressaltou a CVM: "*No art. 3º reforça-se a definição do que seja Mercado de Balcão, conforme tratado na Lei nº 6.385/76. Assim fazendo, a CVM pretende deixar claro que não se deve confundir negociação particular, onde comprador e vendedor, em contato direto e sem concurso de qualquer instrumento de mercado, buscam concretizar uma operação, negociação esta não sujeita aos mecanismos legais que regulam o Mercado de Valores Mobiliários, com aquelas operações em que, por contraposição e embora não realizadas em Bolsa, envolvem o concurso de instrumentos e agentes de mercado e que configuram o Mercado de Balcão e que são, estas sim e em toda sua extensão, sujeitas aos requisitos legais.*" (cf. Nota Explicativa CVM n. 15/1979, p. 3)

[342] Cf. Nota Explicativa n. 15/1979: "*Em resumo, a CVM entende que a Companhia Aberta, cujos títulos podem ser negociados a qualquer tempo, deve deixar à disposição do público, também a qualquer tempo, um mínimo de informações sobre sua situação econômico-financeira. Este é o principal objetivo do Registro de Companhia.*"

[343] Essa sistemática foi mantida pelas normas que a sucederam: Instrução CVM n. 32/1984 (artigos 5º, 13 a 15), Instrução CVM n. 60/1987 (artigos 5º, 6º e 13 a 15) e Instrução CVM n.

fim, das companhias previamente registradas não foi exigido novo registro, tendo a Instrução CVM n. 9/1979 apenas lhes concedido prazo para adequação ao novo regime informacional (artigo 25)[344].

Em linha com o quanto antes exposto sobre a competência fiscalizatória da autarquia, cuidou a CVM de ressalvar na própria norma que o registro não significava julgamento de valor sobre a companhia, nem garantia de que as informações eram verdadeiras e tinham sido prestadas na extensão adequada (artigo 21)[345].

É importante notar que o registro de emissor para negociação de valores mobiliários em bolsa ou no mercado de balcão dependia, como regra geral, da concomitante apresentação de pedido de registro de emissão, para que fossem apreciados em conjunto pela CVM (artigo 4º, *caput*, e artigo 5º, inciso I). Porém, podia a CVM excepcionar essa regra geral "*se a companhia já* [tivesse] *expressiva dispersão de suas ações no mercado*" (artigo 4º, parágrafo único, e artigo 5º, inciso I). Em nota explicativa, a CVM ressaltou que com isso

202/1993 (artigos 5º, 6º e 13 a 15). É interessante notar que a Instrução CVM n. 9/1979 e as normas que a sucederam determinavam que as companhias registradas deveriam declarar sua condição de *companhia aberta* nas publicações ordenadas pela Lei n. 6.404/1976 e por outras normas legais que dispusessem sobre o mercado de valores mobiliários (cf. Instrução CVM n. 9/1979 (artigo 22), Instrução CVM n. 32/1984 (artigo 21), Instrução CVM n. 60/1987 (artigo 21) e Instrução CVM n. 202/1993 (artigo 21)). Essa determinação deixou de ser reproduzida na Instrução CVM n. 480/2009, mas ainda assim a prática mostra que diversas companhias continuam incluindo declaração desse tipo em suas publicações.

344 Vide também Nota Explicativa n. 15/1979, p. 5.

345 O dispositivo alinha-se com as seguintes considerações manifestadas pela CVM antes mesmo da regulamentação do tema: "*Ao autorizar a negociação de determinado valor mobiliário através da concessão do registro, a CVM não garante o sucesso da empresa emissora nem a conduta ética ou a capacidade técnica dos administradores. Nesse sentido, o sistema de divulgação de informações serve apenas como proteção para os investidores, não se constituindo em atestado de qualidade dos empreendimentos. O uso da informação e a decisão de comprar ou vender um valor mobiliário cabe a cada indivíduo. Evidentemente, a CVM considerará o estágio em que o mercado brasileiro se encontrará a cada momento, criando algumas salvaguardas para minimizar as possibilidades de fornecimento de informações inverídicas ou ambíguas.*" (cf. "*Regulação do mercado de valores mobiliários:* fundamentos e princípios", anexo à ata da 311ª sessão do CMN, realizada em 20 de dezembro de 1978) A mesma ressalva foi mantida, com pequenas diferenças de redação, na Instrução CVM n. 32/1984 (artigo 20), na Instrução CVM n. 60/1987 (artigo 20) e na Instrução CVM n. 202/1993 (artigo 20). Tratou também a CVM de esclarecer desde o início que a obrigatoriedade de envio de informações à CVM visava a informação do público investidor, cabendo à CVM o papel de disseminadora de informações, bem como que semelhante papel era esperado das bolsas de valores, e por elas já vinha sendo exercido (cf. Nota Explicativa n. 15/1979).

pretendeu contemplar casos de companhias fechadas que tivessem atingido "*suficiente grau de dispersão acionária*" sem prévio registro, "*ao abrigo de legislação especial ou por adequada utilização dos mecanismos particulares de colocação de valores mobiliários*"[346]. Ou seja, salvo nessas hipóteses excepcionais, um registro ficava vinculado ao outro[347]. Essa orientação começou a ser revertida através da Instrução CVM n. 202/1993, que deixou de restringir as hipóteses de exceção. Melhor dizendo, esse ato passou a prever que a CVM poderia deferir essa dispensa a seu livre critério (artigo 4º, §1º). Por fim, a regra geral foi efetivamente revertida pela Instrução CVM n. 373/2002, que alterou a Instrução CVM n. 202/1993 para prever que o pedido de registro de companhia *poderia* (e não mais *deveria*) ser submetido à CVM juntamente com o pedido de registro de distribuição pública de valores mobiliários (artigo 4º, *caput*)[348].

A matéria é atualmente regulada pela Resolução CVM n. 80/2022, com alcance mais amplo. A norma trata do registro de *emissor* de valores mobiliários para negociação em mercados regulamentados e de seu regime informacional, e substituiu a Instrução CVM n. 480/2009 a partir de maio de 2022[349].

Uma das principais novidades trazidas pela Instrução CVM n. 480/2009 e mantidas pela Resolução CVM n. 80/2022 foi a regulamentação das categorias

346 Cf. Nota Explicativa CVM n. 15/1979.

347 Essa sistemática foi mantida na Instrução CVM n. 32/1984, que revogou a Instrução n. 9/1979 (artigo 4º). No mesmo sentido dispôs a Instrução CVM n. 60/1987 (artigo 4º) e a Instrução CVM n. 202/1993 (artigo 4º), até sua alteração pela Instrução CVM n. 373/2002.

348 Sobre o tema, comentou em voto o então Diretor da CVM, Eli Loria: "*A Instrução CVM nº 373, de 28 de junho de 2002, alterou a redação do artigo 4º da Instrução CVM nº 202/93 e substituiu no "caput" a palavra "deverá" pela palavra "poderá", retirando a discricionariedade da CVM para dispensar a apresentação concomitante de registro de distribuição pública. Assim, criou-se a possibilidade de registro de companhia aberta sem o pedido de distribuição pública de valores mobiliários, devendo ser apresentadas outras razões que justifiquem o pedido de registro, modificando o conceito original de que o pedido de registro de companhia deveria ser submetido a CVM juntamente com o pedido de distribuição pública de valores mobiliários, com a exceção, tratada caso a caso, da existência de dispersão acionária.*" (cf. CVM. Processo RJ2007/7345, julgado em 9 de outubro de 2007. Diretor Relator Eli Loria)

349 A Resolução CVM n. 80/2022 repete a regra geral de que "*[a] negociação de valores mobiliários em mercados regulamentados, no Brasil, depende de prévio registro do emissor na CVM*" (artigo 2º, *caput*). Ficam excluídos do escopo da norma apenas os fundos de investimento, os clubes de investimento e as sociedades beneficiárias de recursos oriundos de incentivos fiscais, que permanecem sujeitos a regulamentação específica (cf. artigo 2º, §3º da Resolução CVM n. 80/2022). Os emissores regulados pela Resolução CVM n. 80/2022 não necessariamente adotam a forma de sociedade anônima. Nesse ponto, prevê o §2º de seu artigo 2º que o emissor deve estar assim organizado salvo quando aquela norma dispuser em contrário.

de registro de emissor de valores mobiliários que haviam sido previstas no §3° do artigo 4 da Lei n. 6.404/1976 com a reforma promovida pela Lei n. 10.303/2001, de que trataremos no Capítulo 2 desta Parte II. Por ora, cumpre notar que as diferentes categorias de registro se distinguem tão somente em função da espécie de valores mobiliários admitidos à negociação, e não do mercado em que se pretenda sejam negociados. Ou seja, a Resolução CVM n. 80/2022 não estabelece distinção para fins de registro entre os mercados de bolsa ou balcão, organizado ou não[350].

A Instrução CVM n. 480/2009 teve por principais objetivos a consolidação e harmonização das regras sobre o registro de emissor e o desenho de regimes de prestação de informações periódicas e eventuais adequados a cada categoria de registro, bem como a melhoria das informações prestadas[351]. O modelo de registro então proposto teve por inspiração o chamado *shelf registration system*, em que as informações referentes ao emissor são reunidas em um único documento, arquivado junto ao órgão regulador e atualizado

[350] Mesmo antes da regulamentação do registro, a CVM manifestara intenção de não estabelecer distinção entre a negociação em mercado de bolsa ou de balcão para fins do regime de informação: "*De parte da CVM não haverá, portanto, diferenciação de informações necessárias para o registro em Bolsa ou Balcão. Quanto às várias Bolsas de Valores, com base nos princípios de auto-regulação, a CVM manterá a delegação para que estabeleçam, individualmente, pré-requisitos adicionais para registro de companhias.*" (cf. "*Política de divulgação de informações*", anexa à ata da 311ª sessão do CMN, realizada em 20 de dezembro de 1978) Ainda sobre o tema, comenta Pitta: "*Desta forma, a partir da edição da Instrução CVM n. 480/09, a CVM instituiu uma sistemática de registro de emissores diversa da vigente até então, administrando duas categorias distintas de registro de emissor, em função do tipo de valor mobiliário autorizado a ser negociado publicamente, independentemente do tipo de mercado regulamentado em que o mesmo será negociado, extinguindo, consequentemente, a diferença entre o registro para negociação em bolsa e o registro para negociação no mercado de balcão. Como consequência dessa alteração, a Instrução CVM n. 480/09 também tratou de revogar os dispositivos remanescentes da Instrução CVM n. 243/96, que tratavam justamente da alteração de registro de emissores de bolsa para o mercado de balcão, e vice-versa.*" (cf. PITTA, André Grunspun. Artigo 21. In: CODORNIZ, Gabriela. PATELLA, Laura (coords.). *Comentários à Lei do Mercado de Capitais – Lei n. 6.385/76*. São Paulo: Quartier Latin, 2015. p. 441) A Instrução CVM n. 243/1996 tratava da "*mudança do registro de companhia aberta para a negociação em bolsa de valores para o mercado de balcão organizado*", que somente era permitida se previamente aprovada pelo Conselho de Administração, sem que houvesse oposição de acionistas minoritários titulares de no mínimo cinquenta e um por cento das ações em circulação no mercado. (cf. artigo 16 da Instrução CVM n. 243/1996, com redação dada pela Instrução CVM n. 343/2000)

[351] Cf. CVM. Edital de audiência pública CVM n. 07/08.

regularmente, referido como *shelf document* pela IOSCO[352]. Isso deu origem ao Formulário de Referência, documento de divulgação obrigatória para todas as companhias abertas, criado para servir de fonte permanente de informações sobre o emissor[353].

Já a substituição da Instrução CVM n. 480/2009 pela Resolução CVM n. 80/2022 decorreu de esforço de revisão e consolidação de normas promovido pela CVM em atendimento ao Decreto n. 10.139/2019, e não de mais amplo esforço de reforma como aquele que culminou com a edição do diploma agora revogado, de modo que trouxe apenas mudanças pontuais, pouco substanciais[354].

A Instrução CVM n. 480/2009 e a Resolução CVM n. 80/2022 mantiveram e reforçaram a orientação de que o pedido de registro de emissor pode ser submetido independentemente de pedido de registro de oferta pública de distribuição de valores mobiliários[355]. Torna-se possível assim a obtenção de registro de emissor "de prateleira", isto é, sem que se promova a concomitante ou posterior distribuição pública de valores mobiliários de emissão da companhia registrada, situação essa que será examinada no item 1.2.2.1 deste Capítulo.

[352] Cf. CVM. Edital de audiência pública CVM n. 07/08. Isso permitiria que, quando da realização de oferta pública de distribuição de valores mobiliários, o emissor elaborasse apenas um documento suplementar, mais enxuto e concentrado nos valores mobiliários ofertados e nas características e condições da oferta, referido pela IOSCO como *offering note*. Em conjunto, esses dois documentos forneceriam ao investidor as informações de um prospecto convencional.

[353] Cf. CVM. Edital de audiência pública CVM n. 07/08: "*Embora a Instrução CVM n. 400, de 2003, tenha trazido as informações prestadas no momento da distribuição de valores mobiliários a níveis satisfatórios, as informações permanentemente à disposição dos investidores permanecem aquém do desejável. Esta deficiência prejudica o bom funcionamento dos mercados secundários. Isto porque, a falta de informações de qualidade no decorrer da vida do emissor ou do papel vai sendo gradativamente descontada do preço. Ademais, papéis cujo nível de informação é insatisfatório tendem a ser menos líquidos.* (...) *O modelo proposto pela Minuta tenta corrigir o problema da qualidade das informações periódicas existente na estrutura atual.*"

[354] Exceção feita à introdução de obrigação de divulgação de comunicado sobre demandas societárias que fora objeto da audiência pública SDM n. 1/2021.

[355] Cf. artigo 1º, §1º, da Instrução CVM n. 480/2009 e artigo 2º, §1º, da Resolução CVM n. 80/2022: "*O pedido de registro de que trata o caput pode ser submetido independentemente do pedido de registro de oferta pública de distribuição de valores mobiliários.*"

Além disso, a Resolução CVM n. 80/2022 lista hipóteses de dispensa automática do registro de emissor (artigo 8º), algumas das quais analisadas nos Capítulos 2 e 3, a seguir.

Por fim, a Resolução CVM n. 80/2022 disciplina a suspensão e o cancelamento, voluntário e de ofício, do registro de emissor de valores mobiliários, bem como a conversão de categoria de registro. Em suma, o cancelamento voluntário de registro na categoria A é condicionado à comprovação do cumprimento da obrigação de promover oferta pública para aquisição das ações em circulação de que trata o artigo 4º da Lei n. 6.404/1976, nos termos da regulamentação específica (artigo 52). Além disso, é necessária a comprovação do cumprimento das condições para o cancelamento voluntário do registro na categoria B em relação aos demais valores mobiliários em circulação (artigo 51), como explicaremos adiante no Capítulo 2.

A regulamentação específica das ofertas públicas para cancelamento de registro está atualmente abrigada na Resolução CVM n. 85/2022, que substituiu a Instrução CVM n. 361/2002 a partir de maio de 2022[356]. A Instrução CVM n. 361/2002 referia-se originalmente às ofertas públicas realizadas como condição para o cancelamento do registro de *companhia aberta*, e foi alterada pela Instrução CVM n. 487/2010, passando a referir-se ao cancelamento do registro para *negociação de ações* nos mercados regulamentados de valores mobiliários. A CVM explicou à época que essa adaptação foi promovida tendo em vista o regime diferenciado de registro instituído pela Instrução CVM n. 480/2009, "*restringindo o conceito de companhia aberta, para aquelas que tenham suas ações negociadas em mercados regulamentados de valores mobiliários, em*

[356] A Resolução CVM n. 85/2022 autoriza o Colegiado da CVM a apreciar situações excepcionais e aprovar a dispensa ou a adoção de procedimentos distintos, conservando a orientação da Instrução CVM n. 361/2002. Pode configurar situação excepcional aquela de companhia com concentração extraordinária de ações ou patrimônio líquido negativo, e ainda situações relacionadas à modalidade de registro de companhia aberta (artigo 45). Vale notar ainda que as disposições da Instrução CVM n. 361/2002 sobre o cancelamento de registro de companhia aberta com debêntures publicamente negociadas foram revogadas pela Instrução CVM n. 480/2009. Essas disposições foram alvo de crítica. Nesse sentido: *"É, também, ilegal a extensão da obrigatoriedade de oferta pública do §4o do art. 4º da Lei das Sociedades Anônimas à aquisição de debêntures em circulação no mercado (art. 17, III), pois o dever de oferta prescrito naquele dispositivo legal é restrito a ações, e não a outra espécie de valores mobiliários."* (cf. BULHÕES, Carlos Eduardo. Comentários aos arts. 4º e 4º-A da Lei das Sociedades Anônimas. In: *Revista de Direito Bancário e do Mercado de Capitais*. N. 23. São Paulo: Revista dos Tribunais, janeiro-março de 2004. p. 128-129)

consonância com o texto legal"[357]. Entende-se, todavia, que com isso pretendeu a CVM esclarecer tão somente que a norma se dirige a hipótese mais restrita, de cancelamento de registro de companhia aberta para negociação de *ações* no mercado – e não, evidentemente, restringir o conceito de companhia aberta, que desde a promulgação das Leis n. 6.385/1976 e 6.404/1976 contemplou companhias com valores mobiliários de qualquer espécie admitidos à negociação. A aparente confusão parece sinalizar a falta de clareza em torno do conceito de companhia aberta que se vem comentando.

1.1.2 Registro de oferta pública de distribuição de valores mobiliários

Ambas as Leis n. 6.385/1976 e 6.404/1976 contemplam a regra geral segundo a qual nenhuma distribuição pública de valores mobiliários será promovida sem prévio registro perante a CVM (artigo 19, *caput*, e artigo 4º, §2º, respectivamente)[358].

Esse registro foi disciplinado no artigo 19 da Lei n. 6.385/1976. A lei define os atos considerados como de distribuição (artigo 19, §1º)[359], e, de maneira não exaustiva, lista circunstâncias em que a emissão (leia-se, oferta

[357] Cf. CVM. Edital de Audiência Pública n. 02/2010, p. 12.

[358] Vale notar que o primeiro desses dispositivos, inserido na Lei n. 6.404/1976 pela Lei n. 10.303/2001, emprega o termo *distribuição* pública, enquanto o segundo, que consta desde a origem na Lei n. 6.385/1976, refere-se à *distribuição* no mercado de *emissão* pública de valores mobiliários. A Lei n. 6.385/1976 obriga a *emissão* pública a ser colocada no mercado por meio do sistema de distribuição disciplinado em seu artigo 15 e permite que a CVM exija a participação de instituição financeira (cf. artigo 19, §4º, da Lei n. 6.385/1976). Esse registro encontra correspondência no registro previsto no artigo 21 da Lei n. 4.728/1965. O parecer apresentado no âmbito da Comissão de Economia, Indústria e Comércio pelo relator, Deputado Viana Neto, em 26 de agosto de 1976, no curso da tramitação do projeto de lei que deu origem à Lei n. 6.385/1976 (Projeto de Lei n. 2.600/1976), destacava a correspondência com o registro do diploma anterior: "*Quanto à emissão pública, hoje condicionada ao registro no Banco Central, passa a depender de prévio registro na CVM, cuja exigência se inspira em idênticos objetivos da Lei vigente, isto é, defender o investidor contra lançamentos fraudulentos ou inidôneos. Também como na Lei em vigor, apenas a emissão pública está sujeita a registros (art. 17).*"

[359] Os atos de distribuição abrangem a venda, promessa de venda, oferta à venda ou subscrição, assim como a aceitação de pedido de venda ou subscrição de valores mobiliários, praticados pela companhia emissora, seus fundadores ou pessoas a ela equiparadas. Além disso, de acordo com o §2º do mesmo artigo, equiparam-se à companhia emissora para os fins do registro da emissão o seu acionista controlador e as pessoas por ela controladas, o coobrigado nos títulos, as instituições financeiras e demais sociedades a que se refere o inciso I do artigo 15 e quem

de distribuição) é considerada pública (artigo 19, §3º)[360]. Ao mesmo tempo, autoriza a CVM a definir outras situações que configurem emissão pública para fins de registro (artigo 19, §5º, inciso I). A falta de uma definição precisa de oferta pública (e, por oposição, de oferta privada) de distribuição gera uma série de dificuldades na prática, notadamente de interpretação de situações sujeitas ou não a registro e à correspondente disciplina[361].

A Lei n. 6.385/1976 confere à CVM competência para expedir normas e fixar o procedimento aplicável a esse registro, especificando as informações que devem instruir o pedido. Contudo, nesse ponto a lei lista uma série de tópicos que balizam a definição desse conteúdo mínimo informacional (artigo 19, §5º, inciso II) e ainda exige que o pedido de registro seja acompanhado do prospecto e de outros documentos de promoção do lançamento (artigo 19, §7º). Além disso, a Lei n. 6.385/1976 explicita a competência da

quer que tenha subscrito valores mobiliários da emissão, ou os tenha adquirido à companhia emissora, com o fim de os colocar no mercado.

360 De acordo com esse dispositivo, caracterizam "emissão pública" a utilização de listas ou boletins de venda ou subscrição, folhetos, prospectos ou anúncios destinados ao público; a procura de subscritores ou adquirentes para os títulos por meio de empregados, agentes ou corretores; e a negociação feita em loja, escritório ou estabelecimento aberto ao público, ou com a utilização dos serviços públicos de comunicação.

361 Sobre o tema, ver YAZBEK, Otavio. "Em busca de um regime para os private placements no Brasil – ofertas públicas, ofertas privadas e ofertas públicas distribuídas com esforços restritos". In: BOTREL, Sérgio. BARBOSA, Henrique. (coords.) *Finanças corporativas:* aspectos jurídicos e estratégicos. São Paulo: Atlas, 2016. p. 174; EIZIRIK, Nelson. A oferta pública de distribuição de valores mobiliários. In: *Direito societário.* Estudos e pareceres. São Paulo: Quartier Latin, p. 2015. p. 430 et seq..; EIZIRIK, Nelson Laks. *Aspectos modernos do direito societário.* Rio de Janeiro: Renovar, 1992. p. 12 et seq.; EIZIRIK, Nelson. GAAL, Ariádna. PARENTE, Flávia. HENRIQUES, Marcus de Freitas. *Mercado de capitais: regime jurídico.* 3ª ed. Rio de Janeiro: Renovar, 2011. p. 143 et seq.; PITTA, André Grünspun. *A capitalização da empresa e o mercado de valores mobiliários.* São Paulo: Quartier Latin, 2018. p. 334-353. Contudo, Pitta faz uma importante ponderação: "*Sob essa perspectiva, a opção do legislador brasileiro parece acertada, uma vez que permite a fixação de regimes especiais para a realização de determinadas transações em relação às quais os procedimentos típicos associados às ofertas públicas, inclusive seu registro perante o regulador, não se demonstram justificáveis – inclusive sem imposições de amarras quantitativas em sede legal, que pode se demonstrar um grande inconveniente em vista da própria evolução natural do mercado ao longo do tempo -, e esquivando-se, também, da arenosa distinção as ofertas reputadas públicas e as privadas. Não obstante a competência conferida pela lei, o regulador não operou, de imediato, uma circunscrição objetiva em relação às operações sujeitas ou não ao regime próprio das ofertas públicas de valores mobiliários, gerando, inclusive, importante insegurança nessa seara por aqui.*" (p. 347-348)

CVM para condicionar o registro à divulgação de informações que julgar necessárias à proteção dos interesses do público investidor (artigo 19, §6º).

Apesar de não impor quaisquer requisitos à obtenção desse registro, a lei permite que a CVM o subordine "*a capital mínimo da companhia emissora e a valor mínimo da emissão*" (artigo 19, §6º). E ainda, outorga à CVM competência para suspender distribuição processada em desacordo com o artigo 19 da Lei n. 6.385/1976 (artigo 20)[362] e para definir os casos em que esse registro pode ser dispensado, "*tendo em vista o interesse do público investidor*" (artigo 19, §5º, inciso I). A dispensa de registro será examinada no Capítulo 3, a seguir.

Também aqui o processo de registro de oferta pública de distribuição de valores mobiliários concentra-se na verificação da adequada prestação de informações, não havendo por parte da CVM uma avaliação de mérito da respectiva oferta, como regra geral[363].

Entretanto, ao disciplinar a constituição de companhia por subscrição pública, a Lei n. 6.404/1976 exigiu o prévio registro da emissão na CVM, mediante apresentação de pedido instruído com estudo de viabilidade econômica e financeira do empreendimento, projeto do estatuto social e prospecto. E ainda, conferiu à CVM o poder de condicionar o registro a modificações no estatuto ou no prospecto e de denegá-lo por inviabilidade ou temeridade do empreendimento, ou inidoneidade dos fundadores (artigo 82 e seguintes)[364].

[362] O dispositivo destaca, em particular, duas hipóteses de suspensão: a hipótese de emissão que tenha sido julgada fraudulenta ou ilegal, ainda que após o registro; e a hipótese de oferta, lançamento, promoção ou anúncio de valores feito em condições diversas das constantes do registro, ou com informações falsas, dolosas ou substancialmente imprecisas.

[363] "*O ato da CVM de aprovar ou desaprovar o pedido de registro de oferta pública de valores mobiliários é vinculado, uma vez que a lei e a regulamentação administrativa estabelecem os requisitos e as condições de sua prática. Não há poder discricionário da CVM, ou seja, ela não pode indeferir o pedido de registro de distribuição por razões de conveniência ou de oportunidade. O deferimento do pedido de registro pela Autarquia não importa, por sua vez, a chancela estatal quanto à qualidade da companhia ou dos valores mobiliários por ela oferecidos ao público ou quanto à veracidade das informações prestadas.*" (cf. EIZIRIK, Nelson. A oferta pública de distribuição de valores mobiliários. In: *Direito societário.* Estudos e pareceres. São Paulo: Quartier Latin, 2015. p. 443); EIZIRIK, Nelson. GAAL, Ariádna. PARENTE, Flávia. HENRIQUES, Marcus de Freitas. *Mercado de capitais:* regime jurídico. 3ª ed. Rio de Janeiro: Renovar, 2011. p. 165-167.

[364] Contudo, a constituição de companhia por subscrição pública é instituto pouco utilizado na prática. O tratamento mais rigoroso atribuído a essa hipótese parece ter sido motivado pelo fato de que, em tais situações, há inevitavelmente menos informações disponíveis a respeito da companhia e, consequentemente, maior dificuldade de avaliação da oportunidade

Portanto, distintamente das demais hipóteses, confere-se aqui maior discricionariedade à CVM para a apreciação do pedido de registro.

Como regra geral, a CVM estruturou o registro de emissor de modo a que, estando ele atualizado – e sendo esse um pressuposto do registro de emissão –, por ocasião do segundo registro seria necessário apenas agregar informações específicas sobre a respectiva distribuição pública[365].

de investimento. Ainda sobre o tema: PITTA, André Grunspun. Artigo 21. In: CODORNIZ, Gabriela. PATELLA, Laura (coords.). *Comentários à Lei do Mercado de Capitais – Lei n. 6.385/76*. São Paulo: Quartier Latin, 2015. p. 457; BUSCHINELLI, Gabriel Saad Kik. Artigos 19 & 20. In: CODORNIZ, Gabriela. PATELLA, Laura (coords.). *Comentários à Lei do Mercado de Capitais – Lei n. 6.385/76*. São Paulo: Quartier Latin, 2015. p. 397-398; EIZIRIK, Nelson. A oferta pública de distribuição de valores mobiliários. In: *Direito societário*. Estudos e pareceres. São Paulo: Quartier Latin, 2015. p. 441-442; TELLECHEA, Rodrigo. Artigo 22. In: CODORNIZ, Gabriela. PATELLA, Laura (coords.). *Comentários à Lei do Mercado de Capitais – Lei n. 6.385/76*. São Paulo: Quartier Latin, 2015. p. 493-497. Vale notar que o artigo 170 da Lei n. 6.404/1976, que disciplina o aumento de capital mediante subscrição pública ou privada de ações, estende aos casos de subscrição pública o regime do artigo 82. Sobre esse ponto, defende Nelson Eizirik: "*Já no caso de aumento de capital por emissão pública de ações, não cabe à CVM a análise da viabilidade econômico-financeira do empreendimento (artigo 170, §§5º e 6º da Lei das S.A.), não podendo ela indeferir o pedido de registro da distribuição por considerá-la inviável, temerária ou mesmo inoportuna.*" (cf. EIZIRIK, Nelson. A oferta pública de distribuição de valores mobiliários. In: *Direito societário*. Estudos e pareceres. São Paulo: Quartier Latin, 2015. p. 442)

365 Cf. Nota Explicativa CVM n. 15/1979. Sobre a complementariedade das informações exigidas por ocasião de cada um dos registros, manifestou-se a CVM antes mesmo de sua regulamentação: "*Refere-se a informações que devem ser divulgadas por ocasião de novas emissões de valores mobiliários. Constitui-se de um conjunto de dados sobre a emissão em si, sobre os valores mobiliários a serem oferecidos e suas características, etc. Para a tomada de decisão consciente, os potenciais investidores contarão, além dessas informações, com outras referentes à companhia emissora, com base no registro atualizado para negociação em Bolsa ou Balcão. Assim, ambos os registros caracterizam-se como complementares, permitindo maior velocidade no lançamento de títulos e unificando o sistema de divulgação.*" (cf. "*Regulação do mercado de valores mobiliários*: fundamentos e princípios", anexo à ata da 311ª sessão do CMN, realizada em 20 de dezembro de 1978) Nesse sentido, para Pitta, há, atualmente uma completa harmonização do conteúdo informacional: "*Apesar dessa opção regulatória, a inter-relação entre ambos os registros administrados pela CVM sempre foi reconhecida pela autarquia, e seu grau de intersecção foi sendo, ao longo do tempo, modificado, chegando-se, atualmente, a uma completa harmonização do conteúdo informacional acerca dos emissores de valores mobiliários no âmbito dos requisitos associados à concessão do registro de emissores e de distribuição pública dos seus valores mobiliários.*" (cf. PITTA, André Grunspun. Artigo 21. In: CODORNIZ, Gabriela. PATELLA, Laura (coords.). *Comentários à Lei do Mercado de Capitais – Lei n. 6.385/76*. São Paulo: Quartier Latin, 2015. p. 431) Ainda sobre a função informacional do registro de distribuição pública: YAZBEK, Otavio. "Em busca de um regime para os private placements no Brasil – ofertas públicas, ofertas privadas e ofertas públicas distribuídas com esforços restritos". In:

A Instrução CVM n. 400/2003 disciplina as ofertas públicas de distribuição de valores mobiliários, nos mercados primário e secundário, e é atualmente a principal norma a tratar do tema[366]. Voltada a assegurar a proteção dos interesses dos investidores de mercado, a Instrução CVM n. 400/2003 adota, como princípios, o tratamento equitativo dos ofertados e a ampla divulgação de informações sobre a oferta, os valores mobiliários ofertados, a companhia emissora, o ofertante e demais pessoas envolvidas.

É importante ressaltar, contudo, que a CVM submeteu a audiência pública ampla proposta de reforma das regras sobre ofertas públicas de distribuição de valores mobiliários, atualmente em análise, que revogaria e substituiria a Instrução CVM n. 400/2003 – e que, não obstante, incorpora boa parte de suas regras[367].

BOTREL, Sérgio. BARBOSA, Henrique. (coords.) *Finanças corporativas:* aspectos jurídicos e estratégicos. São Paulo: Atlas, 2016. p. 176.

366 Há diversas outras normas da CVM que tratam do registro de ofertas públicas de distribuição voltadas a situações específicas. Por exemplo: as ofertas públicas de distribuição de notas promissórias são regidas pela Instrução CVM n. 566/2015; as ofertas públicas de distribuição de CIC hoteleiro são regidas pela Resolução CVM n. 86/2022; as ofertas públicas de distribuição de CRA são regidas pela Instrução CVM n. 600/2018; as ofertas públicas de distribuição de CRI são regidas pela Instrução CVM n. 414/2004; e a distribuição pública para realização de leilão de CEPAC é regida pela Resolução CVM n. 84/2022. Além disso, há outras normas dedicadas a hipóteses específicas de dispensa de registro, de que trataremos adiante no Capítulo 3, tais como: as ofertas públicas de distribuição de valores mobiliários de emissão de sociedades empresárias de pequeno porte realizada por meio de plataforma eletrônica de investimento participativo, regidas pela Instrução CVM n. 588/2017; e as ofertas públicas de valores mobiliários distribuídas com esforços restritos, regidas pela Instrução CVM n. 476/2009. O procedimento simplificado para registro de ofertas públicas de distribuição de valores mobiliários é disciplinado pela Instrução CVM n. 471/2008. Com base nesse diploma foi firmado convênio entre a CVM e a ANBIMA, sob o qual essa última conduz análise prévia e elabora relatórios técnicos sobre os pedidos de registro de oferta públicas de distribuição por procedimento simplificado de determinados valores mobiliários. A adoção do procedimento simplificado é uma faculdade conferida a participantes da ANBIMA, que poderão ainda optar pelo procedimento ordinário junto à CVM. (cf. Ofício-circular CVM/SRE n. 01/2021, p. 20)

367 Diz o respectivo edital que, com a reforma proposta, "*a CVM busca modernizar, harmonizar e consolidar o arcabouço regulatório*" sobre o tema. Quatro elementos foram destacados como característicos do novo regime – o primeiro deles sendo os diferentes ritos de registro, examinados a seguir, e ainda: "*b) maior previsibilidade e segurança jurídica a respeito de atos que podem ser realizados sem tutela do regulador, conferindo mais agilidade às captações de recursos; c) racionalização, redução e eliminação de documentos obrigatórios e de requisitos associados ao processo de registro e sua complementação por um documento mais sucinto, objetivo, claro e que fornece maior comparabilidade*

Como mencionado, a Instrução CVM n. 400/2003 lista certos elementos que levam à configuração de atos de distribuição pública, dentre eles a utilização de qualquer forma de comunicação dirigida ao público em geral com o fim de promover a oferta (artigo 3º). Para esse fim, entende-se por público em geral "*uma classe, categoria ou grupo de pessoas, ainda que individualizadas nesta qualidade, ressalvados aqueles que tenham prévia relação comercial, creditícia, societária ou trabalhista, estreita e habitual, com a emissora*" (artigo 3º, §1º). Nesse elemento a doutrina identifica um critério central de distinção entre ofertas públicas e privadas de distribuição[368/369].

(lâmina da oferta); e d) conceitos e regras relativos aos atos de comunicação e ao período de silêncio adaptados às inovações e amplas mudanças tecnológicas nas formas de comunicação que marcaram a última década." Além disso, a proposta abrange novo regime de registro de intermediários de ofertas públicas, inovação essa que se justificaria, segundo o edital, "*em função da maior flexibilidade que se propõe para os regimes de ofertas públicas, em muitos casos dispensado a análise prévia por parte da CVM*". Com essa mudança de abordagem, a autarquia deslocaria parte do esforço de supervisão, quando da apresentação de pedido de registro de oferta, para a supervisão dos prestadores de serviço de intermediação, que ficariam sujeitos a uma série de obrigações. Explica o edital que "[u]*ma das principais consequências da implementação do registro para intermediários é, naturalmente, a possibilidade de suspensão (e eventual cancelamento) desse registro, levando à impossibilidade de o intermediário prosseguir atuando na distribuição de ofertas públicas.*" (cf. CVM. Edital de Audiência Pública CVM n. 02/21, de 10 mar. 2021) Em sua agenda regulatória para o ano de 2022, a CVM incluiu o tema dentre as normas a serem editadas. (cf. CVM. *CVM lança Agenda Regulatória para 2022.* Disponível em: https://www.gov.br/cvm/pt-br/assuntos/noticias/cvm-lanca-agenda-regulatoria-para-2022. Acesso em: 10 dez. 2022)

[368] "*Isso autoriza a conclusão esboçada acima, de que talvez mais importante do que os meios utilizados para o acesso aos investidores (e é importante destacar o esforço, no texto da norma, para demonstrar o caráter exemplificativo dos meios ali referidos) seja, de fato, a natureza dos destinatários. E aqui, ao menos para esses fins, não importa tanto a qualificação destes, mas muito mais a sua indeterminação de início, a sua pertinência a um "público em geral" ou a um "público-alvo". E a exceção, trazida ao fim do §1º, para aqueles que mantenham prévio vínculo com o emissor, reforça esse ponto.*" (cf. YAZBEK, Otavio. "Em busca de um regime para os private placements no Brasil – ofertas públicas, ofertas privadas e ofertas públicas distribuídas com esforços restritos". In: BOTREL, Sérgio. BARBOSA, Henrique. (coords.) *Finanças corporativas:* aspectos jurídicos e estratégicos. São Paulo: Atlas, 2016. p. 179) No tocante à delimitação do que constitui uma oferta pública, Pitta comenta que "*o tratamento conferido pela Instrução CVM n. 400/03 pode ser considerado tímido e, em certa medida, insuficiente para conferir segurança jurídica quanto à incidência ou não do regime regulatório ali prescrito. Isso porque a regra, ao buscar circunscrever negativamente o conjunto de transações que não se sujeitam ao regime regulatório aplicável às ofertas públicas, o faz de maneira limitada, essencialmente em função da existência ou não de relacionamento prévio com o emissor dos valores mobiliários ofertados.*" (cf. PITTA, André Grünspun. A capitalização da empresa e o mercado de valores mobiliários. São Paulo: Quartier Latin, 2018. p. 351)

A Instrução CVM n. 400/2003 reproduz e detalha a regra geral de que toda oferta pública de distribuição de valores mobiliários, no território brasileiro, dirigida a pessoas naturais ou jurídicas, fundo ou universalidade de direitos, residentes, domiciliados ou constituídos no Brasil, deverá ser previamente submetida a registro perante a CVM (artigo 2º)[370]. Assim, disciplina o procedimento para obtenção desse registro, os programas de distribuição de valores mobiliários, as hipóteses de indeferimento de pedido de registro, de suspensão e cancelamento de ofertas de distribuição, o papel da instituição intermediária, o conteúdo do prospecto, a conduta dos participantes, e outros.

Também aqui a CVM fez constar a ressalva de que o deferimento do registro em questão é baseado em critérios formais de legalidade e não implica garantia quanto à veracidade das informações prestadas, à situação econômica ou financeira do ofertante ou da emissora ou à sua administração, à viabilidade da oferta ou à qualidade dos valores mobiliários ofertados (artigos 15 e 56, §7º)[371].

Além disso, a Instrução CVM n. 400/2003 lista hipóteses não sujeitas a registro – antes referidas como hipóteses de *dispensa automática* de registro – e

[369] Vale notar que a referida proposta submetida a audiência pública e atualmente em análise na autarquia não reproduz essa ressalva: "*Art. 2º Para os efeitos desta Resolução, entende-se por: (...) XXII – público investidor em geral: pessoas naturais ou jurídicas, inclusive investidores não considerados qualificados, conforme definição em regulamentação específica, fundos e veículos de investimento coletivo ou de universalidade de direitos, ou qualquer outra entidade destinatária da oferta pública, residentes, domiciliados ou constituídos no Brasil, incluindo conjuntos de pessoas representados por uma classe, categoria ou grupo.*" Por outro lado, a proposta inclui "*dispositivo (art. 3º) que traduz a essência de uma oferta pública, caracterizando-a como a comunicação oriunda do emissor, do ofertante ou de pessoas que ajam em seu nome, cujo conteúdo ou contexto envolva a tentativa de despertar o interesse ou prospectar investidores para a realização de investimento em valores mobiliários. Essa disposição abrangente se dá em complemento ao rol de hipóteses exemplificativas de atos concretos que caracterizam uma oferta pública, em linha com a abordagem seguida atualmente pela Instrução CVM n. 400, de 2003. E, em linha com as decisões do Colegiado acima referidas, a minuta estabelece que "é considerada pública a oferta que venha a obter registro junto à CVM nos termos do disposto nesta Resolução" (art. 3º, §2º).*" (cf. CVM. Edital de Audiência Pública CVM n. 02/21, de 10 mar. 2021)

[370] Esta regra geral é reproduzida também na proposta submetida a audiência pública e atualmente em análise na CVM: "*Art. 4º Toda oferta pública de distribuição de valores mobiliários, cujos destinatários sejam investidores residentes, domiciliados ou constituídos no Brasil, deve ser submetida previamente a registro na CVM, nos termos desta Resolução, observado o disposto no parágrafo único do art. 1º.*" (cf. CVM. Edital de Audiência Pública CVM n. 02/21, de 10 mar. 2021)

[371] Também nesse sentido, ver artigo 42 da minuta de norma sobre ofertas públicas submetida a audiência pública. (cf. CVM. Edital de Audiência Pública CVM n. 02/21, de 10 mar. 2021)

disciplina as demais hipóteses em que a CVM poderá – *"a seu critério e sempre observados o interesse público, a adequada informação e a proteção ao investidor"* – dispensá-lo por completo, ou apenas requisitos específicos (artigos 4º e 5º)[372].

Vale notar que sob o novo regime proposto – mas ainda não aprovado, até a presente data –, haveria dois ritos de registro de ofertas: o rito ordinário e o rito automático, sendo que apenas o primeiro demandaria análise prévia da CVM. A definição do rito de registro e dos requisitos aplicáveis a determinada oferta seria então modulada em função de fatores como o investidor a que a oferta se destinaria, o valor mobiliário que seria ofertado, a habitualidade de acesso ao mercado de capitais pelo emissor e eventual análise prévia por entidade autorreguladora[373].

A realização de oferta pública de distribuição sem prévio registro ou dispensa pela CVM configura infração grave e sujeita os infratores às penalidades da Lei n. 6.385/1976 (artigo 59, inciso II). Além disso, a Lei n. 7.492/1986 define como crime contra o sistema financeiro nacional a emissão, oferta ou negociação de valores mobiliários sem prévio registro (artigo 7º)[374].

1.1.3 Listagem e admissão à negociação em mercado organizado

O artigo 21 da Lei n. 6.385/1976, que trata do registro de emissor, inclui previsão no sentido de que as bolsas de valores e entidades de mercado de

[372] Ainda nesse sentido, ver artigos 8º e 43 da minuta de norma submetida a audiência pública. Sobre a seção da minuta dedicada às ofertas não sujeitas à regulamentação, diz o respectivo edital *"que enumera diversas situações que poderiam causar dúvida sobre a necessidade ou não de registro junto à CVM e que, nos termos da Minuta A (art. 8º), ficam expressamente dispensadas de tal registro ("safe harbor")"*, e ainda, que *"amplia a lista similar que hoje é prevista no art. 5º da Instrução CVM n. 400, de 2003"*. (cf. CVM. Edital de Audiência Pública CVM n. 02/21, de 10 mar. 2021)

[373] De acordo com o respectivo edital, a minuta proposta *"amplia substancialmente as hipóteses de rito automático, com intuito de tornar os processos de requerimento de registro de oferta pública em geral mais ágeis"*. E destaca ainda que *"o rito automático ora proposto implica concessão do registro no momento imediatamente subsequente à submissão das informações e documentos que devem instruir o seu requerimento (art. 27), em contraste com a abordagem da Instrução CVM n. 400, de 2003, que previa produção de efeitos apenas 5 (cinco) dias úteis após o protocolo do pedido na CVM."* (cf. CVM. Edital de Audiência Pública CVM n. 02/21, de 10 mar. 2021)

[374] Ainda sobre o tema, e as consequências no âmbito civil: EIZIRIK, Nelson Laks. *Aspectos modernos do direito societário*. Rio de Janeiro: Renovar, 1992. p. 21-25; EIZIRIK, Nelson. GAAL, Ariádna. PARENTE, Flávia. HENRIQUES, Marcus de Freitas. *Mercado de capitais*: regime jurídico. 3ª ed. Rio de Janeiro: Renovar, 2011. p. 175-177.

balcão organizado podem estabelecer requisitos próprios para que os valores mobiliários sejam *admitidos à negociação* em seus recintos ou sistemas, desde que esses requisitos sejam previamente aprovados pela CVM (artigo 21, §4º)[375]. Ou seja, repetiu-se, nesse contexto, o termo empregado na definição legal de companhia aberta, e foi infeliz o legislador ao fazê-lo, como explicaremos no item 1.2.2 a seguir.

A CVM dedicou ao tema inicialmente a Instrução CVM n. 5/1978. Determinou então que as companhias abertas registradas perante a CVM para

[375] A Lei n. 9.457/1997 renumerou o dispositivo e acrescentou a referência às entidades e sistemas de mercado de balcão organizado, sendo certo que antes dessa reforma, o termo *admissão a negociação* já era também aqui empregado. Mesmo antes da promulgação da Lei n. 6.385/1976, já era prática reconhecida a formulação de exigências pelas bolsas de valores como condição para a negociação de valores mobiliários em seus recintos (cf. item V (b) da Resolução n. 88/1968). A necessidade de prévia aprovação, pela CVM, dos requisitos estabelecidos pelas bolsas, nasceu de emenda proposta no curso da tramitação do projeto de lei que deu origem à Lei n. 6.385/1976, assim justificada: "*A experiência tem mostrado que se deixarmos as condições mínimas de registro de títulos para negociabilidade no pregão sujeitas a livre pretensão de cada Bolsa, iremos criando diversos mercados regionais competitivos entre si, dificultando o funcionamento de um real mercado nacional. A CVM deverá sempre aprovar quaisquer deliberações das Bolsas nesse sentido.*" (cf. Emenda n. 10, de 12 de agosto de 1976, ao Projeto de Lei n. 2.600/1976) Antes mesmo da regulamentação dos registros antes referidos, a CVM confirmou que manteria a delegação para que as bolsas estabelecessem pré-requisitos próprios e apontou critérios que poderiam os pautar: "*Quanto às várias Bolsas de Valores, com base nos princípios de auto-regulação, a CVM manterá a delegação para que estabeleçam, individualmente, pré-requisitos adicionais para registro de companhias. Há três classes de pré-requisitos que as Bolsas de Valores podem estabelecer para a concessão de seu registro. São eles: a) Pré-requisitos estruturais, tais como: capital mínimo; rentabilidade passada; política estatutária, de dividendos; desempenho passado no que toca à distribuição de dividendos; propriedade do controle. b) Pré-requisitos quanto à potencialidade de circulação de valores mobiliários, tais como: condições de pulverização do capital ou de cada classe de valor mobiliário: número de acionistas com mais do que determinada quantidade de ações; capital em poder do público; combinação entre os dois fatores antes mencionados; aumento gradativo de dispersão; número de acionistas; fatores geográficos, etc; características dos serviços prestados pela companhia a seus acionistas: existência de departamento de acionistas com certa capacidade mínima de atendimento, agente emissor, ação escritural, etc; ação sem valor nominal; liquidez mínima. c) Pré-requisitos de natureza informativa, tais como: informações adicionais às requeridas pela CVM; exigências especiais quanto à disseminação de informações: obrigatoriedade de envio de relatório anual a todos os acionistas nominativos e ao portador que se identificarem para esta finalidade, etc. As Bolsas de Valores poderão ainda estabelecer, além desses, critérios especiais para cancelamento de registro. Recomenda-se que as Bolsas considerem a possibilidade de exigir o compromisso das companhias de obterem aprovação em Assembléia Geral antes de pleitear tal cancelamento.*" (cf. "*Política de divulgação de informações*", anexa à ata da 311ª sessão do CMN, realizada em 20 de dezembro de 1978)

negociação em bolsa deveriam requerer a admissão à negociação de seus valores mobiliários à bolsa de valores do local de sua sede, e reiterou que as bolsas poderiam estabelecer requisitos próprios (itens I e V). Essa norma foi revogada pela Instrução CVM n. 312/1999, que autorizou as companhias a postularem a admissão à negociação dos valores mobiliários a bolsa de valores de sua livre escolha, e ainda, exigiu essa admissão como condição para o deferimento do registro de emissor de que trata o artigo 21 da Lei n. 6.385/1976 (artigo 1º). Não obstante, normas anteriores da CVM sobre o registro de emissor já haviam estabelecido, como condição ao deferimento do registro para negociação em bolsa pela CVM, a admissão por bolsa de valores dos valores mobiliários da companhia à negociação (condicionada apenas à obtenção do referido registro perante a CVM)[376].

Sob a Instrução CVM n. 480/2009 não houve mais tal exigência, tampouco sob a atual Resolução CVM n. 80/2022[377]. A nova orientação foi confirmada pela CVM na audiência pública da primeira, em que decidiu eliminar tal requisito[378]. Assim sendo, sob o regime atual, o registro de emissor não fica condicionado nem ao registro de oferta pública de distribuição, nem à admissão à negociação dos valores mobiliários em mercado organizado.

[376] Cf. artigo 5º, inciso II, da Instrução CVM n. 9/1979; artigo 7º, inciso III, da Instrução CVM n. 32/1984; artigo 7º, inciso III, da Instrução CVM n. 60/1987; e artigo 7º, inciso III, da Instrução CVM n. 202/1993.

[377] Note-se que a Instrução CVM n. 312/1999 não foi expressamente revogada – nem pela Instrução n. 461/2007, que apenas revogou o seu artigo 6º, nem pela Instrução CVM n. 480/2009 ou pela Resolução CVM n. 80/2022. Não obstante, a nosso ver, os dispositivos da Instrução CVM n. 312/1999 que vinculavam o registro de emissor à admissão à negociação em bolsa de valores são incompatíveis com a sistemática da Instrução CVM n. 480/2009, reproduzida na Resolução CVM n. 80/2022. Também nesse sentido, ver PITTA, André Grunspun. Artigo 21. In: CODORNIZ, Gabriela. PATELLA, Laura (coords.). *Comentários à Lei do Mercado de Capitais – Lei n. 6.385/76*. São Paulo: Quartier Latin, 2015. p. 439-440.

[378] Em resposta a comentário formulado sobre o tema no âmbito da audiência pública, concluiu a CVM: "*O modelo implementado pela Minuta não contempla o registro de emissores que não estão autorizados a negociar seus valores mobiliários em mercado organizado. Assim, independentemente do processo de admissão na entidade administradora de mercado organizado, os registros concedidos pela CVM sempre implicam autorização para negociar valores mobiliários em mercados organizados. A verificação do registro concedido pela entidade administradora, no caso, seria desnecessária, uma vez que não alteraria o tipo de registro concedido pela CVM. Por isso, a CVM decidiu eliminar esse documento da lista a ser entregue pelo emissor que pleitear o registro.*" (cf. CVM. Relatório de audiência pública n. 07/08, p. 15)

Além disso, a Instrução CVM n. 461/2007 confirma a competência das entidades administradoras de mercado organizado para aprovar regras de organização e funcionamento, inclusive condições para admissão à negociação e manutenção da autorização à negociação de valores mobiliários nos mercados por elas administrados, bem como sobre hipóteses de suspensão e cancelamento dessa autorização para negociação[379].

Atualmente, esses requisitos estão concentrados no Regulamento para Listagem e no Manual do Emissor da B3. O regulamento inclui normas relativas à *listagem* de emissores perante a B3 e à *admissão à negociação* de valores mobiliários nos mercados organizados por ela administrados, sendo complementado pelo manual. Essa sistemática parece espelhar o sistema dual de registro das Leis n. 6.385/1976 e 6.404/1976, permitindo inclusive que a listagem e a admissão à negociação sejam pleiteadas concomitantemente. Ademais, a listagem do emissor perante a B3 pode ser pleiteada simultaneamente ao registro de emissor perante a CVM, tal como a admissão à negociação nos mercados organizados administrados pela B3 e o registro de oferta pública de distribuição pela CVM.

O referido regulamento estabelece os requisitos aplicáveis à adesão ao segmento básico dos mercados administrados pela B3 (item 4.6). Cabe ao emissor indicar o mercado pretendido no pedido de admissão (item 6.5).

[379] Cf. artigo 15, inciso V, da Instrução CVM n. 461/2007. Note-se que, em dezembro de 2019, a CVM submeteu a audiência pública minuta de norma que substituirá a Instrução CVM n. 461/2007, com o objetivo de "*dar novo tratamento regulatório a determinados assuntos considerados pela CVM essenciais para assegurar o bom funcionamento do mercado de valores mobiliários caso venha a existir no Brasil mais de um ambiente de negociação*" (cf. CVM. Edital de audiência pública SDM n. 09/2019, p. 1) A minuta proposta continua a empregar a expressão "admissão à negociação", e passa ainda a traçar a seguinte distinção com relação à "listagem" de emissores: "*A minuta estabelece uma distinção entre a atividade de listagem de emissores e a de admissão de valores mobiliários à negociação. A listagem depende de solicitação do emissor e aceitação da entidade administradora de mercado organizado que deve supervisionar o cumprimento das obrigações que imponha ao emissor, bem como estabelecer mecanismos que permitam a tempestiva divulgação de informações relativas à suspensão ou exclusão de valores mobiliários às demais entidades administradoras que os admitam à negociação as quais, por sua vez, deverão assegurar o cumprimento imediato da decisão tomada pela entidade responsável pela listagem. A admissão à negociação de valores mobiliários é ato unilateral da entidade administradora de mercado organizado que prescinde de autorização do emissor quando este já tenha sido previamente listado por outra entidade administradora do mercado. A exigência visa garantir a existência de* gatekeeper *com relação às obrigações de divulgação de informações.*" (cf. CVM. Edital de audiência pública SDM n. 09/2019, p. 7)

Caso opte por pleitear admissão à negociação nos segmentos especiais do mercado de bolsa, como o Novo Mercado, deverá ainda atender aos requisitos próprios dos regulamentos específicos (item 4.7).

A listagem garante ao emissor o direito de ter valores mobiliários de sua emissão admitidos à negociação nos mercados organizados administrados pela B3, observados os requisitos e procedimentos aplicáveis (item 5.1). Ou seja, é uma condição para que o emissor possa pleitear à B3 a admissão à negociação, o que também é possível caso o emissor seja expressamente dispensado da listagem pela B3 ou listado em outra entidade administradora (item 6.1 (a)).

Contudo, o diretor presidente da B3 tem poder discricionário para decidir sobre o pedido de listagem do emissor (item 4.12), e pode indeferi-lo caso entenda que a negociação dos valores mobiliários poderia ser prejudicial ao funcionamento dos mercados organizados administrados pela B3 e à sua imagem e reputação enquanto entidade administradora, assim como aos requisitos e princípios que embasam os segmentos especiais (item 4.15 (b)). Isso vale também para a admissão à negociação dos valores mobiliários (item 6.9 (c))[380].

Adicionalmente, a listagem sujeita os emissores, seus acionistas controladores e administradores, a um conjunto adicional de obrigações estabelecido pela B3, cujo descumprimento sujeita o emissor a sanção (Capítulos 5 e 10). Um exemplo de exigência imposta pela B3 aos emissores nela listados é o dever de manter a cotação dos valores mobiliários de sua emissão admitidos à negociação dentro dos valores mínimos estabelecidos pela B3 (item 5.2 (f))[381]. Os regulamentos dos segmentos especiais contêm uma série de obrigações adicionais, voltadas à adoção de padrões mais rigorosos de governança corporativa. O Regulamento disciplina ainda a retirada de negociação de determinada espécie ou classe de valor mobiliário (itens 8.1 a 8.3), bem como

380 Vide também item 6.2.18.1 (iii) do manual do emissor. O §1º do artigo 57 da Instrução CVM 461/2007 confirma essa discricionariedade: "§1º A admissão à negociação em mercado organizado de valores mobiliários específico depende de decisão da respectiva entidade administradora responsável."

381 Vide também itens 5.1.2 (vi) e 5.2 do manual do emissor. Outras obrigações incluem: realizar oferta pública de aquisição dos valores mobiliários de sua emissão nas hipóteses e na forma prevista no regulamento, quando aplicável, e observar os procedimentos estabelecidos pela B3 para a distribuição de proventos e para a divulgação de atos ou fatos relevantes (item 5.2, (h), (i) e (j) e item 5.1.2 (viii) a (x), respectivamente).

o cancelamento de listagem do emissor, sendo que apenas o cancelamento faz com que o emissor deixe de se sujeitar às obrigações antes mencionadas (item 9.5).

Por fim, o Regulamento ressalva que a listagem do emissor na B3 ou a admissão de seus valores mobiliários à negociação nos mercados organizados administrados pela B3 não caracterizam recomendação de investimento e não implicam julgamento, por parte da B3, acerca da qualidade ou veracidade das informações divulgadas pelo emissor, dos riscos inerentes às suas atividades ou de sua situação econômico-financeira (item 11.1).

Ainda que esses requisitos próprios sejam previamente aprovados pela CVM, entendemos que a listagem e a admissão à negociação em mercado organizado não integram o sistema dual de registro das Leis n. 6.385/1976 e 6.404/1976. Trata-se de regime separado e complementar, com características específicas, administrado por entidade de direito privado, com margem de discricionariedade, que não impede ou vincula o registro de emissor ou de oferta pública de distribuição de valores mobiliários perante a CVM. A relação entre a entidade administradora e os emissores listados, cujos valores mobiliários sejam admitidos à negociação em mercados organizados por ela administrados, tem natureza privada, ainda que temperada pelo interesse público associado às atividades conduzidas nesses mercados[382].

1.2 Companhia aberta: valores mobiliários *"admitidos à negociação"*?

O exame do sistema dual de registro conduz naturalmente à indagação quanto a o que constitui a *admissão à negociação* dos valores mobiliários para fins de enquadramento como companhia aberta. Pergunta-se: é suficiente a tanto o registro para negociação pública de valores mobiliários ou é necessária sua efetiva negociação? São necessários ambos os registros, ou basta o registro do emissor? E mais, a listagem e a admissão à negociação em mercado organizado integram, ou se confundem, com a admissão à negociação dos valores mobiliários para fins de enquadramento como companhia aberta? É o que se passa a examinar.

[382] Sobre o tema, ver PITTA, André Grunspun. Artigo 21. In: CODORNIZ, Gabriela. PATELLA, Laura (coords.). *Comentários à Lei do Mercado de Capitais – Lei n. 6.385/76*. São Paulo: Quartier Latin, 2015. p. 464-465.

1.2.1 Divergência doutrinária: conceito formal ou material?

Para responder à indagação inaugural, é importante inicialmente ponderar os objetivos que pautaram a disciplina legal da companhia aberta. Nesse sentido, reitera-se que a lei brasileira adotou definição propositalmente ampla de companhia aberta. E isso foi feito, de acordo com a Exposição de Motivos da Lei n. 6.404/1976, com base na percepção de que "*toda companhia que faz apelo – por mínimo que seja – à poupança pública, cria, ao ingressar no mercado de capitais, relações que não existem na companhia fechada*", e que exigem tutela específica[383].

Seguindo esse raciocínio, faria sentido considerar que o fator a atrair a incidência dessa tutela especial é a oferta pública de distribuição de valores mobiliários, isto é, o efetivo apelo à poupança popular. Em outras palavras, esse fundamento, isoladamente considerado, parece conduzir à interpretação – equivocada, a nosso ver (vide item 1.2.2) – de que se enquadram como abertas as companhias cujos valores mobiliários estejam admitidos à negociação nesse mercado, entendendo-se a *admissão à negociação* como sinônimo de efetiva distribuição ou negociação pública. Não obstante, há outros importantes fatores a serem considerados na interpretação do dispositivo legal.

Especialmente, cumpre lembrar que a mesma Exposição de Motivos diz também que o conceito de companhia aberta "*se ajusta à legislação do mercado de capitais em vigor (Lei nº 4.728, de 14.7.1965), que submete à disciplina especial as companhias com valores mobiliários distribuídos no mercado, ou negociáveis mediante oferta pública (arts. 16 e 19 a 21)*"[384]. Ou seja, a definição legal de companhia aberta foi pensada dentro da estrutura da Lei n. 4.728/1965, regulamentada pela Resolução n. 88/1968, que já incluía a exigência de prévio registro, e foi posteriormente espelhada na Lei n. 6.385/1976, ainda que com algumas distinções.

Mais ainda, a referida Exposição de Motivos explicita que "[o]*s preceitos do artigo 4º e seu parágrafo único pressupõem a disciplina do mercado de valores mobiliários objeto de outro projeto de lei, que cria a Comissão de Valores Mobiliários*"[385]. Isto é, o conteúdo da definição legal de companhia aberta é vinculado à, ou preenchido

383 Cf. Exposição de Motivos n. 196/1976.

384 Cf. Exposição de Motivos n. 196/1976.

385 Cf. Exposição de Motivos n. 196/1976.

pela, disciplina da Lei n. 6.385/1976, que passou a reger o mercado de valores mobiliários em substituição à Lei n. 4.728/1965.

Se a companhia aberta é aquela cujos valores mobiliários estejam *admitidos à negociação*, e para que esses valores mobiliários se tornem negociáveis é condição o registro, poder-se-ia concluir então que o registro é fator determinante ao enquadramento como companhia aberta, mas não necessariamente a efetiva negociação pública. Sob essa perspectiva, a *admissão à negociação* representaria a potencialidade da negociação, a negociabilidade, que o registro garante.

Essa questão é objeto de divergência doutrinária. Duas principais correntes de interpretação podem ser identificadas: *(i)* de um lado, aqueles que entendem que a definição legal de companhia aberta é conceito *formal*, e, *(ii)* de outro, aqueles que defendem que se trata, ao contrário, de conceito *material*. Apesar de sua inegável relevância prática, não são muitos os estudos que enfrentam diretamente essa questão, no mais das vezes brevemente mencionada em comentários gerais ao artigo 4º da Lei n. 6.404/1976[386].

A corrente que sustenta que a definição legal de companhia aberta traduz conceito *material*, de modo que a *admissão à negociação* pressuporia a efetiva negociação dos valores mobiliários, parece ter sido encampada por Lamy e Bulhões. Afirmavam os coautores dos respectivos anteprojetos que o que caracteriza a companhia aberta é "*a distribuição de emissão ou negociação dos seus títulos nos mercados organizados, e toda companhia que não participe desse modo dos mercados de capitais é, na definição legal, fechada*"[387].

[386] Essa dificuldade é apontada por Yazbek: "*É interessante destacar que a maior parte dos autores passa pelo tema sem dedicar maior atenção a essa diferenciação entre um conceito material e um conceito formal de companhia aberta, malgrado ela seja não apenas polêmica, como se pode ver do trecho acima transcrito, como também essencial para a adequada caracterização das companhias abertas.*" (cf. YAZBEK, Otavio. "As companhias abertas – sua caracterização, as vantagens e as desvantagens da abertura de capital". In: FINKELSTEIN, Maria Eugênia. PROENÇA, José Marcelo Martins (coords.). *Direito societário:* sociedades anônimas. 3ª ed. São Paulo: Saraiva, 2014. p. 111 (cf. nota de rodapé n. 4))

[387] Cf. LAMY FILHO, Alfredo. BULHÕES PEDREIRA, José Luiz. *Direito das companhias*. 2ª ed. Rio de Janeiro: Forense, 2017. p. 98. Em sentido semelhante, comentavam: "*Os mecanismos básicos do funcionamento interno das companhias abertas e fechadas são os mesmos, mas, nas relações com o público as companhias abertas assumem obrigações relevantes e específicas com os participantes dos mercados de valores mobiliários, e o público em geral. Com efeito, a diferença mais importante entre a companhia fechada e a aberta é que esta, além das relações (internas) com os investidores do mercado que são seus acionistas, mantém – pelo fato de participar do mercado como emissora de valores mobiliários*

Ainda nessa linha, Carvalhosa sustenta que o critério adotado pela lei para distinguir as companhias abertas e fechadas é a forma de financiamento das atividades empresariais – isto é, se a companhia é financiada pelos próprios acionistas ou por um grupo previamente conhecido de terceiros subscritores, ou se busca captar recursos junto ao público – e que basta que haja oferta junto ao público investidor para o enquadramento como companhia aberta[388].

Em sentido oposto, a corrente que entende que a definição legal de companhia aberta configura conceito *formal*, de modo que a *admissão à negociação* pressupõe tão somente o registro, parece reunir maior número de apoiadores.

negociados mediante oferta pública – relações com todos os investidores do mercado – inclusive os que não são titulares de valores mobiliários de sua emissão, mas apenas adquirentes em potencial desses valores." (cf. LAMY FILHO, Alfredo. BULHÕES PEDREIRA, José Luiz. *A Lei das S.A.*: pressupostos, elaboração, aplicação. 3ª ed. Rio de Janeiro: Renovar, 1997. Vol. I. p. 84)

388 "*O critério adotado pela Lei n. 6.404, de 1976, é o de financiamento de sociedade. Se esta obtém recursos de capital mediante a subscrição de ações pelos próprios acionistas ou por grupo restrito de pessoas, mediante o exercício do direito de preferência dos acionistas ou de contrato de participação acionária, celebrado com terceiros subscritores, previamente conhecidos, temos uma sociedade fechada. Entende-se, nesses casos de financiamento da companhia pelos próprios acionistas ou por um grupo previamente conhecido de terceiros subscritores, que estes podem tutelar seus interesses no próprio âmbito contratual, dispensando, consequentemente, a tutela pública. (...) Quando, por outro lado, a companhia procura recursos de capital próprio (ações) ou de terceiros (debêntures) junto ao público, oferecendo a qualquer pessoa desconhecida ações e debêntures de sua emissão, temos uma companhia aberta. Neste caso, em face da dispersão dos tomadores de valores mobiliários emitidos pela companhia, que se presume incapazes de formar uma comunidade apta a defender eficazmente seus interesses perante aquela, seus controladores e administradores, a lei estabelece um regime especial de tutela do Poder Público em favor dessa coletividade de acionistas, debenturistas e demais portadores de títulos acionários. (...) Se a sociedade logra ou não colocar seus títulos em consequência da oferta, pouco importa. Basta que haja oferta junto ao público investidor para que, sobre a sociedade, incida o regime especial de tutela estatal previsto na lei.*" (cf. CARVALHOSA, Modesto. *Comentários à Lei de Sociedades Anônimas.* 4ª ed. São Paulo: Saraiva, 2002. p. 47) Prossegue o autor: "*Em consequência, a maneira de configurar esse regime é simples. Basta que as ações tenham sido negociadas no mercado de valores mobiliários por meio de qualquer instituição que o integre (bancos de investimento, sociedades corretoras, distribuidoras, agentes autônomos, etc.), ou, então, se houver inclusão dessas ações em qualquer fundo de investimento, para que a sociedade emissora das ações, debêntures, bônus de subscrição, certificados de depósito de ações, partes beneficiárias, seja caracterizada como companhia aberta.*" (cf. CARVALHOSA, Modesto. *Comentários à Lei de Sociedades Anônimas.* 4ª ed. São Paulo: Saraiva, 2002. p. 48)

Nesse sentido, afirmavam Requião[389] e Costa[390] que a companhia é aberta ou fechada conforme tenha ou não os valores mobiliários de sua emissão registrados na CVM.

Também Yazbek entende que houve mudança de orientação, visto que as sociedades anônimas de capital aberto eram caracterizadas a partir de critério material, e foi rigorosamente distinta a opção da lei societária de 1976. Diz, quanto às companhias abertas, que *"o art. 4º passou a definir tais companhias a partir daquela obrigatoriedade de registro. A negociabilidade nele consagrada não se confunde com a concreta negociação dos títulos, que é situação de fato"*[391].

Na mesma linha, Pitta ressalta que a autorização para negociação concedida por meio do registro é o marco para a incidência dos regimes societário e informacional próprios às companhias abertas[392].

Bulhões escreve que *admitidos à negociação* significa *"aceitos, acolhidos para troca no mercado, como objeto de operações nele realizadas"*, e essa admissão *"resulta de ato administrativo da CVM, de concessão de registro prescrito na lei.*

[389] *"Assim, uma companhia será considerada companhia aberta, segundo o texto da lei, se seus valores mobiliários forem* registrados *na Comissão de Valores Mobiliários."* (cf. REQUIÃO, Rubens. *Comentários à lei das sociedades anônimas.* São Paulo: Saraiva, 1978. p. 42)

[390] *"Uma companhia é aberta, reza o texto, quando as ações do seu capital e outros valores mobiliários da sua emissão estejam registrados na Comissão de Valores Mobiliários."* (cf. COSTA, Philomeno J. da. *Anotações às companhias.* Vol. I. São Paulo: Revista dos Tribunais, 1980. p. 124)

[391] Cf. YAZBEK, Otavio. "As companhias abertas – sua caracterização, as vantagens e as desvantagens da abertura de capital". In: FINKELSTEIN, Maria Eugênia. PROENÇA, José Marcelo Martins (coords.). *Direito societário:* sociedades anônimas. 3ª ed. São Paulo: Saraiva, 2014. p. 110-111.

[392] *"A autorização para negociação concedida por meio do registro do emissor perante a CVM tem por principal efeito a sua sujeição, a partir de então, ao regime societário próprio e às obrigações especiais aplicáveis às companhias abertas (impostas pela própria Lei n. 6.404/76 ou pela CVM, no exercício da competência a ela atribuída nos termos do artigo 22 §1º da Lei n. 6.385/76), e principalmente ao regime informacional obrigatório a que se sujeitam os emissores de valores mobiliários."* (cf. PITTA, André Grunspun. Artigo 21. In: CODORNIZ, Gabriela. PATELLA, Laura (coords.). *Comentários à Lei do Mercado de Capitais – Lei n. 6.385/76.* São Paulo: Quartier Latin, 2015. p. 447) Comenta ainda que *"a expressão "admitidos à negociação" não faz alusão somente ao ingresso desses valores mobiliários em um determinado tipo de sistema de negociação administrado por uma entidade administradora (e.g. de bolsa ou de balcão), mas sim à sua aptidão a serem negociados, genericamente, no mercado de valores mobiliários."* (cf. PITTA, André Grünspun. *A capitalização da empresa e o mercado de valores mobiliários.* São Paulo: Quartier Latin, 2018. p. 187) Contudo, como veremos adiante no Capítulo 3, o autor entende que o enquadramento como companhia aberta ocorre também nas hipóteses de dispensa de registro.

É esse ato administrativo que qualifica a emissora dos valores mobiliários como companhia aberta"[393].

Já Tannous defende que a interpretação sistemática da lei conduz à conclusão de que o elemento distintivo para o enquadramento como companhia aberta reside na obtenção do registro de companhia aberta (e não na "*admissão dos valores mobiliários à negociação no mercado*"). Diante disso, e da possibilidade de dispensa de registro, comenta que a definição legal de companhia aberta "*não parece ser a mais precisa diante do arcabouço regulatório vigente atualmente*"[394].

Por fim, para Tellechea o critério de distinção "*tem por base a natureza do financiamento obtido pela sociedade*". Conclui, todavia, que, tendo em vista o teor do §1º do artigo 1º da Instrução CVM n. 480/2009 (atualmente reproduzido no §1º do artigo 2º da Resolução CVM n. 80/2022), o registro da companhia aberta perante a autarquia "*é suficiente para caracterizar uma companhia como aberta, não sendo necessária a existência de um pedido concomitante ou posterior de distribuição de valores mobiliários, nem a efetiva negociação dos valores porventura emitidos*"[395].

Outros autores manifestam-se em sentido semelhante[396].

393 Cf. BULHÕES, Carlos Eduardo. Comentários aos arts. 4º e 4º-A da Lei das Sociedades Anônimas. In: *Revista de Direito Bancário e do Mercado de Capitais.* N. 23. São Paulo: Revista dos Tribunais, janeiro-março de 2004. p. 108-109. No mesmo sentido, confirma o autor (p. 110): "*O registro de emissão de valores mobiliários na CVM, visando à sua distribuição no mercado, submete a companhia emissora ao regime das companhias abertas, embora a concessão do registro não caracterize ou tipifique* ato de distribuição *ou* emissão pública*: é possível que os valores mobiliários não venham a ser efetivamente distribuídos (= colocados) no mercado, e que nova assembleia geral delibere revogar a autorização para a sua criação e emissão – hipótese em que não incide a norma do §4º do art. 4º da Lei das Sociedades Anônimas.*" Contudo, sobre os registros pontua o autor: "*Se determinada sociedade anônima requer e obtém o registro do art. 21, I, da Lei 6.385/1996, ela passa a integrar a categoria de "companhias abertas"; esse status não resulta da obtenção (anterior ou simultânea) de registro de companhia aberta em atendimento a ato regulamentar da CVM, pois não é esse registro (mas um daqueles outros) que a insere na categoria de companhias abertas.*" (cf. BULHÕES, Carlos Eduardo. Comentários aos arts. 4º e 4º-A da Lei das Sociedades Anônimas. In: *Revista de Direito Bancário e do Mercado de Capitais.* N. 23. São Paulo: Revista dos Tribunais, janeiro-março de 2004. p. 116)

394 Cf. TANNOUS, Thiago Saddi. *Proteção à liquidez no mercado de capitais brasileiro.* São Paula: Quartier Latin, 2018. p. 115-116.

395 Cf. TELLECHEA SILVA, Rodrigo. *Sociedades anônimas fechadas:* direitos individuais dos acionistas e cláusula compromissória estatutária superveniente. Tese de Doutorado. Orientador Prof. Associado Dr. Erasmo Valladão Azevedo e Novaes França. Universidade de são Paulo, Faculdade de Direito, São Paulo – SP, 2015. p. 239-240. Prossegue o autor: "*Desse modo,*

1.2.2 O registro como requisito de admissão à negociação, *de lege lata*

Em nossa opinião, o exame do conceito de companhia aberta das Leis n. 6.385/1976 e 6.404/1976 e das normas legais e regulamentares sobre o tema

ganha relevância o exame conjunto dos §§ 1.º e 2.º do art. 4.º da Lei n. 6.404/76, com a redação dada pela Lei 10.303/01, que exigem o registro prévio não apenas da companhia, mas também da distribuição de valores mobiliários perante a CVM, sem, no entanto, fundir as duas espécies de registro em uma, o que acabaria por confundi-las por inteiro. Resta evidente, portanto, que, salvo nos casos de dispensa de registro, a lei societária e do mercado de capitais aliada às normas expedidas pela CVM condicionam a caracterização de companhia aberta ao prévio registro da companhia emissora no órgão regulador – e não ao pedido de oferta pública de valores mobiliários – ou à efetiva negociação, que é situação de fato, podendo ou não ocorrer, diferenciando o pedido do registro de companhia aberta do pedido de oferta de distribuição de seus títulos. Porém, em regra, para a efetiva negociação de valores mobiliários no âmbito do mercado de capitais, os registros de companhia aberta e o de oferta pública se fazem necessários." (p. 240-241) Por outro lado, Tellechea aponta que a diferença entre companhias abertas e fechadas é substancial, e não apenas formal: *"Afirmar que a diferença é também qualitativa significa dizer que o critério que diferencia os subtipos em aberta e fechada não está restrito ao conceito da lei, ao universo da oferta – pública ou particular –, ao registro no órgão regulador, à possibilidade de ampla negociação e à forma de subscrição das ações, mas também à natureza institucional ou contratual das normas que formam as sociedades e, por conseguinte, das consequências que decorrem dessa constatação."* (p. 247) No mesmo sentido: TELLECHEA, Rodrigo. Autonomia privada no direito societário. São Paulo: Quartier Latin, 2016.p. 249-252; TELLECHEA, Rodrigo. Artigo 22. In: CODORNIZ, Gabriela. PATELLA, Laura (coords.). *Comentários à Lei do Mercado de Capitais – Lei n. 6.385/76.* São Paulo: Quartier Latin, 2015. p. 497-501; 506.

[396] Na mesma direção, merecem registro os seguintes posicionamentos (além das demais referências citadas ao longo deste trabalho): para Castro, a admissão à negociação pressupõe o registro, de modo que *"para submeter-se ao regime de companhia aberta, não é necessário que se negociem valores mobiliários, podendo isso eventualmente jamais ocorrer"* (cf. CASTRO, Rodrigo R. Monteiro de. Capítulo 5 – A sociedade por ações brasileira. In: ARAÚJO, Danilo Borges dos Santos Gomes de. *Regulação brasileira do mercado de capitais.* São Paulo: Saraiva, 2015. p. 208); para Tokars, *"a lei é clara ao estabelecer a necessidade da admissão, ou autorização, da oferta pública dos valores mobiliários, afastando-se do sistema material de enquadramento (baseado na negociação efetiva, e não na autorização da operação) vigente do direito norte-americano. (...) De outro lado, para fins de classificação não se considera como necessária a efetiva negociação dos valores mobiliários de forma pública, bastando a existência de autorização da Comissão de Valores Mobiliários para esta forma de oferta."* (cf. TOKARS, Fábio. Comentários ao artigo 4º. In: BERTOLDI, Marcelo (coord.). *Reforma da lei das sociedades anônimas:* comentários à Lei n. 10.303, de 31.10.2001. 2ª ed. São Paulo: Revista dos Tribunais, 2002. p. 30-31); *"Companhia aberta é uma sociedade por ações (S.A.) que, mediante a obtenção do registro perante a CVM, está autorizada a ter seus valores mobiliários negociados publicamente, tanto em bolsas de valores, quanto no mercado de balcão, organizado ou não."* (cf. LANG, Henrique. MYANAKI, Cauê. CHAUFFAILE. Gustavo. Capítulo 8 – Principais Agentes do Mercado. In: CVM. *Direito do mercado de valores mobiliários.* 1ª ed. Rio de Janeiro: CVM, 2017. p. 302); *"São companhias abertas, portanto, aquelas que possuem registro na Comissão*

confirma que o registro corresponde ao requisito de admissão à negociação para fins do enquadramento como companhia aberta. Nesse sentido, quanto à divergência consignada, entendemos mais adequada a interpretação de que a definição legal de companhia aberta traduz critério *formal*.

Além dos importantes apontamentos da Exposição de Motivos da Lei n. 6.404/1976 – no sentido de que o conceito de companhia aberta se ajustou à disciplina da Lei n. 4.728/1965 e pressupõe a disciplina da Lei n. 6.385/1976, mencionados no item anterior –, corroboram esse entendimento os elementos principais examinados a seguir.

Em primeiro lugar, não se pode ignorar a opção do legislador de 1976 por empregar, na definição legal de companhia aberta das Leis n. 6.385/1976 e 6.404/1976, a locução "*admitidos à negociação*" – e não, meramente, "*negociados*". Essa opção semântica não parece sem sentido. O verbo *admitir*, em acepção frequente, é sinônimo de *permitir* ou *autorizar*. Seu emprego na definição legal de companhia aberta condiz com a concepção do registro como requisito

de Valores Mobiliários." (cf. SILVA, Francisco Costa e. MARTINS NETO, Carlos. *A utilização do instituto da incorporação de ações como forma de burlar a exigência legal de OPA para fechamento de capital*. 2007. p. 6. Disponível em: https://www.bocater.com.br/wp-content/uploads/2013/10/artigo-2008-062.pdf. Acesso em: 09 ago. 2019). Em acréscimo, registra-se ainda os seguintes comentários sobre o tema: "*A companhia aberta é aquela que capta recursos junto ao público, ou seja, tem valores mobiliários de sua emissão publicamente negociados, em Bolsa de Valores ou no mercado de balcão*." (cf. EIZIRIK, Nelson. A oferta pública de distribuição de valores mobiliários. In: *Direito societário*. Estudos e pareceres. São Paulo: Quartier Latin, 2015. p. 427); "*Na realidade o conceito de companhia aberta, em nosso direito positivo, está centrado atualmente não mais na eventual dispersão das ações (como ocorria anteriormente, com as Sociedades Anônimas de Capital Aberto, na forma da Resolução 106/68 do Conselho Monetário Nacional), mas no fato de recorrer a companhia ao mercado de capitais, oferecendo publicamente valores mobiliários de sua emissão*." (cf. EIZIRIK, Nelson Laks. *Aspectos modernos do direito societário*. Rio de Janeiro: Renovar, 1992. p. 5); e ainda, em conjunto com Carvalhosa, comentou Eizirik que "*a companhia aberta continua sendo distinguida da companhia fechada pelo fato de ter os valores mobiliários de sua emissão publicamente negociados*" (cf. CARVALHOSA, Modesto. EIZIRIK, Nelson. *A nova Lei das S/A*. São Paulo: Saraiva, 2002. p. 33); Para Teixeira e Tavares Guerreiro, "*as sociedades abertas são conceituadas, não em função do grau de sua difusão acionária entre o público, mas em função da negociação, por menor que seja, de seus valores mobiliários no mercado de bolsa ou de balcão*". (cf. TEIXEIRA, Egberto L. GUERREIRO, José Alexandre Tavares. *Das sociedades anônimas no Direito brasileiro*. São Paulo: José Bushatsky, 1979. p. 111) Apontam também que "[a]*o registro de companhia aberta faz referência o parágrafo único do art. 4º da Lei n. 6.404, como condição de distribuição no mercado e negociação em bolsa ou no mercado de balcão. Como o conceito legal de companhia aberta depende dessa negociação, segue-se que tal condição (de companhia aberta) depende do registro da companhia na CVM*". (cf. TEIXEIRA, Egberto L. GUERREIRO, José Alexandre Tavares. *Das sociedades anônimas no Direito brasileiro*. São Paulo: José Bushatsky, 1979. p. 35) para o acesso ao mercado para distribuição e negociação pública de valores mobiliários.

Todavia, esse entendimento não se baseia exclusivamente em interpretação literal, mas também, e sobretudo, na interpretação sistemática do *caput* do artigo 4º da Lei n. 6.404/1976 e de seus parágrafos, bem como do *caput* do artigo 22 e dos artigos 19 e 21 da Lei n. 6.385/1976.

Isso porque a definição legal de companhia aberta foi assumidamente formulada levando em consideração a estrutura então vigente de organização do mercado, da Lei n. 4.728/1965, posteriormente espelhada, ainda que com algumas distinções, na Lei n. 6.385/1976. A obrigatoriedade de prévio registro da companhia emissora e da oferta pública de distribuição de valores mobiliários é traço marcante dos regimes anterior e atual.

A reiteração da regra geral da obrigatoriedade de registro da companhia emissora no parágrafo único do artigo 4º – renumerado para §1º no âmbito da reforma de 2001 – orienta e complementa a definição legal de companhia aberta do *caput*, devendo ser interpretados em conjunto. A leitura que se extrai da conjugação desses dispositivos é no sentido de que configura companhia aberta, para os fins legais, aquela cujos valores mobiliários estejam admitidos à negociação, para tanto se fazendo necessário o registro da companhia perante a CVM[397].

Já quanto à Lei n. 6.385/1976, a opção do legislador de 1976 por nela repetir a definição legal de companhia aberta corrobora também a conclusão de que esta é vinculada e preenchida pelas normas sobre registro. Não passa despercebido o paralelismo entre o *caput* do artigo 22 da Lei n. 6.385/1976, que define como aberta a companhia cujos valores mobiliários estejam admitidos à negociação em bolsa ou mercado de balcão, e o artigo 21 do mesmo diploma, que prevê que a CVM manterá o registro para negociação em bolsa

[397] Nesse sentido, o posterior acréscimo do §2º ao artigo 4º da Lei n. 6.404/1976, promovido no âmbito da reforma de 2001, parece confirmar a relevância da sistemática do registro à adequada compreensão da definição legal de companhia aberta. Ou seja, ainda que a regra geral da obrigatoriedade de registro de distribuição pública de valores mobiliários já constasse do artigo 19 da Lei n. 6.385/1976, entendeu por bem o legislador reiterá-la no âmbito do artigo 4º da Lei n. 6.404/1976, que passou então a retratar de maneira mais completa o sistema dual de registro da Lei n. 6.385/1976.

e o registro para negociação em mercado de balcão, além do registro de que trata o artigo 19[398].

Algumas interpretações acerca da definição legal de companhia aberta remetem ao antigo conceito de *sociedade anônima de capital aberto*[399]. Porém, não nos parece determinante, para a interpretação da definição legal de companhia aberta, o fato de as sociedades anônimas de capital aberto terem sido antes definidas a partir de critérios materiais. Isso porque o conceito fiscal de sociedade anônima de capital aberto não se confunde com a definição legal de companhia aberta, tendo sido desenhado para atender a objetivos e funções distintos, em outro contexto. Ademais, entendemos que o conceito de companhia aberta não encontra origem no conceito fiscal de sociedade anônima de capital aberto, e sim na distinção embrionariamente traçada, entre companhias que acessavam ou não o mercado, pela Lei n. 4.728/1965, por mais que tenha auxiliado a difundir a consciência em torno dessa distinção. Portanto, o fato de as Leis n. 6.385/1976 e 6.404/1976 não terem importado os critérios empregados para o enquadramento como sociedade anônima de capital aberto sob a égide da Lei n. 4.728/1965 não parece permitir que se extraia conclusão definitiva sobre o tema, tampouco a posterior consolidação desses conceitos. Todavia, destaca o quão distinta foi a abordagem do legislador ao definir o universo de destinatários da disciplina da companhia aberta, ciente talvez das dificuldades enfrentadas na tentativa de estipular critérios materiais condizentes com a realidade subjacente e com o projeto político da época.

398 É interessante notar que, no curso da tramitação do projeto de lei que deu origem à Lei n. 6.385/1976, foi apresentado substitutivo pelo Deputado Cunha Bueno, cujo artigo 28 repetia a definição de companhia aberta do projeto original, com um acréscimo ao final: "*Art. 28 – Para os efeitos desta Lei, considera-se aberta a companhia cujos valores mobiliários sejam admitidos à negociação em bolsa de valores ou no mercado de balcão, mediante registro próprio.*" Esse acréscimo parece indicar que prevalecia à época o entendimento no sentido de que o "registro próprio" é elemento definidor do enquadramento como companhia aberta, especialmente se lido em conjunto com o artigo 26 daquele mesmo projeto. O artigo 26 assim dispunha: "*Art. 26 – Somente poderão ser negociados nas bolsas de valores os valores mobiliários criados por companhias registradas para esse fim na Comissão de Valores Mobiliários – CVM, sem prejuízo dos requisitos exigidos pelas bolsas de valores.*" Note-se, contudo, que o substitutivo do Deputado Cunha Bueno foi rejeitado, por inteiro, pois preferiu-se à época dar continuidade ao projeto do Governo, com alterações pontuais.

399 Vide item 1.5 do Capítulo 1 da Parte I.

Uma vez explicitados os principais elementos que nos levam a entender que a *admissão à negociação* de que trata a definição legal de companhia aberta corresponde ao registro, cumpre então analisar a qual registro, em particular, ou a quais registros, se refere.

Nesse ponto, a interpretação sistemática do *caput* do artigo 4º da Lei n. 6.404/1976 e de seu parágrafo único, posteriormente renumerado para §1º, parece, à primeira vista, conduzir à conclusão de que a admissão à negociação se refere ao registro da companhia emissora, como mencionado. E essa conclusão parece ser corroborada pelo paralelismo antes apontado entre o *caput* do artigo 22 e o artigo 21 da Lei n. 6.385/1976.

Nesse sentido, o registro de companhia aberta é ato administrativo da CVM que autoriza a negociação pública de valores mobiliários de emissão da companhia[400]. Já o cancelamento desse registro é ato administrativo inverso da CVM, isto é, que desconstitui esse *status* de negociabilidade dos valores mobiliários[401].

400 Nas palavras de Lamy e Bulhões, "[o] *registro de companhia aberta constitui autorização para negociação permanente dos valores mobiliários, tanto pela companhia quanto pelos titulares dos valores* (...)". (cf. LAMY FILHO, Alfredo. BULHÕES PEDREIRA, José Luiz. *Direito das companhias.* 2ª ed. Rio de Janeiro: Forense, 2017. p. 107) Também nesse sentido, Carlos Eduardo Bulhões comenta que o registro confere aos valores mobiliários da companhia aberta *status* que os distingue dos valores mobiliários da companhia fechada, referente à negociabilidade em mercado aberto e à possibilidade do titular deles dispor a qualquer tempo, em condições de livre oferta. (cf. BULHÕES, Carlos Eduardo. Comentários aos arts. 4º e 4º-A da Lei das Sociedades Anônimas. In: *Revista de Direito Bancário e do Mercado de Capitais.* n. 23. São Paulo: Revista dos Tribunais, janeiro-março de 2004. p. 117)

401 "*Cancelamento de registro de companhia aberta é o ato da CVM de desconstituição do registro da companhia naquela autarquia, que é requisito legal para que os valores mobiliários de sua emissão sejam negociados em bolsa e nos mercados de balcão, organizados ou não. O cancelamento é da maior importância para os titulares dos valores mobiliários da companhia aberta, pois implica perda da liquidez própria dos valores negociados nos mercados, e da proteção de seus titulares decorrente do exercício, pela CVM, de suas atribuições legais de fiscalizar os mercados e as companhias abertas. A disciplina legal e regulamentar do cancelamento visa a proteger os interesses dos titulares de valores mobiliários em circulação no mercado.*" (cf. LAMY FILHO, Alfredo. BULHÕES PEDREIRA, José Luiz. *Direito das companhias.* 2a ed. Rio de Janeiro: Forense, 2017. p. 107); "*O cancelamento de registro de companhia aberta, também denominado, na terminologia do mercado, de "fechamento de capital", constitui o procedimento mediante o qual uma companhia aberta torna-se fechada, inviabilizando a negociação dos valores mobiliários de sua emissão em bolsa de valores ou no mercado de balcão.*" (cf. EIZIRIK, Nelson. GAAL, Ariádna. PARENTE, Flávia. HENRIQUES, Marcus de Freitas. *Mercado de capitais:* regime jurídico. 3a ed. Rio de Janeiro: Renovar, 2011. p. 585)

Não obstante, desde a origem – isto é, desde a promulgação da Lei n. 6.385/1976 –, dispunha o §2º do artigo 21 que o registro do artigo 19 daquele diploma importava registro para o mercado de balcão, mas não para bolsa. Essa regra foi mantida pelas sucessivas reformas, que adaptaram o dispositivo para esclarecer que o registro do artigo 19 tampouco importa registro para balcão organizado.

Portanto, ainda que em um momento inicial a interpretação sistemática desses dispositivos faça com que as atenções se concentrem no registro da companhia emissora, a própria disciplina legal deste, quando analisada em maior detalhe, exige compreensão mais abrangente.

Nesse sentido, vale notar que apesar de as Leis n. 6.385/1976 e 6.404/1976 ambas reiterarem a obrigatoriedade do registro de companhia emissora e daquele de distribuição pública de valores mobiliários (ainda que a segunda o faça somente desde a última grande reforma), delas não decorre qualquer vinculação entre esses registros. Em outras palavras, a obrigatoriedade de pleito *concomitante* de ambos os registros existiu em sede regulamentar, no âmbito das normas expedidas pela CVM[402]. E ainda, acabou sendo revertida pela própria CVM, em sede regulamentar, sem que se fizesse necessária alteração correspondente da lei, sendo que mesmo antes disso havia possibilidade de dispensa excepcional pela CVM.

Todavia, dado que por diversos anos vigorou por determinação da CVM a obrigatoriedade de pleito concomitante dos registros de companhia emissora e de oferta pública de distribuição de valores mobiliários de sua emissão, essa questão ficou em segundo plano, e ganhou maior relevância apenas quando a Instrução CVM n. 202/1993 passou a permitir a dispensa pela CVM dessa regra geral a seu livre critério, e, ainda mais, quando essa regra geral foi efetivamente revertida pela Instrução CVM n. 373/2002. Fato é que, atualmente, sob a Resolução CVM n. 80/2022, não há tal requisito – pelo contrário, a própria norma ressalta que o pedido de registro de emissor para negociação de valores mobiliários em mercados regulamentados, no Brasil, pode ser submetido independentemente do pedido de registro de oferta pública de distribuição de valores mobiliários[403].

402 Vide item 1.1.1 deste Capítulo.

403 Cf. artigo 2º, §1º, da Resolução CVM n. 80/2022.

Posto que a Lei n. 6.385/1976 prevê que o registro de distribuição pública de valores mobiliários do artigo 19 importa registro para o mercado de balcão não organizado, entendemos que nesse caso há uma equiparação dos registros, e não uma dispensa do segundo em função do deferimento do primeiro – ainda que possa ter sido essa a intenção original por trás da norma e que, por esse e outros motivos, pareça merecer reconsideração[404]. Trata-se de situação distinta daquela das companhias não registradas, que acessam o mercado sob dispensa de registro[405].

Por outro lado, cumpre indagar se a obtenção de registro para negociação em bolsa ou no mercado de balcão, organizado ou não, sem a subsequente obtenção do registro de que trata o artigo 19 da Lei n. 6.385/1976, é suficiente ao enquadramento como companhia aberta.

Mais uma vez, a interpretação sistemática do *caput* do artigo 4º da Lei n. 6.404/1976 e de seu parágrafo único, posteriormente renumerado como §1º, bem como do *caput* do artigo 22 e do artigo 21 da Lei n. 6.385/1976, leva-nos a entender que sim. Além disso, esse entendimento parece condizente com a regulamentação do registro do artigo 21 da Lei n. 6.385/1976.

Nesse sentido, antes mesmo da regulamentação do registro do artigo 21 da Lei n. 6.385/1976 pela CVM, a Resolução n. 436/1977 contemplou como *companhias abertas*, para os fins legais, as companhias registradas perante o BACEN nos termos da Resolução n. 88/1968[406]. Ou seja, essa primeira inciativa

404 Retomaremos esse ponto no item 1.2.3 deste Capítulo, a seguir. Por outro lado, Pitta destaca que a regra do *caput* do artigo 1º da Instrução CVM n. 480/2009, no sentido de que a *negociação* de valores mobiliários em mercados regulamentados depende de prévio registro do emissor, permitiria, a princípio, a interpretação de que constitui restrição à possibilidade de sua negociação no mercado de balcão não organizado sem que seja obtido o respectivo registro. Não obstante, como também aponta o autor, o comando do artigo 21, §2º da Lei n. 6.385/76 é hierarquicamente superior em relação ao artigo 1º da Instrução CVM n. 480/09. Conclui Pitta que o dispositivo deve ser entendido como uma hipótese legal de dispensa do registro de emissor, em acréscimo às demais hipóteses de dispensa de registro definidas pela CVM. (cf. PITTA, André Grunspun. Artigo 21. In: CODORNIZ, Gabriela. PATELLA, Laura (coords.). *Comentários à Lei do Mercado de Capitais – Lei n. 6.385/76*. São Paulo: Quartier Latin, 2015. p. 447-448)

405 Vide Capítulo 3 desta Parte II.

406 Cf. item I (a) da Resolução n. 436/1977. Foram consideradas companhias abertas também aquelas cujos valores mobiliários estivessem admitidos à negociação em bolsa de valores de acordo com o item XXIV do regulamento anexo à Resolução n. 88/1968, desde que procedessem prontamente ao registro no BACEN nos termos do item I do referido regulamento

regulatória já evidenciava, e tomava por base, a conexão entre o registro da companhia emissora e o enquadramento como companhia aberta[407].

Ao regulamentar o cancelamento do registro do artigo 21 da Lei n. 6.385/1976, por meio da Instrução CVM n. 3/1978, a CVM fez constar da respectiva nota explicativa a leitura de que o *caput* e parágrafo único (atual §1º) do artigo 4º da Lei n. 6.404/1976 levam "*à conclusão de que todas as companhias registradas na CVM são companhias abertas para os efeitos da Lei das Sociedades por Ações*"[408].

A mesma orientação foi externada quando da regulamentação do registro em si do artigo 21 da Lei n. 6.385/1976 pela CVM, por meio da Instrução CVM n. 9/1979. Assinala a respectiva nota explicativa "*o conceito de que, ao registrar-se e adquirir a condição de aberta, a Companhia obriga-se a gerar e disseminar um fluxo contínuo de informações mínimas*", em comentário sobre o regime de informação imposto às companhias como obrigação de atualização permanente daquele registro (artigo 16)[409].

Essa orientação parece servir de fundamento à forma como o registro de emissor foi estruturado no âmbito da Instrução CVM n. 480/2009 (substituída pela atual Resolução CVM n. 80/2022), concentrando maior

(cf. item I (b) da Resolução n. 436/1977). O item XXIV do regulamento anexo à Resolução n. 88/1968 tratava de sociedades que já tinham títulos negociados em bolsa de valores, e que ficaram de providenciar os competentes registros perante o BACEN por ocasião de futura emissão de capital.

407 Mais especificamente, a Resolução n. 436/1977 passou a considerar como automaticamente registradas na CVM, independentemente de qualquer formalidade, *(i)* para negociação em bolsa, as companhias registradas no BACEN nos termos da Resolução n. 88/1968 que tivessem seus valores mobiliários *admitidos a negociação* em bolsa de valores; e *(ii)* para negociação em mercado de balcão, *(ii.a)* as companhias que tivessem obtido registro de emissão no BACEN nos termos da Resolução n. 88/1968 mas não tivessem seus valores mobiliários *admitidos a negociação* em bolsa de valores e *(ii.b)* as companhias que cancelassem o registro para negociação em bolsa de valores mobiliários de sua emissão (cf, item III da Resolução n. 436/1977). Isso se fez necessário porque, sob a égide da Lei n. 4.728/1965, não havia registro equivalente para o mercado de balcão, então foram esses os critérios empregados para adaptação à nova divisão decorrente da Lei n. 6.385/1976. Assim sendo, para evitar confusão, esse dispositivo deve ser compreendido como regra de transição.

408 Cf. Nota Explicativa CVM n. 8/1978.

409 Cf. Nota Explicativa CVM n. 15/1979. Não obstante, sob a Instrução CVM n. 9/1979, exigia-se apresentação concomitante de pedido de registro para os fins do artigo 19 da Lei n. 6.385/1976 (cf. artigo 4º, *caput*, e artigo 5º, inciso I, da Instrução CVM n. 9/1979).

volume de informação, de modo que, por ocasião do segundo registro, precisassem ser agregadas apenas informações específicas sobre a operação pretendida.

Aliás, a desvinculação entre a *admissão à negociação* e a efetiva negociação foi reafirmada no âmbito da audiência pública da Instrução CVM n. 480/2009, em resposta a sugestão de participante de substituir a expressão "*negociadas*" por "*admitidas à negociação*" no inciso I do artigo 34, que trata dos emissores com grande exposição ao mercado. Naquele momento, a CVM considerou "*mais adequado iniciar a contagem do prazo a partir da data da efetiva negociação das ações do emissor no mercado*"[410].

Por fim, o último ponto a ser enfrentado diz respeito aos requisitos de listagem e de admissão à negociação dos valores mobiliários em mercado organizado. Como adiantado, entendemos que a *admissão à negociação,* da definição legal de companhia aberta do *caput* do artigo 4º da Lei n. 6.404/1976 e do *caput* do artigo 22 da Lei n. 6.385/1976, não se confunde com a *admissão à negociação* dos valores mobiliários em bolsa ou mercado de balcão organizado do atual §4º do artigo 21 da Lei n. 6.385/1976. Por isso, não nos parece ideal o emprego, pelo legislador, do mesmo termo para designar situações distintas, dando margem a confusão[411]. Ainda que esses requisitos próprios para admissão à negociação em mercado organizado tenham que ser previamente aprovados pela CVM, não integram o sistema dual de registro administrado pela autarquia. Mais do que isso, a interpretação sistemática da Lei n. 6.385/1976

[410] Cf. CVM. Relatório de análise da audiência pública SDM n. 07/08.

[411] Também fora do Brasil destaca-se a distinção entre as classificações das companhias como "*open*" (ou "*public*") e "*closed*" (ou "*private*"), "*listed*" (ou "*publicly traded*") e "*unlisted*", e "*closely held*" e "*widely held*", ressaltando-se que muitas vezes são usadas sem o rigor técnico necessário ("*the widely used term "close corporation" itself embodies this ambiguity, being used sometimes to mean "closed corporation", sometimes to mean "closely held corporation", and sometimes to mean both*"), sendo certo que "*not all companies with freely tradable shares in fact have widely held share ownership, or are listed on stock exchanges*" (cf. ARMOUR, John. HANSMANN, Henry. KRAAKMAN, Reinier. PARGENDLER, Mariana. What is corporate law? In: KRAAKMAN, Reinier et al. *The Anatomy of Corporate Law.* 3ª ed. Oxford: Oxford University Press, 2017. p. 10-11) Também nesse sentido, observa Kershaw que, na Inglaterra, nem todas as *public companies* são listadas, motivo pelo qual destaca a ambiguidade que o termo *public company* adquiriu na prática. (cf. KERSHAW, David. *Company law in context*: text and materials. Oxford: Oxford University Press, 2009. p. 12)

não permite que se conclua que o cumprimento desses requisitos é condição ao enquadramento como companhia aberta[412/413].

Mais uma vez, essa questão ganhou novos relevos quando, para a obtenção de registro de emissor perante a CVM para negociação em bolsa ou mercado de balcão, deixou de ser condição a prévia admissão à negociação dos valores mobiliários da companhia por bolsa de valores, sujeita à obtenção de registro para negociação em bolsa perante a CVM[414]. Como mencionado, atualmente a listagem do emissor pode ser pleiteada à B3 concomitantemente ou não ao seu registro perante a CVM, assim como a admissão à negociação nos mercados organizados administrados pela B3 pode ser pleiteada concomitantemente ou não ao registro de oferta pública de distribuição perante a CVM[415].

Em suma, entendemos mais adequada a interpretação de que são companhias abertas para os fins do *caput* do artigo 4 da Lei n. 6.404/1976 e do *caput* do artigo 22 da Lei n. 6.385/1976 as companhias cujos valores mobiliários estejam admitidos à negociação nesse mercado, assim entendidas aquelas registradas perante a CVM, independentemente de concomitante ou posterior obtenção de registro de distribuição pública de valores mobiliários de sua emissão, da listagem da companhia, da admissão à negociação de seu valores mobiliários em mercado organizado e, ainda, de sua efetiva negociação.

[412] Também nesse sentido, observa Pitta: "*Não significa dizer que a obtenção do* status *de companhia aberta dependa da aceitação de determinado valor mobiliário por entidade administradora de mercado de valores mobiliários, uma vez que a simples obtenção do registro de emissor já representa aptidão para negociação de seus valores mobiliários no mercado de balcão não organizado, tornando-o, portanto uma companhia aberta.*" (cf. PITTA, André Grunspun. Artigo 21. In: CODORNIZ, Gabriela. PATELLA, Laura (coords.). *Comentários à Lei do Mercado de Capitais – Lei n. 6.385/76*. São Paulo: Quartier Latin, 2015. p. 449, nota de rodapé n. 1001; p. 464) Também nesse sentido: PITTA, André Grünspun. *A capitalização da empresa e o mercado de valores mobiliários*. São Paulo: Quartier Latin, 2018. p. 187.

[413] Parece corroborar esse entendimento o dispositivo da lei societária que garante direito de retirada na hipótese de incorporação, fusão ou cisão envolvendo companhia aberta em que a sociedade sucessora não obtenha registro de companhia aberta e, *se for o caso*, não promova a admissão das novas ações à negociação em mercado secundário (artigo 223, §§3º e 4º).

[414] Cf. artigo 5º, inciso II, da Instrução CVM n. 9/1979; artigo 7º, inciso III, da Instrução CVM n. 32/1984; artigo 7º, inciso III, da Instrução CVM n. 60/1987; artigo 7º, inciso III, da Instrução CVM n. 202/1993; artigo 1º da Instrução CVM n. 312/1999.

[415] Cf. itens 3.2.19.1 e 6.2.4 do manual do emissor.

A partir desse marco, ficam então as companhias registradas sujeitas à disciplina societária das companhias abertas, assim como ao respectivo regime regulatório, concentrado na ampla divulgação de informações. Contudo, dado que se trata de conceito formal, ressalva-se a incidência de regras que (expressamente) pressuponham a efetiva distribuição ou negociação das ações[416]. É o caso, por exemplo, das regras recentemente introduzidas na lei societária que adotam como marco a "*negociação de quaisquer ações ou valores mobiliários conversíveis em ações de sua emissão em mercados organizados de valores mobiliários*" (artigo 110-A, *caput*, inciso II e §5º)[417]. E, também, das regras introduzidas em sede regulamentar com campo de incidência mais restrito, aplicáveis às companhias com ações negociadas em bolsa de valores, de que trataremos adiante no Capítulo 2.

1.2.2.1 Registro de companhia aberta "de prateleira"

Como vimos, a legislação permite e na prática existem diversas companhias registradas como emissoras de valores mobiliários perante a CVM – por razões regulatórias ou de natureza diversa, que fogem ao escopo deste trabalho[418] – sem que tenham promovido ou mesmo que tenham a intenção de promover futura distribuição pública de valores mobiliários de sua emissão. Para designar a situação dessas companhias e de outras que a elas se assemelham, serão elas aqui referidas ilustrativamente como companhias abertas "de prateleira".

Como antes mencionado, vigia antes a regra geral, no âmbito da CVM, de que ambos os registros deveriam ser pleiteados concomitantemente. A revisão dessa regra geral foi impulsionada por julgamento do Colegiado

[416] Trata-se de situação distinta daquelas examinadas no Capítulo 2, a seguir. Isto é, referimo-nos aqui às regras que expressamente pressuponham circunstâncias tais (e não àquelas em relação às quais se possa cogitar de pressupostos teóricos implícitos).

[417] Vide item 2.2.4 do Capítulo 2 da Parte I.

[418] É o caso, por exemplo, de companhias que queiram atrair investimento de investidores institucionais que somente podem adquirir valores mobiliários de emissão de companhias abertas, bem como de companhias que não pretendam proceder à distribuição pública de valores mobiliários em um primeiro momento, mas necessitem do registro por imposição externa (por imposição contratual, na contratação de financiamento, por hipótese) ou para agilizar potencial e futuro esforço de captação.

da CVM, no ano de 2001[419]. O caso envolvia pedido de registro de emissor formulado por companhia que nascera da cisão parcial de uma companhia aberta, inicialmente rejeitado pela área técnica da CVM sob o argumento de que não fora acompanhado de pedido de registro de distribuição pública de valores mobiliários, na forma do artigo 4º da Instrução CVM n. 202/1993[420]. Comentou a área técnica da CVM àquela ocasião que, por mera "*facilidade processual*", permitira-se no passado, no âmbito de processos de privatização, o registro de companhias abertas sem concomitante pedido de distribuição pública de valores mobiliários. Esses processos por vezes demandavam que as companhias participantes de leilão de privatização fossem abertas, inclusive para permitir a participação de investidores institucionais. Porém, algumas dessas companhias não lograram êxito nos leilões de privatização e, embora estivessem registradas como companhias abertas, não o eram "*na sua essência, uma vez que não* [possuíam] *dispersão acionária nem sequer fizeram distribuição pública de algum valor mobiliário*". No âmbito do julgamento, confirmou o Relator, Presidente Marcelo Fernandez Trindade, que da definição legal de companhia aberta "*se percebe que a simples admissão à negociação, independentemente de sua realização, é suficiente para caracterizar uma companhia como aberta*". Defendeu, ainda, que a abertura de capital é condição para a negociação pública, mas que a recíproca não é obrigatória. E, no caso concreto, tendo em vista as circunstâncias (i.e., o dever regulamentar de alguns acionistas de manter parte de suas aplicações em companhias abertas e a determinação legal de que seja também aberta a companhia resultante de cisão de companhia aberta), votou

[419] Antes disso, em 1979, a CVM enfrentara em parecer a situação de companhias abertas que pretendiam promover o cancelamento de seu registro para negociação em bolsa de valores, mantendo, porém, habilitado o registro de companhia aberta perante a CVM. Àquela ocasião, além de concluir que o cancelamento do registro em bolsa não acarretava a perda da condição de companhia aberta, ressaltou a área técnica da CVM que "*não se pode esquecer que companhia permanece aberta e subordinada aos ditames das leis societária e de mercado, inclusive a fiscalização desta Autarquia*". (cf. Parecer CVM/SJU n. 141/1979)

[420] Cf. CVM. Processo RJ 2000/4896, RJ 2000/4887, RJ 2000/4888, RJ 2000/4889, RJ 2000/4890, RJ 2000/4891, RJ 2000/4893 e RJ 2000/4894, julgados em 10 de abril de 2001. Diretor Relator Marcelo Fernandez Trindade. Em resumo, entendeu a área técnica da CVM que a companhia registrada era, na prática, uma companhia fechada, pois não promovera registro de distribuição pública de valores mobiliários. E ainda, que "*o registro na CVM, sem que a empresa seja efetivamente uma companhia aberta, é uma forma de burlar as normas da CVM e do CMN e legitimar a participação de investidores institucionais em empresas que na realidade são fechadas*".

para que o pedido de registro de emissor fosse apreciado independentemente de concomitante pedido de registro de distribuição, com vistas a evitar que os interesses legalmente tutelados sofressem constrição. O seu voto foi acompanhado pelos demais membros do Colegiado que participaram da deliberação. Posteriormente, comentou que isso redundou na alteração do artigo 4º da Instrução CVM n. 202/1993 pela Instrução CVM 373/2002, de modo que a apresentação de pedido concomitante de registro de distribuição passou a ser uma *faculdade* da companhia[421].

Diversos foram os julgamentos posteriores da CVM a tratar do tema, admitindo a apresentação de pedido de registro de companhia aberta sem o concomitante pedido de registro de distribuição pública e confirmando a suficiência disso para o enquadramento como companhia aberta[422].

[421] Cf. CVM. Processo RJ 2005/0116, RJ 2005/0118 e RJ 2005/2073, julgados em 11 de outubro de 2005. Voto do Presidente Marcelo Fernandez Trindade.

[422] Por exemplo: em 26 de abril de 2002, o Colegiado da CVM admitiu a apresentação de pedido de registro de companhia aberta independentemente de concomitante pedido de registro de distribuição pública, nos termos do §1º do artigo 4º da Instrução CVM n. 202/1993. Confirma o voto do relator, Diretor Wladimir Castelo Branco, acompanhado pelos demais membros do Colegiado, que, nos termos do artigo 4º da Lei n. 6.404/1976, *"a admissão de seus valores mobiliários à negociação no mercado de valores mobiliários, independentemente de sua realização, seria suficiente para caracterizar uma companhia como aberta, e que tal admissão se aperfeiçoa pelo registro da companhia na CVM"*. E, ainda, que o registro de companhia aberta é condição para a negociação pública, sem que a recíproca seja obrigatória, bem como que o interesse público traduzido na finalidade da norma de proteção do investidor e desenvolvimento do mercado de valores mobiliários era o elemento central a nortear a decisão de dispensar ou não a concomitante apresentação de pedido de registro de distribuição pública. (cf. CVM. Processo RJ 2001/2093, julgado em 26 de abril de 2002. Diretor Relator Wladimir Castelo Branco) Em 30 de abril de 2002, mais uma vez o Colegiado votou por autorizar a apreciação de pedido de registro de companhia aberta sem concomitante pedido de registro de distribuição pública, formulado por companhia fundada para construir e operar empreendimento específico, que teria por acionista entidade fechada de previdência privada, em função de exigência da Secretaria de Previdência Complementar no sentido de que estas entidades somente poderiam participar de companhias de capital aberto. Em seu voto, o relator, Diretor Luiz Antonio de Sampaio Campos, ressaltou que o registro traria ônus à companhia, *"na medida em que esta deverá fornecer ao mercado e à CVM informações atualizadas sobre suas atividades, em consonância com as obrigações de* disclosure *exigidas das companhias abertas"*, e que, se ela preferira adotar tal regime, não havia motivos, *prima facie*, para negar o pedido de registro, pois isso não traria qualquer prejuízo ao mercado. (cf. CVM. Processo RJ 2001/12308, julgado em 30 de abril de 2002. Diretor Relator Luiz Antonio de Sampaio Campos) Em agosto de 2004, em caso envolvendo uma companhia registrada que promovera distribuição pública de debêntures,

Vale notar que no âmbito da audiência pública que deu origem à Instrução CVM n. 480/2009, certos participantes defenderam que o mesmo regime informacional não deveria incidir para as companhias sem valores mobiliários em circulação. Respondeu a CVM que a sujeição a um regime informacional mais amplo é pressuposto do registro de emissor de valores mobiliários, e que não desejava criar uma categoria que ostentasse o título de emissor sem estar sujeita a esse regime. E ainda, ressaltou, como importante inovação da Instrução CVM n. 480/2009, a imposição a todos os emissores de valores mobiliários de uma mesma categoria, "*independente de sua liquidez ou da efetiva negociação de seus títulos, obrigações similares, de modo que fique muito claro para os investidores e outros agentes de mercado qual o regime jurídico aplicável a emissores*"[423].

e não de ações, e em que a defesa argumentara que a companhia era apenas formalmente aberta, o Diretor Luiz Antonio de Sampaio Campos manifestou-se no seguinte sentido: "*é que, naturalmente, as companhias tenham o direito de escolher entre serem abertas ou fechadas. Em muitas companhias, vemos isso com uma certa frequência, companhias que são formalmente abertas, mas, não se utilizam do mercado, ou se utilizam muito pouco, se consideram companhias fechadas. A CVM não tem nenhuma objeção a esse fato, desde que, naturalmente, entendam que são companhias abertas e que estão sujeitas ao regime próprio das companhias abertas, que não se limita apenas às Instruções reguladoras da CVM, mas, essencialmente, ao seu dever básico de informar ao mercado e de prestar informação.*" O Presidente Marcelo Fernandez Trindade ressaltou que a companhia era "*aberta pela única e exclusiva razão de ter como únicos titulares do seu capital investidores que são obrigados a subscrever valores em subscrições públicas, exclusivamente públicas, que só podem ser feitas por companhias abertas. Isso ocorre porque esses investidores são fundos de pensão que têm como beneficiários milhares de pessoas, daí a proteção especial que lhes é imposta pela legislação.* (...) *Mas o que se esquece é que se estava tratando de um investimento de milhares de pessoas, que são os beneficiários dos fundos de pensão; e que, portanto, essa companhia é abertíssima, tem o seu capital pulverizadíssimo nessas milhares de pessoas que estão por trás desses investidores institucionais. Dessa forma, nem se coloca aqui a questão de saber se essa é uma companhia aberta formal, mas que na verdade é fechada. Ela é abertíssima, a meu juízo, do ponto de vista substancial.*" (cf. CVM. Processo administrativo sancionador nº 05/02, julgado em 5 de agosto de 2004, Diretor Relator Eli Loria. Voto do Presidente Marcelo Fernandez Trindade)

423 Cf. CVM. Relatório de audiência pública n. 07/08, p. 47-48. A centralidade do registro de emissor como marco de incidência do regime de companhia aberta, independentemente da existência de valores mobiliários em circulação, é confirmada também na jurisprudência mais recente do Colegiado da CVM. Por exemplo: em caso julgado em dezembro de 2020, o Presidente do Colegiado da CVM registrou em sua declaração de voto "*que a entrega tempestiva de informações obrigatórias decorre, exclusivamente, do registro da Companhia como companhia aberta, e não da existência de ações em circulação*". (cf. CVM. Processo administrativo sancionador CVM n. 19957.005263/2019-52, julgado em 8 dez. 2020. Relator Presidente Marcelo Barbosa) No mesmo sentido: CVM. PAS CVM nº RJ2017/3190, julgado em 21 ago. 2018, Pres. Rel. Marcelo Barbosa)

Nesse ponto, entendemos que o registro é ato voluntário e, a despeito de potencial ausência do objeto principal de proteção nos casos em que a companhia registrada não promove esforço público de captação, não deve por isso ser impedida de se submeter a regime mais rígido.

1.2.2.2 Cancelamento de ofício de registro de emissor (Audiência Pública SDM n. 09/2020)

Em dezembro de 2020, a CVM submeteu a audiência pública proposta de alteração da Instrução CVM n. 480/2009 voltada ao aprimoramento do regime informacional dos emissores de valores mobiliários mediante a divulgação de informações sobre aspectos sociais, ambientais e de governança (ASG). Contudo, essa proposta contemplou também certas "*mudanças fruto da experiência de supervisão e aplicação da regra*"[424].

Nesse aspecto, a principal mudança proposta foi a alteração do artigo 54 da Instrução CVM n. 480/2009[425] para a criação de nova hipótese de cancelamento de ofício do registro de emissor de valores mobiliários, em caso de "*ausência de pedido de registro de oferta pública de distribuição de valores mobiliários do emissor no montante mínimo de R$ 50 milhões, nos 12 (doze) meses posteriores à obtenção do registro de emissor*". Foram excepcionados os emissores previamente registrados.

A proposta foi assim justificada no respectivo edital:

> *"A mudança tem duas motivações. Em primeiro lugar, busca desestimular uma má interpretação sobre as implicações da obtenção de registro: a obtenção do registro pode sinalizar um estágio de maturidade do emissor e uma intensidade de ações de supervisão da CVM sobre esse emissor que não necessariamente correspondem à realidade se o emissor não acessa efetivamente o mercado. Em*

[424] Cf. CVM. Edital de Audiência Pública SDM 09/2020, de 7 dez. 2020.

[425] O teor do artigo 54 da Instrução CVM n. 480/2009 foi reproduzido no artigo 59 da Resolução CVM n. 88/2022 (com um pequeno ajuste de redação), que diz:"*Art. 59. A SEP deve cancelar o registro de emissor de valores mobiliários, nas seguintes hipóteses: I – extinção do emissor; e II – suspensão do registro de emissor por período superior a 12 (doze) meses. Parágrafo único. A SEP deve informar o emissor sobre o cancelamento de seu registro por meio de ofício encaminhado à sua sede, conforme os dados constantes de seu formulário cadastral, e por meio de comunicado na página da CVM na rede mundial de computadores.*"

segundo lugar, a mudança busca promover o uso mais eficiente dos recursos da CVM, evitando que emissores já presentes no mercado ou com perspectivas concretas de acessá-lo sejam preteridos em favor de emissores que não reúnem tais características. Frise-se que a medida não é destinada a emissores já registrados."[426]

A medida recebeu críticas no âmbito da audiência pública, tendo a CVM, ao final, desistido de sua implementação. Essa decisão, por sua vez, foi assim justificada:

> *"A Autarquia permanece convicta de que a obtenção do registro junto à CVM pode induzir a interpretações equivocadas sobre o emissor, o que é um efeito indesejável. Muitos argumentos apresentados inclusive inadvertidamente evidenciam a presença desse problema quando apontam que o registro se presta a outros fins, como atendimento a editais de desestatização e facilitação a crédito. A associação do registro a tais efeitos se baseia exatamente na percepção incorreta sobre as consequências práticas da obtenção do registro. Desse modo, há um relevante quadro fático subjacente que não permitiria qualificar eventual resposta regulatória na forma indicada na Minuta como abuso regulatório. Entretanto, também restou evidenciado que a solução de cancelamento automático do registro por decurso de tempo sem a realização de ofertas públicas de distribuição de valores mobiliários traria ônus significativos para emissores, que só poderiam ser mitigados substancialmente se viessem acompanhados de extensões de prazo e previsão de exceções que comprometeriam o propósito original e trariam novas complexidades operacionais."*[427]

A despeito da posterior desistência, a proposta merece notícia, por sua relevância para a matéria em exame, a evidenciar os conflitos que ainda hoje a cercam.

Parece-nos legítima a preocupação da CVM com o uso eficiente dos recursos de que dispõe, ainda mais diante da expansão dos mercados sob sua supervisão e de sua constrição orçamentária. Também pertinente é a preocupação

[426] Cf. CVM. Edital de Audiência Pública SDM 09/2020, de 7 dez. 2020.

[427] Cf. CVM. Relatório de análise de Audiência Pública SDM 09/2020, de 22 dez. 20201.

com a adequada compreensão por parte do público investidor acerca dos efeitos do registro de emissor.

Contudo, a nosso ver, a proposta em questão era inadequada, além de contraditória com a orientação vigente sob a própria Instrução CVM n. 480/2009 e depois preservada pela Resolução CVM n. 80/2022 de que o pedido de registro de emissor "*pode ser submetido independentemente do pedido de registro de oferta pública de distribuição de valores mobiliários*" (artigo 1º, §1º e artigo 2º, §1º, respectivamente). Isso porque, para o enquadramento como companhia aberta sob a definição legal aqui comentada, não há requisito específico quanto a estágio de maturidade, podendo tal registro ser postulado até mesmo em fase pré-operacional[428]. Tampouco há exigência de efetiva oferta e negociação pública de valores mobiliários sob a referida definição legal, em nossa visão.

A medida proposta marcaria significativa guinada na disciplina do registro da Instrução CVM n. 480/2009, em direção à questionável vinculação dos registros que existira no passado em sede regulamentar[429]. Mais ainda, teria o potencial de restringir, ou dificultar, o acesso e a permanência no mercado de valores mobiliários por companhias brasileiras que contemplem a alternativa de postular registro perante a CVM, com vistas a futura (ou eventual) captação de recursos via oferta pública. Além disso, a regra poderia acabar impedindo a manutenção do *status* de companhia aberta por companhias que apresentem considerável dispersão mesmo sem ter promovido oferta pública registrada, e iria de encontro ao objetivo de facilitar o acesso de companhias menores ao mercado de capitais.

Novamente, frisamos que é legítima, a nosso ver, a obtenção de registro de emissor mesmo sem a pretensão de imediata promoção de oferta pública de distribuição de valores mobiliários. Essas companhias ficam sujeitas à disciplina correspondente e, ainda que naturalmente não ocupem posição prioritária na agenda de ações de supervisão da CVM, deverão ser por ela fiscalizadas.

Mais adequado nesse cenário seria dirigir esforços de orientação ao público investidor acerca dos efeitos do registro, ou mesmo, se a autarquia assim entender necessário, rever as informações que os emissores registrados ficam

[428] Cf. artigo 2º, §§3º a 5º da Instrução CVM n. 480/2009 e artigo 3º, §§3º a 5º da Resolução CVM n. 80/2022.

[429] Vide itens 1.1.1, 1.2.2 e 1.2.2.1 deste Capítulo.

obrigados a divulgar, com o fim de evitar interpretações equivocadas. Também por esse motivo as preocupações manifestadas não pareciam justificar a alteração da regulação nesse ponto.

Por outro lado, a proposta expõe a preocupação do regulador com o aparente desencontro entre a noção que prevalece no senso comum e o perímetro mais amplo da definição legal de companhia aberta, mais uma vez evidenciando a confusão que ainda cerca o tema.

1.2.2.3 Registro de companhia aberta (ou assemelhada) estrangeira (Instrução CVM n. 332/2000)

A emissão e negociação de certificados de depósito de valores mobiliários (BDRs), atualmente disciplinadas pela Instrução CVM n. 332/2000, é outro campo em que discussões relacionadas ao conceito de companhia aberta têm emergido. A questão que se coloca, contudo, diz respeito tão somente a emissores estrangeiros. Ainda assim, merece breve nota – sem que com isso se pretenda promover mais amplo exame acerca das regras sobre registro e obrigações de emissores estrangeiros – para ilustrar as diferentes visões sobre o tema. Isso porque, para os fins daquela norma, são admitidos como BDRs os certificados emitidos por instituição depositária no Brasil e representativos de valores mobiliários de emissão de "*companhia aberta ou assemelhada*" cuja sede esteja localizada *(i)* no exterior, no caso de certificados de depósito de ações negociadas no exterior, e *(ii)* no País ou no exterior, no caso de certificados de depósito de valores mobiliários representativos de títulos de dívida (artig*os 1º*, inciso I).

Em se tratando de emissor nacional, o respectivo programa de BDR poderá ser registrado somente se o emissor for uma companhia aberta com registro na CVM e os BDRs tiverem como lastro valores mobiliários representativos de dívida (artigo 4º, §2º). Contudo, em se tratando de emissor estrangeiro, torna-se necessária a verificação de seu enquadramento como *companhia aberta ou assemelhada* para os fins da Instrução CVM n. 332/2000. Requisitos adicionais ao enquadramento como emissor estrangeiro para fins de emissão de BDRs são estipulados na Resolução CVM n. 80/2022 (Anexo J)[430].

[430] O Anexo J da Resolução CVM n. 80/2022 substituiu o Anexo 32-I da Instrução CVM n. 480/2009. Nesse ponto, vale notar que, em processo julgado em novembro de 2020, o Colegiado da CVM decidiu, por maioria, que, no âmbito da apreciação de pedido de registro

Em janeiro de 2021, o Colegiado da CVM fixou orientação, ao apreciar consulta sobre o enquadramento de *investment company* norte-americana como assemelhada a companhia aberta sob a Instrução CVM n. 332/2000, no sentido de que em casos tais deve-se "*verificar se o emissor estrangeiro preenche os requisitos essenciais de uma companhia aberta brasileira, notadamente: (i) personalidade jurídica, (ii) responsabilidade limitada dos acionistas, (iii) ações admitidas a negociação em bolsa ou mercado organizado, (iv) administração delegada, que possua como instância máxima (ou única) um órgão colegiado, e (v) direito dos acionistas de voto e a dividendos*"[431].

Como reflexo, a CVM lançou nova audiência pública propondo revogar a Instrução CVM n. 332/2000 – que foi recentemente reformada pela Resolução CVM n. 3/2020 – e alterar a Instrução CVM n. 480/2009 (depois substituída pela Resolução CVM n. 80/2022). A proposta – atualmente em análise na autarquia, e ainda passível de modificação – contém medidas direcionadas a dar resposta a desafios evidenciados em casos concretos, dentre elas a substituição do conceito de "*companhia aberta ou assemelhada*" por uma enumeração de atributos necessários a que os valores mobiliários de determinado emissor possam servir de lastro a uma emissão de BDR[432]. Notadamente, restringe o universo de emissores estrangeiros cujos valores mobiliários poderão servir de lastro a emissão de BDR às entidades com sede no exterior que reúnam as seguintes características: *(i)* personalidade jurídica própria; *(ii)* responsabilidade de seus acionistas limitada ao preço de emissão das ações subscritas ou adquiridas; *(iii)* admissão das ações emitidas em mercado organizado de valores mobiliários; *(iv)* manutenção de registro junto a um supervisor local, que também seja responsável por supervisioná-lo; *(v)* administração delegada, tendo como instância máxima um órgão colegiado; e *(vi)* direito de acionistas

de emissor estrangeiro, a Lei n. 6.385/1976 autoriza a área técnica a examinar se existem elementos mínimos que assegurem a proteção do investidor, exercendo juízo de compatibilidade entre o Direito societário brasileiro e aquele aplicável ao emissor para verificar a existência de garantias essenciais. (cf. CVM. Processos SEI n. 19957.005751/2020-01 e 19957.005729/2020-53, julgados em 10 de novembro de 2020. Relator: SEP/SRE).

[431] Cf. CVM. Processo SEI 19957.007302/2020-90, julgado em 5 de janeiro de 2021. Relator: SRE. Vide também CVM. Processo SEI 19957.006232/2020-52, julgado em 12 de janeiro de 2021. Relator: SRE.

[432] Cf. CVM. *CVM lança audiência pública sobre regras de BDR*. 17 jun. 2021. Disponível em: https://www.gov.br/cvm/pt-br/assuntos/noticias/cvm-lanca-audiencia-publica-sobre-regras--de-bdr. Acesso em 20 dez. 2021.

a voto e a dividendos, admitidas limitações a algumas espécies e classes de ações[433].

Ao instituir tais requisitos, a proposta teria, na visão da autarquia, tomado por norte "*contornos muito próximos dos que as companhias abertas assumem no ordenamento jurídico brasileiro*"[434]. Contudo, há diferenças relevantes. É de se notar, especialmente, a referência à admissão de *ações* (e não qualquer espécie de valores mobiliários) à negociação em mercado *organizado*.

A iniciativa recebeu críticas na respectiva audiência pública. Contudo, ainda que a autarquia venha a dela desistir, ou a modificá-la, é ilustrativa também da confusão que por vezes cerca o conceito de companhia aberta, especialmente ao tentar-se perseguir uma definição do que seja a *essência* (ou melhor, os "*requisitos essenciais*") da companhia aberta, em oposição a abordagens centradas mais na instrumentalidade do conceito.

1.2.3 O registro como requisito de admissão à negociação, *de lege ferenda*

Ainda que se entenda mais adequada a interpretação de que o registro representa requisito único de admissão à negociação a que se refere a definição legal de companhia aberta, *de lege lata*, não se pode deixar de reconhecer que tal requisito suscita uma série de questões que merecem maior atenção, *de lege ferenda*.

433 Cf. CVM. Edital de Audiência Pública SDM n. 03/2021, de 17 jun. 2021. De acordo com o edital, a proposta foi "*construída para abranger entidades no exterior que reúnam uma série de características equivalentes ao que se entende por uma entidade "assemelhada" a uma companhia aberta, sob a ótica do atual art. 2º da Instrução CVM nº 332, de 2000, conforme interpretação da CVM em casos recentes acima mencionados*". Esclarece ainda que, apesar de empregar os termos "ações" e "acionistas", não busca afastar emissores que possam se enquadrar como entidades de investimento. Para estes a proposta direciona regras próprias, em razão da percepção de que o regime informacional que lhes é aplicável demanda complementações e adaptações. Ao mesmo tempo, propõe-se a adoção da seguinte definição de emissor brasileiro: "*sociedade anônima com sede no Brasil e registro na CVM de emissor de valores mobiliários, na categoria A ou B, conforme normas que tratam desse tema*".

434 Cf. CVM. Edital de Audiência Pública SDM n. 03/2021, de 17 de junho de 2021. Em sua agenda regulatória para o ano de 2022, a CVM incluiu o tema dentre as normas a serem editadas. (cf. CVM. *CVM lança Agenda Regulatória para 2022*. Disponível em: https://www.gov.br/cvm/pt-br/assuntos/noticias/cvm-lanca-agenda-regulatoria-para-2022. Acesso em: 10 dez. 2020)

A principal questão diz respeito ao descolamento entre a ideia que originalmente pautou a disciplina legal da companhia aberta e a forma como foi instrumentalizada a delimitação do universo de companhias sujeitas àquela disciplina. De fato, a Exposição de Motivos da Lei n. 6.404/1976, ao justificar a opção por definição propositalmente ampla de companhia aberta, refere-se a companhias que fazem "*apelo – por mínimo que seja – à poupança pública*"[435]. A nosso ver, esse trecho evidencia pretensão de que fossem submetidas a essa disciplina companhias cujos valores mobiliários fossem efetivamente distribuídos ao público, como instrumento de captação, e com isso formassem "*relações que não existem na companhia fechada*"[436]. *A contrario sensu*, sob esse raciocínio, nas companhias em que não houvesse esforço de captação pública, não haveria necessidade de "*disciplina própria para proteção da economia popular e no interesse do funcionamento regular e do desenvolvimento do mercado de valores mobiliários*"[437].

Todavia, ao adotar-se o registro como requisito de admissão dos valores mobiliários à negociação nesse mercado, não foi assegurada total convergência com essa ideia original, com reflexos diretos para o alcance da disciplina legal da companhia aberta. Essa circunstância dá origem a duas situações controversas.

Em primeiro lugar, há o caso das companhias que obtêm registro perante a CVM para a negociação de seus valores mobiliários em bolsa ou mercado de balcão, sem, contudo, promover concomitante ou posterior distribuição pública de valores mobiliários. Quanto ao tema, o principal questionamento que se apresenta é o seguinte: faz sentido – ou melhor, é adequado – submeter essas companhias à disciplina das companhias abertas?

A nosso ver, a resposta é afirmativa. Como antes mencionado, o registro é ato voluntário e, apesar da potencial ausência do objeto principal de proteção nos casos em que a companhia registrada não promove esforço público de captação– isto é, no caso das companhias com registro "de prateleira" e assemelhadas (vide item 1.2.2.1 deste Capítulo) –, não deve por isso ser impedida de se submeter a regime mais rígido, com a ressalva de que nos referimos

[435] Cf. Exposição de Motivos n. 196/1976.

[436] Cf. Exposição de Motivos n. 196/1976.

[437] Cf. Exposição de Motivos n. 196/1976.

não apenas ao regime informacional, mas também ao regime societário de companhia aberta, que passa a incidir a partir da admissão à negociação[438].

Portanto, não nos parecem acertadas as críticas e as soluções cogitadas, *de lege ferenda*, para inverter essa lógica, restringindo – onde a própria lei não restringiu – o acesso ao mercado às companhias que efetivamente promovam oferta pública de valores mobiliários de sua emissão. A *negociabilidade* que os valores mobiliários adquirem a partir do registro é motivo suficiente a que sejam assim tratadas essas companhias. E a coexistência dessas distintas realidades não compromete a instrumentalidade do conceito de companhia aberta.

Em segundo lugar, há o caso das companhias que acessam o mercado de valores mobiliários para o financiamento de suas atividades sem prévio registro. Referimo-nos notadamente às hipóteses de dispensa de registro.

A possibilidade de dispensa de registro esteve prevista desde a origem na Lei n. 6.385/1976, e foi posteriormente regulamentada pela CVM, constituindo, hoje, importante instrumento de exercício de política regulatória. Quanto ao tema, o principal questionamento que se coloca, na mão inversa daquele formulado para o primeiro caso narrado, é o seguinte: faz sentido – ou melhor, é adequado – *não* submeter as companhias que acessam o mercado sob dispensa de registro à disciplina legal das companhias abertas? Trataremos das hipóteses de dispensa de registro e da situação das companhias que assim acessam esse mercado adiante no Capítulo 3.

Contudo, antes disso abre-se um parêntese para pontuar que gera incerteza a regra do §2º do artigo 21 da Lei n. 6.385/1976, que prevê que "[o] *registro do art. 19 importa registro para o mercado de balcão, mas não para a bolsa ou entidade de mercado de balcão organizado*". Tal regra parece ter sido pensada sobretudo em função do regime informacional associado a cada um dos registros. Ou seja,

438 Entretanto, há novidade que ameaça (ao menos parcialmente) a lógica que associa a obtenção de registro de companhia aberta à submissão a regime mais rígido. Referimo-nos à possibilidade, introduzida pela Lei Complementar n. 182/2021, de a CVM "*dispensar ou modular*" obrigações específicas da lei societária, ao regulamentar "*as condições facilitadas para o acesso de companhias de menor porte ao mercado de capitais*" (artigo 294-A). Isso porque as obrigações arroladas não se restringem àquelas próprias à disciplina das companhias abertas, dando margem a potencial assimetria, isto é, a regime menos rígido nesse particular para as companhias de menor porte. Resta ver como a autarquia disciplinará o novo dispositivo, contornando, espera-se, essa preocupação em sede regulamentar. Retomaremos essa questão no Capítulo 2, a seguir.

parece querer sinalizar que as informações prestadas por ocasião do registro de oferta pública de distribuição de valores mobiliários seriam suficientes à negociação em mercado de balcão não organizado, mas não de bolsa de valores ou balcão organizado. Porém, a redação do dispositivo prejudica a interpretação de que o primeiro registro dispensaria o segundo, termo esse que o legislador empregou mais de uma vez em associação ao registro na Lei n. 6.385/1976[439]. Assim sendo, ganha o dispositivo conotação de equiparação, com efeito diverso de uma dispensa para fins de enquadramento sob a definição legal de companhia aberta.

Entretanto, há um desencontro entre a lógica que pauta essa regra do §2º do artigo 21 da Lei n. 6.385/1976 e o regime regulamentar, visto que a Instrução CVM n. 480/2009 não estabelecia e a Resolução CVM n. 80/2022 não estabelece diferenciação em torno do ambiente de negociação para fins de registro. Isto é, o registro para negociação de valores mobiliários – em ambas as categorias, A e B – vale para qualquer mercado regulamentado no Brasil[440]. Ou seja, ainda que hierarquicamente superior, a regra em questão parece ultrapassada em vista do esquema regulatório em vigor.

Mais ainda, o dispositivo pode, à primeira vista, suscitar dúvida em relação a situações em que há acesso ao mercado de valores mobiliários mediante (apenas) registro de oferta pública de distribuição, especialmente quanto ao novo regime proposto pela CVM. Referimo-nos especificamente às hipóteses previstas no respectivo edital de audiência pública de dispensa de registro de emissor e registro *automático* de oferta pública de distribuição de valores mobiliários, que substituiriam as atuais ofertas públicas distribuídas com esforços restritos de valores mobiliários de dívida[441]. Ainda que, para fins de enquadramento como companhia aberta, prevaleça a dispensa concedida pela autarquia, em nossa visão, esse é mais um ponto que parece tornar problemática a regra do §2º do artigo 21 e justificar sua reconsideração, *de lege ferenda*.

[439] Aliás, nota-se que o parágrafo seguinte do mesmo artigo, revogado pela Lei n. 9.457/1997, dispunha que "[o] *registro para negociação na bolsa vale também como registro para o mercado de balcão, mas o segundo não dispensa o primeiro*" (artigo 21, §3º).

[440] Nesse ponto, confirma a Instrução CVM n. 461/2007: "*Art. 2º Os mercados regulamentados de valores mobiliários compreendem os mercados organizados de bolsa e balcão e o mercados de balcão não-organizados.*"

[441] Retomaremos a análise do novo regime proposto no âmbito da Audiência Pública SDM n. 02/21 no Capítulo 3, a seguir.

Para concluir, o ponto principal que se propõe para reflexão é que, conforme delineada a definição legal de companhia aberta e estruturado o sistema dual de registros, a disciplina legal da companhia aberta é aplicada a companhias que, embora registradas, não acessam o mercado de valores mobiliários; ao mesmo tempo, tal disciplina não é aplicada, ao menos não em sua totalidade, a companhias que, embora não registradas, acessam esse mesmo mercado – ainda que de maneira restrita, na hipótese de dispensa de registro, e ressalvada a divergência sobre o tema, como veremos no Capítulo 3. Essa ponderação merece ser examinada à luz dos números mais recentes do mercado de valores mobiliários brasileiro, alguns dos quais compilados no item 2.4 do Capítulo 2 da Parte I, e de fatores outros que escapam à metodologia deste trabalho.

Não obstante, do ponto de vista estritamente jurídico, parece cabível a reflexão quanto aos critérios adotados para definição do alcance dessa disciplina à consecução das finalidades que a inspiram. E essa reflexão parece importante justamente para afastar interpretações, ou mesmo proposições, inadequadas.

A opção por critério formal teria, em tese, o condão de promover maior segurança em torno da delimitação do universo de destinatários do regime da companhia aberta, evitando as inconveniências e incertezas muitas vezes associadas ao emprego de critério material. Com efeito, no Brasil, as principais dificuldades provocadas pela definição legal de companhia aberta parecem resultar sobretudo da rigidez decorrente dos demais elementos que a integram (como, por exemplo, as espécies de valores mobiliários e os ambientes de mercado abrangidos), a determinar a extensão do conceito, assim como de sua conjugação com outros elementos relacionados (como a dispensa de registro), do que propriamente da opção por critério formal. Consequentemente, a opção por critério formal e as situações daí decorrentes – como a das companhias abertas "de prateleira" e assemelhadas – não nos parecem ser um problema a merecer reconsideração, *per se*.

Todavia, isso não diminui a importância de se proporcionar maior clareza e adequada compreensão em torno do conceito de companhia aberta e da conjugação e articulação das diferentes normas sobre registro que escoram as *fronteiras* dessa disciplina, especialmente aquelas examinadas a seguir nos Capítulos 2 e 3. Isso também não significa que, em caso de eventual reforma, a explicitação em lei da opção por critério formal (e dos efeitos da dispensa de registro, de que trataremos adiante) não seja bem-vinda, sob a ótica da promoção de maior segurança jurídica.

CAPÍTULO 2
FRONTEIRAS DA DISCIPLINA (I): DIVISÕES INTERNAS

Este Capítulo será dedicado ao estudo das divisões que foram paulatinamente erigidas de modo a tratar diferentemente as diferentes companhias abertas, afastando-se da proposta original de uma disciplina comum estruturada a partir da dicotomia entre companhias abertas e fechadas. Notadamente, tomando por base o estudo do Capítulo 1 desta Parte II, serão analisadas as normas concernentes às categorias de registro de companhia aberta, com foco no critério determinado por lei para essa categorização – qual seja, as espécies de valores mobiliários admitidos à negociação – e as demais normas que conferem tratamento específico a partir desse mesmo critério. Em seguida, serão examinadas certas iniciativas recentes de implementação de disciplina especial moldada conforme o porte das companhias. Busca-se assim identificar os novos caminhos e tendências – as novas "fronteiras", por assim dizer – no tocante à disciplina jurídica das companhias abertas *vis-à-vis* o objeto e a estrutura originais dessa disciplina examinados na Parte I[442].

[442] Escapam ao escopo deste Capítulo 2 as diferentes normas aplicáveis às companhias abertas em função de critérios outros, como, por exemplo, as normas aplicáveis às companhias abertas em fase pré-operacional, em situação especial (recuperação judicial ou extrajudicial, falência ou liquidação) ou estrangeiras.

2.1 Notas preliminares: um problema de origem

2.1.1 Traços originais da disciplina: dicotomia entre companhias abertas e fechadas

Como visto na Parte I, quando se decidiu dedicar às companhias abertas disciplina própria, distinguindo-as das companhias fechadas, tal disciplina foi estruturada a partir de conceito propositalmente abrangente. A definição legal teve por função instrumental permitir a especificação, no corpo das Leis n. 6.385/1976 e 6.404/1976, das normas direcionadas a cada classe de companhias. Diz-se, por isso, que a lei estabeleceu uma *dicotomia absoluta* entre as companhias abertas e fechadas, submetendo-as a regimes distintos conforme valores mobiliários de sua emissão estejam ou não admitidos à negociação em mercados regulamentados.

Assim sendo, as companhias abertas foram submetidas a disciplina especial que incide a partir da admissão à negociação de (qualquer espécie de) valores mobiliários de sua emissão, independentemente de qualquer outra característica da companhia (como o seu porte). Além de a definição legal de companhia aberta não comportar qualquer diferenciação nesse sentido, as normas que lhes foram inicialmente direcionadas também não buscaram instituir uma tal distinção. Em outras palavras, tal como originalmente estruturada, a disciplina legal das companhias abertas era largamente homogênea, não se apoiando em qualquer divisão interna, estrutural[443].

Isso nos remete novamente à passagem da Exposição de Motivos da lei societária, que justifica a opção por conceito amplo de companhia aberta com base na percepção de que "*toda companhia que faz apelo – por mínimo que seja – à poupança pública, cria, ao ingressar no mercado de capitais, relações que não existem na companhia fechada, e que exigem disciplina própria*"[444]. Não parece improvável que o intuito de proteção, com a intensidade da época, tenha preponderado, deixando de lado, ou em segundo plano, eventuais preocupações com problemas decorrentes da adoção de regime comum para todas as companhias abertas.

[443] Todavia, não se pode dizer o mesmo das companhias fechadas, cuja disciplina legal desde a origem contou com divisão interna para flexibilizar o regime aplicável àquelas de menores dimensões (vide artigo 294 da Lei n. 6.404/1976).

[444] Cf. Exposição de Motivos n. 196/1976.

A nosso ver, essa opção estrutural está na origem dos problemas que se buscou remediar por meio de normas posteriores, examinadas no decorrer deste Capítulo. Com efeito, não tardou a que essa abordagem passasse a ser criticada em face da realidade, especialmente de companhias abertas que acessavam o mercado de valores mobiliários exclusivamente por meio da distribuição de debêntures e de companhias de menor porte, para muitas das quais o acesso a esse mercado se mostrava (e ainda se mostra) demasiadamente oneroso.

2.1.2 Uma face do problema: espécies de valores mobiliários admitidos à negociação

As ações são elementos estruturais da sociedade anônima. A divisão do capital social em ações e a limitação da responsabilidade dos sócios ao preço de emissão das ações subscritas ou adquiridas são traços distintivos desse tipo societário[445]. A livre circulação das ações era também característica marcante, que, contudo, passou a ser relativizada para admitir restrições no âmbito das companhias fechadas[446].

Por esses e outros motivos, não surpreende que a disciplina jurídica da companhia aberta tenha sido fortemente influenciada pelo ideal da grande companhia aberta com ampla dispersão acionária. É o que ilustram, por exemplo, os objetivos da reforma de 1976, examinados no Capítulo 2 da Parte 1.

Todavia, como também examinado no Capítulo 2 da Parte I, optou o legislador brasileiro por não restringir a definição legal de companhia aberta e sua correspondente disciplina àquelas cujas *ações* estivessem admitidas à negociação – às companhias de "capital aberto", por assim dizer. Pelo contrário, contemplou a admissão à negociação de qualquer espécie de valor mobiliário.

O aparente descompasso entre os pressupostos teóricos de certas normas que integram a disciplina da companhia aberta e a realidade – particularmente

[445] Cf. artigo 1º da Lei n. 6.404/1976. Nesse sentido, Almeida Salles fala nas ações como "*elemento estrutural, delineador das características da participação societária. Isto é, daquele tipo societário que tem o seu capital dividido em idênticas porções denominadas ações e, no qual, a responsabilidade dos sócios é limitada à sua subscrição*" (cf. SALLES, Marcos Paulo de Almeida. Os valores mobiliários na Lei das S/A. In: *Revista de Direito Mercantil, Industrial, Econômico e Financeiro*. n. 107. São Paulo: Revista dos Tribunais, 1997. p. 123).

[446] Cf. artigo 36 da Lei n. 6.404/1976.

de companhias com debêntures admitidas à negociação, sem intenção de promover distribuição pública de ações – passou a gerar atritos e reclamações.

A CVM, que, antes mesmo da regulamentação do registro, explicitara opção por estabelecer regime único de informação, independentemente da espécie de valores mobiliários ofertados ao público pelo emissor[447], posteriormente, por ocasião da reforma das normas sobre o registro de companhia aberta, passou a alertar para a necessidade de adaptação[448].

Esse quadro impulsionou alterações pontuais e outra, mais estrutural, às Leis n. 6.385/1976 e 6.404/1976. Referimo-nos especificamente à autorização para criação de diferentes categorias de registro de companhia aberta, conforme as espécies de valores mobiliários admitidos à negociação, posteriormente regulamentada pela CVM. Contudo, não nos parece que essas medidas tenham remediado por completo o problema, como explicaremos adiante.

A questão ganha maior relevância face aos números mais recentes do mercado de valores mobiliários brasileiro, referidos no Capítulo 2 da Parte 1. Como se viu, a dívida privada – em especial, as debêntures – vem assumindo

[447] Não obstante, o fato de a CVM ter prestado à época o esclarecimento transcrito a seguir mostra que a questão já estava no seu radar em 1978: *"Informações para debenturistas: A CVM não fará nenhuma distinção de tratamento quanto a informações no registro de companhias que apenas coloquem debêntures junto ao público. Apenas o registro de emissão, como será visto posteriormente, será diferente. Na atualização do registro das companhias que tenham debêntures em circulação, certas informações sobre a emissão desses títulos deverão ser fornecidas."* (cf. *"Política de divulgação de informações"*, anexa à ata da 311ª sessão do CMN, realizada em 20 de dezembro de 1978) Ao mesmo tempo, manifestou intenção de futuramente rever essa abordagem inicial para criar diferentes modelos de registro em função de preocupação com a necessidade de adaptação conforme os diferentes setores de atuação: *"A CVM reconhece que as informações necessárias podem variar conforme o setor de atividades das companhias. De início, a CVM exigirá o fornecimento daquelas informações julgadas essenciais para o conhecimento adequado das operações de qualquer empresa, independentemente de seu ramo de atividade. Posteriormente, serão desenvolvidos modelos de registro contendo informações que permitam maior entendimento da companhia, conforme o setor ou setores onde opera. A CVM procurará, na medida do possível, padronizar as informações que venha a solicitar, recorrendo aos órgãos governamentais que supervisionam o exercício de atividades e às associações de classe interessadas, quando julgar necessária a inclusão de informações relativas a um determinado setor."* (cf. *"Política de divulgação de informações"*, anexa à ata da 311ª sessão do CMN, realizada em 20 de dezembro de 1978)

[448] Em 1987, mencionou em nota explicativa que *"[t]ambém a separação do tipo de informação a ser prestada por companhias emissoras de debêntures, enfatizando os dados referentes a esta modalidade de risco, deverá fazer parte de futuras regulamentações"*. (cf. Nota Explicativa da Instrução CVM n. 60/1987)

preponderância em termos de volume de captação, ainda que com desaceleração dessa tendência em 2020[449]. Diante desse quadro, a própria CVM tem destacado a necessidade de reforma para que o mercado brasileiro ofereça condições adequadas para atender às necessidades de financiamento das empresas[450].

É nesse contexto que se insere o presente estudo, e para cuja reflexão visa a contribuir, ao analisar a disciplina das companhias abertas conforme as espécies de valores mobiliários admitidos à negociação. Nesse particular, este estudo adotará a distinção entre valores mobiliários "de capital" e valores mobiliários "de dívida", tendo em vista os diferentes vínculos que produzem

[449] É o que constata estudo desenvolvido pela área técnica da CVM, publicado em 2019: "*De forma semelhante aos demais países, a dívida privada possui papel preponderante no mercado de capitais brasileiro em termos de captação de recursos. Os seis instrumentos de renda fixa mostrados na Tabela 3 foram responsáveis por 84% do volume levantado nos últimos cinco anos (R$ 765 bilhões) enquanto 10% do total foi captado sob a forma de ações (R$ 94 bilhões), seja em oferta pública inicial ou subsequente. Os quatro papéis objeto deste estudo (debêntures, notas promissórias, CRA e CRI) representaram 76% do montante total emitido no mercado de capitais entre 2014 e 2018. A proporção referente a cada ano da amostra está listada na última coluna da tabela. (...) As debêntures são os instrumentos de dívida mais relevantes do mercado de capitais, do ponto de volume financeiro. Dentre os seis ativos de renda fixa mostrados no Gráfico 5, as debêntures representaram 63% do montante total captado entre 2011 e 2018 e as notas promissórias ocupam a segunda posição com 15%. Apesar do expressivo crescimento dos CRA, estes ainda representam uma parcela modesta do mercado de dívida privada (4%).*" (cf. CVM. *O mercado de dívida corporativa no Brasil.* 2019. p. 22-23. Disponível em: http://www.cvm.gov.br/export/sites/cvm/menu/acesso_informacao/serieshistoricas/estudos/. Acesso em: 15 abr. 2019)

[450] Diz ainda o referido estudo: "*Determinadas macrotendências da economia brasileira apontam para o crescimento do mercado de renda fixa corporativo nos curto e médio prazos. (...) Entretanto, é preciso que o mercado de capitais doméstico reúna condições adequadas para atender às necessidades de recursos das companhias nacionais de forma eficiente e potencialize os fatores anteriores. Dessa forma, será possível obter um aumento do volume de emissões por companhias brasileiras de capital aberto no mercado doméstico, além do registro de novos emissores (incluindo empresas de pequeno e médio portes). Por outro lado, a fim de estimular a demanda, é importante atuar nos pontos que desestimulam as aplicações por parte de grupos atualmente pouco representativos na base de investidores de dívida privada. Especificamente, algumas ações nesse sentido são: eliminar eventuais entraves regulatórios (sem abrir mão da proteção aos investidores), facilitar a compreensão e a disponibilidade dos instrumentos de dívida privada, além de equilibrar sua relação risco-retorno perante à de produtos concorrentes.*" Vale notar que, ao tratar dos aspectos regulatórios, uma das sugestões do estudo foi justamente "*[t]ratar as emissões de dívida de forma particular, em especial quanto à simplificação de documentos exigidos*". (cf. CVM. *O mercado de dívida corporativa no Brasil.* 2019. p. 97-98. Disponível em: http://www.cvm.gov.br/export/sites/cvm/menu/acesso_informacao/serieshistoricas/estudos/. Acesso em: 15 abr. 2019)

entre o investidor e a companhia, cujas modalidades mais típicas são, respectivamente, as ações e as debêntures[451].

2.1.3 Outra face do problema: diferenças de porte

Na mesma linha, tal como originalmente estruturada, a disciplina legal da companhia aberta não conferiu tratamento específico às diferenças em termos de porte, que naturalmente existem entre as companhias que acessam, ou que desejam acessar, o mercado de valores mobiliários[452].

Esse ponto mais uma vez remete aos objetivos que pautaram a reforma de 1976, examinados no Capítulo 2 da Parte 1. Como vimos, a disciplina societária pautou-se na noção de que a forma fechada seria mais adequada às companhias de menor porte e que a conversão para aberta seria um evento próprio da vida das companhias que atingissem maior porte.

O resultado é uma disciplina legal que não admite grande flexibilização em função do porte das companhias abertas. Por isso mesmo, é ainda hoje por vezes percebida como pouco simpática às companhias de menor porte que pretendam acessar o mercado de valores mobiliários[453].

[451] Em essência, identificamos como valores mobiliários de dívida aqueles que geram uma relação de crédito entre o investidor e a companhia, e não submetem o investidor ao risco do negócio da mesma forma que, por oposição, os valores mobiliários de capital. Ressalva-se que a opção metodológica pela adoção dessa distinção não desconsidera o fato de que, dentro do universo de valores mobiliários de dívida e de capital, há importantes particularidades no tocante às diferentes espécies de valores mobiliários, que merecem ser consideradas ao disciplinar-se o tema, bem como títulos híbridos, que concentram características de ambos. Como veremos adiante no item 2.2.2, essa foi em linhas gerais a distinção em que se apoiou a CVM para regulamentar as categorias de emissores. Sobre essa distinção e as discussões clássicas a que remete quanto à estrutura de capital da companhia, ver YAZBEK, Otavio. *Regulação do mercado financeiro e de capitais*. 2ª ed. Rio de Janeiro: Elsevier, 2009. p. 81 et seq; YAZBEK, Otavio. "As companhias abertas – sua caracterização, as vantagens e as desvantagens da abertura de capital". In: FINKELSTEIN, Maria Eugênia. PROENÇA, José Marcelo Martins (coords.). *Direito societário:* sociedades anônimas. 3ª ed. São Paulo: Saraiva, 2014. p. 117.

[452] Ressalvadas certas exceções pontuais, notadamente no tocante ao artigo 291 da Lei n. 6.404/1976, que "[confere] *competência à Comissão de Valores Mobiliários para reduzir, nas companhias de grande porte, de capital amplamente pulverizado, as porcentagens mínimas, previstas na lei, para o exercício de alguns direitos de minoria*" (cf. Exposição de Motivos n. 196/1976).

[453] Todavia, há também quem resista à caracterização dessa circunstância como um "problema", isto é, que entenda adequada a restrição de acesso ao mercado de capitais via oferta

A questão vem recebendo tratamento oscilante em sede legal e regulamentar, como resultado de sucessivas tentativas de remediá-la, culminando com o regime específico estabelecido para as companhias de menor porte por meio do chamado Marco Legal das *Startups*, de 2021. Nesse contexto, destaca-se o comando constitucional de tratamento favorecido para as microempresas e empresas de pequeno porte brasileiras[454], invocado como fundamento para iniciativas anteriores promovidas pela CVM na tentativa de adequação do regime regulamentar das companhias conforme o seu porte, examinadas na sequência.

Essa questão está no cerne das discussões sobre a ampliação do acesso ao mercado de valores mobiliários como alternativa de financiamento para as empresas brasileiras, que vem ocupando crescente espaço na agenda política. Em muitos pontos se entrelaça com as discussões mencionadas no tópico anterior sobre a disciplina das companhias conforme as espécies de valores mobiliários ofertados nesse mercado. É no intuito de contribuir para esse debate que serão analisadas a seguir iniciativas passadas e aquelas mais recentes de disciplina das companhias abertas conforme o seu porte.

pública de valores mobiliários para companhias maiores, que reúnam estrutura e governança compatíveis com as exigências impostas para a proteção dos investidores desse mercado.

454 Cf. artigo 170, inciso IX, e artigo 179 da Constituição Federal: "*Art. 170. A ordem econômica, fundada na valorização do trabalho humano e na livre iniciativa, tem por fim assegurar a todos existência digna, conforme os ditames da justiça social, observados os seguintes princípios: (...) IX - tratamento favorecido para as empresas brasileiras de capital nacional de pequeno porte.*" (redação revogada) "*IX - tratamento favorecido para as empresas de pequeno porte constituídas sob as leis brasileiras e que tenham sua sede e administração no País.*" (redação dada pela Emenda Constitucional nº 6/1995); "*Art. 179. A União, os Estados, o Distrito Federal e os Municípios dispensarão às microempresas e às empresas de pequeno porte, assim definidas em lei, tratamento jurídico diferenciado, visando a incentivá-las pela simplificação de suas obrigações administrativas, tributárias, previdenciárias e creditícias, ou pela eliminação ou redução destas por meio de lei.*"

2.2 Disciplina da companhia aberta conforme as espécies de valores mobiliários admitidos à negociação

2.2.1 Categorias de registro de companhia aberta (artigo 4º, §3º da Lei n. 6.404/1976)

Como vimos no Capítulo 2 da Parte I, a Lei n. 10.303/2001 promoveu alterações expressivas à disciplina da companhia aberta da Lei n. 6.404/1976. Destaca-se principalmente a introdução do parágrafo 3º ao artigo 4º, que autorizou a CVM a classificar as companhias abertas em categorias, "*segundo as espécies e classes dos valores mobiliários por ela emitidos negociados no mercado*", bem como a especificar "*as normas sobre companhias abertas aplicáveis a cada categoria*"[455].

Trata-se de relevante inovação, que, contudo, recebeu pouca atenção e teve reduzida repercussão prática até sua regulamentação pela CVM, no ano de 2009.

Com efeito, a autorização para classificação das companhias abertas em diferentes categorias de acordo com as espécies de valores mobiliários admitidos à negociação, com a adequação da disciplina aplicável a cada categoria, representou um afastamento – ou, para Carvalhosa e Eizirik, um *rompimento* – da dicotomia entre companhias abertas e fechadas[456].

A origem dessa medida é atribuída a pleitos de companhias que acessavam o mercado para captação exclusivamente por meio de debêntures e outros valores mobiliários, sem a pretensão de efetivamente abrir o seu capital, e se viam obrigadas a adaptar seus estatutos e a obedecer ao mesmo regime informacional das companhias de capital aberto[457].

[455] A redação completa do §3º do artigo 4º da Lei n. 6.404/1976 é a seguinte: "*§ 3º A Comissão de Valores Mobiliários poderá classificar as companhias abertas em categorias, segundo as espécies e classes dos valores mobiliários por ela emitidos negociados no mercado, e especificará as normas sobre companhias abertas aplicáveis a cada categoria.*"

[456] "*Com o novo regime legal trazido pela Lei n. 10.303/2001, rompe-se com a dicotomia absoluta entre companhias abertas e companhias fechadas, admitindo-se níveis diferenciados de regulação entre as companhias abertas, bem como adequando-se a regulação aos tipos de valores mobiliários objeto de negociação pública.*" (cf. CARVALHOSA, Modesto. EIZIRIK, Nelson. *A nova Lei das S/A*. São Paulo: Saraiva, 2002. p. 40) No mesmo sentido: CARVALHOSA, Modesto. *Comentários à Lei de Sociedades Anônimas*. 4ª ed. São Paulo: Saraiva, 2002. p. 66.

[457] Nesse sentido, notam Lamy e Bulhões: "*Essa norma veio atender a reclamações de companhias que não pretendiam que suas ações circulassem no mercado, mas apenas distribuir outros valores*

Isso parece justificar a adoção, pelo legislador, como critério de distinção, das *espécies* de valores mobiliários que se pretendesse distribuir ao mercado. Assim sendo, a medida parece procurar contornar o problema decorrente do fato de a lei brasileira ter concentrado, sob o conceito de companhia aberta, realidades tão distintas, englobando toda e qualquer companhia cujos valores mobiliários estejam admitidos à negociação, independentemente de sua espécie, e de tê-las submetido originalmente a regime comum, que em certos pontos parece pressupor a distribuição pública de ações e consequente dispersão acionária.

A proposta que deu origem a esse dispositivo foi formulada no âmbito do substitutivo apresentado pelo Deputado Emerson Kapaz, com a seguinte redação[458]:

> *"§3º A CVM poderá permitir a criação de níveis de companhias abertas, segundo sejam as espécies ou classes de valores mobiliários por ela emitidos negociados em bolsa de valores ou no mercado de balcão, e especificar as normas sobre companhia aberta aplicáveis a cada nível."*

mobiliários, especialmente debêntures, e eram forçadas a promover alterações estatutárias e a satisfazer a diversos requisitos da lei que só têm razão de ser se a companhia é aberta para negociação de ações. O novo dispositivo atribui à CVM competência para excluir a aplicação, a essas companhias, de normas que são próprias das companhias emissoras de ações em circulação no mercado." (cf. LAMY FILHO, Alfredo. BULHÕES PEDREIRA, José Luiz. *Direito das companhias*. 2ª ed. Rio de Janeiro: Forense, 2017. p. 106) O trecho parece sugerir que, na visão dos autores, a norma autorizava a CVM a dispensar obrigações previstas em lei para as companhias abertas – ponto esse que retomaremos a seguir. Ainda sobre o tema, afirmou Cantidiano: *"Ao incluir na lei o §3º, do art. 4º, o legislador atende antigo pleito do mercado quando admite que a CVM possa criar categorias diferenciadas de companhias abertas segundo as espécies e classes de valores mobiliários distribuídos no mercado, formulando exigências diferentes para a concessão de registro às respectivas sociedades emissoras."* (cf. CANTIDIANO, Luiz Leonardo. *Reforma da Lei das S.A. comentada*. Rio de Janeiro: Renovar, 2002. p. 31)

458 Cf. substitutivo apresentado em anexo ao voto do relator Deputado Emerson Kapaz. Sobre o tema, ver também: CARVALHOSA, Modesto. "Notícia sobre a reforma de lei de sociedades anônimas – projeto do Deputado Emerson Kapaz". In: MOSQUERA, Roberto Quiroga (coord.). *Aspectos atuais do Direito do mercado financeiro e de capitais*. 2º vol. São Paulo: Dialética, 2000. p. 177-188; CANTIDIANO, Luiz Leonardo. "Alteração na Lei das Sociedades por Ações – o Substitutivo do Deputado Emerson Kapaz". In: MOSQUERA, Roberto Quiroga (coord.). *Aspectos atuais do Direito do mercado financeiro e de capitais*. 2º vol. São Paulo: Dialética, 2000. p. 141-160. De acordo com os autores, o "Projeto Kapaz", como ficou conhecido o substitutivo do Deputado Emerson Kapaz, resultou de ampla discussão e contou com o apoio da CVM.

Observa-se que a referência a diferentes "*níveis*" de companhias abertas ainda hoje é ocasionalmente empregada, não obstante sua posterior substituição pelo termo "*categorias*" no âmbito do processo legislativo.

Mais ainda, nota-se que o referido substitutivo originalmente contemplou um segundo critério de distinção: os mercados em que os valores mobiliários seriam negociados[459]. Como veremos a seguir, mesmo tendo sido posteriormente subtraído no âmbito do processo legislativo, tal critério foi recuperado pela CVM, em sua proposta inicial de regulamentação da matéria, e mais uma vez abandonado no curso da respectiva audiência pública, de modo que a atual disciplina das categorias de registro não faz uma tal distinção.

A redação final do §3º do artigo 4º da Lei n. 6.404/1976 foi proposta no âmbito da emenda modificativa n. 23 ao substitutivo da Comissão de Finanças e Tributação, apresentada no plenário da Câmara dos Deputados pelo Deputado Jutahy Júnior, e justificada como um "*aperfeiçoamento técnico*" à redação do referido dispositivo.

À época da promulgação da Lei n. 10.303/2001, essa inovação foi saudada pela doutrina, que reclamava da opção original por submeter todas as companhias abertas ao mesmo regime legal e regulamentar. Dizia-se, por exemplo, que "*[t]al disciplina uniforme para todas as companhias abertas revelou-se, depois de algum tempo, inadequada*", especialmente, nas palavras de Carvalhosa e Eizirik, porque "*não se compatibilizavam as normas regulamentares, particularmente as referentes à divulgação de informações, com as reais necessidades dos investidores, que variam em função das diferentes espécies de valores mobiliários*", gerando custos desnecessários para as companhias[460].

[459] Comentou Cantidiano que, se dita proposta fosse aprovada, a CVM passaria a poder "*estabelecer critérios simplificados para a concessão do registro de companhias que apenas venham a emitir debêntures simples, sendo-lhe facultado, ainda, exigir requisitos diferenciados conforme a companhia venha a ter valores de sua emissão negociados em mercado de balcão – organizados ou não -, ou em bolsa de valores*". (cf. CANTIDIANO, Luiz Leonardo. "Alteração na Lei das Sociedades por Ações – o Substitutivo do Deputado Emerson Kapaz". In: MOSQUERA, Roberto Quiroga (coord.). *Aspectos atuais do Direito do mercado financeiro e de capitais.* 2º vol. São Paulo: Dialética, 2000. p. 146)

[460] Cf. CARVALHOSA, Modesto. EIZIRIK, Nelson. *A nova Lei das S/A.* São Paulo: Saraiva, 2002. p. 39. No mesmo sentido: EIZIRIK, Nelson. *A Lei das S/A comentada.* 2ª ed. Vol I. Quartier Latin: São Paulo, 2015. p. 81-82; CARVALHOSA, Modesto. *Comentários à Lei de Sociedades Anônimas.* 4ª ed. São Paulo: Saraiva, 2002. p. 65. Em sentido semelhante: CANTIDIANO, Luiz Leonardo. *Reforma da Lei das S.A. comentada.* Rio de Janeiro: Renovar, 2002. p. 31-32. Para Carvalhosa, a novidade era positiva, de enorme importância prática. (cf. CARVALHOSA,

Os comentários da época traduzem preocupação recorrente com o nível de regulação das companhias abertas e, mais especificamente, com a intensidade de seu regime informacional. Assim, por exemplo, segundo Cantidiano, esperava-se que essa inovação contribuiria para "*facilitar o surgimento de novas companhias abertas, de portes diferenciados, que pretendam distribuir publicamente valores mobiliários de características também diversas*", e que incorreriam em custos menores para a obtenção do registro e sua manutenção[461]. Houve também quem enxergasse na proposta preocupação do legislador com a generalidade com que a lei tratava as companhias abertas[462].

Não obstante, a forma adotada para a persecução de tais objetivos merece algumas observações.

Modesto. *Comentários à Lei de Sociedades Anônimas.* 4ª ed. São Paulo: Saraiva, 2002. p. 31; 65) No mesmo sentido, LUCENA, José Waldecy. *Das sociedades anônimas.* Vol. I. Rio de Janeiro: Renovar, 2009. p. 116. Yazbek afirma que essa inovação representa reconhecimento de que "*o mercado pode (e tende a) demandar instrumentos com perfil diferenciado*". (cf. YAZBEK, Otavio. "As companhias abertas – sua caracterização, as vantagens e as desvantagens da abertura de capital". In: FINKELSTEIN, Maria Eugênia. PROENÇA, José Marcelo Martins (coords.). *Direito societário:* sociedades anônimas. 3ª ed. São Paulo: Saraiva, 2014. p. 112) E ainda, da leitura do dispositivo Tellechea depreende "*que o órgão regulador anteviu que o mercado demandava a criação de instrumentos com perfis diferenciados, capazes de absorver estruturas jurídicas mais flexíveis, especialmente quanto à emissão de outros tipos de valores mobiliários sem necessidade de promover alterações estatutárias relevantes, porém morosas*". (cf. TELLECHEA, Rodrigo. Artigo 22. In: CODORNIZ, Gabriela. PATELLA, Laura (coords.). *Comentários à Lei do Mercado de Capitais – Lei n. 6.385/76.* São Paulo: Quartier Latin, 2015. p. 506-507)

461 Cf. CANTIDIANO, Luiz Leonardo. *Reforma da Lei das S.A. comentada.* Rio de Janeiro: Renovar, 2002. p. 31-32.

462 Esse ponto foi ressaltado em decisão do Colegiado da CVM: "*Com isto não se está a recriminar, de nenhum modo, a preocupação da SEP com a efetiva disseminação de ações e outros valores mobiliários de emissão das companhias abertas em bolsa de valores ou mercado de balcão. Tal preocupação, inclusive, resultou recentemente em nova regulamentação pelo CMN dos investimentos das entidades de previdência privada, com determinação de investimento mínimo em papéis com efetiva liquidez. Entretanto, entendo que o modo de incentivar tal dispersão não é o de restrição ao registro de companhias abertas que não emitam valores mobiliários publicamente. Anoto, ainda, que o Projeto de Lei 3.115, na forma em que aprovado pelo plenário da Câmara dos Deputados, prevê a modificação da Lei das S.A. de maneira a admitir-se mais de uma espécie de registros de companhias abertas, o que revela que o legislador também se preocupou com a generalidade com que a lei trata as múltiplas hipóteses práticas de companhias abertas.*" (cf. CVM. RJ 2000/4896, RJ 2000/4887, RJ 2000/4888, RJ 2000/4889, RJ 2000/4890, RJ 2000/4891, RJ 2000/4893 e RJ 2000/4894, julgados em 10 de abril de 2001. Voto do Diretor Relator Marcelo Fernandez Trindade)

A principal crítica que se faz à medida tal como adotada diz respeito ao escopo e ao alcance da autorização dada à CVM para especificar as "*normas sobre companhias abertas*" aplicáveis a cada categoria.

A nosso ver, tal como delineado o referido dispositivo, sua repercussão ficou limitada ao âmbito regulamentar. Diferentemente de outras hipóteses em que, por exemplo, a lei delega à CVM competência para reduzir os percentuais previstos em normas específicas, nesse caso a referência genérica a normas sobre companhias abertas deve ser interpretada como se limitada às normas regulamentares. Afinal, como afirmaram Carvalhosa e Eizirik, não poderia a CVM distinguir onde a própria lei não distinguiu[463].

Em outras palavras, não poderia a CVM dispensar a aplicação de normas hierarquicamente superiores, cuja incidência decorre de lei, não especificadas pelo legislador (isto é, sem que haja autorização legal específica para dispensa), sob risco de violação ao princípio da legalidade consagrado no inciso II do artigo 5º da Constituição Federal. O dispositivo em questão traduz exceção à

[463] "*Nos termos do novo §3º do art. 4º, caberá à CVM, em sua regulamentação sobre a matéria, especificar as normas sobre companhias abertas aplicáveis a cada categoria. As normas a que se refere o §3º são unicamente as regulamentares constantes em instruções expedidas pela CVM. Seria de todo inadmissível que a CVM, ao regulamentar a matéria, dispusesse que determinada norma legal, constante da Lei das S/A, seria aplicável a dada categoria de emissoras, mas não a outra, distinguido onde a lei não distinguiu. Como ato por definição inferior à lei, evidentemente não pode o regulamento, sob pena de nulidade, contrariá-la ou ir além de seus preceitos.*" (cf. CARVALHOSA, Modesto. EIZIRIK, Nelson. *A nova Lei das S/A*. São Paulo: Saraiva, 2002. p. 41 et seq.) Vide também: CARVALHOSA, Modesto. *Comentários à Lei de Sociedades Anônimas*. 4ª ed. São Paulo: Saraiva, 2002. p. 31; 67-68. Em outra oportunidade, comentou Eizirk: "*Com a edição da Lei n. 10.303/2001, admitiu-se a existência de níveis diferenciados de regulação entre as companhias abertas.*" (cf. EIZIRIK, Nelson. *A Lei das S/A comentada*. 2ª ed. Vol I. Quartier Latin: São Paulo, 2015. p. 82). Na mesma linha, afirma Bulhões: "*Na essência, a norma do §3º não é de direito societário, mas de organização do mercado de valores mobiliários: o que se permite à CVM é classificar as companhias abertas em função da espécie dos seus valores mobiliários negociados no mercado, mediante a instituição para cada categoria de requisitos próprios para acesso ao mercado. A disposição estaria melhor situada na Lei 6.385/1976. A locução "especificará as normas sobre companhias abertas aplicáveis a cada categoria" há de ser entendida no sentido restrito de especificação de (a) requisitos, ou condições, para a admissão da negociação de valores mobiliários no mercado, e (b) regras sobre prestação de informações ao público. O parágrafo 3º não delega à CVM competência para dispor sobre direitos subjetivos ou modificar o regime legal das companhias abertas.*" (cf. BULHÕES, Carlos Eduardo. Comentários aos arts. 4º e 4º-A da Lei das Sociedades Anônimas. In: *Revista de Direito Bancário e do Mercado de Capitais*. N. 23. São Paulo: Revista dos Tribunais, janeiro-março de 2004. p. 111-112) Ainda sobre o tema, ver LUCENA, José Waldecy. *Das sociedades anônimas*. Vol. I. Rio de Janeiro: Renovar, 2009. p. 117; 143 et seq.

regra geral, devendo ser interpretado restritivamente. Isso parece determinar a conclusão de que o §3º do artigo 4º não constitui ampla autorização para a CVM dispensar normas legais, mas apenas regulamentares, sobre companhias abertas.

Assim sendo, entendemos que admitiu-se apenas que o regime regulamentar fosse adequado para tratar diferentemente as diferentes categorias de companhias abertas, conforme as espécies de valores mobiliários de sua emissão admitidos à negociação. Já sob a lei societária, as companhias abertas permaneceram sujeitas às mesmas regras, com as distinções introduzidas posteriormente, e de maneira pontual, examinadas adiante no item 2.2.3.

Consequentemente, antes mesmo da regulamentação do dispositivo em questão, comentava-se, por exemplo, que não poderia a CVM dispensar para categorias específicas de companhias abertas – como os emissores de debêntures simples – a aplicação do artigo 254-A, que exige a realização de oferta pública quando da aquisição de controle de companhia aberta[464].

[464] O comentário é de Carvalhosa e Eizirik: "*Não poderá a CVM, em suas normas regulamentares, dispor, por exemplo, que o art. 254-A da Lei das S/A, que trata da oferta pública decorrente da aquisição de controle acionário, aplica-se apenas às companhias abertas emissoras de ações, mas não às emissoras de debêntures simples; tal norma regulamentar seria nula, pois a lei, no art. 254-A, refere-se a todas as companhias abertas, sem qualquer distinção.*" (cf. CARVALHOSA, Modesto. EIZIRIK, Nelson. *A nova Lei das S/A*. São Paulo: Saraiva, 2002. p. 41) Vide também: CARVALHOSA, Modesto. *Comentários à Lei de Sociedades Anônimas*. 4ª ed. São Paulo: Saraiva, 2002. p. 67-68. As manifestações sobre o tema em sede de julgamentos do Colegiado da CVM, anteriores à edição da Instrução CVM n. 480/2009, ilustram a interpretação oscilante do alcance do dispositivo em questão. Por exemplo: no âmbito do processo CVM n· RJ 2002/6138, a Diretora Relatora Norma Parente concluiu que uma companhia que pretendia distribuir publicamente apenas debêntures simples não precisaria adaptar seu estatuto às alterações promovidas ao regime das ações preferenciais pela Lei n. 10.303/2001: "*9. Efetivamente, o novo sistema legislativo admite que as companhias abertas sejam diferenciadas por categorias. Assim, não se pode considerar no mesmo patamar companhias que se tornem abertas em decorrência da captação de recursos através de ações, debêntures, notas promissórias, ou mesmo certificados de investimento coletivo, ou ainda quando emitam títulos destinados a empregados, a investidores qualificados ou a certa região. 10. Nessas hipóteses, como no presente caso, há que se atentar para a distribuição a ser realizada, pois foi com o objetivo de facilitar o acesso ao mercado de capitais que os níveis de companhias abertas foram criados. Não se pode, contudo, permitir que a diferenciação de categoria prejudique minoritários.* (....)". Nesse processo discutia-se a necessidade de adaptação do estatuto social, como condição para o deferimento de registro de companhia aberta, às preferências e vantagens de que trata o artigo 17 da Lei n. 6.404/1976, com redação dada pela Lei n. 10.303/2001. A companhia em questão declarou que "*não* [buscava] *atrair acionistas investidores, mas, sim, debenturistas*", e reclamou que "*para o investidor debenturista, a política de dividendos acaba por conflitar com o seu interesse financeiro*"

Por certo, a norma do §3º do artigo 4º não se confunde com a possibilidade de dispensa do registro de companhia aberta, prevista na Lei n. 6.385/1976 e examinada no Capítulo 3 desta Parte II. Por conseguinte, não pode ter por consequência afastar o enquadramento como companhia aberta e a incidência da correspondente disciplina legal para uma ou outra categoria.

Assim sendo, as "*normas sobre companhias abertas*" do §3º do artigo 4º restringem-se às normas expedidas pela própria CVM para regulamentar as obrigações impostas às companhias abertas e demais matérias que lhes são pertinentes previstas nas Leis n. 6.385/1976 e 6.404/1976. Essa nos parece ser a melhor interpretação da norma e, com efeito, é a que pautou a regulamentação das categorias de registro de companhias abertas pela CVM, como veremos a seguir.

Todavia, não nos parece que uma tal autorização se fazia para tanto necessária. Melhor dizendo, entendemos que antes mesmo da autorização dada por meio do §3º do artigo 4º da lei societária, a CVM já podia instituir, em sede regulamentar, regimes próprios para diferentes grupos de companhias registradas, conforme as espécies de valores mobiliários admitidos à negociação[465].

e que "*inúmeras justificativas poderiam ser levantadas para subsidiar o tratamento diferenciado entre sociedades exclusivamente emissoras de debêntures e aquelas que desejam negociar no mercado suas ações, sendo que, no caso, não haverá qualquer prejuízo ao investidor, uma vez que não interessa a esse, nem à companhia, negociar com ações*". O relatório aponta que a companhia invocou a proposta que constava do anteprojeto de reforma da Lei n. 6.404/1976, "*que* [estendia] *às companhias abertas exclusivamente por debêntures ou outro título não conversível em ações a disposição que permite às companhias fechadas distribuírem dividendo inferior ao mínimo obrigatório ou reterem todo o lucro líquido*". (cf. CVM. Processo n. RJ 2002/6138, julgado em 01 de outubro de 2002. Diretora Relatora Norma Jonssen Parente)

465 Com efeito, a CVM efetivamente instituiu regimes especiais antes mesmo da reforma de 2001. Exemplo disso é o regime que existiu para as companhias emissoras de notas promissórias sob as Instruções CVM n. 134/1990 e n. 422/2005 até o advento da Instrução CVM n. 480/2009. Também nesse sentido, para Pitta, a interpretação sistemática dos artigos 21, §6º, e 22, §1º, da Lei n. 6.385/1976 já permitia a conclusão de que a CVM goza de ampla liberdade para administrar os registros de sua competência, inclusive para prever descontos regulatórios ou hipóteses de dispensa em função não apenas da espécie ou classe dos valores mobiliários e dos mercados em que forem negociados, mas também do porte do emissor e da qualificação dos investidores titulares dos respectivos valores mobiliários ou destinatários das ofertas públicas de distribuição. (cf. PITTA, André Grunspun. Artigo 21. In: CODORNIZ, Gabriela. PATELLA, Laura (coords.). *Comentários à Lei do Mercado de Capitais – Lei n. 6.385/76*. São Paulo: Quartier Latin, 2015. p. 436) No mesmo sentido: PITTA, André Grunspun. *O regime de informação das companhias abertas*. São Paulo: Quartier Latin, 2013. p. 209.

O contraste entre os objetivos que pautaram a introdução da norma, de adequação da disciplina jurídica das companhias abertas às suas diferentes configurações, e a forma como foi estipulada em lei, aponta para uma limitação de efetividade. Isto é, ou se entende que a norma permite à CVM a dispensa de obrigações da própria Lei n. 6.404/1976, com o que discordamos, ou que não foi adequada, ou suficiente, à persecução dos objetivos que motivaram nesse ponto a reforma legal, atendendo apenas em parte às pressões da época.

Adicionalmente, aplica-se também ao §3º do artigo 4º a já mencionada crítica quanto à sua compatibilidade com o teor da Lei n. 6.404/1976[466]. Nesse sentido, concordamos que, na essência, o dispositivo que autoriza a criação das categorias "*não é de direito societário, mas de organização do mercado de valores mobiliários*"[467].

Com efeito, a Lei n. 6.385/1976 não trata das categorias de registro de companhia aberta. Porém, como mencionado no Capítulo 2 da Parte I, a Lei n. 11.638/2007, que tratou principalmente das *sociedades de grande porte*, além de promover alterações às Leis n. 6.385/1976 e 6.404/1976, dispôs em seu artigo 4º o seguinte:

> *"Art. 4º As normas de que tratam os incisos I, II e IV do § 1º do art. 22 da Lei nº 6.385, de 7 de dezembro de 1976, poderão ser especificadas por categorias de companhias abertas e demais emissores de valores mobiliários em função do seu porte e das espécies e classes dos valores mobiliários por eles emitidos e negociados no mercado."*

Introduziu-se dessa forma o *porte* como possível critério de distinção. Além disso, é de se notar que o dispositivo faz referência a incisos específicos do artigo 22 da Lei n. 6.385/1976, que lista matérias delegadas à regulamentação

466 Vide Capítulo 2 da Parte I, item 2.2.3. Nesse sentido, reclamam Lamy e Bulhões que a distinção entre as matérias reguladas na Lei n. 6.385/1976 e na Lei n. 6.404/1976 "*não foi mantida pela Lei n. 10.303/2001, ao disciplinar, em parágrafos acrescidos ao artigo 4º da LSA, o cancelamento de registro de companhia aberta na CVM e alguns deveres das companhias abertas em razão de sua participação nos mercados*". (cf. LAMY FILHO, Alfredo. BULHÕES PEDREIRA, José Luiz. *Direito das companhias*. 2ª ed. Rio de Janeiro: Forense, 2017. p. 105)

467 Cf. BULHÕES, Carlos Eduardo. Comentários aos arts. 4º e 4º-A da Lei das Sociedades Anônimas. In: *Revista de Direito Bancário e do Mercado de Capitais*. N. 23. São Paulo: Revista dos Tribunais, janeiro-março de 2004. p. 111.

pela CVM (e não, genericamente, a "*normas sobre companhias abertas*", como o §3º do artigo 4º da Lei n. 6.404/1976)[468].

A CVM emitiu à época comunicado por meio do qual ressaltou que a Lei n. 10.303/2001 já alterara a lei societária para lhe conferir poderes de classificar e regular as companhias abertas em categorias, segundo a espécie e classe dos valores mobiliários, de modo que a Lei n. 11.638/2007 "*não altera essa disposição e além de considerar, ainda, o porte das companhias, incluiu os demais emissores de valores mobiliários no que diz respeito ao estabelecimento de regras diferenciadas nos casos previstos no § 1º, incisos I, II e IV do art. 22 da Lei no 6.385/76*"[469].

Contudo, por ter sido incluído em outro diploma, e não no corpo da Lei n. 6.385/1976, esse dispositivo teve menos visibilidade, o que prejudica a compreensão global da matéria.

Ainda sobre o §3º do artigo 4º da Lei n. 6.404/1976, cabem três observações adicionais.

Em primeiro lugar, o emprego na norma do termo "*poderá*" gerou inicialmente discordância quanto a se traduzia um comando (melhor dizendo, um "*poder-dever*") ou mera autorização para que a CVM regulamentasse as categorias de registro de companhia aberta[470]. Contudo, essa discussão perdeu o objeto quando da regulamentação das categorias de registro pela CVM.

Em segundo lugar, critica-se a referência que a norma faz às *classes* de valores mobiliários como critério de distinção, por ser demasiadamente específico

[468] Lembre-se que o inciso I do parágrafo 1º do artigo 22 da Lei n. 6.385/1976 refere-se "[à] *natureza das informações que devam divulgar e* [à] *periodicidade da divulgação*", o inciso II refere-se ao "*relatório da administração e demonstrações financeiras*", e o inciso IV refere-se aos "*padrões de contabilidade, relatórios e pareceres de auditores independentes*".

[469] Cf. CVM. *Comunicado ao mercado de 14 de janeiro de 2008.* Disponível em: http://www.cvm.gov.br/export/sites/cvm/noticias/anexos/2008/20080114_press_1.pdf. Acesso em: 06 jul. 2018.

[470] "*A norma do novo §3º do art. 4º, introduzido pela Lei n. 10.303, de 2001, não é auto-executável, uma vez que depende de regulamentação a ser expedida pela CVM. Trata-se de um poder-dever atribuído à CVM, cabendo-lhe regulamentar a matéria, para que a duplicidade de procedimentos desnecessários recaia sobre as companhias abertas e demais emissoras de valores mobiliários.*" (cf. CARVALHOSA, Modesto. *Comentários à Lei de Sociedades Anônimas.* 4ª ed. São Paulo: Saraiva, 2002. p. 67) No mesmo sentido: CARVALHOSA, Modesto. EIZIRIK, Nelson. *A nova Lei das S/A.* São Paulo: Saraiva, 2002. p. 40; LUCENA, José Waldecy. *Das sociedades anônimas.* Vol. I. Rio de Janeiro: Renovar, 2009. p. 116. Já a área técnica da CVM, ao mencionar o tema, declarou entender tratar-se de mera *faculdade.* (cf. CVM. *Processo n. RJ 2002/6138,* julgado em 01 de outubro de 2002. Diretora Relatora Norma Jonssen Parente)

e, por isso mesmo, desnecessário[471]. Com efeito, esse critério foi desconsiderado na regulamentação das categorias de registro pela CVM, como veremos adiante.

Em terceiro lugar, merece atenção o fato de a norma, ao determinar a classificação das companhias abertas em categorias, referir-se aos valores mobiliários *"por ela emitidos negociados no mercado"*. O emprego de ambos os termos (*"emitidos negociados"*) pode gerar confusão em contraste com as demais referências à *admissão à negociação*. Esta, como mencionado no Capítulo anterior, não se confunde, a nosso ver, com efetiva negociação dos valores mobiliárias. Apesar de o emprego de termos distintos comprometer a coesão do diploma, não conduz a interpretação distinta sobre o enquadramento como companhia aberta. Melhor dizendo, esse detalhe não parece permitir que se conclua que somente se enquadram como companhias abertas e somente podem ser classificadas em categorias aquelas cujos valores mobiliários sejam efetivamente negociados nesse mercado. Portanto, entendemos que o termo *"emitidos negociados"* do §3º do artigo 4º merece revisão, devendo ser interpretado como sinônimo de *admitidos à negociação.*

2.2.2 Regulamentação das categorias de registro (Instrução CVM n. 480/2009 e Resolução CVM n. 80/2022)

2.2.2.1 Discussões preliminares (Audiência Pública SDM n. 07/08)

O §3º do artigo 4º da Lei n. 6.404/1976, por não ser autoexecutável, permaneceu por muitos anos dormente. Após longo processo de análise e discussão interna[472], o dispositivo foi regulamentado pela CVM, em dezembro de 2009

[471] *"Embora o novo §3º do art. 4º se refira à classificação das companhias em categorias, segundo as espécies e classes de valores mobiliários, deverá ser utilizado apenas o primeiro dos parâmetros, estabelecendo-se a tipologia de companhias abertas apenas com base nas espécies de valores mobiliários. Com efeito, seria especialização excessiva, dadas as reduzidas dimensões de nosso mercado de capitais, a classificação de diferentes categorias, tendo em vista as classes de ações preferenciais, por exemplo (...)."* (cf. CARVALHOSA, Modesto. *Comentários à Lei de Sociedades Anônimas.* 4ª ed. São Paulo: Saraiva, 2002. p. 67) No mesmo sentido: CARVALHOSA, Modesto. EIZIRIK, Nelson. *A nova Lei das S/A.* São Paulo: Saraiva, 2002. p. 40-41.

[472] Pitta relata que o projeto de regulamentação foi logo iniciado e originalmente contemplava *"uma gama de categorias de companhias em função do tipo de valor mobiliários emitido, do mercado de*

– isto é, mais de oito anos após a promulgação da Lei n. 10.303/2001. Sua regulamentação foi concentrada na Instrução CVM n. 480/2009, substituída – com pouquíssimas mudanças – pela Resolução CVM n. 80/2022 a partir de maio de 2022[473].

Com efeito, o advento da Lei n. 10.303/2001 impulsionou a iniciativa de se promover uma reforma ampla e estrutural das normas da CVM sobre o registro de emissor do artigo 21 da Lei n. 6.385/1976.

Assim sendo, a regulamentação das categorias de emissores de valores mobiliários foi apenas um dos diversos objetivos que pautaram a elaboração da Instrução CVM n. 480/2009, dentro desse projeto maior de reformar o sistema de registro de emissores e seu regime informacional, brevemente comentado no Capítulo 1 desta Parte II.

A Instrução CVM n. 480/2009 não se limitou à regulamentação de categorias de *companhia aberta*, tendo se dirigido, de maneira mais ampla, aos *emissores* de valores mobiliários – como viera a permitir o artigo 4º da Lei n. 11.638/2007[474].

A proposta inicialmente submetida pela CVM a audiência pública contemplava a criação de três categorias de emissores, definidas a partir de dois critérios de distinção: *(i)* as espécies de valores mobiliários admitidos à negociação; e *(ii)* os mercados regulamentados em que fossem admitidos à negociação[475].

sua negociação, do porte da companhia emissora, do perfil dos seus investidores e até de eventual limitação regional da oferta pública de distribuição". (cf. PITTA, André Grunspun. *O regime de informação das companhias abertas*. São Paulo: Quartier Latin, 2013. p. 209-210)

[473] Vale lembrar que a edição da Resolução CVM n. 80/2022, e consequente revogação da Instrução CVM n. 480/2009, decorreu de esforço de revisão e consolidação de normas promovido pela CVM em atenção ao Decreto n. 10.139/2019, e não de mais amplo esforço de reforma das normas sobre o registro de emissor. Não obstante, encampou inovação pontual discutida no âmbito da audiência pública SDM n. 01/2021 (comunicação sobre demandas societárias).

[474] Como mencionado, o artigo 4º da Lei n. 11.638/2007 autoriza a especificação de certas normas "*por categorias de companhias abertas e demais emissores de valores mobiliários*". As exceções aos emissores de valores mobiliários contemplados pela Instrução CVM n. 480/2009 foram indicadas em seu artigo 1º, §3º.

[475] Cf. CVM. Edital de audiência pública CVM n. 07/08. Relatos revelam que outros critérios foram considerados antes da audiência pública, inclusive o porte das companhias. Veja-se, nesse sentido, o seguinte relato de Cantidiano, de 2005: "*Precisávamos melhorar e simplificar as normas para o registro das companhias, até mesmo porque a Lei 10.303/2001 permitira que companhias de diferentes tamanhos recebessem tratamento diferenciado do regulador. A CVM, então, elaborou um projeto de reformulação da Instrução 202, de 6 de dezembro de 1993. Essencialmente, esse projeto pretende criar*

Com relação ao primeiro critério, a CVM se inspirou na distinção entre valores mobiliários de capital (*equity securities*) e valores mobiliários de dívida (*non-equity securities*) adotada em outros países, especialmente naqueles da Comunidade Europeia[476]. A referida proposta definia como valores mobiliários de dívida e investimento coletivo todos aqueles que não fossem de capital, e, como valores mobiliários de capital, as ações e valores mobiliários equiparáveis

o registro diferenciado de companhia aberta à luz do disposto no art. 4º da Lei n. 6.404/76, que outorga à agência a possibilidade de criar níveis distintos de registro das entidades emissoras de valores, de acordo com os valores mobiliários ofertados ao público. Devemos ter o registro completo para as companhias que venham a ofertar ações, debêntures conversíveis em ações ou bônus de subscrição, sendo criado, nesse nível, um subgrupo para companhias de menor porte ou que ofereçam seus títulos apenas a investidores qualificados. Em um segundo nível, haverá companhias que emitirem títulos de dívida, também com subgrupos para sociedades de menor porte ou que destinem suas emissões apenas a investidores qualificados. Por fim, em um terceiro nível, teremos as companhias que, apesar de registradas, ainda não estiveram aptas a distribuir valores mobiliários no mercado. Cada um desses níveis e subníveis terá requisitos de registro e exigências para a divulgação de informações diferentes, o que proporcionará melhora na qualidade das informações prestadas aos investidores, sem a geração de custos adicionais de publicação na imprensa." (cf. CANTIDIANO, Luiz Leonardo. Aspectos regulatórios do mercado de capitais. In: *Mercado de capitais e crescimento econômico*: lições internacionais, desafios brasileiros. Rio de Janeiro / São Paulo: Contra Capa Livraria / ANBID, 2007. p. 221) Há notícia, ademais, de que a proposta original contemplava três categorias: emissores de títulos patrimoniais, emissores de títulos de dívida e "não emissores", dedicando-se essa última categoria às companhias registradas que não promovessem a distribuição pública de valores mobiliários de sua emissão (vide Capítulo 1 da Parte II), bem como que se pretendia criar novas divisões dentro das duas primeiras categorias conforme o faturamento das companhias. Dessa forma, as empresas cuja receita superasse determinado valor ficariam sujeitas a obrigações adicionais de informação, dispensadas para as empresas de menor porte, com receita inferior. Por fim, diz a mesma reportagem que a CVM estudava ainda adotar o nível de dispersão do capital da companhia como uma alternativa ao faturamento no modelo de segmentação. (cf. AZEVEDO, Simone. *A nova 202*. Revista Capital Aberto. São Paulo, setembro de 2003. Disponível em: https://capitalaberto.com.br/temas/a-nova-202/. Acesso em: 10 set. 2019) Para Pitta, a proposta de reforma que veio a público foi "*menos ambiciosa*". (cf. PITTA, André Grunspun. *O regime de informação das companhias abertas*. São Paulo: Quartier Latin, 2013. p. 210)

476 O edital de audiência pública menciona expressamente a Diretiva 2003/71/CE, assim traduzida: "*Art. 2º (...) (b) Valores mobiliários representativos de capital (valores participativos, equity securities): as ações e outros valores mobiliários negociáveis equiparáveis a ações, bem como quaisquer outros valores mobiliários negociáveis que concedam o direito de adquirir qualquer dos valores mobiliários supramencionados, em consequência da sua conversão ou do exercício dos direitos que lhes são inerentes, desde que este último tipo de valores mobiliários seja emitido pelo emitente das ações subjacentes ou por uma entidade pertencente ao grupo do referido emitente; (c) Valores mobiliários não representativos de capital (valores no participativos, non-equity securities): todos os valores mobiliários que não sejam valores mobiliários representativos de capital;*" (cf. CVM. Edital de audiência pública n. 07/08)

a ações, bem como quaisquer valores mobiliários que conferissem ao titular o direito de adquirir ações ou valores mobiliários equiparáveis a ações, como resultado de sua conversão ou do exercício dos direitos que lhes fossem inerentes, desde que emitidos pelo próprio emissor ou por uma sociedade pertencente ao grupo do emissor[477].

Já quanto ao segundo critério de distinção, a proposta da CVM remetia à sistemática original de regulamentação do registro de companhia aberta, que fazia distinção conforme o mercado – de bolsa ou de balcão – em que os valores mobiliários seriam negociados[478]. Contudo, esse critério acabou sendo abandonado no curso da audiência pública, como veremos adiante.

Com base nesses dois critérios, a CVM propunha a seguinte classificação[479]:

(i) emissores capital/bolsa: "*conjunto de emissores autorizados a negociar quaisquer valores mobiliários em quaisquer mercados regulamentados de valores mobiliários*";

(ii) emissores capital/balcão: "*conjunto de emissores autorizados a negociar quaisquer valores mobiliários em mercados de balcão, organizados ou não, e valores mobiliários de dívida e investimento coletivo em quaisquer mercados regulamentados de valores mobiliários*"; e

(iii) emissores dívida e investimento coletivo: "*conjunto de emissores autorizados a negociar valores mobiliários de dívida e investimento coletivo em quaisquer mercados regulamentados de valores mobiliários*".

Como regra geral, a proposta submetida a audiência pública estabelecia as mesmas obrigações básicas para todos os emissores, independentemente de sua categoria de registro, de modo que todos os emissores registrados continuariam obrigados a prestar informações periódicas e eventuais. No entanto, foram propostos "*descontos regulatórios*", isto é, diferenças quantitativas e qualitativas em relação ao rol de informações a serem obrigatoriamente prestadas,

477 Cf. CVM. Edital de audiência pública n. 07/08.

478 Cf. CVM. Edital de audiência pública n. 07/08. A proposta da CVM tomava por base a distinção estabelecida pela Instrução CVM n. 461/2007 entre os mercados bolsa, balcão organizado e balcão não organizado.

479 Cf. CVM. Edital de audiência pública n. 07/08.

especialmente informações periódicas, por emissores de cada categoria[480]. Por exemplo: todos os emissores registrados teriam que apresentar formulário de referência, mas o conteúdo obrigatório desse documento seria diferente para cada categoria de emissores.

Por meio do respectivo edital de audiência pública, a CVM indagou ao público se a divisão dos emissores nessas categorias era adequada, bem como se eram adequados os nomes atribuídos às categorias (ou se seria preferível denominá-las categorias A, B e C)[481]. Explicou a CVM àquela ocasião que pretendera dar às categorias nomes que informassem quais emissores se enquadrariam em cada uma delas, mas receava que a nomenclatura proposta poderia acabar por induzir investidores a erro, especialmente diante da existência de companhias registradas que não promovessem a colocação de seus valores mobiliários[482]. Posteriormente, em vista dos comentários recebidos na audiência pública, e com o objetivo de evitar potencial confusão, acabou optando por reformular as categorias e alterar sua nomenclatura para categorias A e B.

A audiência pública foi marcada por manifestações díspares, desde aquelas que propunham a extinção das categorias até as que propunham a criação de categorias novas. Houve quem reclamasse que a criação de categorias não fazia sentido porque eram poucos os descontos regulatórios propostos[483].

Além disso, diversos participantes manifestaram preocupação com o acesso ao mercado de valores mobiliários por empresas de menor porte, e formularam sugestões alternativas, como a criação de categorias distintas *(i)* para companhias que desejassem acessar o mercado (ou para companhias cujos valores mobiliários fossem negociados apenas no mercado de balcão não organizado, para que esse viesse a funcionar como uma "*porta de entrada*") e *(ii)* para companhias registradas que não tivessem promovido distribuição

[480] Cf. CVM. Edital de audiência pública n. 07/08.

[481] Cf. CVM. Edital de audiência pública n. 07/08.

[482] Explicou a CVM por meio do edital de audiência pública CVM n. 07/08: "*Isto porque há uma série de emissores que estarão na categoria dívida e investimento coletivo que, na verdade, são emissores registrados somente por razões regulatórias ou mesmo emissores que pretendem obter apenas um registro de prateleira, sem intenção de colocar qualquer valor mobiliário de sua emissão para negociação em mercado. Assim, o nome, embora genericamente informe a principal característica dos emissores daquela categoria, pode não se aplicar a todos.*"

[483] Cf. CVM. Relatório de audiência pública n. 07/08, p. 7.

pública de seus valores mobiliários. Adicionalmente, foi proposta a adoção, como critérios de distinção, do nível de exposição ao mercado e do porte das companhias.

A CVM concordou à época que *"se não houver descontos regulatórios significativos de um grupo de emissores para outro, a criação de diferentes categorias se torna desnecessária"*[484]. Contudo, em reação, limitou-se a extinguir a categoria "capital/balcão", incorporando-a à categoria "capital/bolsa" (atual categoria A)[485], e a ampliar o rol de descontos regulatórios concedidos aos emissores da "categoria dívida" (atual categoria B), analisados a seguir.

Além disso, em resposta à preocupação demonstrada por participantes com relação às empresas de menor porte, a CVM concordou ser desejável que a elas se dedicasse regime mais brando, bem como que o custo do regime imposto aos emissores de capital/bolsa (atual categoria A) poderia ser, para essas empresas, demasiadamente elevado[486]. Porém, concluiu que a regulamentação das categorias *"cria uma estrutura adequada para o mercado de valores mobiliários brasileiro"*, em conjunto com o regime de ofertas públicas com esforços restritos da Instrução CVM n. 476/2009, que, por sua vez, *"prevê um regime informacional mais brando e menos custoso para empresas que acessam de forma menos ostensiva apenas os investidores mais qualificados, além de dispensar o registro de emissor por completo para tais emissores"*[487]. O exame dos pontos de conexão entre os dois institutos – isto é, entre as categorias de registro e a dispensa de registro de companhia aberta – será aprofundado adiante no Capítulo 3.

Para concluir, observa-se que, como principal preocupação a pautar a discussão e edição da Instrução n. 480/2009, o material da audiência pública aponta para o custo do regime informacional das companhias abertas, e o dever do regulador de sopesar os custos e benefícios da produção e a utilidade das informações exigidas desses emissores. Atendeu, assim, à limitação de escopo e alcance das autorizações concedidas por meio do §3º do artigo 4º

[484] Cf. CVM. Relatório de audiência pública n. 07/08, p. 8.

[485] *"A CVM concorda que os descontos propostos para a categoria capital/balcão foram realmente pouco significativos. Por isso, decidiu extinguir a categoria capital/balcão, incorporando-a à categoria capital/bolsa (atual categoria A)."* (cf. CVM. Relatório de audiência pública n. 07/08, p. 8)

[486] Cf. CVM. Relatório de audiência pública n. 07/08, p. 5.

[487] Cf. CVM. Relatório de audiência pública n. 07/08, p. 10.

da Lei n. 6.404/1976 e do artigo 4º da Lei n. 11.638/2007, o que, a nosso ver, garante sua validade formal.

2.2.2.2 Categoria A

Como mencionado, a Instrução CVM n. 480/2009 criou duas categorias de registro de emissores de valores mobiliários admitidos à negociação em mercados regulamentados, cabendo ao emissor, ao apresentar seu pedido de registro, indicar em qual dessas categorias deseja ser registrado. Essa estrutura foi conservada pela Resolução CVM n. 80/2022.

O registro na categoria A autoriza a negociação de quaisquer espécies de valores mobiliários em mercados regulamentados[488]. Note-se que o mercado em que tais valores mobiliários serão negociados é indiferente para os fins dessa classificação. A principal distinção, em comparação com a categoria B, é que os emissores registrados na categoria A podem negociar publicamente valores mobiliários de capital, assim definidos na Instrução CVM n. 480/2009 e na Resolução CVM n. 80/2022[489]:

> *"I – ações e certificados de depósito de ações; ou*
> *II – valores mobiliários que confiram ao titular o direito de adquirir os valores mobiliários mencionados no inciso I, em consequência da sua conversão ou do exercício dos direitos que lhes são inerentes, desde que emitidos pelo próprio emissor dos valores mobiliários referidos no inciso I ou por uma sociedade pertencente ao grupo do referido emissor."*

[488] Cf. artigo 2º, §1º, da Instrução CVM n. 480/2009 e artigo 3º, §1º, da Resolução CVM n. 80/2022.

[489] Cf. artigo 2º, §2º, da Instrução CVM n. 480/2009 artigo 3º, §2º, da Resolução CVM n. 80/2022. Exige-se, ainda, que o emissor estrangeiro que patrocine programa de certificados de depósito de valores mobiliários (BDR Nível II ou III) obtenha registro em uma dessas categorias (artigo 2º do Anexo 32-I da Instrução CVM n. 480/2009 e do Anexo J da Resolução CVM n. 80/2022): "*Art. 2 O emissor estrangeiro que patrocine programa de certificados de depósito de valores mobiliários – BDR Nível II ou Nível III deve obter o registro: I – na categoria A, caso os valores mobiliários que sirvam de lastro aos BDR sejam: a) ações e certificados de depósitos de ações; e b) valores mobiliários que confiram ao titular o direito de adquirir os valores mobiliários mencionados na alínea "a", em consequência da sua conversão ou do exercício dos direitos que lhes são inerentes, desde que emitidos pelo próprio emissor dos valores mobiliários referidos na alínea "a" ou por uma sociedade pertencente ao grupo do referido emissor; ou II – na categoria B, nos demais casos.*"

Consequentemente, entendeu por bem a CVM submeter os emissores registrados na categoria A a regime informacional mais rígido. Além da Resolução CVM n. 80/2022 (que revogou a Instrução CVM n. 480/2009), as obrigações informacionais que lhes são impostas em sede regulamentar estão dispostas, principalmente, na Resolução CVM n. 44/2021 (que revogou a Instrução CVM n. 358/2002) e na Resolução CVM n. 81/2022 (que revogou a Instrução CVM n. 481/2009)[490].

No âmbito da Resolução CVM n. 80/2022, o rol de informações periódicas que os emissores ficam obrigados a prestar não faz distinção quanto às categorias de registro (artigo 22)[491]. As principais diferenças estão concentradas no rol de informações eventuais, bem como no conteúdo e na frequência de atualização obrigatória do formulário de referência. Nesse sentido, nos termos da Resolução CVM n. 80/2022, o emissor registrado na categoria A deve:

(*i*) enviar à CVM uma série de informações periódicas, sendo o conteúdo obrigatório do formulário de referência mais extenso do que aquele exigido dos emissores da categoria B (artigo 22 e anexo C);

[490] Em acréscimo ao regime da Instrução CVM n. 480/2009 (depois substituída pela Resolução CVM n. 80/2022) e da Instrução CVM 400/2003, a Deliberação CVM n. 809/2019 passou a permitir, em caráter experimental, a análise reservada de pedidos de registro inicial de emissor na categoria A em conjunto com pedidos de registro de oferta pública de distribuição de ações. Entendeu a CVM que, para as companhias registradas na categoria A, a análise reservada "*pode reduzir o potencial de exposição prolongada a flutuações de mercado capazes de afetar adversamente o processo de oferta e de prejudicar seus acionistas, representando desvantagem competitiva*". Ressaltou também que estava então em curso "um abrangente e complexo processo de revisão das normas que dispõem sobre as ofertas públicas de valores mobiliários, visando seu aperfeiçoamento com adoção das medidas constantes nesta Deliberação". (cf. Considerandos II e V da Deliberação CVM n. 809/2019)

[491] Note-se, contudo, que, ainda sob a égide da Instrução CVM n. 480/2009, com a introdução do inciso XIV pela Instrução CVM n. 586/2017, o rol do artigo 21 (que corresponde ao atual artigo 22 da Resolução CVM n. 80/2022) passou a incluir o informe sobre o Código Brasileiro de Governança Corporativa - Companhias Abertas, cuja apresentação não é obrigatória para todas as companhias abertas, como veremos a seguir. Nesse ponto, a alteração parece não ter sido inteiramente coerente com a sistemática e com o teor original do artigo 21 da Instrução CVM n. 480/2009. O mesmo se aplica à posterior inclusão nesse rol, pela Instrução CVM n. 609/2019, do boletim de voto a distância e outros documentos regidos pela Resolução CVM n. 81/2022 (que substituiu a Instrução CVM n. 481/2009).

(ii) enviar à CVM uma série de informações eventuais, sendo o rol de informações eventuais de apresentação obrigatória mais extenso do que aquele aplicável aos emissores da categoria B (artigo 33);

(iii) atualizar os campos correspondentes do formulário de referência quando da ocorrência de eventos específicos, sendo o rol de eventos que fazem incidir tal obrigação mais extenso do que aquele aplicável aos emissores da categoria B (artigo 25, §3º); e

(iv) incluir informações contábeis consolidadas no formulário de informações trimestrais (ITR), se estiver obrigado a apresentar demonstrações financeiras consolidadas por força da Lei n. 6.404/1976 (artigo 31, §2º)[492].

Além disso, os emissores registrados na categoria A ficam sujeitos a multa diária em virtude do descumprimento dos prazos para entrega de informações, de valor superior àquele aplicável aos emissores registrados na categoria B[493].

A Resolução CVM n. 44/2021 (que revogou a Instrução CVM n. 358/2002) regulamenta a divulgação de informações sobre ato ou fato relevante, bem como a negociação de valores mobiliários na pendência de ato ou fato relevante não divulgado e a divulgação de informações sobre a negociação de valores mobiliários. De modo geral, o diploma se refere indistintamente às companhias abertas, isto é, não faz distinção quanto às categorias de registro, com uma única exceção. Notadamente, a regra que exige a adoção de política de divulgação de ato ou fato relevante teve seu alcance limitado às companhias que, cumulativamente, *(i)* estejam registradas na categoria A; *(ii)* tenham sido autorizadas por entidade administradora de mercado à negociação de ações em bolsas de valores; e *(iii)* tenham ações em circulação (artigo 17)[494].

[492] Além disso, a Resolução CVM n. 80/2022 inclui normas para emissores registrados na categoria A em situações específicas, tais como aqueles em fase pré-operacional e em recuperação judicial. Para amplo estudo sobre o regime informacional das companhias abertas, ver PITTA, André Grunspun. *O regime de informação das companhias abertas*. São Paulo: Quartier Latin, 2013. p. 206 et seq.

[493] Cf. Resolução CVM n. 47/2021.

[494] Essa restrição não existia sob a égide da Instrução CVM n. 358/2002 (artigo 16), e nasceu de proposta formulada pela própria CVM de "*dispensar a elaboração de política de divulgação para companhias sem valores mobiliários admitidos à negociação no mercado*", em linha com os §§1º

A Resolução CVM n. 81/2022 (que revogou a Instrução CVM n. 481/2009) dispõe sobre assembleias de acionistas, debenturistas e de titulares de notas promissórias e notas comerciais. Contudo, suas disposições sobre assembleias gerais e especiais de acionistas – que incluem regras sobre pedidos públicos de procuração, informações obrigatórias e participação e votação a distância – são aplicáveis exclusivamente às companhias abertas registradas na categoria A que possuam *(i)* "*valores mobiliários admitidos à negociação em mercado de bolsa por entidade administradora de mercado organizado*" e *(ii)* ações ou certificados de depósito de ações em circulação (artigo 3º, *caput*)[495]. Ao delimitar esse universo de destinatários, adotou redação alinhada com aquela que a Resolução CVM n. 59/2021 conferira ao §1º do artigo 1º da Instrução CVM n. 481/2009[496], que inicialmente alcançava as companhias abertas que possuíssem ações admitidas à negociação em mercados regulamentados, e foi depois alterada pela Instrução CVM n. 561/2015[497] e pela Instrução CVM n. 594/2019[498].

e 2º do artigo 1º da Instrução CVM n. 481/2009. (cf. CVM. Edital de audiência pública SDM n. 06/20, de 31 de agosto de 2020)

495 A Instrução CVM n. 609/2019 inseriu nos róis de informações periódicas e eventuais da Instrução CVM n. 480/2009 artigo 21, incisos VIII, XIII, XV, XVI, XVII e XVIII e artigo 30, incisos II, XXXV, XXXVII, XXXVIII e XXXIX) determinados documentos previstos na Instrução CVM n. 481/2009, agora substituída pela Resolução CVM n. 81/2022, com a ressalva de que ficam dispensados de entregar tais documentos os emissores não sujeitos à norma sobre participação e votação a distância por acionistas de companhias abertas (artigos 21, §4º e 30, §7º). A Resolução CVM n. 80/2022 conservou essa obrigação (artigo 22, incisos VII, XI, XIII, XIV, XV e XVI e §4º e artigo 33, incisos II, XXXIV, XXXVI, XXXVII e XXXVIII e §5º).

496 A Resolução CVM n. 59/2021, que entraria em vigor em janeiro de 2023, dera a seguinte redação ao dispositivo: "*§1º Esta Instrução se aplica exclusivamente a companhias abertas registradas na categoria A e que possuam valores mobiliários admitidos à negociação em mercado de bolsa por entidade administradora de mercado organizado.*" Porém, a Resolução CVM n. 87/2022 alterou e determinou a republicação da Resolução CVM n. 59/2021, excluindo essa alteração de seu escopo.

497 Com as alterações promovidas pela Instrução CVM n. 561/2015, a Instrução CVM n. 481/2009 passou a contemplar as "*companhias abertas registradas na categoria A e autorizadas por entidade administradora de mercado à negociação de ações em bolsa de valores*" (artigo 1º, §1º). Sobre o universo de destinatários da norma, manifestou-se a Diretora Relatora Luciana Pires Dias, no âmbito de processo sancionador: "*Mais especificamente, em 7.4.2015, foi editada pela CVM a Instrução nº 561, que tratou, dentre outras matérias, de alterações à Instrução CVM nº 481, de 2009, e ajustou o âmbito de aplicação das regras ali previstas. 5. Por força da nova regulamentação, o parágrafo único do art. 1º da Instrução CVM nº 481, de 2009, passou a vigorar com redação mais restrita, indicando expressamente que as regras contidas nessa instrução devem se aplicar "exclusivamente a companhias abertas registradas na categoria A e autorizadas por entidade administradora de mercado à negociação de ações em bolsa de valores". 6. Embora a antiga redação fosse um pouco ambígua e, em minha opinião, dava*

Também no âmbito da Instrução CVM n. 480/2009 a CVM posteriormente inovou ao introduzir obrigações aplicáveis não a todos os emissores registrados na categoria A, e sim a universo mais restrito de emissores, qual seja, àqueles registrados na categoria A autorizados por entidade administradora de mercado à negociação de ações ou de certificados de depósito de ações em bolsa de valores. Trata-se da obrigação de divulgar informe sobre o Código Brasileiro de Governança Corporativa - Companhias Abertas, que passou a integrar o rol de informações periódicas da Instrução CVM n. 480/2009 por força da Instrução CVM n. 586/2017 (artigo 29-A) e foi mantido pela Resolução CVM n. 80/2022 (artigo 32)[499]. A CVM depois restringiu ainda mais o universo de destinatários da obrigação, para aqueles emissores registrados na categoria A que possuam *(i)* valores mobiliários admitidos à negociação em mercado de bolsa por entidade administradora de mercado organizado e *(ii)* ações ou certificados de depósito de ações em circulação. Essa alteração foi promovida no âmbito da reforma da Instrução CVM n. 480/2009 pela Resolução CVM

margem a mais de uma leitura, a CVM vinha interpretando que eram abrangidas pela Instrução CVM nº 481, de 2009, todas as companhias abertas que possuíssem ações admitidas à negociação em mercados regulamentados, fossem eles de bolsa ou de balcão. 7. Por meio das novas regras, a CVM promoveu um ajuste de calibragem da Instrução CVM nº 481, de 2009, cujas exigências relacionadas à divulgação de informações não seriam proporcionais às companhias registradas na categoria B ou que, mesmo quando registradas na categoria A, não tivessem suas ações admitidas à negociação em mercados de bolsa." (cf. CVM. PAS RJ 2012/1730, julgado em 19 de maio de 2015. Diretora Relatora Luciana Dias)

498 A partir da alteração pela Instrução CVM n. 594/2017, a Instrução CVM n. 481/2009 passou a esclarecer que não se aplicava a companhias abertas que não possuíssem ações em circulação (artigo 1º, §2º). Mais ainda, em março de 2020, a Instrução CVM n. 481/2009 foi alterada pela Instrução CVM n. 622/2020 para regulamentar o disposto no §2º-A do artigo 124 da Lei n. 6.404/1976, incluído pela Medida Provisória n. 931/2020 para permitir a realização de assembleias digitais. Passou então a prever o seguinte no §4º de seu artigo 1º: *"§ 4º As companhias abertas que não se enquadrarem nos critérios estabelecidos nos §§1º, 2º e 3º também poderão realizar assembleias de modo parcial ou exclusivamente digital desde que cumpram integralmente os requisitos estabelecidos para tanto nesta Instrução."*

499 Tal documento adota o modelo "pratique ou explique" e passou a ter que ser apresentado anualmente por esses emissores. A Instrução CVM n. 586/2017 também introduziu distinção dessa natureza no parágrafo único do artigo 36 da Instrução CVM n. 480/2009, que corresponde ao atual parágrafo único do artigo 40 da Resolução CVM n. 80/2022 e diz: *"Parágrafo único. O emissor em recuperação judicial registrado na categoria A autorizado por entidade administradora de mercado à negociação de ações ou de certificados de depósito de ações em bolsa de valores deve entregar o formulário de referência preenchido com as seções 1, 4, 10 e 13 e com os itens 12.5, 12.7, 15.1 e 15.2, até a entrega em juízo do relatório circunstanciado ao final do processo de recuperação, observado o disposto no § 3º do art. 25 desta Resolução."*

n. 59/2021, que entrará em vigor em janeiro de 2023. Na mesma ocasião, a CVM restringiu a obrigação de manter as informações periódicas e eventuais em página do emissor na rede mundial de computadores por período de três anos – atualmente aplicável aos emissores da categoria A (artigo 14, §1º) –, para o mesmo universo de destinatários[500].

Percebe-se que assim começa a se formar, a nível regulamentar, um subconjunto de normas aplicáveis a um universo ainda mais restrito de companhias abertas. Refere-se aos emissores com ações negociadas em bolsa, que, em tese, têm base acionária mais ampla[501], e com isso se aproximam mais do antigo ideal da grande companhia aberta com capital disperso.

Adicionalmente, a Instrução CVM n. 480/2009 criou o *status* de emissor com grande exposição ao mercado, com o objetivo de tornar mais célere o registro de ofertas de distribuição de valores mobiliários de emissores assim enquadrados[502]. Essa medida foi inspirada no regime norte-americano de

[500] A medida foi assim justificada: "*Embora seja esperado que muitos emissores voluntariamente mantenham páginas de relações com investidores com dados de interesse desse público, a necessidade de inclusão de todas as informações e de conservação por um prazo específico acarretam custos que poderiam ser evitados. Na comparação com outros custos a que os emissores estão sujeitos por força da regulação da CVM, os custos em questão são significativos, segundo mensuração efetuada por consultoria contratada pela CVM para estimar custos de observância.*" (cf. CVM. Edital de Audiência Pública SDM n. 09/2020, de 07 dez. 2020). A regra sobre entrega de formulário de referência por emissor em recuperação judicial acima referida também foi alterada para contemplar o mesmo conjunto de destinatários.

[501] É o que deduzimos da seguinte manifestação da CVM, ao justificar a opção por restringir os destinatários da obrigação de entrega de informe sobre o Código Brasileiro de Governança Corporativa – Companhias Abertas: "*A prioridade dada aos emissores com ações admitidas à negociação em bolsa se deve ao fato de que esse grupo de companhias costuma possuir uma base acionária mais ampla, sendo mais representativo o número dos investidores que poderão se beneficiar do acesso a essas informações.*" (cf. CVM. Edital de audiência pública SDM n. 10/16, p. 6)

[502] Cf. CVM. Edital de audiência pública n. 07/08. Isso porque, dentro do novo regime, a CVM passaria a poder rever com antecedência os Formulários de Referência dos emissores com grande exposição ao mercado, de modo que, quando do registro de qualquer oferta de distribuição, restaria à autarquia analisar apenas os dados da oferta. Foi isso que propôs a reforma posteriormente introduzida à Instrução CVM n. 400/2003: "*Para que o emissor possa gozar do registro automático, o prospecto deve incorporar o Formulário de Referência, anexando-o ou indicando a página na rede mundial de computadores no qual ele pode ser encontrado, e não pode conter informações que alterem ou completem o conteúdo do último formulário de referência entregue pelo emissor em relação às matérias nele tratadas. Essas condições são importantes porque viabilizam a análise célere da oferta pela CVM que já terá revisto, em suas rotinas, grande parte do conteúdo dos documentos da oferta.*" (cf. CVM. Edital de audiência pública n. 01/09) Com efeito, a regra foi adotada

registro automático de ofertas realizadas por *well-known seasoned issuers*, dentro de programa de distribuição de valores mobiliários previamente arquivado junto ao regulador[503].

O *status* de emissor com grande exposição ao mercado, preservado pela Resolução CVM n. 80/2022, contempla os emissores com ações negociadas em bolsa há pelo menos três anos – ou seja, concorrem para esse *status* apenas as companhias da categoria A –, que tenham cumprido tempestivamente suas obrigações periódicas nos últimos doze meses, e, cumulativamente, cujas ações em circulação tenham valor de mercado igual ou superior a R$ 5 bilhões (artigo 38)[504/505].

no âmbito da Instrução CVM n. 480/2009 já com a intenção de que fosse complementada por futura reforma da Instrução CVM n. 400/2003 (cf. CVM. Edital de audiência pública n. 07/08), implementada pela Instrução CVM n. 482/2010, de modo que a Instrução CVM n. 400/2003 passou a prever o *registro automático* das ofertas públicas de distribuição de valores mobiliários de emissores com grande exposição ao mercado (artigo 6-A). Diz o Edital de audiência pública CVM n. 01/09: "*A CVM acredita que tais emissores, em virtude do elevado volume de ações em circulação no mercado, são mais conhecidos e melhor monitorados pelo público investidor. O acompanhamento realizado pelo mercado e as naturais cobranças e questionamentos advindos de tal acompanhamento agem como um mecanismo de aperfeiçoamento das informações divulgadas por estes emissores. Isso permite, consequentemente, que o controle exercido pelo órgão regulador seja abrandado, especialmente no que diz respeito à análise das informações sobre o emissor por ocasião dos pedidos de registro das ofertas públicas de valores.*" O manual do emissor da B3 prevê automático deferimento em se tratando de pedido de admissão à negociação de valores mobiliários formulados por emissor com grande exposição ao mercado (cf. item 6.3.1 do manual do emissor da B3). Na audiência pública atualmente em curso para revisão das regras sobre ofertas públicas de distribuição de valores mobiliários, a CVM propôs preservar o registro automático de ofertas públicas subsequentes de distribuição de ações (e outros valores mobiliários de capital) promovidas por emissores com grande exposição ao mercado destinadas exclusivamente a investidores considerados profissionais, ou mesmo ao público em geral mediante a apresentação de determinados documentos (cf. CVM. Edital de audiência pública SDM n. 02/21 - vide artigo 26, inciso III da minuta de norma).

503 Cf. CVM. Edital de audiência pública n. 07/08: "*O modelo americano parte da constatação de que os emissores que tenham elevado volume de ações em circulação no mercado são mais conhecidos e melhor monitorados pelo público investidor do que os demais emissores. Tais emissores são continuamente avaliados e questionados por instituições financeiras, administradores de carteiras e analistas de valores mobiliários, que revisam e discutem as informações prestadas por tais emissores e, portanto, tais informações tendem a ser melhores. Além disso, a própria cobertura da imprensa quanto aos fatos e informações envolvendo esses emissores é mais intensa. Por essa razão, a SEC entendeu e a CVM concorda que a abordagem regulatória em relação a tais emissores deva ser diferenciada.*"

504 A proposta original da CVM contemplava prazo maior para o requisito de cumprimento tempestivo das obrigações periódicas, de três anos, bem como o requisito de a companhia

Apesar de representar mais uma divisão interna da disciplina das companhias abertas, o *status* de emissor com grande exposição ao mercado tem repercussão restrita principalmente no tocante aos procedimentos de registro[506]. É diferente, nesse sentido, das normas antes referidas, que criam obrigações para universos mais restritos de companhias da categoria A. Ainda assim, é interessante pontuar o entendimento da CVM de que os emissores assim enquadrados merecem abordagem regulatória diferenciada pois o mercado

ter atendido adequada e tempestivamente as solicitações da CVM nesse período (cf. CVM. Edital de audiência pública n. 07/08). Esse critério recebeu críticas no âmbito da respectiva audiência pública e acabou sendo alterado. Ainda assim, reclamou-se à época que o requisito de valor de mercado das ações em circulação estabelecido pela CVM para configuração como emissor com grande exposição ao mercado era mais rígido do que aqueles do regime norte-americano, mercado em que os *well known seasoned issuers* correspondiam a aproximadamente 30% do número total de emissores, enquanto no Brasil, se mantido aquele requisito, o número de emissores beneficiados seria inferior a 10%. Contudo, a CVM respondeu que optara intencionalmente por requisitos mais restritivos do que os norte-americanos, sob a expectativa de que o crescimento natural do mercado faria com que gradualmente mais empresas pudessem acessar esse *status*, e com a ressalva de que poderia rever o critério (*"incluindo até mesmo emissores da categoria B"*) caso o mecanismo não funcionasse adequadamente. (cf. CVM. Relatório de análise daaudiência pública SDM n. 07/08)

505 Propõe agora a CVM a criação de nova classificação – qual seja, de *emissor frequente de valores mobiliários de renda fixa* (EFRF) –, com impacto para fins de definição dos procedimentos aplicáveis às ofertas de distribuição de valores mobiliários. A nova classificação contemplaria os emissores que sejam considerados emissores com grande exposição ao mercado, ou que atendam cumulativamente aos seguintes requisitos: *"a) esteja registrado nas categorias A ou B há mais de 24 (vinte e quatro) meses e esteja em fase operacional; b) tenha cumprido com suas obrigações periódicas nos últimos 12 (doze) meses; e c) tenha realizado ofertas públicas, nos últimos 4 (quatro) exercícios sociais, em montante total igual ou superior a R$ 500.000.000,00 (quinhentos milhões de reais) do valor mobiliário de renda fixa que pretenda ofertar".* (cf. CVM. Edital de audiência pública SDM n. 02/21, de 10 de março de 2021)

506 Ressalve-se que a observação comporta exceções pontuais, como é o caso da autorização para dispensa de contratação de instituição intermediária em caso de oferta pública de distribuição de nota promissória prevista no artigo 13 da Instrução CVM n. 566/2015. Sobre essa dispensa, comentou a CVM: *"Esse modelo foi concebido tendo como parâmetro o mercado de notas promissórias de curtíssimo prazo dos EUA, com vencimento médio de 30 a 35 dias. Lá, apenas emissores de grande porte fazem suas colocações de* commercial paper *diretamente sem intermediários. Apesar das diferenças nos modelos dos dois mercados, o objetivo é permitir que os emissores com grande exposição ao mercado – EGEM, que já são suficientemente acompanhados pelos investidores e analistas, possam reduzir seu custo de captação quando forem emitir esses títulos de curto prazo, sendo desobrigados da contratação de instituição intermediária."* (cf. CVM. Edital de audiência pública SDM n. 01/2015)

naturalmente age de maneira a incentivar nível satisfatório de transparência, permitindo uma postura menos rígida por parte do regulador[507].

2.2.2.3 Categoria B

Como mencionado, o registro na categoria B autoriza a negociação de valores mobiliários do emissor em mercados regulamentados, exceto os valores mobiliários de capital referidos no §2º do artigo 3º da Resolução CVM n. 80/2022. Ou seja, o registro na categoria B não autoriza a "abertura de capital" propriamente dita.

Para os emissores registrados na categoria B, pretendeu a CVM estabelecer, por meio da Instrução CVM n. 480/2009 (agora substituída pela Resolução CVM n. 80/2022), regime informacional adequado, isto é, idêntico em estrutura, mas com diferenças quantitativas e qualitativas em relação àquele aplicado aos emissores registrados na categoria A[508].

Esses "*descontos regulatórios*" funcionam como contrapartida à restrição quanto às espécies de valores mobiliários admitidas à negociação[509], e foram concedidos pela CVM com base em dois critérios.

Em primeiro lugar, foram "descontadas" as informações que a CVM julgou menos relevantes para cada categoria, sob a percepção de que o investidor de valores mobiliários de dívida "*está menos interessado na estrutura de governança e na estratégia para novos negócios do emissor que um emissor que compra um título de capital*", e que sua preocupação "*é, sobretudo, a solvência do emissor*" [510].

Em segundo lugar, a CVM avaliou o custo de produção das informações e, nos casos em que se revelou significativo, tentou abrandar as obrigações aplicáveis às "*categorias cujos emissores têm uma autorização mais restrita, (...) por estarem autorizados somente à negociação pública de títulos de dívida ou investimento coletivo, cujos riscos para o investidor são notadamente menores*"[511].

[507] Cf. CVM. Edital de Audiência Pública SDM n. 07/08.

[508] Cf. CVM. Edital de audiência pública n. 07/08, p. 1-2.

[509] Cf. CVM. Edital de audiência pública n. 07/08, p. 2.

[510] Cf. CVM. Edital de audiência pública n. 07/08, p. 9. Em função disso, o conteúdo do formulário de referência exigido dos emissores da categoria B foi concentrado em informações sobre a situação financeira do emissor.

[511] Cf. CVM. Edital de audiência pública n. 07/08, p. 9.

Nesse sentido, nos termos da Resolução CVM n. 80/2022, o emissor registrado na categoria B deve:

(i) enviar à CVM uma série de informações periódicas, sendo o conteúdo obrigatório do formulário de referência mais restrito do que aquele exigido dos emissores da categoria A (artigo 22 e anexo C)[512];

[512] O Anexo C da Resolução CVM n. 80/2022 (que substituiu o Anexo 24 da Instrução CVM n. 480/2009) detalha o conteúdo obrigatório do formulário de referência e assinala os campos facultativos para os emissores registrados na categoria B. Vale notar que o conteúdo do formulário de referência passou por ampla revisão, a ser implementada pela Resolução CVM n. 59/2021, que entrará em vigor em janeiro de 2023. No regime atual, dos 21 itens do formulário de referência, cinco são inteiramente obrigatórios (itens 1 – identificação das pessoas responsáveis pelo conteúdo do formulário; 2 – auditores; 6 – histórico do emissor; 8 – negócios extraordinários; e 11 – projeções), no sentido de que nenhum de seus subitens é facultativo para o emissor registrado na categoria B; onze são parcialmente facultativos (itens 3 – informações financeiras selecionadas; 4 – fatores de risco; 5 – política de gerenciamento de riscos e controles internos; 7 – atividades do emissor; 10 – comentários dos diretores; 12 – assembleia e administração; 13 – remuneração dos administradores; 15 – controle e grupo econômico; 16 – transações com partes relacionadas; 17 – capital social; e 18 – valores mobiliários), no sentido de que alguns de seus subitens são facultativos e outros não; e cinco são quase que inteiramente facultativos (itens 9 – ativos relevantes; 14 – recursos humanos; 19 – planos de recompra e valores mobiliários em tesouraria; 20 – política de negociação de valores mobiliários; e 21 – política de divulgação de informações), no sentido de que o único subitem não assinalado como facultativo é aquele que determina a divulgação pelo emissor de outras informações que ele julgue relevantes. Evidentemente, o volume de informações facultativas e a onerosidade da divulgação obrigatória varia dentro dos respectivos itens, sendo esses dados meramente ilustrativos dos descontos regulatórios concedidos. No novo regime, o formulário passará a ter 13 itens no total, dos quais quatro serão inteiramente obrigatórios (3 – projeções; 4 – fatores de risco; 9 – auditores; 13 – identificação das pessoas responsáveis pelo conteúdo do formulário); oito serão parcialmente facultativos (1 – atividades do emissor; 2 – comentários dos diretores; 5 – política de gerenciamento de riscos e controles internos; 6 – controle e grupo econômico; 7 – assembleia e administração; 8 – remuneração dos administradores; 11 – transações com partes relacionadas; 12 – capital social e valores mobiliários), no sentido de que alguns de seus subitens são facultativos e outros não; e apenas um (10 – recursos humanos) é quase que inteiramente facultativo, no sentido de que o único subitem não facultativo para o emissor registrado na categoria B é aquele que determina a divulgação pelo emissor de outras informações que ele julgue relevantes. Entretanto, diz o Ofício Circular anual CVM/SEP /2022: "*Os emissores da Categoria B que optem por apresentar informações indicadas no Anexo 24 como facultativas para sua categoria deverão: (a) manter as informações facultativas que foram prestadas em todas as atualizações do Formulário de Referência que venham ser apresentadas pela companhia; e (b) atualizar as informações facultativas prestadas na forma prevista nos parágrafos 3º e 4º do artigo 24 da Instrução CVM 480/09. Não há impedimento, contudo, a que o*

(ii) atualizar os campos correspondentes do formulário de referência quando da ocorrência de eventos específicos, sendo o rol de eventos que fazem incidir tal obrigação mais restrito do que aquele aplicável aos emissores da categoria A (artigo 25, §4º); e

(iii) enviar à CVM uma série de informações eventuais, sendo o rol de informações eventuais de apresentação obrigatória mais restrito do que aquele aplicável aos emissores da categoria A (artigo 34)[513].

As demais diferenças decorrem da não incidência, aos emissores registrados na categoria B, de obrigações impostas aos emissores registrados na categoria A, como, por exemplo, aquelas que integram o regime de assembleias gerais e especiais de acionistas da Resolução CVM n. 81/2022 (que substituiu a Instrução CVM n. 481/2009)[514].

emissor deixe de apresentar as informações facultativas quando da entrega do Formulário de Referência do exercício social posterior."

513 São exemplos de informações eventuais cuja divulgação é exigida dos emissores da categoria A, e não dos emissores da categoria B: atas de reuniões do conselho fiscal que aprovaram pareceres, acompanhadas das eventuais manifestações encaminhadas pelos conselheiros; laudos de avaliação exigidos pelo art. 4º, §4º; art. 4º - A; art. 8º, §1º; art. 45, §1º; art. 227, §1º; art. 228, §1º; art. 229, §2º; art. 252, §1º; art. 256, §1º; e art. 264, §1º, da Lei n. 6.404/1976, bem como pela regulamentação emitida pela CVM; acordos de acionistas e outros pactos societários arquivados no emissor; convenção de grupo de sociedades; política de negociação de ações; material apresentado em reuniões com analistas e agentes do mercado; atos de órgãos reguladores que homologuem atos mencionados nos incisos I, IV, V, VIII, IX do artigo 30; informações sobre acordos de acionistas dos quais o controlador ou controladas e coligadas do controlador sejam parte, a respeito do exercício de direito de voto no emissor ou da transferência dos valores mobiliários do emissor, contendo, no mínimo, data de assinatura, prazo de vigência, partes e descrição das disposições relativas ao emissor; comunicação sobre aumento de capital deliberado pelo conselho de administração, com exceção dos realizados mediante subscrição em oferta pública registrada na CVM; comunicação sobre transações entre partes relacionadas; mapas sintéticos finais de votação relativos à assembleia geral extraordinária; e comunicação sobre aprovação de negociação, pela companhia aberta, de ações de sua própria emissão; comunicação sobre demandas societárias.

514 Não obstante, pontua a área técnica da CVM que, ainda que a Instrução CVM nº 481/2009 (agora substituída pela Resolução CVM n. 81/2022) não se aplique aos emissores registrados na categoria B e a certos emissores registrados na categoria A, esses emissores permanecem obrigados a enviar as informações necessárias ao exercício do direito de voto quando da convocação de assembleia por força do disposto no inciso V do artigo 133 e parágrafo 3º do artigo 135 da Lei n. 6.404/1976 e do inciso VIII do artigo 21, inciso II do artigo 30 e inciso II

Além disso, os emissores registrados na categoria B ficam sujeitos a multa diária em virtude do descumprimento dos prazos para entrega de informações de valor inferior àquele que incide para os emissores da categoria A[515].

A análise dos chamados "*descontos regulatórios*" concedidos pela CVM aos emissores registrados na categoria B leva ao questionamento da efetividade da criação e regulamentação das categorias de registro *vis-à-vis* os objetivos que supostamente pautaram a alteração da lei societária para prever sua criação (no §3° do artigo 4° da Lei n. 6.404/1976). Isso porque, além de se restringir ao regime informacional – corretamente, a nosso ver, conforme acima exposto –, mesmo com esse esforço inicial de flexibilização, permanecem os emissores da categoria B submetidos a regime consideravelmente abrangente e oneroso[516].

Além disso, desde a edição da Instrução CVM n. 480/2009, o regime de informação imposto aos emissores foi intensificado e incrementado. Por exemplo: no tocante aos emissores da categoria B, a Instrução CVM n. 522/2014 promoveu ampla revisão da Instrução CVM n. 480/2009, notadamente do

do artigo 31 da Instrução CVM n. 480/2009 (cf. Ofício Circular anual CVM/SEP 2022). Sobre o alcance da Resolução CVM n. 81/2022, ver item 2.2.2.2 deste Capítulo.

515 Cf. Resolução CVM n. 47/2021.

516 Além das obrigações antes mencionadas, o Colegiado da CVM confirmou, no âmbito de processos diversos, que se aplicam às companhias registradas na categoria B, por exemplo, a obrigatoriedade de rodízio, que limita a prestação do serviço de auditoria para um mesmo cliente ao prazo de cinco anos consecutivos, da Instrução CVM n. 308/1999 (posteriormente revogada pela Resolução CVM n. 23/2021) (cf. CVM. PAS RJ2014/14760, julgado em 15 de março de 2016. Diretor Relator Roberto Tadeu), e a Instrução CVM n. 10/1980 (posteriormente revogada pela Instrução CVM n. 567/2015 e esta pela Resolução CVM n. 77/2022) (cf. CVM. Processo RJ2012/7698, julgado em 13 de novembro de 2012. Diretor Relator Otávio Yazbek). Nesse último caso, observou o Diretor Relator Otávio Yazbek que, ao regulamentar as categorias de registro, a Instrução CVM n. 480/2009 estabeleceu uma série de obrigações de ordem informacional distintas para cada categoria, e "*a despeito de poder estender essa diferenciação para outras normas, a CVM não o fez. E não se pode presumir tal extensão*". Concluiu ele então que "*a despeito de algumas das disposições constantes da Instrução CVM n.º 10/1980 soarem estranhas para as companhias inscritas na categoria "B", a norma a elas se aplica – como se aplicava antes da promulgação da Instrução CVM n.º 480/2009. E não há como negar que também há motivos para esta aplicação. (...) Naturalmente, nem todos esses riscos encontram-se igualmente presentes nos emissores da categoria "B". Mas também nelas há motivo para justificar a incidência de determinadas restrições – em especial no que diz respeito à proteção da integridade do capital social (o que talvez seja apenas meia verdade no caso concreto, onde se está lidando com uma companhia securitizadora). Daí porque é plenamente motivada a aplicação da Instrução CVM n.º 10/1980 também a tais companhias.*" (cf. CVM. Processo RJ2012/7698, julgado em 13 de novembro de 2012. Diretor Relator Otávio Yazbek) Ver também Ofício Circular anual CVM/SEP de 2022.

conteúdo do formulário de referência. Apesar das críticas recebidas no sentido de que exigia volume excessivo de informações, a revisão prestigiou o aprimoramento daquele documento como fonte de pesquisa, e não sua sintetização a qualquer custo, como disse o respectivo edital de audiência pública[517]. Já a Resolução CVM n. 59/2021 promoveu revisão do conteúdo do formulário de referência sob proposta de reduzir o chamado "*custo de observância*" dos emissores, mas, ao mesmo tempo, estabeleceu novas exigências de divulgação de informações de caráter ambiental, social e de governança (ASG)[518].

Houve outros acréscimos. Assim, por exemplo, se antes os emissores de categoria B tinham que apresentar, nos termos do inciso V do artigo 31 da Instrução CVM n. 480/2009, "*extrato de atas de reuniões do conselho de administração cuja ordem do dia contenha matéria que possa afetar os direitos ou a cotação dos valores mobiliários do emissor admitidos à negociação em mercados regulamentados de valores mobiliários*", tornou-se necessária, com a reforma promovida pela Instrução CVM n. 552/2014, a divulgação de "*atas de reuniões do conselho de administração, desde que contenham deliberações destinadas a produzir efeitos perante terceiros, acompanhadas das eventuais manifestações encaminhadas pelos conselheiros*" – mesmo requisito aplicável aos emissores da categoria A. Por outro lado, a Instrução CVM n. 609/2019 dispensou o envio à CVM dos documentos necessários ao

[517] Cf. CVM. Edital de audiência pública SDM n. 03/2013, p. 1-3. Em outros pontos, a Instrução CVM n. 552/2014 buscou manter a lógica original quanto aos emissores da categoria B. Nesse sentido, diz o relatório da respectiva audiência pública, em resposta a sugestão formulada por participante no sentido de tornar a seção 5 e a seção 21 obrigatórias para emissores das categorias A e B: "*Na versão original do formulário de referência, a CVM optou por dispensar os emissores registrados na categoria B do preenchimento de vários itens que tratavam das políticas internas da companhia, inclusive quanto ao anterior item 5.2, que tratava da política de gerenciamento de riscos. A CVM manteve esse modelo ao reformular a seção 5, onde são prestadas informações sobre política de gerenciamento de riscos e controles internos, pois entende que essas informações são menos sensíveis ao investidor de uma companhia categoria B, cujo foco é a obtenção de dados relacionadas ao risco de crédito da companhia e sua capacidade de geração de caixa.*" (cf. CVM. Relatório de análise da audiência pública SDM n. 03/2013, p. 25); "*Ao editar a Instrução CVM nº 480, de 2009, a CVM optou por dispensar os emissores registrados na categoria B do preenchimento de vários itens que tratavam das políticas internas da companhia. É adequado manter esse modelo no formulário de referência, pois essas informações são menos sensíveis ao investidor de uma companhia categoria B, cujo foco é a obtenção de dados relacionados ao risco de crédito da companhia e sua capacidade da geração de caixa.*" (cf. CVM. Relatório de análise da audiência pública SDM n. 03/2013, p. 70)

[518] Cf. CVM. Edital da audiência pública SDM n. 9/20, de 7 de dezembro de 2020.

exercício do direito de voto nas assembleias gerais de companhias da categoria B, exceto aquelas de debenturistas[519].

Essa distância é relativizada ainda pelas orientações da área técnica da CVM, consolidadas em ofício circular. Apesar de não serem vinculantes – isto é, de não terem força normativa –, recomendam e incentivam a adoção, pelos emissores registrados na categoria B, de práticas de divulgação impostas aos emissores registrados na categoria A, como, por exemplo, a divulgação de política de negociação da companhia e a manutenção de informações em *website* da companhia[520].

[519] No âmbito do processo SEI 19957.009106/2018-35 e do processo SEI 19957.009104/2018-46, o Colegiado da CVM não apenas acolheu recurso interposto por companhia registrada na categoria B cujo capital social era detido, direta ou indiretamente, por um único acionista, para dispensar a apresentação de proposta do conselho de administração para suas assembleias gerais, como ponderou ser necessário rediscutir a obrigação de arquivamento do referido documento por companhias registradas na categoria B. São interessantes os dados apontados na manifestação da área técnica nesse processo, no sentido de que havia **à época** 58 companhias registradas na categoria B com apenas dois acionistas. (cf. CVM. Processo SEI 19957.009106/2018-35, julgado em 23 de outubro de 2018. Relator: SEP; ver também CVM. Processo SEI 19957.009104/2018-46, julgado na mesma data) Na sequência, a Instrução CVM n. 609/2019 promoveu essa alteração, substituindo, para as companhias da categoria B, a obrigação de submeter por meio do sistema da CVM todos os documentos necessários ao exercício do direito de voto nas assembleias gerais extraordinárias e especiais, mantendo-a apenas para assembleias de debenturistas. Além disso, dispensou expressamente a entrega de uma série de documentos, dentre eles a proposta da administração para assembleias gerais de emissores não sujeitos à norma específica sobre participação e votação a distância por acionistas de companhias abertas, como antes mencionado.

[520] Cf. Ofício Circular anual CVM/SEP de 2022: *"Embora não seja obrigatório, recomenda-se que as companhias registradas na Categoria B coloquem e mantenham as informações periódicas e eventuais prestadas em atendimento aos artigos 21 e 31 da Instrução CVM nº 480/09 em página própria na rede mundial de computadores, a exemplo do que é exigido para as companhias registradas na Categoria A pelo artigo 13, parágrafo 2º, da referida Instrução."* Sobre o envio de Política de Negociação, diz: *"Em que pese essa obrigatoriedade não existir para os emissores registrados na Categoria B, recomenda-se seu envio voluntário na forma acima descrita."* E ainda, como antes mencionado, com relação às assembleias gerais: *"Ainda que a Instrução CVM nº 481/09 não se aplique aos emissores registrados na Categoria B e aqueles registrados na Categoria A não mencionados no parágrafo anterior, esses deverão enviar, na mesma data da publicação do primeiro anúncio de convocação da assembleia, por força do disposto no parágrafo 3º do artigo 135 da Lei no 6.404/76 e do inciso II do artigo 31 da Instrução CVM nº 480/09, os documentos e informações necessárias ao exercício do direito de voto."*

2.2.2.4 Adaptação ao regime de categorias de registro

O artigo 64 da Instrução CVM n. 480/2009 regulamentou a transição para o novo regime de categorias de registro[521].

A área técnica da CVM promoveu a classificação e transferência automática às respectivas categorias das companhias abertas registradas previamente à entrada em vigor da Instrução CVM n. 480/2009, de acordo com os critérios determinados pelo referido dispositivo.

Em janeiro de 2010, a CVM comunicou o resultado dessa classificação. Àquela ocasião, das 668 companhias com registro ativo ou suspenso, 522 foram classificadas na categoria A e 146 foram classificadas na categoria B[522].

2.2.2.5 Conversão de categoria de registro

A criação das categorias de registro tornou necessária a regulamentação da conversão de uma categoria para a outra, além do cancelamento de registro em cada categoria.

A Instrução CVM n. 480/2009 permitiu que o emissor, uma vez registrado na categoria A ou na categoria B, pleiteasse a conversão de sua categoria de registro à CVM, e estabeleceu procedimentos e mecanismos voltados à proteção do investidor no âmbito da conversão[523]. A Resolução CVM n. 80/2022 conservou esse regime.

Para a conversão do registro na categoria B para a categoria A, a autarquia impôs como requisitos a apresentação *(i)* de cópia do ato societário que deliberou a conversão e *(ii)* dos documentos ordinariamente exigidos para instrução

[521] *"Art. 64. Os emissores que tenham obtido registro de companhia aberta antes da entrada em vigor da presente Instrução serão automaticamente transferidos para as categorias criadas por esta Instrução, conforme classificação elaborada e divulgada pela SEP. Parágrafo único. Na elaboração da classificação, a SEP levará em conta: I – as características do atual registro do emissor; II – os valores mobiliários do emissor negociados em mercados regulamentados; e III – os mercados regulamentados em que tais valores mobiliários são negociados." Esses critérios foram mantidos inalterados apesar das relevantes mudanças promovidas às regras sobre as categorias de registro no curso da audiência pública."*

[522] Cf. CVM. Edital da SRE de 6 de janeiro de 2010. Disponível em: http://www.cvm.gov.br/noticias/arquivos/2010/20100106-1.html. Acesso em: 19 ago. 2019. Foi então concedida às companhias abertas a oportunidade de interpor recurso ao Colegiado da CVM quanto a essa classificação. Os números aqui citados não refletem os resultados de eventuais recursos.

[523] Cf. CVM. Edital de audiência pública n. 07/08.

de pedido de registro nessa categoria, listados no Anexo A da Resolução CVM n. 80/2022 (artigo 10º).

Como resultado da conversão de registro na categoria B para a categoria A, ficará autorizada a negociação pública de quaisquer valores mobiliários de emissão da companhia, inclusive valores mobiliários de capital. Em contrapartida, a companhia passará a ter que observar o regime informacional mais extenso aplicável aos emissores registrados nessa categoria.

Não obstante, essa conversão de categoria de registro não produz maiores repercussões para os fins da disciplina legal aplicável sob as Leis n. 6.385/1976 e 6.404/1976, exceção feita às normas destinadas a universos mais restritos de companhias abertas examinadas a seguir. Isso porque a companhia já se enquadrava como aberta enquanto registrada sob a categoria B, e assim permanecerá após a conversão. E ainda, o deferimento da conversão não necessariamente é acompanhado do registro de oferta pública de distribuição de ações[524].

Já o movimento inverso, de conversão de registro na categoria A para a categoria B, tem repercussão mais severa para a companhia e seus investidores. Isso porque, com o deferimento da conversão, as ações e outros valores mobiliários de capital de emissão da companhia deixam de estar admitidos à negociação em mercados regulamentados.

Por esse motivo, incide nessa hipótese, como condição para a conversão de registro na categoria A para a categoria B, a obrigação de realizar oferta pública para aquisição das ações em circulação prevista no §4º do artigo 4º da Lei n. 6.404/1976. Note-se que essa norma se refere justamente ao cancelamento do "*registro de companhia aberta para negociação de ações no mercado*" – e não, simplesmente, ao cancelamento de registro de companhia aberta[525].

[524] Tanto assim que o §4º do artigo 12 da Resolução CVM n. 80/2022 preservou o teor do §4º do artigo 11 da Instrução n. 480/2009 (com redação dada pela Instrução CVM n. 552/2014), ao determinar a aplicação dos prazos de análise previstos nos artigos 4º a 6º daquele diploma na hipótese de o pedido de conversão da categoria B para a categoria A ser acompanhado de concomitante pedido de registro de oferta pública de ações ou de valores mobiliários conversíveis ou referenciados em ações.

[525] Assim sendo, encampa duas hipóteses distintas de cancelamento do registo de emissor de valores mobiliários na categoria A, quais sejam, *(i)* aquelas em que o emissor pretende tornar-se companhia fechada, e *(ii)* aquelas em que o emissor pretende manter o registro de companhia aberta, porém na categoria B. É interessante notar que o Regulamento de

Ademais, para adequação ao novo regime de categorias de registro, a CVM promoveu alteração da Instrução CVM n. 361/2002 (depois substituída pela Resolução CVM n. 85/2022), que antes referia-se ao cancelamento de registro de companhia aberta, passando a referir-se ao cancelamento de registro para negociação de ações em mercados regulamentados de valores mobiliários[526].

Nesse sentido, diz a Resolução CVM n. 80/2022 que o pedido de conversão de registro da categoria A para a categoria B fica condicionado ao atendimento do requisito para cancelamento de registro previsto no inciso II de seu artigo 52, qual seja, a comprovação de que "*os requisitos da oferta pública de aquisição de ações para cancelamento de registro para negociação de ações no mercado foram atendidos, nos termos das normas específicas a respeito do assunto*" (artigo 11).

Em um primeiro momento, a realização de oferta pública com a finalidade de conversão de categoria de registro suscitou dúvidas, notadamente quanto *(i)* à incidência da obrigação de aquisição das ações remanescentes por período de três meses de que trata o §2° do artigo 10 da Instrução CVM n. 361/2002 (agora substituído pelo §2° do artigo 13 da Resolução CVM n. 85/2022) e *(ii)* à possibilidade de se realizar o resgate das ações remanescentes de que trata o §5° do artigo 4° da Lei n. 6.404/1976[527]. A esse respeito, entendemos

Listagem do Novo Mercado, com as alterações que entraram em vigor em janeiro de 2018, passou a refletir essa distinção: "*Art. 41 A saída do Novo Mercado pode ocorrer, nos termos das Seções II e III, em decorrência: (...) do cancelamento de registro de companhia aberta da companhia ou da conversão de categoria do registro na CVM, hipótese na qual deve ser observado o disposto na legislação e na regulamentação em vigor.*"

526 Vide Capítulo 1 desta Parte II, item 1.1.1.

527 Cf. CVM. Processo RJ 2012/13241, julgado em 19 de março de 2013. Relator: SRE. O processo tinha por objeto pedido de unificação de ofertas públicas de aquisição de ações cujo edital previa a possibilidade de conversão de categoria de registro caso os requisitos para o cancelamento do registro de emissor (notadamente, o resgate de certas debêntures em circulação) não fossem atendidos. De acordo com o MEMO/SRE/GER-1/Nº 13/2013, tratava-se de característica ainda sem precedente de análise por aquela área técnica. O relatório revela divergência inicial sobre o tema. Por exemplo: de um lado, a SEP entendeu que "*se a finalidade da OPA é o cancelamento do registro, há previsão na Lei para o resgate. Se a finalidade for (ou puder ser) a conversão de categoria de A para B, não parece haver, de plano, autorização na Lei para o resgate*". De outro, a SRE concluiu que "*venha a OPA para cancelamento de registro servir para o Cancelamento de Registro Pleno ou para a conversão de Categoria de companhia aberta, de A para B, entendemos que, desde que alcançado o quórum de sucesso de que trata o inciso II do art. 16 da Instrução CVM 361, a Companhia poderá utilizar-se da faculdade prevista no § 5° do art. 4° da LSA, quanto ao resgate das ações remanescente de sua emissão, desde que, por óbvio, observadas as demais condições estabelecidas naquele dispositivo*". E ainda, a SRE entendeu ser aplicável também a obrigação do §2º do artigo 10 da

que o regime aplicável à oferta em questão é o mesmo, independentemente de sua finalidade, isto é, se para cancelamento de registro de emissor de valores mobiliários ou para conversão de categoria de registro. Afinal, em ambos os casos, o fundamento legal que obriga a realização dessa oferta é o mesmo (artigo 4°, §4° da Lei n. 6.404/1976) e, ao regulamentar tal dispositivo, a Resolução CVM n. 85/2022 não faz distinção quanto à finalidade pretendida.

Adicionalmente, como condição à conversão de registro na categoria A para a categoria B, a Resolução CVM n. 80/2022 exige a apresentação de cópia do ato societário que deliberou tal conversão (artigo 11, parágrafo único, inciso II).

Por fim, a Resolução CVM n. 80/2022 inclui, ainda, orientações gerais quanto à conversão de registro, no sentido de que o emissor deve adotar as precauções necessárias a que a conversão ocorra de forma transparente e organizada, sem causar interrupção na negociação dos valores mobiliários afetados (artigo 13, *caput*). Nesse contexto, determina ao emissor que comunique aos titulares de valores mobiliários, "*na forma estabelecida para divulgação de fato relevante*", as medidas adotadas e "*outros detalhes operacionais dos quais o investidor precise estar ciente*" (artigo 13, parágrafo único)[528].

Uma vez convertido o registro da categoria A para a categoria B, o eventual e posterior cancelamento desse registro dependerá apenas de comprovação de inexistência de valores mobiliários em circulação ou de qualquer combinação de medidas que alcance a totalidade dos valores mobiliários, seja o resgate ou o vencimento do prazo para pagamento dos valores mobiliários em circulação, ou, ainda, a anuência de todos os titulares desses valores mobiliários (artigo 51). Essas mesmas condições devem ser atendidas em relação a todos os valores mobiliários em circulação, exceto as ações e os certificados de depósito de

Instrução CVM n. 361/2002, caso a oferta alcançasse o quórum de sucesso, "*independentemente se, com isso, a Companhia vier a obter o Cancelamento de Registro Pleno ou a conversão de Categoria de A para B*". Ao final, o Colegiado, com base no exposto no MEMO/SRE/GER-1/Nº 13/2013, deliberou pelo deferimento do pedido de unificação.

[528] Vale notar que a Resolução CVM n. 44/2021 estabelece os parâmetros para avaliação da relevância de informações e da forma de sua divulgação obrigatória. Nos termos do inciso VI do parágrafo único do artigo 2° daquele diploma, a decisão de promover o cancelamento de registro da companhia aberta é indicada como fato potencialmente relevante, que poderá fazer incidir a obrigação de divulgação. A conversão de categoria de registro não é expressamente referida na Resolução CVM n. 44/2021.

ações, para o cancelamento de registro na categoria A, cumulativamente à realização da oferta pública (artigo 52)[529].

Em decorrência desse quadro, há atualmente companhias que, mesmo após a realização de oferta pública de aquisição de ações em circulação para cancelamento de registro na categoria A, preservaram o registro na categoria B, portanto permanecem enquadradas sob a definição legal de companhia aberta. Entendemos que, por assim se enquadrarem, ficam tais companhias sujeitas à disciplina legal aplicável às companhias abertas, além da disciplina regulamentar (menos onerosa) aplicável aos emissores registrados na categoria B. Entretanto, nos parece que essa situação merece maior reflexão, *de lege ferenda,* ponto esse desenvolvido adiante no item 2.2.4.

[529] De acordo com os §§1º e 2º do artigo 55 da Resolução CVM n. 80/2022, o pedido de cancelamento de registro na categoria A deve ser instruído com os documentos que comprovem o atendimento aos artigos 51 e 52, e pode ser formulado concomitantemente ao pedido de registro da oferta pública de aquisição de ações para cancelamento de registro. Vale notar que, antes da alteração do inciso I do artigo 48 da Instrução CVM n. 480/2009 (ao qual corresponde o atual inciso I do artigo 52 da Resolução CVM n. 80/2022) pela Instrução CVM n. 586/2017, a norma exigia que fossem atendidas as condições do artigo 47 da Instrução CVM n. 480/2009 (atual artigo 51 da Resolução CVM n. 80/2022) em relação a todos os valores mobiliários, exceto ações e certificados de depósito de ações, que tivessem sido *distribuídos publicamente* ou *admitidos à negociação* em mercados regulamentados de valores mobiliários. No âmbito do processo CVM n. RJ2015/4262, o Colegiado da CVM acompanhou voto do Diretor Pablo Renteria, no sentido de que a redação do inciso I do artigo 48 "*não significa que os emissores da categoria A estejam sujeitos a regras de cancelamento de registro diversas daquelas aplicadas aos emissores da categoria B. Tal diferenciação não encontraria qualquer justificativa fática nem normativa, como, aliás, destacado pela SRE e pela Superintendência de Relações com Empresas, em sua respectiva manifestação de entendimento. (...) Vale dizer, portanto, que, em relação a qualquer espécie de valor mobiliário, com exceção das ações e dos certificados de depósito de ações, o emissor da categoria A deve observar as mesmas condições impostas para o cancelamento do registro na categoria B.*" (cf. CVM. Processo CVM n. RJ2015/4262, julgado em 14 de junho de 2016) Posteriormente, a CVM promoveu a alteração da redação do dispositivo, que atualmente se refere a todos os valores mobiliários em circulação, exceto ações e certificados de depósito de ações. Nos termos do *caput* do artigo 67 da Resolução CVM n. 80/2022, são considerados "*valores mobiliários em circulação*" todos os valores mobiliários do emissor, com exceção dos de titularidade do controlador, das pessoas a ele vinculadas, dos administradores do emissor e daqueles mantidos em tesouraria. A CVM justificou a alteração proposta ressaltando que não haveria justificativa para impor exigências mais gravosas aos emissores registrados na categoria B, uma vez que os efeitos do cancelamento de registro, no que diz respeito à modificação do regime de prestação de informações e à ausência de supervisão pela CVM, afetam de forma igual os investidores independentemente da categoria em que o emissor seja registrado. (cf. CVM. Edital de audiência pública SDM n. 10/16, p. 11-12)

2.2.3 Reformas adicionais à disciplina legal da companhia aberta

Além da alteração da Lei n. 6.404/1976 para prever a criação de categorias de companhias abertas e a especificação das normas aplicáveis a cada categoria conforme a espécie de valores mobiliários de sua emissão admitidos à negociação, cumpre notar que foram dados outros importantes passos no sentido de adaptar a disciplina legal das companhias abertas em torno desse mesmo critério.

Como mencionado no Capítulo 2 da Parte I, com o advento da Lei n. 9.457/1997 foram instauradas as primeiras distinções dessa natureza conforme as ações de emissão da companhia estejam ou não admitidas à negociação. Notadamente, para as companhias cujas ações não estejam admitidas à negociação em bolsa ou no mercado de balcão, o *caput* do artigo 136 da Lei n. 6.404/1976 ampliou a permissão – originalmente reservada às companhias fechadas – para que o estatuto fixe quórum de deliberação mais elevado para as matérias elencadas. E ainda, para as companhias abertas com ações admitidas à negociação em mercado organizado, o inciso VII do artigo 22 da Lei n. 6.385/1976 passou a prever a realização de reuniões anuais com acionistas e agentes do mercado de valores mobiliários.

Em seguida, com o advento da Lei n. 10.303/2001, além das estipulações antes comentadas quanto à criação das categorias de registro e ao cancelamento do registro para negociação de ações inseridas no artigo 4º da Lei n. 6.404/1976, nova distinção dessa natureza foi introduzida, dessa vez contemplando as companhias abertas exclusivamente para a captação de recursos por debêntures não conversíveis em ações. O inciso I do §3º do artigo 202 da Lei n. 6.404/1976 ampliou para essas companhias a autorização para que a assembleia geral delibere a distribuição de dividendo inferior ao obrigatório ou a retenção de todo o lucro líquido – anteriormente reservada às companhias fechadas. Trata-se de relevante distinção no campo societário, emblemática desse movimento de flexibilização da disciplina aplicável às companhias abertas conforme as espécies de valores mobiliários admitidos à negociação.

Distinções semelhantes surgiram também no âmbito de alterações posteriores à disciplina legal das companhias abertas – conferindo tratamento específico conforme a companhia tenha ou não ações negociadas em mercado organizado, por exemplo[530].

Essas medidas ilustram um movimento de adaptação da disciplina legal da companhia aberta em prol de uma abordagem pormenorizada, isto é, que procura melhor refletir e acomodar a diversidade de situações abrangidas pela definição legal de companhia aberta, especialmente entre aquelas que tenham ou não "capital aberto" (isto é, que tenham ou não promovido oferta pública de distribuição de ações). Com isso, resta parcialmente comprometida a dicotomia originalmente instaurada pelo legislador entre companhias abertas e fechadas, segundo a qual todas as companhias abertas, pelo fato de serem abertas, ficavam sujeitas a um mesmo regime societário, como regra geral.

Por um lado, nos parece salutar a iniciativa de revisão e adequação da disciplina legal da companhia aberta à luz de seus pressupostos teóricos, por permitir a redução de custos potencialmente desnecessários ou excessivos para companhias que pretendam acessar o mercado de outras formas que não necessariamente a distribuição de valores mobiliários de capital. Por outro, preocupa-nos a forma como essa iniciativa vem sendo promovida, de maneira pontual, por vezes sem maior cuidado com a estrutura e a sistematicidade dos diplomas legais, e sem que a consequente ruptura com a abordagem dicotômica original da legislação brasileira tenha recebido nos últimos anos maior atenção.

2.2.4 Considerações finais

Em vista do acima exposto, cabem algumas considerações a respeito da disciplina da companhia aberta conforme as espécies de valores mobiliários de sua emissão admitidos à negociação.

530 Cf. artigo 110-A, *caput*, inciso II e §5º, da Lei n. 6.404/1976. Trata-se da autorização implementada pela Lei n. 14.195/2021 para adoção de voto plural, implementada pela Lei n. 14.195/2021, "*na companhia aberta, desde que a criação da classe ocorra previamente à negociação de quaisquer ações ou valores mobiliários conversíveis em ações de sua emissão em mercados organizados de valores mobiliários*". Distinções desse tipo surgem também em diplomas externos ao Direito societário e do mercado de capitais. Por exemplo: no Código de Processo Civil (Lei n. 13.105/2015), encontra-se referência à *sociedade anônima de capital aberto* no §2º do artigo 861, ao tratar da penhora de ações e permitir que sejam adjudicadas ao exequente ou alienadas em bolsa de valores.

2.2.4.1 Companhia aberta: "aberta" para quem?

Em primeiro lugar, observa-se, a partir dos movimentos aqui analisados, uma tendência de paulatina adaptação da disciplina jurídica da companhia aberta, para levar em conta características decorrentes das espécies de valores mobiliários de sua emissão admitidos à negociação. Isso representa, a nosso ver, um afastamento com relação à opção original por submeter as companhias abertas a regime comum – mas não necessariamente da opção original por considerar como abertas todas as companhias cujos valores mobiliários estejam admitidos à negociação, independentemente de sua espécie (e de sua efetiva negociação).

Essa tendência se manifesta principalmente por meio da autorização para criação de diferentes categorias de registro de companhia aberta. Contudo, tal como implementada, essa medida teve alcance limitado, permitindo o delineamento de diferentes regimes tão somente em sede regulamentar. Consequentemente, a repercussão da classificação em categorias concentra-se basicamente no regime informacional imposto por normas da CVM, e não alcança a disciplina legal das companhias abertas.

Ainda assim, nota-se em sede regulamentar o delineamento de regimes cada vez mais específicos, através da edição de normas cuja incidência é determinada não apenas em função da espécie de valores mobiliários admitidos à negociação, mas também da efetiva autorização para sua negociação e respectivo mercado, e até mesmo da existência de ações em circulação.

Adicionalmente, a tendência se manifesta por meio das referidas alterações à disciplina das Leis n. 6.385/1976 e 6.404/1976, ora para flexibilização de obrigações para as companhias abertas que acessam o mercado exclusivamente por meio de valores mobiliários de dívida, ora para imposição de novas obrigações às companhias que acessam o mercado por meio de valores mobiliários de capital.

Essas flexibilizações pontuais da disciplina legal parecem confirmar a necessidade de adequação diante da percepção de que a estrutura acionária das companhias abertas que acessam o mercado exclusivamente por meio de valores mobiliários de dívida tende a se assemelhar mais àquela das companhias fechadas. É o que se extrai de comentários à alteração promovida ao artigo 202 da Lei n. 6.404/1976. Para Eizirik, "*[n]ão tendo havido a captação de recursos do público para aplicação em ações, não há necessidade da proteção dos investidores minoritários representada pela obrigatoriedade de distribuição do dividendo mínimo*"[531].

Consideramos essa ponderação pertinente ao exame individualizado de elementos da disciplina legal da companhia aberta, *de lege ferenda*. Sem pretensão de exaustão, destacamos como exemplos de dispositivos que parecem merecer exame aprofundado sob essa ótica, o artigo 254-A da Lei n. 6.404/1976, que exige a realização de oferta pública de aquisição de ações por ocasião da alienação de controle de companhia aberta, e o artigo 256, que disciplina a compra, por companhia aberta, do controle de qualquer sociedade mercantil[532]. Essa ponderação parece ainda mais relevante diante das inovações introduzidas à disciplina jurídica da companhia aberta. O destaque vai para o fato de que o enquadramento como companhia aberta depende atualmente da eleição de categoria de registro, que pode admitir ou não a negociação pública de valores mobiliários de capital, submetendo a companhia a regime regulamentar específico.

Como já se viu, o problema não é exatamente novo, e sim derivado da opção original por submeter todas as companhias abertas, independentemente da espécie de valores mobiliários de sua emissão admitidos à negociação, a disciplina comum. Contudo, a criação das categorias de registro de companhia aberta – uma tentativa, a nosso ver, insuficiente de remediar circunstância decorrente de como foram originalmente delineado o objeto e estruturada a disciplina legal da companhia aberta – conferiu-lhe novas nuances e nova camada de complexidade. Coloca-se em questão, especialmente, a coerência de se submeter companhias abertas registradas na categoria B, que, portanto, não possuem autorização para a "abertura de capital", a normas que porventura pressuponham justamente essa abertura[533].

[531] Cf. EZIRIK, Nelson. *A Lei das S/A comentada*. Vol. III. São Paulo: Quartier Latin, 2015. p. 546. E ainda: CARVALHOSA, Modesto. EIZIRIK, Nelson. *A nova Lei das S/A*. São Paulo: Saraiva, 2002. p. 362.

[532] Merecem nota também as obrigações inseridas na lei societária para as companhias abertas pela chamada Medida Provisória do *Doing Business* (Medida Provisória n. 1.040/2021) e mantidas pela Lei n. 14.195/2021, tendo em vista o objetivo declarado de incrementar a pontuação do país no referido relatório (posteriormente descontinuado) e os pressupostos para pontuação deste último, dentre outros motivos.

[533] Como ensina Bobbio, a coerência não é condição de validade (vigência), e sim de justiça do ordenamento. (cf. BOBBIO, Norberto. *Teoria do Ordenamento Jurídico*. 10ª ed. Brasília:

Contudo, a identificação de potencial descompasso entre o campo de incidência de normas específicas da disciplina legal da companhia aberta e seus pressupostos teóricos é atividade que foge ao escopo deste trabalho, concentrado no objeto e na estrutura dessa disciplina. Limitamo-nos, portanto, a destacar a relevância de se atentar para essa questão no exame aprofundado das diferentes normas. Fica, então, a indagação: há outras normas dirigidas às companhias abertas cuja proteção se destine essencialmente às companhias abertas "de capital aberto", e que possam por isso estar impondo ônus injustificado às companhias abertas "de capital fechado"?

Vale notar que a necessidade de adequação do regime das companhias conforme seus diferentes contornos, tem ocupado discussões sobre governança corporativa mundo afora. Nesse sentido, por exemplo, comentava Hofstetter, em 2005, que as discussões sobre governança corporativa vinham se concentrando nas companhias com ampla dispersão acionária (*widely held firms*) e que as particularidades das companhias com controle concentrado (*controlled companies*) exigem tratamento específico, ressaltando que nesse campo *"one size does not fit all"* [534].

Por fim, ressalva-se que não se está a propor uma ampla reforma das Leis n. 6.385/1976 e 6.404/1976. Pretende-se tão somente destacar a importância de que essa distinção seja levada em consideração ao se examinar a disciplina jurídica da companhia aberta à luz de seus objetivos últimos, de proteção do público investidor e de estímulo à formação de poupança e sua aplicação em valores mobiliários.

Universidade de Brasília, 1999. p. 113) Nessa linha, ressalva-se que a indagação formulada quanto à coerência de certas normas sobre companhias abertas, como os artigos 254-A e 256 da Lei n. 6.404/1976, *de lege ferenda,* não necessariamente representa questionamento sobre sua validade, *de lege lata.*

[534] Cf. HOFSTETTER, Karl. *One size does not fit all:* corporate governance for "controlled companies". p. 4-5. Disponível em: https://papers.ssrn.com/sol3/papers.cfm?abstract_id=802705. Acesso em: 28 dez. 2018. Também os princípios de governança corporativa editados, em 2015, pelo G20/OCDE, destacam: *"Where appropriate, corporate governance frameworks should therefore allow for proportionality, in particular with respect to the size of listed companies. Other factors that may call for flexibility include the company's ownership and control structure, geographical presence, sectors of activity, and the company's stage of development."* (cf. G20/OCDE. *Principles of Corporate Governance.* Disponível em: https://www.oecd-ilibrary.org/. Acesso em 15 dez. 2021)

2.2.4.2 Companhias com valores mobiliários de dívida admitidos à negociação (categoria B)

Como vimos, o universo das companhias com valores mobiliários de dívida admitidos à negociação é formado por realidades distintas, e essa taxonomia tornou-se mais complexa diante de recentes inovações. Esse universo abrange, por exemplo, companhias que foram classificadas na categoria B quando da adaptação ao regime da Instrução CVM n. 480/2009; aquelas que obtiveram registro na categoria B após a entrada em vigor da Instrução CVM n. 480/2009; aquelas que promoveram a conversão de seu registro da categoria A para a categoria B após a entrada em vigor da Instrução CVM n. 480/2009; além, evidentemente, das companhias registradas na categoria A, que não ficam sujeitas a restrição quanto às espécies de valores mobiliários admitidos à negociação[535]. Todavia, concentrar-se-á aqui a análise nas companhias registradas sob a categoria B.

Como apontado, o novo regime de categorias de registro fez surgir novas situações não antes contempladas pela lei societária, ou melhor, conferiu novos contornos a determinadas situações. Referimo-nos especialmente à conversão de categoria de registro e à situação das companhias abertas cujo registro tenha sido convertido da categoria A para a categoria B mediante a realização de oferta pública para cancelamento de registro para negociação de ações. Contrariamente ao que poderia à primeira vista indicar o senso comum, essas companhias, mesmo após o "fechamento de capital", permanecem enquadradas sob a definição legal de companhia aberta. No âmbito da oferta pública de aquisição, poderão ter promovido ou não o resgate das ações em circulação remanescentes, na forma do §5º do artigo 4º da Lei n. 6.404/1976, e, por esse e outros motivos, poderão ou não ter acionistas minoritários remanescentes em seu quadro societário após a conversão.

Quanto a essas companhias, reitera-se a ponderação sugerida acima, *de lege ferenda:* faz sentido submeter companhias registradas sob a categoria B que nunca promoveram "abertura de capital", ou que já promoveram "fechamento

[535] Ressalva-se aqui a situação de companhias não registradas que promovem oferta pública de valores mobiliários de dívida com base na Instrução CVM n. 476/2009, que será examinada adiante no Capítulo 3.

de capital", à mesma disciplina societária aplicável às demais companhias abertas, notadamente àquelas registradas na categoria A? Em sentido mais amplo, deve essa disciplina ser revista à luz dessa nova taxonomia?

Como vimos, divisões internas foram erigidas dentro da disciplina da companhia aberta antes mesmo da, ou simultaneamente à, autorização para criação de diferentes categorias. Com a regulamentação pela Instrução CVM n. 480/2009 e pela Resolução CVM n. 80/2022, passaram a estar autorizadas exclusivamente à negociação de valores mobiliários de dívida (melhor dizendo, de quaisquer valores mobiliários que não aqueles de capital arrolados no artigo 2º, §2º da Instrução CVM n. 480/2009 e no artigo 3º, §2º da Resolução CVM n. 80/2022) as companhias abertas registradas na categoria B. O regime societário das companhias abertas oferece nuances que permanecem pouco exploradas sob esta ótica. Por exemplo: as companhias da categoria B podem se valer da faculdade de exigir quórum mais elevado em seus estatutos para as matérias elencadas no artigo 136 da Lei n. 6.404/1976, que se refere à "*companhia cujas ações não estejam admitidas à negociação em bolsa ou no mercado de balcão*"[536]?

Adicionalmente, a análise da disciplina aplicável às companhias com valores mobiliários de dívida admitidos à negociação, em geral, e às companhias registradas na categoria B, em particular, suscita novos questionamentos, relacionados mais à sua efetividade do que à sua adequação, em função da convergência de três principais fatores.

O primeiro desses fatores diz respeito à limitação antes referida do alcance da autorização dada à CVM para especificar as "*normas sobre companhias abertas*" aplicáveis às companhias registradas em cada categoria, sob o §3º do artigo 4º da Lei n. 6.404/1976.

O segundo fator se refere à intensidade do regime de informação a que estão submetidas as companhias registradas na categoria B, antes examinado.

O terceiro fator, que será abordado em maior detalhe no próximo Capítulo, diz respeito à convergência de objetivos por trás da criação das *categorias*

[536] No mesmo sentido, pode-se indagar se a autorização do artigo 202, §3º, inciso I, para que a assembleia geral possa deliberar a distribuição de dividendo inferior ao obrigatório ou a retenção de todo o lucro líquido, aplicável às "*companhias abertas exclusivamente para a captação de recursos por debêntures não conversíveis em ações*", deve ser entendida como referência às companhias registradas na categoria B.

de registro de companhia aberta e das *ofertas públicas com esforços restritos,* bem como às consequências de uma e outra para a organização do mercado de valores mobiliários brasileiro.

Notadamente, à época em que foi autorizada a criação das categorias de registro, isso foi visto por alguns como uma oportunidade perdida de permitir a criação de regimes mais flexíveis de acesso ao mercado[537]. Todavia, antes mesmo da regulamentação das categorias de registro, a CVM instituiu as chamadas *ofertas públicas de distribuição de valores mobiliários com esforços restritos,* por meio da Instrução CVM n. 476/2009. Como veremos adiante no Capítulo 3, a regulamentação das ofertas públicas com esforços restritos atualmente permite o acesso ao mercado, por meio da distribuição de valores mobiliários de dívida, por companhias sequer registradas como emissoras de valores mobiliários. A Instrução CVM n. 476/2009 estabelece para essas companhias regime específico, consideravelmente menos abrangente do que aquele ordinariamente aplicável às companhias registradas na categoria B[538].

O fato de que no Brasil grande parte das distribuições públicas tem sido realizada por meio de ofertas públicas com esforços restritos, especialmente de debêntures, e de que um percentual considerável dessas ofertas com esforços restritos de debêntures teve por ofertantes companhias fechadas (ou melhor, "empresas de capital fechado", de acordo com o levantamento antes citado)[539], parece sugerir uma perda de atratividade do regime aplicável às companhias registradas na categoria B. Evidentemente, as ofertas públicas com esforços restritos ficam sujeitas a restrições não aplicáveis às

[537] Nesse sentido, afirmou Cantidiano que "[p]*erdeu-se* (...) *a oportunidade de admitir que a CVM possa exigir requisitos menos rígidos daquelas companhias que pretendam distribuir valores mobiliários de sua emissão junto a investidores qualificados, que dependem de menor proteção do agente regulador, uma vez que tais investidores dispõem de mecanismos próprios de defesa de seus interesses*". (cf. CANTIDIANO, Luiz Leonardo. *Reforma da Lei das S.A. Comentada.* Rio de Janeiro: Renovar, 2002, p. 32)

[538] Como também veremos adiante no Capítulo 3, a CVM submeteu a audiência pública proposta de revisão das regras sobre ofertas públicas de distribuição de valores mobiliários, incluindo a revogação da Instrução CVM n. 476/2009 (cf. CVM. Edital de audiência pública SDM n. 02/21). Contudo, a nova regra proposta para substituí-la conserva a possiblidade de emissores não registrados promoverem oferta pública de valores mobiliários de dívida, submetendo-as a regime semelhante ao atualmente aplicável sob a Instrução CVM n. 476/2009. Até a conclusão da revisão deste trabalho para publicação, a proposta submetida a audiência pública seguia em análise na autarquia.

[539] Vide Capítulo 2 da Parte I, item 2.4.

ofertas públicas de distribuição que podem ser realizadas por companhias registradas. Porém, a comparação dos regimes regulatórios a que são submetidos os emissores registrados na categoria B e os emissores não registrados que promovem ofertas públicas com esforços restritos, ressalvada a discussão quanto à inaplicabilidade das normas sobre companhias abertas a esses últimos, que será enfrentada no próximo Capítulo, revela um quadro de aparente assimetria e incentivos limitados.

Diante disso e dos dois primeiros fatores anunciados, a função de servir de regime mais flexível para companhias que desejam acessar o mercado exclusivamente por meio de valores mobiliários de dívida parece ser mais bem atendida pelo instituto das ofertas públicas com esforços restritos, realizadas mediante dispensa de registro, do que pelo instituto das categorias de registro.

Com isso não queremos dizer que esses institutos são autoexcludentes; ao contrário, vemos neles grande complementariedade. Em outras palavras, não nos parece ser um problema o prejuízo que possa resultar da convivência entre esses institutos em termos de atratividade da categoria B[540]. Ainda assim, parece-nos merecer atenção a assimetria quanto ao tratamento regulamentar conferido às companhias em cada uma dessas situações. Este ponto será retomado no próximo Capítulo.

2.3 Disciplina da companhia aberta conforme o seu porte

2.3.1 Histórico regulatório

Como vimos, a definição legal de companhia aberta não traça qualquer distinção em função do porte das companhias, e nem sua disciplina legal se ocupava dessa distinção em seu formato original[541].

[540] Cumpre ressalvar que a presente análise pretende tão somente promover a identificação e reflexão em torno de elementos estruturais que podem restringir, ou afetar, o alcance e a repercussão das normas que disciplinam as companhias com valores mobiliários de dívida admitidos à negociação, *de lege ferenda*. Avaliar a efetividade das normas aplicáveis aos emissores da categoria B individualmente consideradas é tarefa que fugiria ao escopo e não se coadunaria com a metodologia deste trabalho.

[541] Mais uma vez, ressalvamos a exceção quanto ao artigo 291 da Lei n. 6.404/1976, que "[confere] *competência à Comissão de Valores Mobiliários para reduzir, nas companhias de grande porte,*

Assim sendo, em paralelo às iniciativas de reforma centradas nas espécies de valores mobiliários admitidos à negociação como critério de distinção, antes examinadas, transcorreram discussões e foram promovidas iniciativas de adaptação da disciplina da companhia aberta conforme o seu porte, com o objetivo de facilitar o acesso a esse mercado por companhias menores, nas quais esta seção será concentrada[542/543].

de capital amplamente pulverizado, as porcentagens mínimas, previstas na lei, para o exercício de alguns direitos de minoria" (cf. Exposição de Motivos n. 196/1976). Note-se, contudo, que o dispositivo não fixa um conceito de companhia de grande porte, e sim delega à CVM a redução desses percentuais "*mediante fixação de escala em função do valor do capital social*". A CVM exerceu essa prerrogativa por meio da Instrução CVM n. 165/1991, da Instrução CVM n. 324/2000 e da Instrução CVM n. 627/2020, posteriormente substituídas pela Resolução CVM n. 70/2022. A edição da Instrução CVM n. 627/2020 foi precedida por estudo que constatou que essa regra se baseia em premissa contestável "*de que existiria uma relação forte entre a distribuição acionária e o tamanho das companhias, para o qual a variável capital social foi utilizada como proxy*". (cf. CVM. *Critérios para a participação de acionistas em assembleia de companhias de capital aberto.* Dezembro/2018. Disponível em: http://conteudo.cvm.gov.br/export/sites/cvm/menu/acesso_informacao/serieshistoricas/estudos/. Acesso em 15 dez. 2021) Também no âmbito da respectiva audiência pública a CVM ressalvou que "[a] *escala reflete a intenção de diferenciar as companhias por porte econômico, considerando que um acionista, individualmente, terá mais facilidade em reunir maior participação percentual em determinada companhia quanto menor venha a ser tal companhia. Embora o montante do capital social, enquanto forma de inferir o porte econômico da companhia, esteja sujeito a diversas críticas, a CVM está adstrita a esse critério por força de determinação legal*". (cf. CVM. Relatório de análise da audiência pública SDM n. 07/2019, de 22 jun. 2020)

542 O histórico de iniciativas regulatórias com esse viés será examinado aqui de maneira não exaustiva. Todavia, vale lembrar que no período foram promovidas também iniciativas centradas mais nas companhias de maior porte. Exemplo disso é a Lei n. 11.638/2007, que estendeu às sociedades de grande porte - assim considerada, para os fins daquele diploma, "*a sociedade ou conjunto de sociedades sob controle comum que tiver, no exercício social anterior, ativo total superior a R$ 240.000.000,00 (duzentos e quarenta milhões de reais) ou receita bruta anual superior a R$ 300.000.000,00 (trezentos milhões de reais)*" - certas disposições da Lei n. 6.404/1976 (vide Capítulo 2 da Parte I).

543 Essas iniciativas se coadunam com o esforço identificado em outros países de promoção do acesso ao mercado de valores mobiliários por companhias de menor porte: "*There is a general consensus that over-regulatory approaches have led to an IPO crisis around the world, and there is evidence to support this. (...) In response to the overregulatory trends, new stock markets or stock market segments have been launched. These new listing venues are an attempt to bridge the funding gap that emerged after a number of uncoordinated, corporate governance reforms introduced numerous mandatory and stringent legal requirements which significantly increased the cost of being a public company on various main markets around the world. Another regulatory answer to stimulate IPO activity has been the introduction of more flexible governance rules and regulations for growth companies. An example of this took place in the US on April 5, 2012 when the Jumpstart Our Businesses Startups Act (JOBS Act)*

Neste particular, o artigo 170, inciso IX, da Constituição Federal de 1988 (com redação dada pela Emenda Constitucional n. 6/1995) estabeleceu como princípio da ordem econômica o *"tratamento favorecido para as empresas de pequeno porte constituídas sob as leis brasileiras e que tenham sua sede e administração no País"*, reconhecendo assim a importância dessas empresas para a geração de emprego e renda.

Além disso, no ano de 2006, foi instituído o Estatuto Nacional da Microempresa e da Empresa de Pequeno Porte, por meio da Lei Complementar n. 123/2006. Dentre as diversas disposições que impunham tratamento favorecido às microempresas e empresas de pequeno porte, determinou-se a proposição de medidas pelo Poder Executivo Federal no sentido de melhorar o seu acesso aos mercados de crédito e de capitais, com vistas à redução do custo de transação, à elevação da eficiência alocativa, ao incentivo ao ambiente concorrencial e à qualidade do conjunto informacional (artigo 57).

introduced "Emerging Growth Company" (EGC) status. Companies that avail themselves of EGC status are offered a transition, or on-ramp, period during which they are exempt from a number of regulatory requirements associated with both going and being public. Inspired by the JOBS Act, similar initiatives are being introduced in Europe actively to promote the listing of high-tech companies and other small and medium-sized enterprises (SMEs)." (cf. VERMEULEN, Erik P.M. "Chapter 31 – New metrics for corporate governance: shifting strategies in an aging IPO market". In: GORDON, Jeffrey N. RINGE, Wolf-Georg. *The Oxford Handbook of Corporate Law and Governance.* Oxford: Oxford University Press, 2018. p. 839) Ainda sobre o tema, ver ROTH, Günter H. KINDLER, Peter. *The spirit of corporate law: core principles of corporate law in continental Europe.* Munique: CH Beck, 2013. p. 95-98; ENRIQUES, Luca. GILOTTA, Sergio. Disclosure and financial market regulation. In: MOLONEY, Niamh. FERRAN, Eilís. PAYNE, Jennifer. *The Oxford handbook of financial regulation.* Oxford: Oxford University Press, 2015. p. 529-530; 534. No Brasil, uma das propostas da agenda divulgada por ANBIMA e B3 no ano de 2018, por exemplo, foi justamente a revisão das regras do mercado de acesso para pequenas e médias empresas: *"Uma alternativa é a criação de um modelo inspirado em outros mercados que desenvolveram o acesso a pequenas e médias empresas de alto crescimento, como previsto na Diretiva Europeia e presente em diversos países desse continente. Essa proposta consiste em permitir a criação de um ambiente para captação, por meio da emissão de valores mobiliários de dívida e de capital, para empresas de pequeno e médio portes com alto potencial de crescimento, administrado e supervisionado por entidade administradora de mercados organizados, com registro simplificado de emissor e oferta com esforços restritos (dispensada de registro)."* (cf. ANBIMA; B3. *Mercado de capitais: caminho para o desenvolvimento.* 2018, p. 5. Disponível em: https://www.anbima.com.br/pt_br/especial/mercado-de-capitais-caminho-para-o-desenvolvimento.htm. Acesso em: 10 jul. 2019)

A questão do porte das companhias foi motivo de preocupação por parte da CVM antes mesmo da regulamentação do registro. Contudo, optou-se inicialmente por submeter as companhias abertas a regime único de informação, que idealmente corresponderia ao mínimo necessário a permitir a tomada de decisões de investimento racionais. Ou seja, entendeu a CVM à época que o volume mínimo de informação esperado pelo investidor era o mesmo independentemente do porte da companhia ou do mercado onde seus títulos seriam transacionados[544]. Entretanto, comprometeu-se a acompanhar o grau de dificuldade enfrentado por pequenas e médias companhias, para então avaliar se essa abordagem lhes fornecia ou não uma alternativa de capitalização razoável, e eventualmente aprimorá-la.

Com o passar dos anos, a CVM foi adotando medidas que flexibilizavam certas obrigações para as companhias abertas de menor porte. Por exemplo: por meio da Instrução CVM n. 245/1996, a CVM dispensou às companhias com registro para negociação em bolsa cujo faturamento bruto consolidado no exercício anterior tivesse sido inferior a R$ 100 milhões certas obrigações

544 *"Um ponto importante de regulação é a definição de se pequenas e médias empresas devem estar sujeitas aos mesmos requisitos de divulgação de informações que companhias de maior porte. Um argumento básico é que os custos para elas são proporcionalmente maiores e menos toleráveis, e que, dado o interesse mais limitado de investidores sobre essas empresas, devem ser tentadas outras formas de satisfazer tais necessidades. A posição da CVM é a de que o mercado necessita de um mínimo de informações para tomar uma decisão consciente. Tal mínimo independe do porte da companhia aberta. A partir deste nível de informações, conforme o tipo de mercado em que os valores mobiliários das companhias serão negociados, são feitas exigências adicionais em termos de divulgação e disseminação de dados. Cabe à companhia escolher aquele que lhe seja mais adequado. Esta posição é a que mais se coaduna com os princípios de proteção dos interesses dos investidores. Resta saber se ela fornece uma alternativa de capitalização razoável para empresas de menor porte. Para avaliar esta situação a CVM fará realizar estudos compreendendo: levantamentos dos custos de divulgação de informações, sua disseminação e outros, vinculados às companhias abertas; alternativas de capitalização disponíveis no país para empresas de menor porte, abertas e fechadas, incluindo: possibilidades de lançamentos privados; existência de sociedades dispostas a investir capital de risco em pequenas e médias empresas; recursos de capital substitutivos ao mercado, etc. Com base nesses levantamentos, a CVM estará em condições de aferir melhor a natureza do problema e, se necessário, propor novos mecanismos."* (cf. *"Política de divulgação de informações"*, anexa à ata da 311ª sessão do CMN, realizada em 20 de dezembro de 1978) Naquele momento, optou a CVM também por não conceder isenções ou simplificações de registro em função do porte das companhias abertas: *"Durante a fase inicial de seu funcionamento, a CVM não está contemplando isenções de registro nem concessão de registros simplificados ou resumidos, seja em função do porte da empresa seja porque esta já tenha sofrido análise por outro órgão governamental."* (cf. *"Política de divulgação de informações"*, anexa à ata da 311ª sessão do CMN, realizada em 20 de dezembro de 1978)

impostas pela Instrução CVM n. 202/1993 (que antecedeu a Instrução CVM n. 480/2009)[545].

Esse movimento culminou com a dispensa automática de registro concedida por meio da Instrução CVM n. 400/2003 para as ofertas públicas de distribuição de valores mobiliários emitidos por microempresas e empresas de pequeno porte[546].

Não obstante, a utilização da dispensa automática de registro para valores mobiliários de emissão de empresas de pequeno porte e de microempresas da Instrução CVM n. 400/2003 foi depois limitada ao valor total de R$ 2,4 milhões para ofertas de um mesmo emissor, em cada período de doze meses, pela Instrução CVM n. 482/2010[547]. Essa norma também estabeleceu certos requisitos procedimentais para a utilização dessa dispensa, como prévia comunicação à CVM. A reforma promovida pela Instrução CVM n. 482/2010 tomou por base a experiência acumulada da CVM com a aplicação da Instrução CVM n. 400/2003[548]. Em especial, entendeu a CVM que as regras sobre ofertas públicas de microempresas e empresas de pequeno porte mereciam aprimoramento, pois o tratamento dado a elas até então – isto é, a dispensa

[545] Cf. artigo 1º da Instrução CVM n. 245/1996. E ainda, por meio da Instrução CVM n. 296/1998, a CVM exigiu o registro de emissor para as distribuições públicas de contratos de investimento coletivo somente quando o valor atualizado dos títulos ou contratos em circulação, em tesouraria e a emitir, inclusive os pendentes de registro, superasse R$ 10 milhões, dispensando-o nas demais hipóteses (cf. artigo 3º, §1º, da Instrução CVM n. 296/1998). Posteriormente, a Instrução CVM n. 296/1998, que disciplinava o registro de distribuição pública de CIC, foi revogada pela Instrução CVM n. 604/2018. Concluiu a CVM que a edição da Instrução CVM n. 588/2017 (de que trataremos no Capítulo 3, a seguir) gerou uma indesejada situação de sobreposição regulatória para ofertas públicas de CIC realizadas por sociedades empresárias de pequeno porte, que daria margem a arbitragem regulatória em tal segmento. Levou-se em consideração também a edição da Instrução CVM n. 602/2018, que disciplinou as ofertas públicas de distribuição de CIC hoteleiro (posteriormente substituída pela Resolução CVM n. 86/2022), bem como o fato de que desde a edição da Instrução CVM n. 400/2003 não fora identificado nenhum deferimento de registro de oferta pública com base na Instrução CVM n. 296/1998. (cf. CVM. Edital de audiência pública SDM n. 06/2018, p. 9-11)

[546] Cf. artigo 5º, inciso III, da Instrução CVM n. 400/2003 (antes da revogação pela Instrução CVM n. 588/2017). Os efeitos da dispensa de registro serão examinados no Capítulo 3, a seguir.

[547] Cf. artigo 5º, §4º, da Instrução CVM n. 400/2003 (antes da revogação pela Instrução CVM n. 588/2017). De acordo com a CVM, o limite imposto foi extraído da definição de empresa de pequeno porte da Lei Complementar nº 123/2006 (cf. CVM. Edital de audiência pública n. 01/09).

[548] Cf. CVM. Edital de audiência pública n. 01/09.

automática de registro – era mais permissivo que o desejável[549]. Com a limitação imposta, a CVM procurou conciliar o comando de conferir a tais emissores tratamento benéfico com a necessidade de proteção da poupança pública[550]. Além disso, havia preocupação por parte da CVM com a possibilidade de tais ofertas serem conduzidas sem a presença de um *gatekeeper* autorizado, que assegurasse sua condução de maneira apropriada[551].

Adicionalmente, com a edição da Instrução CVM n. 480/2009, as microempresas e empresas de pequeno porte foram beneficiadas também com dispensa automática do registro de emissor de valores mobiliários[552]. Além disso, a questão do porte dos emissores permeou as discussões sobre a regulamentação das categorias de registro, apesar de não ter sido adotada como critério de classificação na Instrução CVM n. 480/2009. A preocupação com a imposição de custos demasiadamente elevados a empresas de menor porte que acessam o mercado foi ressaltada por diversas vezes na respectiva audiência pública[553].

549 Cf. CVM. Edital de audiência pública n. 01/09.

550 Cf. CVM. Edital de audiência pública n. 01/09. No âmbito da audiência pública foram formuladas diversas sugestões sobre o tema, desde a obrigatoriedade de registro das ofertas de microempresas e empresas de pequeno porte, à redução do volume máximo então proposto. A CVM manteve a dispensa de registro e, em resposta, declarou entender que os limites e procedimentos propostos eram suficientes e adequados para garantir a supervisão e transparência em ofertas desses emissores (cf. CVM. Relatório de análise da audiência pública SDM n. 01/09). Uma das sugestões recebidas foi a submissão das ofertas desses emissores ao regime da Instrução CVM n. 476/2009 (vide Capítulo 3 desta Parte II), ao que a CVM respondeu: "*Embora a disciplina das ofertas públicas com esforços restritos contida na Instrução nº 476, de 2009, torne tais ofertas bem mais flexíveis e menos custosas que as ofertas públicas disciplinadas pela Instrução nº 400, de 2003, a CVM acredita que algumas das exigências presentes na Instrução nº 476, de 2009, podem ser excessivamente onerosas para micro e pequenas empresas, tais como a exigência de um intermediário e informações periódicas mínimas. Por essa razão, a proposta original foi mantida.*" (cf. CVM. Relatório de análise da audiência pública SDM n. 01/2009, p. 10)

551 Cf. CVM. Relatório de análise da audiência pública n. 05/2016, p. 168.

552 Cf. artigo 7º, incisos IV e V, da Instrução CVM n. 480/2009 (posteriormente revogados pela Instrução CVM n. 588/2017). Essa medida teve por origem uma sugestão formulada pela SRE no âmbito da respectiva audiência pública. A SRE argumentou à época que as empresas de pequeno porte e as microempresas não estavam sujeitas a registro na CVM, e não era mesmo desejável que estivessem por conta de sua natureza especial. A sugestão foi considerada pertinente e refletida na Instrução (cf. CVM. Relatório de análise da audiência pública SDM n. 07/08).

553 Por exemplo: em resposta a questionamento formulado no âmbito da respectiva audiência pública sobre o tratamento conferido aos emissores de títulos ou contratos de investimento

Em paralelo, novas iniciativas foram adotadas para fomentar o acesso ao mercado de capitais por empresas de menor porte, como, por exemplo, a regulamentação dos Fundos de Ações – Mercado de Acesso por meio da Instrução CVM nº 409/2004 (posteriormente revogada pela Instrução CVM n. 555/2014[554]) e a alteração da Instrução CVM n. 391/2003 (posteriormente revogada pela Instrução CVM n. 578/2016) para estimular aplicações por Fundos de Investimento em Participações em empresas de pequeno e médio porte. Outra iniciativa com frequência apontada nesse escopo é a reforma da Instrução CVM n. 476/2009 pela Instrução CVM n. 551/2014, para incluir os valores mobiliários de capital no regime das ofertas públicas distribuídas com esforços restritos, analisadas adiante no Capítulo 3.

Também a Lei n. 13.043/2014 introduziu tratamento tributário específico para a alienação em bolsa de valores de ações de pequenas e médias empresas, além de regra especial sobre publicações (artigos 16 a 19)[555]. O diploma resultou da conversão em lei da Medida Provisória n. 651/2014, cuja Exposição

coletivo, a CVM argumentou que tais instrumentos são tipicamente emitidos por empresas de menor porte, e em relação a eles era desejável a aplicação de regime mais brando (isto é, o custo do regime imposto a emissores da categoria A poderia ser, para os emissores de menor porte, demasiadamente elevado). (cf. CVM. Relatório de análise da audiência pública SDM n. 07/08, p. 5)

554 Diz o §5º do artigo 115 da Instrução CVM n. 555/2014: "§ 5º Fundos de ações cuja política de investimento preveja que, no mínimo, 2/3 (dois terços) do seu patrimônio líquido seja investido em ações de companhias listadas em segmento de negociação de valores mobiliários, voltado ao mercado de acesso, instituído por bolsa de valores ou por entidade do mercado de balcão organizado, que assegure, por meio de vínculo contratual, práticas diferenciadas de governança corporativa: I – devem usar, em seu nome, a designação "Ações – Mercado de Acesso"; e II – quando constituídos sob a forma de condomínios fechados, podem investir até 1/3 (um terço) do seu patrimônio líquido em ações, debêntures, bônus de subscrição, ou outros títulos e valores mobiliários conversíveis ou permutáveis em ações de emissão de companhias fechadas."

555 Vale lembrar que o diploma contempla "*companhias que, cumulativamente: I - tenham as suas ações admitidas à negociação em segmento especial, instituído por bolsa de valores, que assegure, por meio de vínculo contratual entre a bolsa e o emissor, práticas diferenciadas de governança corporativa, contemplando, no mínimo, a obrigatoriedade de cumprimento das seguintes regras: (...); II - tenham valor de mercado inferior a R$ 700.000.000,00 (setecentos milhões de reais): (...); III - tenham receita bruta anual inferior a R$ 500.000.000,00 (quinhentos milhões de reais), apurada no balanço consolidado do exercício social: (...); e IV - em que se verifique distribuição primária correspondente a, no mínimo, 67% (sessenta e sete por cento) do volume total de ações de emissão pela companhia: (...).*" (cf. artigo 16 da Lei n. 13.043/2014)

de Motivos destacava o objetivo de "*incentivo à captação de recursos por empresas pequenas e médias*"[556].

Posteriormente, as microempresas e empresas de pequeno porte foram excluídas do rol de dispensas automáticas dos registros de emissor e de oferta pública de distribuição pela Instrução CVM n. 588/2017.

A Instrução CVM n. 588/2017, que será examinada no Capítulo 3, regulamentou as ofertas públicas de distribuição de valores mobiliários de emissão de sociedades empresárias de pequeno porte realizadas por meio de plataformas eletrônicas de investimento participativo – prática conhecida como *crowdfunding* de investimento. Na visão da CVM, um mercado bem regulado de *crowdfunding* de investimento é estratégico para a ampliação e a melhoria da qualidade dos instrumentos de financiamento para empresas em fase inicial e com dificuldades de acesso ao crédito e à capitalização[557]. A CVM então estabeleceu para essa hipótese dispensa automática dos registros de emissor e de oferta pública de distribuição[558], e, em contrapartida, passou a regular e fiscalizar tais plataformas de investimento.

[556] Cf. Exposição de Motivos nº 93/MF/MDIC/MP, de 24 de junho de 2014: "*Outra medida ainda aplicável ao mercado de capitais, refere-se ao incentivo à captação de recursos por empresas pequenas e médias, chamadas PME. De modo a incentivar a capitalização dessas empresas, produzindo efeitos positivos sobre a atividade econômica e o nível de emprego, a presente minuta de Medida Provisória também propõe alterações em dispositivos da legislação tributária de forma a isentar de imposto sobre a renda o ganho de capital na alienação de ações emitidas dentro do programa de incentivo à captação de recursos por essas empresas, inclusive em fundos de investimentos constituídos com essas ações. (...) A proposta cria condições mais atrativas para aquisição de ações pelos investidores, viabilizando a captação de recursos em bolsa de valores e consequentemente novos investimentos por tais empresas. Ressalta-se, ainda, que referida proposta não só amplia a base de investidores, como também proporciona forte estímulo à capitalização daquelas companhias, produzindo efeitos positivos sobre a atividade econômica, o nível de emprego e a arrecadação de outros tributos.*"

[557] Cf. CVM. Notícias. "*CVM regulamenta Crowdfunding de Investimento*". 13 de julho de 2017. Disponível em: http://www.cvm.gov.br/noticias/arquivos/2017/20170713-2.html. Acesso em: 25 ago. 2019.

[558] Dessa forma, a Instrução CVM n. 588/2017 inseriu no rol de dispensas automáticas de registro de emissor de valores mobiliários da Instrução CVM n. 480/2009 as sociedades empresárias de pequeno porte que sejam emissoras exclusivamente de valores mobiliários distribuídos com dispensa de registro de oferta pública por meio de plataforma eletrônica de investimento participativo (cf. artigo 7º, inciso VIII, da Instrução CVM n. 480/2009 e atual artigo 8º, inciso V, da Resolução CVM n. 80/2022).

Ao justificar a adoção do regime da Instrução CVM n. 588/2017, comentou a CVM que o regime anterior de dispensas automáticas de registro para as microempresas e empresas de pequeno porte fora pouco utilizado[559]. Note-se que a Instrução CVM n. 400/2003 e a Instrução CVM n. 480/2009, ao referirem-se às microempresas e empresas de pequeno porte, se valiam da definição legal da Lei Complementar n. 123/2006, limitada por patamares de receita bruta anual, e que expressamente exclui as empresas constituídas sob a forma de sociedades por ações[560]. De acordo com a CVM, cerca de uma década se passou

[559] Cf. CVM. Edital de audiência pública SDM n. 06/2016, p. 4.

[560] Com efeito, esse regime sofreu crítica, no sentido de que as isenções de registro eram "*flagrantemente limitadas*", especialmente porque "*a definição legal de microempresa e empresa de pequeno porte é extremamente restrita. (...) Dessa forma, as isenções acima mencionadas ficam limitadas a um universo de empresas que flagrantemente não compõem o grupo daquelas que teriam interesse em beneficiar-se do acesso a mercado de valores mobiliários.*" (cf. PITTA, André Grunspun. *O regime de informação das companhias abertas.* São Paulo: Quartier Latin, 2013. p. 371) Diz o artigo 3º da Lei Complementar n. 123/2006: "*Art. 3º Para os efeitos desta Lei Complementar, consideram-se microempresas ou empresas de pequeno porte, a sociedade empresária, a sociedade simples, a empresa individual de responsabilidade limitada e o empresário a que se refere o art. 966 da Lei no 10.406, de 10 de janeiro de 2002 (Código Civil), devidamente registrados no Registro de Empresas Mercantis ou no Registro Civil de Pessoas Jurídicas, conforme o caso, desde que: I - no caso da microempresa, aufira, em cada ano-calendário, receita bruta igual ou inferior a R$ 360.000,00 (trezentos e sessenta mil reais); e II - no caso de empresa de pequeno porte, aufira, em cada ano-calendário, receita bruta superior a R$ 360.000,00 (trezentos e sessenta mil reais) e igual ou inferior a R$ 4.800.000,00 (quatro milhões e oitocentos mil reais). (...) § 4º Não poderá se beneficiar do tratamento jurídico diferenciado previsto nesta Lei Complementar, incluído o regime de que trata o art. 12 desta Lei Complementar, para nenhum efeito legal, a pessoa jurídica: I - de cujo capital participe outra pessoa jurídica; II - que seja filial, sucursal, agência ou representação, no País, de pessoa jurídica com sede no exterior; III - de cujo capital participe pessoa física que seja inscrita como empresário ou seja sócia de outra empresa que receba tratamento jurídico diferenciado nos termos desta Lei Complementar, desde que a receita bruta global ultrapasse o limite de que trata o inciso II do caput deste artigo; IV - cujo titular ou sócio participe com mais de 10% (dez por cento) do capital de outra empresa não beneficiada por esta Lei Complementar, desde que a receita bruta global ultrapasse o limite de que trata o inciso II do caput deste artigo; V - cujo sócio ou titular seja administrador ou equiparado de outra pessoa jurídica com fins lucrativos, desde que a receita bruta global ultrapasse o limite de que trata o inciso II do caput deste artigo; VI - constituída sob a forma de cooperativas, salvo as de consumo; VII - que participe do capital de outra pessoa jurídica; VIII - que exerça atividade de banco comercial, de investimentos e de desenvolvimento, de caixa econômica, de sociedade de crédito, financiamento e investimento ou de crédito imobiliário, de corretora ou de distribuidora de títulos, valores mobiliários e câmbio, de empresa de arrendamento mercantil, de seguros privados e de capitalização ou de previdência complementar; IX - resultante ou remanescente de cisão ou qualquer outra forma de desmembramento de pessoa jurídica que tenha ocorrido em um dos 5 (cinco) anos-calendário anteriores; X - constituída sob a forma de sociedade por ações. XI - cujos titulares ou sócios guardem, cumulativamente, com o contratante do serviço, relação de pessoalidade, subordinação e habitualidade. (...)*"

até que tal regime passasse a ser utilizado com maior frequência por grupos de empreendedores que estabeleceram as primeiras plataformas com vistas a viabilizar o *crowdfunding* de investimento no Brasil, ofertando participação (ou títulos eventualmente conversíveis em participação) em empresas inovadoras em fase inicial de atividade (*startups*) por meio da internet[561]. Já o regime da Instrução CVM n. 588/2017 tem tido considerável sucesso. De acordo com a CVM, o *crowdfunding* de investimento permitiu a captação de mais de R$ 46 milhões em 2018, o que representou um crescimento de mais de 451% em relação aos cerca de R$ 8 milhões registrados em 2016[562]. Em 2019 e 2020, houve aumento de 28%[563] e 43%[564] do volume captado por meio de ofertas de *crowdfunding* desse tipo em relação ao ano anterior, respectivamente.

Atualmente, portanto, beneficiam-se de dispensa de registro as sociedades empresárias de pequeno porte, assim entendidas aquelas constituídas no Brasil e registradas no registro público competente, com receita bruta anual de até R$ 10 milhões apurada no exercício social encerrado no ano anterior à oferta, e que *não* sejam registradas como emissoras de valores mobiliários na CVM (artigo 2º, inciso III, da Instrução CVM n. 588/2017). Ao se desvincular da definição legal de microempresa e empresa de pequeno porte, passou

561 Cf. CVM. Edital de audiência pública SDM n. 06/2016, p. 4.

562 Cf. CVM. *Número de investidores em crowdfunding cresce após regulamentação.* 29 de abril de 2019. Disponível em: http://www.cvm.gov.br/noticias/arquivos/2019/20190429-1.html. Acesso em: 25 ago. 2019. Diz ainda a notícia: "*Neste período, o número de investidores na modalidade registrou uma alta de, aproximadamente, 716%: de 1.099 para 8.966, enquanto as ofertas fechadas com sucesso evoluíram de 24 para 46. Já o valor médio de captação por oferta passou de R$ 347.621,82 para R$ 1.000.137,83, no mesmo intervalo de tempo.*"

563 Cf. CVM. *Crowdfunding de Investimento movimentou mais de R$ 59 milhões em 2019.* 26 de março de 2020. Disponível em: http://www.cvm.gov.br/noticias/arquivos/2020/20200326-1.html. Acesso em: 22 abr. 2020. Diz ainda a notícia: "*Os dados da evolução deste mercado também revelam que o número de plataformas chegou a 26 em 2019, um aumento de 86% em relação às 14 do ano anterior. O valor médio de captação por oferta foi de R$ 984.061,48. No total, foram 6.720 investidores em 2019, com investimento médio de R$ 8.786,26.*"

564 Cf. CVM. *Crowdfunding de Investimento movimentou mais de R$ 84 milhões em 2020.* 5 de abril de 2021. Disponível em: https://www.gov.br/cvm/pt-br/assuntos/noticias/crowdfunding-de--investimento-movimentou-mais-de-r-84-milhoes-em-2020. Acesso em: 15 dez. 2021. Diz a notícia: "*Os dados da CVM também revelam uma evolução de 23% no número de investidores, de 6.720 para 8.275, de 2019 para 2020. No ano de início da pandemia no país, o número de ofertas lançadas cresceu de 81 para 106, e de ofertas fechadas com sucesso, de 60 para 74. (...) Os dados da evolução deste mercado também revelam que o número de plataformas chegou a 32 em 2020. O valor médio de captação por oferta também bateu recorde, chegando a R$ 1.140.558,10.*"

a CVM a permitir que sociedades anônimas de menor porte se valham dessa dispensa, tendo sido esse um dos fatores a motivar a reforma da regulamentação[565]. Além disso, o limite de receita bruta anual imposto pela Instrução CVM n. 588/2017 é consideravelmente superior àqueles do regime anterior, e pode ser revisto com maior facilidade para adequação à realidade desse mercado. Por fim, a limitação também imposta pela Instrução CVM n. 588/2017 quanto ao volume alvo de captação, de no máximo R$ 5 milhões, é também superior àquela anteriormente aplicável sob a Instrução CVM n. 400/2003[566]. Ou seja, apesar de o novo regime limitar-se a investimentos realizados por meio das referidas plataformas, passou a beneficiar um universo mais abrangente de empresas e parece estar tendo êxito na promoção de alternativa de financiamento às empresas em fase inicial de crescimento. Tanto assim que a CVM já formulou proposta de altera*ção d*a norma para ampliar esses limites e assim permitir que um universo maior de empresas possa se beneficiar desse instrumento de captação[567].

2.3.2 Futura categoria C?

Em 2013, no âmbito de audiência pública que discutiu proposta de reforma à Instrução CVM n. 480/2009 e deu origem à Instrução CVM n. 552/2014, foram formuladas diversas sugestões voltadas a fomentar a listagem e oferta pública de ações de pequenas e médias empresas, incluindo a criação de nova

565 *"Porém, para se valer das dispensas regulamentadas, emissores e plataformas tiveram que levar em conta que a Lei Complementar nº 123, de 2006, que dispõe sobre os requisitos para que uma empresa seja considerada de micro ou pequeno porte, expressamente exclui aquelas constituídas sob a forma de sociedade por ações, (art. 3º, § 4º, X). Em consequência, a captação pública de valores mobiliários por meio de* investment-based crowdfunding, *utilizando-se das dispensas concedidas pela CVM, só vem sendo utilizada atualmente por sociedade limitada, que não é a forma societária mais adequada para receber um grande número de sócios."* (cf. CVM. Edital de audiência pública SDM n. 06/2016, p. 4-5)

566 Cf. CVM. Edital de audiência pública SDM n. 06/2016, p. 5.

567 Cf. CVM. Edital de audiência pública SDM n. 02/2020, p. 1-2. Para mais detalhes sobre a reforma proposta, ver Capítulo 3 da Parte II.

categoria de registro de emissor[568] e novo regime para ofertas públicas de distribuição voltadas ao mercado de acesso[569].

568 Nesse ponto, vale lembrar que a Lei n. 11.638/2007 adotara o porte como um dos critérios de especificação de regras da Lei n. 6.385/1976 "*por categorias de companhias abertas e demais emissores de valores mobiliários*" (artigo 4º).

569 Essa sugestão partiu do grupo de trabalho que liderou o *Programa de Aceleração do Crescimento para Pequenas e Médias Empresa* (Grupo PAC-PME), formado por instituições diversas: "*O Grupo PAC-PME sugere que a CVM desenvolva nova Instrução de oferta para mercado de acesso de forma a: (i) permitir oferta sem registro e* compliance *regulatório pós-IPO menos complexo e custoso; (ii) restringir ofertas a investidores qualificados (nos termos do inciso IV do art. 109 da Instrução CVM nº 409, de 2004); e (iii) permitir que fundos-PME possam listar suas cotas em Bolsa. Essa nova Instrução deveria contemplar algumas características: (i) registro da companhia aberta na CVM como emissor categoria A ou categoria C, nova categoria proposta pelo participante; (ii) registro automático ou simplificado para a oferta de ações; (iii) dispensa do direito de preferência; (iv) previsão de um período curto de prioridade como forma de assegurar a participação dos acionistas existentes em um ambiente de menor liquidez; (v) ações negociadas em segmento de acesso da Bolsa de Valores; (vi) negociação somente por investidores qualificados; (vii) desconsideração de qualquer prazo de* lock-up; *(viii) inaplicabilidade das obrigações previstas no art. 17 da Instrução CVM nº 476, de 2009; e (viii) listar as cotas dos fundos PME em Bolsa e que possam investir em FIPs.*" (cf. CVM. Relatório de análise da audiência pública SDM n. 03/2013, p. 84-86) De acordo com o relatório, o Grupo PAC-PME considerava como "PMEs" as pessoas jurídicas de direito privado não enquadradas como sociedade de grande porte sob a definição do artigo 3º, parágrafo único, da Lei n. 11.638/2007. Essas eram algumas das sugestões formuladas quanto aos emissores da nova categoria proposta: "*Além disso, sugere a adoção do formulário de referência aplicável aos emissores categoria B também para os emissores categoria C, que é muito semelhante ao Admission Document do AIM Market.*"; "*Na mesma linha, sugere que as demonstrações financeiras dos emissores de categoria C, cuja criação foi proposta, deveriam ser anualmente auditadas e semestralmente deveria haver revisão especial/limitada. A redução de custo para os emissores se daria pelo menor trabalho de mobilização interna para prover documentações. Para essa categoria, sugerem também a eliminação dos formulários DFP e ITR, com uniformização da apresentação das DFs (sem prejuízo da futura disponibilização das tabelas em formato XBRL). Essas companhias entregariam as DFs semestralmente em formato PDF, tendo a obrigação de emitir relatórios trimestrais gerenciais (*earnings release*) com a análise de desempenho no trimestre e realizar teleconferência para discussão de resultados. Também sugere a eliminação do requisito de apresentação de DFs referentes aos últimos três anos para o prospecto da oferta de ações (apenas 2 anos).*"; "*Também sugere que se considere: (i) a possibilidade de procedimento simplificado de análise de pedido de registro de emissor, em linha com a Instrução CVM nº 471, de 2008; ou (ii) inclusão nas dispensas de registro de emissor do art. 7º da Instrução CVM nº 480, de 2009, desde que aprovados por entidade autorreguladora, devendo nesse segundo caso revisitar regulamentação aplicável a fundos de pensão, investidores estrangeiros e fundos de investimento.*" (cf. CVM. Relatório de análise da audiência pública SDM n. 03/2013, p. 84-86) Em setembro de 2013, noticiava-se a apresentação à CVM de proposta de criação de uma terceira categoria de registro, sob o argumento de que as diferenças em termos de demandas regulatórias aplicáveis às categorias A e B "*não foram consideradas significativas para as empresas de pequeno e médio porte, principalmente com relação aos custos envolvidos*" (cf. PINHEIRO,

Entendeu a SDM à época que o tema extrapolava o escopo da audiência pública, motivo pelo qual deixou de apreciar essas sugestões. Além de ressaltar outras iniciativas adotadas pela CVM no sentido de fomentar o mercado de acesso – inclusive a proposta de inclusão de valores mobiliários de capital no regime das ofertas públicas distribuídas com esforços estritos da Instrução CVM 476/2009, que acabou sendo acolhida –, a SDM justificou sua decisão com base no fato de que o Colegiado da CVM recentemente decidira adiar a apreciação de quaisquer tais medidas.

A decisão do Colegiado em questão, de março de 2014, foi tomada no âmbito do processo CVM n. RJ2013/11795, em que foram apreciadas as conclusões e propostas de grupo de trabalho, incluindo a criação de uma categoria "C". O Colegiado decidiu pelo arquivamento do processo, tendo preferido aguardar o resultado das iniciativas que vinham sendo adotadas para facilitar a criação de um mercado de acesso para pequenas e médias empresas, antes de voltar a examinar propostas para a criação de nova categoria de registro de emissor com dispensas regulatórias.

Não obstante, o assunto não deixou de ocupar a agenda regulatória da autarquia. Notadamente, em fevereiro de 2019, a CVM divulgou lista de prioridades de sua agenda regulatória, nela incluindo a revisão do regime informacional das companhias e a avaliação da criação de uma nova categoria de companhias (a princípio denominada "C")[570]. Comentou-se que a iniciativa

Vinicius. Grupo propõe acesso empresa média a debênture. In: *Valor Econômico*. 16 de setembro de 2013. Disponível em: https://www.valor.com.br/financas/3270468/grupo-propoe-acesso-de-empresa-media-debenture. Acesso em: 25 ago. 2019)

[570] Diz a nota que durante o ano de 2019 a CVM pretendia realizar estudo normativo com o objetivo de tornar mais simples e objetivo o formulário de referência, bem como que essa iniciativa surgiu a partir de contribuições do "Projeto Estratégico Custo de Observância". E ainda, que seria também "*avaliada a criação de nova categoria de companhias, a princípio denominada "C" (hoje existem a "A" e "B"), para abarcar companhias de menor porte, com regulamentação diferenciada, de forma a estimular e promover a entrada de mais empresas no mercado*". (cf. CVM. Disponível em: http://www.cvm.gov.br/noticias/arquivos/2019/20190204-1.html. Acesso em: 21 mar. 2019). A CVM confirmou sua intenção de colocar em audiência pública o tema da revisão do regime informacional de companhias e criação da categoria C por meio de seu relatório anual referente ao ano de 2018. (cf. CVM. *Relatório anual 2018*. Disponível em: http://www.cvm.gov.br/export/sites/cvm/publicacao/relatorio_anual/ Acesso em: 25 ago. 2018) Ver também CVM. *Regime Informacional e Ofertas Públicas estão na Agenda Regulatória CVM 2020*. Disponível em: http://www.cvm.gov.br/noticias/index.html. Acesso em 08 jan. 2020.

fora motivada pela percepção de que a categoria B não teria sido suficiente para a atração de empresas de menor porte ao mercado[571]. Contudo, as audiências públicas iniciadas pela CVM em 2020 e 2021 sobre o regime informacional das companhias não contemplaram a criação de nova categoria de registro.

Todavia, dada a restrição de alcance da autorização para regulamentação das categorias de registro de companhia aberta do §3° do artigo 4° da Lei n. 6.404/1976 e do artigo 4° da Lei n. 11.638/2007, esbarrar-se-ia, pois, no mesmo problema de que tratamos no item 2.2 acima, no tocante à especificação das normas sobre companhias abertas aplicáveis a cada categoria em função dos valores mobiliários de sua emissão admitidos à negociação.

Posteriormente, pretensas soluções para esse problema foram apresentadas por meio da Medida Provisória n. 881/2019, e, subsequentemente, da Lei Complementar n. 182/2021 e da Lei n. 15.195/2021, examinadas a seguir.

2.3.3 Iniciativa frustrada (Medida Provisória n. 881/2019)

A Medida Provisória n. 881/2019 – que ficou conhecida como "MP da Liberdade Econômica" – teve por objetivo precípuo a promoção de liberdade econômica, elevada a fator essencial e urgente para o êxito das políticas públicas para diferentes setores da nova administração, e para o empreendedorismo e o desenvolvimento econômico[572]. Foram contempladas naquele ato medidas diversas voltadas ao aprimoramento do ambiente de negócios brasileiro, com especial preocupação com o pequeno empreendedor.

Para os fins do presente trabalho, merece destaque a alteração promovida pela Medida Provisória n. 881/2019 à Lei n. 6.404/1976, para inclusão do artigo 294-A, com a seguinte redação:

> *"Art. 8º A Lei nº 6.404, de 15 de dezembro de 1976, passa a vigorar com as seguintes alterações: (...)*

[571] Cf. Época Negócios. "*Criptomoedas são desafio para o Brasil e o mundo, diz Flávia Perlingeiro*". 26 de fevereiro de 2019. Disponível em: https://epocanegocios.globo.com/Economia/noticia/2019/02/criptomoedas-sao-desafio-para-o-brasil-e-o-mundo-diz-flavia-perlingeiro.html. Acesso em: 25 ago. 2019.

[572] Cf. Exposição de Motivos nº 00083/2019 ME AGU MJSP, de 11 de abril de 2019.

> *"Art. 294-A. A Comissão de Valores Mobiliários, por meio de regulamento, poderá dispensar exigências previstas nesta Lei, para companhias que definir como de pequeno e médio porte, de forma a facilitar o acesso ao mercado de capitais. (NR)""*

Confirma a respectiva Exposição de Motivos que essa alteração teve por objetivo ampliar o acesso de empresas de pequeno e médio porte ao mercado de capitais, o que dependeria da flexibilização ("*na medida correta*") para essas empresas do regime da Lei n. 6.404/1976[573].

Foi instalada, em seguida, comissão mista no Congresso Nacional para apreciar a Medida Provisória n. 881/2019. Em 11 de julho de 2019, essa comissão

[573] Diz a Exposição de Motivos: "*20. Outra alteração proposta na Lei das S.A. busca ampliar o acesso de empresas de pequeno e médio porte ao mercado de capitais. As sociedades limitadas não possuem o capital social dividido em ações, mas em quotas, cuja titularidade se encontra disposta em um contrato social e que demanda, para cada alteração de titularidade, uma alteração devidamente assinada por todos os sócios-cotistas e registrada na respectiva Junta Comercial. Mesmo que a possibilidade de emissão de debêntures fosse estendida às sociedades limitadas, faltariam diversas características necessárias ao bom funcionamento desse instrumento de dívida, como, por exemplo, um regime informacional adequado ao acompanhamento dos investimentos pelos debenturistas. 21. Assim, a chave de uma efetiva transformação no mercado de capitais está relacionada à migração dessas empresas para o regime das sociedades anônimas com o fim de se estruturarem adequadamente à captação de recursos e à entrada de investidores, o que passa, necessariamente, pela flexibilização, na medida correta, do regime da Lei das S.A. a empresas de pequeno e médio porte. 22. Por tudo isso, entende-se que a referida alteração legal permitiria a constituição de uma importante ferramenta de promoção e ampliação do mercado de capitais, notadamente no âmbito das PMEs (Pequenas e Médias Empresas), o que indubitavelmente virá, ao fim e ao cabo, melhorar o ambiente de negócios e investimentos no País, auxiliando no crescimento da economia.*" (cf. Exposição de Motivos nº 00083/2019 ME AGU MJSP, de 11 de abril de 2019) Na sequência à edição da Medida Provisória n. 881/2019, partiram comentários do Ministério da Economia acusando um "*excesso de carga regulatória*", que supostamente estaria restringindo o acesso dessas empresas ao mercado de capitais: "*Dentre as 17 principais iniciativas que integram a MP da Liberdade Econômica, a "Liberdade de crescer" assegura que a Comissão de Valores Mobiliários (CVM) poderá retirar requerimentos para simplificar de imediato a carga burocrática para pequenas e médias empresas. Hoje, essas empresas precisam cumprir os mesmos requisitos de grandes empresas, dificultando a entrada no mercado financeiro, por excesso de carga regulatória. (...) A medida permitirá a criação de um novo mercado, oferecendo maior poder de barganha para essas empresas e elevando a competição. (...) Ele estima que exista um mercado potencial de 2.500 empresas de porte médio que poderão ser beneficiadas com a alteração. A ideia é possibilitar à CVM dar o peso regulatório proporcional ao tamanho da empresa*" (cf. Ministério da Economia. *Governo lança mudanças para pequenas e médias empresas abrirem o capital.* 30 de abril de 2019. Disponível em: http://www.economia.gov.br/noticias/2019/04/governo-lanca-mudancas-para-pequenas-e-medias-empresas-abrirem-o-capital. Acesso em: 27 jul. 2019)

aprovou parecer sobre o tema, concluindo pela aprovação da referida Medida Provisória com alterações decorrentes do acolhimento de diversas emendas, incorporadas ao Projeto de Lei de Conversão n. 17/2019.

Nesse contexto, foram oferecidas duas emendas ao dispositivo em questão, e acolhida apenas uma delas, para restringir a competência outorgada nesse ponto à CVM pela Medida Provisória n. 881/2019. Com isso, o artigo 294-A passaria a adotar a seguinte redação[574]:

> *"Art. 294-A. A Comissão de Valores Mobiliários, por meio de regulamentação, poderá dispensar exigências previstas nesta Lei, para companhias que definir como de pequeno e médio porte, de forma a facilitar o acesso ao mercado de capitais, ressalvado o que dispõe o art. 289 desta Lei, o art. 1º da Lei n. 13.818, de 24 de abril de 2019, e o disposto no art. 19 da Lei n. 13.043, de 13 de novembro de 2014."*

A emenda acolhida fora oferecida pela Deputada Celina Leão, que considerara "*inconveniente*" a amplitude da competência regulamentar atribuída pelo dispositivo à CVM[575]. No entanto, a ressalva proposta, e acolhida, limitou-se à preservação de medidas legislativas anteriores, sob o argumento de terem sido aprovadas com os mesmos objetivos de simplificação e desburocratização. Mais especificamente, a ressalva se referia a dois atos que atualizaram o marco regulatório no tocante às publicações ordenadas pela Lei n. 6.404/1976: (*i*) a Lei n. 13.043/2014, antes mencionada, que instituiu regime simplificado

[574] Cf. artigo 33 do Projeto de Lei de Conversão n. 17/2019..

[575] Cf. Emenda modificativa n. 55, oferecida pela Deputada Celina Leão: "*Ainda que a redação alvitrada para o art. 294-A tenha por objetivo facilitar a simplificação e modernização das exigências legais, que cercam a criação ou a gestão e as relações de mercado das sociedades anônimas, de modo geral ou tendo em vista o porte dessas empresas, há que considerar a preexistência de legislações recentes que também visaram tais objetivos e já tornaram realidade a desburocratização e atualização do marco regulatório que lhes é aplicável. Tais as alterações no tocante às publicações ordenadas pela Lei das S/A, aprovadas tanto pela Lei n. 13.043, de 2014, que instituiu regime simplificado de publicações para as sociedades anônimas que atendessem aos requisitos do art. 16 da mesma Lei, quanto pela Lei n. 13.818/19, que ampliou regime análogo para as companhias em geral. Trata-se, assim, de conquistas que devem ser preservadas, porquanto mereceram ampla acolhida de ambas as Casas congressuais. (...) Entretanto, além da inconveniente amplitude da competência regulamentar atribuída à CVM, há que ressalvar alterações recentes já introduzidas no marco legal societário, justamente na linha da desejada simplificação ou desburocratização e modernização, para o cumprimento de diferentes obrigações legais. (...)*"

de publicações para as companhias que atendam aos requisitos de seu artigo 16, e *(ii)* a Lei n. 13.818/2019, que alterou o artigo 289 da lei societária para ampliar a simplificação do regime de publicações para as companhias em geral a partir de 2022. Ou seja, a ressalva não atacou ou produziu alteração estrutural no tocante à amplitude da competência conferida nesse ponto à CVM.

Com efeito, o escopo do mandato confiado à CVM por meio do artigo 294-A era extremamente amplo não apenas porque o dispositivo não traçava qualquer limitação quanto às exigências que poderiam ser dispensadas, mas também porque não incorporava definição pré-estabelecida (como a de microempresa ou empresa de pequeno porte), deixando a CVM livre para adotar definição própria de "companhias de pequeno e médio porte".

A segunda emenda proposta, e posteriormente rejeitada, no âmbito da referida comissão mista, também teve por foco preocupação com a amplitude dos poderes conferidos à CVM. Porém, como solução, propunha a supressão do artigo 294-A[576]:

> *"A Medida Provisória n. 881/2019, apesar estabelecer um debate relevante, deve ser vista com ponderação no que diz respeito às alterações propostas aos textos legais já vigentes, analisando-se individualmente o mérito dos possíveis impactos de cada uma de suas mudanças. Os poderes delegados à CVM devem ser específicos. A delegação de poder amplo e irrestrito possibilita que a CVM tenha poder para derrogar toda a legislação referente às sociedades anônimas, caracterizando a diminuição da capacidade legislativa do Congresso Nacional."*

Em agosto de 2019, a Medida Provisória n. 881/2019 foi submetida a discussão em plenário na Câmara dos Deputados e foram votados diversos destaques. Como resultado, o seu conteúdo foi significativamente reduzido em relação ao Projeto de Lei de Conversão n. 17/2019. Notadamente, foi excluído desse projeto o dispositivo que incluía (ou melhor, mantinha) o artigo 294-A na Lei n. 6.404/1976. Por fim, o Projeto de Lei de Conversão n. 21/2019 foi discutido e aprovado no âmbito do Senado Federal e recebeu sanção presidencial em setembro de 2019, passando a vigorar como Lei n. 13.874/2019.

576 Cf. Emenda modificativa n. 118, oferecida pelo Deputado Eduardo Cury.

Paralelamente, esgotou-se o prazo de vigência da Medida Provisória n. 881/2019[577]. Portanto, deixaram de produzir efeitos as alterações por ela promovidas, inclusive quanto ao artigo 294-A da Lei n. 6.404/1976.

2.3.4 Nova disciplina das companhias de menor porte (Lei Complementar n. 182/2021 e Lei n. 14.195/2021)

A Lei Complementar n. 182/2021 – que ficou conhecida como "Marco Legal das *Startups*" – ressuscitou, com alterações, a proposta objeto da iniciativa frustrada que acabamos de narrar.

Esse novo diploma teve por foco principalmente o fomento ao "*empreendedorismo inovador*"(artigo 3º). Não obstante, abrangeu também mudanças ao diploma societário não necessariamente relacionadas à realidade das chamadas *startups*. Em especial, a Lei Complementar n. 182/2021 inseriu na Lei das S.A. novos dispositivos com a seguinte redação:

> *"Art. 294-A. A Comissão de Valores Mobiliários regulamentará as condições facilitadas para o acesso de companhias de menor porte ao mercado de capitais, e será permitido dispensar ou modular a observância ao disposto:*
> *I – no art. 161 desta Lei, quanto à obrigatoriedade de instalação do conselho fiscal a pedido de acionistas;*
> *II – no § 5º do art. 170 desta Lei, quanto à obrigatoriedade de intermediação de instituição financeira em distribuições públicas de valores mobiliários, sem prejuízo da competência prevista no inciso III do § 3º do art. 2º da Lei nº 6.385, de 7 de dezembro de 1976;*
> *III – no inciso I do caput do art. 109, nos §§ 1º e 2º do art. 111 e no art. 202 desta Lei, quanto ao recebimento de dividendo obrigatório;*
> *IV – no art. 289 desta Lei, quanto à forma de realização das publicações ordenadas por esta Lei; e*
> *V – (VETADO).*

[577] O prazo de vigência dessa Medida Provisória fora prorrogado por sessenta dias, por ato do Presidente da Mesa do Congresso Nacional nº 40/2019, publicado no Diário Oficial da União em 25 de junho de 2019.

> *Art. 294-B. Para fins do disposto nesta Lei, considera-se companhia de menor porte aquela que aufira receita bruta anual inferior a R$ 500.000.000,00 (quinhentos milhões de reais).*
> *§ 1º A regulamentação editada não prejudica o estabelecimento de procedimentos simplificados aplicáveis às companhias de menor porte, pela Comissão de Valores Mobiliários, com base nas competências previstas na Lei nº 6.385, de 7 de dezembro de 1976, especialmente quanto:*
> *I – à obtenção de registro de emissor;*
> *II – às distribuições públicas de valores mobiliários de sua emissão; e*
> *III – à elaboração e à prestação de informações periódicas e eventuais.*
> *§ 2º A Comissão de Valores Mobiliários poderá:*
> *I – estabelecer a forma de atualização do valor previsto no caput deste artigo e os critérios adicionais para a manutenção da condição de companhia de menor porte após seu acesso ao mercado de capitais; e*
> *II – disciplinar o tratamento a ser empregado às companhias abertas que se caracterizem como de menor porte nos termos do caput deste artigo."*

Com isso, a Lei n. 6.404/1976 passou a dedicar disciplina específica às chamadas *companhias de menor porte*, que, contudo, não se limita à matéria societária[578]. Pelo contrário, o teor do dispositivo se entrelaça com a disciplina

[578] Em paralelo, a Lei Complementar n. 182/2021 promoveu outras simplificações do regime societário, aplicáveis a todas as companhias (artigo 143) ou às companhias fechadas com receita bruta anual de até R$ 78 milhões (artigo 294). As companhias assim enquadradas têm sido referidas por vezes como "*sociedades anônimas simplificadas*" – terminologia essa não empregada na norma. Isso se deve, em parte, à origem de alguns dos dispositivos, atribuída ao Projeto de Lei n. 4.303/2012, que pretendia alterar a Lei n. 6.404/1976 para "*criar e disciplinar a sociedade anônima simplificada (SAS)*". Contudo, o teor do antigo projeto era sensivelmente diferente, e mais extenso. O regime especial da sociedade anônima simplificada fora concebido como "*uma disciplina especial e eletiva*", com o objetivo de "*prover, às pequenas e às médias empresas, organização jurídica por meio de forma societária de disciplina consolidada, que se sujeita, no âmbito do seu regramento especial, a um manejo simples e barato, sem prejuízo da certeza e da segurança jurídica*". (cf. WARDE JR., Walfrido Jorge. CASTRO, Rodrigo Rocha Monteiro de. *Regime Especial da Sociedade Anônima Simplificada*. São Paulo: Saraiva, 2013. p. 19) Além disso, têm sido referidas como um novo tipo societário, o que nos parece de todo equivocado. Sobre o tema, ver também GODKE, Marcelo. "A sociedade anônima simplificada e o Marco Legal das Startups". In: *Revista do Advogado*, n. 152, dez/2021. p. 102-107.

do mercado de valores mobiliários da Lei n. 6.385/1976, turvando ainda mais a segregação de matérias entre os dois diplomas.

A nosso ver, pecou o legislador ao reunir a disciplina das *startups* e das companhias de menor porte sob o mesmo diploma, pois, para além da questionável pertinência temática, isso prejudicou a visibilidade e mais ampla discussão da matéria (isto é, da disciplina das companhias de menor porte) durante o respectivo processo legislativo. O resultado são dispositivos que suscitam uma série de dúvidas, altamente dependentes de futura regulamentação. Ainda assim, arriscamo-nos a traçar os seguintes comentários preliminares sobre o tema.

Em primeiro lugar, ao incorrer em repetição – à primeira vista, desnecessária – de competências da CVM sob a Lei n. 6.385/1976, parece o legislador sinalizar pretensão de que essas flexibilizações do regime societário, previstas no novo artigo 294-A para criar "*condições facilitadas para o acesso de companhias de menor porte ao mercado de capitais*", sejam coordenadas com potencial revisão das demais regras que regem a matéria, em sede regulamentar. Nesse sentido, por meio do artigo 294-B, parece querer balizar futuro esforço de regulamentação de "*procedimentos simplificados*" para o acesso de companhias de menor porte ao mercado, ao ressalvar a competência da autarquia para disciplinar os registros de emissor e de oferta pública de distribuição de valores mobiliários, assim como o regime de informações periódicas e eventuais.

Em segundo lugar, observa-se que, para delimitar o universo de destinatários do novo regime, adotou-se definição legal de *companhia de menor porte* (artigo 294-B, *caput*)[579]. Nesse ponto, a Lei Complementar n. 182/2021 foi mais detalhada do que a Medida Provisória n. 881/2019, que delegava essa definição à CVM, ainda que a ela reserve a faculdade de estabelecer a forma de atualização e critérios adicionais para a manutenção da condição de companhia de menor porte após o acesso ao mercado de capitais (artigo 294-B, §2º, inciso I).

A definição legal de *companhia de menor porte* foi centrada em critério único, de receita bruta anual. Ou seja, não foram reproduzidos outros critérios que a lei societária emprega (ou empregou) em outros momentos ao tratar

[579] Trata-se de conceito que não se confunde com aquele de *startup* consagrado pelo mesmo diploma, sendo que esse último sequer exige a forma de sociedade anônima e fica sujeito a limite distinto de receita bruta anual, de até R$ 16 milhões (artigo 4º).

de diferenças de porte, como valor do capital social, número de acionistas ou valor de patrimônio líquido. Mais ainda, o valor de receita bruta anual foi fixado em patamar consideravelmente elevado (R$ 500 milhões), com potencial para impactar grande número de companhias[580].

Em terceiro lugar, o novo regime está associado à criação de "*condições facilitadas para o acesso de companhias de menor porte ao mercado de capitais*" (artigo 294-A, *caput*), do que se extrai, por conseguinte, que estará disponível às companhias que o fizerem, e, nessa qualidade, passarem a estar submetidas à jurisdição da CVM. Contudo, a definição legal de companhia de menor porte não inclui referência ou vinculação expressa ao registro como companhia aberta[581].

Por último, fica a CVM autorizada a "*dispensar ou modular*" os elementos específicos do regime societário que o artigo 294-A elenca. Repetiu-se a abordagem de ampla delegação à CVM, porém, desta vez, com a enunciação mais detalhada das regras que poderão ser aliviadas[582]. Ao fazê-lo, o dispositivo

580 De acordo com levantamento divulgado na imprensa, em 2018, a norma atingiria 140 das 384 (36%) companhias listadas na B3. (cf. DI CUNTO, Raphael. RIBEIRO, Marcelo. Governo pode acabar com exigência de conselho para empresa listada em bolsa. In: Valor Econômico, 8 dez. 2020. Disponível em: https://valor.globo.com/financas/noticia/2020/12/08/governo-pode-acabar-com-exigencia-de-conselho-para-empresa-listada-em-bolsa.ghtml. Acesso em 14 nov. 2021) Vale notar que esse valor corresponde a um dos critérios estipulados pela Lei n. 13.043/2014 sob a seção que trata da isenção de imposto de renda sobre alienação em bolsa de valores de ações de pequenas e médias empresas (artigo 16, inciso III). Ao mesmo tempo, contrasta com os critérios estipulados para enquadramento como sociedade de grande porte da Lei n. 11.638/2007, notadamente aquele de receita bruta anual superior a R$ 300 milhões, e mais ainda com aqueles da Lei Complementar n. 123/2006 (artigo 3º, *caput*, incisos I e II). Especialmente em relação a esta última, o contraste parece se justificar em vista das diferentes finalidades das normas. Porém, a coexistência de distintos conceitos e parâmetros torna ainda mais importante o rigor técnico no emprego da terminologia adequada.

581 Adicionalmente, contribui para a interpretação do alcance desse regime a regra que autoriza a CVM a "*disciplinar o tratamento a ser empregado às companhias abertas que se caracterizem como de menor porte*" (artigo 294-B, §2º, inciso II). Com efeito, os novos dispositivos parecem tangenciar a disciplina da dispensa de registro (examinada adiante no Capítulo 3). Nesse sentido, ao tratar do histórico de dispensas de registro de emissor a empresas de menor porte, Luciana Dias comenta que, "[d]*entre as alterações promovidas pelo Marco Legal das* Startups *à Lei das S.A., reforçou-se a possibilidade de extensão de dispensa semelhante às "companhias de menor porte"*". (cf. DIAS, Luciana. O longo debate sobre a inserção de pequenas empresas no mercado de capitais. In: *Revista do Advogado,* n. 152, dez/2021. p. 100)

582 Trata-se de abordagem bastante distinta da autorização dada à autarquia para reduzir, a partir de critério objetivo, os percentuais aplicáveis às companhias abertas para o exercício

traz à tona a antiga discussão sobre a conveniência e os limites da delegação pelo legislador, de que tratamos especialmente ao comentar o alcance da autorização para criação de categorias de companhia aberta (item 2.2.1 deste Capítulo 2).

Ainda quanto ao conteúdo dessa delegação, vale notar que nem todos os elementos elencados são próprios ao regime societário das companhias abertas. Portanto, o artigo 294-A dá margem a duvidosa assimetria[583], e provocou reações diversas[584]. Mais ainda, merece registro a proposta antes abrangida pelo respectivo projeto de lei, de autorizar a CVM a dispensar ou modular a

de determinados direitos de minoria, prevista no artigo 291 da Lei 6.404/1976, por exemplo. Ainda que o critério adotado – qual seja, a *"fixação de escala em função do valor do capital social"* – possa não ser o mais adequado, a delegação ao regulador naquele caso é circunscrita.

583 Para Pablo Renteria, *"como a competência normativa da CVM, nos termos da Lei nº 6.385, de 1976, se restringe às companhias abertas, a almejada simplificação não poderá contemplar as companhias fechadas. Cria-se, desse modo, um regime incoerente, em que as empresas se submeteriam primeiramente a um regime societário mais oneroso e só se beneficiariam dos descontos legais previstos na regulamentação da CVM quando se tornarem companhias abertas."* (cf. RENTERIA, Pablo. A simplificação das companhias de menor porte. In: Capital Aberto, 28 jun. 2021. Disponível em: https://capitalaberto.com.br/secoes/colunistas/a-simplificacao-das-companhias-de-menor-porte/. Acesso em: 15 dez. 2021)

584 Mais uma vez, para Pablo Renteria, a nova lei *"acerta ao eleger o dividendo obrigatório, as publicações oficiais e o conselho fiscal como temas de reforma da Lei das S.As., uma vez que a comparação da experiência brasileira com a estrangeira indica que, nesses pontos, a nossa lei acionária, embora pudesse se justificar quando da sua promulgação, passou, com o tempo, a ser mais impositiva do que o desejável. No entanto, parece fazer mais sentido pensar em uma reforma ampla, que contemplasse todas as companhias, independentemente de seu porte financeiro, tal como o Congresso Nacional está fazendo, atualmente, com relação ao voto plural."* (cf. RENTERIA, Pablo. A simplificação das companhias de menor porte. In: Capital Aberto, 28 jun. 2021. Disponível em: https://capitalaberto.com.br/secoes/colunistas/a-simplificacao-das-companhias-de-menor-porte/. Acesso em: 15 dez. 2021) Já o IBGC dirigiu crítica à possibilidade de dispensa da exigência de conselho fiscal: *"Como a possibilidade de flexibilização do direito dos acionistas de instalar um conselho fiscal (art. 161 da Lei das S.A.) remanesceu no texto do artigo 294-B, o IBGC ressalta que renunciar a esse direito não traz benefícios evidentes para a geração de valor, nem colabora para a redução do custo de capital de companhias. A instalação do conselho fiscal já é flexível: só se torna obrigatória a partir do pedido e aprovação dos acionistas em assembleia. Em companhias abertas com acionista controlador definido e mesmo em companhias fechadas, o direito à instalação do conselho fiscal constitui importante mecanismo para viabilizar a representação e o atendimento a demandas que possam emanar dos acionistas minoritários."* (cf. IBGC. Marco Legal das Startups - Nota sobre alteração do inciso sobre Conselho de Administração no PLP 146/2019, de 11 dez. 2020. Disponível em: https://www.ibgc.org.br/blog/marco-legal-das-startups. Acesso em: 15 dez. 2021)

exigência de conselho de administração, que foi alvo de críticas no curso do processo legislativo e acabou sendo excluída[585].

No mais, resta aguardar a regulamentação dos novos dispositivos pela CVM. Espera-se que leve em consideração a preocupação com potenciais assimetrias e seja precedida por avaliação empírica, ponderação e debate a respeito da adequação dessas e de outras medidas à consecução do objetivo de facilitar o acesso ao mercado de capitais para as companhias de menor porte. Com efeito, em sua agenda regulatória para o ano de 2022, a CVM incluiu o Marco Legal das *Startups* dentre os temas que serão objeto de análise de impacto regulatório[586].

Entretanto, a disciplina das companhias de menor porte não se esgota nos artigos 294-A e 294-B da lei societária. A Lei n. 14.195/2021 – decorrente da conversão da chamada "MP do *Doing Business*" – empregou o mesmo conceito ao incluir autorização para que a CVM edite ato normativo excepcionando as *companhias de menor porte* da vedação à acumulação dos cargos de presidente do conselho de administração e diretor presidente ou principal executivo da companhia, então inaugurada para as companhias abertas no âmbito da lei societária (artigo 138, §4º)[587].

[585] Nesse sentido, divulgaram nota técnica AMEC, APIMEC e IBGC defendendo especialmente a supressão do dispositivo: "*O surgimento de empresas com esse perfil captando recursos no mercado de capitais deixará investidores, colaboradores e demais partes interessadas em situação de vulnerabilidade, com perdas significativas de mecanismos de direcionamento, controle, fiscalização e prestação de contas feitas por instâncias consagradas, no Brasil e no exterior.*" (cf. AMEC, APIMEC e IBGC. *Nota técnica - Marco Legal das Startups – PLP 146/2019 + PLP 249/2020*, de 8 dez. 2020. Disponível em: https://ibgcsitenovo.blob.core.windows.net/ibgcsitenovo/Advocacy%20-%20Notas%20e%20Posicionamentos/NotaTecnicaMarcoLegaldasStartupsAMECAPIMECIBGC8122020.pdf. Acesso em: 20 dez. 2021)

[586] Cf. CVM. *CVM lança Agenda Regulatória para 2022*. Disponível em: https://www.gov.br/cvm/pt-br/assuntos/noticias/cvm-lanca-agenda-regulatoria-para-2022. Acesso em: 10 dez. 2020.

[587] Em dezembro de 2021, a CVM lançou audiência pública para regulamentar os itens necessários da Lei n. 14.195/2021, tendo proposto que sejam excepcionadas dessa obrigação as companhias com receita bruta anual inferior a R$ 500 milhões. A autarquia ressalvou que "[t]*emas em que a regulamentação por parte da CVM seria possível, mas não estritamente necessária para a aplicabilidade dos comandos legais, não foram contemplados*". (cf. CVM. Edital de Audiência Pública SDM n. 09/2021, de 21 dez. 2021) No encerramento da revisão deste estudo para publicação, essa audiência estava em fase de análise. A CVM incluiu o tema em sua agenda regulatória dentre as normas a serem editadas em 2022. (cf. CVM. *CVM lança Agenda Regulatória para*

A Lei n. 14.195/2021 também delegou à CVM a regulamentação de outra exigência de natureza societária – notadamente, a obrigatoriedade de conselheiros independentes –instituída para as companhias abertas (artigo 140, §2º). Porém, apenas na hipótese anterior (artigo 138, §4º) previu expressamente a possibilidade de dispensa pela CVM, e fê-lo contemplando especificamente as companhias de menor porte – e não, por hipótese, as companhias que se enquadram na categoria B.

2.3.5 Considerações finais

Como vimos no Capítulo 2 da Parte I, a disciplina societária das sociedades anônimas pautou-se na noção de que a forma fechada seria mais adequada às companhias de menor porte e que a conversão para aberta seria um evento próprio da vida das companhias que atingissem maior porte. Entretanto, se antes a regulação das companhias abertas, nas quais convergem as disciplinas societária e do mercado de valores mobiliários, voltava-se mais à clássica noção em torno das grandes companhias com ampla dispersão acionária, o confronto com a realidade vem demonstrando necessidade de adequação para abrigar maior diversidade.

Em paralelo à flexibilização dessa disciplina em função das espécies de valores mobiliários admitidos à negociação, antes examinada, nota-se tendência de flexibilização da disciplina das companhias abertas em função de critério de porte, com foco na ampliação do acesso a esse mercado para companhias menores. Contudo, mais uma vez, essas flexibilizações vêm sendo introduzidas pontualmente, e não a partir de uma revisão estrutural da disciplina, dando margem a tratamento assimétrico e assistemático.

Considerando o histórico de iniciativas voltadas à disciplina das companhias conforme o seu porte, e o horizonte de futura regulamentação dos novos dispositivos legais, oferecemos algumas considerações finais sobre a matéria. Todavia, vale antes ressaltar que esses critérios de distinção – as espécies de valores mobiliários admitidos à negociação e o porte das companhias – não se confundem e não são autoexcludentes (ainda que o primeiro tenha por

2022. Disponível em: https://www.gov.br/cvm/pt-br/assuntos/noticias/cvm-lanca-agenda-regulatoria-para-2022. Acesso em: 10 dez. 2020)

vezes sido empregado como *proxy* para o porte das companhias, no pressuposto de que companhias maiores acabam recorrendo à abertura de capital). Esse ponto parece especialmente importante diante de recentes flexibilizações de elementos do regime societário a partir de um e não de outro critério, para evitar que não sejam impostas exigências demasiadamente onerosas ou mesmo injustificadas (em razão de eventual ausência dos pressupostos teóricos para sua incidência) a esses diferentes grupos de companhias abertas.

De volta às inciativas centradas no porte das companhias, o recorte examinado mostra que, no âmbito da CVM, a adequação do regime ordinariamente aplicável às companhias abertas com o objetivo de promover o acesso ao mercado de valores mobiliários por companhias de pequeno e médio porte tem ultimamente se concentrado sobretudo no emprego da ferramenta de dispensa de registro, de que trataremos no Capítulo 3[588]. Nesses casos, não há exatamente uma adequação, e sim o afastamento desse regime (ou de boa parte dele) nas hipóteses selecionadas, em nossa visão.

Iniciativas propriamente de conformação do regime informacional das companhias abertas em torno do critério de porte, que estariam ao alcance da CVM, foram recentemente cogitadas – como a criação de categoria de registro de emissor própria –, mas, até o momento, não foi implementada mais ampla revisão nessa direção[589]. A moldura existente de categorias de registro, separadas em função das espécies de valores mobiliários admitidos à negociação, leva a que os "descontos regulatórios" sejam concentrados naquela de escopo mais restrito (categoria B), que acaba assumindo certa feição de segmento de

[588] Merecem registro também as iniciativas voltadas a promover o investimento em empresas menores por fundos de investimento e outras que escapam ao perímetro deste trabalho, restrito à disciplina das companhias abertas.

[589] É pertinente aqui a crítica de Pitta sobre o regime informacional aplicável às companhias abertas brasileiras, no sentido de que "*é dotado de uma notável inflexibilidade que pode representar uma grande barreira de acesso ao mercado de valores mobiliários a determinadas companhias, principalmente aquelas de menor porte e/ou em estágio inicial de desenvolvimento, que são, provavelmente, as que mais necessitam dos recursos cuja canalização é efetuada primordialmente no âmbito desse mercado.*" (cf. PITTA, André Grunspun. *O regime de informação das companhias abertas*. São Paulo: Quartier Latin, 2013. p. 363-364) Comenta, ainda, o autor, que a lei outorga à CVM amplos poderes para o exercício da dispensa de registro (ou de requisitos do registro) e definição das obrigações informacionais contínuas que dele derivam, "[p]*orém, a utilização dessas prerrogativas, principalmente no âmbito do mercado acionário, não tem sido, até aqui, suficiente para viabilizar a captação de recursos por parte de companhias de menor porte*". (p. 370)

acesso para companhias menores. Com isso, perde ênfase a adequação em torno do porte das companhias, especialmente em se tratando do acesso por essas companhias a vias de captação de recursos a partir da distribuição de valores mobiliários de capital. A futura regulamentação dos novos dispositivos da lei societária dirigidos às companhias de menor porte oferece novo impulso para a revisão das regras da CVM sob essa ótica.

Mais ainda, sem autorização ou fundamento adequado, não poderia a autarquia dispensar exigências da Lei n. 6.404/1976, de modo a criar uma disciplina própria, ou adaptada, para as companhias de pequeno e médio porte, no intuito de facilitar o acesso ao mercado de capitais. Fez-se então, por meio da Medida Provisória n. 881/2019, e, posteriormente, da Lei Complementar n. 182/2021, o que talvez tenha pretendido, e não feito, o legislador no âmbito da Lei n. 10.303/2001. A expressa autorização para a adaptação, pela CVM, de exigências da lei societária para as companhias de menor porte, contrasta com a autorização dada à CVM para a criação de diferentes categorias de registro e a especificação das normas sobre companhias abertas aplicáveis a cada categoria, antes analisada.

Ainda assim, e por mais que seja louvável o objetivo de ampliar o acesso ao mercado de capitais para companhias menores, cumpre ponderar se a solução implementada pela Lei Complementar n. 182/2021, mas ainda pendente de regulamentação, foi a mais adequada, pelos diversos motivos aqui apontados. Referimo-nos especialmente à opção pela delegação à CVM da dispensa ou modulação de normas hierarquicamente superiores, em detrimento de mais ampla e profunda discussão e revisão do regime legal sob essa ótica.

Além disso, como vimos no Capítulo 2 da Parte I, há uma diferença considerável entre as Leis n. 6.404/1976 e 6.385/1976, dado que a segunda delega com muito maior intensidade a regulamentação das matérias nela tratadas à CVM. E faz sentido que o faça, afinal, a matéria de mercado tem dinamismo próprio, a demandar mais frequente atualização. Não é o caso da matéria societária, a nosso ver. Esta depende de maior perenidade, a garantir segurança jurídica para aqueles que com base nela se organizam.

Em síntese, as iniciativas examinadas neste Capítulo parecem pretender contornar a rigidez estrutural do regime legal da companhia aberta, sob o justo e saudável intuito de torná-lo mais adequado às diferentes realidades às quais se aplica. Contudo, essas flexibilizações merecem reflexão e devem ser conciliadas e coordenadas, inclusive com as demais alternativas que se apresentam às companhias menores para acesso ao mercado de capitais, examinadas adiante no Capítulo 3. A reflexão mais abrangente sobre o objeto e a estrutura da disciplina parece-nos importante para que, com o acúmulo de alterações pontuais nessa matéria, evitemos tratamento assimétrico e não terminemos com diplomas assistemáticos (ou mesmo, no caso do diploma societário, excessivamente dependente de regulamentação).

CAPÍTULO 3
FRONTEIRAS DA DISCIPLINA (II): LIMITES EXTERNOS

Este Capítulo será dedicado à análise de certas exceções ao sistema dual de registro, tomando por base o estudo sobre o registro e sua relevância para a determinação do alcance da disciplina jurídica da companhia aberta, desenvolvido no Capítulo 1 desta Parte II. Notadamente, examinar-se-á a repercussão para esse fim da dispensa dos registros de emissor e de oferta pública de distribuição de valores mobiliários, com foco nas dispensas automáticas de registro garantidas no âmbito das ofertas públicas distribuídas com esforços restritos (inclusive quanto ao regime proposto pela CVM para as substituir) e das ofertas públicas de *crowdfunding* de investimento. Com isso, pretende-se analisar como esses institutos contribuíram para o movimento identificado no Capítulo 2 desta Parte II, de paulatino afastamento da antiga dicotomia entre companhias abertas e fechadas, centrada na concepção de que o acesso ao mercado de valores mobiliários era privativo das primeiras. Dessa forma, dar-se-á continuidade à tentativa de identificação dos novos caminhos e tendências no tocante à disciplina jurídica das companhias abertas *vis-à-vis* o objeto e a estrutura originais dessa disciplina examinados na Parte I.

3.1 Notas preliminares: mais uma vez, um problema de origem

3.1.1 Exceções ao sistema dual de registro

Como vimos, a Lei n. 6.385/1976 estabelece sistema dual de registro, fundado em duas regras gerais: a primeira, de que "[s]*omente os valores mobiliários emitidos por companhia registrada nos termos deste artigo podem ser negociados na bolsa e no mercado de balcão*" (artigo 21, §1º); e a segunda, de que "[n]*enhuma emissão pública de valores mobiliários será distribuída no mercado sem prévio registro na Comissão*" (artigo 19, *caput*)[590].

Uma vez examinados os contornos e as funções desse sistema de registros no Capítulo 1 desta Parte II, bem como seu posterior detalhamento no tocante à criação de categorias de registro, no Capítulo 2, interessam-nos agora duas situações em particular que se apresentam como *exceções* a esse sistema. Com isso queremos dizer que essas situações fogem à lógica de que o acesso ao mercado de valores mobiliários brasileiro estaria inteiramente circunscrito pelas duas regras gerais antes mencionadas, e, por conseguinte, necessariamente sujeito à disciplina jurídica incidente a partir da admissão à negociação dos valores mobiliários de emissão da companhia.

Em comum, ambos têm por fundamento principal normas adotadas no âmbito da reforma de 1976 – motivo pelo qual são referidos como problemas de origem. Entretanto, apesar de não serem temas novos, apresentam relevantes desdobramentos recentes.

Como veremos, esses institutos representam soluções que, por um lado, podem ser vistas sob certos ângulos como problemáticas, especialmente em se tratando da coerência e sistematicidade da disciplina da companhia aberta. Por outro, não é menos verdade que tiveram por efeito prático permitir efetiva expansão do acesso ao mercado de valores mobiliários brasileiro. Essa expansão ocorreu em paralelo aos esforços de edificação de divisões internas analisados no Capítulo anterior, e tem relação próxima com o projeto de ampliação

[590] Em paralelo, a Lei n. 6.404/1976 repete essas regras gerais ao dispor que "[s]*omente os valores mobiliários de emissão de companhia registrada na Comissão de Valores Mobiliários podem ser negociados no mercado de valores mobiliários*" (artigo 4º, §1º); e que "[n]*enhuma distribuição pública de valores mobiliários será efetivada no mercado sem prévio registro na Comissão de Valores Mobiliários*" (artigo 4º, §2º).

do mercado brasileiro a emissores de menor porte. Com efeito, a nosso ver, essa expansão ocorreu à margem – ou melhor, no entorno – da disciplina jurídica da companhia aberta, levando a um movimento quase que de *erosão* dos limites externos dessa disciplina, pelos motivos que exporemos a seguir.

3.1.2 Uma face do problema: dispensa de registro

Este Capítulo concentrar-se-á nas hipóteses de dispensa dos registros de emissor e de oferta pública de distribuição de valores mobiliários de que tratam os artigos 21 e 19 da Lei n. 6.385/1976.

Como veremos a seguir, a possibilidade de dispensa desses registros foi prevista na Lei n. 6.385/1976, delegando-se à CVM a faculdade de conceder essas dispensas por meio da expedição de normas próprias.

A CVM passou a aplicar essa dispensa de maneira mais ampla e frequente nos últimos tempos, em casos específicos, como naqueles das ofertas públicas distribuídas com esforços restritos e das ofertas públicas de *crowdfunding* de investimento. Essas alternativas de acesso ao mercado têm demonstrado notória popularidade[591], consolidando a dispensa de registro como importante instrumento de política regulatória. Nesse contexto, a CVM passou a permitir o acesso ao mercado por companhias não previamente registradas como emissoras de valores mobiliários, em regime excepcional. E ainda, propõe conservar essa possibilidade na revisão das regras sobre ofertas públicas de distribuição de valores mobiliários atualmente em curso[592].

Contudo, a possibilidade de dispensa de registro foi prevista em lei sem maior detalhamento quanto aos seus efeitos. Notadamente, no tocante ao registro de emissor de valores mobiliários, o acesso ao mercado por companhias não registradas nas hipóteses em que esse registro é dispensado suscita discussão em torno de seu enquadramento sob a definição legal de companhia aberta.

Se, por um lado, a submissão dos respectivos emissores à disciplina jurídica da companhia aberta poderia comprometer a efetividade desses mecanismos, enquanto instrumentos de política regulatória a permitir a simplificação e a

591 Vide Capítulo 2 da Parte I, item 2.4.

592 Vide item 3.2.2.3 deste Capítulo, a seguir.

redução dos custos associados à promoção de oferta pública de distribuição de valores mobiliários, por outro, a posição contrária desafia a lógica original do tratamento dicotômico de companhias abertas e fechadas, tornando ainda mais complexa essa taxonomia. Além disso, apresenta novos desafios no tocante à disciplina dessas companhias não registradas que acessam o mercado sob dispensa de registro.

Nesse cenário, impõe-se a indagação quanto a se essas companhias não registradas, que acessam o mercado de valores mobiliários brasileiro sob dispensa de registro, estão – ou deveriam estar – submetidas à disciplina jurídica da companhia aberta. A resposta *de lege lata* pode levar a conclusão controversa *de lege ferenda*, sendo, de todo modo, importante que se promova segurança jurídica para o considerável número de companhias brasileiras que atualmente se encontram nessa situação.

3.1.3 Outra face do problema: registro paralelo

Apesar de este Capítulo ter por foco as hipóteses de dispensa de registro, vale brevemente pontuar que sintomas do mesmo problema podem ser percebidos no tocante a situação diversa, porém também relacionada ao sistema dual de registros. Trata-se da disciplina das sociedades beneficiárias de recursos oriundos de incentivos fiscais, aqui referidas como *companhias incentivadas*.

Em síntese, a origem do sistema de incentivos de que se valem as companhias incentivadas é anterior à promulgação da Lei n. 6.404/1976, que a elas dedicou tratamento tímido (artigo 299). A posterior disciplina do chamado mercado de títulos e valores mobiliários incentivados e a regulamentação do tema pela CVM instituíram, para essas companhias, um universo próprio, calcado em sistema de registro paralelo[593]. O registro de companhia incen-

[593] Refere-se aqui ao Decreto-lei n. 2.298/1986, cuja exposição de motivos destaca que as companhias incentivadas eram, à época, em sua maioria companhias fechadas (isto é, não registradas como companhias abertas perante a CVM) e, a despeito da vedação legal, era significativo o volume de valores mobiliários de sua emissão negociados no mercado de balcão – por meio de negociações "*efetivadas ao total desamparo das leis vigentes*". Optou-se então pela "*criação de um mercado e de uma regulamentação especiais que significarão, de fato, um estágio ao acesso pleno ao mercado de valores mobiliários, que a regulamentação a ser editada pela Comissão de Valores Mobiliários deverá propiciar*". Pretendia-se, com isso, evitar "*que aquelas companhias tenham que, de imediato, arcar com todas as obrigações legais próprias às companhias abertas*". (cf. Exposição de

tivada atrai disciplina específica, da qual ficam excetuadas as companhias incentivadas registradas como abertas[594].

Apesar de os números mais recentes referentes à participação das companhias incentivadas no mercado brasileiro demonstrarem retração significativa, entendemos que ainda assim o tema merece nota, como dado histórico do esforço empreendido no sentido de admitir exposição restrita ao mercado sem a automática submissão à disciplina legal de companhia aberta, mais uma vez afastando-se da lógica de tratamento dicotômico das companhias fechadas e abertas.

Motivos n. 379/1986) Depreende-se que o desenquadramento superveniente das companhias incentivadas, a partir da entrada em vigor da atual disciplina legal da companhia aberta, foi o que motivou essa reforma, e a solução encontrada – a nosso ver, de duvidosa coerência – foi a criação de um espaço paralelo, ou intermediário, para o seu suposto reenquadramento.

594 A CVM atualmente disciplina o registro de companhia incentivada por meio da Resolução CVM n. 10/2020. Esta foi antecedida pela Instrução CVM n. 265/1997 e pela Instrução CVM n. 92/1988, que fora acompanhada de nota explicativa, segundo a qual a CVM pretendia criar "*um início de integração ao mercado de valores mobiliários*" para as companhias incentivadas que ainda fossem fechadas, "*evitando-se, ademais, que essas empresas tenham que, de imediato, arcar com a totalidade das obrigações legais próprias às companhias abertas*" (cf. Nota explicativa da Instrução CVM n. 92/1988). A Resolução CVM n. 10/2020 excepciona expressamente as sociedades que possuam registro de companhia aberta (artigo 1º, caput e §3º) e, ainda, declara que "[a] *sociedade registrada nos termos desta Resolução não é considerada companhia aberta*" (artigo 38). Ainda sob a égide da Instrução CVM n. 265/1997, observou-se: "*Com efeito, como ressaltou o parecer da PFE, as companhias incentivadas não são empresas puramente fechadas, mas sim tipos híbridos, que podem captar poupança pública através da emissão de valores incentivados, motivo pelo qual se lhes impõe a fiscalização da CVM (art. 1º do Decreto-Lei 2.298/86). As incentivadas situam-se a meio caminho do regime aplicável às companhias fechadas e às abertas. Como também reconhece o parecer da PFE, a definição desse ponto intermediário coube à Instrução CVM 265/97, que precisou o conteúdo material das exigências impostas às incentivadas.*" (cf. CVM. PAS CVM n. RJ2005/2815, julgado em 5 de outubro de 2005. Relator Presidente Marcelo Trindade) Sobre o tema, ver ainda CVM. Processo CVM n. RJ2007/11445, julgado em 6 de novembro de 2007. Diretor Relator Durval Soledade; CVM. PAS CVM n. RJ2011/14269, julgado em 26 de março de 2013. Diretora Relatora Ana Novaes; CVM. PAS CVM n. 01/2013, julgado em 10 de março de 2015. Diretor Relator Roberto Tadeu Fernandes; CVM. Processo CVM n. SP2015/0208, julgado em 24 de outubro de 2017, Diretor Relator Henrique Machado.

3.2 Disciplina das companhias que acessam o mercado sob dispensa de registro

3.2.1 Dispensa de registro (artigos 19, §5º e 21, §6º da Lei n. 6.385/1976)

Como vimos na Parte I deste trabalho, antes da promulgação da Lei n. 6.385/1976, a Lei n. 4.728/1965 determinava o registro, perante o BACEN, das pessoas jurídicas de direito privado, como condição à negociação de valores mobiliários de sua emissão em bolsa de valores (artigo 19), assim como de oferta pública de distribuição de valores mobiliários (artigo 21).

Sob o regime anterior, atribuía-se ao CMN competência para expedir normas gerais sobre o registro das pessoas jurídicas de direito privado, inclusive sobre "*casos em que o Banco Central poderá recusar, suspender ou cancelar o registro*" (artigo 20, inciso III). E ainda, a própria Lei n. 4.728/1965 delimitava as hipóteses em que o BACEN poderia suspender ou proibir a distribuição de valores mobiliários (artigo 21, §3º). Não havia, contudo, no antigo diploma ou na Resolução n. 88/1968, que regulamentou o tema, menção à possibilidade de dispensa de registro[595].

Esse quadro foi alterado com a reforma de 1976. Com efeito, manteve-se a exigência de registro sob sistema dual, com algumas distinções. Notadamente, e diferentemente da Lei n. 4.728/1965, a Lei n. 6.385/1976 passou a prever a possibilidade de dispensa de registro[596].

[595] Todavia, a Resolução n. 88/1968 estabelecia procedimentos alternativos e simplificados para hipóteses excepcionais, de distribuições promovidas por empresas com sede e atividade em regiões consideradas pelo BACEN como afastadas dos centros de mercado de capitais e que não objetivassem sua transformação em sociedades anônimas de capital aberto. Nessas hipóteses, eram dispensados os procedimentos ordinários do registro de distribuição de valores mobiliários, e substituídos por procedimento alternativo de comunicação (itens XVIII e XIX).

[596] Nesse aspecto, se assemelha, por exemplo, ao *Securities Act* norte-americano, de 1933. Ao mesmo tempo em que exige o registro perante a SEC, o diploma estabelece certas exceções a essa regra geral e hipóteses de dispensa de registro, como, por exemplo, para ofertas direcionadas a número reduzido de investidores qualificados (*accredited investors*) e de volume restrito. Além disso, o diploma dá à SEC margem para dispensar o registro quando assim entender adequado. Veja-se, por exemplo, o que diz o item (b) (1) da Seção 3 do *Securities Act* de 1933: "*(1) Small Issues Exemptive Authority.—The Commission may from time to time by its rules and regulations, and subject to such terms and conditions as may be prescribed therein, add any class of securities to the securities exempted as provided in this section, if it finds that the enforcement of this title with respect to such securities is not necessary in the public interest and for the protection of*

Nesse sentido, ao disciplinar o registro de distribuição pública de valores mobiliários, o artigo 19 da Lei n. 6.385/1976 atribuiu à CVM competência para expedir normas para a execução do disposto naquele artigo, podendo "*definir outras situações que configurem emissão pública, para fins de registro, assim como os casos em que este poderá ser dispensado, tendo em vista o interesse do público investidor*" (inciso I do §5º do artigo 19). A parte final do dispositivo parece denotar preocupação por parte do legislador com o futuro exercício dessa dispensa, tendo em vista a importância que o registro assume como mecanismo de proteção dentro do sistema da lei.

Semelhantemente, ao disciplinar o registro de emissor de valores mobiliários, o artigo 21 da Lei n. 6.385/1976 atribuiu à CVM competência para expedir normas para a execução do disposto naquele artigo, especificando "*casos em que os registros podem ser dispensados, recusados, suspensos ou cancelados*" (inciso I do §6º do artigo 21). Apesar de não ter sido repetida aqui a condicionante do dispositivo anterior, referente ao "*interesse do público investidor*", a atuação da CVM fica, todavia, condicionada às finalidades do artigo 4º da mesma lei no exercício dessa dispensa.

Ambos os dispositivos constaram da redação original da Lei n. 6.385/1976, e foram mantidos nas reformas posteriores. Ou seja, o diploma inovou ao prever a possibilidade de dispensa desses registros, sem, contudo, explicitar as consequências da dispensa nessas situações. Os comentários à previsão legal de dispensa de registro costumam saudar a possibilidade de afastamento, pela CVM, do regime informacional ordinariamente aplicável, quando essa proteção não se fizer necessária, como uma demonstração de equilíbrio da Lei n. 6.385/1976[597]. Não obstante, como vimos, essa não é a única função atrelada

investors by reason of the small amount involved or the limited character of the public offering; but no issue of securities shall be exempted under this subsection where the aggregate amount at which such issue is offered to the public exceeds $5,000,000." A SEC regulamentou a matéria por meio de diversos atos normativos, em especial o "*Regulation D*".

597 Por exemplo: "*Mas a Lei nº 6.385/76, em mais uma demonstração de seu festejado equilíbrio, estabeleceu que ambos os registros, cujo objetivo é atestar que as informações exigidas pela regulamentação foram prestadas na extensão e na qualidade desejada, podem ser objeto de dispensa pela CVM, justamente por reconhecer que, em determinadas situações, a proteção que se almeja conferir aos investidores por meio do registro pode ser obtida autonomamente, não justificando os custos da intervenção do Estado no processo de captação de recursos por meio do mercado de capitais*" (cf. REBELLO, Carlos. PITTA, André Grunspun. Instrução CVM 476 – Dez anos de liberdade com responsabilidade. In: *Jota*. Disponível em: www.jota.info/opiniao-e-analise/artigos/

ao registro. Em especial, não tratou a lei de esclarecer como a dispensa de registro se concilia com a definição legal de companhia aberta. Em essência, essa timidez da previsão legal de possibilidade de dispensa de registro está no cerne do problema analisado neste Capítulo.

3.2.2 Regulamentação da dispensa de registro pela CVM

3.2.2.1 Histórico regulatório

Nas primeiras décadas de vigência da Lei n. 6.385/1976, a dispensa de registro foi exercida de maneira pontual pela CVM, sem maior repercussão prática. Somente passou a ser empregada de maneira mais intensa e sistemática a partir da edição da Instrução CVM n. 400/2004, no tocante à dispensa automática do registro de oferta pública de distribuição de valores mobiliários, e a partir da expedição das Instruções CVM n. 476/2009 e 480/2009, no tocante à dispensa automática do registro de emissor de valores mobiliários.

Antes disso, a Instrução CVM n. 88/1988 – posteriormente revogada pela Instrução CVM n. 400/2003 – previa a possibilidade de dispensa, pela CVM, do registro de distribuição pública secundária, em hipóteses específicas[598]. Além do mais, a CVM estabelecera certas hipóteses de dispensa do registro de emissor de valores mobiliários, como, por exemplo, no caso de colocação pública de notas promissórias, na forma da Instrução CVM n. 155/1991[599], e

instrucao-cvm-476-dez-anos-de-liberdade-com-responsabilidade-18022019. Acesso em: 05 set. 2019)

598 A Instrução CVM n. 88/1988 previa a possibilidade de dispensa de registro pela CVM de distribuição pública secundária para venda, promessa de venda, oferta à venda ou aceitação de pedido de venda de qualquer quantidade de ações, na hipótese de utilização de métodos de negociação que traduzissem esforço de venda superior ao normal em qualquer operação de intermediação no mercado secundário (artigo 2º, *caput*, inciso IV e §3º). Sobre essa hipótese, dispunha a respectiva nota explicativa: "*No inciso IV enquadram-se as operações em bolsa ou balcão, cuja principal característica é a existência do esforço de venda, utilizando-se o sistema de distribuição, intermediários mais bem remunerados, procedimentos especiais e propaganda, no intuito de viabilizar a colocação dos valores ofertados.*" (cf. Nota Explicativa da Instrução CVM n. 88/1988, p. 2)

599 A Instrução CVM n. 155/1991 – posteriormente revogada pela Instrução CVM n. 566/2015 – estabeleceu procedimento simplificado para a distribuição pública de notas promissórias, dispensando o registro de companhia aberta para colocação pública de notas promissórias previsto no artigo 12 da Instrução CVM n. 134/1990 (artigo 1º, inciso II). Em contrapartida, estabeleceu certas restrições para esses emissores, como a vedação à utilização de material

para emissores de valores mobiliários objeto de certificados de depósitos de programa de BDR Patrocinado de Nível I e de Nível II da Instrução CVM n. 255/1996[600]. Soma-se a isso a dispensa dos registros de emissor e da respectiva oferta pública de distribuição secundária em hipóteses específicas envolvendo a alienação de ações de propriedade de pessoas jurídicas de direito público e de entidades controladas direta ou indiretamente pelo Poder Público nos termos da Instrução CVM n. 286/1998[601].

publicitário e a fixação de valor unitário mínimo, com a intenção declarada de destinar esses títulos a investidores mais qualificados. Explicou a CVM à época: "*O propósito da regulamentação de registro prévio na CVM é o de garantir ao investidor o acesso a um conjunto de informações suficientes para avaliação das possibilidades de investimento que lhe estejam sendo oferecidas, sempre ponderando os custos decorrentes com os benefícios auferidos pelos investidores. Assim, acreditando que investidores de grande porte detêm meios próprios de obter as informações necessárias à sua decisão de investimento, a CVM está dispensando do atendimento aos requisitos do registro da companhia emissora, bem como dos limites impostos pela regulamentação vigente às distribuições que sejam efetivadas sem esforço especial de divulgação e que tenham por objeto Notas Promissórias com valor mínimo de Cr$ 100.000.000,00 (cem milhões de cruzeiros).*" (cf. Nota Explicativa da Instrução CVM n. 155/1991) O dispositivo que previa a dispensa desse registro foi revogado pela Instrução CVM n. 480/2009, que revogou também os artigos que disciplinavam esse registro da Instrução CVM n. 134/1990. Vale notar também que a Instrução CVM n. 422/2005 – também revogada pela Instrução CVM n. 566/2015 – disciplinou o registro de companhia emissora de NCA, previsto para a hipótese de companhia não registrada como aberta que pretendesse emitir exclusivamente NCA, e, nesse contexto, estabeleceu hipóteses específicas de dispensa daquele registro de emissor (cf. artigos 8º, 9º e 23 da Instrução CVM n. 422/2005). Esses dispositivos, também revogados pela Instrução CVM n. 480/2009, adotavam lógica muito semelhante àquela da norma sobre notas promissórias, tendo essa semelhança sido ressaltada no respectivo edital de audiência pública: "*Tais títulos são, por sua natureza, Notas Promissórias para distribuição pública, tendo sido adotada a nomenclatura de NCA para diferenciação da Notas Promissórias Comerciais, em razão dos distintos procedimentos de registro e das diversas características das condições dos títulos, melhor adaptados ao setor do agronegócio.* (...) *Propõe-se, em síntese, a dispensa do registro de companhia da emissora, do prospecto da distribuição e do relatório de agência classificadora de risco para emissões de Notas de valor unitário igual ou superior a R$ 300 mil. A dispensa do registro de companhia exige que a NCA tenha prazo máximo de 270 dias, ou 9 meses.*" (cf. CVM. Edital de audiência pública n. 07/2005, p. 1) Ressalvava também a norma que a CVM poderia dispensar o respectivo registro de oferta pública e outros requisitos na forma da Instrução CVM n. 400/2003. Ao justificar a posterior revogação da Instrução CVM n. 422/2005 pela Instrução CVM n. 566/2015, comentou a CVM que ela não teve sucesso na prática, em grande parte devido às exigências daquela norma e ao procedimento nela estabelecido. (cf. CVM. Edital de audiência pública SDM n. 01/2015, p. 2)

600 Cf. artigo 3º, §1º, inciso I, (c) e inciso II, (b), da Instrução CVM n. 255/1996, posteriormente revogada pela Instrução CVM n. 332/2000.

601 A Instrução CVM n. 286/1998 – posteriormente revogada pela Instrução CVM n. 595/2018, que transferiu a disciplina do tema para as Instruções CVM n. 400/2003 e 480/2009 – permitiu

A Instrução CVM n. 400/2003 passou a tratar da dispensa do registro de oferta pública de distribuição de valores mobiliários de maneira mais sistemática. Além de permitir a dispensa desse registro ou de requisitos específicos a critério da CVM[602], a Instrução CVM n. 400/2003 estabelece hipóteses de dispensa *automática* – que, com a reforma promovida pela Resolução CVM n. 61/2021, passaram a ser referidas como hipóteses não sujeitas a registro (artigo 5º)[603]. Sobre o tema, Yazbek entende que as hipóteses de dispensa de

a dispensa de ambos os registros, de emissor e de oferta pública de distribuição secundária de valores mobiliários, em hipóteses específicas envolvendo a alienação de ações de propriedade de pessoas jurídicas de Direito público e de entidades controladas direta ou indiretamente pelo Poder Público, por meio de leilão especial, em bolsa de valores ou em mercado de balcão organizado. Aquelas dispensas não se aplicavam a ofertas voltadas à dispersão das ações junto ao público em geral (artigo 1º, § único), e ficavam sujeitas a requisitos específicos, inclusive a aprovação prévia do edital pela CVM (artigos 3º e 4º).

602 Nesse ponto, permite o artigo 4º da Instrução CVM n. 400/2003 que a CVM dispense, a seu critério, o registro ou certos requisitos dessas ofertas (tais como divulgações, prazos e procedimentos), considerando as características da oferta e "*sempre observados o interesse público, a adequada informação e a proteção ao investidor*". É curioso notar que a norma lista certas condições especiais que a CVM levará em consideração ao avaliar os pedidos de dispensa, e esse rol originalmente incluía "*a categoria do registro de companhia aberta (art. 4º, § 3º, da Lei nº 6.404, de 15 de dezembro de 1976)*" (cf. artigo 4º, §1º, inciso I – revogado pela Instrução CVM n. 482/2010, em esforço de adequação ao regime da Instrução CVM n. 480/2009), e permite que, em caso de deferimento, a CVM imponha restrições à negociação dos valores mobiliários em mercados regulamentados (cf. artigo 4º, §5º – inserido pela Instrução CVM n. 482/2010). Isso posto, este Capítulo concentrar-se-á nas hipóteses de dispensa automática de registro instituídas pela CVM, especialmente nas duas hipóteses antes mencionadas (vide itens 3.2.2.2 e 3.2.2.3, a seguir), ressalvada a possibilidade de dispensa de registro pela CVM em hipóteses outras, a seu critério, em vista do caso concreto.

603 Sobre a Resolução CVM n. 61/2021, afirmou-se que "*a norma busca distinguir situações em que há uma incompatibilidade da oferta pública com a dinâmica de registro de ofertas públicas (ofertas não sujeitas a registro) daquelas em que as ofertas são dispensadas de registro por decisões de política regulatória, uma vez que a taxa de fiscalização apenas incide neste último caso*". (cf. CVM. *CVM promove alterações pontuais em seis normas.* Disponível em: https://www.gov.br/cvm/pt-br/assuntos/noticias/cvm-promove-alteracoes-pontuais-em-seis-normasAcesso em 1 jan. 2022) Outras alterações nesse sentido foram implementadas na Resolução CVM n. 6/2020, para explicitar que "[a] *oferta pública de distribuição de certificados de investimento que caracterizem quotas representativas de direitos de comercialização de obras e projetos específicos da área audiovisual cinematográfica brasileira de produção independente, bem como os de exibição, distribuição e infraestrutura técnica, apresentados por empresa brasileira de capital nacional ("Certificados de Investimento Audiovisual" ou "CAV"), não está sujeita a registro na CVM*" (artigo 1º), e na Resolução CVM n. 8/2020, para explicitar que "[a] *oferta pública de distribuição de COE, LF ou LIG realizada nos termos desta Resolução não está sujeita a registro na CVM*" (artigo 2º), excluindo as referências anteriores à dispensa de registro.

registro ou de requisitos específicos da Instrução CVM n. 400/2003 – designadas como *"válvulas que permitem outorgar uma maior razoabilidade ao processo de registro de ofertas públicas de distribuição"* – se justificam *"porque nem sempre essa prestação de informações é essencial, tendo em vista as características de que uma oferta concreta pode revestir"*[604].

Foram orginalmente beneficiadas com dispensa automática de registro (ou melhor, definidas como não sujeitas a registro, para usar a nova terminologia) as ofertas públicas de distribuição *(i)* de que tratava a Instrução CVM n. 286/1998; *(ii)* de lote único e indivisível de valores mobiliários[605]; e *(iii)* de valores mobiliários de emissão de empresas de pequeno porte e de microempresa. Contudo, como vimos, as microempresas e empresas de pequeno porte foram posteriormente excluídas desse rol[606] e a disciplina da antiga Instrução CVM n. 286/1998 foi incorporada à Instrução CVM n. 400/2003[607/608].

[604] Cf. YAZBEK, Otavio. "Em busca de um regime para os private placements no Brasil – ofertas públicas, ofertas privadas e ofertas públicas distribuídas com esforços restritos". In: BOTREL, Sérgio. BARBOSA, Henrique. (coords.) *Finanças corporativas*: aspectos jurídicos e estratégicos. São Paulo: Atlas, 2016. p. 176-177.

[605] A CVM posteriormente limitou essa dispensa, ao estabelecer que não pode ser reutilizada pelo mesmo ofertante em relação a uma mesma espécie de valores mobiliários de um mesmo emissor dentro do prazo de quatro meses contados da data do encerramento da oferta (artigo 5°, §1° da Instrução CVM n. 400/2003). Esse limite foi introduzido pela Instrução CVM n. 482/2010, para harmonizar a Instrução CVM n. 400/2003 com a Instrução CVM n. 476/2009 (cf. CVM. Edital de audiência pública n. 01/09). A Resolução CVM n. 61/2021 deu nova redação ao dispositivo.

[606] Sobre o tema, ver item 2.3.1 do Capítulo 2 desta Parte II.

[607] Consequentemente, o artigo 5º da Instrução CVM n. 400/2003 atualmente se refere às ofertas públicas de ações de propriedade da União, Estados, Distrito Federal, Municípios e demais entidades da administração pública que, cumulativamente, não objetivem colocação junto ao público em geral e sejam realizadas em leilão organizado por entidade administradora de mercado organizado, nos termos da Lei nº 8.666/1993.

[608] De todo modo, as ofertas realizadas sob dispensa automática de registro na forma da Instrução CVM n. 400/2003 têm tido pouca representatividade no universo de ofertas públicas. Dados divulgados pela CVM indicam que nos últimos anos foram poucas as ofertas públicas de distribuição realizadas sob dispensa de registro nos termos da Instrução CVM n. 400/2003, em comparação com as ofertas públicas de distribuição registradas nos termos da Instrução CVM n. 400/2003 e com as ofertas públicas com esforços restritos na forma da Instrução CVM n. 476/2009. (cf. CVM. *Boletim Econômico*, ano 9, vol. 92, 4º tri. 2021. Disponível em: https://www.gov.br/cvm/pt-br/centrais-de-conteudo/publicacoes/boletins/boletim-economico. Acesso em: 31 jan. 2022) Ainda sobre o tema: PITTA, André Grunspun.

A Instrução CVM n. 476/2009, examinada em maior detalhe adiante no item 3.2.2.2, instituiu as chamadas ofertas públicas distribuídas com esforços restritos e dotou essa nova modalidade de oferta com dispensa automática de registro de distribuição. Permitiu-se a oferta e posterior negociação, sob determinadas restrições, de algumas espécies de valores mobiliários de emissores não registrados. Notadamente, uma das principais restrições a que essa modalidade de oferta fica sujeita diz respeito ao universo de destinatários, limitado a investidores profissionais, no que se pode notar certa semelhança com a lógica que pautou hipóteses de dispensa anteriores.

Por fim, a partir da Instrução CVM n. 480/2009, a CVM passou a dedicar capítulo próprio à dispensa automática do registro de emissor de valores mobiliários. O rol de emissores assim contemplados era originalmente composto por *(i)* emissores estrangeiros cujos valores mobiliários servissem de lastro para programas de certificados de depósito de ações – BDR Nível I, patrocinados ou não[609]; *(ii)* emissores de CEPAC; *(iii)* emissores de certificados de investimento relacionados à área audiovisual cinematográfica brasileira; *(iv)* microempresas; e *(v)* empresas de pequeno porte (artigo 7º). Diversas reformas foram promovidas ao longo dos anos à Instrução CVM n. 480/2009, até sua substituição pela Resolução CVM n. 80/2022. Além da exclusão das microempresas e empresas de pequeno porte[610], foram incluídos nesse mesmo rol (agora abrigado no artigo 8º do novo diploma) *(vi)* os emissores de certificados de operações estruturadas, letras financeiras e letras imobiliárias garantidas que promovam oferta pública nos termos da regulamentação específica da CVM; *(vii)* as sociedades cujas ações de propriedade da União, Estados, Distrito Federal e Municípios e demais entidades da Administração Pública sejam objeto de oferta pública de distribuição não sujeita a registro; e, por fim, *(viii)* as sociedades empresárias de pequeno porte emissoras de valores mobiliários distribuídos por meio de oferta pública sob dispensa de registro

"Mercados de acesso: recentes evoluções". In: BOTREL, Sérgio. BARBOSA, Henrique. (coords.) *Finanças corporativas*: aspectos jurídicos e estratégicos. São Paulo: Atlas, 2016. p. 422 *et seq.*

609 Posteriormente alterado pela Resolução CVM n. 3/2020 para abranger programas de certificados de depósito de *valores mobiliários* – BDR Nível I, patrocinados ou não.

610 Sobre o tema, ver item 2.3.1 do Capítulo 2 desta Parte II.

em plataforma eletrônica de investimento participativo, de que trataremos no item 3.2.2.3, a seguir[611].

Outras hipóteses de dispensa foram posteriormente estabelecidas por meio de normas paralelas[612]. Vale notar que, em diversos desses casos, a CVM, valendo-se da faculdade que lhe garante a Lei n. 6.385/1976, permite que os emissores cujo registro seja dispensado se organizem sob outras formas que não como sociedades anônimas[613].

Em comum, nota-se que as hipóteses de dispensa automática e não automática de registro de emissor e de oferta pública de distribuição de valores mobiliários revelam preocupação por parte da CVM com a não imposição de custos regulatórios desnecessários[614]. Tal preocupação nos parece de todo

611 Vale notar que o Regulamento de Listagem da B3, ao tratar da listagem de emissores sujeitos à Instrução CVM n. 480/2009, estabelece determinadas condições, inclusive que eles "*obtenham, junto à CVM, o registro de emissor na categoria a ele aplicável, de acordo com os valores mobiliários de sua emissão a serem admitidos à negociação na B3, ou sejam expressamente dispensados desse registro*" (cf. item 4.1, (b)). Além disso, permite que o Diretor Presidente da B3, a seu exclusivo critério, mediante decisão fundamentada, dispense o emissor do processo de listagem (cf. item 4.5 (b)) e admita à negociação valores mobiliários cujo emissor "*seja listado na B3 ou expressamente dispensado da listagem pela B3, nos termos do Capítulo 4, ou listado em outra Entidade Administradora*" (cf. item 6.1 (a)). As dispensas de registro da Instrução CVM n. 480/2009 (agora substituída pela Resolução CVM n. 80/2022) são refletidas, ainda, no Manual do Emissor da B3 (cf. item 3.1.3.1 (i) e 3.6.1).

612 Por exemplo, a Instrução CVM n. 602/2018 (posteriormente revogada pela Resolução CVM n. 86/2022), ao dispor sobre as ofertas públicas de distribuição de CIC hoteleiro, estabeleceu para essas ofertas dispensa automática do registro de distribuição, observadas determinadas condições, bem como dispensa automática do registro de emissor de valores mobiliários para as sociedades operadoras de empreendimento hoteleiro que fossem exclusivamente emissoras de CIC hoteleiro nos termos daquela norma (cf. artigos 28 e 29 da Instrução CVM n. 602/2018). A Resolução CVM n. 86/2022 passou a especificar hipótese em que a oferta de CIC hoteleiro não se sujeita a registro (artigo 29) e outras em que esse registro fica automaticamente dispensado (artigo 30), e preservou a dispensa de registro de emissor (artigo 31). As sociedades operadoras podem se organizar como sociedades anônimas ou sociedades limitadas (cf. artigo 30 da Instrução CVM n. 602/2018 e artigo 32 da Resolução CVM n. 86/2022).

613 Cf. artigo 2º, §3º, inciso I da Lei n. 6.385/1976.

614 A expressão é empregada por Eizirik, que defende: "*Dada a feição instrumental do registro de oferta pública, a aplicação das normas não deve criar custos desnecessários para as companhias; não cabe à CVM impor o registro da oferta, com a consequente divulgação de informações, quando os seus destinatários, dada sua situação, simplesmente não necessitam de proteção governamental. Deve-se evitar os chamados "custos regulatórios" desnecessários, que podem inibir a captação de recursos no mercado.*" (cf. EIZIRIK, Nelson. A oferta pública de distribuição de valores mobiliários. In: *Direito societário.* Estudos e pareceres. São Paulo: Quartier Latin, p. 2015. p. 432) Na mesma linha, Yazbek

legítima. Contudo, o estudo desse histórico regulatório parece sugerir que essa preocupação se concentrou mais nos custos decorrentes do regime informacional atrelado ao registro, e menos nos demais efeitos do registro de emissor, como explicaremos na sequência.

3.2.2.2 Ofertas públicas distribuídas com esforços restritos (Instrução CVM n. 476/2009)

3.2.2.2.1 Dispensa de registro

Em janeiro de 2009, a Instrução CVM n. 476/2009 instituiu as chamadas ofertas públicas de valores mobiliários distribuídas com esforços restritos e disciplinou a negociação dos valores mobiliários assim ofertados em mercados regulamentados[615].

afirma, ao examinar as hipóteses de dispensa de registro, que, como regra geral, *"o registro é dispensado nos casos em que se presuma que os destinatários dos títulos a serem emitidos, seja pelo seu maior refinamento como investidores, seja pela existência de outros instrumentos de monitoramento das condições do emissor, não precisam de tal proteção"*. (cf. YAZBEK, Otavio. "As companhias abertas – sua caracterização, as vantagens e as desvantagens da abertura de capital". In: FINKELSTEIN, Maria Eugênia. PROENÇA, José Marcelo Martins (coords.). *Direito societário*: sociedades anônimas. 3ª ed. São Paulo: Saraiva, 2014. p. 126)

615 A CVM fez constar da norma esclarecimento no seguinte sentido: "*§2º Esta Instrução não se aplica às ofertas privadas de valores mobiliários.*" (cf. artigo 1º, §2º, da Instrução CVM n. 476/2009) Afinal, as ofertas privadas, nos termos da Lei n. 6.385/1976, não dependem de prévio registro na CVM. Ao submeter a minuta de norma a audiência pública, afirmou a CVM que um de seus objetivos era justamente eliminar incertezas geradas pela amplitude do conceito de oferta pública, "*fornecendo aos emissores, nas situações que especifica, a segurança de que estão dispensados de buscar o registro da CVM*" (cf. CVM. Edital de audiência pública n. 05/2008, p. 1). Não obstante, a norma não fornece balizas definitivas quanto ao enquadramento das ofertas como públicas ou privadas. Além disso, essa modalidade de oferta é destinada a investidores mais sofisticados, sendo a sofisticação dos investidores um dos fatores apontados por parte da doutrina para distinguir as ofertas públicas e privadas, de modo que aquelas dirigidas unicamente a um número restrito de investidores sofisticados, pré-determinados, que dispensem a proteção estatal, se enquadrariam como privadas. Nesse sentido, afirma Eizirik: "*A utilização dos elementos subjetivos ora comentados para definir a natureza de determinada oferta de venda de valores mobiliários é expressamente reconhecida em nosso ordenamento jurídico. Para a caracterização da oferta como pública ou privada, embora sejam relevantes os meios utilizados na colocação dos títulos, o elemento essencial e decisivo refere-se à situação dos ofertados. Independentemente dos meios utilizados no processo de oferta, determinada distribuição de valores mobiliários não deve ser considerada pública se os ofertados, além de pessoas certas ou determinadas, forem investidores qualificados e, em função de suas relações com a*

Essa modalidade nasceu de um projeto da CVM de facilitar o acesso ao mercado de valores mobiliários, com foco maior nos instrumentos de renda fixa, mediante a redução dos custos incorridos para a realização de uma oferta pública. O projeto teve por inspiração instrumentos criados em outros países, especialmente o modelo norte-americano de isenção de registro de ofertas de valores mobiliários[616].

companhia emissora ou do fato de deterem "poder de barganha" perante esta, tiverem acesso ao mesmo tipo de informação que seria exigido em decorrência do registro." (cf. EIZIRIK, Nelson. A oferta pública de distribuição de valores mobiliários. In: *Direito societário.* Estudos e pareceres. São Paulo: Quartier Latin, p. 2015. p. 435) E ainda, como também escreve Eizirik, a modalidade assim denominada parece encerrar uma contradição: *"Ainda que se trate de expressão contraditória – havendo esforços restritos a oferta não é pública – o instrumento tem se revelado útil para a captação de recursos junto a investidores qualificados."* (cf. EIZIRIK, Nelson. A oferta pública de distribuição de valores mobiliários. In: *Direito societário.* Estudos e pareceres. São Paulo: Quartier Latin, p. 2015. p. 435) Também nesse sentido, comenta-se que *"ao invés de admitir a natureza privada das ofertas descritas na Instrução CVM n. 476/2009 e reconhecer que elas não estariam sujeitas à obrigatoriedade de registro, preferiu qualificá-las como públicas e dispensá-las automaticamente da obtenção de registro perante a Autarquia."* (cf. EIZIRIK, Nelson. GAAL, Ariádna. PARENTE, Flávia. HENRIQUES, Marcus de Freitas. *Mercado de capitais:* regime jurídico. 3 ed. Rio de Janeiro: Renovar, 2011. p. 159) O tema foi enfrentado em consulta formulada ao Colegiado da CVM acerca da possibilidade de a via da Instrução CVM n. 476/2009 ser empregada em operações em que não há esforço efetivo de colocação junto ao público investidor. O Colegiado, por unanimidade, entendeu que tais operações podem, voluntariamente, adotar o regime previsto para as ofertas públicas. Afirmou o relator, Diretor Gustavo Gonzalez: *"Os conceitos de valor mobiliário e de oferta pública previstos na Lei n. 6.385/1976 têm caráter instrumental – não são fins em si mesmos e servem, sobretudo, para identificar operações que devem estar sujeitas à regulação mobiliária e, mais especificamente, à supervisão da CVM. São, em essência, critérios para identificar ativos e negócios que devem necessariamente estar sujeitos a um regime jurídico específico: o direito dos valores mobiliários. Nessa perspectiva, entendo que a conclusão de que operações privadas estariam sendo indevidamente travestidas de ofertas públicas parte do pressuposto equivocado de que o conceito legal de oferta pública tem um caráter verdadeiramente conceitual, quando, na verdade, se trata de um instrumento que, como tanto, deve ser analisado em razão da função que pretende cumprir."* (cf. CVM. Processos SEI 19957.007194/2017-50 e 19957.007197/2017-93, j. 23 fev. 2021. Dir. Rel. Gustavo Gonzalez) Ainda sobre o tema, ver também CVM. Processo CVM RJ2005/2345, Rel. Pres. Marcelo Trindade, j. 21.02.2006; Processo CVM 19957.004749/2018-92, Rel. SRE, j. 26.06.2018; Processo CVM 19957.003689/2017-18, Dir. Rel. Pablo Renteria, j. 30.10.2018.

616 Cf. CVM. Edital de audiência pública n. 05/2008, p. 1. Nesse sentido, Yazbek ressalta como funções mais diretas da norma aquelas de *"criar um mecanismo adequado para a distribuição de títulos menos típicos, quanto a facilitar o financiamento de novas empresas via mercado"*. E ainda, identifica como problemas mais remotos que motivaram também a edição da norma a indefinição em torno dos conceitos de oferta pública e privada, e a restrição a que certos investidores institucionais adquirissem valores mobiliários que não tivessem sido objeto de oferta pública.

Assim sendo, a CVM concedeu à nova modalidade dispensa *automática* do registro de oferta pública de distribuição (artigo 6º)[617]. E ainda, permitiu a negociação em mercado secundário, de balcão organizado e não organizado, de valores mobiliários assim ofertados emitidos por emissores não registrados. Nesse sentido, diz o artigo 14 da Instrução CVM n. 476/2009 que "*os valores mobiliários ofertados de acordo com esta Instrução poderão ser negociados nos mercados de balcão organizado e não organizado, mas não em bolsa, sem que o emissor possua o registro de que trata o art. 21 da Lei nº 6.385, de 1976*"[618].

Ao fazê-lo, permitiu a CVM que emissores não registrados acessassem o mercado brasileiro por meio da distribuição pública de debêntures e outras espécies de valores mobiliários originalmente contempladas pela Instrução CVM n. 476/2009[619]. Para tais emissores não foi exigida nem mesmo a forma

(cf. YAZBEK, Otavio. "Em busca de um regime para os private placements no Brasil – ofertas públicas, ofertas privadas e ofertas públicas distribuídas com esforços restritos". In: BOTREL, Sérgio. BARBOSA, Henrique. (coords.) *Finanças corporativas*: aspectos jurídicos e estratégicos. São Paulo: Atlas, 2016. p. 180-184) Ainda sobre a influência do regime norte-americano (em especial, do "*Regulation D*" da SEC), ver: BUSCHINELLI, Gabriel Saad Kik. Artigos 19 & 20. In: CODORNIZ, Gabriela. PATELLA, Laura (coords.). *Comentários à Lei do Mercado de Capitais – Lei n. 6.385/76*. São Paulo: Quartier Latin, 2015. p. 403-406. Entretanto, de acordo com Pitta, a Instrução CVM n. 476/2009 apresenta peculiaridades: "*Todavia, muito embora a CVM tenha declaradamente buscado inspiração no regramento norte-americano quando da elaboração de tal norma, a análise detida do conteúdo da Instrução CVM n. 476/09 revela significativas diferenças em comparação com a sistemática vigente naquele mercado, bem como no âmbito do mercado de valores mobiliários europeu.*" (cf. PITTA, André Grünspun. *A capitalização da empresa e o mercado de valores mobiliários*. São Paulo: Quartier Latin, 2018. p. 387)

617 A norma exige apenas que o intermediário líder comunique à CVM o início e o encerramento da oferta (cf. artigos 7-A e 8º da Instrução CVM n. 476/2009, tendo o primeiro sido inserido pela Instrução CVM n. 551/2014). Além disso, o artigo 5° confirma que não se aplicam às ofertas públicas distribuídas com esforços restritos a Instrução CVM n. 400/2003 – que, como já se viu, regulamenta o referido registro de distribuição – e demais normas da CVM relativas ao procedimento de distribuição de valores mobiliários, salvo quando previsto em contrário na própria Instrução CVM n. 476/2009.

618 Nesse sentido, o manual do emissor da B3 prevê a possibilidade de listagem de emissores sujeitos à Instrução CVM n. 476/2009 não registrados perante a CVM (item 3.1.3.1 (ii)) e a possibilidade de admissão à negociação de valores mobiliários de emissão de "[e]*missores sujeitos à Instrução CVM nº 476/09 não registrados perante a CVM, sendo que, nesse caso, a admissão à negociação de valores mobiliários será restrita ao mercado de balcão organizado*" (item 3.1.3.2 (iv)).

619 A importância da dispensa de registro do emissor é destacada por Rebello e Pitta: "*Na ausência dessa dispensa do registro de emissor, os valores mobiliários objeto das ofertas disciplinadas pela Instrução 476 não poderiam ser negociados no mercado secundário, retirando grande parte de sua*

de sociedade anônima[620]. Como veremos a seguir, no regime recentemente proposto pela CVM para substituir a Instrução CVM n. 476/2009, essa dispensa de registro de emissor foi confirmada e explicitada.

atratividade para o investidor, que estaria obrigado a mantê-los indefinidamente (ou até o seu vencimento, na hipótese dos ativos representativos de dívida). Essa circunstância, por sua vez, elevaria o custo de captação para as companhias, em razão da iliquidez dos valores mobiliários ofertados." (cf. REBELLO, Carlos. PITTA, André Grunspun. Instrução CVM 476 – Dez anos de liberdade com responsabilidade. In: *Jota*. Disponível em: www.jota.info/opiniao-e-analise/artigos/instrucao-cvm-476-dez-anos-de-liberdade-com-responsabilidade-18022019. Acesso em: 05 set. 2019)

620 Tanto assim que o respectivo edital de audiência pública ressaltava que "*em princípio, não só as sociedades por ações, mas também outros tipos societários, como as sociedades limitadas e cooperativas, poderiam oferecer ao público, mediante esforços restritos de distribuição, valores mobiliários de sua emissão*" (cf. CVM. Edital de audiência pública n. 05/2008, p. 3). A CVM solicitou comentários a respeito das vantagens e desvantagens de eventual limitação do alcance da norma às ofertas de valores mobiliários emitidos por sociedades anônimas, ressalvando que ainda cogitava implementar uma tal limitação, "*tendo em vista que a Lei n. 6.404, de 15 de dezembro de 1976, contempla uma série de regras com as quais os agentes de mercado e investidores em geral já se acostumaram a contar depois de decorridos mais de 30 anos do início de sua vigência*" (cf. CVM. Edital de audiência pública n. 05/2008, p. 3). Já o respectivo relatório de análise relata que foram apresentadas diversas manifestações favoráveis à não limitação do escopo da norma a valores mobiliários emitidos por sociedades anônimas, especialmente porque a exclusão dos valores mobiliários emitidos por sociedades limitadas impediria que a maior parte das empresas brasileiras (inclusive empresas de médio e grande porte) tirasse proveito desse mecanismo de captação, contrariando a intenção da CVM de facilitar o acesso ao mercado de capitais. Considerando as manifestações recebidas, a SDM decidiu não restringir a realização de ofertas públicas distribuídas com esforços restritos a um ou mais tipos societários, e ressaltou ainda que a forma de organização societária é irrelevante para a competência da CVM quanto à aplicação das penalidades estabelecidas na Lei n. 6.385/1976, dado que essa lei sujeita os emissores de valores mobiliários, bem como seus administradores e controladores, à mesma disciplina prevista para as companhias abertas (cf. CVM. Relatório de análise de audiência pública SDM n. 05/2008, p. 4-5). Posteriormente, em nova audiência pública, a CVM manifestou entendimento de que as sociedades limitadas podem promover ofertas públicas com esforços restritos dos valores mobiliários que legalmente puderem emitir e que estiverem listados na Instrução CVM n. 476/2009. E ainda, que as sociedades limitadas não podem emitir debêntures, uma vez que essas são disciplinadas pela lei das sociedades anônimas e o regime societário das limitadas não é coerente com a emissão desses valores mobiliários. (cf. CVM. Relatório de análise de audiência pública SDM n. 01/2014, p. 39-40). Ainda sobre o tema: EIZIRIK, Nelson. GAAL, Ariádna. PARENTE, Flávia. HENRIQUES, Marcus de Freitas. *Mercado de capitais:* regime jurídico. 3 ed. Rio de Janeiro: Renovar, 2011. p. 158; PITTA, Andrá Grünspun. A possibilidade de emissão de debêntures por sociedade limitada regida supletivamente pela lei das sociedades por ações. In: AZEVEDO, Luís André N. de Moura; CASTRO, Rodrigo R. Monteiro de (coord.). *Sociedade Limitada Contemporânea.* São Paulo: Quartier Latin, 2013. p. 516 e 517.

Entretanto, quando a Instrução CVM n. 476/2009 foi reformada para permitir que fossem assim ofertadas também ações e outras espécies de valores mobiliários de capital, preferiu a CVM não dispensar o registro de emissor na categoria A, como explicaremos adiante. O regime proposto pela CVM para substituir a Instrução CVM n. 476/2009 não inova nesse ponto, mantendo nessas hipóteses a exigência de registro, como também veremos a seguir.

Em contrapartida às dispensas de registro, a CVM submeteu essa modalidade de oferta e a posterior negociação dos valores mobiliários assim ofertados a uma série de restrições, especialmente quanto ao nível de sofisticação do público-alvo, detalhadas a seguir. Além disso, a CVM exigiu a intermediação das ofertas públicas distribuídas com esforços restritos por integrante do sistema de distribuição de valores mobiliários, concentrando na figura do intermediário líder deveres típicos de *gatekeeper* (artigo 2º, *caput*, e artigo 11)[621].

[621] Por exemplo, são atribuídos ao intermediário líder os deveres de certificar-se de que os investidores têm conhecimento e experiência em finanças e negócios suficientes para avaliar a qualidade e os riscos dos valores mobiliários ofertados, bem como que o investimento é adequado ao nível de sofisticação e ao perfil de risco dos investidores e que a oferta é direcionada exclusivamente a investidores profissionais (cf. incisos III, IV e XI do artigo 11). Sobre o papel atribuído ao intermediário líder, a CVM declarou na respectiva audiência pública que são os principais garantidores do acesso dos investidores às informações necessárias, de modo que não seria prudente dispensar o registro das ofertas sem impor deveres aos intermediários nesse sentido (cf. CVM. Relatório de análise da audiência pública SDM n. 05/2008, p. 12). E ainda, afirmou em posterior audiência pública: "*No contexto das ofertas com esforços restritos, que são dispensadas de registro perante a CVM, o papel do intermediário líder é fundamental para garantir que as obrigações contidas na regulamentação sejam obedecidas. Desse modo, esses agentes funcionam como* gatekeepers *da norma, com a função de acompanhar e garantir a regularidade de tais ofertas, de modo que os participantes de que trata a norma cumpram com seus deveres.*" (cf. CVM. Relatório de análise da audiência pública SDM n. 05/2017, p. 25) Ainda sobre o tema: YAZBEK, Otavio. "Em busca de um regime para os private placements no Brasil – ofertas públicas, ofertas privadas e ofertas públicas distribuídas com esforços restritos". In: BOTREL, Sérgio. BARBOSA, Henrique. (coords.) *Finanças corporativas*: aspectos jurídicos e estratégicos. São Paulo: Atlas, 2016. p. 188-190; WELLISCH, Julya Sotto Mayor. *Mercado de capitais*: fundamentos e desafios. São Paulo: Quartier Latin, 2018. p. 205 et seq. Essa concentração de funções na figura do intermediário tem recebido crítica: "*Outra diferença substancial em relação a alguns regimes estrangeiros, também com importante impacto potencial nos custos dessas transações, é a obrigatoriedade de as ofertas realizadas nos termos da Instrução CVM 476 contarem com a participação de intermediários sujeitos às mesmas obrigações e responsabilidades impostas nas ofertas públicas registradas perante a CVM (e que contam com a participação do público em geral). Tal requisito (que incluiu a responsabilidade pela verificação diligente das informações divulgadas) tende a encarecer essas transações, impondo custos que talvez não se justifiquem em um cenário em que os destinatários das operações dispõem de alto grau de sofisticação*

E ainda, como salvaguarda, a Instrução CVM n. 476/2009 exige que os subscritores ou adquirentes dos valores mobiliários forneçam declaração, por escrito, atestando que estão cientes de que a oferta não foi registrada na CVM, bem como que os valores mobiliários ofertados estão sujeitos às restrições de negociação, antes descritas[622].

À época em que submeteu a audiência pública a minuta de norma que deu origem à Instrução CVM n. 476/2009, explicou a CVM que a dispensa de registro estava sendo proposta para hipóteses em que o registro era considerado menos necessário, por se tratar de ofertas dirigidas a investidores que teriam melhores condições de avaliar as informações prestadas e os riscos envolvidos[623]. Ou seja, ao ponderar as finalidades que pautam a intervenção estatal nesse mercado, entendeu a CVM que a sofisticação dos investidores é fator que permite a flexibilização de medidas tradicionais de proteção, dispensando a atuação preventiva do regulador e permitindo a eliminação de certos custos regulatórios.

De modo geral, a Instrução CVM n. 476/2009 teve considerável êxito na missão de promover maior agilidade e redução de custos, facilitando o acesso ao mercado. A popularidade dessa modalidade de oferta é evidenciada pelos números, especialmente de companhias emissoras não registradas que dela passaram a se valer para o financiamento de suas atividades, especialmente por meio da distribuição pública de debêntures[624]. Isso faz com que hoje se ressalte a contribuição desse modelo quase como um mercado de acesso, que permite às companhias não registradas um primeiro contato com o mercado de valores mobiliários, e as submete a disciplina intermediária, contribuindo assim para a promoção de familiaridade com obrigações típicas de companhia aberta. Examinaremos essa disciplina no item 3.2.2.2.5, a seguir.

Não obstante, entende-se que a Instrução CVM n. 476/2009 apresenta também certas vulnerabilidades e deficiências que merecem ser ponderadas.

financeira." (cf. REBELLO, Carlos. PITTA, André Grunspun. Instrução CVM 476 – Dez anos de liberdade com responsabilidade. In: *Jota*. Disponível em: www.jota.info/opiniao-e-analise/artigos/instrucao-cvm-476-dez-anos-de-liberdade-com-responsabilidade-18022019. Acesso em: 05 set. 2019)

622 Cf. artigo 7º da Instrução CVM n. 476/2009.

623 Cf. CVM. Edital de audiência pública n. 05/2008, p. 1.

624 Vide Capítulo 2 da Parte I, item 2.4.

Concentrar-se-á aqui especificamente naquelas que dizem respeito aos efeitos da dispensa de registro e ao tratamento conferido aos emissores não registrados *vis-à-vis* a disciplina jurídica da companhia aberta.

3.2.2.2.2 Contrapartida: esforços restritos

As principais restrições estabelecidas pela Instrução CVM n. 476/2009 são comuns a todas as ofertas públicas distribuídas com esforços restritos. As demais variam conforme a espécie de valores mobiliários ofertados, motivo pelo qual serão analisadas na sequência.

Como mencionado, as principais restrições estabelecidas pela Instrução CVM n. 476/2009 dizem respeito ao nível de sofisticação dos investidores. Essas restrições se apoiam na presunção de que investidores mais qualificados, com maior poder econômico ou conhecimento técnico, têm melhores condições de avaliar o mérito do investimento e os riscos envolvidos[625]. É essa a principal contrapartida à dispensa da proteção estatal ordinariamente conferida por meio do regime informacional atrelado ao registro.

Nesse sentido, determina o artigo 2º da Instrução CVM n. 476/2009 que as ofertas públicas distribuídas com esforços restritos devem ser destinadas exclusivamente a investidores *profissionais*[626]. E ainda, estabelece o artigo 15 da Instrução CVM n. 476/2009 que a posterior negociação dos valores mobiliários assim ofertados, em mercado secundário, é restrita a investidores

[625] Cf. REBELLO, Carlos. PITTA, André Grunspun. Instrução CVM 476 – Dez anos de liberdade com responsabilidade. In: *Jota*. Disponível em: www.jota.info/opiniao-e-analise/artigos/instrucao-cvm-476-dez-anos-de-liberdade-com-responsabilidade-18022019. Acesso em: 05 set. 2019.

[626] Cf. artigo 9-A da Instrução CVM n. 539/2013 (inserido pela Instrução CVM n. 554/2014): *"Art. 9º-A São considerados investidores profissionais: I – instituições financeiras e demais instituições autorizadas a funcionar pelo Banco Central do Brasil; II – companhias seguradoras e sociedades de capitalização; III – entidades abertas e fechadas de previdência complementar; IV – pessoas naturais ou jurídicas que possuam investimentos financeiros em valor superior a R$ 10.000.000,00 (dez milhões de reais) e que, adicionalmente, atestem por escrito sua condição de investidor profissional mediante termo próprio, de acordo com o Anexo 9-A; V – fundos de investimento; VI – clubes de investimento, desde que tenham a carteira gerida por administrador de carteira de valores mobiliários autorizado pela CVM; VII – agentes autônomos de investimento, administradores de carteira, analistas e consultores de valores mobiliários autorizados pela CVM, em relação a seus recursos próprios; VIII – investidores não residentes."*

qualificados – restrição essa afastada caso o emissor tenha, ou venha a obter, registro[627].

A primeira restrição decorre de alteração promovida pela Instrução CVM n. 554/2014, antes da qual as ofertas públicas com esforços restritos podiam ser destinadas a investidores *qualificados*. A Instrução CVM n. 554/2014 instituiu regime de categorização dos investidores, associado a diferentes níveis de tutela regulatória. Nesse contexto, reformou o conceito de investidores qualificados na tentativa de adequá-lo à realidade econômica brasileira e criou a categoria de investidores profissionais[628].

[627] Cf. artigo 15, *caput* e §1º, da Instrução CVM n. 476/2009 (com redação dada pela Instrução CVM n. 554/2014 e pela Instrução CVM n. 600/2018, respectivamente). São considerados investidores qualificados, nos termos do artigo 9-B da Instrução CVM n. 539/2013 (inserido pela Instrução CVM n. 554/2014): *"Art. 9º-B São considerados investidores qualificados: I – investidores profissionais; II – pessoas naturais ou jurídicas que possuam investimentos financeiros em valor superior a R$ 1.000.000,00 (um milhão de reais) e que, adicionalmente, atestem por escrito sua condição de investidor qualificado mediante termo próprio, de acordo com o Anexo 9-B; III – as pessoas naturais que tenham sido aprovadas em exames de qualificação técnica ou possuam certificações aprovadas pela CVM como requisitos para o registro de agentes autônomos de investimento, administradores de carteira, analistas e consultores de valores mobiliários, em relação a seus recursos próprios; e IV – clubes de investimento, desde que tenham a carteira gerida por um ou mais cotistas, que sejam investidores qualificados."* Contudo, essa classificação poderá ser revista em breve pela autarquia. Em julho de 2021, a CVM publicou estudo que propôs a flexibilização dos critérios de investidor qualificado, a partir da observação de que *"o valor necessário para ser considerado um investidor qualificado no Brasil é comparativamente maior que o de outras jurisdições, quando avaliado em termos de salários mínimos"*. (cf. CVM, *Investidores no mercado de capitais brasileiro: uma análise dos critérios regulatórios para investimento em valores mobiliários*. Julho/2021. p. 77. Disponível em: https://www.gov.br/cvm/pt-br/centrais-de-conteudo/publicacoes/estudos/air_investidores-no-mercado-de-capitais-brasileiro_2021-07-19.pdf. Acesso em: 15 dez. 2021)

[628] Além disso, revogou o artigo 4º da Instrução CVM n. 476/2009, que importava a definição de investidores qualificados do artigo 109 da Instrução CVM n. 409/2004, com algumas modificações. A adoção de critério patrimonial (i.e., volume individual de investimentos financeiros) para a categorização dos investidores pessoa física ou jurídica, apesar de mais objetivo, foi alvo de críticas na respectiva audiência pública. Ao final, optou a CVM por manter o critério patrimonial como indicação da sofisticação dos investidores, e acatar a sugestão recebida de participantes quanto à adoção de critério relacionado ao conhecimento técnico sobre esse mercado, representado por certificação de reconhecida qualidade (cf. CVM. Relatório de análise de audiência pública SDM n. 03/2014, p. 7). Os valores empregados nessas classificações nasceram de estimativas da CVM quanto ao patrimônio a partir do qual é racional o investidor médio dedicar parte relevante do seu tempo à administração de seus investimentos financeiros e, assim, passar a conhecer melhor o mercado de valores mobiliários, e o patrimônio mínimo que permite ao investidor ter acesso a prestadores de serviço que o

Na visão da CVM, os investidores *profissionais* são pessoas que atuam cotidianamente no mercado ou que, por possuírem patrimônio elevado, podem contratar prestadores de serviço capazes de auxiliá-los em decisões de investimento[629]. Já a categoria de investidores *qualificados* abrange os investidores profissionais e outras pessoas que, também na visão da CVM, têm capacidade de analisar estruturas complexas de investimento[630], mas dependem mais de tutela regulatória do que os investidores profissionais[631].

Adicionalmente, a Instrução CVM n. 476/2009 estabelece restrição quantitativa, do número de investidores-alvo dessas ofertas[632].

Nesse sentido, o artigo 3º da Instrução CVM n. 476/2009 permite que sejam abordados no máximo 75 investidores profissionais – antes das sucessivas reformas, o limite era de cinquenta investidores qualificados[633] – e que

auxiliem na administração de seus recursos. (cf. CVM. Edital de audiência pública SDM n. 03/2014, p. 1-3; CVM. Relatório de análise de audiência pública SDM n. 03/2014, p. 11-12) De acordo com Yazbek, a reforma promovida pela Instrução CVM n. 554/2014 atendeu "*a algumas demandas de modernização que já há muito vinham se fazendo presentes. Uma das grandes dificuldades de barreiras, como a que é criada pelo conceito de investidor qualificado, reside no seu caráter arbitrário e na sua tendência a, com o tempo, ficarem superadas.*" (cf. YAZBEK, Otavio. "Em busca de um regime para os private placements no Brasil – ofertas públicas, ofertas privadas e ofertas públicas distribuídas com esforços restritos". In: BOTREL, Sérgio. BARBOSA, Henrique. (coords.) *Finanças corporativas:* aspectos jurídicos e estratégicos. São Paulo: Atlas, 2016. p. 186)

629 Cf. CVM. Edital de audiência pública SDM n. 03/2014, p. 3.

630 Cf. CVM. Relatório de análise de audiência pública SDM n. 03/2014, p. 14.

631 Cf. CVM. Edital de audiência pública SDM n. 03/2014, p. 3.

632 Essa restrição tem sido alvo de crítica: "*A norma estabelece, simultaneamente, limitações quantitativas (e.g. do número de investidores procurados e que efetivamente adquirem os valores mobiliários ofertados) e qualitativas (e.g. associadas à qualificação dos investidores que podem participar da operação). A combinação desses requisitos atualmente afasta a Instrução 476 dos regimes estrangeiros análogos, que usualmente utilizam limites quantitativos apenas em relação à participação de investidores comuns, não impondo qualquer tipo de limitação numérica em relação à participação de investidores especializados.*" (cf. REBELLO, Carlos. PITTA, André Grunspun. Instrução CVM 476 – Dez anos de liberdade com responsabilidade. In: *Jota*. Disponível em: www.jota.info/opiniao-e-analise/artigos/instrucao-cvm-476-dez-anos-de-liberdade-com-responsabilidade-18022019. Acesso em: 05 set. 2019) No mesmo sentido, ver PITTA, André Grünspun. A capitalização da empresa e o mercado de valores mobiliários. São Paulo: Quartier Latin, 2018. p. 382.

633 A ampliação de cinquenta para setenta e cinco investidores qualificados foi promovida pela Instrução CVM n. 551/2014. No âmbito da audiência pública, certos participantes propuseram o aumento do número máximo de investidores consultados, ou mesmo a revogação desse limite. A CVM decidiu não acatar os pleitos de revogação desse limite, "*inclusive por se considerar que a introdução de valores mobiliários de capital demanda um período de adaptação, assim*

os valores mobiliários assim ofertados sejam subscritos ou adquiridos por no máximo cinquenta investidores profissionais – antes das sucessivas reformas, esse limite era de vinte investidores qualificados[634] –, observadas as regras específicas sobre o cômputo de investidores daquela Instrução[635].

Há outras restrições gerais na Instrução CVM n. 476/2009, como, por exemplo, quanto à forma de abordagem de investidores potenciais[636], além de prazo máximo para a subscrição ou aquisição dos valores mobiliários[637]

como foi feito à época da edição da Instrução CVM nº 476, de 2009". No entanto, tendo em vista as críticas de participantes à paridade entre o número de procurados e de adquirentes, a CVM optou por manter o patamar mais elevado então proposto, de até cinquenta adquirentes, ajustando o número potencial de investidores procurados para setenta e cinco (cf. CVM. Relatório de análise de audiência pública SDM n. 01/2014, p. 10). A redação desse dispositivo foi em seguida alterada pela Instrução CVM n. 554/2014 para substituir a referência a "investidores qualificados" por "investidores profissionais".

634 A ampliação de vinte para cinquenta investidores qualificados foi promovida pela Instrução CVM n. 551/2014. Essa ampliação teve por objetivo permitir que todos os investidores consultados sobre a oferta pudessem dela participar, se assim desejassem, facilitando a colocação das ofertas junto ao mercado. (cf. CVM. Edital de audiência pública SDM n. 01/2014, p. 3) A redação desse dispositivo foi em seguida alterada pela Instrução CVM n. 554/2014 para substituir a referência a "investidores qualificados" por "investidores profissionais".

635 Nesse sentido, o §1º do artigo 3º da Instrução CVM n. 476/2009 determina que fundos de investimento e carteiras administradas de valores mobiliários cujas decisões de investimento sejam tomadas pelo mesmo gestor devem ser considerados como um único investidor para os fins dos limites previstos naquele artigo. E ainda, o §2º do mesmo artigo determina que os investidores que exercerem direito de prioridade ou preferência não serão considerados para os fins daqueles limites. A redação de ambos os dispositivos foi dada pela Instrução CVM n. 551/2014.

636 O artigo 2º, § único, da Instrução CVM n. 476/2009, veda a abordagem de investidores através de lojas, escritórios ou estabelecimentos abertos ao público, ou com a utilização de serviços públicos de comunicação, como a imprensa, o rádio, a televisão e páginas abertas ao público na rede mundial de computadores. Comenta-se que *"as ofertas restritas, na forma em que foram reguladas pela Instrução CVM n. 476/2009, possuem determinadas características que as aproximam das ofertas privadas, como o fato de serem realizadas sem a utilização de meios de comunicação de massa ou estabelecimentos abertos ao público em geral (elemento objetivo) e de serem destinadas exclusivamente a um número limitado de investidores qualificados (elemento subjetivo)."* (cf. EIZIRIK, Nelson. GAAL, Ariádna. PARENTE, Flávia. HENRIQUES, Marcus de Freitas. *Mercado de capitais:* regime jurídico. 3 ed. Rio de Janeiro: Renovar, 2011. p. 158-159)

637 Por força do artigo 8-A da Instrução CVM n. 476/2009, as ofertas públicas distribuídas com esforços restritos passaram a ficar sujeitas a prazo máximo para subscrição ou aquisição dos valores mobiliários de 24 meses. Esse dispositivo foi incluído pela Instrução CVM n. 601/2018, sendo que, antes disso, não havia prazo máximo para a conclusão de uma oferta pública distribuída com esforços restritos. Verificou a CVM, após analisar as ofertas realizadas

e prazo mínimo para a realização de nova oferta pública da mesma espécie de valores mobiliários do mesmo emissor[638].

É importante observar, todavia, que não há restrição na Instrução CVM n. 476/2009 quanto ao volume dessas ofertas públicas – isto é, quanto à quantidade que pode ser assim ofertada e nem quanto ao volume financeiro que pode ser assim captado[639].

e em andamento, que algumas foram mantidas abertas por longos períodos, mesmo sem atividade. Em vista disso, a CVM submeteu a audiência pública proposta de introdução de prazo máximo para essas ofertas, no intuito de facilitar o seu acompanhamento (cf. CVM. Edital de audiência pública SDM n. 05/2017, p. 6) Em resposta a comentários recebidos a esse ponto, manifestou-se nos seguintes termos: *"A CVM entende que a fixação de prazo máximo para realização de ofertas públicas com esforços restritos é salutar para evitar situações, verificadas na supervisão, de ofertas que permanecem abertas por tempo indeterminado, quando, na realidade, nenhum esforço de venda está se operando. Portanto, não se trata de uma situação que não traz malefícios para o mercado de valores mobiliários, pois em muitos casos trata-se de uma simulação."* (cf. CVM. Relatório de análise de audiência pública SDM n. 05/2017, p. 27)

638 O artigo 9º da Instrução CVM n. 476/2009 (com redação dada pela Instrução CVM n. 601/2018) estabelece vedação à realização pelo ofertante de nova oferta pública da mesma espécie de valores mobiliários do mesmo emissor no prazo de quatro meses contados do encerramento ou cancelamento da oferta, exceto se a nova oferta for submetida a registro perante a CVM, ressalvadas algumas situações. Sobre o emprego do termo *espécie* nesse dispositivo, manifestou-se a CVM: *"A CVM esclarece que o termo "espécie" no art. 9º da Instrução CVM nº 476, de 2009, deve ser interpretado tecnicamente. Como fica claro pela leitura da Lei nº 6.404, de 1976, e da Instrução CVM nº 400, de 2003, os valores mobiliários, em regra, podem ser classificados em tipos (ações, debêntures etc.) e espécies (por exemplo, ações ordinárias e preferenciais). A vedação do art. 9º aplica-se, portanto, a valores mobiliários da mesma espécie, podendo ser realizadas ofertas com esforços restritos de valores mobiliários de mesmo tipo do mesmo emissor dentro do prazo de 4 meses, desde que de espécies distintas."* (cf. CVM. Relatório de análise de audiência pública SDM n. 01/2014, p. 36) E ainda: *"No entendimento da SRE, corroborado pela Procuradoria Federal Especializada, não havendo prescrição em lei ou norma regulamentar por meio da qual tenham sido criadas diferentes espécies de determinado valor mobiliário, tal como ocorre, por exemplo, com as ações (art. 15 da Lei nº 6.404/1976) e as debêntures (art. 58 da Lei nº6.404/1976), a espécie será única e, assim, o disposto no art. 9º da Instrução CVM nº 476/2009 deve ser entendido como fazendo alusão a cada um dos valores mobiliários listados no art. 1º, §1º da Instrução."* (cf. Ofício-circular CVM/SRE n. 01/2021, p. 91)

639 Em resposta a sugestão formulada por participante no âmbito da respectiva audiência pública nesse sentido, manifestou-se a SDM: *"A SDM entende que não se faz necessário estabelecer um montante máximo que poderia ser captado por meio das ofertas públicas reguladas pela instrução, uma vez que já existem limites para o número de investidores que podem ser procurados e para o número de investidores que podem subscrever ou adquirir os valores mobiliários ofertados."* (cf. CVM. Relatório de análise da audiência pública SDM n. 05/2008, p. 10) Esse aspecto foi também ressaltado pelo Colegiado da CVM, em resposta a consulta formulada por participantes do mercado, bem como no âmbito de posterior audiência pública, em que se discutiu o exercício de lote

3.2.2.2.3 Distribuição de valores mobiliários de dívida

Em seu formato original, a Instrução CVM n. 476/2009 permitia que fossem objeto de oferta pública distribuída com esforços restritos as seguintes espécies de valores mobiliários: *(i)* notas comerciais; *(ii)* cédulas de crédito bancário que não fossem de responsabilidade de instituição financeira; *(iii)* debêntures não conversíveis e não permutáveis por ações; *(iv)* cotas de fundos de investimento fechados; e *(v)* certificados de recebíveis imobiliários ou do agronegócio[640].

suplementar e de atividade de estabilização de preços nessas ofertas: "*De fato, conforme manifestado pelo Colegiado no âmbito do Processo Administrativo CVM nº RJ2014/13261, não há limitação quanto à quantidade de valores mobiliários ofertados no âmbito das ofertas com esforços restritos, de modo que o emissor poderá aumentar a oferta de títulos, no caso de excesso de demanda no mercado primário, sem a necessidade de previsão de lote adicional (observando-se sempre as limitações relacionadas à qualificação do investidor como profissional e à quantidade máxima de investidores procurados e adquirentes, nos termos dos artigos 2º e 3º).*" (cf. CVM. Relatório de análise da audiência pública SDM n. 05/2017, p. 8); "*5. De fato, extrai-se da leitura da Instrução CVM nº 476/2009 que o regime regulatório a que se sujeitam as Ofertas com Esforços Restritos é maleável no que tange à definição da quantidade de valores mobiliários a serem ofertados, conferindo-se, desse modo, às partes envolvidas na oferta liberdade para a escolha do arranjo que melhor atenda aos interesses do emissor e de seus investidores. 6. As restrições que recaem sobre as Ofertas com Esforços Restritos relacionam-se, entre outros aspectos, à qualificação do público-alvo (art. 2º), ao número de investidores alcançados (art. 3º) e à intensidade dos esforços de venda (art. 2º, parágrafo único). Não dizem respeito, portanto, à quantidade de valores a serem ofertados nem ao volume financeiro a ser alcançado por meio da oferta.*" (cf. CVM. Processo CVM n. RJ2014/13261, julgado em 28 de junho de 2016. Diretor Relator Pablo Renteria)

640 Como antes mencionado, com o advento da Instrução CVM n. 605/2019, as ofertas de certificados de recebíveis imobiliários ou do agronegócio foram limitadas àqueles emitidos por companhia securitizadora registrada na CVM como companhia aberta. Reconheceu a CVM, no âmbito da referida audiência pública, que essa medida instauraria assimetria no tratamento de companhias emissoras de valores mobiliários sob a Instrução CVM n. 476/2009. Quanto a esse ponto, comentou: "*Entretanto, a CVM considera que tal assimetria encontra fundamento no papel que as companhias securitizadoras exercem no mercado de capitais, dado que todo processo de securitização de direitos creditórios guarda muitas especificidades. A emissão de um certificado de recebíveis é uma operação via de regra mais complexa que a emissão dos valores mobiliários mais tradicionais, tais como ações ou mesmo debêntures. Essa maior complexidade resulta em um rol diferenciado de atividades a serem desempenhadas pelas companhias securitizadoras no curso de suas atividades, nos termos da Lei nº 9.514, de 1997, norma essa que não é oponível a todos os emissores que acessam o mercado por meio da Instrução CVM nº 476, de 2009. Nesse sentido, é entendimento da Autarquia que as companhias securitizadoras atuam não só como emissores, mas como prestadores de serviço para os titulares dos certificados, aproximando-os dos administradores fiduciários de fundos de investimento.*" (cf. CVM. Relatório de análise de audiência pública SDM n. 03/2018, p. 3-4)

Ao editar a norma, considerou a CVM ser mais prudente restringir o seu alcance naquele momento inicial a determinados valores mobiliários bem difundidos no mercado, resguardando a possibilidade de avaliar a inclusão de outros valores mobiliários no futuro, após um período de familiarização com o novo regime[641]. Com o passar do tempo, o amadurecimento do mercado com relação ao regime da Instrução CVM n. 476/2009, observado a partir do crescimento sólido do volume de ofertas públicas desse tipo já nos primeiros anos de vigência da norma, levou a CVM a ampliar gradativamente o seu alcance[642].

Notadamente, esse rol foi ampliado para abranger também: *(vi)* letras financeiras (desde que não relacionadas a operações ativas vinculadas, como depois passou a especificar); *(vii)* certificados de direitos creditórios do agronegócio; *(viii)* cédulas de produto rural financeiras que não sejam de responsabilidade de instituição financeira; *(ix)* *warrants* agropecuários; *(x)* certificados de operações estruturadas; *(xi)* valores mobiliários de capital (desde que emitidos por emissor registrado na categoria A); *(xii)* debêntures permutáveis por ações (emitidas por emissor registrado na categoria A); *(xiii)* certificados de depósito desses valores mobiliários; e *(xiv)* certificados de depósito de valores mobiliários no âmbito de programa de BDR Patrocinado Nível I, Nível II e Nível III (artigo 1º, §1º)[643].

Concentrar-nos-emos aqui nas normas pertinentes à oferta de valores mobiliários de dívida – em especial, debêntures – emitidos por sociedades anônimas. Para esses valores mobiliários incide restrição quanto à posterior negociação em mercados regulamentados, vedada por período de noventa dias, contados de cada subscrição ou aquisição pelos investidores, salvo em hipóteses específicas (artigo 13)[644]. Esse período de *lock-up* foi instituído na

641 Cf. CVM. Relatório de análise da audiência pública n. 05/2008.

642 Cf. CVM. Edital de audiência pública SDM n. 08/2011, p. 1.

643 A Resolução CVM n. 8/2020 revogou os incisos VI e X, excluindo as letras financeiras e os certificados de operações estruturadas desse rol.

644 Vale notar ainda que o manual do emissor da B3 reflete essa restrição, ao determinar que, uma vez deferido o pedido de admissão à negociação, os valores mobiliários passarão a ser negociados na B3 "*a partir do dia útil subsequente ao término do prazo de 90 (noventa) dias a contar de sua subscrição ou aquisição pelos investidores nos termos da Instrução CVM nº 476/09*" (cf. item 6.2.20 (iii)).

tentativa de impedir que a regra geral que limita o número de investidores dessas ofertas fosse facilmente elidida[645].

Como mencionado, após esse período de vedação à negociação, os valores mobiliários em questão poderão ser negociados por investidores qualificados em mercado de balcão, organizado ou não (artigo 14, *caput*). Apenas em se tratando de emissor registrado, poderão ser negociados por investidores não qualificados, em mercado de balcão ou bolsa de valores. A restrição à negociação em bolsa está também relacionada com a natureza desse mercado, que permite sejam atingidos grandes números de investidores[646].

Consequentemente, admite-se a negociação de debêntures e notas comerciais de emissão de companhias não registradas perante a CVM, distribuídas na forma da Instrução CVM n. 476/2009, ainda que sob determinadas restrições[647]. Contudo, essas restrições quanto aos mercados regulamentados em

645 Cf. CVM. Relatório de análise de audiência pública SDM n. 05/2008, p. 13; Relatório de análise de audiência pública SDM n. 01/2014, p. 24.

646 Cf. YAZBEK, Otavio. "Em busca de um regime para os private placements no Brasil – ofertas públicas, ofertas privadas e ofertas públicas distribuídas com esforços restritos". In: BOTREL, Sérgio. BARBOSA, Henrique. (coords.) *Finanças corporativas*: aspectos jurídicos e estratégicos. São Paulo: Atlas, 2016. p. 187. Ainda nesse ponto, destacou a área técnica da CVM no âmbito de recente julgado: "*18. Ainda que não houvesse tal previsão na Instrução CVM 476, por força do disposto no § 2º do art. 21 da Lei 6.385, as Debêntures poderiam ser negociadas em mercado de balcão não organizado, uma vez que o registro de uma distribuição pública ou a sua dispensa pela CVM (nos termos do art. 19 da Lei 6.385), permite a negociação no mercado de balcão não organizado, como se pode observar no citado dispositivo: (...) 19. Isso significa que, uma vez tendo as Debêntures sido objeto de uma distribuição pública automaticamente dispensada de registro pela CVM, nos termos da Instrução CVM 476, elas podem, após o período de lockup de 90 dias, ser negociadas em mercado de balcão (organizado ou não), sem a necessidade de registro do emissor.*" (cf. CVM. Processo SEI Processo SEI n. 19957.003411/2019-02, j. 9 de abril de 2019. Memorando nº 12/2019-CVM/SRE/GER-2, de 3 de abril de 2019)

647 O manual do emissor da B3 confirma a possibilidade de a B3 admitir à negociação debêntures "*simples de emissão de Sociedades por Ações listadas na forma indicada no item 3.3 ou de Emissores sujeitos à Instrução CVM nº 476/09 não registrados perante a CVM*" (cf. item 6.7.2 (i)) e notas comerciais de emissão "*(i) Sociedades por Ações listadas na forma indicada no item 3.3; ou (ii) Emissores sujeitos à Instrução CVM nº 476/09 não registrados perante a CVM*" (cf. item 6.11.2). Com efeito, dados da CVM apontam que, entre 2014 e 2018, mais de 85% do volume financeiro de debêntures e CRI, e a totalidade das notas promissórias, foram distribuídos na forma da Instrução CVM n. 476/2009. (cf. CVM. O mercado de dívida corporativa no Brasil. 2019. p. 23. Disponível em: http://www.cvm.gov.br/export/sites/cvm/menu/acesso_informacao/serieshistoricas/estudos/anexos/estudo_cvm_mercado_de_divida_corporativa_no_Brasil.pdf. Acesso em: 15 abr. 2019)

que podem ser negociados esses valores mobiliários e quanto à qualificação dos investidores que podem negociá-los, além do período de vedação a que ficam sujeitos, acabam por comprometer sua liquidez no mercado secundário[648].

3.2.2.2.4 Distribuição de valores mobiliários de capital

Ao submeter a audiência pública a minuta de norma que deu origem à Instrução CVM n. 476/2009, a CVM solicitou manifestação sobre três questões principais, a primeira delas sendo a restrição quanto às espécies de valores mobiliários que poderiam ser objeto de ofertas públicas distribuídas com esforços restritos[649]. Concluiu a CVM que para a inclusão de valores mobiliários de capital seriam necessários estudos adicionais[650]. Consequentemente,

[648] Nesse sentido, em estudo sobre o mercado secundário de debêntures brasileiro no período de janeiro de 2011 a junho de 2015, explicam economistas que a restrição quanto ao universo de investidores gera uma concentração que prejudica a formação de um mercado secundário ativo, inclusive porque as debêntures são em larga medida adquiridas pelos bancos coordenadores. E ainda, que muitas dessas debêntures não são oferecidas a mercado, pois operações concebidas como crédito bancário acabam sendo concretizadas sob a forma de emissão de debêntures. (cf. ALMEIDA, Carolina Amaral de. BAZILIO, Juliana Kramer. Liquidez do mercado secundário de debêntures: dinâmica recente, fatores determinantes e iniciativas. In: *Revista do BNDES*, n. 44, dezembro 2015. p. 182. Disponível em: https://web.bndes.gov.br/bib/jspui/bitstream/1408/7083/1/RB%2044%20Liquidez%20do%20mercado%20secund%C3%A1rio%20de%20deb%C3%AAntures_P.pdf. Acesso em: 07 out. 2019) Diagnóstico semelhante foi apresentado em estudo publicado pela CVM, no sentido de que há uma alta frequência de ofertas de debêntures e notas promissórias realizadas com esforços restritos subscritas exclusivamente por um número reduzido de instituições financeiras e intermediárias, o que, a seu ver, sugere o uso dessa modalidade de oferta para concessão de crédito sem esforço de distribuição propriamente dito. (cf. CVM. O mercado de dívida corporativa no Brasil. 2019. p. 31. Disponível em: http://www.cvm.gov.br/export/sites/cvm/menu/acesso_informacao/serieshistoricas/estudos/anexos/estudo_cvm_mercado_de_divida_corporativa_no_Brasil.pdf. Acesso em: 15 abr. 2019) Ainda sobre o tema, ver Capítulo 2 da Parte I (item 2.4).

[649] Cf. CVM. Edital de audiência pública n. 05/2008, p. 3.

[650] Diz o respectivo relatório de análise que parte expressiva das manifestações recebidas era favorável à inclusão das ações e de valores mobiliários nelas conversíveis ou permutáveis no rol de valores mobiliários a serem ofertados publicamente sob o amparo da nova Instrução. Argumentava-se que isso permitiria a criação de uma espécie de estágio preliminar, anterior à abertura de capital, em que emissores de menor porte poderiam iniciar relacionamentos com investidores e familiarizar-se com o ambiente regulado do mercado de valores mobiliários. E ainda, que isso beneficiaria também os emissores já registrados como companhias abertas, uma vez que passariam a dispor de um mecanismo mais ágil para a captação de recursos

a norma originalmente não permitia que fossem assim ofertados ações e valores mobiliários conversíveis ou permutáveis em ações – aqui referidos como valores mobiliários de capital.

Desde então, a Instrução CVM n. 476/2009 foi alterada por catorze normas posteriores, para ampliar o seu alcance e adequar o seu regime. No ano de 2014 – ou seja, passados mais de cinco anos da edição da norma –, com a reforma promovida pela Instrução CVM n. 551/2014, a Instrução CVM n. 476/2009 passou a permitir que os seguintes valores mobiliários sejam objeto de oferta pública com esforços restritos, desde que emitidos por emissor registrado na categoria A: *(i)* ações; *(ii)* debêntures conversíveis em ações; *(iii)* bônus de subscrição (mesmo que atribuídos como vantagem adicional aos subscritores de debêntures); e *(iv)* debêntures permutáveis por ações[651]. Na mesma ocasião, foram contemplados pela norma ainda os certificados de depósito de valores mobiliários nela listados e os certificados de depósito de valores mobiliários no âmbito de programa de BDR Patrocinado Nível III (posteriormente ampliado, pela Instrução CVM n. 585/2017, para incluir também os programas de BDR Patrocinado Nível I e Nível II[652]).

mediante oferta pública de capital. Não obstante, decidiu a SDM pela não inclusão daqueles valores mobiliários naquele momento: "*No entender da SDM, a inclusão de ações e respectivos valores conversíveis ou permutáveis exigiria estudos e debates adicionais, sobretudo a respeito de questões complexas, tal como a possibilidade de exclusão do direito de preferência dos acionistas em ofertas públicas destinadas a um número pequeno de investidores. Após um período inicial de familiarização, por parte dos participantes do mercado, dos investidores e do próprio órgão regulador, com a aplicação prática da instrução, poderá ser reavaliada a conveniência de incluir tais valores mobiliários no âmbito das ofertas públicas distribuídas com esforços restritos.*" (cf. CVM. Relatório de análise da audiência pública SDM n. 05/2008, p. 3-4)

651 Cf. artigo 1º, §1º, incisos XI e XII da Instrução CVM n. 476/2009.

652 Essa ampliação foi assim justificada em audiência pública: "*As alterações têm por finalidade aprimorar os instrumentos de acesso de emissores estrangeiros ao mercado de capitais brasileiro, viabilizando um potencial aumento da participação desses emissores no Brasil e, consequentemente, uma maior oferta de BDRs para investidores que desejem aumentar sua exposição a esses valores mobiliários. Nesse sentido, vale ressaltar que a participação desse tipo de emissor no Brasil ainda é baixa quando comparada aos mercados de capitais estrangeiros.*" (cf. CVM. Edital de audiência pública SDM n. 07/2016, p. 1) A impossibilidade de realizarem esforços de venda dos certificados de depósito de BDR Patrocinado Nível I e Nível II, sob o regime anterior, foi diagnosticada à época como um dos principais entraves à entrada de emissores estrangeiros. Diz ainda o referido edital que a solução encontrada se inseria no contexto da reforma iniciada pela Instrução CVM n. 551/2014: "*No caso dos BDRs Nível II, essa inclusão é coerente com a justificativa adotada quando da elaboração da Instrução CVM nº 551, de 2014, já que – tal como no caso dos BDRs Nível III – os emissores destes*

Essa ampliação para a inclusão das ações no rol de valores mobiliários da Instrução CVM n. 476/2009 teve por objetivo principal o aprimoramento do ambiente regulatório para as empresas de menor porte, segundo proposta formulada à CVM pelo *Comitê Técnico de Ofertas Menores*[653].

Não obstante, optou a CVM por não dispensar nessas situações o registro das companhias emissoras. Dessa forma, limitou o alcance da norma à oferta pública de distribuição de valores mobiliários de capital de emissão de companhias registradas perante a CVM na categoria A, independentemente de seu porte. E ressalvou, ainda, que avaliaria oportunamente a conveniência de se criar regras distintas para ofertas públicas de distribuição de valores mobiliários emitidos por empresas de pequeno e médio porte[654].

certificados de depósito devem ser registrados na categoria A. A CVM também considerou pertinente a permissão para oferta dispensada de registro de BDRs Patrocinados Nível I, cujos emissores não estão sujeitos a registro, por entender a regulamentação específica desses certificados de depósito permite uma ampliação de sua oferta sem acarretar riscos adicionais ao mercado de valores mobiliários brasileiro." (cf. CVM. Edital de audiência pública SDM n. 07/2016, p. 3)

653 Cf. CVM. Edital de audiência pública SDM n. 01/2014, p. 1. Diz o documento que o *Comitê Técnico de Ofertas Menores* sucedeu o *Grupo de Trabalho de Ofertas Menores*, formado pela CVM e outras entidades do mercado, em novembro de 2012, com o objetivo de propor medidas para a promoção do acesso ao mercado de valores mobiliários como fonte de financiamento para empresas de pequeno e médio porte. O Comitê propôs a regulamentação de procedimento de oferta de ações com esforços restritos, direcionada a investidores qualificados, para ofertas iniciais e subsequentes (primárias ou secundárias), nos moldes do procedimento previsto para a oferta de debêntures na Instrução CVM n. 476/2009.

654 Cf. CVM. Edital de audiência pública SDM n. 01/2014, p. 1. Segundo a CVM, de maneira geral, os participantes da audiência pública consideraram pertinente a limitação quanto ao prévio registro de emissor na categoria A, bem como a inexistência de limitação quanto ao seu porte financeiro (cf. CVM. Relatório de análise de audiência pública SDM n. 01/2014, p. 1). No entanto, houve quem reclamasse que a primeira restrição impediria que empresas de menor porte se beneficiassem dessa alternativa, sugerindo inclusive a criação de nova categoria para esses emissores, e ainda a ampliação dessa autorização para as companhias registradas na categoria B. A crítica nos parece pertinente. Nesse sentido, afirma Pitta: "*A despeito dos propósitos declarados quando da inclusão de tais valores mobiliários no âmbito do regime especial prescrito pela Instrução CVM n. 476/09, inseridos no contexto de uma política regulatória voltada a incentivar a utilização do mercado primário de valores mobiliários por empresas de menor porte, o fato de a utilização de tal mecanismo estar restrito às companhias abertas registradas perante o regulador retira, evidentemente, grande parte de sua utilidade enquanto um efetivo mecanismo de formação semipública de capital apto a auxiliar a capitalização de empresas em estágios menos desenvolvidos justamente por não contemplar qualquer tipo de customização em relação ao regime regulatório ao qual tais emissores estão sujeitos.*" (cf. PITTA, André Grünspun. *A capitalização da empresa e o mercado de valores mobiliários*. São Paulo: Quartier Latin, 2018. p. 379-380)

Ao fazê-lo, instituiu a CVM regime próprio no âmbito da Instrução CVM n. 476/2009, distinto daquele aplicável às ofertas públicas com esforços restritos de valores mobiliários de dívida, salvo pelas restrições comuns antes descritas.

Notadamente, a negociação em mercados regulamentados de ações, bônus de subscrição, certificados de depósito de ações e certificados de depósito de valores mobiliários lastreados em ações no âmbito de programa de BDR Patrocinado Nível I, Nível II e Nível III é excetuada da regra que estabelece vedação à negociação (*lock-up*) por período de noventa dias (artigo 13, inciso I)[655]. Além disso, por se tratar de emissores registrados, não incide a restrição quanto à negociação dos respectivos valores mobiliários em bolsa de valores (artigo 14, *caput*)[656]. Todavia, optou a CVM por impor, em certas hipóteses, a restrição quanto à negociação exclusivamente por investidores *qualificados*, não obstante tratar-se de valores mobiliários emitidos por emissores registrados (artigo 15, *caput* e §1º)[657].

655 Segundo a CVM, essa exceção foi proposta a partir da ponderação entre o objetivo do *lock up* de limitar a possibilidade de elisão do limite quanto ao número de investidores e a dificuldade operacional das entidades administradoras de mercado de segmentar, em seu sistema, ações da mesma espécie e classe sujeitas ao *lock up* e aquelas de livre negociação. Não tendo vislumbrado prejuízo aos investidores – que, na maioria dos casos, poderiam adquirir valores mobiliários idênticos no mercado –, decidiu então a CVM propor exceção à regra do *caput* do período de vedação (cf. CVM. Relatório de análise de audiência pública SDM n. 01/2014, p. 24).

656 Note-se que os BDR Patrocinados Nível I, cujos emissores não estão sujeitos a registro, são também excetuados dessa restrição à negociação, sendo, contudo, sua negociação regida por regulamentação específica (cf. artigo 14, §3º, da Instrução CVM n. 476/2009). Diz o edital da audiência pública que deu origem à Instrução CVM n. 585/2017: "*Os incentivos para o acesso das empresas patrocinadoras de programa de BDR Nível I são altos, quando comparados aos programas de BDR Nível II, já que elas poderão realizar esforço de venda de seus certificados em nosso mercado de valores mobiliários sem a necessidade de obtenção do registro de emissor. Cria-se, portanto, uma etapa intermediária para as empresas patrocinadoras que pretendem acessar o mercado brasileiro por meio de BDRs, mas ainda não desejam obter o registro na categoria A.*" (cf. CVM. Edital da audiência pública SDM n. 07/2016, p. 4)

657 Essas restrições têm recebido crítica – a nosso ver, justificadas – por sua incompatibilidade com a disciplina aplicável a esses emissores: "*Assim, os benefícios decorrentes do regime especial aplicável às ofertas de ações se limitam à celeridade em relação à realização da transação (uma vez que não está sujeita ao registro prévio perante o regulador) e não representam uma efetiva flexibilização no que diz respeito às obrigações e aos custos impostos aos emissores. E não obstante a obrigatoriedade do registro, a negociação das ações ofertadas nos termos da Instrução CVM 476 está sujeita a certas restrições, a despeito de os respectivos emissores cumprirem integralmente com todos os requisitos regulatórios (inclusive e principalmente informacionais) exigidos para a negociação de seus valores mobiliários em*

Nessa linha, no tocante às ações distribuídas com esforços restritos, a restrição quanto à negociação por investidores qualificados somente deixa de incidir se já tiver ocorrido ou vier a ocorrer o encerramento de oferta pública registrada na CVM para a distribuição de ações da mesma espécie e classe, ou tenha transcorrido o período de dezoito meses da data de admissão à negociação em bolsa de valores de ações da mesma espécie e classe (artigo 15, §§1º e 3º)[658]. Entendeu a CVM que, no primeiro caso, a restrição não teria sentido, dada a fungibilidade entre as ações previamente distribuídas por oferta registrada e aquelas que viessem a ser distribuídas com esforços restritos, e, no segundo, que dezoito meses seria um prazo adequado para garantir um período mínimo de prestação de informações e acompanhamento pelo mercado[659]. Restrições ainda mais severas são impostas às ofertas públicas distribuídas com esforços restritos tendo por objeto ações de emissores em fase pré-operacional[660].

mercado. Essa circunstância é incompatível com a lógica intrínseca ao arcabouço regulatório do mercado de valores mobiliários brasileiro, que, como regra geral, condiciona a livre negociação de valores mobiliários em mercado ao cumprimento com o regime informacional obrigatório, em consonância com o princípio do full disclosure." (cf. REBELLO, Carlos. PITTA, André Grunspun. Instrução CVM 476 – Dez anos de liberdade com responsabilidade. In: *Jota*. Disponível em: www.jota.info/opiniao-e--analise/artigos/instrucao-cvm-476-dez-anos-de-liberdade-com-responsabilidade-18022019. Acesso em: 05 set. 2019). Também no sentido de que a Instrução CVM n. 476/2009 demonstra excessiva rigidez no que diz respeito às restrições à negociação das ações assim ofertadas, ver PITTA, André Grünspun. *A capitalização da empresa e o mercado de valores mobiliários*. São Paulo: Quartier Latin, 2018. p. 403-407.

658 Cf. artigo 15, §1º e §3º, da Instrução CVM n. 476/2009. O mesmo se aplica às ofertas públicas com esforços restritos de bônus de subscrição, debêntures conversíveis ou permutáveis por ações, certificados de depósito desses valores mobiliários e de ações e certificados de depósito de valores mobiliários lastreados em ações no âmbito de programa de BDR Patrocinado (cf. artigo 15, §6º, da Instrução CVM n. 476/2009, com redação dada pela Resolução CVM n. 3/2020).

659 Cf. CVM. Edital de audiência pública SDM n. 01/14, p. 4. Essa restrição recebeu críticas no âmbito da respectiva audiência pública, ao que respondeu a CVM: "*A sugestão de exclusão do §3º do art. 15 não foi considerada pertinente. A CVM entende conveniente que sejam estabelecidas regras adicionais para permitir a negociação por investidores não qualificados neste momento inicial da inclusão de ações e debêntures conversíveis ou permutáveis em ações emitidas por emissores registrados na categoria A, e outros títulos de renda variável, no regime de distribuição pública com esforços restritos, resguardada a possibilidade de a CVM vir a analisar em momento posterior a revisão dessas regras.*" (cf. CVM. Relatório de análise de audiência pública SDM n. 01/2014, p. 27)

660 Para os fins da Instrução CVM n. 476/2009, uma companhia será considerada pré--operacional enquanto não tiver apresentado receita proveniente de suas operações, em

Por fim, foi necessário dedicar tratamento específico ao exercício do direito de preferência nessas hipóteses e à proteção dos antigos acionistas contra diluição, em atenção ao inciso I do artigo 172 da Lei n. 6.404/1976[661]. Passou então a Instrução CVM n. 476/2009 a autorizar a realização de oferta pública de distribuição primária, com esforços restritos, de ações, bônus de subscrição, debêntures conversíveis em ações ou certificados de depósito desses valores mobiliários, com exclusão do direito de preferência ou com prazo para exercício de direito de preferência inferior a cinco dias, desde que seja concedida prioridade aos acionistas para subscrição dos valores mobiliários,

demonstração financeira anual ou, quando houver, em demonstração financeira anual consolidada elaborada de acordo com as normas da CVM e auditada por auditor independente registrado na CVM (cf. artigo 15, §7, da Instrução CVM n. 476/2009). Na hipótese de oferta pública distribuída com esforços restritos tendo por objeto ações de emissor em fase pré-operacional, essa restrição somente deixa de incidir quando a companhia se tornar operacional e, cumulativamente, com o decurso dos prazos de dezoito meses do encerramento da oferta e de dezoito meses da admissão à negociação das ações em bolsa de valores (cf. artigo 15, §1º e §4º, da Instrução CVM n. 476/2009). O mesmo se aplica às ofertas públicas com esforços restritos de bônus de subscrição, debêntures conversíveis ou permutáveis por ações, certificados de depósito desses valores mobiliários e de ações e certificados de depósito de valores mobiliários lastreados em ações no âmbito de programa de BDR Patrocinado (cf. artigo 15, §6º, da Instrução CVM n. 476/2009). Não obstante, excetuam-se desse regime os casos de companhias que tenham realizado a primeira oferta pública de ações com registro na CVM e tenham cumprido a restrição imposta na oferta registrada (cf. artigo 15, §5º, da Instrução CVM n. 476/2009). Essa regra foi inserida pela Instrução CVM n. 551/2014 para formalizar prática que, segundo a CVM, já vinha sendo adotada pelo mercado brasileiro, de direcionar as ofertas públicas iniciais de companhia em fase pré-operacional para investidores qualificados, e porque a CVM considerou importante limitar o acesso de investidores não qualificados a ofertas públicas de valores mobiliários de emissores pré-operacionais, em função da maior dificuldade de projeção do fluxo de caixa futuro dessas companhias (cf. CVM. Relatório de análise de audiência pública SDM n. 01/2014, p. 30; 32-33). Nesse sentido, na visão da CVM, o período de dezoito meses permite a formação de um histórico razoável de informações divulgadas pelo emissor após a captação de recursos, e, portanto, viabiliza uma melhor avaliação sobre seu desempenho e o resultado de suas operações (cf. CVM. Relatório de análise de audiência pública SDM n. 01/2014, p. 32-33).

[661] Diz o referido dispositivo (com redação dada pela Lei n. 10.303/2001): "*Art. 172. O estatuto da companhia aberta que contiver autorização para o aumento do capital pode prever a emissão, sem direito de preferência para os antigos acionistas, ou com redução do prazo de que trata o § 4° do art. 171, de ações e debêntures conversíveis em ações, ou bônus de subscrição, cuja colocação seja feita mediante: I - venda em bolsa de valores ou subscrição pública;*"

ou se a realização da oferta sem a garantia de prioridade for aprovada por acionistas que representem 100% do capital social do emissor[662].

Apesar de facilitar e agilizar a realização de ofertas públicas de valores mobiliários de capital – especialmente as ofertas de *follow-on*, para as quais esse modelo teve considerável sucesso –, parecem mais limitados os benefícios do regime de oferta pública distribuída com esforços restritos nessas situações. Notadamente, as emissoras seguem sujeitas aos custos e prazos associados à obtenção de registro de companhia aberta e à disciplina jurídica que incide a partir desse registro. Em vista disso, cabe indagar se seria oportuna a ampliação dessa autorização a emissores não registrados, assim como perquirir os motivos pelos quais a CVM não liberou, para companhias não registradas, a alternativa de captação por meio de ofertas públicas distribuídas com esforços restritos de valores mobiliários de capital.

3.2.2.2.5 Disciplina do emissor (não registrado)

No âmbito da Instrução CVM n. 476/2009, a dispensa do registro de emissor não equivale a um total afastamento das obrigações aplicáveis aos emissores registrados. Mais precisamente, a Instrução CVM n. 476/2009 estabelece disciplina própria para os emissores não registrados cujos valores mobiliários sejam distribuídos nos termos daquele diploma, composta por obrigações tipicamente aplicáveis às companhias abertas.

Na minuta de norma submetida a audiência pública que deu origem à Instrução CVM n. 476/2009, a CVM incluiu, nas palavras do respectivo edital, "*obrigações informacionais mínimas*" para os emissores não registrados, "*sobretudo*

662 Cf. artigo 9-A da Instrução CVM n. 476/2009, inserido pela Instrução CVM n. 551/2014 e cujo inciso I do *caput* foi alterado pela Instrução CVM n. 601/2018 para ressalvar o disposto no §1º do artigo 5-B daquela norma. Sobre o tema, manifestou-se a CVM em audiência pública, nos seguintes termos: "*De fato, nos casos em que o estatuto social prevê a possibilidade de redução do prazo para o exercício do direito de preferência, também se justifica a criação de mecanismos de proteção contra a diluição. Uma vez que a oferta pública com esforços restritos é destinada a um universo restrito de investidores, nos casos em que o estatuto estabeleça prazo exíguo para o exercício da preferência, não existe aqui a mesma alternativa presente para os acionistas na oferta regulada pela Instrução CVM nº 400, de 2003, de participação na subscrição pública. Assim, na proposta definitiva de instrução, estabeleceu-se que, nos casos em que o prazo previsto no estatuto para o exercício do direito de preferência for inferior a 5 dias úteis, o emissor deve oferecer prioridade aos acionistas pelo tempo necessário para o complemento do prazo de 5 dias úteis.*" (cf. CVM. Relatório de análise de audiência pública SDM n. 01/2014, p. 19)

quanto à verificação da veracidade, consistência e suficiência das informações fornecidas aos investidores"[663]. A observância desse regime foi imposta como condição a que os valores mobiliários distribuídos por meio de oferta pública com esforços restritos fossem admitidos *à* negociação em mercado de balcão organizado e não organizado[664]. No âmbito da audiência pública, a CVM solicitou comentários sobre a necessidade de se impor tais exigências, especialmente quanto à divulgação de fato relevante. Propunha ponderação quanto a se os investidores qualificados necessitam ou desejam esse tipo de proteção, ou se essas regras imporiam custos desnecessários aos emissores. A CVM posteriormente se convenceu da conveniência e necessidade de proteção desses investidores por meio de disciplina própria, "*tendo em vista, especialmente, a possibilidade de distribuição com esforços restritos de valores mobiliários de emissão de companhias fechadas*"[665].

A Instrução CVM n. 476/2009 então estabeleceu regime composto pelas obrigações concentradas em seu artigo 17, sem prejuízo do disposto em regulamentação específica (ou seja, esse regime não se sobrepõe às obrigações impostas por normas especiais aos diferentes emissores, inclusive aqueles registrados). Como reforço, prevê a Instrução CVM n. 476/2009 que somente poderão ser negociados em mercados regulamentados os valores mobiliários cujos instrumentos jurídicos reproduzam essas obrigações impostas aos emissores[666].

As obrigações impostas aos emissores sob o artigo 17 da Instrução CVM n. 476/2009 incluem *(i)* a preparação de demonstrações financeiras de encerramento de exercício e, se for o caso, demonstrações consolidadas, em conformidade com a Lei n. 6.404/1976 e com as regras emitidas pela CVM; *(ii)* a auditoria de suas demonstrações financeiras por auditor registrado na CVM; *(iii)* a divulgação das demonstrações financeiras, acompanhadas de notas explicativas e do relatório dos auditores independentes, relativas aos

[663] Cf. CVM. Edital de audiência pública n. 05/2008, p. 2.

[664] Cf. CVM. Edital de audiência pública n. 05/2008, p. 4.

[665] Cf. CVM. Relatório de análise da audiência pública SDM n. 05/2008, p. 6.

[666] Cf. artigo 17, §1º, da Instrução CVM n. 476/2009. Diz ainda o §2º, inciso I, que as obrigações do *caput* não se aplicam aos emissores de valores mobiliários que não possam ser negociados em mercados regulamentados, nos termos do §1º. O mesmo parágrafo estabelece hipóteses adicionais de exceção ao regime do artigo 17.

3 (três) últimos exercícios sociais encerrados, até o dia anterior ao início das negociações, exceto quando o emissor não as possua por não ter iniciado suas atividades previamente ao referido período; *(iv)* a divulgação de demonstrações financeiras subsequentes, acompanhadas de notas explicativas e relatório dos auditores independentes, dentro de três meses contados do encerramento do exercício social; *(v)* a observância das disposições da Instrução CVM n. 358/2002 no tocante ao dever de sigilo e às vedações à negociação; *(vi)* a divulgação de fatos relevantes nos termos do artigo 2º da Instrução CVM n. 358/2002[667]; *(vii)* o fornecimento de informações solicitadas pela CVM; *(viii)* a divulgação de relatório anual e demais comunicações enviadas pelo agente de notas promissórias de longo prazo e pelo agente fiduciário na mesma data do seu recebimento; e *(ix)* a observância das regras da CVM sobre assembleias parcial ou exclusivamente digitais de titulares de debêntures, notas promissórias comerciais, certificados de recebíveis imobiliários ou do agronegócio ofertados sob a Instrução CVM n. 476/2009[668].

Como se pode ver, o regime informacional imposto como contrapartida à limitação do esforço de prospecção da Instrução CVM n. 476/2009 é mais brando em comparação com aquele ordinariamente aplicável aos emissores registrados. Aliás, há quem reclame que esse regime é brando demais e não estabelece grau de transparência adequado[669]. A CVM tem intensificado os esforços de fiscalização[670].

667 Vale lembrar que a Instrução CVM n. 358/2002 foi revogada e substituída pela Resolução CVM n. 44/2021.

668 Cf. artigo 17, *caput*, incisos I a IX, da Instrução CVM n. 476/2009. Determina o §3º do mesmo artigo que o emissor deve divulgar as informações referidas nos incisos III, IV, VI e IX do *caput* em sua página na rede mundial de computadores, mantendo-as disponíveis pelo período de três anos, e em sistema disponibilizado pela entidade administradora de mercados organizados onde os valores mobiliários estejam admitidos à negociação.

669 Cf. ALMEIDA, Carolina Amaral de. BAZILIO, Juliana Kramer. Liquidez do mercado secundário de debêntures: dinâmica recente, fatores determinantes e iniciativas. In: *Revista do BNDES*, n. 44, dezembro 2015. p. 182. Disponível em: https://web.bndes.gov.br/bib/jspui/bitstream/1408/7083/1/RB%2044%20Liquidez%20do%20mercado%20secund%C3%A1rio%20de%20deb%C3%AAntures_P.pdf. Acesso em: 07 out. 2019.

670 Em dezembro de 2020, a CVM e a B3 celebraram convênio de cooperação tendo por objeto procedimentos de supervisão de ofertas públicas distribuídas com esforços restritos, inclusive quanto à apresentação de demonstrações financeiras por emissores não registrados, e a observância às restrições à realização de nova oferta e à negociação (cf. CVM. *CVM e B3 firmam convênio*. Disponível em: https://www.gov.br/cvm/pt-br/assuntos/noticias/

A Instrução CVM n. 476/2009 reforça a responsabilidade atribuída aos administradores do emissor pelo cumprimento das obrigações impostas ao ofertante[671]. Especificamente com relação ao regime do artigo 17, estabelece que os controladores e os administradores do emissor são responsáveis pelo cumprimento daquelas obrigações (artigo 17, §4º). E ainda, que o descumprimento do artigo 17 constitui infração grave (artigo 18, inciso II).

Já para os emissores registrados perante a CVM, a Instrução CVM n. 476/2009 apenas ressalta o dever que lhes é aplicável de divulgar, de maneira abrangente, equitativa e simultânea, para todo o mercado, as informações fornecidas aos investidores procurados (artigo 10, §2º)[672].

3.2.2.3 Mudanças à vista: novo regime das ofertas públicas de distribuição de valores mobiliários (Audiência Pública SDM n. 02/2021)

Em 2021, a CVM submeteu a audiência pública proposta de ampla reforma das regras sobre ofertas públicas de distribuição de valores mobiliários, prevendo a revogação das Instruções CVM n. 400/2003 e 476/2009, como antes mencionado[673].

cvm-e-b3-firmam-convenio Acesso em 15 dez. 2021). Posteriormente, a autarquia deu notícia das ações de fiscalização realizadas como resultado dessa parceria ao longo do ano de 2021, destacando a emissão de ofícios de alerta a emissores não registrados e consequente aprimoramento do conteúdo informacional das ofertas (cf. CVM. *CVM apresenta resultados de ações desenvolvidas em parceria com a B3*. Disponível em: https://www.gov.br/cvm/pt-br/assuntos/noticias/cvm-apresenta-resultados-de-acoes-desenvolvidas-em-parceria-com-a-b3 Acesso em 15 dez. 2021).

671 Cf. artigo 10-B da Instrução CVM n. 476/2009 (inserido pela Instrução CVM n. 601/2018). Vale lembrar que o artigo 12 da Instrução CVM n. 476/2009 importa às ofertas públicas distribuídas com esforços restritos a incidência das normas de conduta do artigo 48 da Instrução CVM n. 400/2003, com exceção do inciso III. Essas normas determinam condutas que devem ser observadas não apenas pelos emissores, mas também por ofertantes, instituições intermediárias e pessoas que estejam com eles trabalhando ou os assessorando, antes e depois da divulgação da oferta pública ao mercado.

672 Esse dispositivo foi inserido pela Instrução CVM n. 551/2014 para reforçar a regra geral de que o emissor não pode realizar divulgação seletiva de informações, consagrada pelo artigo 17 da Resolução CVM n. 80/2022 (e, antes disso, pelo artigo 16 da Instrução CVM n. 480/2009). (cf. CVM. Edital de audiência pública n. 05/2008, p. 6)

673 Cf. CVM. Edital de Audiência Pública SDM 02/2021, de 10 mar. 2021. O tema foi previamente abordado no Capítulo 1 desta Parte II. Note-se que a nova regra não revogaria e

Sob o novo regime proposto, haveria dois ritos de registro de ofertas: o rito ordinário e o rito automático, sendo que apenas o primeiro demandaria análise prévia da CVM. A definição do rito de registro e dos requisitos aplicáveis a determinada oferta seria então modulada em função de fatores como o investidor a que a oferta se destinaria, o valor mobiliário que seria ofertado, a habitualidade de acesso ao mercado de capitais pelo emissor (isto é, seu enquadramento como emissor de ações com grande exposição ao mercado – EGEM ou emissor frequente de renda fixa – EFRF) e eventual análise prévia por entidade autorreguladora.

O rito ordinário seria reservado principalmente para ofertas de valores mobiliários dirigidas ao público investidor em geral (ou seja, não apenas a investidores qualificados ou profissionais) e para ofertas públicas iniciais de ações, bônus de subscrição, debêntures conversíveis ou permutáveis em ações e certificados de depósito desses valores mobiliários, com algumas exceções.

Em relação ao rito automático, uma das principais inovações propostas foi justamente a substituição do regime atualmente aplicável às ofertas públicas com esforços restritos de distribuição. Justificou-se essa medida com base na percepção de que as limitações da Instrução CVM n. 476/2009, notadamente aquelas referentes a esforços de divulgação e busca por potenciais investidores, são onerosas para os ofertantes e distribuidores e prejudiciais ao funcionamento do mercado[674]. A eliminação dessas restrições passou então a ser considerada oportuna. Ressaltou-se, ainda, que "*o novo rito de registro automático proposto é operacionalmente similar e igualmente célere ao atualmente previsto na*

não seria aplicável às ofertas públicas regidas pela Instrução CVM n. 588/2017 (cf. artigo 1º, parágrafo único da minuta), de que trataremos a seguir.

[674] Cf. CVM. Edital de Audiência Pública SDM 02/2021, de 10 mar. 2021. Nesse sentido, sobre os limites da Instrução CVM n. 476/2009 ao número de investidores que podem ser acessados e à difusão de informações sobre a oferta, afirmou-se: "*Para que esses critérios não venham a ser extrapolados, ofertantes e distribuidores incorrem em diversos custos, seja para o controle rígido do acesso aos investidores profissionais, seja para a restrição à circulação de informações sobre o emissor e a oferta, assim como para documentar, para fins de comprovação à CVM, que sua conduta durante a oferta se limitou aos contornos impostos pela Instrução CVM nº 476, de 2009. Além do custo imediato para assegurar a observância da regra, a restrição de informações sobre as ofertas impacta adversamente a higidez do mercado, a transparência e a supervisão por parte da CVM, além de afetar, muitas vezes, a liquidez dos valores mobiliários ofertados.*" Levando em conta também o limite temporal para realização de novas ofertas, concluiu-se que "[t]*ais restrições, apesar de objetivas e compreensíveis à luz dos pressupostos do regime atual, criam potenciais ineficiências na alocação de recursos.*"

Instrução CVM nº 476, de 2009", visto que implicaria a concessão de registro em momento imediatamente subsequente à apresentação ao regulador das informações necessárias[675].

Mais especificamente, a proposta inclui autorização para a realização sob rito automático de futuras ofertas de valores mobiliários *representativos de dívida* por emissores não registrados[676]. Não há autorização correspondente para a oferta de ações ou outros valores mobiliários representativos de participação no capital social por emissores não registrados.

Complementarmente, a Instrução CVM n. 480/2009 (agora substituída pela Resolução CVM n. 80/2022) seria alterada para prever a dispensa de registro de emissor para emissores de títulos representativos de dívida objeto de oferta realizada pelo rito automático. Explicitar-se-ia, assim, no diploma próprio, a dispensa que hoje se extrai da Instrução CVM 476/2009, ao admitir a posterior negociação de valores mobiliários ofertados por meio de oferta pública distribuída com esforços restritos ainda que o emissor não possua o registro de que trata o artigo 21 da Lei n. 6.385/1976 (artigo 14).

Tal como no atual regime da Instrução CVM n. 476/2009, as ofertas realizadas por emissores não registrados, via rito automático, somente poderiam ser destinadas a investidores profissionais. Além disso, ficariam sujeitas a restrições adicionais no tocante à posterior negociação dos valores mobiliários, em relação ao público investidor e ao ambiente de negociação. Notadamente, a revenda somente poderia ser destinada a investidores profissionais[677]. Mais ainda, esses valores mobiliários seguiriam podendo ser negociados nos mercados de balcão organizado e não organizado, mas não em bolsa de valores[678]. Não haveria mais período de vedação à negociação (*lock-up*), restrição ao número de investidores, limitação aos meios de divulgação ou intervalo

[675] Cf. CVM. Edital de Audiência Pública SDM 02/2021, de 10 mar. 2021. Vide artigos 26 e 27 da minuta.

[676] Cf. CVM. Edital de Audiência Pública SDM 02/2021, de 10 mar. 2021. Vide artigo 25, §2 e artigo 26, inciso X, da minuta. Para as ofertas de debêntures incentivadas emitidas por sociedade de propósito específico (cf. artigo 17, §8, artigo 26, inciso IX, e artigo 82, inciso IV), a minuta estabelece regime próprio, que não será objeto de exame neste trabalho.

[677] Cf. CVM. Edital de Audiência Pública SDM 02/2021, de 10 mar. 2021. Vide artigo 26, parágrafo único, inciso I e artigo 82, inciso V da minuta.

[678] Cf. CVM. Edital de Audiência Pública SDM 02/2021, de 10 mar. 2021. Vide artigo 84 da minuta.

obrigatório entre ofertas, existentes hoje no regime da Instrução CVM n. 476/2009.

A nova regra reforça a responsabilidade dos intermediários pela supervisão do cumprimento das regras referentes a restrições à negociação de valores mobiliários em mercados regulamentados[679]. Considerando a redução substancial do número de ofertas sujeitas a análise prévia pela CVM que resultaria da implementação do novo regime, a autarquia propôs uma mudança de abordagem no tocante aos prestadores de serviço de intermediação, no sentido de deslocar a esses agentes parte dos esforços de supervisão[680].

Adicionalmente, a proposta submete o emissor não registrado cujos valores mobiliários viessem a ser dessa forma admitidos à negociação a uma série de obrigações, com foco na divulgação de informações, equivalentes àquelas estipuladas atualmente pela Instrução CVM n. 476/2009[681].

Ou seja, os emissores não registrados conservariam a faculdade de promover oferta pública de valores mobiliários de dívida, com a distinção principal de que o fariam, no novo regime proposto, por meio de oferta registrada sob rito automático (e não mais por oferta sob dispensa de registro). Nesse ponto, o novo esquema parece à primeira vista contraintuitivo – uma oferta pública registrada realizada por um emissor não registrado –, e provoca dúvida quanto à necessidade e conveniência de uma tal guinada na abordagem regulatória sobre o tema, a demandar esclarecimento especialmente quanto aos efeitos desse novo registro.

Não está claro, por exemplo, como se conciliaria com a regra do §2º do artigo 21 da Lei n. 6.385/1976, segundo o qual o registro de oferta pública previsto no artigo 19 daquele diploma "*importa registro para o mercado de balcão, mas não para*

[679] Cf. CVM. Edital de Audiência Pública SDM 02/2021, de 10 mar. 2021. Vide artigo 86 da minuta.

[680] Cf. CVM. Edital de Audiência Pública SDM 02/2021, de 10 mar. 2021.

[681] Cf. CVM. Edital de Audiência Pública SDM 02/2021, de 10 mar. 2021. Vide artigo 85 da minuta. A observância dessas obrigações é posta como exigência para a negociação secundária dos valores mobiliários assim ofertados (artigo 82, inciso V). Em comparação com o rol do artigo 17 da Instrução CVM 476/2009, não foram replicados os incisos VII ("*fornecer as informações solicitadas pela CVM*") e IX ("*observar as disposições da regulamentação específica editada pela CVM, caso seja convocada, para realização de modo parcial ou exclusivamente digital, assembleia de titulares de debêntures, notas promissórias comerciais, certificados de recebíveis imobiliários ou do agronegócio, que tenham sido objeto de oferta pública com esforços restritos nos termos desta Instrução*").

a bolsa ou entidade de mercado de balcão organizado" (leia-se, registro de emissor). Todavia, para fins de enquadramento como companhia aberta, parece-nos que prevalece a dispensa de registro de emissor concedida pela autarquia[682].

Ademais, vale observar que a autarquia resumiu essas informações em matriz de ofertas apresentada em complementação ao edital da audiência pública. Ao tratar das ofertas por emissores não registrados, sinalizou interpretação acerca da matéria – isto é, acerca do não enquadramento como companhia aberta – ao agrupá-las sob o título de companhias fechadas e sociedades limitadas[683].

Por fim, a minuta elenca hipóteses de ofertas não sujeitas ao novo regime proposto, que ficariam isentas da necessidade de registro (referidas como hipóteses de *"safe harbor"*)[684]. Mais ainda, preserva a possibilidade de a CVM apreciar e deferir pedidos de dispensa de registro ou de requisitos específicos para a concessão de registro, considerando as características da oferta e observado o interesse público, a adequada informação e a proteção ao investidor[685].

Na data de encerramento da revisão deste estudo para publicação, a respectiva audiência pública seguia em fase de análise[686]. Assim sendo, as propostas aqui comentadas ainda poderão ser alteradas ou mesmo reconsideradas.

[682] Ainda assim, como antes mencionado, esse é mais um ponto que parece tornar a antiga regra problemática e justificar sua reconsideração, *de lege ferenda* (vide Capítulo 1 desta Parte II).

[683] Cf. CVM. Anexo – Matriz de Ofertas. Disponível em: http://conteudo.cvm.gov.br/audiencias_publicas/ap_sdm/2021/sdm0221.html. Acesso em 15 dez. 2021. O edital ressalva que a tabela (matriz de ofertas) não contempla todas as particularidades, possibilidades, exigências e exceções do novo regime, carecendo de valor legal. (cf. CVM. Edital de Audiência Pública SDM 02/2021, de 10 mar. 2021)

[684] Cf. CVM. Edital de Audiência Pública SDM 02/2021, de 10 mar. 2021. Vide artigo 1º, parágrafo único, inciso II e artigo 8º da minuta. É o caso, por exemplo, das ofertas decorrentes de plano de remuneração destinados a administradores e funcionários do emissor ou de lote único e indivisível de valores mobiliários destinado a um único investidor profissional (artigo 8º, inciso III).

[685] Cf. CVM. Edital de Audiência Pública SDM 02/2021, de 10 mar. 2021. Vide artigo 43 da minuta. Os dispositivos seguintes fixam regras adicionais aplicáveis a essas hipóteses de dispensa, como a possibilidade de a CVM impor restrições à negociação dos valores mobiliários em mercados regulamentados.

[686] A CVM inclui o tema em sua agenda regulatória dentre as normas a serem editadas em 2022. (cf. CVM. CVM lança Agenda Regulatória para 2022. Disponível em: https://www.gov.br/cvm/pt-br/assuntos/noticias/cvm-lanca-agenda-regulatoria-para-2022. Acesso em: 10 dez. 2020)

Em síntese, parece-nos louvável o objetivo de incentivar o mercado de dívida ao eliminar certas limitações atualmente aplicáveis às ofertas públicas realizadas sob a Instrução CVM n. 476/2009. Contudo, o novo regime proposto não elimina a insegurança em torno da caracterização das companhias não registradas que se valem dessa via de captação como fechadas ou abertas – pelo contrário, acrescenta novo fator de complicação ao tornar essas ofertas registradas sob rito automático. Mais ainda, lamenta-se que a oportunidade não tenha sido aproveitada para rever o regime a que essas companhias ficam sujeitas – revisão esta que poderá ser oportunamente conduzida quando da regulamentação dos novos artigos 294-A e 294-B da Lei n. 6.404/1976, inseridos pela Lei Complementar n. 182/2021 (Marco Legal das *Startups*)[687] – e para discutir a conveniência de eventual ampliação do leque de valores mobiliários que podem ser assim ofertados, especialmente sob a ótica da facilitação do acesso a mercado por companhias menores, para as quais, atualmente, as ofertas públicas de *crowdfunding* de investimento seguem sendo um dos caminhos mais viáveis.

3.2.2.4. Ofertas públicas de *crowdfunding* de investimento (Instrução CVM n. 588/2017)

3.2.2.4.1. Dispensa de registro

A Instrução CVM n. 588/2017 disciplinou as ofertas públicas de distribuição de valores mobiliários de emissão de sociedades empresárias de pequeno porte realizadas por meio de plataforma eletrônica de investimento participativo – isto é, aquelas voltadas ao chamado *crowdfunding* de investimento, como mencionado no item 2.3.1 do Capítulo 2 desta Parte II.

Trata-se de nova modalidade de oferta pública que permite que essas empresas captem recursos por meio da distribuição de títulos que garantam aos investidores direito de participação, parceria ou remuneração[688]. Em fun-

[687] Vide Capítulo 2 desta Parte II.

[688] Cf. CVM. *Crowdfunding de investimento.* Rio de Janeiro: CVM, 2019. p. 9. Disponível em: www.investidor.gov.br. Acesso em: 06 out. 2019. Esse estudo estima que o modelo mais usual *à época fosse* a oferta de títulos representativos de dívida conversível em participação. De todo modo, essa modalidade comporta tanto a oferta de valores mobiliários que garantam

ção disso, atraem a competência da CVM, nos termos do artigo 2º da Lei n. 6.385/1976.

No intuito de facilitar o recurso a essa modalidade de oferta, que vem se consolidando como importante instrumento de captação para as chamadas *startups*, a Instrução CVM n. 588/2017 concedeu-lhes dispensa automática do registro de oferta pública, observadas determinadas condições (artigo 3º, *caput*)[689].

Em contrapartida, com vistas a assegurar a proteção dos investidores dessa modalidade de oferta, foram estabelecidas uma série de restrições e procedimentos obrigatórios, analisados em maior detalhe na próxima seção.

Adicionalmente, as plataformas eletrônicas de investimento participativo foram reguladas de modo a funcionar como *gatekeepers* desse segmento de mercado[690]. Entendeu a CVM que as funções desempenhadas pelas plataformas,

participação societária (*equity crowdfunding*), quanto de outros valores mobiliários (*investment-based crowdfunding*). Ainda sobre as ofertas de *crowdfunding* de investimento, ver TERRA, Aline de Miranda Valverde. *Notas sobre o crowdfunding no direito brasileiro*. Revista Eletrônica do Curso de Direito da UFSM, Santa Maria, RS, v. 13, n. 3, p. 1144-1145, dez. 2018. em: https://periodicos.ufsm.br/revistadireito/article/view/31176. Acesso em: 28 dez. 2019; PITTA, André Grünspun. *A capitalização da empresa e o mercado de valores mobiliários*. São Paulo: Quartier Latin, 2018. p. 411-426.

689 Consequentemente, não se aplica a essa modalidade de oferta a disciplina geral sobre ofertas públicas de distribuição de valores mobiliários (cf. artigo 1º, §1º). Nesse ponto, entendeu a CVM que: "*Para que o* investment-based crowdfunding *possa desempenhar um papel efetivo na redução dos gargalos do financiamento de empresas em estágio inicial, faz-se necessário que algumas características sejam observadas neste tipo de oferta. Por exemplo, o empreendedor de pequeno porte não deve ficar assoberbado com exigências regulatórias, os custos devem ser os mais baixos possíveis e deve haver celeridade nas ofertas. Assim, é claro para a CVM que o regime de dispensa automática de registro é o mais adequado para esta atividade, tendo em vista, ainda, os baixos valores envolvidos.*" (cf. CVM. Edital de audiência pública SDM n. 06/2016, p.15) A Instrução CVM n. 588/2017 estabelece apenas obrigações de envio à CVM de dados específicos sobre cada oferta, na data de início, e de relatório anual (artigo 27).

690 De acordo com a norma, a plataforma eletrônica de investimento participativo (doravante designada simplesmente plataforma) deve ser: "*pessoa jurídica regularmente constituída no Brasil e registrada na CVM com autorização para exercer profissionalmente a atividade de distribuição de ofertas públicas de valores mobiliários de emissão de sociedades empresárias de pequeno porte, realizadas com dispensa de registro conforme esta Instrução, exclusivamente por meio de página na rede mundial de computadores, programa, aplicativo ou meio eletrônico que forneça um ambiente virtual de encontro entre investidores e emissores*" (cf. artigo 2º, *caput*, inciso II). O edital da respectiva audiência pública confirma o papel que a CVM pretendeu lhes atribuir: "*Ao considerar a possibilidade de atuação da plataforma no âmbito do sistema de distribuição de valores mobiliários durante a elaboração*

especialmente seu papel essencial na aproximação de empreendedores de pequeno porte e uma ampla gama de investidores, são características da atuação dos participantes do sistema de distribuição de valores mobiliários. Por isso, tornou a intermediação de ofertas públicas de *crowdfunding* de investimento atividade privativa dessas plataformas, delas passando a exigir registro próprio e nelas concentrando diversos deveres e responsabilidades com respeito à orientação dos investidores e à verificação e divulgação de informações a respeito dos emissores e da oferta, dentre outros (artigo 3º §1º)[691].

Além disso, a Instrução CVM n. 588/2017 concedeu também dispensa automática de registro perante a CVM para as sociedades empresárias de pequeno porte emissoras de valores mobiliários assim ofertados. Mais do que isso, tornou a inexistência desse registro condição obrigatória ao enquadramento como "*sociedade empresária de pequeno porte*" para os fins daquela norma, de modo que somente sociedades não registradas perante a CVM podem se valer dessa modalidade de oferta. A norma exige, ainda, para o enquadramento sob essa classificação, que a sociedade empresária seja constituída no Brasil e registrada no registro público competente, e tenha apurado receita bruta anual de até R$ 10 milhões no exercício social encerrado no ano anterior à

da Minuta, a CVM entendeu necessário que esse participante cumpra o papel de gatekeeper, *assumindo um conjunto de responsabilidades perante os investidores e a CVM. Essa função é de grande relevância, posto que as ofertas serão conduzidas em regime de dispensa automática de registro e, portanto, não haverá qualquer apreciação prévia por parte das áreas técnicas da CVM.*" (cf. CVM. Edital de audiência pública SDM n. 06/2016, p. 14)

691 A autorização necessária ao funcionamento das plataformas e seus deveres são regulados especialmente nos artigos 12 a 17 da Instrução CVM n. 588/2017. Vale notar que essas plataformas foram excetuadas do regime de registro de intermediários que a CVM pretende implementar no âmbito da ampla revisão das regras sobre ofertas públicas de distribuição de valores mobiliários em curso. Aliás, diz o edital que a autarquia propôs que esse outro registro possa ser pleiteado por sociedades que atuem para distribuir valores mobiliários como agentes da emissora, mesmo que não sejam instituições financeiras, com o objetivo de "*aumentar a concorrência no setor de intermediação de ofertas públicas e possibilitar o atendimento de nichos de mercado mais específicos, tais como emissores de porte intermediário. A expectativa da CVM é que, assim como ocorreu no até então inexistente mercado de* crowdfunding *de investimento, exista o surgimento de prestadores de serviço que, com um custo compatível ao porte dos emissores e ao tamanho de suas ofertas, possa preencher a lacuna hoje existente entre o limite máximo de captação estipulado para o* crowdfunding *de investimento e o valor médio das ofertas públicas tradicionais.*" (cf. CVM. Edital de audiência pública SDM n. 02/21, p. 24)

oferta (artigo 2º, *caput*, inciso III)[692]. Não há restrição quanto à forma societária da sociedade emissora, tampouco quanto à espécie de valores mobiliários ofertados[693]. Ou seja, a CVM restringiu o alcance dessa dispensa – na verdade,

[692] De acordo com o §4º do mesmo artigo, na hipótese de a sociedade empresária de pequeno porte ser controlada por outra pessoa jurídica ou por fundo de investimento, a receita bruta consolidada anual do conjunto de entidades que estejam sob controle comum não pode exceder R$ 10 milhões no exercício social encerrado no ano anterior à oferta. Sobre esse limite, diz o respectivo edital de audiência pública: "*Com o limite proposto, a CVM tem em vista empresas que estejam em seus estágios iniciais de desenvolvimento de ideias, protótipos ou provas de conceito, bem como* startups *de variado porte. A regulamentação proposta leva em conta a premissa que o* investment-based crowdfunding *pode contribuir para a criação de negócios, podendo desempenhar um papel estratégico para os países em desenvolvimento.*" (cf. CVM. Edital de audiência pública SDM n. 06/2016, p. 10) Esse limite recebeu críticas no âmbito da audiência pública, rebatidas pela CVM nos seguintes termos: "*A CVM entende que o valor proposto é adequado para esse primeiro momento de consolidação do* crowdfunding *de investimento no Brasil. A proposta apresentada na Minuta vai além da mera atualização monetária do valor de R$ 3,6 milhões, estabelecido pela Lei Complementar nº 139, de 10 de novembro de 2011, que modificou a Lei Complementar nº 123, de 2006, que resultaria num montante atualizado de R$ 5,02 milhões (correção pelo IPCA-E desde dezembro de 2011 até julho de 2016, data do edital de audiência pública SDM nº 06/16). (...) A Minuta, no entender da CVM, atende integralmente o comando constitucional, pois o limite de receita anual proposto, que é base do critério de elegibilidade para as dispensas automáticas de registro da emissão e do emissor, não é mais restritivo do que o limite máximo de receita bruta encontrado nas definições atribuídas às microempresas e empresas de pequeno porte na Lei Complementar n° 123, de 2006 - Estatuto Nacional da Microempresa e da Empresa de Pequeno Porte. Entretanto, se a CVM estendesse por demasiado esse critério, permitindo o usufruto das mesmas dispensas por empresas com receitas anuais muito superiores, ou a participação de grupos econômicos com elevadas receitas, a intenção do constituinte seria ferida, pois haveria uma competição desigual por recursos, diminuindo as chances de sucesso de legítimos empreendedores de pequeno porte.*" (cf. CVM. Relatório de análise da audiência pública SDM n. 06/2016, p. 12) Além disso, quanto a essas e outras exigências, o relatório ressalva que a CVM optou por uma abordagem inicial mais cautelosa para a inauguração do *crowdfunding* de investimento e poderia rever certas exigências no futuro, com o amadurecimento desse mercado. (cf. CVM. Relatório de análise da audiência pública SDM n. 06/2016, p. 10-11)

[693] No caso de emissor não constituído como sociedade anônima, devem as informações essenciais sobre a oferta conter alerta quanto à inexistência de obrigação de transformação nesse tipo societário e descrição das implicações da não transformação para o titular dos valores mobiliários (artigo 19, inciso IV, (g) e Anexo 8). E ainda, a norma exige que as informações essenciais da oferta esclareçam se: o valor mobiliário confere ao portador direito de crédito perante a sociedade empresária de pequeno porte e as condições de remuneração; é título representativo de dívida conversível em participação; confere participação no capital; confere direito de voto e, especialmente, se há quaisquer restrições a este direito; e é passível de livre cessão ou transferência, ou quais são as limitações a estes direitos (Anexo 8). Vale notar que a minuta originalmente submetida a audiência pública impunha requisito de integralização do capital social e vedação à oferta de quotas. Porém, esses requisitos foram excluídos no âmbito

dessa modalidade de oferta – a sociedades empresárias, de pequeno porte, não registradas.

A mesma lógica pautou a proposta de revisão da norma, submetida a audiência pública em 2020, que, contudo, propôs a majoração do limite de receita bruta anual para enquadramento como sociedade empresária de pequeno porte para R$ 30 milhões[694]. Essa reforma nasceu da percepção de que "*os limites que hoje restringem a modalidade podem ser ampliados, assim permitindo que um universo maior de empresas possa se beneficiar deste instrumento de captação de recursos*", e colaborando para o desenvolvimento do mercado de capitais brasileiro. Todavia, como contrapartida, a autarquia considerou necessários certos "*ajustes regulatórios pontuais para robustecer a proteção dos investidores que aderem a este tipo de oferta*"[695].

Uma distinção fundamental deve ser ressaltada quanto ao alcance da dispensa de registro nas ofertas públicas de *crowdfunding* de investimento. A Instrução CVM n. 588/2017 não tem, e não pretendeu ter, o alcance de permitir a realização de ofertas secundárias sob essa dispensa de registro, quanto menos de facilitar a posterior negociação dos valores mobiliários assim ofertados em

da audiência pública, tendo a CVM concluído não ser conveniente exigir a transformação do emissor em sociedade anônima por ocasião da conversão dos títulos: "*A razão para isso é ele pode não ter ainda o porte adequado para tanto e a própria conversão mandatória ser prejudicial a ele e, consequentemente, aos investidores. Nesse sentido, caberá aos investidores decidir acerca da conveniência de se realizar a conversão, considerando os riscos de se ingressar no capital de uma sociedade limitada, de um lado, e suas perspectivas de crescimento e geração de resultados, de outro.*" (cf. CVM. Relatório de análise da audiência pública SDM n. 06/2016, p. 44-45)

694 Cf. CVM. Edital de audiência pública SDM n. 02/2020, de 26 de março de 2020. Por conseguinte, foi proposta também a majoração do limite do grupo econômico, para R$ 60 milhões. Diz o edital: "*Esse aumento significativo vem ao encontro da experiência prática da maior parte das plataformas e de seu relato de que tal limite é o mais restritivo e desafiador no sentido de captar empresas consideradas mais atrativas, principalmente nas ofertas relacionadas a empreendimentos imobiliários. (...) A Comissão acredita que o aumento gradativo dos limites da modalidade, associado ao acompanhamento contínuo dos problemas e riscos agregados às ofertas públicas, é a forma mais apropriada para incentivar um desenvolvimento sustentável e contínuo do crowdfunding, mitigando ocorrências que possam prejudicar a imagem da modalidade e ocasionar prejuízos a investidores.*" A audiência pública seguia em análise na data de encerramento da revisão deste estudo para publicação, de modo que as propostas ainda poderão ser modificadas ou mesmo reconsideradas. A CVM incluiu o tema em sua agenda regulatória dentre as normas a serem editadas no ano de 2022. (cf. CVM. *CVM lança Agenda Regulatória para 2022*. Disponível em: https://www.gov.br/cvm/pt-br/assuntos/noticias/cvm-lanca-agenda-regulatoria-para-2022. Acesso em: 10 dez. 2020)

695 Cf. CVM. Edital de audiência pública SDM n. 02/2020, de 26 de março de 2020.

mercados regulamentados[696]. A consequente restrição de liquidez dos valores mobiliários assim ofertados no mercado secundário é uma deficiência que a norma reconhece, e de início não buscou solucionar[697]. Tanto assim que o tratou tão somente com um alerta aos potenciais investidores, que deve necessariamente constar do material da oferta, justamente quanto à inexistência de mercado secundário regulamentado para a negociação de valores mobiliários adquiridos no âmbito de oferta dispensada de registro nos termos da Instrução CVM n. 588/2017 (Anexo 8, seção 6, (h)).

Além disso, as plataformas são obrigadas a disponibilizar material didático e a alertar potenciais investidores para o fato de que as sociedades empresárias de pequeno porte e as respectivas ofertas estão automaticamente dispensadas de registro na CVM, bem como que a CVM não analisa previamente as ofertas e não há garantia de veracidade das informações prestadas ou de adequação à legislação vigente, tampouco julgamento sobre a qualidade dos valores mobiliários ofertados por parte da CVM (artigos 25 e 26).

Exige ainda a norma que todos os investidores firmem termo de adesão e ciência de risco, declarando estarem cientes inclusive "*do risco associado às dificuldades que possa enfrentar para vender valores mobiliários de sociedade empresária de pequeno porte não registrada na CVM e que não são admitidos à negociação em mercados regulamentados*", bem como "*de que a sociedade empresária de pequeno porte não é registrada na CVM e que pode não haver prestação de informações contínuas pela sociedade após a realização da oferta*" (artigo 19, inciso IV, (e) e (f)).

Esse risco de liquidez é um problema relevante que recebeu atenção na revisão da norma. Propôs então a CVM – em audiência pública que, como antes mencionado, seguia em fase de análise na data de conclusão deste estudo – que

[696] Com efeito, a Instrução CVM n. 588/2017 proíbe as plataformas, seus sócios, administradores e funcionários, de realizar atividades de intermediação secundária de valores mobiliários (artigo 28, inciso X).

[697] Pesquisa conduzida pela CVM antes da submissão da norma a audiência pública revelou preocupação no cenário internacional com a falta de liquidez dos valores mobiliários objeto dessa modalidade de oferta. Aponta, inclusive, que esse teria sido o fator de risco considerado mais sério pela European Securities Markets Authority (ESMA). (cf. CVM. Edital de audiência pública SDM n. 06/2016, p. 8; Relatório de análise da audiência pública SDM n. 06/2016, p. 23) Sobre a abordagem do tema na União Europeia, ver ESMA. *Investment-based crowdfunding*: insights from regulators in the EU. 2015. Disponível em: https://www.esma.europa.eu/sites/default/files/library/2015/11/esma-2015-856_ann_1_esma_response_to_ec_green_paper_on_cmu_-_crowdfunding_survey.pdf. Acesso em: 19 dez. 2019.

as plataformas passem a poder intermediar transações entre investidores que tenham participado de uma ou mais ofertas do mesmo emissor, e ainda, que ofertas secundárias possam ser realizadas, limitadas a 20% do valor alvo de captação[698]. A primeira solução – conservadora, nas palavras do próprio edital – não parece suficiente a resolver o problema de liquidez, mas aponta em direção à paulatina construção de um mercado secundário para a negociação desses ativos[699]. Ressalvou-se que com isso não se pretende impor às plataformas o regime dos mercados organizados de valores mobiliários, não sendo vedada, contudo, a acumulação de atividades – "*isto é, se uma plataforma deseja ir além do alcance proposto pela Minuta e negociar outros valores mobiliários existe o caminho de se tornar um mercado organizado regulado pela Instrução CVM n. 461, de 23 de outubro de 2007*"[700].

Não obstante, essa nova modalidade de oferta e nova alternativa de investimento vem ainda assim demonstrando considerável sucesso, ilustrado pelo aumento consistente do número de plataformas eletrônicas em atividade e de investidores participantes, bem como do montante total assim captado[701].

698 De acordo com a minuta submetida a audiência pública, a oferta secundária dos valores mobiliários seria admitida desde que: "*a) o montante total da oferta secundária não ultrapasse 20% (vinte por cento) do valor alvo máximo; b) o controlador ou grupo de controle não aliene participação maior do que 20% dos valores mobiliários de sua propriedade e o percentual alienado não ocasione a perda do controle após a oferta; e c) caso a oferta seja parcial, seja mantida a proporção dos valores mobiliários prevista nas alíneas "a" e "b"."*

699 Sobre a proposta de intermediação secundária, diz o edital: "(...) *A CVM acredita que o potencial de desenvolvimento de um mercado secundário com valores mobiliários provenientes de ofertas cursadas no regime do crowdfunding de investimento é muito limitado. Tal percepção é decorrente do fato de que são negócios nascentes, com pouca informação e, ainda, há poucos investidores. Nesse sentido, a Autarquia pensa em uma abordagem inicial mais conservadora no que se refere à possibilidade de transações secundárias dos valores mobiliários, permitindo que a plataforma atue como uma facilitadora, no intuito de promover o encontro de potenciais adquirentes e vendedores em relação aos valores mobiliários ofertados em seu ambiente eletrônico. (...) A justificativa para limitar o escopo da negociação secundária aos investidores que participaram de oferta pública de valores mobiliários do mesmo emissor decorre da circunstância acima descrita, qual seja, a de que os investidores estão submetidos ao mesmo conjunto e periodicidade de informações do emissor, o que mitiga assimetrias informacionais entre compradores e vendedores. No sentido de reduzir ainda mais a possibilidade de tais assimetrias, a plataforma deve manter um histórico público das negociações realizadas, viabilizando que os investidores acompanhem os preços e as quantidades transacionadas."* (cf. CVM. Edital de audiência pública SDM n. 02/2020)

700 Cf. CVM. Edital de audiência pública SDM n. 02/2020.

701 De acordo com a CVM, entre 2016 e 2018, o número de investidores aumentou 716%, de 1.099 para 8.966; o número de ofertas fechadas com sucesso aumentou de 24 para 46; o valor

Por outro lado, vale lembrar que, simultaneamente à introdução do novo diploma, foram revogadas as dispensas automáticas de registro para microempresas e empresas de pequeno porte de que tratamos no item 2.3.1 do Capítulo 2 desta Parte II[702]. Em comparação com o regime de dispensas anterior, apesar da ampliação do universo de emissores e do aumento do limite anual de captação, a Instrução CVM n. 588/2017 promoveu ao mesmo tempo certas restrições, inclusive quanto ao volume máximo de aplicação por investidor nessa modalidade de oferta, como veremos a seguir.

Portanto, a despeito do objetivo declarado da CVM de ampliar e aprimorar as alternativas de financiamento para empresas com dificuldade de acesso a crédito em função de seu porte com a edição da Instrução CVM n. 588/2017,

médio de captação por oferta aumentou de R$ 347.621,82 para R$ 1.000.137,83; o número médio de investidores por oferta aumentou de 46 para 195; o número de plataformas aumentou de 4 para 14. (cf. CVM. *Número de investidores em crowdfunding cresce após regulamentação.* 29 de abril de 2019. Disponível em: http://www.cvm.gov.br/noticias/arquivos/2019/20190429-1.html. Acesso em: 25 ago. 2019) Os dados mais recentes da CVM confirmam essas tendências: no ano de 2019, o volume total captado aumentou 28%; o número de ofertas lançadas cresceu de 56 para 81; o número de ofertas concluídas com sucesso cresceu de 46 para 60; o número de plataformas cresceu 86%, de 14 para 26; o valor médio de captação por oferta foi de R$ 984.061,48; 6.720 investidores participaram dessas ofertas, com investimento médio de R$ 8.786,26. (cf. CVM. *Crowdfunding de Investimento movimentou mais de R$ 59 milhões em 2019.* 26 de março de 2020. Disponível em: http://www.cvm.gov.br/noticias/arquivos/2020/20200326-1.html. Acesso em: 22 abr. 2020); no ano de 2020, o número de investidores aumentou de 6.720 para 8.275; o número de ofertas lançadas cresceu de 81 para 106, e de ofertas fechadas com sucesso, de 60 para 74; o número de plataformas chegou a 32; o valor médio de captação por oferta também bateu recorde, chegando a R$ 1.140.558,10. (cf. CVM. *Crowdfunding de Investimento movimentou mais de R$ 84 milhões em 2020.* 5 de abril de 2021. Disponível em: https://www.gov.br/cvm/pt-br/assuntos/noticias/crowdfunding-de-investimento-movimentou-mais-de-r-84-milhoes-em-2020. Acesso em: 15 dez. 2021)

702 Na visão da própria CVM, o arcabouço anterior conseguira acomodar apenas "*parte da demanda desse mercado de* crowdfunding *de investimento, em especial a dos emissores enquadrados no conceito legal de micro e pequena empresa, em emissões realizadas abaixo do limite estabelecido, mas não solucionava a questão*". Entendeu a CVM que as particularidades dessa nova forma de captação demandavam regulamentação específica, "*como a melhor determinação do porte das empresas que estariam aptas a captar recursos nessa modalidade*" e do perfil do investidor. (cf. CVM. *Crowdfunding de investimento.* Rio de Janeiro: CVM, 2019. p. 13. Disponível em: http://www.investidor.gov.br Acesso em: 06 out. 2019) Ainda sobre essa fase inicial de desenvolvimento do *crowdfunding* de investimento no Brasil, ver POTENZA, Guilherme Perez. OLIVEIRA, Alexandre Edde Diniz. Regulando a inovação: o *crowdfunding* e o empreendedorismo brasileiro. In: *Revista de Direito Empresarial.* Vol. 15/2016. p. 69-107. Mai - Jun/2016.

essa norma evidentemente não resolve por completo as dificuldades enfrentadas por essas empresas. Tanto assim que estudo da própria CVM aponta para a existência de um conjunto de pequenas e médias empresas que ainda acessam pouco ou não conseguem acessar o mercado de valores mobiliários por meio de ofertas públicas de valores mobiliários de dívida, e recomenda o fomento de "*captações de renda fixa e variável voltadas a PMEs em ambientes de negociação segmentados e com arcabouço regulatório próprio, sobretudo as emissões não contempladas pelo* crowdfunding"[703].

3.2.2.4.2. Contrapartida: novas restrições

Como adiantado, a Instrução CVM n. 588/2017 estabelece uma série de restrições em contrapartida e como condição à dispensa automática de registro no âmbito dessa modalidade de oferta, para além das limitações antes referidas quanto aos emissores (sociedades empresárias de pequeno porte) e ao meio de distribuição (plataformas eletrônicas de investimento participativo).

Notadamente, a norma impõe limite quanto ao volume das ofertas públicas de *crowdfunding* de investimento e quanto ao prazo de captação. Nesse caso, o valor alvo de captação não pode ser superior a R$ 5 milhões e o prazo de captação não pode ser superior a 180 dias, sendo que ambos devem ser definidos antes do início da oferta[704]. No âmbito da audiência pública

[703] Cf. CVM. O mercado de dívida corporativa no Brasil. 2019. p. 30; 101. Disponível em: http://www.cvm.gov.br/export/sites/cvm/menu/acesso_informacao/serieshistoricas/estudos/anexos/estudo_cvm_mercado_de_divida_corporativa_no_Brasil.pdf. Acesso em: 15 abr. 2019.

[704] Cf. artigo 3º, inciso I, da Instrução CVM n. 588/2017. De acordo com o §3º do mesmo artigo, caso já tenha sido previamente utilizada no ano-calendário a dispensa de registro de oferta pública nos termos daquela Instrução, por meio da mesma ou de outra plataforma registrada, o somatório do valor total de captação da oferta atual com os montantes captados anteriormente pela sociedade empresária de pequeno porte não poderá exceder o valor de R$ 5 milhões. Em resposta às críticas recebidas quanto a esse limite no âmbito da respectiva audiência pública, declarou a CVM: "*A CVM entende que o regime de dispensa de registro deve ser utilizado com parcimônia e que não é desejável que uma oferta pública dispensada de registro tenha um valor significativo a ponto de causar um impacto negativo no mercado e na situação financeira de inúmeros investidores de varejo. Dessa forma, considerando que o valor até então disposto na Instrução CVM nº 400, de 2003, era de R$ 2,4 milhões e que a média dos montantes ofertados pelas plataformas de* crowdfunding *de investimento no Brasil se encontra na faixa de R$ 400 mil, a CVM entende que o valor proposto está adequado.*" (cf. CVM. Relatório de análise da audiência pública SDM n. 06/2016, p. 24)

em curso, a CVM propôs a ampliação do limite máximo de captação para R$ 10 milhões[705]

A Instrução CVM n. 588/2017 estabelece ainda restrições quanto à destinação dos recursos captados (artigo 3º, inciso V)[706] e determina a adoção de procedimentos nela detalhadamente descritos[707].

Merece destaque também o limite imposto quanto ao volume individual de aplicação em valores mobiliários ofertados nos termos da Instrução CVM n. 588/2017, de R$ 10.000,00 por ano calendário – que agora a CVM propõe aumentar para R$ 20.000,00[708] –, dele ficando excetuados os investidores líderes de sindicato de investimento participativo e os investidores qualificados (artigo 4º)[709]. Permite-se, todavia, a ampliação desse limite para o investidor que tenha renda bruta anual ou montante de investimentos financeiros superior a

[705] Cf. CVM. Edital de audiência pública SDM n. 02/2020.

[706] Os recursos captados não podem ser utilizados para fusão, incorporação, incorporação de ações e aquisição de participação em outras sociedades; aquisição de títulos, conversíveis ou não, e valores mobiliários de emissão de outras sociedades; ou concessão de crédito a outras sociedades. Sobre o tema, manifestou-se a CVM ao encerramento da audiência pública: *"A CVM considera que as destinações dos recursos elencadas nas alíneas (a) a (c) do inciso V não se coadunam com as dispensas de registro da oferta e do emissor que estão sendo concedidas, pois o investidor estaria investindo indiretamente em outras sociedades que não a emissora, e sem quaisquer elementos para analisar tais empresas, suas estruturas societárias, suas operações, risco de crédito, etc., algo que demandaria um nível de sofisticação e diligência por parte do investidor que não é esperado neste tipo de oferta. Portanto, as condições para a concessão da dispensa foram mantidas e o inciso V do art. 3º não foi alterado."* (cf. CVM. Relatório de análise da audiência pública SDM n. 06/2016, p. 34) A CVM agora propõe a eliminação da restrição ao uso dos recursos captados para operações societárias. (cf. CVM. Edital de audiência pública SDM n. 02/2020)

[707] Em particular, exige que seja garantido ao investidor a faculdade de desistência da oferta, por prazo mínimo de sete dias contados da confirmação do investimento, sem a incidência de multa ou penalidade. (cf. artigo 3°, inciso II e III, e artigo 5º da Instrução CVM n. 588/2017)

[708] Cf. CVM. Edital de audiência pública SDM n. 02/2020.

[709] De acordo com o edital da respectiva audiência pública, a imposição de um limite individual de investimento é medida comum no contexto internacional para a proteção de investidores não qualificados. E ainda, justifica que: *"Tal limitação faz-se necessária ante o elevado risco de insucesso do empreendedor, a falta de liquidez do valor mobiliário adquirido, a ausência de um prospecto completo e de qualquer análise por parte da Comissão sobre as informações da oferta."* O edital explica que a flexibilização desse limite conforme a renda ou o patrimônio do investidor teve também inspiração em abordagens regulatórias adotadas em outros países, bem como que a CVM, ao adotar esse limite, levou em consideração o fato de que é comum que pessoas do círculo familiar ou de amizades dos empreendedores invistam nesses negócios. (cf. CVM. Edital de audiência pública SDM n. 06/2016, p. 7; 10-11)

R$ 100.000,00 – que agora a CVM propõe aumentar para R$ 200.000,00[710] –, para até 10% do maior desses valores por ano-calendário. Com isso, a norma buscou evitar que uma parcela relevante da poupança de investidores não qualificados fosse alocada em ativos assim ofertados, considerados de alto risco[711]. A norma se apoia no pressuposto de que essa modalidade de investimento costuma atrair universo relevante de participantes sem prévia experiência ou que não participam regularmente do mercado de capitais.

Em suma, não há restrição quanto ao nível de sofisticação dos investidores que podem participar dessa modalidade de oferta – diferentemente do regime da Instrução CVM n. 476/2009 –, e sim, tão somente, restrição quanto ao volume de aplicação por investidores não qualificados e que não sejam investidores-líderes de sindicato, que varia conforme seu perfil de renda e patrimônio.

Aliás, a regulamentação dos chamados sindicatos de investimento participativo foi impulsionada justamente pelo desafio, verificado nessa modalidade de investimento, de assimetria informacional e maior dificuldade de avaliação pelos investidores não qualificados. Os sindicatos funcionam como grupos de investidores, apoiados por um investidor-líder, com experiência prévia, que compartilha com os demais sua tese de investimento pessoal. Entretanto, as plataformas podem ou não admitir esse tipo de estrutura (artigos 32 a 37).

Outra contrapartida à dispensa de registro estabelecida pela CVM diz respeito à determinação para que as ofertas dessa modalidade sejam realizadas exclusivamente por meio eletrônico. A norma impõe diversas restrições às

[710] Cf. CVM. Edital de audiência pública SDM n. 02/2020.

[711] Cf. CVM. Relatório de análise da audiência pública SDM n. 06/2016, p. 47. Sobre o tema, manifestou-se a CVM: *"A CVM entende que o valor mobiliário objeto das ofertas públicas realizadas por meio do* crowdfunding *de investimento possui riscos adicionais quando comparados a outros investimentos existentes no mercado de capitais e que demandariam uma qualificação do investidor. Contudo, a própria natureza do* crowdfunding *não se coaduna com a exigência de qualificação, na medida em que se pressupõe que o financiamento será provido pela multidão, cada um contribuindo com um pouco. A CVM respeitou a natureza do produto e não restringiu um valor mobiliário de uma sociedade empresária de pequeno porte, sem liquidez, a investidores qualificados. Contudo, o estabelecimento de limites individuais de investimento é uma regra de ouro para permitir essa flexibilização de inclusão de investidores não considerados qualificados e segue a lógica regulatória da ampla maioria dos países que já regulamentou o tema."* (cf. CVM. Relatório de análise da audiência pública SDM n. 06/2016, p. 46-47) Não obstante, podem as plataformas estabelecer limites mais restritivos.

plataformas, vedando, por exemplo, a busca de investidores e a utilização de material publicitário fora de seu ambiente eletrônico[712]. Contudo, no âmbito da audiência pública em curso, essa restrição foi objeto de reconsideração[713].

Por fim, a norma estabelece prazo mínimo, contado do encerramento de oferta que tenha logrado êxito, para a realização de nova oferta com dispensa de registro pela mesma sociedade empresária de pequeno porte, através da mesma ou de outra plataforma (artigo 3º, §4º)[714].

3.2.2.4.3. Disciplina da sociedade empresária de pequeno porte

O Anexo 8 da Instrução CVM n. 588/2017 lista as informações mínimas que devem ser prestadas na página da plataforma por ocasião de uma oferta. Essas são as informações – sobre a sociedade emissora, o valor mobiliário ofertado, e mais – consideradas essenciais pela CVM a permitir que se tome uma decisão de investimento devidamente informada[715]. Com isso, pretendeu a

[712] A CVM considerou que qualquer esforço de venda fora do ambiente da plataforma seria uma ameaça à correta prestação de informações e dificultaria a supervisão da adequação do conjunto informacional da oferta. (cf. CVM. Relatório de análise da audiência pública SDM n. 06/2016, p. 84) Outras restrições são elencadas no artigo 28 da Instrução CVM n. 588/2017.

[713] Diz o respectivo edital: *"Contudo, a CVM reconhece a necessidade de ampliação das possibilidades de divulgação como forma de permitir que as ofertas atinjam um contingente maior de investidores, facilitando que o novo valor alvo máximo das ofertas possa ser alcançado. Assim, a Minuta propõe que a oferta pública possa ser divulgada livremente, inclusive com a utilização de material publicitário, não mais restringindo a divulgação da existência da oferta nos sites do emissor e do investidor líder. A Minuta exige, por outro lado, um conteúdo máximo de informações e a existência do direcionamento para a página da plataforma na internet onde se encontram as informações essenciais da oferta, de forma a não permitir a existência de outro ambiente concorrente de informações sobre a oferta pública."* (cf. CVM. Edital de audiência pública SDM n. 02/2020)

[714] A mecânica dessa restrição repete aquela empregada no âmbito da Instrução CVM n. 476/2009: *"A CVM estabeleceu o prazo de 120 (cento e vinte) dias, em linha com o estabelecido na Instrução CVM nº 476, de 2009, para impedir que um emissor extrapole o valor de R$ 5 milhões ao lançar duas ofertas em períodos muito próximos, no final de um ano e no início do ano subsequente. Além disso, não parece razoável para a correta avaliação dessa sociedade empresária de pequeno porte que ele volte ao mercado em períodos muito curtos após a sua captação, pois se torna difícil uma análise do mercado quanto à utilização dos recursos e os reflexos na operação da empresa."* (cf. CVM. Relatório de análise da audiência pública SDM n. 06/2016, p. 40)

[715] As informações exigidas sobre a sociedade emissora incluem dados sobre a sua forma societária, setor de atuação, patrimônio líquido e capital social, principais executivos e controladores, e demonstrações contábeis elaboradas de acordo com a legislação vigente (Anexo 8 da Instrução CVM n. 588/2017).

CVM uniformizar o conjunto informacional das ofertas de *crowdfunding* de investimento e garantir que suas principais características e riscos sejam corretamente divulgados[716].

Além das informações essenciais, a plataforma deve disponibilizar um pacote de documentos jurídicos, incluindo cópia do contrato ou estatuto social da sociedade empresária de pequeno porte, cópia da escritura de debêntures ou do contrato de investimento que represente o valor mobiliário ofertado, conforme o caso, e outros documentos considerados relevantes à tomada de decisão de investimento (artigo 8º).

A sociedade empresária de pequeno porte é responsável pela veracidade, consistência, qualidade e suficiência das informações fornecidas à plataforma, porém esta fica ainda assim incumbida da verificação dessas informações (artigos 10 e 19, inciso I, (b)). Além disso, a Instrução CVM n. 588/2017 ressalta o dever dos administradores da sociedade emissora de zelar, dentro de suas competências, pelo cumprimento das obrigações impostas pelo diploma à sociedade (artigo 40).

Essencialmente, a isso se restringe a disciplina do emissor não registrado da Instrução CVM n. 588/2017. Melhor dizendo, esse diploma não estabelece regime próprio de prestação de informações contínuas para momento posterior ao período da oferta – diferentemente da Instrução CVM n. 476/2009, que, como vimos, submete os emissores não registrados a regime informacional específico. Isso decorre da preocupação que teve a CVM com o custo potencialmente excessivo de um regime informacional mais intenso para esses emissores[717]. Tanto assim que um dos alertas necessários nesse tipo de

[716] Cf. CVM. Edital de audiência pública SDM n. 06/2016, p. 12.

[717] Sobre o tema, manifestou-se a CVM na audiência pública original: "*A Comissão concorda com os participantes que devem ser fornecidas informações que propiciem aos investidores o acompanhamento das atividades das sociedades empresárias de pequeno porte. Contudo, em função de sua experiência com o fornecimento de informações de companhias abertas, a CVM compreende que um regime informacional mais descritivo e robusto muitas vezes representa um custo desproporcional para os emissores menores e demanda um nível de estrutura, organização e controles internos que, na maioria das vezes, não é encontrado nas sociedades que serão objeto das ofertas promovidas por meio do mecanismo de* crowdfunding *de investimento. Adicionalmente, a Comissão avalia que empresas em diferentes estágios de desenvolvimento serão destinatárias da norma e seria inconveniente estabelecer um parâmetro que poderia ser alto para muitos e baixo para outros. Nesse momento, portanto, considerando os custos regulatórios envolvidos na prestação mandatória das informações sugeridas e que as informações relevantes relativas a determinado emissor estarão sendo definidas a cada oferta em função de suas particularidades, a*

oferta diz respeito justamente ao fato de a sociedade empresária de pequeno porte não ser registrada na CVM, de modo que pode não haver prestação de informações contínuas após a realização da oferta.

Nessa linha, a Instrução CVM n. 588/2017 tampouco impõe às sociedades empresárias de pequeno porte obrigações típicas de companhia aberta no que diz respeito a informações financeiras. A ausência de obrigatoriedade de apresentação aos investidores de demonstrações contábeis e de auditoria independente das mesmas é mais um dos alertas obrigatórios para potenciais investidores desse tipo de oferta.

Ao contrário, a Instrução CVM n. 588/2017 deixa ao âmbito privado a definição das informações contínuas que a emissora se compromete a divulgar (como, por exemplo, indicadores de desempenho, informações financeiras, desenvolvimento de novos produtos, mudanças de equipe etc.). A norma exige apenas que o contrato entre plataforma e sociedade empresária de pequeno porte estipule o alcance e a periodicidade dessas informações, bem como a data-limite para sua disponibilização à plataforma, sendo certo que a

Autarquia entende que endereçou o regime de proteção mínimo para os investidores e opta uma abordagem menos impositiva, preferindo manter a redação proposta de deixar a cargo desses emissores, no momento da oferta, a determinação de quais informações serão prestadas para os investidores em função de seu estágio de desenvolvimento e ramo de atuação." (Relatório de análise da audiência pública SDM n. 06/2016, p. 75) E ainda, em resposta a sugestão recebida de participante de compatibilização com a Instrução CVM n. 476/2009, afirmou: *"A CVM entende que a proposta de equiparar a divulgação de informações dos emissores das plataformas de* crowdfunding, *sociedade empresária de pequeno porte, àquelas previstas na Instrução CVM n° 476/09, seria uma imposição desproporcional para essas sociedades e a sugestão não foi acatada."* (cf. CVM. Relatório de análise da audiência pública SDM n. 06/2016, p. 119) Esse ponto foi reforçado na audiência pública de revisão da norma: *"É sempre importante mencionar que as sociedades empresárias de pequeno porte que emitem por meio do mecanismo do* crowdfunding *de investimento não são emissores registrados na CVM e, portanto, não se submetem a um regime de prestação de informações periódicas e eventuais típicas de um emissor admitido à negociação em mercados regulamentados de valores mobiliários. Tal característica decorre do fato de que o regime informacional previsto para as sociedades empresárias de pequeno porte busca impor o menor custo de observância possível, tornando a captação pública de recursos mais factível para emissores em estágios de maturação de seus negócios, ainda muito incipientes. Não por acaso, as informações dele exigidas não seguem um modelo padronizado, eles não se submetem à auditoria independente e a eles não se impõe a regulamentação que dispõe sobre a divulgação e uso de informações sobre ato ou fato relevante relativo às companhias abertas."* (cf. CVM. Edital de audiência pública SDM n. 02/2020)

periodicidade mínima deve ser semestral e que o acesso às informações deve ser equitativo (artigo 20, inciso I)[718].

Portanto, as obrigações de prestação de informação da sociedade empresária de pequeno porte serão aquelas que ela voluntariamente assumir perante a plataforma e os investidores, além daquelas previstas em lei, conforme seu tipo societário.

Ao rever o diploma a CVM identificou certas fragilidades e considerou necessário promover ajustes pontuais para robustecer a proteção dos investidores desse tipo de oferta, como antes mencionado. Nesse sentido, propôs que se passe a exigir dos emissores a escrituração de seus valores mobiliários, por escriturador registrado na CVM[719]. Além disso, propôs a imposição de obrigatoriedade de auditoria das demonstrações financeiras dos emissores com receita bruta anual superior a R$ 5 milhões e mudanças ao regime de informação[720].

Por fim, vale notar que a CVM optou por delegar a fiscalização do cumprimento dessa obrigação à plataforma. Além disso, estabeleceu como punição a eventuais descumprimentos a vedação à utilização dessa modalidade de captação (artigo 3º, §5º)[721]. Assim sendo, a responsabilidade da plataforma

[718] A norma exige ainda que as informações essenciais sobre a oferta descrevam as informações periódicas que a sociedade emissora se compromete a divulgar e sua periodicidade, para que os potenciais investidores possam levar isso em consideração ao tomar sua decisão de investimento.

[719] Ressalta o edital: "*A medida também está alinhada com a proposta de permitir a intermediação de compra e venda de valores mobiliários pela plataforma, sendo necessária para assegurar que os valores mobiliários transacionados são efetivamente de titularidade dos investidores que protagonizam as operações. (...) Vale dizer que a Minuta propõe alteração na Instrução CVM n. 543, de 20 de dezembro de 2013, que dispõe sobre o serviço de escrituração de valores mobiliários, com o fim de permitir que, no caso dos valores mobiliários ofertados por meio do crowdfunding, tal serviço seja prestado por pessoas jurídicas que não sejam instituições financeiras. Essa flexibilização permitirá a prestação dos serviços com menores custos e com a adoção de tecnologias inovadoras, aumentando a concorrência no setor e tornando o crowdfunding um laboratório para o desenvolvimento de tais soluções. Não há vedação para que as próprias plataformas prestem o serviço, desde que estejam devidamente autorizadas pela CVM, nos termos da Instrução CVM n. 543.*" (cf. CVM. Edital de audiência pública SDM n. 02/2020)

[720] Cf. CVM. Edital de audiência pública SDM n. 02/2020. Na revisão da norma a CVM propôs diversos ajustes ao conteúdo das informações do Anexo 8, passando inclusive a prever um conjunto de informações específico para valores mobiliários de dívida não conversíveis.

[721] Sobre esse ponto, declarou a CVM: "*Nesse sentido, a CVM não pretende ter para esse participante um nível de acompanhamento e supervisão típicos de um emissor registrado, o que inclui, naturalmente, o controle do recebimento e a cobrança de multa cominatória pelo não envio das informações. Optou-se*

se restringe ao controle do recebimento e à divulgação das informações contínuas por ela recebidas do emissor após o período de oferta, bem como, em caso de inadimplência, à inclusão do respectivo emissor em lista pública de inadimplentes[722]. O emissor, por sua vez, fica impedido de realizar nova oferta se estiver inadimplente em relação à obrigação de prestação de informações contínuas. Trata-se, portanto, de abordagem regulatória também por isso bastante diferente daquela tradicionalmente adotada, inclusive para os emissores dispensados de registro sob a Instrução CVM n. 476/2009.

3.2.2.5 *Sandbox* regulatório

Em 2020, a Instrução CVM n. 626 regulamentou o funcionamento de *sandbox* regulatório, um ambiente experimental em que os participantes admitidos recebem autorizações temporárias para pôr em prática modelos de negócios inovadores que se enquadrem dentro do perímetro regulatório da autarquia, sob dispensa de determinados requisitos e contínuo monitoramento.

A CVM concluiu o primeiro processo de admissão de participantes em 2021. As propostas aprovadas envolveram tanto a prestação de serviços de escrituração de valores mobiliários, com foco nas ofertas públicas promovidas sob a Instrução CVM n. 588/2017, quanto a constituição e administração de mercado de balcão organizado e a prestação de outros serviços relacionados à distribuição e negociação (inclusive por meio de *tokens* em redes de *blockchain*) de valores mobiliários ou de certificados lastreados em valores mobiliários ofertados sob a Instrução CVM n. 588/2017 e a Instrução CVM n. 476/2009[723].

por uma abordagem menos rigorosa e a punição pela não entrega das informações é a impossibilidade de utilizar-se novamente do mecanismo de crowdfunding *de investimento. Cabe às plataformas controlar o recebimento de tais informações e, ainda, divulgar publicamente a lista de inadimplentes para que a sociedade empresária de pequeno porte não possa se esquivar da proibição por meio de outra plataforma. A apuração da inadimplência é, portanto, uma atividade das plataformas e a CVM entende que, por meio da autorregulação, poderá ser disciplinada a melhor forma das plataformas se comunicarem para facilitar o cumprimento dessa obrigação.*" (Relatório de análise da audiência pública SDM n. 06/2016, p. 41)

722 Cf. CVM. Relatório de análise da audiência pública SDM n. 06/2016, p. 41.

723 Cf. CVM. *CVM finaliza primeiro processo de admissão do Sandbox Regulatório*. Disponível em: https://www.gov.br/cvm/pt-br/assuntos/noticias/cvm-finaliza-primeiro-processo-de-admissao-do-sandbox-regulatorio Acesso em 15 dez. 2021; CVM. *CVM aprova mais uma proposta para o Sandbox Regulatório*. Disponível em: https://www.gov.br/cvm/pt-br/assuntos/noticias/cvm-aprova-mais-uma-proposta-para-o-sandbox-regulatorio. Acesso em 27 dez. 2021. As

Espera-se, assim, que a experiência com o desenvolvimento desses novos modelos de negócios em ambiente experimental fomente a inovação e sirva de base para potenciais futuras revisões da regulamentação aplicável, ampliando o acesso a essas vias de captação para emissores de menor porte e à negociação secundária em ambiente regulado para os investidores.

3.2.3 Considerações finais

3.2.3.1 Acesso ao mercado por companhia não registrada: antinomia aparente?

De um lado, tem-se a regra geral de que "*a companhia é aberta ou fechada conforme os valores mobiliários de sua emissão estejam ou não admitidos à negociação no mercado de valores mobiliários*", sendo certo que "[s]*omente os valores mobiliários de emissão de companhia registrada na Comissão de Valores Mobiliários podem ser negociados no mercado de valores mobiliários*"[724].

De outro, tem-se os "*casos em que os registros podem ser dispensados*"[725], regulamentados pela CVM de modo a permitir a distribuição pública de valores mobiliários emitidos por companhias não registradas. No caso da Instrução CVM n. 476/2009 – que, aliás, se refere especificamente a "*obrigações do emissor dos valores mobiliários admitidos à negociação nos termos do art. 14 desta Instrução*" – permite-se até mesmo sua posterior negociação em mercado regulamentado[726]. Essa dinâmica é mantida pelo novo regime proposto para essas ofertas[727]. Já a Instrução CVM n. 588/2017 se refere a "*valores mobiliários de sociedade empresária de pequeno porte não registrada na CVM e que não são admitidos à negociação em mercados regulamentados*"[728], porém caminha para viabilizar a

dispensas concedidas e condições acertadas estão detalhadas nas Deliberações CVM n. 873, 874 e 875, de 30 de setembro de 2021, e 877, de 27 de dezembro de 2021.

[724] Cf. artigo 4º, *caput* e §1º, da Lei n. 6.404/1976, com correspondência no artigo 22, *caput*, e artigo 21, §1º, da Lei n. 63.85/1976.

[725] Cf. artigo 21, §6º, inciso I, da Lei n. 6.385/1976.

[726] Cf. artigo 14, *caput*, e artigo 17 da Instrução CVM n. 476/2009.

[727] Aliás, a redação é reproduzida no artigo 85 da minuta, que se refere a "*obrigações do emissor dos valores mobiliários admitidos à negociação nos termos do art. 82, incisos IV e V, desta Resolução*". (cf. CVM. Edital de audiência pública SDM n. 02/2021)

[728] Cf. artigo 19, IV, (e) da Instrução CVM n. 588/2017.

negociação desses valores mobiliários no ambiente das próprias plataformas, como antes mencionado.

Essas normas parecem apontar para situação conflitante, de antinomia.

Não nos referimos tão somente ao conflito entre a proibição ao acesso ao mercado sem prévio registro e a permissão para dispensa desse mesmo registro, mas também, e especialmente, a como essas normas se relacionam com a definição legal de companhia aberta e sua disciplina jurídica. Enquanto o conflito inicial parece se resolver mais facilmente pelo critério da especialidade, esse aprofundamento exige maior esforço de interpretação, como veremos a seguir.

Notadamente, ao prever a possibilidade de dispensa do registro de emissor, a lei não detalhou os efeitos dessa exceção ao comando geral. Por um lado, essa exceção parece ter por função a subtração de casos específicos da disciplina da companhia aberta e sua submissão a regime próprio, e assim vem a CVM tratando a matéria em sede regulamentar. Por outro, o confronto com a literalidade da definição legal de companhia aberta traz incerteza quanto ao alcance dessa dispensa, agravada pela *admissão à negociação* dos valores mobiliários distribuídos mediante dispensa de registro segundo norma expedida pela própria CVM.

Portanto, fica a indagação: como conciliar a norma que enquadra como abertas todas as companhias cujos valores mobiliários estejam admitidos à negociação no mercado de valores mobiliários, com a consequente atração de sua disciplina legal, com a norma que admite a distribuição pública, e por vezes até mesmo a posterior negociação, de valores mobiliários sob dispensa de registro? Como resultado, ficam as companhias que acessam o mercado sob dispensa de registro excetuadas da disciplina legal (especialmente societária) de companhia aberta, ou tem a dispensa alcance limitado ao regime regulamentar (essencialmente informacional)?

Trata-se, em nossa visão, de antinomia aparente, solúvel a partir da cuidadosa interpretação das normas pertinentes, *de lege lata*. Não obstante, a insegurança que esse quadro gera – ilustrada pela existência de divergência doutrinária sobre o tema, como veremos a seguir – faz com que a questão mereça maior reflexão, *de lege ferenda*.

3.2.3.2 A dispensa de registro, *de lege lata*

Concentremo-nos no conflito inicial entre as normas que, de um lado, proíbem, e, de outro, permitem o acesso ao mercado sem o competente registro. Como adiantado, nos parece que esse conflito se resolve pelo critério da especialidade.

Nesse sentido, vale notar que o comando geral de que "[s]*omente os valores mobiliários emitidos por companhia registrada nos termos deste artigo podem ser negociados na bolsa e no mercado de balcão*" e a autorização para que a CVM especifique "*casos em que os registros podem ser dispensados*" foram consagrados por normas contemporâneas e hierarquicamente equivalentes, inauguradas pela Lei n. 6.386/1976[729].

Contudo, a dispensa de registro claramente configura exceção ao comando geral, conclusão essa corroborada pela disposição das normas naquele diploma, bem como pelo exame de suas funções. As funções do registro obrigatório de emissor, examinadas no Capítulo 1 desta Parte II, não se restringem ao seu caráter instrumental, de operacionalização do regime informacional imposto aos emissores; ao contrário, em nossa opinião, tal registro corresponde ao requisito de *admissão à negociação* de que trata a definição legal de companhia aberta e configura marco de incidência de sua disciplina legal.

Já a dispensa de registro parece ter por função principal permitir que casos específicos sejam subtraídos do regime ordinariamente aplicável sob o comando geral, para submetê-los a regime próprio. Com isso, parecia o legislador antever a possibilidade de, na prática, emergirem situações para as quais o regime ordinariamente aplicável sob o comando geral merecesse ser dispensado, e confiou à CVM a apreciação dessas situações e o efetivo exercício da dispensa em sede regulamentar.

Portanto, pelo critério da especialidade, é possível conciliar as duas normas, sob o pressuposto de que a dispensa de registro é norma derrogatória, que fundamenta a subtração de parte da matéria – casos específicos, excepcionais – do regime comum, para submissão a regime diverso (*lex specialis derogat generali*). Como ensina Bobbio, essa passagem de uma norma mais abrangente ("*que abrange um certo* genus") para uma norma derrogatória ("*que abrange uma*

[729] Cf. artigo 21, §1º e §6º, inciso I, da Lei n. 6.385/1976.

species *do* genus") "*corresponde a uma exigência fundamental de justiça, (...) a um processo natural de diferenciação das categorias, e a uma descoberta gradual, por parte do legislador, dessa diferenciação*"[730].

Cumpre então perquirir o alcance dessa supressão, em atenção ao fato de que a possibilidade de dispensa de registro é prevista em lei – notadamente, na Lei n. 6.385/1976, e não na Lei n. 6.404/1976 –, porém exercida em sede regulamentar.

A nosso ver, a dispensa de registro repercute para além da disciplina do mercado de valores mobiliários, e tem o alcance de afastar a incidência da disciplina societária imposta à companhia aberta pela Lei n. 6.404/1976, pelos motivos expostos a seguir.

Em primeiro lugar, como regra geral, entendemos que o requisito de *admissão à negociação* de que trata a definição legal de companhia aberta corresponde ao registro de emissor[731]. É esse o marco para a incidência da disciplina que a Lei n. 6.404/1976 dedica às companhias abertas. Por conseguinte, na ausência de registro, enquadrar-se-á a companhia como fechada, e não como aberta.

Em segundo lugar, essa é a interpretação que melhor parece se coadunar com a sistemática das Leis n. 6.385/1976 e 6.404/1976. Como vimos no Capítulo 2 da Parte I, a definição legal de companhia aberta foi adotada de maneira instrumental, para distingui-la das companhias fechadas e designar as normas que lhe são próprias. Essas normas, por sua vez, visam a proteger os respectivos investidores, sob a concepção de que "*toda companhia que faz apelo – por mínimo que seja – à poupança pública, cria, ao ingressar no mercado de capitais, relações que não existem na companhia fechada, e que exigem disciplina própria para proteção da economia popular e no interesse do funcionamento regular e do desenvolvimento do mercado de valores mobiliários*"[732]. O registro é instrumento desse regime de proteção. A possibilidade de dispensa, por sua vez, parece atender à preocupação com casos em que essa proteção porventura não se faça necessária, não obstante a distribuição e eventual negociação pública de

[730] Cf. BOBBIO, Norberto. *Teoria do Ordenamento Jurídico*. 10ª ed. Brasília: Universidade de Brasília, 1999. p. 96. Prossegue o autor: "*Entende-se, portanto, por que a lei especial deva prevalecer sobre a geral: ela representa um movimento ineliminável do desenvolvimento de um ordenamento. Bloquear a lei especial frente à geral significaria paralisar esse desenvolvimento.*"

[731] Vide Capítulo 1 desta Parte II.

[732] Cf. Exposição de Motivos da Lei n. 6.404/1976.

valores mobiliários, de modo que sua imposição acarretaria custos desnecessários e injustificáveis para o emissor.

Em outras palavras, a definição legal de companhia aberta constrói uma ponte entre as Leis n. 6.385/1976 e 6.404/1976, e pressupõe a disciplina do registro. Sob essa sistemática, o registro de emissor tem dupla função, de modo que sua dispensa afasta não apenas o regime informacional, mas também a disciplina societária que a partir dele ordinariamente incide.

Entendimento contrário, no sentido de que a dispensa de registro não tem o condão de afastar a disciplina societária, representaria restrição relevante de seus efeitos, a ponto de potencialmente gerar uma situação incoerente e impedir que funcionasse como instrumento efetivo de justiça. Produzir-se-ia assim situação semelhante àquela comentada no Capítulo 2 desta Parte II, no tocante ao alcance limitado da autorização para criação de diferentes categorias de registro de companhia aberta.

Não se olvida que a própria CVM, ao regulamentar a dispensa de registro, autoriza a negociação dos valores mobiliários distribuídos por companhias não registradas em regime de esforços restritos, inclusive empregando a expressão *admitidos à negociação*. Com efeito, a Instrução CVM n. 476/2009 admite a posterior negociação em mercado secundário, de balcão, dos valores mobiliários assim ofertados (artigo 14)[733], e o novo regime proposto pela autarquia para essas ofertas preserva essa possibilidade. Entretanto, pelos motivos antes expostos, entendemos que nem por isso são eles *admitidos à negociação* para

[733] No âmbito da audiência pública da norma que deu origem à Instrução CVM n. 476/2009, a CVM foi indagada por participantes a respeito desse tema. Em resposta, ressaltou a área técnica da CVM o seguinte: "*BMA e Lobo De Rizzo solicitaram a posição da CVM com relação a possível contradição entre, de um lado, o comando contido no art. 14 da Minuta que autoriza a negociação de valores mobiliários de emissão de companhias fechadas no mercado de balcão organizado e, de outro, o disposto no §1º do arts. 4º da Lei n° 6.404 e 21 da Lei n° 6.385, de 1976 no qual se determina que "somente valores mobiliários de emissão de companhia registrada na Comissão de Valores Mobiliários podem ser negociados no mercado de valores mobiliários". A SDM entende que as normas acima referidas não devem ser interpretadas isoladamente, desconectadas de outras disposições que integram a ordem jurídica. Em particular, a questão deve ser examinada à luz do disposto nos arts. 21, §6º, e 19, §5º da Lei nº 6.385, de 1976, que outorgam à CVM competência para dispensar quer o registro de companhia aberta quer o registro de oferta pública de distribuição de valores mobiliários, devendo-se levar em consideração ainda a norma contida no art. 2º, §2º, que equipara quaisquer emissores de valores mobiliários a companhias abertas para os fins da legislação e regulamentação do mercado de capitais.*" (cf. CVM. Relatório de análise da audiência pública SDM n. 05/2008, p. 14-15)

os fins da Lei n. 6.404/1976. Mais precisamente, apesar de ser admitida a posterior negociação desses valores mobiliários em mercado secundário sob condições específicas, entendemos que ainda assim não se enquadram seus emissores como companhias abertas, por faltar-lhes o registro – objeto de dispensa expressa[734].

Merece nota a divergência existente a respeito do tema. Nesse sentido, há quem entenda que a admissão à negociação dos valores mobiliários, mesmo sob dispensa de registro, faz incidir a disciplina societária de companhia aberta da Lei n. 6.404/1976.

Nesse sentido, considera Pitta que a dispensa de registro não evita que a companhia adquira o status de aberta e fique sujeita à correspondente disciplina societária. Isso porque, apesar da dispensa de registro, seus valores mobiliários estarão aptos a negociar (ou seja, *admitidos à negociação*) nos termos da Instrução CVM n. 476/2009, preenchendo assim o requisito do artigo 22, *caput,* da Lei n. 6.385/1976 e do artigo 4º, *caput,* da Lei n. 6.404/1976. De acordo com Pitta, para o enquadramento como companhia aberta é determinante a *admissão à negociação* dos valores mobiliários, sendo o registro um requisito para tanto, que pode ser dispensado pelo regulador. Assim sendo, as companhias não registradas que promovam oferta pública de distribuição de valores mobiliários de sua emissão sob a Instrução CVM n. 476/2009 enquadrar-se-iam como abertas, e não como fechadas[735].

[734] Ne medida em que se caminhe em direção à construção de um mercado secundário para os valores mobiliários objeto de oferta pública de *crowdfunding* de investimento – cujos emissores são sociedades empresárias de pequeno porte, necessariamente não registradas perante a CVM – tornar-se-á necessário revisitar essa discussão também sob essa ótica.

[735] *"Entretanto, em que pese o registro referido no artigo 21 da Lei n. 6.385/76 ser tradicionalmente referido como o registro de companhia aberta, é equivocado entender que apenas o aludido registro possui o condão de conferir o* status *de companhia aberta para determinada sociedade por ações, de modo que as companhias não registradas perante a CVM serão, necessariamente, companhias fechadas. Isso porque, nos termos do artigo 4º, caput, da Lei n. 6.404/76, determinada companhia será aberta ou fechada conforme os valores mobiliários de sua emissão estejam ou não admitidos à negociação no mercado de valores mobiliários, e apesar do registro do emissor, os termos do artigo 21 da Lei n. 6.385/76 e do artigo 4º, §1º da Lei n. 6.404/1976, ser requisito geral para a negociação de determinado valor mobiliário em mercado organizado, o mesmo pode ser apto a negociar nesses mercados em virtude do enquadramento em hipótese de dispensa de registro de emissor definida pela CVM, conforme autorizado pelo artigo 21, §6º, I da Lei n. 6.385/76. Nessa hipótese, a ausência do registro não evita que a companhia adquira o* status *de companhia aberta, uma vez que valores mobiliários de sua emissão estão igualmente aptos a negociar no mercado regulamentado de valores mobiliários, enquadrando-se, portanto, na definição de companhia*

Por outro lado, para Tannous, por exemplo, às companhias que realizam ofertas públicas de valores mobiliários de dívida sob o regime de esforços restritos de colocação, sem o registro de emissor de valores mobiliários, não se aplicam as normas da lei societária destinadas às companhias abertas. E isso porque o elemento distintivo reside na obtenção do registro de companhia aberta (e não na admissão dos valores mobiliários à negociação no mercado)[736].

Por fim, não se trata aqui de autorização genérica para que a CVM dispense quaisquer das obrigações previstas em lei para as companhias abertas ou module obrigações específicas, em função de uma ou outra característica da emissora – como no caso das iniciativas examinadas no Capítulo 2 desta Parte II –, e sim de permitir que aprecie situações específicas e as excetue da disciplina jurídica de companhia aberta, quando entender que a proteção garantida por essa disciplina não se justifica no caso concreto, sempre atenta ao interesse do público investidor. O exercício da dispensa não invade

aberta contida no artigo 4º, caput, da Lei n. 6.404/76, e sujeitando-o ao regime societário especial a elas aplicável (...). Portanto, a qualificação de uma determinada companhia como aberta ou fechada está associada a um critério absolutamente formal, consubstanciado em uma autorização administrativa para a admissão à negociação de seus valores mobiliários em mercados regulamentados, dependente, por sua vez, (i) da concessão do registro referido no artigo 21 da Lei n. 6.385/76; ou (ii) do enquadramento em uma das hipóteses taxativas em que esse registro é dispensado. Exemplificativamente, as companhias que realizam ofertas públicas com esforços restritos de distribuição, nos termos da Instrução CVM n. 476/09, e que, portanto, podem ter seus valores mobiliários negociados no mercado de balcão organizado ou não organizado, entre investidores qualificados, sem a necessidade de obtenção do registo a que alude o artigo 21 da Lei n. 6.385/76, não são, a contrário do tradicionalmente afirmado, companhias fechadas, mas sim companhias abertas (por força do previsto no artigo 4º, caput, *da Lei n. 6.404/76) expressamente dispensadas de registro, sujeitas, portanto, ao regime societário e regulatório das companhias abertas (com exceção apenas das obrigações que se originam como efeito do registro de emissor, nos termos da Instrução CVM n. 480/09) e ao poder regulatório da CVM, responsável, portanto, pela sua supervisão."* (cf. PITTA, André Grunspun. Artigo 21. In: CODORNIZ, Gabriela. PATELLA, Laura (coords.). *Comentários à Lei do Mercado de Capitais – Lei n. 6.385/76.* São Paulo: Quartier Latin, 2015. p. 449) Também nesse sentido: PITTA, André Grünspun. *A capitalização da empresa e o mercado de valores mobiliários.* São Paulo: Quartier Latin, 2018. p. 186; 188-191; 460.

736 Cf. TANNOUS, Thiago Saddi. *Proteção à liquidez no mercado de capitais brasileiro.* São Paula: Quartier Latin, 2018. p. 115-116. Além disso, aparentemente na mesma linha, Eizirik afirma: *"Assim, a inexigibilidade do registro do emissor permite que emissores não registrados como companhias abertas – tais como sociedades anônimas fechadas e sociedades limitadas – utilizem o instrumento. Podem ser objeto de uma oferta com esforços restritos, por exemplo, notas promissórias emitidas por uma sociedade limitada e debêntures emitidas por sociedade anônima fechada."* (cf. EIZIRIK, Nelson. *A Lei das S/A comentada.* 2ª ed. Vol. I. Quartier Latin: São Paulo, 2015. p. 76)

a competência do Poder Legislativo, na medida em que foi por ele especificamente autorizado – o que não afasta a discussão em torno da amplitude dessa delegação[737].

3.2.3.3 A dispensa de registro, *de lege ferenda*

Diante do acima exposto, algumas considerações adicionais se fazem necessárias a respeito da dispensa de registro.

Em primeiro lugar, considerando a falta de explicitação na lei dos efeitos da dispensa de registro, o esforço de interpretação exigido para superar a aparente antinomia e a existência de divergência doutrinária ilustram o quadro de insegurança que com isso se instaura.

A dispensa de registro tem evidente mérito enquanto instrumento de política regulatória – e de promoção de justiça, na mencionada concepção de Bobbio –, ao permitir que a CVM aprecie situações em que o registro mereça ser dispensado e efetivamente exerça essa dispensa em sede regulamentar.

Todavia, o silêncio da lei e a falta de consenso quanto ao alcance da dispensa de registro colocam os emissores que acessam o mercado sob dispensa

[737] Com efeito, como aponta Ross, "*a instância legislativa superior pode ser competente para autorizar a inferior a ditar regras que tenham força derrogatória com relação a normas de um nível imediatamente superior*". (cf. ROSS, Alf. *Direito e Justiça*. Bauru: Edipro, 2003. p. 161) A nosso ver, foi isso que fez o legislador de 1976, ao autorizar a dispensa de registro pela CVM em sede regulamentar, por meio do §6º, inciso I, do artigo 21 da Lei n. 6.385/1976. Registre-se, contudo, que a discussão sobre a delegação de poderes à CVM é extensa, para além do ponto específico aqui examinado. Defende a doutrina tradicional que a delegação de poderes legislativos para órgãos da administração deve ser interpretada em sentido estrito, visto que a lei é fonte primária e o regulamento é fonte secundária. Para um exame de diferentes correntes sobre o tema, ver LUCENA, José Waldecy. *Das sociedades anônimas*. Vol. I. Rio de Janeiro: Renovar, 2009. p. 143 et seq.; CODORNIZ, Gabriela. PATELLA, Laura. COPOLA, Marina. Artigo 2º. In: CODORNIZ, Gabriela. PATELLA, Laura (coords.). *Comentários à Lei do Mercado de Capitais – Lei n. 6.385/76*. São Paulo: Quartier Latin, 2015. p. 87-96. Não obstante, passou-se a admitir a existência de poderes *quasi*-legislativos: "*Contudo, o tratamento da disciplina do mercado de capitais no contexto da teoria da regulação implica uma adaptação de teorias antigas a novas realidades. Com efeito, fala-se hoje em atuações* quasi-*legislativas e* quasi-*judicantes das agências reguladoras e não apenas na delegação de* parcelas *de funções estatais.*" (cf. EIZIRIK, Nelson. GAAL, Ariádna. PARENTE, Flávia. HENRIQUES, Marcus de Freitas. *Mercado de capitais:* regime jurídico. 3ª ed. Rio de Janeiro: Renovar, 2011. p. 268)

em situação de considerável instabilidade, o que poderia comprometer a atratividade desses regimes excepcionais[738].

Notadamente, no tocante à Instrução CVM n. 476/2009, além de essa questão aparentemente não ter sido objeto de esclarecimentos mais abrangentes no âmbito da respectiva audiência pública, a referência da norma a valores mobiliários *admitidos à negociação*, e a aplicação para os emissores não registrados de obrigações típicas de companhia aberta, podem à primeira vista contribuir para esse quadro de incerteza quanto ao enquadramento da companhia emissora[739]. Além disso, ao reformar a norma para permitir que

[738] Diante de sua relevância prática, essa questão parece merecer maior atenção da doutrina, contribuindo assim para sua mais ampla disseminação e discussão. No Brasil, importante contribuição nesse sentido foi dada por Pitta, que promoveu amplo exame de diferentes mecanismos para formação semipública de capital e seus pressupostos regulatórios, inclusive ofertas desse tipo existentes no Brasil e em outros países, e explica, quanto à classificação da companhia como "aberta" ou "fechada": "*Entretanto, conforme mencionado, a realidade prática demonstra que entre esses dois extremos habitam certos mecanismos alternativos (ou híbridos) de acesso ao mercado de valores mobiliários por meio de operações que, embora viabilizem a mobilização de recursos por meio do mercado de valores mobiliários, não implicam necessariamente naquela realidade massificada que tradicionalmente inspira a disciplina cogente aplicável às companhias abertas. Consequentemente, passa a ser possível falar em certo grau de gradação em relação à "abertura" do capital da companhia, a partir da intensidade em que a relação dessa com o mercado de valores mobiliários se opera. E grande parte da atratividade desses regimes alternativos de formação de capital, especialmente no tocante ao incentivo ao acesso ao mercado de valores mobiliários por sociedades em estágios menos avançados de desenvolvimento (empresas nascentes, empresas iniciantes e empresas emergentes), está justamente em permitir que a sociedade empresária se beneficie dos instrumentos e mecanismos típicos do mercado de valores mobiliários – por meio, por exemplo, de ofertas limitadas ou restritas de valores mobiliários – sem que isso implique na aquisição do status de companhia aberta – seja para os efeitos da atração da disciplina societária especial (mais rígida) aplicável, seja em relação às obrigações informacionais que dele decorrem. Tal artifício tem por objetivo, via de regra, justamente reduzir os custos inerentes ao acesso ao mercado de valores mobiliários e permitir que tais sociedades mantenham estruturas societárias mais enxutas, flexíveis e compatíveis com seu porte, atividades e estágio de desenvolvimento. Por esse motivo, e de modo a verificar em que medida isso é uma alternativa no âmbito do ordenamento jurídico brasileiro, é essencial analisar como se dá, no direito estrangeiro e por aqui, a aquisição do* status *de companhia aberta, do qual resulta a atração de um regime societário especial, em que, como dito, é patente o predomínio de normas cogentes. (...) Entretanto, sob uma perspectiva jurídica, essa definição há de ser absolutamente precisa, considerando que a consequência da qualificação de uma determinada sociedade por ações como aberta, como mencionado, é a sua submissão a um regime societário diferenciado e a atração de um regime regulatório próprio, incluindo, em algumas jurisdições (como a brasileira) a sua sujeição a um regulador especializado.*" (cf. PITTA, André Grünspun. *A capitalização da empresa e o mercado de valores mobiliários*. São Paulo: Quartier Latin, 2018. p. 171-173)

[739] Uma situação distinta, mas comparável, é aquela das companhias investidas por Fundos de Investimento em Participação (FIP). Esses fundos, constituídos sob a forma de condomínios

fossem assim ofertados valores mobiliários de capital, optou a CVM por exigir o registro de companhia aberta, assim traçando clara distinção com relação aos valores mobiliários de dívida. Mais ainda, a reforma atualmente em análise pela autarquia para substituir a Instrução CVM n. 476/2009 mantém essa dinâmica, e acrescenta fator de complicação ao submeter as ofertas de valores mobiliários de dívida de emissores não registrados a registro automático. Portanto, merecem ponderação os motivos para a CVM ter assim procedido. Além disso, se futuramente vier a admitir que sejam assim ofertados valores mobiliários de capital de emissores não registrados, ainda mais importante será que se aprofunde a presente discussão para a promoção de segurança jurídica.

Em segundo lugar, parece-nos haver certo descompasso entre o caráter excepcional da dispensa de registro e sua efetiva utilização, o que talvez denote um problema mais amplo e estrutural. Referimo-nos à popularidade dos regimes de dispensa de registro, ilustrada pelos dados compilados no Capítulo 2 da Parte I e pelas demais informações apontadas neste Capítulo. Os números revelam a predominância, em termos de quantidade e volume

fechados, são direcionados a investidores qualificados. Como o investidor direto nesse caso é o fundo, fica ele sujeito a regulamentação específica. Exige-se inclusive que o fundo participe do processo decisório da sociedade investida, com efetiva influência na definição de sua política estratégica e na sua gestão. Esses fundos podem investir em companhias abertas ou fechadas. Contudo, em se tratando de companhia fechada, a Instrução CVM n. 578/2016 impõe a observância de determinadas práticas de governança, como que estendendo a essas companhias investidas obrigações típicas de companhia aberta. Notadamente, impõe às companhias investidas: *(i)* vedação à emissão de partes beneficiárias; *(ii)* estabelecimento de mandato unificado, de até dois anos, para o conselho de administração, quando houver; *(iii)* disponibilização aos acionistas de contratos com partes relacionadas, acordos de acionistas e programas de opção de aquisição de ações ou outros valores mobiliários de emissão da companhia; *(iv)* resolução de conflitos societários por arbitragem; e *(v)* auditoria anual de suas demonstrações contábeis por auditores independentes registrados na CVM. Mais ainda, caso obtenha registro de companhia aberta na categoria A, obriga a companhia investida a aderir a segmento especial de listagem que assegure no mínimo essas mesmas práticas de governança (artigo 8º). Ou seja, a Instrução CVM n. 578/2016 cuida não apenas da governança no âmbito do fundo, mas também da companhia investida, impondo regime especial àquelas não registradas como abertas. Apesar de fugir ao escopo deste trabalho, visto não haver nesse caso dispensa de registro ou registro paralelo, ou elementos que gerem insegurança quanto ao *status* da companhia investida, também aqui a imposição de regime especial às companhias fechadas a partir da importação de obrigações tipicamente impostas às companhias abertas parece contribuir para o distanciamento da antiga dicotomia entre companhias abertas e fechadas.

financeiro, das ofertas públicas com esforços restritos, em comparação com as ofertas registradas, direcionadas ao público geral[740]. E ainda, mostram que boa parte dessas ofertas públicas com esforços restritos tem por objeto debêntures de emissores não necessariamente registrados ("empresas de capital fechado", segundo o levantamento antes citado). Por fim, a crescente popularidade das ofertas públicas de *crowdfunding* de investimento é também um dado importante nesse contexto.

Fato é que o crescimento do mercado de valores mobiliários brasileiro vem se concentrando em grande parte nesses regimes de dispensa de registro – à margem, portanto, da disciplina jurídica da companhia aberta. Isso produz um movimento quase que de *erosão* das *fronteiras* dessa disciplina, com a consequente redução de seu campo de incidência *vis-à-vis* o universo de emissores que efetivamente acessam o mercado de valores mobiliários.

Mais ainda, esse quadro nos leva a questionar a adequação do objeto e da estrutura que pautaram a disciplina original da companhia aberta em 1976, frente à realidade atual. Em particular, o sistema dual de registro parece perder espaço para os regimes de dispensa, contribuindo para o afastamento da antiga dicotomia entre companhias abertas e fechadas, sob a qual somente as primeiras acessavam o mercado. Esse movimento parece sugerir uma paulatina migração, em sede regulamentar, dessa antiga estrutura para uma menos rígida, a partir do exercício da dispensa de registro[741].

[740] Vide item 2.4 do Capítulo 2 da Parte I. Entretanto, como diagnosticado pela própria CVM: "*Há uma alta frequência de ofertas de debêntures e notas promissórias realizadas com esforços restritos (ICVM 476) subscritas exclusivamente por um número reduzido de instituições financeiras e intermediárias, o que sugere o uso do instrumento para concessão de crédito sem esforço de distribuição propriamente dito.*" (cf. CVM. *O mercado de dívida corporativa no Brasil:* uma análise dos desafios e propostas para seu desenvolvimento. 2019. p. 31-32 Disponível em: http://www.cvm.gov.br/export/sites/cvm/menu/acesso_informacao/serieshistoricas/estudos/anexos/estudo_cvm_mercado_de_divida_corporativa_no_Brasil.pdf. Acesso em: 15 abr. 2019) Além disso, a doutrina discute os critérios que devem ser empregados para a distinção entre ofertas públicas e privadas, dentre eles o nível de sofisticação dos potenciais investidores e de proteção que eles demandam. Com efeito, para alguns, as ofertas públicas com esforços restritos melhor se enquadrariam como ofertas privadas, tendo em vista as restrições a que ficam sujeitas (cf. EIZIRIK, Nelson. GAAL, Ariádna. PARENTE, Flávia. HENRIQUES, Marcus de Freitas. *Mercado de capitais:* regime jurídico. 3ª ed. Rio de Janeiro: Renovar, 2011. p. 159)

[741] Nesse ponto, se assemelha mais ao regime norte-americano de *safe harbours*. Ressaltando o pragmatismo das soluções adotadas, explica Pitta: "*E não obstante tais regimes tenham se desenvolvido, em um primeiro momento, a partir do estabelecimento de uma pretensa linha divisória entre as*

De todo modo, parece-nos haver certa contradição entre a proporção que os regimes de dispensa assumiram em nosso mercado e o seu caráter excepcional na Lei n. 6.385/1976. Esse quadro evoluiu de tal maneira que a simples leitura da lei brasileira hoje talvez não permita a adequada compreensão de nossa realidade. Não pretendemos com isso sugerir que a CVM tenha excedido sua competência no exercício dessa dispensa, desrespeitando seu caráter excepcional, e sim perquirir se a concentração em torno desses institutos na prática representa sintoma de um problema mais amplo, decorrente ou relacionado com as opções que originalmente pautaram a disciplina legal da companhia aberta.

Esse ponto talvez se torne menos evidente, no que diz respeito ao registro de oferta pública, com o advento do novo regime proposto pela CVM – que permanecia em análise na autarquia quando do encerramento da revisão deste estudo para publicação – e consequente revogação da Instrução CVM n. 476/2009. Isso porque a dispensa de registro seria substituída, nesse particular, pelo rito de registro automático. Todavia, a reflexão permaneceria pertinente no tocante ao registro de emissor, sobretudo nesse novo quadro em que emissores não registrados ficariam autorizados a promover oferta pública registrada.

Diante do acima exposto, entendemos que a dispensa de registro merece mais ampla reflexão, *de lege ferenda*. Não obstante, sob intuito mais pragmático, parece-nos que seria prudente considerar a explicitação em lei dos efeitos da

transações que, em função de suas características, deveriam ser consideradas como ofertas privadas (não sujeitas, portanto, aos regimes regulatórios aplicáveis às ofertas públicas), evoluíram em direção de abordagens mais pragmáticas e funcionais, em que sua aplicação está adstrita à observância de determinadas condições e requisitos impostos pelo regulador ou a determinados critérios específicos de enquadramento (no contexto, por exemplo, daquilo que se convencionou chamar de safe-harbours, *no âmbito do mercado norte-americano), sem que seja necessário adentrar, para efeitos dessa definição, no pantanoso campo da distinção entre ofertas de natureza pública ou privada.*" (cf. PITTA, André Grünspun. *A capitalização da empresa e o mercado de valores mobiliários*. São Paulo: Quartier Latin, 2018. p. 330-331) Mais especificamente, sobre os *safe harbours* do regime norte-americano, explica Pitta: "*Tal abordagem (conhecida, como dito, nos Estados Unidos, como a instituição de um* safe-harbour) *busca efetivamente circunscrever quais operações estão dispensadas do cumprimento dos requisitos aplicáveis às ofertas públicas previstos no* Securities Act *de 1933, sem a necessidade de perquirições mais profundas sobre a sua natureza (pública ou privada), que, como mencionado, embute um grau de subjetividade altamente incômodo para os operadores e aplicadores da norma.*" (cf. PITTA, André Grünspun. *A capitalização da empresa e o mercado de valores mobiliários*. São Paulo: Quartier Latin, 2018. p. 340) dispensa de registro em eventual reforma, em prol da promoção de segurança jurídica, tendo em vista os números envolvidos e o potencial impacto da divergência em torno de sua conciliação com a definição legal de companhia aberta.

CONCLUSÃO

Iniciamos este estudo enunciando o objetivo de retratar a companhia aberta em sua dimensão jurídica, partindo da indagação quanto aos propósitos segundo os quais o Direito se ocupa desse objeto, para então estudar como se desenha sua disciplina normativa.

No Capítulo 1 da Parte I apontamos as características fundamentais do tipo societário de sociedade anônima, que, como diziam Lamy e Bulhões, "*têm origem e fundamento em sua função no mercado de capitais*"[742]. Comentamos a crescente utilização desse tipo societário por companhias menores, muitas vezes sem a pretensão de acesso ao mercado de capitais. E ainda, a paulatina incorporação da distinção entre companhias "abertas" e "fechadas" à legislação de diferentes países, face às características que as distinguem, para a concessão de tutela específica.

Em seguida, o estudo dos antecedentes normativos da disciplina introduzida no Brasil em 1976, nos permitiu compreender doravante a relevância e o caráter inovador dessa reforma, especialmente na esfera societária. Isso porque o regime anterior, do Decreto-lei n. 2.627/1940, se pautava na visão abstrata de uma configuração média de sociedade anônima, conferindo tratamento uniforme que recebeu severas críticas. Já a Lei n. 4.728/1965, ao disciplinar o mercado de capitais e exigir o registro das pessoas jurídicas de direito privado como condição à negociação em bolsa de títulos e valores mobiliários, instituiu distinção embrionária da futura classificação das companhias como

[742] Cf. LAMY FILHO, Alfredo. BULHÕES PEDREIRA, José Luiz. *Direito das companhias*. 2ª ed. Rio de Janeiro: Forense, 2017. p. 95.

abertas ou fechadas. Com efeito, a definição de *companhia aberta* foi formulada de maneira a se ajustar à disciplina da Lei n. 4.728/1965, como aponta a respectiva Exposição de Motivos[743].

Também importante para a adequada compreensão do contexto e das influências da reforma de 1976 foi o exame, empreendido no Capítulo 1 da Parte I, da classificação de *sociedade anônima de capital aberto*, instituída para fins fiscais. Estipulada no curso de um projeto de promoção do desenvolvimento do mercado de capitais por meio do incentivo (fiscal) à abertura e à democratização do capital das companhias, essa classificação contribuiu para a difusão da percepção em torno da distinção entre companhias que costumavam ou não acessar o mercado, com maior ou menor dispersão acionária, e sua posterior consagração em lei. Relatos sobre dificuldades enfrentadas na tentativa de estabelecer critérios de classificação modulados conforme a realidade subjacente, e condizentes com o mencionado projeto político, iluminam o contraste com a opção do legislador de 1976 pelo emprego de critério único de classificação ao definir-se a "companhia aberta". E ainda, reforçam a importância de atentar-se para a distinção entre uma e outra, a despeito de sua posterior consolidação. Com efeito, o conceito de *companhia aberta* foi formulado de maneira propositalmente mais ampla que o conceito fiscal de *sociedade anônima de capital aberto*[744].

No Capítulo 2 da Parte I, examinamos a estrutura da disciplina societária inaugurada pela Lei n. 6.404/1976, calcada na dicotomia então instaurada entre companhias abertas e fechadas, direcionando-se tutela específica a cada qual. Analisamos também a disciplina dedicada às companhias abertas no âmbito da Lei n. 6.385/1976, enquanto emissoras de valores mobiliários. O estudo mostra que a definição de companhia aberta constrói uma ponte entre os dois diplomas, em ambos tendo sido empregada para o fim instrumental de apontar as regras a ela destinadas dentro desse novo sistema.

A investigação inicial quanto ao contexto da reforma de 1976 e os estudos que a precederam revelaram grande influência, na época, dos objetivos políticos de promoção do desenvolvimento da grande empresa nacional de capital privado e do mercado primário de ações. Pretendia-se, como diz a

[743] Cf. Exposição de Motivos n. 196/1976.

[744] Cf. Exposição de Motivos n. 196/1976.

Exposição de Motivos da lei societária, "*criar a estrutura jurídica necessária ao fortalecimento do mercado de capitais de risco no País, imprescindível à sobrevivência da empresa privada na fase atual da economia brasileira*"[745].

Também essencial para a adequada compreensão do tema foi o exame dos objetivos básicos que informam a disciplina legal da companhia aberta, de estímulo à formação e à alocação de poupança popular no mercado de valores mobiliários, e de sua proteção. O complexo e sensível equilíbrio entre esses objetivos, que as Leis n. 6.385/1976 e 6.404/1976 tentam conjugar, e que reformas e alterações posteriores vieram a modular, oscilando entre medidas de estímulo e de proteção, de flexibilização e de restrição, é elemento fundamental de sua história. São esses os objetivos que permitem a compreensão sistêmica e finalística dessas leis, e a avaliação da adequação de normas específicas, como abordado em algumas passagens deste trabalho.

Notadamente, a definição de companhia aberta consagrada nas Leis n. 6.385/1976 e 6.404/1976 não pode ser adequadamente compreendida senão como instrumento desse regime de proteção. Tal definição não faz distinção quanto aos valores mobiliários admitidos à negociação, nem quanto ao mercado (de bolsa ou balcão, organizado ou não) em que forem admitidos à negociação, ou ainda quanto a características das companhias como seu porte ou nível de dispersão acionária. Foram enquadradas como companhias abertas simplesmente aquelas "*cujos valores mobiliários estejam admitidos à negociação na bolsa ou no mercado de balcão*"[746]. Ao traçar esse campo mais abrangente, sobressai a preocupação do legislador com a adequada tutela dos respectivos investidores.

Quanto à Lei n. 6.404/1976, vimos que a disciplina especial da companhia aberta, tal como originalmente delineada, era largamente homogênea e incluiu exigências diversas de natureza societária. Porém, algumas dessas exigências, não obstante a abrangente definição legal de companhia aberta, pareciam voltar-se sobretudo ao ideal da grande empresa de capital privado.

Como ressaltado na Introdução, essa disciplina foi abordada sem a pretensão de descrever e analisar cada uma das normas que a integram, e sim com atenção voltada à compreensão de como se estruturam e se relacionam, donde

745 Cf. Exposição de Motivos n. 196/1976.

746 Cf. artigo 22, *caput*, da Lei n. 6.385/1976. Vide também artigo 4º, *caput*, da Lei n. 6.404/1976.

surgem questões que não se esgotam na análise individualizada e sequencial dessas normas – na verdade, a antecedem.

Tal estudo expôs a dimensão atrelada ao *status* de companhia aberta sob a Lei n. 6.385/1976, especialmente no tocante ao alcance da esfera de responsabilidade administrativa, abrangendo inclusive a matéria societária. Desse estudo despontou contraste entre as diferentes características e sistemáticas dos diplomas em questão, sendo a Lei n. 6.385/1976 ainda mais centrada na delegação de poderes à CVM para regulamentar as matérias por ela abrangidas, tal como o sistema de registros que governa o acesso ao mercado de valores mobiliários e o regime informacional obrigatório imposto como condição à manutenção desse registro. Também evidenciou a redução do protagonismo da companhia aberta no âmbito da Lei n. 6.385/1976, como reflexo da ampliação do conceito de valor mobiliário e a extensão de sua disciplina a outros emissores, seus administradores e controladores.

A análise de escopo mais restrito da Parte II deste trabalho confirmou o que já indicava o estudo mais panorâmico do Capítulo 2 da Parte I, isto é, que as reformas e alterações introduzidas às Leis n. 6.385/1976 e 6.404/1976, em especial aquelas de 1997 e de 2001, não guardaram inteira coerência com o objeto e a estrutura original dos diplomas. Diz-se isso mais em tom de constatação do que de crítica. Afinal, diversas das alterações posteriormente introduzidas tiveram a importante função de promover certa flexibilização, em pontos em que se entendeu excessiva a proteção anteriormente dispensada. Nesse sentido, destaca-se a estipulação de regras direcionadas a universos distintos de companhias, como aquelas "*cujas ações não estejam admitidas à negociação em bolsa ou no mercado de balcão*"[747], afastando-se assim da antiga dicotomia. Entretanto, outras mudanças foram criticadas, por terem sido inseridas em um e não em outro diploma, comprometendo a divisão originalmente pretendida – tal como as regras sobre cancelamento e categorias de registro, inseridas na lei societária.

No Capítulo 1 da Parte II, examinamos o sistema dual de registro e sua importância – em especial, do registro de emissor – para a determinação do campo de incidência da disciplina legal da companhia aberta. Salientamos a

[747] Cf. artigo 136, *caput*, da Lei n. 6.404/1976 (que, antes da reforma de 1997, referia-se à "*companhia fechada*").

divergência em torno dos critérios determinantes para o enquadramento sob a definição legal de companhia aberta, notadamente se se trata de conceito formal ou material, para então concluir que a interpretação que melhor se coaduna com a sistemática interna e integrada daqueles diplomas é a que entende a *admissão à negociação* de valores mobiliários de emissão da companhia como critério formal, sinônimo de registro.

Essa percepção ilumina a destacada função atrelada ao registro, não apenas de instrumento da tutela da informação, mas também como marco para a incidência de disciplina especial, de natureza societária, e para a ampliação da esfera de responsabilidade administrativa, *de lege lata*. E ainda, incita reflexão em torno da adequação desse sistema, sob a ótica das finalidades almejadas pela disciplina legal da companhia aberta, *de lege ferenda*. Isso não apenas em função das divergências em torno dos efeitos do registro e de sua dispensa, examinadas no decorrer deste trabalho, que comprometem a promoção de segurança jurídica, mas também, e principalmente, ante a aparente contradição que o quadro resultante da articulação das normas sobre registro revela, em que diversas companhias registradas – que, contudo, não acessam o mercado de valores mobiliários (*i.e.*, companhias abertas "de prateleira") – são submetidas à correspondente disciplina, ao passo que diversas outras não registradas – que acessam esse mercado sob dispensa de registro – não o são.

Ressalva-se que não se está a defender a migração para regime centrado em um conceito material, que pressuponha a efetiva negociação dos valores mobiliários de emissão da companhia aberta, ou mesmo que o cerne do problema esteja na opção por critério formal. A proposta é de tão somente expor a complexidade do contraste entre a forma como essa disciplina foi originalmente estruturada, a partir da antiga dicotomia entre companhias abertas e fechadas, registradas ou não, que formalmente sobrevive na definição legal de companhia aberta, e como tal disciplina subsequentemente se transformou. A rigidez da estrutura original – especialmente no âmbito da lei societária, que importa a mecânica do registro da lei do mercado de valores mobiliários – deixava reduzida margem para flexibilização.

Todavia, pelos motivos expostos neste trabalho, parece importante que haja válvulas que permitam a adaptação desse regime conforme os destinatários dessa tutela e sua flexibilização quando a proteção garantida não se mostrar necessária, conquanto certas soluções adotadas nesse intuito, especialmente no âmbito da lei societária, não tenham sido suficientes, ou adequadas, conforme apontado, para a consecução dessa finalidade.

Notadamente, no Capítulo 2 da Parte II, examinamos diferentes iniciativas voltadas a permitir a adequação da disciplina legal e regulamentar da companhia aberta, em torno de dois critérios. Primeiramente, tratamos das medidas adotadas para moldar essa disciplina conforme as espécies de valores mobiliários admitidos à negociação, tomando por base a distinção geral entre valores mobiliários de capital e valores mobiliários de dívida. Esse estudo apontou tendência no sentido de maior delimitação do universo de destinatários de diferentes exigências dessa disciplina. Porém, decorre principalmente de alterações pontuais, esparsas, e não de uma revisão estrutural da disciplina legal da companhia aberta sob essa ótica. Talvez por isso não seja intuitiva a compreensão de que não há na lei um único conjunto de regras que incide ou não conforme a companhia seja aberta ou fechada, e sim regras que se aplicam a todas as companhias abertas, outras regras que se cingem àquelas com ações admitidas à negociação, outras ainda que se dirigem apenas àquelas "*abertas exclusivamente para a captação de recursos por debêntures não conversíveis em ações*", e outras mais, nessa trilha.

Nessa conjuntura, analisamos a autorização inserida em lei para a criação de diferentes categorias de companhia aberta, "*segundo as espécies e classes dos valores mobiliários por ela emitidos negociados no mercado*", e sua regulamentação pela CVM. Exsurge desse exame a distância entre a limitação de alcance a que essa iniciativa ficou sujeita, de um lado, e, de outro, o objetivo de maior flexibilização da disciplina legal e regulamentar que parece ter pautado sua adoção. Apesar de louvável a inciativa, tal como instituídas, as categorias de registro tiveram repercussão limitada, e não nos parecem suficientes a remediar o problema decorrente da rigidez estrutural da disciplina legal da companhia aberta sob a Lei n. 6.404/1976, constatada nos Capítulos anteriores. Por outro lado, assinala um afastamento – para alguns, um verdadeiro rompimento[748] – com relação à antiga dicotomia entre companhias abertas e fechadas, e dá feição nova a essa disciplina. Mais ainda, dela nascem novos desafios que

[748] Cf. CARVALHOSA, Modesto. EIZIRIK, Nelson. *A nova Lei das S/A*. São Paulo: Saraiva, 2002. p. 40; CARVALHOSA, Modesto. *Comentários à Lei de Sociedades Anônimas*. 4ª ed. São Paulo: Saraiva, 2002. p. 66.

merecem atenção, como é o caso da conversão de registro e da situação de companhias que para esse fim promovem oferta pública de cancelamento do registro para negociação de ações.

Repisamos a observação enfatizada na Introdução quanto ao foco dedicado por este trabalho a questões que antecedem a análise individualizada das normas da disciplina da companhia aberta, tal como o confronto entre o alcance dessas normas e seus pressupostos teóricos. O exame formulado pretende destacar a importância desse alinhamento e os riscos à consecução dos objetivos dessa disciplina de se impor medidas de proteção potencialmente inadequadas ou excessivamente onerosas. O ponto é ilustrado por provocações como: faz sentido impor às companhias abertas cujo registro não autoriza a negociação de ações as exigências, por exemplo, dos artigos 254-A e 256 da lei societária?

Também no Capítulo 2 da Parte II abordamos iniciativas voltadas à adequação desse regime conforme o porte das companhias, o que remete à antiga e relevante preocupação com a onerosidade de se submeter todas as companhias abertas a regime comum, dificultando o acesso de companhias de menor porte a esse mercado. Essa mesma preocupação informa as principais medidas examinadas no Capítulo 3 da Parte II. Todavia, iniciamos o exame da matéria no Capítulo 2 em razão da iniciativa implementada por meio da Medida Provisória n. 881/2019, que incluíra autorização na lei societária para a CVM "*dispensar exigências previstas nesta Lei, para companhias que definir como de pequeno e médio porte, de forma a facilitar o acesso ao mercado de capitais*", depois deixada de fora do respectivo projeto de lei de conversão, e de sua posterior reanimação pela Lei Complementar n. 182/2021, com distintos contornos. Como resultado, ficou a CVM incumbida de regulamentar "*as condições facilitadas para o acesso de companhias de menor porte ao mercado de capitais*", podendo então "*dispensar ou modular*" exigências específicas da lei societária.

Com isso, buscou-se explorar os pontos de conexão entre a iniciativa de disciplina segundo o porte e aquela de instituição de categorias de registro de companhia aberta conforme as espécies de valores mobiliários admitidos à negociação, bem como propor reflexão em torno da forma como tais flexibilizações foram introduzidas e a sensível mudança que representam. Isso não apenas em função da nova estrutura decorrente dessa ramificação, mas também da importação da mecânica de mais ampla delegação à autarquia para o regime da lei societária, a merecer cuidadosa consideração. Entretanto, na pendência da regulamentação dos novos dispositivos, permanecemos no quadro anterior, em que a rigidez estrutural da disciplina da companhia aberta parece impulsionar o recurso por companhias de menor porte a situações alternativas à do registro, como aquelas examinadas no Capítulo 3 da Parte II.

Em especial, referimo-nos às hipóteses de dispensa automática de registro estipuladas pela CVM com base na autorização concedida pela Lei n. 6.385/1976, como no caso das ofertas públicas distribuídas com esforços restritos (e daquelas que potencialmente as substituirão, segundo proposta submetida a audiência pública pela CVM) e das ofertas públicas de *crowdfunding* de investimento, examinadas no Capítulo 3 da Parte II. Iniciativas como essas permitiram a ampliação do acesso ao mercado de valores mobiliários, à margem da disciplina legal da companhia aberta, novamente distanciando-se da concepção que pautava a antiga dicotomia, qual seja, que a oferta pública de distribuição de valores mobiliários e sua negociação em mercado secundário eram privativas das companhias abertas. Vimos que o mecanismo de dispensa de registro consagrou-se como importante instrumento de política regulatória, cuja popularidade é evidenciada pelas estatísticas mais recentes desse mercado, apontadas no Capítulo 2 da Parte I. Enfrentamos a divergência em torno dos efeitos da dispensa de registro *vis-à-vis* a definição legal de companhia aberta, concluindo que a interpretação que melhor se coaduna com a sistemática dos diplomas legais e com as finalidades que pautam essa tutela é a de que o acesso ao mercado sob dispensa de registro não produz o enquadramento como companhia aberta e não submete os emissores não registrados à correspondente disciplina, *de lege lata*. Caso a conclusão fosse a contrária, estar-se-ia diante de quadro ainda mais grave de restrição.

Não obstante, a relevante concentração, em termos de volume de captação, em mecanismos de dispensa de registro – em especial, nas ofertas públicas distribuídas com esforços restritos – e sua utilização por emissores não registrados desperta reflexão sobre esse instituto, *de lege ferenda*. Isso não apenas em função da insegurança que a dificuldade de interpretação e a falta de consenso em torno de seus efeitos produz, mas também do contraste com o seu caráter de exceção à regra geral da obrigatoriedade de registro. Em outras palavras, nos parece importante que o registro possa ser dispensado e que com isso a disciplina legal da companhia aberta possa ser excepcionada quando o interesse público assim o justificar. Contudo, os números parecem contradizer a ideia de que a dispensa de registro constitui regime especial, de exceção, em relação à regra geral da obrigatoriedade de registro, mormente no tocante ao registro de oferta pública. Isso pode decorrer, ou se relacionar, com uma série de fatores, desde a rigidez estrutural da disciplina da companhia aberta até a falta de adequada definição em torno do conceito de oferta pública, além de outros fatores não exclusivamente jurídicos. De todo modo, essa tendência parece apontar para um movimento de certa *erosão* do campo de abrangência da disciplina da companhia aberta, e sugerir a conveniência de potencial migração para um regime menos concentrado em modelos e conceitos ("companhia aberta" e "oferta pública") que deem margem a dúvidas desse tipo.

Não obstante, esse ponto merece ser futuramente revisitado à luz do novo regime proposto pela CVM para substituir as ofertas públicas com esforços restritos, que seguia em análise na data de encerramento da revisão deste estudo para publicação. Tal como inicialmente formulado, talvez torne menos evidente essa disparidade no que diz respeito ao registro de oferta pública. Porém, ao mesmo tempo, ao dispensar o registro de emissor e autorizar emissores não registrados a promoverem ofertas públicas registradas (sob rito automático de registro), acrescentaria a esse quadro novo fator de complicação.

Não se pretende promover aqui uma compilação exaustiva das conclusões dos cinco capítulos deste trabalho, mas tão somente iluminar o caminho que leva a concluir pela importância de atentar-se para essa nova taxonomia. O estudo aponta o deslocamento de um modelo pautado na dicotomia entre companhias abertas e fechadas, para um sistema de companhias abertas de diferentes categorias, que ficam sujeitas a exigências distintas conforme, por exemplo, tenham ou não ações listadas em bolsa, ou acessem o mercado exclusivamente por meio de debêntures. Elas podem ou não ter promovido oferta pública de distribuição de valores mobiliários, e podem ou não ter promovido oferta pública para cancelamento do registro para negociação de ações e conversão para categoria de registro alternativa[749]. Em paralelo, temos

[749] Exsurge também desse estudo a importância do emprego cuidadoso da terminologia da lei. A "companhia aberta" das Leis n. 6.385/1976 e 6.404/1976 não se confundia com a "sociedade anônima de capital aberto" da lei fiscal, nem mesmo com a ideia muito difundida na prática de "companhia de capital aberto" (afinal, há também companhias abertas com

as companhias fechadas – isto é, não registradas como abertas – que acessam o mercado sob dispensa de registro, sujeitas por isso a conjuntos de normas distintos. Em vista desse quadro, como bem aponta Tavares Guerreiro, "*pode-se dizer, com absoluta certeza, que o modelo da companhia aberta brasileira é, hoje, diverso daquele que vigorava à época da promulgação da Lei*"[750].

Convém lembrar que, à época da promulgação das Leis n. 6.385/1976 e 6.404/1976, vivia-se ainda a transição de sociedade moderna para contemporânea. É traço distintivo da era moderna a pretensão de criar modelos, de enquadrar a realidade em estruturas, contexto em que eram prezadas as dicotomias, muitas vezes instrumentalizadas por jogos de palavras ("abertas" e "fechadas", "públicas" e "privadas"). Já a transição para a contemporaneidade é marcada por certa diluição de modelos, pela busca de maior fluidez, nos mais diferentes setores. Uma modernidade líquida, como cunhou Bauman[751].

"capital fechado", cujo registro não autoriza a negociação pública de valores mobiliários de capital e que acessam o mercado por meio da oferta pública de debêntures, por exemplo). A frequente confusão entre esses termos na prática parece contribuir para a maior difusão da percepção em torno da companhia aberta que a identifica com a ideia de ampla dispersão acionária. Contudo, essa percepção não reflete a realidade de boa parte das companhias abertas e não se coaduna com a abrangência da definição legal.

750 Cf. GUERREIRO, José Alexandre Tavares. "Sociedade anônima: dos sistemas e modelos ao pragmatismo". In: CASTRO, Rodrigo Monteiro de. AZEVEDO, Luis André N. de Moura. (coord.). *Poder de controle e outros temas de Direito societário e mercado de capitais*. São Paulo: Quartier Latin, 2010. p. 23. Prossegue o autor: "*E isso se se quiser conceder que, de fato, há um "novo" modelo, ou alguns novos "modelos" nesse campo. Basta que se preste atenção, por exemplo, aos fenômenos do controle compartilhado ou aos esquemas de composição de capital das sociedades que atuam no chamado Novo Mercado, mais abaixo referidos. O desenho primitivo, a que a Lei dedicara, aparentemente, toda a sua energia, apaga-se progressivamente, substituindo-se por outras fórmulas articuladas.*" (p. 23-24)

751 "*O que todas essas características dos fluidos mostram, em linguagem simples, é que os líquidos, diferentemente dos sólidos, não mantêm sua forma com facilidade. Os fluidos, por assim dizer, não fixam o espaço nem prendem o tempo. Enquanto os sólidos têm dimensões espaciais claras, mas neutralizam o impacto e, portanto, diminuem a significação do tempo (resistem efetivamente a seu fluxo ou o ternam irrelevante), os fluidos não se atêm muito a qualquer forma e estão constantemente prontos (e propensos) a mudá-la; assim, para eles, o que conta é o tempo, mais do que o espaço que lhes toca ocupar; espaço que, afinal, preenchem apenas "por um momento". Em certo sentido, os sólidos suprimem o tempo; para os líquidos, ao contrário, o tempo é o que importa. Ao descrever os sólidos, podemos ignorar inteiramente o tempo; ao descrever os fluidos, deixar o tempo de fora seria um grave erro. Descrições de líquidos são fotos instantâneas, que precisam ser datadas. (...) Essas são as razões para considerar "fluidez" ou "liquidez" como metáforas adequadas quando queremos captar a natureza da presente fase, nova de muitas maneiras, na história da modernidade.*" (cf. BAUMAN, Zygmunt. *Modernidade líquida*. Trad. Plínio Dentzien. Rio de Janeiro: Zahar, 2001. p. 8-9)

Nesse sentido, os movimentos percebidos a partir do estudo empreendido parecem espelhar essas marcas da contemporaneidade. Revelam um distanciamento do antigo modelo, mais rigidamente demarcado, de acentuada polarização entre companhias abertas e fechadas, em prol de um sistema mais flexível, que permita reconfigurações quando justificável, em constante reconsideração e mais rápida renovação. Em síntese, parecem pretender equilibrar a dose de artificialidade inerente às definições e estruturas jurídicas, no intento de aproximá-las ainda mais das transformações da realidade subjacente[752].

Nesse ponto, da maior pertinência é a observação de Tavares Guerreiro no sentido de que "*o que parece ter tomado o lugar da fixidez dos sistemas e da imobilidade dos modelos é uma espécie de pragmatismo que força soluções com um mínimo de sacrifício à ortodoxia*"[753]. A plasticidade das Leis n. 6.385/1976 e 6.404/1976 permitiu, e ainda permite, a acomodação de soluções mais flexíveis, para atender a problemas decorrentes de sua original rigidez estrutural e para fazer face a novos desafios e necessidades do dinâmico mercado por elas disciplinado – o que não afasta a necessidade de submetermos a escrutínio a forma como tais flexibilizações vêm sendo introduzidas.

Este trabalho buscou retratar a companhia aberta, para tanto percorrendo os contornos de sua disciplina jurídica, com olhos voltados mais à operacionalidade do que à essência desse conceito. Apesar de restar parcialmente comprometida a função instrumental a ele originalmente confiada, de atrair

752 Impulso semelhante pôde ser observado já na transição de um modelo uniforme, que não fazia distinção entre companhias abertas e fechadas, para um modelo mais segmentado. Para ilustrar o ponto, cita-se a lição de Comparato: "(...) *o atual estatuto da sociedade anônima, na generalidade dos países, encontra-se inadequado ao fenômeno da macro-emprêsa. O divórcio entre o direito estatuído e o direito vivido, nesta matéria, só tende aliás a acentuar-se, com a inelutável evolução econômica. Constitui, portanto, tarefa primordial do jurista a busca de soluções novas para os problemas que esta última não deixa de pôr. Tais soluções, porém, só podem ser delineadas a partir do superamento do estatuto artificialmente unitário da sociedade anônima, com o indispensável esfôrço de distinção doutrinária que um empreendimento dessa ordem pressupõe, preliminarmente.*" (cf. COMPARATO, Fábio Konder. *Aspectos jurídicos da macro-emprêsa*. São Paulo: Revista dos Tribunais, 1970, p. 63) Nesse sentido, há certa identidade entre o quadro atual e a preocupação enfrentada na década de 1970, em particular quanto ao desafio de aproximar a disciplina jurídica das companhias da realidade subjacente, à luz da propagada defesa de que "*one size does not fit all*".

753 Cf. GUERREIRO, José Alexandre Tavares. "*Sociedade anônima: dos sistemas e modelos ao pragmatismo*". In: CASTRO, Rodrigo Monteiro de. AZEVEDO, Luis André N. de Moura. (coord.). *Poder de controle e outros temas de Direito societário e mercado de capitais*. São Paulo: Quartier Latin, 2010. p. 27.

e circunscrever o universo de destinatários dessa disciplina, isso não retira dos diplomas em questão seu inegável valor e qualidade para abarcar a nova realidade. Concluímos corroborando mais uma vez a lição de Tavares Guerreiro de que *"o "sistema", mesmo desfigurado, não retira da Lei seu enorme potencial de servir às necessidades reais da economia e do mercado"*[754].

Nesse diapasão, a constatação merece nota menos como crítica, e mais como registro das transformações percebidas nessa transição de uma disciplina fortemente centrada no modelo traçado a partir da definição legal de companhia aberta para outro mais fluido. A nova matriz de possibilidades de acesso ao mercado que nasceu das iniciativas comentadas de adequação dessa disciplina torna mais complexa a resposta à pergunta formulada para introduzir o tema deste estudo (*"O que é a companhia aberta segundo o Direito brasileiro?"*).

A perspectiva histórica foi importante para a compreensão do contexto e sentido que se pretendeu atribuir a determinadas normas, e sua eventual ressignificação diante da nova realidade. Ao mesmo tempo, a compreensão da estrutura original desses diplomas contribuiu para a identificação de certas barreiras ainda opostas à flexibilização dessa disciplina, bem como para a visualização do quadro assimétrico, ou mesmo assistemático, resultante de alterações pontuais conduzidas sem o necessário cuidado com o sistema da lei. Torna-se inerente a estudos como o presente, que se debruçam sobre matéria em franca ebulição, o risco de mais rápida desatualização, diante das múltiplas iniciativas regulatórias em curso. Nada obstante, para estudos futuros sobre o tema parece importante atentar para essa nova realidade e para os caminhos que até ela conduzem. Foi essa dupla visão – retrospectiva e prospectiva, de que falamos na Introdução – que buscamos oferecer no tocante às normas selecionadas, em especial aquelas relacionadas à temática do registro.

A imagem da "*fronteira*" parece útil para conotar os rearranjos demarcatórios promovidos por esses movimentos e tendências, consubstanciando e destacando traços decorrentes do confronto entre os contornos originais e os desenvolvimentos mais recentes dentro dessa disciplina jurídica, visíveis

[754] Cf. GUERREIRO, José Alexandre Tavares. "*Sociedade anônima: dos sistemas e modelos ao pragmatismo*". In: CASTRO, Rodrigo Monteiro de. AZEVEDO, Luis André N. de Moura. (coord.). *Poder de controle e outros temas de Direito societário e mercado de capitais*. São Paulo: Quartier Latin, 2010. p. 24.

a partir da articulação de diferentes normas. Empregamo-la aqui no intuito de demonstrar que o retrato da companhia aberta em sua dimensão jurídica nasce da necessária conjugação dessas chamadas *fronteiras*, e sinaliza a devida preocupação de harmonização nessa tarefa de conjugação. Ao abordar o conceito de companhia aberta sob essa ótica, buscamos promover reflexão sobre o objeto e a estrutura da disciplina. Afinal, deve o Direito estar a serviço do interesse público, como ferramenta de concretização. Nessa toada, conceitos jurídicos não devem guardar pretensão de imutabilidade, e sim cuidar de sua instrumentalidade, em especial, face à nova realidade, de *fronteiras fluidas*.

REFERÊNCIAS

ABRÃO, Nelson. Companhias abertas e fechadas no sistema da Lei 6.404, de 1976. *Revista de Direito Mercantil, Industrial, Econômico e Financeiro,* São Paulo, n. 24, 1976. p. 45-49.

ALMEIDA, Carolina Amaral de; BAZILIO, Juliana Kramer. Liquidez do mercado secundário de debêntures: dinâmica recente, fatores determinantes e iniciativas. In: *Revista do BNDES*, n. 44, 2015. p. 175-223.

ANBIMA; B3. *Mercado de capitais*: caminho para o desenvolvimento. 2018. Disponível em: https://www.anbima.com.br/pt_br/especial/mercado-de-capitais-caminho-para-o-desenvolvimento.htm. Acesso em: 10 jul. 2019.

ANBIMA. *Boletim de Mercado de Capitais,* dezembro/2019. Disponível em: https://www.anbima.com.br/pt_br/informar/relatorios/mercado-de-capitais/boletim-de-mercado-de-capitais/emissoes-domesticas-registram-aumento-de-59-3-em-2019.htm. Acesso em: 08 jan. 2020.

ANBIMA. *Boletim de Mercado de Capitais,* novembro/2021. Disponível em:https://www.anbima.com.br/pt_br/informar/relatorios/mercado-de-capitais/boletim-de-mercado-de-capitais/captacoes-ja-ultrapassam-r-500-bi-em-2021.htm. Acesso em: 20 dez. 2021.

ARAÚJO, Rodolfo. Brésil. In: ROTONDI, Mario (coord.). *Enquête comparative sur les sociétés par actions.* Deventer: Kluwer, 1974. p. 429-453.

ARMOUR, John. HANSMANN, Henry. KRAAKMAN, Reinier. PARGENDLER, Mariana. What is corporate law? In: KRAAKMAN, Reinier. ARMOUR, John. DAVIES, Paul. ENRIQUES, Luca. HANSMANN, Henry. HERTIG, Gerald. HOPT, Klaus. KANDA, Hideki. PARGENDLER, Mariana. RINGE, Wolf-Georg. ROCK, Edward. *The Anatomy of Corporate Law.* 3ª ed. Oxford: Oxford University Press, 2017. p. 5-28.

ARRUDA, Maria Clara da Silveira Villasboas. Companhia aberta x companhia fechada. In: *Revista de Direito Mercantil, Industrial, Econômico e Financeiro.* n. 65. São Paulo: Revista dos Tribunais, 1987. p. 42-63.

ARSHT, Samuel. STAPLETON, Walter. *Analysis of the New Delaware Corporation Law.* New Jersey: Prentice-hall, 1967.

ASCARELLI, Tullio. *Problemas das sociedades anônimas e Direito comparado.* 2ª ed. São Paulo: Saraiva, 1969.

ASQUINI, Alberto. Perfis da empresa. 1943. Tradução de Fábio Konder Comparato. In: *Revista de Direito Mercantil, Industrial, Econômico e Financeiro,* n. 104, ano XXXV (nova série), outubro-dezembro/1996. p. 109-126.

AZEVEDO, Simone. A nova 202. In: *Revista Capital Aberto.* São Paulo, setembro de 2003. Disponível em: https://capitalaberto.com.br/temas/a-nova-202/. Acesso em: 10 set. 2019.

BACHA, Edmar Lisboa; OLIVEIRA FILHO, Luiz Chrysostomo de. Introdução. In: *Mercado de capitais e crescimento econômico:* lições internacionais, desafios brasileiros. Rio de Janeiro: Contra Capa Livraria, 2007. p. 13-30.

BACHMANN, Gregor. EIDENMÜLLER, Horst. ENGERT, Andreas. FLEISCHER, Holger. SCHÖN, Wolfgang. *Regulating the closed corporation.* Berlin/Boston: Walter de Gruyter, 2014.

BANDEIRA DE MELLO, Celso Antonio. *Prestação de serviços públicos e administração indireta.* São Paulo: Revista dos Tribunais, 1973.

BARBOSA, Marcelo. PEREIRA, Catarina. *Custos de observância e o equilíbrio regulatório:* a CVM e os bastidores do projeto de redução do custo de observância. 2018. Disponível em: https://www.jota.info/tributos-e-empresas/mercado/custos-de-observancia-e-o--equilibrio-regulatorio-19122018. Acesso em: 25 mar. 2019.

BARRETO FILHO, Oscar. Novos rumos para a sociedade anônima. As emprêsas no contexto social. In: *Revista da Faculdade de Direito da Universidade de São Paulo,* São Paulo, v. 66, p. 161-174, 1971.

BARRETO FILHO, Oscar. Seminário sobre a reforma das sociedades anônimas, promovido pelo Instituto dos Advogados Brasileiros. In: *Revista de Direito Mercantil, Industrial, Econômico e Financeiro.* n. 7. São Paulo: Revista dos Tribunais, 1972.

BATALHA, Wilson de Souza Campos. *Sociedades anônimas e mercado de capitais.* Vol. I. Rio de Janeiro: Forense, 1973.

BAUMAN, Zygmunt. *Modernidade líquida.* Trad. Plínio Dentzien. Rio de Janeiro: Zahar, 2001.

BERLE, Adolf A. MEANS, Gardiner C. *The modern corporation & private property.* New Brunswick: Transaction Publishers, 2007.

BOBBIO, Norberto. *Teoria da Norma Jurídica.* 3ª ed. Bauru: Edipro, 2005.

BOBBIO, Norberto. *Teoria do Ordenamento Jurídico.* 10ª ed. Brasília: Universidade de Brasília, 1999.

BOVESPA. *A bolsa dos brasileiros*: uma breve história da Bovespa e do mercado de capitais. São Paulo: Bovespa, 2005.

BULHÕES, Carlos Eduardo. Comentários aos arts. 4º e 4º-A da Lei das Sociedades Anônimas. In: *Revista de Direito Bancário e do Mercado de Capitais.* N. 23. São Paulo: Revista dos Tribunais, janeiro-março de 2004. p. 106-129.

BUSCHINELLI, Gabriel Saad Kik. Artigos 19 & 20. In: CODORNIZ, Gabriela. PATELLA, Laura (coords.). *Comentários à Lei do Mercado de Capitais – Lei n. 6.385/76.* São Paulo: Quartier Latin, 2015. p. 379-425.

CÂMARA, Paulo. *Manual de Direito dos Valores Mobiliários.* 2ª ed. Coimbra: Almedina, 2011.

CANTIDIANO, Luiz Leonardo. "A privatização e o mercado de capitais". In: *Direito societário & mercado de capitais.* Rio de Janeiro: Renovar, 1996. p. 169-182.

CANTIDIANO, Luiz Leonardo. "Alteração na Lei das Sociedades por Ações – o Substitutivo do Deputado Emerson Kapaz". In: MOSQUERA, Roberto Quiroga (coord.). *Aspectos atuais do Direito do mercado financeiro e de capitais.* 2° vol. São Paulo: Dialética, 2000. p. 141-160.

CANTIDIANO, Luiz Leonardo. *Reforma da Lei das S.A. comentada.* Rio de Janeiro: Renovar, 2002.

CANTIDIANO, Luiz Leonardo. "O desenvolvimento do mercado de capitais". In: *Revista de Direito Empresarial IBMEC.* Rio de Janeiro: Lumen Juris, 2003. p. 1-7.

CANTIDIANO, Luiz Leonardo. Aspectos regulatórios do mercado de capitais. In: *Mercado de capitais e crescimento econômico*: lições internacionais, desafios brasileiros. Rio de Janeiro / São Paulo: Contra Capa Livraria / ANBID, 2007. p. 217-224.

CARVALHOSA, Modesto. "Notícia sobre a reforma de lei de sociedades anônimas – projeto do Deputado Emerson Kapaz". In: MOSQUERA, Roberto Quiroga (coord.). *Aspectos atuais do Direito do mercado financeiro e de capitais.* 2° vol. São Paulo: Dialética, 2000. p. 177-188.

CARVALHOSA, Modesto. EIZIRIK, Nelson. *A nova lei das S/A.* São Paulo: Saraiva, 2002.

CARVALHOSA, Modesto. *Comentários à Lei de Sociedades Anônimas.* 4ª ed. São Paulo: Saraiva, 2002.

CARRIÓ, Genaro R. *Notas sobre derecho y lenguaje.* 1ª ed. Buenos Aires: Abeledo-Perrot, 1972.

CASTRO, Rodrigo R. Monteiro de. Abertura e fechamento de capital. In: CASTRO, Rodrigo R. Monteiro de. ARAGÃO, Leandro Santos de. (coords.). *Sociedade anônima:* 30 anos da Lei 6.404/76. São Paulo: Quartier Latin, 2007. p. 428-478.

CASTRO, Rodrigo R. Monteiro de. Capítulo 5 – A sociedade por ações brasileira. In: ARAÚJO, Danilo Borges do Santos Gomes de. *Regulação brasileira do mercado de capitais.* São Paulo: Saraiva, 2015. p. 203-222.

CEREZETTI, Sheila Christina Neder. Artigo 4º. In: CODORNIZ, Gabriela. PATELLA, Laura (coords.). *Comentários à Lei do Mercado de Capitais – Lei n. 6.385/76.* São Paulo: Quartier Latin, 2015. p. 115-131.

CHEDIAK, Julian Fonseca Peña. A reforma do mercado de valores mobiliários. In: LOBO, Jorge (coord.). *Reforma da lei das sociedades anônimas*: inovações e questões controvertidas da Lei n. 10.303, de 31.10.2001. Rio de Janeiro: Forense, 2002. p. 525-551.

CLARK, Robert Charles. *Corporate Law.* Boston: Little, Brown and Company, 1986.

CODORNIZ, Gabriela. PATELLA, Laura. COPOLA, Marina. Artigo 2°. In: CODORNIZ, Gabriela. PATELLA, Laura (coords.). *Comentários à Lei do Mercado de Capitais – Lei n. 6.385/76.* São Paulo: Quartier Latin, 2015. p. 47-102.

COFFEE JR., John. *The Challenge of the Semi-Public Company*, 2013. Disponível em: http://clsbluesky.law.columbia.edu/2013/04/01/the-challenge-of-the-semi-public- company/. Acesso em: 30 jun. 2018.

COFFE JR., John. *The irrepressible myth that SEC overregulation has chilled IPOs.* Disponível em: http://clsbluesky.law.columbia.edu/2018/05/29/the-irrepressible-myth-that-sec--overregulation-has-chilled-ipos/. Acesso em: 03 jan. 2020.

COFFE JR., John. *Gatekeepers:* the professions and corporate governance. Oxford: Oxford University Press, 2006.

COMPARATO, Fábio Konder. *Aspectos jurídicos da macro-emprêsa*. São Paulo: Revista dos Tribunais, 1970.

COMPARATO, Fábio Konder. *O poder de controle na sociedade anônima*. São Paulo: Revista dos Tribunais, 1976.

COMPARATO, Fábio Konder. A natureza da sociedade anônima e a questão da derrogabilidade das regras legais de quórum nas assembleias gerais e reuniões do conselho de administração. In: *Novos Ensaios e Pareceres de Direito Empresarial*. Rio de Janeiro: Forense, 1981. p. 116-131.

COMPARATO, Fábio Konder. O direito ao dividendo nas companhias fechadas. In: *Direito Empresarial*. São Paulo: Saraiva, 1995. p. 158-165.

COMPARATO, Fábio Konder. Cancelamento voluntário de registro de companhia aberta. Aquisição de ações do próprio capital e abuso de controle". In: *Direito Empresarial*. São Paulo: Saraiva, 1995. p. 103-119.

CORDEIRO, Ari. *Ações e reações no mercado de capitais*. Rio de Janeiro: APEC, 1977.

COSTA, Philomeno J. da. *Anotações às companhias*. Vol. I. São Paulo: Revista dos Tribunais, 1980.

COX, James D. HILLMAN, Robert W. LANGEVOORT, Donald C. *Securities regulation:* cases and materials. 5ª ed. New York: Aspen Publishers, 2006.

CVM. *Planejamento Estratégico*: construindo a CVM de 2023. Versão 2019. Disponível em: http://www.cvm.gov.br/menu/acesso_informacao/planos/estrategico/estrategico.html. Acesso em: 08 jul. 2019.

CVM. *O mercado de dívida corporativa no Brasil*: Uma análise dos desafios e propostas para seu desenvolvimento. 2019. Disponível em: http://www.cvm.gov.br/export/sites/cvm/menu/acesso_informacao/serieshistoricas/estudos/anexos/estudo_cvm_mercado_de_divida_corporativa_no_Brasil.pdf. Acesso em: 15 abr. 2019.

CVM. *Deliberação CVM 809 traz inovações relacionadas ao registro de ofertas públicas*: medidas fazem parte do projeto de redução dos custos de observância e estão em linha com as práticas internacionais. 2019. Disponível em: http://www.cvm.gov.br/noticias/arquivos/2019/20190219-2.html. Acesso em: 25 mar. 2019.

CVM. *Custo de Observância Regulatória*. Disponível em: http://www.cvm.gov.br/legislacao/custo_observancia.html Acesso em: 25 mar. 2019.

CVM. *Agenda Regulatória CVM 2019*. 4 de fevereiro de 2019. Disponível em: http://www.cvm.gov.br/noticias/arquivos/2019/20190204-1.html Acesso em: 21 mar. 2019.

CVM. *CVM suspende o registro de 1122 companhias incentivadas*. 1 de outubro de 2007. Disponível em: http://www.cvm.gov.br/noticias/arquivos/2007/20071001-2.html. Acesso em: 17 set. 2009.

CVM. *CVM cancela de ofício o registro de 249 companhias incentivadas*. 30 de setembro de 2008. Disponível em: http://www.cvm.gov.br/noticias/arquivos/2008/20080930-1.html. Acesso em: 17 set. 2019.

CVM. *CVM exclui de seu cadastro 649 companhias beneficiárias de incentivos fiscais*. 23 de janeiro de 2008. Disponível em: http://www.cvm.gov.br/noticias/arquivos/2008/20080123-1.html. Acesso em: 17 set. 2019.

CVM. *CVM cancela de ofício o registro de 812 companhias incentivadas*. 14 de fevereiro de 2012. Disponível em: http://www.cvm.gov.br/noticias/arquivos/2012/20120214-1.html. Acesso em: 18 set. 2019.

CVM. *Critérios para a participação de acionistas em assembleia de companhias de capital aberto.* Dezembro/2018. Disponível em: http://conteudo.cvm.gov.br/export/sites/cvm/menu/acesso_informacao/serieshistoricas/estudos/anexos/Criterios_para_a_participacao_de_acionistas_em_assembleias_de_companhias_de_capital_aberto.pdf. Acesso em 15 dez. 2021.

CVM. *Crowdfunding de investimento.* Rio de Janeiro: CVM, 2019. Disponível em: www.investidor.gov.br. Acesso em: 06 out. 2019.

CVM. *Boletim de Mercado,* ano I, n. 1, nov. 2013. Disponível em: http://www.cvm.gov.br/publicacao/boletimmercado.html. Acesso em: 10 jul. 2019.

CVM. *Boletim de Mercado,* ano 9, n. 89, mar. 2021. Disponível em: http://www.cvm.gov.br/publicacao/boletimmercado.html. Acesso em: 20 dez. 2020.

CVM. *Boletim Econômico,* ano 9, vol. 91, 3º tri. 2021. Disponível em: https://www.gov.br/cvm/pt-br/centrais-de-conteudo/publicacoes/boletins/boletim-economico. Acesso em: 15 dez. 2021.

CVM. *Boletim Econômico,* ano 9, vol. 92, 4º tri. 2021. Disponível em: https://www.gov.br/cvm/pt-br/centrais-de-conteudo/publicacoes/boletins/boletim-economico. Acesso em: 31 jan. 2022.

CVM. *Regime Informacional e Ofertas Públicas estão na Agenda Regulatória CVM 2020.* Disponível em: http://www.cvm.gov.br/noticias/index.html. Acesso em: 08 jan. 2020.

CVM. *Crowdfunding de Investimento movimentou mais de R$ 59 milhões em 2019.* 26 de março de 2020. Disponível em: http://www.cvm.gov.br/noticias/arquivos/2020/20200326-1.html. Acesso em: 22 abr. 2020.

CVM. *Crowdfunding de Investimento movimentou mais de R$ 84 milhões em 2020.* 5 de abril de 2021. Disponível em: https://www.gov.br/cvm/pt-br/assuntos/noticias/crowdfunding-de-investimento-movimentou-mais-de-r-84-milhoes-em-2020. Acesso em: 15 dez. 2021.

CVM. *CVM lança Agenda Regulatória para 2022.* Disponível em: https://www.gov.br/cvm/pt-br/assuntos/noticias/cvm-lanca-agenda-regulatoria-para-2022. Acesso em: 10 dez. 2020.

CVM. *Investidores no mercado de capitais brasileiro: uma análise dos critérios regulatórios para investimento em valores mobiliários.* Jul/2021. Disponível em: https://www.gov.br/cvm/pt-br/centrais-de-conteudo/publicacoes/estudos/air_investidores-no-mercado-de-capitais-brasileiro_2021-07-19.pdf. Acesso em: 15 dez. 2021.

DAVIES, Paul. *Gower and Davies' principles of modern company law.* 8ª ed. Londres: Sweet & Maxwell, 2008.

DAVIES, Paul. *Introduction to Company Law.* 2ª ed. Oxford: Oxford University Press, 2010.

DI CUNTO, Raphael. RIBEIRO, Marcelo. Governo pode acabar com exigência de conselho para empresa listada em bolsa. In: *Valor Econômico,* 8 dez. 2020. Disponível em: https://valor.globo.com/financas/noticia/2020/12/08/governo-pode-acabar-com-exigencia-de-conselho-para-empresa-listada-em-bolsa.ghtml. Acesso em 14 nov. 2021

DIAS, Luciana. O longo debate sobre a inserção de pequenas empresas no mercado de capitais. In: *Revista do Advogado,* n. 152, dez/2021. p. 93-101.

DYCK, Alexander. ZINGALES, Luigi. *Private benefits of control*: an international comparison. In: Journal of Finance, Vol. LIX, n. 2. 2004. p. 537-600.

ECKERT, Robert J. WELLENS, David R. A comparison of the close corporation statutes of Delaware, Florida and New York. In: *University of Miami Law Review*, 515, 1969. p. 515-530.

EIZIRIK, Nelson Laks. *O papel do Estado na regulação do mercado de capitais*. Rio de Janeiro: IBMEC, 1977.

EIZIRIK, Nelson Laks. *Aspectos modernos do direito societário*. Rio de Janeiro: Renovar, 1992.

EIZIRIK, Nelson. *Reforma das S.A. e do mercado de capitais*. Rio de Janeiro: Renovar, 1997.

EIZRIK, Nelson. Regime jurídico do mercado de capitais. Modificações introduzidas pela Lei n. 9.457/97. In: BULGARELLI, Waldírio (coord.). *Reforma da lei das sociedades por ações*. São Paulo: Pioneira, 1998. p. 83-107.

EIZIRIK, Nelson. GAAL, Ariádna. PARENTE, Flávia. HENRIQUES, Marcus de Freitas. *Mercado de capitais:* regime jurídico. 3ª ed. Rio de Janeiro: Renovar, 2011.

EIZIRIK, Nelson. *A Lei das S/A comentada*. 2ª ed. Quartier Latin: São Paulo, 2015.

EIZIRIK, Nelson. A oferta pública de distribuição de valores mobiliários. In: *Direito societário*. Estudos e pareceres. São Paulo: Quartier Latin, p. 2015. p. 427-450.

ENRIQUES, Luca. GILOTTA, Sergio. Disclosure and financial Market regulation. In: MOLONEY, Niamh. FERRAN, Eilís. PAYNE, Jennifer. *The Oxford handbook of financial regulation*. Oxford: Oxford University Press, 2015.

ENRIQUES, Luca. HERTIG, Gerald. KRAAKMAN, Reinier. ROCK, Edward. Corporate law and securities market. *In:* KRAAKMAN, Reinier. ARMOUR, John. DAVIES, Paul. ENRIQUES, Luca. HANSMANN, Henry. HERTIG, Gerald. HOPT, Klaus. KANDA, Hideki. PARGENDLER, Mariana. RINGE, Wolf-Georg. ROCK, Edward. *The Anatomy of Corporate Law*. 3ª ed. Oxford: Oxford University Press, 2017. p. 243-266.

ESMA. *Investment-based crowdfunding*: insights from regulators in the EU. Maio, 2015. Disponível em: https://www.esma.europa.eu/sites/default/files/library/2015/11/esma-2015-856_ann_1_esma_response_to_ec_green_paper_on_cmu_-_crowdfunding_survey.pdf. Acesso em: 19 dez. 2019.

FERRAZ JR., Tercio Sampaio. *Teoria da norma jurídica*: ensaio de pragmática da comunicação normativa. 5ª ed. São Paulo: Atlas, 2016.

FERREIRA, Waldemar. O estatuto das sociedades anônimas brasileiras. In: *Istituto di diritto commerciale comparato A*. Sraffa dell'Università Bocconi di Milano. La società per azioni alla metà del secolo XX: studi in memoria di Angelo Sraffa. Pádua: Casa editrice Dott. Antonio Milani, 1961.

FLEISCHER, Holger. "*A guide to german company law for international lawyers*: distinctive features, particularities, idiosyncrasies". Max Planck Private Law Research Paper n. 15/8. Disponível em: https://ssrn.com/abstract=2597062. Acesso em: 05 dez. 2018.

FREIRE, Jose Luiz Salles. A favor do vento. In: BERGER, Renato; CARVALHO, Rafael Villac Vicente de. LEITE, Leonardo Barém (coords.). *40 anos da Lei das S.A.*: experiências, histórias e homenagens. São Paulo: Quartier Latin, 2016. p. 93-99.

G20/OCDE. *Principles of Corporate Governance*. Disponível em: https://www.oecd-ilibrary.org/. Acesso em 15 dez. 2021.

GALGANO, Francesco. *Trattato di Diritto Commerciale e di Diritto Publico Dell'Economia*. Vol. 29º. Pádua: Antonio Milani, 2003.

GILSON, Ronald J. HANSMANN, Henry. PARGENDLER, Mariana. *Regulatory dualism as a development strategy: corporate reform in Brazil, the US, and the EU*. 2010. Disponível em: http://ssrn.com/abstract=1541226. Acesso em: 09 nov. 2019.

GLUSHKOV, Denys. KHORANA, Ajay. RAU, P. Raghavendra. ZHANG, Jingxuan. *Why Do Firms Go Public Through Debt Instead of Equity?*. 2018. Disponível em: https://papers.ssrn.com/sol3/papers.cfm?abstract_id=2024375. Acesso em: 27 dez. 2019.

GUERREIRO, José Alexandre Tavares. *Regime jurídico do capital autorizado*. São Paulo: Saraiva, 1984.

GUERREIRO, José Alexandre Tavares. "Sociedade anônima: dos sistemas e modelos ao pragmatismo". In: CASTRO, Rodrigo Monteiro de. AZEVEDO, Luis André N. de Moura. (coord.). *Poder de controle e outros temas de Direito societário e mercado de capitais*. São Paulo: Quartier Latin, 2010. p. 19-28.

GUERREIRO, José Alexandre Tavares. Uma lembrança da época da Lei 6.404. In: BERGER, Renato; CARVALHO, Rafael Villac Vicente de. LEITE, Leonardo Barém (coords.). *40 anos da Lei das S.A.*: experiências, histórias e homenagens. São Paulo: Quartier Latin, 2016. p. 89-92.

GUERREIRO, José Alexandre Tavares. "Administração: ordinária e extraordinária". In: VENANCIO FILHO, Alberto. LOBO, Carlos Augusto da Silveira. ROSMAN, Luiz Alberto Colonna. *Lei das S.A. em seus 40 anos*. Rio de Janeiro: Forense, 2017. p. 199-216.

GODKE, Marcelo. "A sociedade anônima simplificada e o Marco Legal das Startups". In: *Revista do Advogado*, n. 152, dez/2021. p. 102-107.

GOMES, Orlando. Em tema de sociedade anônima (1971). In: WALD, Arnoldo (org.). *Direito empresarial*: sociedades anônimas, vol. 3. São Paulo: Revista dos Tribunais, 2011. p. 101-113.

GRAU, Eros Roberto. Os conceitos jurídicos e a doutrina real do Direito. In: *Revista da Faculdade de Direito*, Universidade de São Paulo, vol. 77, 1982, p. 221-234. Disponível em: http://www.revistas.usp.br/rfdusp/article/view/669531982. Acesso em: 25 mar. 2019.

HOFSTETTER, Karl. *One size does not fit all*: corporate governance for "controlled companies". Disponível em: https://papers.ssrn.com/sol3/papers.cfm?abstract_id=802705. Acesso em: 28 dez. 2018.

HOPT, Klaus J. Comparative corporate governance: the state of the art and international regulation. In: FLECKNER, Andreas M. HOPT, Klaus J. *Comparative corporate governance*: a functional and international analysis. Cambridge University Press, 2013.

IBGC. *Marco Legal das Startups – Nota sobre alteração do inciso sobre Conselho de Administração no PLP 146/2019*, de 11 dez. 2020. Disponível em: https://www.ibgc.org. br/blog/marco-legal-das-startups. Acesso em: 15 dez. 2021. IOSCO. *Objectives and principles of securities regulation*. 2017. Disponível em: https://www.iosco.org/library/pubdocs/pdf/IOSCOPD561.pdf. Acesso em: 27 dez. 2019.

ISRAELS, Carlos D. The close corporation and the law. In: *Cornell Law Review*, vol. 33, jun. 1948, p. 488-506.

JHERING, Rudolf von. *L'Esprit du droit romain dan les diverses phases de son développement*. Vol. III 3ª ed., Paris: A. Marescq, Aîné, 1887.

KANDIR, Antonio. A reforma da lei das S.A. e o desenvolvimento (2001). In: WALD, Arnoldo (org.). *Direito empresarial*: sociedades anônimas, vol. 3. São Paulo: Revista dos Tribunais, 2011. p. 39-47.

KANDIR, Antonio. Lei das S.A., uma conquista a comemorar. *Folha de São Paulo*, São Paulo, 21 set. 2001. Disponível em: https://www1.folha.uol.com.br/fsp/opiniao/fz2109200110.htm. Acesso em: 31 jul. 2019.

KANDIR, Antonio. A nova CVM e a modernização da Lei das S.A. In: LOBO, Jorge (coord.). *Reforma da lei das sociedades anônimas*: inovações e questões controvertidas da Lei n. 10.303, de 31.10.2001. Rio de Janeiro: Forense, 2002. p. 3-9.

KAPAZ, Emerson. Lei das S.A.: uma contribuição decisiva. In: LOBO, Jorge (coord.). *Reforma da lei das sociedades anônimas*: inovações e questões controvertidas da Lei n. 10.303, de 31.10.2001. Rio de Janeiro: Forense, 2002. p. 1-2.

KERSHAW, David. *Company law in context*: text and materials. Oxford: Oxford University Press, 2009.

KERSHAW, David. "Web chapter B: Issuing shares to the public". In: *Company law in context*: text and materials.2ª ed. Oxford: Oxford University Press, 2014.

KLEIN, William A. COFFEE, John C. PARTNOY, Frank. *Business Organization and Finance*: Legal and Economic Principles. New York: Foundation Press, 2010.

LA PORTA, Rafael. SILANES, Florencio Lopez de. SCHLEIFER, Andrei. VISHNY, Robert. *Investor protection and corporate governance*. 1999. Disponível em: https://ssrn.com/abstract=183908. Acesso em: 26 nov. 2019.

LACERDA, José Cândido Sampaio de. *Manual das Sociedades por Ações*. 3ª ed. Rio de Janeiro: Freitas Bastos, 1974.

LAMY FILHO, Alfredo. A reforma da lei de sociedades anônimas. In: *Revista de Direito Mercantil, Industrial, Econômico e Financeiro*. n. 7. São Paulo: Revista dos Tribunais, 1972. p. 123-158.

LAMY FILHO, Alfredo. BULHÕES PEDREIRA, José Luiz. *A Lei das S.A.*: pressupostos, elaboração, aplicação. 3ª ed. Rio de Janeiro: Renovar, 1997.

LAMY FILHO, Alfredo. Nota sobre o fechamento de companhia aberta. In: *Temas de S.A.*: exposições e pareceres. Rio de Janeiro: renovar, 2007. p. 219-221.

LAMY FILHO, Alfredo. A empresa, os minoritários e o mercado de capitais (2000). In: WALD, Arnoldo (org.). *Direito empresarial*: sociedades anônimas, vol. 8. São Paulo: Revista dos Tribunais, 2011. p. 71-77.

LAMY FILHO, Alfredo. BULHÕES PEDREIRA, José Luiz. *Direito das companhias*. 2ª ed. Rio de Janeiro: Forense, 2017.

LANG, Henrique. MYANAKI, Cauê. CHAUFFAILLE. Gustavo. Capítulo 8 – Principais Agentes do Mercado. In: *Direito do mercado de valores mobiliários*. 1ª ed. Rio de Janeiro: CVM, 2017. p. 299-336.

LATTY, Elvin R. CLIFFORD, Donald. Estats Unis d'Amérique. In: ROTONDI, Mario. *Enquête comparative sur les sociétés par actions*. Deventer: Kluwer, 1974.

LOBO, Carlos Augusto da Silveira. A alteração da lei de sociedades anônimas ora em discussão no Congresso Nacional (2000). In: WALD, Arnoldo (org.). *Direito empresarial*: sociedades anônimas, vol. 3. São Paulo: Revista dos Tribunais, 2011. p. 49-54.

LUCENA, José Waldecy. *Das sociedades anônimas*. Vol. I. Rio de Janeiro: Renovar, 2009.

MACHADO, Juliana. *Aplicação de pessoa física na bolsa já é a maior em 13 anos*. Valor Econômico. 18 de abril de 2019. Disponível em: https://www.valor.com.br/financas/6216685/aplicacao-de-pessoa-fisica-na-bolsa-ja-e-maior-em-13-anos. Acesso em: 18 abr. 2019.

MATTOS FILHO, Ary Oswaldo. PRADO, Viviane Muller. Tentativas de desenvolvimento do mercado acionário brasileiro desde 1964. In: LIMA, Maria Lúcia L. M. Padua (coord.). *Direito e economia*: 30 anos de Brasil. Tomo 2. São Paulo: Saraiva, 2012. p. 191-236.

MATTOS FILHO, Ary Oswaldo. O conceito de valor mobiliários. In: *Rev. Adm. Empr*. Rio de Janeiro, 25, abr./jun. 1985. p. 37-51.

MAXIMILIANO, Carlos. *Hermenêutica e Aplicação do Direito*. 19ª ed. Rio de Janeiro: Forense, 2010.

MB ASSOCIADOS (SCHEINKMANN, José Alexandre *et al*). *Desafios e oportunidades para o mercado de capitais brasileiro*. BOVESPA, 2000.

McCAHERY, Joseph A. VERMEULEN, Erik P. *Corporate governance of non-listed companies*. Oxford University Press: Oxford, 2008.

MERKT, Hanno. Internal and external corporate governance. In: FLECKNER, Andreas M. HOPT, Klaus J. *Comparative corporate governance*: a functional and international analysis. Cambridge University Press, 2013.

MILLER, Geoffrey P. *Economics of Securities Law*. Vol. I. Nova York: Edward Elgar, 2016.

MOREIRA, Ricardo. As companhias incentivadas e a CVM. In: *Valor Econômico*, 25 de abril de 2012. Disponível em: https://www.valor.com.br/legislacao/2631296/companhias-incentivadas-e-cvm. Acesso em: 12 ago. 2019.

MUNHOZ, Eduardo Secchi. *Aquisição de controle na sociedade anônima*. São Paulo: Saraiva, 2013.

MUNHOZ, Eduardo Secchi. "Influência do patrimonialismo na sociedade anônima – importância dos mecanismos privados de efetivação dos deveres do acionista controlador e dos administradores". In: VENANCIO FILHO, Alberto. LOBO, Carlos Augusto da Silveira. ROSMAN, Luiz Alberto Colonna. *Lei das S.A. em seus 40 anos*. Rio de Janeiro: Forense, 2017. p. 129-156.

MÜSSNICH, Francisco A. Maciel. Reflexões sobre o direito de recesso na lei das sociedades por ações. In: LOBO, Jorge (coord.). *Reforma da lei das sociedades anônimas*: inovações e questões controversas da Lei n. 10.303, de 31.10.2001. Rio de Janeiro: Forense, 2002. p. 285-305.

OLIVEIRA, Fernando A. Albino de. Introdução. In: BERTOLDI, Marcelo (coord.). *Reforma da lei das sociedades anônimas*: comentários à Lei n. 10.303, de 31.10.2001. 2ª ed. São Paulo: Revista dos Tribunais, 2002. p. 11-25.

PAPINI, Roberto. *Sociedade anônima e mercado de valores mobiliários*. 2ª ed. Rio de Janeiro: Forense, 1988.

PARENTE, Norma. "Principais inovações introduzidas pela Lei n.10.303, de 31 de outubro de 2001, à Lei de Sociedades por Ações". In: LOBO, Jorge (coord.). *Reforma da lei das sociedades anônimas:* inovações e questões controvertidas da Lei n. 10.303, de 31.10.2001. Rio de Janeiro: Forense, 2002. p. 11-49.

PARGENDLER, Mariana. *Cinco mitos sobre a história das sociedades anônimas no Brasil*. Disponível em: https://direitosp.fgv.br/sites/direitosp.fgv.br/files/arquivos/anexos/pargendler_cinco_mitos_sobre_a_historia_das_sa_homenagem_a_modesto_carvalhosa.pdf. Acesso em: 09 out.2019.

PARGENDLER, Mariana. *How universal is the corporate form? Reflections on the dwindling of corporate attributes in Brazil.* Disponível em: https://papers.ssrn.com/sol3/papers.cfm?abstract_id=3126838. Acesso em: 04 abr. 2019.

PAREGENDLER, Mariana. *Evolução do direito societário:* lições do Brasil. São Paulo: Saraiva, 2013.

PENALVA SANTOS, J. A. *Novos aspectos do mercado de capitais e outros trabalhos de direito comercial.* Rio de Janeiro: Alba, 1968.

PENTEADO, Mauro. A Lei nº 9.457/97 e a tutela dos direitos dos acionistas minoritários. In: BULGARELLI, Waldírio (coord.). *Reforma da Lei das Sociedades por Ações.* São Paulo: Pioneira, 1998. p. 9-82.

PINHEIRO, Vinicius. *Grupo propõe acesso empresa média a debênture.* Valor Econômico. 16 de setembro de 2013. Disponível em: https://www.valor.com.br/financas/3270468/grupo-propoe-acesso-de-empresa-media-debenture. Acesso em: 25 ago. 2019.

PINTO, Arthur E. GEVURTZ, Franklin A. Unites States: corporate governance for publicly traded corporations. *In:* FLECKNER, Andreas M. HOPT, Klaus J. *Comparative corporate governance: a functional and international analysis.* Cambridge University Press, 2013.

PITTA, André Grünspun. *O regime de informação das companhias abertas.* São Paulo: Quartier Latin, 2013.

PITTA, André Grünspun. Artigo 21. In: CODORNIZ, Gabriela. PATELLA, Laura (coords.). *Comentários à Lei do Mercado de Capitais – Lei n. 6.385/76.* São Paulo: Quartier Latin, 2015.

PITTA, Andrá Grünspun. A possibilidade de emissão de debêntures por sociedade limitada regida supletivamente pela lei das sociedades por ações. In: AZEVEDO, Luís André N. de Moura; CASTRO, Rodrigo R. Monteiro de (coord.). *Sociedade Limitada Contemporânea.* São Paulo: Quartier Latin, 2013. p. 500-517.

PITTA, André Grünspun. "Mercados de acesso: recentes evoluções". In: BOTREL, Sérgio. BARBOSA, Henrique. (coords.) *Finanças corporativas*: aspectos jurídicos e estratégicos. São Paulo: Atlas, 2016. p. 409-431.

PITTA, André Grünspun. *A capitalização da empresa e o mercado de valores mobiliários.* São Paulo: Quartier Latin, 2018.

POTENZA, Guilherme Perez. OLIVEIRA, Alexandre Edde Diniz. Regulando a inovação: o crowdfunding e o empreendedorismo brasileiro. In: *Revista de Direito Empresarial.* Vol. 15/2016. p. 69-107. Mai - Jun/2016.

PRITCHARD, Adam C. Chapter 40 - Corporate governance, capital markets, and securities law. In: GORDON, Jeffrey N. RINGE, Wolf-Georg. *The Oxford Handbook of Corporate Law and Governance.* Oxford: Oxford University Press, 2018. p. 1061-1083.

PUPO, Fábio et al. *Indicada à CVM cita debate para trazer empresas menores ao mercado.* Valor Econômico. 26 de fevereiro de 2019. Disponível em: https://www.valor.com.br/financas/6138745/indicada-cvm-cita-debate-para-trazer-empresas-menores-ao-mercado. Acesso em: 25 mar. 2019.

REALE, Miguel. *Lições preliminares de Direito.* 27ª ed. São Paulo: Saraiva, 2006.

REBELLO, Carlos. PITTA, André Grünspun. Instrução CVM 476 – Dez anos de liberdade com responsabilidade. In: *Jota*. Disponível em: www.jota.info/opiniao-e-analise/artigos/instrucao-cvm-476-dez-anos-de-liberdade-com-responsabilidade-18022019. Acesso em: 05 set. 2019.

RENTERIA, Pablo. A simplificação das companhias de menor porte. In: *Capital Aberto*, 28 jun. 2021. Disponível em: https://capitalaberto.com.br/secoes/colunistas/a-simplificacao-das-companhias-de-menor-porte/. Acesso em: 15 dez. 2021.

REQUIÃO, Rubens. A sociedade anônima como "instituição". In: *Revista de Direito Mercantil, Industrial, Econômico e Financeiro*. n. 18. São Paulo: Revista dos Tribunais, 1976. p. 25-29.

REQUIÃO, Rubens. *As sociedades de capital autorizado e de capital aberto*. Disponível em: https://revistas.ufpr.br/direito/article/viewFile/6741/4825. Acesso em: 10 jun. 2019.

REQUIÃO, Rubens. *Curso de Direito Comercial*. Vol. 2. São Paulo: Saraiva, 1995.

REQUIÃO, Rubens. *Curso de Direito Comercial*. 25ª ed. São Paulo: Saraiva, 2007.

REQUIÃO, Rubens. *Comentários à Lei das Sociedades Anônimas*. Vol. 1. São Paulo: Saraiva, 1980.

RIPERT, Georges. *Aspects juridiques du capitalisme moderne*. 2ª ed. Paris: Librairie Générale de Droit et Jurisprudence, 1951.

RIPERT, Georges. ROBLOT, René. *Traité de droit commercial*. Vol. 2. 14ª ed. Paris: LGDJ, 1994.

ROCHA, Bruno. Limites e oportunidades do mercado de ações no Brasil. In: *Mercado de capitais e crescimento econômico*: lições internacionais, desafios brasileiros. Rio de Janeiro / São Paulo: Contra Capa Livraria / ANBID, 2007. p. 235-248.

ROCHA, João Pedro Gonçalves da. Capítulo II – Panorama do mercado de capitais (1961-1964). In: WALD, Arnoldo (coord.). *O mercado de capitais*. Rio de Janeiro: APEC, 1970. p. 29-60.

ROMANO, Roberta. State competition for corporate charters. In: ROMANO, Roberta. *Foundations of corporate law*. New York: Foundation Press, 1993. p. 84-90.

ROSMAN, Luiz Alberto Colonna. VENÂNCIO FILHO, Alberto. Lembranças dos 40 anos. In: BERGER, Renato. CARVALHO, Rafael Villac Vicente de. LEITE, Leoonardo Barém. (coord.) *40 anos da Lei das S.A.*: experiências, histórias e homenagens. São Paulo: Quartier Latin do Brasil, 2016. p. 22-25.

ROSS, Alf. Sobre los conceptos de "estado" y "órganos del estado" en derecho constitucional. *El concepto de validez y otros ensayos*. Buenos Aires: Centro Editor de America Latina, 1969. p. 83-106.

ROSS, Alf. *Direito e Justiça*. Bauru: Edipro, 2003.

ROTH, Günter H. KINDLER, Peter. *The spirit of corporate law*: core principles of corporate law in continental Europe. Munique: CH Beck, 2013.

SALLES, Marcos Paulo de Almeida. Os valores mobiliários na Lei das S/A. In: *Revista de Direito Mercantil, Industrial, Econômico e Financeiro*. n. 107. São Paulo: Revista dos Tribunais, 1997. p. 123-128.

SALOMÃO FILHO, Calixto. *O novo direito societário*. 2ª ed. São Paulo: Malheiros, 2002.

SANTANA, Maria Helena. O novo mercado. In: Novo Mercado and Its Followers: Case Studies in Corporate Governance Reform. The World Bank Group, 2008. Disponível em: http://www.b3.com.br/data/files/2C/46/8A/B7/88337610515A8076AC094EA8/Focus%205_Capitulo%20Novo%20Mercado%20_IFC%202008_.pdf. Acesso em: 08 nov. 2019.

SILVA, Francisco Costa e. MARTINS NETO, Carlos. *A utilização do instituto da incorporação de ações como forma de burlar a exigência legal de opa para fechamento de capital.* 2007. Disponível em: https://www.bocater.com.br/wp-content/uploads/2013/10/artigo-2008-062.pdf. Acesso em: 09 ago. 2019.

SZTAJN, Rachel. *Contrato de sociedade e formas societárias.* São Paulo: Saraiva, 1989.

STONE, Ferdinand. Some comments on the american business corporation in mid-twentieth century. In: *Istituto di diritto commerciale comparato A. Sraffa dell'Università Bocconi di Milano.* La società per azioni alla metà del secolo XX: studi in memoria di Angelo Sraffa. Pádua: Casa editrice Dott. Antonio Milani, 1961.

TANNOUS, Thiago Saddi. *Proteção à liquidez no mercado de capitais brasileiro.* São Paula: Quartier Latin, 2018.

TAUNAY, Visconde de. *O encilhamento: cenas contemporâneas da bolsa do Rio de Janeiro em 1890, 1891 e 1892.* 4ª ed. Rio de Janeiro: Melhoramentos, 1947.

TEIXEIRA, Egberto L. GUERREIRO, José Alexandre Tavares. *Das sociedades anônimas no Direito brasileiro.* São Paulo: José Bushatsky, 1979.

TELLECHEA SILVA, Rodrigo. *Sociedades anônimas fechadas*: direitos individuais dos acionistas e cláusula compromissória estatutária superveniente. Tese de Doutorado. Orientador Prof. Associado Dr. Erasmo Valladão Azevedo e Novaes França. Universidade de são Paulo, Faculdade de Direito, São Paulo – SP, 2015.

TELLECHEA, Rodrigo. Artigo 22. In: CODORNIZ, Gabriela. PATELLA, Laura (coords.). *Comentários à Lei do Mercado de Capitais – Lei n. 6.385/76.* São Paulo: Quartier Latin, 2015. p. 483-518.

TELLECHEA, Rodrigo. *Autonomia privada no direito societário.* São Paulo: Quartier Latin, 2016.

TERRA, Aline de Miranda Valverde. *Notas sobre o crowdfunding no direito brasileiro.* Revista Eletrônica do Curso de Direito da UFSM, Santa Maria, RS, v. 13, n. 3, p. 1134-1160, dez. 2018. em: https://periodicos.ufsm.br/revistadireito/article/view/31176. Acesso em: 28 dez. 2019.

TOKARS, Fábio. Comentários ao artigo 4º. In: BERTOLDI, Marcelo (coord.). *Reforma da lei das sociedades anônimas*: comentários à Lei n. 10.303, de 31.10.2001. 2ª ed. São Paulo: Revista dos Tribunais, 2002.

TRINDADE, Marcelo. O papel da CVM e o mercado de capitais no Brasil. In: SADDI, Jairo (org.). *Fusões e aquisições*: aspectos jurídicos e econômicos. São Paulo: IOB, 2002. p. 295-329.

TRINDADE, Marcelo. Processo sancionador na CVM: limites e possibilidades. In: *Lei das S.A. em seus 40 anos.* Rio de Janeiro: Forense, 2017.p. 481-500.

TRUBEK, David M. GOUVEA VIEIRA, Jorge Hilário. SÁ, Paulo Fernandes de. *O mercado de capitais e os incentivos fiscais.* Rio de Janeiro: TN-APEC, 1971.

VALVERDE, Trajano de Miranda. *Sociedades por ações*: comentários ao decreto-lei n. 2.627, de 26 de setembro de 1940. 2ª ed. Rio de Janeiro: Forense, 1953.

VENANCIO FILHO, Alberto. "Aspectos de evolução do Direito societário no Brasil". In: VENANCIO FILHO, Alberto. LOBO, Carlos Augusto da Silveira. ROSMAN, Luiz Alberto Colonna. *Lei das S.A. em seus 40 anos*. Rio de Janeiro: Forense, 2017. p. 17-44.

VERÇOSA, Haroldo Malheiros Duclerc. As alterações da legislação societária e de mercado de capitais e suas implicações quanto à CVM. In: BULGARELLI, Waldírio (coord.). *Reforma da lei das sociedades por ações*. São Paulo: Pioneira, 1998. p. 193-210.

VERMEULEN, Erik P.M. "Chapter 31 – New metrics for corporate governance: shifting strategies in an aging IPO market". In: GORDON, Jeffrey N. RINGE, Wolf-Georg. *The Oxford Handbook of Corporate Law and Governance*. Oxford: Oxford University Press, 2018. p. 839-866.

VIDOR, George. *A história da CVM pelo olhar de seus ex-presidentes*. Rio de Janeiro: ANBIMA e BM&FBOVESPA, 2016.

VIEIRA, Jorge Hilário Gouvêa. "Comissão de valores mobiliários". In: VENANCIO FILHO, Alberto. LOBO, Carlos Augusto da Silveira. ROSMAN, Luiz Alberto Colonna. *Lei das S.A. em seus 40 anos*. Rio de Janeiro: Forense, 2017. p. 435-453.

YAZBEK, Otavio. *Regulação do mercado financeiro e de capitais*. 2ª ed. Rio de Janeiro: Elsevier, 2009.

YAZBEK, Otavio. "As companhias abertas – sua caracterização, as vantagens e as desvantagens da abertura de capital". In: FINKELSTEIN, Maria Eugênia. PROENÇA, José Marcelo Martins (coords.). *Direito societário*: sociedades anônimas. 3ª ed. São Paulo: Saraiva, 2014.

YAZBEK, Otavio. "Em busca de um regime para os private placements no Brasil – ofertas públicas, ofertas privadas e ofertas públicas distribuídas com esforços restritos". In: BOTREL, Sérgio. BARBOSA, Henrique. (coords.) *Finanças corporativas*: aspectos jurídicos e estratégicos. São Paulo: Atlas, 2016. p. 173-192.

YAZBEK, Otavio. Introdução. In: CODORNIZ, Gabriela. PATELLA, Laura (coords.). *Comentários à Lei do Mercado de Capitais – Lei n. 6.385/76*. São Paulo: Quartier Latin, 2015. p. 17-24.

WALD, Arnoldo. "A reforma da lei das sociedades anônimas: os direitos dos minoritários na nova Lei das S.A." In: LOBO, Jorge (coord.). *Reforma da lei das sociedades anônimas*: inovações e questões controvertidas da Lei n. 10.303, de 31.10.2001. Rio de Janeiro: Forense, 2002. p. 219-247.

WARDE JR., Walfrido Jorge. CASTRO, Rodrigo Rocha Monteiro de. *Regime Especial da Sociedade Anônima Simplificada*. São Paulo: Saraiva, 2013.

WELLISCH, Julya Sotto Mayor. *Mercado de capitais*: fundamentos e desafios. São Palo: Quartier Latin, 2018.

WELLS, Harwell. The rise of the close corporation and the making of corporation law. In: *Berkeley Business Law Journal*, vol. 5.2, 2008, p. 263-316.

WINTER, Jaap. "Chapter 1 – The Need for a Regulatory Framework: EU Company Law at the Cross-Roads". In: FERRARINI, Guido. HOPT, Klaus. WINTER, Jaap. WYMEERSCH, Eddy. *Reforming Company and Takeover Law in Europe*. Oxford: Oxford University Press, 2004. p. 3-20.

WORLD FEDERATION OF EXCHANGES. Annual Statistics Guide (2018). Disponível em: https://focus.world-exchanges.org/statistics/articles/annual-statistics-guide-2018. Acesso em: 02 dez. 2019

WYMEERSCH, Eddy. "Chapter 3 – Modern Company Law-Making: about techniques of regulating companies in the European Union". In: FERRARINI, Guido. HOPT, Klaus. WINTER, Jaap. WYMEERSCH, Eddy. *Reforming Company and Takeover Law in Europe*. Oxford: Oxford University Press, 2004. p. 145-175.